KB253668

고고학의 즐거움

고고학의 즐거움

Die Rätsel der großen Kulturen

이바르 리스너 Ivar Lissner 지음 | **최영인, 이승구** 옮김

살림

이 책을 집필할 때 값진 조언과 충고로 도움을 주셨던 분들과 이 책의 모든 장을 꼼꼼히 검토해 주시고 궁전, 사원, 유적지를 친절히 안내해줬던 고고학자, 연구자, 학자들에게 진심어린 감사의 말씀을 전합니다.

세빌라 대학교 안토니오 블랑코 페제로Antonio Blanco Freijeiro 교수, 마드리드 프라도 미술관의 책임자자 타르테소스에 관한 훌륭한 조언자.

원래의 트로이 층을 발견한 칼 블레겐Carl W. Blegen 교수, 12년간 발굴한 필로스에 위치한 네스토 왕의 궁전 잔해들을 안내해준 최고의 고고학자.

소티리스 다카리스Sotiris Dakaris, 조안니나에 있는 다메소스 유적과 도도네의 신학을 설명해준 뛰어난 고고학자.

한스 디트리히 디셀도르프Hans-Dietrich Disselhoff 박사, 베를린 박물관에서 작업할 때 값진 충고와 많은 도움을 준 고대 아메리카 문화 연구가이자 베를린 민속학 박물관장.

빌헬름 파그William P. Fagg, 베닌과 관련된 물음에 친절하게 답해준 대영박물관 민족학 부서 관리인.

마르틴 구신데Martin Gusinde 교수, 비엔나 대학교, 나고야의 난자 대학교, 칠레 대학교, 워싱턴 D.C.의 가톨릭 대학교에 재직하며 나의 모든 질문을 기꺼이 대답해주며 풀리지 않았던 수 많은 문제들의 해법을 인도해준 민속학자. 선사시대 이전 문화, 특히 티에라 델 푸에고, 아프리카의 트위든과 같은 수많은 원주민과 인도계 민족의 연구자.

고 빌헬름 코퍼스Wilhelm Koppers 교수, 항상 나의 작업을 지원해주고 고대 문화를 읽는 나의 시각 형성에 도움을 준 빈 대학교의 민족학과 선사시대 역사의 전문가.

게르트 쿠쳐Gerdt Kutscher 박사, 마야와 베닌과 관련된 소중한 자료를 열람할 수 있도록 허락해준 베를린 도서관 이베로-아메리카 부(部) 책임자.

지그프리트 라우퍼Siegfried Lauffer 교수, 미케네 문명과 델피에 관한 값진 조언과 함께 귀중한 유물을 보여준 뮌헨 대학교의 교수.

지오반니 릴리우Giovanni Lilliu 교수, 사르디아 문화에 대해 설명해준 카그리아리 대학교의 고고학자.

칼 나르Karl J. Narr 박사, 거석문화에 관한 조언을 아끼지 않은 괴팅엔 대학교 선사시대 강사.

고 아돌프 슐텐Adolf Schulten 교수, 특히 이베라 반도를 비롯한 인류의 오래전 역사와 지리학에 관해 설명을 해준 고고학자이자 연구가.

고 에른스트 지티크Ernst Sittig 교수, B선형 연구에 관해 처음으로 내게 가르침을 주신 분.

허버트 티슈너Herbert Tischner 박사, 세픽 문화에 조언을 해주신 함부르크 민속학 박물관 인도태평양 부(部) 책임자.

콘셉시온 블랑코 데 토레실라스Concepcion Blanco De Torrecillas 박사와 타르테소스 문화의 유물을 보여준 카디츠의 아르퀘오로기코 Arqueologico 박물관장.

목
차

제3부. 뜨거운 영혼의 고향, 지중해의 찬란한 문화

제4부. **잠에서 깬 웅대한 혼,
아시아 문명의 태동과 뿌리**

제5부. 오지에서 피어난 꽃, 아프리카 · 아메리카 문명

지구를 스쳐 지나가는 손님

모든 역사적인 사건은 불멸한다. 모든 사건은 눈에 보이지 않으며, 우리도 모르는 사이에 우리에게 영향을 미칠 수 있다. 때로는 '지나간' 문화가 잠에 들었을 수도 있고, 끝을 알 수 없는 수천 년의 시공과 그 기억의 바다에서 여전히 꿈을 꾸고 있을 수도 있다. 거대한 흙더미와 돌더미의 무게에 눌려 묻혀있을 수 있다. 그럼에도 불구하고 우리 안에는 아주 멀고 깊숙한 곳에 숨겨져, 그 물질적 잔재가 발견되지 않은 문화가 존재할 수 있다.

이전의 모든 문화는 우리 속에 살아 숨 쉬고 있다. 불가사의하면서도 매우 오래된 문화들은 놀라울 정도로 우리 속에 깊게 뿌리박혀 있다. 그 문화들은 항상 우리 속에서 새롭게 깨어나야 하지만 종종 자신의 목소리를 잃는다. 그래서 마치 문화가 우리 사이 또는 우리 속에 없는 것처럼 보여서 우리에게 실망을 안겨주기도 한다. 기억, 발견, 전시(展示)가 우리에게 그들의 소리 없는 현존을 알려주기도 한다. 그래서 비록 우리 가까이에 있지만 이제껏 잃어버린 채 지내왔던 것에 대해 비애의 감정이 들기도 한다.

문화는 매우 많은 것을 포괄한다. 문화란 모든 인간의 업적, 문화, 건축, 주거와 이동수단, 수공업과 기구들, 기호, 학문의 총체다. 문화는 도덕이고 종교적인 질서이다. 문화는 개개인의 태도이다. 사람의 모든 정신적인 열망, 예술, 행실, 가치관, 종교가 포함된다.

사람의 모든 삶의 표현이 불행하게도 '문명'과 '문화'로 분리되는 것을 보고 바그너 다윈의 조교였던 오스발트 슈펭글러는 심각할 정도의 정신적 혼란을 경험했다. 기술을 사용해서 만들어진 모든 것들을 '문명' 그리고 '박물관에 보관되는 예술품'들을 문화라고 지칭하는 것은 지나치게 단순한 생각이다. 10만년 전에 사용되었던 돌도끼나 구석기 시대 중기의 첨두석기는 과연 무엇인가? 이것은 문명의 한 부분인가 문화의 한 부분인가? 러시아 남쪽에서 스키타이인들이 살았던 지역에서 발견한 2700년 된 장벽은 어디에 속할까? 그들이 사용하던 안장과 재갈은 또한 어디에 포함되는가? 손으로 직접 만들어지고 오래된 유물이기 때문에 문화인 것인가? 아주 오래 전부터 공장에서는 물건을 생산했다. 크레타 섬에 살던 재봉사의 작업실은 '오뜨 꾸뛰르'였지만 공장과 같은 곳도 있었다. 사람들은 페니키아인이 보라색을 추출한 것과 수려한 '보라색' 장벽을 만든 것만 기억한다. 그러나 인더스강 유역의 모헨조다로와 하라파에서 수천 개의 부적을 찍어냈던 3500년 된 도장을 발굴했다. 기원전 3000년에 모헨조다로 지역에 지어진 지하 수도관, 사우나, 샤워실, 탈의실, 운동장이 있는 큰 규모의 공공 수영장은 무엇인가? 문화인가 문명인가?

프랑스인뿐만 아니라 앵글로섹슨족은 문명을 'Civilisation'이라고 한다. 문명과 문화를 지칭할 때 같은 단어를 사용하기 때문에 문명과 문화를 구분하는 것이 불가능하다. 이 단어의 프랑스식, 영국식, 미국식 발음은 비록 다르지만 뜻은 동일하게 사용하고 있다. 그들이 말하고자 하는 것은 다름 아닌 문화라는 것이다.

현대에서도 제작과 기술의 경계를 명확하게 규명하기는 힘들 것이다. 하늘로 빨려 올라갈 것 같으면서 시야를 위로 끌어 올리는 비상한 건축물인 뉴욕 맨해튼의 록펠러센터와 골든게이트교는 과연 문명인가? 기원전 12세기에 아그리파의 권유로 지어진 님 지역의 퐁 뒤 가르는, 또 고대 로마 시대에 만들어진 수로는 문명인가, 문화인가? 문화라고 한다면 그 이유는 무엇인가? 골든게이트교의 곧게 뻗은 선을 보면 진정한 예술품이다. 록펠러센터 앞에 서면 이집트의 피라미드 앞에 서 있는 것과 같은 느낌이다. 미국에서는 밤에 방송을 마치면서 "이웃을 내 몸과 같이 사랑하라"라는 말이 나오는데 나는 이 표현이 문화 그 이상도 그 이하도 아닌 것 같다.

모든 인간의 희망과 사고는 초자연적인 것과 영원한 것을 갈망한다. 이는 육신보다 정신이 앞서는 인간의 특징이다.

사람이 눈에 보이는 물건에 관한 사고에서, 즉 '물체와 연관성이 있는 사고'에서 추상적인 사고로 전환을 하던 순간, 다시 돌이킬 수 없는 시대가 시작되었다. 겨우 60만에서 100만 년 전에 시작된 시대, 창조의 순간이라고도 표현할 수 있는 이 순간부터 정신적인 것은 인간의 특징이자 고민 그리고 짐이 되었다. 발달이 덜 된 문화를 갖고 있었던 사람들이 이러한 인간의 특징을 부정하고 욕했다.

원래 인간의 정신은 생명력이 없다. 하지만 인간은 정신에 영혼과 생명력을 불어넣을 수 있다. 영감을 통해서 정신적인 것에 생명력을 줄 수 있는데 바로 베닌의 예술가들이 만든 작품에서 이러한 생명력을 느낄 수 있다. 우리 시대의 위협과 두려움은 인류의 수가 늘어나는 것이 아니라 살아 움직이지 않는 재료, 대량소비, 자의식의 부족에서 오는 소유욕이다. 우리 주변을 감싸고 있는 대상들이 많아지면 많아질수록 인간은 더욱 활력을 잃게 된다. 또한 더 이상 영감을 불어 넣을 수 없는 많은 생산품들이 우리의 기억을 서서히 지운다. 생명력이 없는 물건들은 인간의 영적인 면을 죽인다. 서양의 정신이 죽어야만 서양국가들이 멸망할 것이다. 정신이 살아있는 한 국가가 멸망하는 일은 없을 것이다.

우리는 정신적 양식에 대한 배고픔이 물질에 대한 배고픔보다 더 크다는 것을 알아야 하며, 우리가 살고 있는 이 세계를 인식할 수 있을 때에야 비로소 인간이 살아남을 수 있다는 것을 깨달아야 할 것이다. 최고의 정신적인 양식은 종교이다. 정신적인 양식은 항상 종교적인 생각과 관련이 있기 때문에 어쩌면 지구상의 모든 위대한 것들은 하나의 신 또는 여러 신들에 대한 믿음에서 나왔다고 말할 수도 있다. 이것이 모든 문화들의 기본이기도 하다. 문화를 연구할 때마다 언제나 정신적인 것과 종교가 연결되어 있다는 결론을 얻게 될 것이다.

오늘날 한 권의 책을 바탕으로 새로운 이론 또는 다시 제기된 이론을 증명하는 일이 매우 흥미로운 작업으로 인식되고 있다. 하지만 대부분의 이론들은 잘못됐거나, 한정된 기간 동안만 옳음을 담보할 수 있음이 판명되고 있다. 이론들은 단면성을 보이는데 이것이 이론의 본질이기도 하다. 그래서 테오 헤이에르다르의 엄청난 업적은 그릇된 결론에 의해 빛이 바랬다. 그는 자신의 연구를 잘못된 이론을 바탕으로 펼쳤기 때문에 폴리네시아의 문화가 아시아가 아닌 미국에서 왔다고 결론 내렸다.

오스발트 슈펭글러는 역사에서도 자연에서와 같이 일반적인 법칙이 존재하기 때문에 미래를 예견할 수 있다고 주장했다. 이러한 이론을 바탕으로 서양의 몰락이라는 자신의 이론을 펼쳤던 것이다. 이러한 자연역사적인 방법을 통해서 역사를 바라본다는 것은 역사적이지 못하며 역사는 항상 지나간 과거가 현재에도 함께 작용한다는 정신적인 측면을 부인한 것이다.

모든 역사적인 사건에 자연의 법칙을 발견하고자 했던 다른 예언자들도 있다. 토인비의 주장에 따르면 모든 사회는 원시사회이거나 문명사회일 것이다. 아마도 모든 민속학자들은 이러한 토인비의 이론에 이의를 제기할 것이다. 토인비도 자연의 법칙을 역사에 활용하고자 한다. 그는 각각의 문화를 엄격히 분리해서 살펴보았다. 그가 말하는 21개의 문명들 중에 6개, 즉 이집트, 수메르, 미노스, 중국, 마야, 페루는 분명 문명화가 이뤄졌던 사회였을 것이다. 그의 이러한 이론에서 각 문명이 발달되었던 지역 간의 명확한 경계가 없다는 것과 모든 문화들이 수천 년 동안 상호간에 영향을 미쳤다는 점은 무시됐다.

포스난스키는 티티카카 호수 남쪽의 티와나코에 관한 작품을 집필했다. 그는 한 이론의 마력에 빠져 이곳이 한때에는 남아메리카의 아테네, 로마, 비잔티움(이스탄불의 옛 명칭)으로 불릴 만한 곳이었으나, 어느 날 끔찍한 자연재앙과 지진, 홍수가 이러한 꿈 같았던 문화를 파괴했다고 주장했다. 아더 포스난스키의 남아메리카에 있는 선사시대의 메트로폴은 한 역사학자의 상상력이 만들어낸 환상의 도시인 것이다.

진실은 많이 존재하지 않는다. 진실은 이론들의 그늘 밑에 숨지 않는다. 진실은 모든 면에서 빛이 난다. 진실은 온갖 색채를 갖고 다양하기 때문에 경우에 따라서는 거짓처럼 보인다. 진실은 반복적으로 나타난다. 진실은 전달된다. 이러한 진실을 발굴하고, 새롭게 발견하고, 계속해서 이어가고, 새로운 생명력을 주는 것은 결코 창피한 일이 아니다.

우리는 자연과학을 과대평가하고 있는 시대에 살고 있다. 그렇기 때문에 정신적인 교육이 점점 후퇴하고 있다. 우리는 학생들에게 '자신만의 사고'를 하라고 가르치지만, 우리의 모든 생각과 인식이 선조들의 진실이 담긴 사고와 깨달음 그리고 철학과 시 위에 안주하고 있다는 것을 잊고 있다.

'파우스트'의 어떠한 사고도 괴테만의 것이 아니다. 하지만 그는 이전에 다른 사람들이 했던 생각을 잘 정리했고 줄거리를 잘 잡았으며 무엇보다 뛰어난 문체를 선보였던 것이다. "나의 작품이 탄생될 수 있었던 것은 나 혼자만의 지식이 아니다. 나에게 이런 소재를 제공한 수천 명의 사물과 사람들 덕분에 작품이 탄생하게 된 것이다." 괴테가 스스로 이렇게 말했다. 세익스피어는 자신의 「율리우스 시저」를 플루타르크에서, 「오셀로」는 1504년 페라라에서 태어난 기암바티스타 기랄디의 노벨레에서 베꼈다. 버나드 쇼는 「성녀 조앤」의 내용 전개를 오를레앙의 사건 진행에서 차용했고 엄격히 따지면 플라톤은 소크라테스의 생각을 훔친 뛰어난 도둑 이다. "근본적으로 새로운 소재란 없다. 다만 지식을 다르게 조합할 뿐이다. 잘 정돈되고 경계를 명확하게 표시한 진실의 세계는 매우 작다." 에곤 프리델이 이런 생각을 갖고 있었다. 그러나 이 생각도 역시 새로운 것이 아니다.

오늘날 무조건 과소평가되는 하나의 오점이 있다. 이는 '대중학적'으로 쓰는 행위이다. 전문적인 교육을 받지 않았거나, 특별히 전문화된 사람이 아니거나, 자신의 저서에 학위표시를 명확하게 하지 않는 사람은 모두 대중학적 집필의 의심대상이다. 그럼에도 불구하고 무엇인가를 갈구하며 글을 쓴다는 것은 저자가 어떠한 쉬운 이론에 대해 파악하고 있기 때문에, 즉 잘 이해하고 있기 때문에 이뤄질 수 있는 것이다. 하지만 진정한 학문은 그것보다 훨씬 어렵다. 대부분의 '대중학적인' 글쓰기에는 좋은 문체가 전부일 것이다. 누군가 가 인식하기 어려운 것을 쉬운 문체로 표현한다면, 모든 사람들이 이를 이해하게 된다. 그러면 그는 이미 어느 정도 '대중학적'인 것이다.

그러나 간혹 그가 전문지식에 관해 정도 이상의 편협한 견해를 갖고 있다면 끔찍한 비판을 받게 될 것이다. 특별한 지식에 대한 과대평가는 모든 이성적인 사람에게 저자의 내용이 모순을 갖고 있으며 경우에 따라 심지어 오류가 있다는 의심을 갖게 한다. 어쩌면 특별한 지식을 갖고 있는 사람은 그들이 범할 수 있는 최대의 죄, 즉 자신의 지식은 완벽하다는 자만에 빠짐으로써 영영 사람들의 신뢰를 잃을 지도 모른다. 이성적인 사람은 완벽이란 어떻게 해도 이룰 수 없다는 것을 알고 있기 때문이다. 이성적인 사람이라면 모든 것을 창조하고자 하는 노력조차 한계를 보여주며, 백과사전이야말로 이 지구상에 있는 가장 불완전한 것이라는 것을 안다. 예술 그리고 근본적인 것을 선별하고 선택하는 것만이 인간을 완벽하게 하는 것이다.

모든 사람들이 전문 서적을 이해할 수 있는 것은 아니다. 일반인들에게는 TV 또는 영화의 화면이 예술이 될 수 있다. 하지만 전문서적이나 오늘날 예술이라고 표현하는 소수의 전문가들만이 이해할 수 있는 예술만이 존재한다면 사람들의 사고를 성숙시키고 키워줄 수 없을 것이며, 사람들을 '빵만'을 먹고 사는 그들의 삶에서 벗어나게 할 수도 없다.

사람들은 수수께끼 같은 문화들조차 그들의 현재의 일부분이라는 것을 느낀다. 아직까지 수수께끼 같은 진실을 알아내고, 땅을 파헤치며, 바위를 들추고 도시들을 발굴하고 쉽게 말해 그들이 이렇게 했고, 생각했으며, 그들이 이러한 정신을 남겼고, 그러한 정신이 우리에게 전해졌다는 것을 인식하는 것은 엄청나게 흥분되는 놀이이다. 우리는 지구를 스쳐 지나가는 손님인 것이다.

사람은 언제나 삶의 정신적 면에 총력을 기울였다. 그리고 인간이 이성적으로 인식할 수 있는 것 그 이상의 것을 향해, 즉 초자연적인 것과 신적인 것을 위해 노력했다. 고대 문화에서는 정신적인 것에 대한 중요성을 한 번도 의심했던 적이 없었다. 하지만 인간을 위협한 재앙들로 인해서 학문과 기술적 성과, 사회복지, 국가주권, 무엇보다 연금만이 인간의 삶을 개선시킬 수 있다는 오해와 환상을 불러일으켰다.

나는 사람들이 '인간은 빵만으로 살 수 없다'는 마태복음 4장의 내용을 알아야 하고, 지적이며 정신적인 삶을 추구하고 그 속에서 완전히 자유를 누릴 수 있는 권리를 주장해야 한다고 생각한다. 프리드리히 쉴러는 '모든 개인은 자기 내면에 순수하고 이성적인 사람이 되고자 하는 자질과 천명을 갖고 있다.'라고 했다.

나는 대중의 착오와 사실 존재한 적이 없었던 '야만인'이라고 불리는 이들을 포함한 모든 개인의 사고력을 믿는다. 정신적으로 매우 높은 수준의 문화를 갖고 있지만 우리가 알지 못하거나 우리와 상관없다고 해서 원시민족을 '교양 없음'이라고 말하면 안 된다.

나는 모든 문화가 활기가 넘친다고 믿는다. 문화의 생명력은 자연이 아니라 인간의 자유로웠던 영혼이 주는 것이라고 믿고 있다. 나는 어디에서도 문화가 나무처럼 고독하게 서 있거나 씨앗 없이 싹이 트거나 또는 무에서 태어나는 경우를 보지 못했기 때문에 역사와 문화사의 조화를 믿는다. 우리에게 많은 수수께끼를 안겨주고 지금은 깊은 땅 속에서 발굴되지 않은 문화도 처음엔 그 문화를 탄생시킨 씨앗에서부터 자라났을 것이다. 또는 지하 세계를 통해 은밀하게 문화의 뿌리들이 다른 문화의 뿌리와 뒤엉켜서 하나의 뿌리를 이뤘을 것이다.

나는 문화가 우리가 갖고 있는 것이나 우리가 상상하는 것으로부터 탄생하는 것이 아니라, 우리의 존재에서 생겨나는 것이라고 믿는다. 나는 시간을 시대로 나눌 수 없다고 생각한다. 시대를 만든 것은 인간의 작품인 것이다. 시간이란 신이 만든 하나의 예술품이라고 생각한다. 나는 시간에 대한 인류의 생각이 잘못되었다고 생각한다. 시간은 시작도 끝도 없으며 인간은 시간을 제대로 볼 수 없다. 오직 신만이 시간의 본래 모습을 볼 수 있는데 바로 시간은 시작과 끝이 없는 무한한 것이다.

당신은 당신이 살고 있는 실제의 시간 속에서 5m 높이의 예리코 성벽 위에 서 있을 수도 있고 가장 오래된 피라미드보다 4000년 더 오래된 지구상의 첫 번째 탑 위에 있을 수도 있다. 당신은 지중해에 가장 거대한 성이 있던 고대 페니키아의 유명한 섬 도시 티로스를 기억할 수도 있다. 그곳에 살았던 25,000명의 주민은 수도교를 통해서 식수를 공급받았다. 어쩌면 당신은 사막 끝에 엄청난 더위 속에서 솔로몬 왕의 용광로에서 노예로 일했을 수도 있다. 또한 당신은 기원전 8세기 청동예술에 의해서 탄생한 사르디아의 8000여개의 신비로운 탑들을 친숙하게 느낄 수도 있을 것이다. 이미 그때도 사르디아의 어머니와 그녀의 자손들은 신을 믿었었다. 어쩌면 델피 신탁의 지혜 또는 아틀란티스의 삶이 당신 속에 존재할 지도 모른다. 이러한 많은 과거의 역사가 당신 안에서 숨 쉬고 있을 것이다. 우리보다 훨씬 먼저 지구에 왔다 간 사람들의 수수께끼가 가득한 동굴, 광산, 신전을 되돌아볼 때면, 그들의 모든 창조물, 예술, 믿음이 영원히 우리 안에 함께 하리라는 믿음에 젖는다.

1
신비로운 고대 도시의 탄생

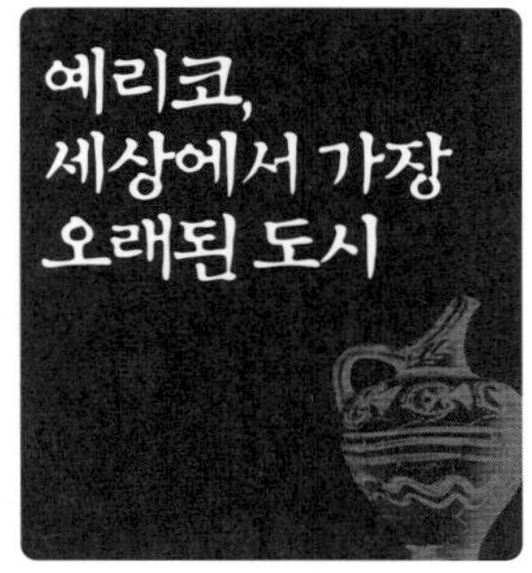

호세아(여호수아)가 기원전 1300년 전에 예리코를 점령할 당시 예리코는 약 7000~8000년 된 도시였다. 캐서린 캐년이 발굴한, 황토로 예술적으로 꾸며진 해골들은 초상화의 성격을 띠는 최초의 예술품들이었다. "5년 동안 발굴 작업을 했습니다. 해마다 작업을 하는 굴의 깊이가 더 깊어지기 때문에, 점점 더 긴 계단을 놓아야 합니다. 계단은 작업을 하는 구역의 측면에 설치합니다. 어떤 구간에서는 이미 가장 깊은 지점에 도달했습니다. 지면에서부터 깊이를 계산하면 약 153미터입니다."
– 캐서린 메리 캐년, 『예리코 발굴*Digging up Jericho*』, 1957, 런던.

돌을 쌓아 건설한 최초의 도시

예리코는 무척 오래된 도시다. 너무 오래되어서 아브라함, 이삭, 야곱도 이 도시가 언제 건설되었는지 모른다.

세상에서 가장 오래된 도시를 찾기 위해 전 세계를 샅샅이 뒤진다 해도 근동지역만 한 곳은 없을 것이다. 이곳에서는 약 60만 년 전부터 유목, 과일 채집, 사냥을 하면서 살아오던 인간이 처음으로 돌을 쌓아 도시를 건설했다. 인간은 씨를 뿌리고 곡식을 수확하는 법, 야생동물을 잡아서 길들이는 법을 배운 후부터 정착생활을 할 수 있었다.

이미 고도(古都)문화는 황하지역, 인더스 강 지역, 나일 강 지역, 유프라테스와 티그리스 강의 계곡에서 발굴되었다. 그렇지만 지난 몇 년 동안 요르단 강 지역에서 발굴된 유적들이 흥미로운 이유는 바로 성, 집, 사원 등을 지은 시기가 마지막 빙하시대가 끝난 시점과 거의 비슷하기 때문이다.

인간은 약 60만 년 동안 4번의 빙하시대와 3번의 간빙기를 경험했다. 마지막 빙하시대는 약 기원전 1만 2000년에 끝났다. 빙하가 근동까지 침범하지 않았더라도 예리코는 기적이라 할 수 있을 것이다. 빙하시대는 유목민이었던 인간이 간단한 도구를 사용하기 시작했다는 점에서 석기시대이기도 했다. 석기시대는 인간이 살아온 시대 중에서 가장 긴 기간에 걸쳐 있다. 인간은 60만 년 동안 돌, 뼈, 나무만을 이용해서 도구와 기계들을 만들었다. 그 후 인간은 황토와 점토를 이용해서 그릇을 만들기 시작했고, 청동과 동을 이용해서 그릇을 만드는 법을 개발했다. 오늘날 우리는 철기시대를 살고 있다.

예리코는 인간이 토기를 제작하기 전에 설립되었다. 예리코는 대단한 도시였지만 인간은 아직도 중석기시대(mesolithic Age, 기원전 1만 년~기원전 7500년)를 살고 있었다. 바로 이어서 신석기시대(Neolithic Age, 기원전 7500~기원전 4000년)가 이어졌다. 예리코는 지금까지 발굴된 가장 튼튼한 성이며 위치가 가장 낮은 성이기도 하다. 그 높이는 해수면보다 무려 250미터가 낮다. 1100미터가 넘는 산들이 예리코를 둘러싸고 있기 때문에 여름에는 기온이 매우 높다.

발굴 현장

예루살렘에서 23킬로미터 북동쪽으로, 사해와 요르단 강이 접하는 부분에서 12킬로미터 떨어진 곳에 텔 에스 술탄 고개가 자리잡고 있다. 이 고개 아래에는 멸망한 도시 위에 다시 새로운 도시를 건설하는 방식으로 수천 년에 걸쳐 지어진 많은 도시들이 묻혀 있다. 1865년에 영국인들이 최초로 이 지역에서 발굴 작업을 실시했다. 그에 이어오스트리아-독일 답사팀이 1908년에서 1911년까지 발굴했다. 결국 리버풀 대학의 존 가스탕 교수가 신석기시대에 이곳에서 살던 사람들은 주거생활을 했다는 사실을 알아냈고, 1956년에 캐서린 캐넌이 발굴을 하면서 예리코가 기원전 5000년 이전에 이미 도시의 모습을 갖췄다는 것을 밝혀냈다.

예전에는 인간이 정착을 하면 바로 황토를 이용해서 그릇과 용기를 만든다고 주장했다. 이러한 도구들은 장거리를 이동하는 유목민에게는 너무 쉽게 망가지는 것들이기 때문이다. 그러나 예리코에서 알아낸 새로운 사실은 이곳 사람들이 수천 년 동안 그릇이라는 것을 만들지 않고 살았다는 것이다. 유목시대와 토기를 제작하기 시작한 시대 사이에는 굉장히 긴 시대가 존재했는데 그 시대에 이 화려한 도시에서 살던 사람들은 돌로 만든 연장과 뼈나 나무로 만든 도구들을 사용했다. 예리코에서 토기를 제작하기 이전의 시대는 약 9000~1만 년 전부터 기원전 7800년까지 거슬러 올라간다.

폐허가 되어버린 건물들의 높이는 15미터에 달한다. 폐허가 된 도시에 토사가 모이고, 예전 세대의 도시 위에 또다시 새로운 도시가 설립되었다. 그리고 토기를 사용하는 시대가 시작되었다. 발굴팀은 한 곳에서 아주 오랫동안 사용되던 타원형의 장소를 발견했는데, 거기에는 흙을 다져서 쌓은 여러 개의 층이 있었다. 이 층에는 기둥을 세우던 구멍이 있었는데 이 기둥 구멍, 나무, 집의 벽, 황토 찌꺼기 등은 유목민들이 사용하던 것이다. 이보다 약 4미터 높은 층을 자세히 살펴보면 아주 오랜 세월 동안 사람들이 이 장소를 찾았다는 것을 알 수 있다. 그들은 처음에는 철따라 이곳을 찾다가 나중에는 아예 이곳에 정착한 것이다.

※ 가스탕 교수는 남자, 여자, 아이를 형상화한 3개의 석회동상 일부를 발굴했다. 캐서린 캐년도 이 동상들이 성가족(聖家族)을 형상화한 최초의 동상들이라는 의견에 동의한다. 위의 사진은 남자 동상의 머리 부분.

※ 오늘날의 예리코 시(市) 외곽. 오아시스 옆에 있는 이 언덕 아래 지금까지 알려진 세계 최초의 도시가 있다. 이 최초의 예리코는 9000년이 넘었고, 로마보다 3배나 오래된 도시이다. 후기에 건설된 도시의 잔해 아래서 예리코의 성벽이 나왔다.

※ 예레코에서 발굴 작업 중인 가스탕 교수 발굴팀의 모습이다. 기원전 1400년경에 사진 속 예리코의 이스라엘군에 의해서 파괴된 도시의 흔적들을 보여주고 있다.

※ 세상에서 가장 오래된 집이다(위쪽에서 찍은 사진). 도시의 외벽(우측) 바로 옆에 위치해 있고 약 9000∼1만 년 전에 지어졌다. 계단이 있는 것을 확인할 수 있다. 이 집이 지어졌을 당시 예리코의 주민들은 아직 석기시대를 살고 있었다. 그들은 토기를 만드는 법은 몰랐지만 도시는 건설할 줄 알았다.

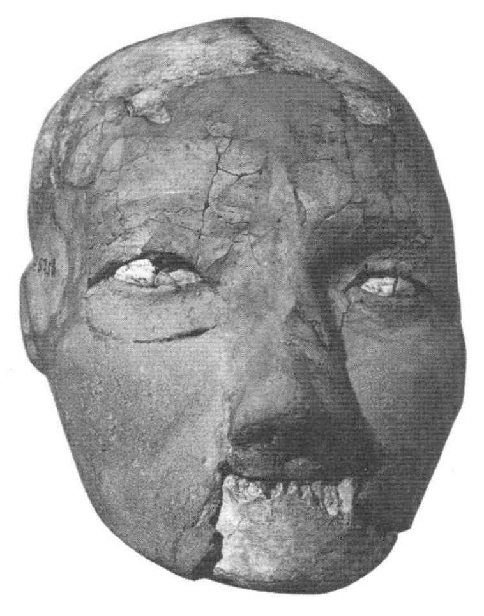

※ 예리코에서 발굴된 가장 흥미로운 유물 중 하나가 바로 고인이 살아 있을 당시의 모습을 기억하기 위해서 만들어진, 해골 표면에 황토를 바른 조형물들이다. 눈이 있던 자리에는 조개껍질을 끼워 넣었다. 이렇게 만들어진 조형물에는 살색이 입혀졌다.

※ 인류 최초의 토목사업으로 알려진, 기원전 7000년경에 건설된 예리코의 성벽. 회반죽을 쓰지 않고 잘 다듬은 돌로 쌓았으며, 밑부분의 두께가 2미터 가량, 높이는 6미터 정도이다. 아직 이보다 오래 된 성벽의 흔적은 발견되지 않았다.

요 르 단
터 키
아다나
안타키아
아레포
아씨강
유프라테스 강
라스 삼라
라타클라
홈스
알레시아
니코시아
사 이 프 러 스
트리폴리
비블로스
바이러트
시돈
다마스쿠스
티루스
아코
할파
하자르
도르
메기도
베트샨
타낙
텔아비브
아이
암만
텔케저
예리코
예루살렘
가자
사
해
헤브론
트 랜 스 요 르 단
사막
오아시스
------ 항상 흐르는 강이 아님(불규칙적으로 형성되는 강)

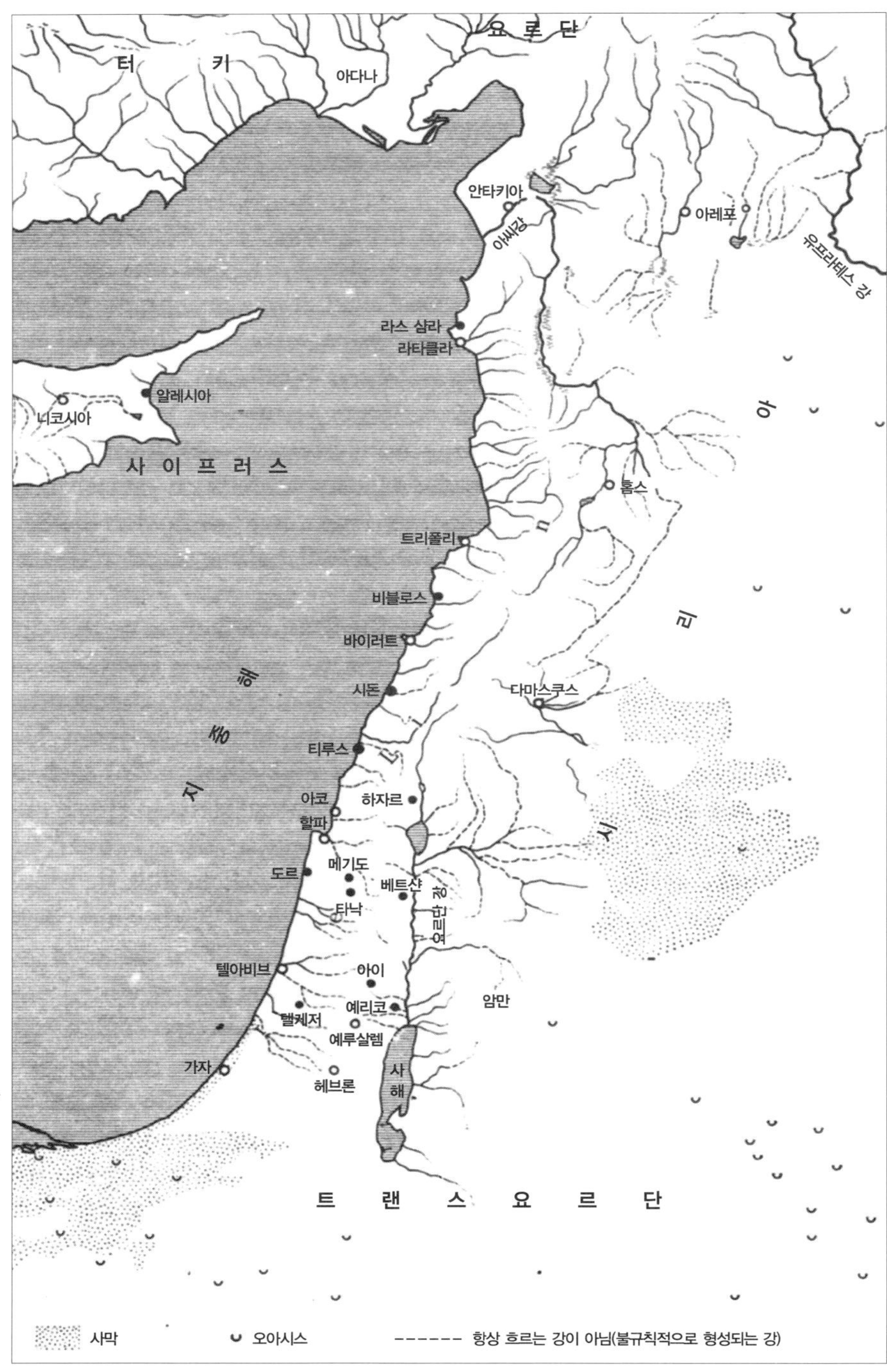

※ 시리아–요르단.

세상에서 가장 오래된 집들

오두막은 가장 낮은 층에 지어진 집으로 바뀌었다. 건물의 특성과 긴 역사 때문에 이 건물이 성전이었을지도 모른다는 생각을 갖게 했다.

가장 오래된 집들은 둥근 모양이었고 벽은 곡선을 그렸다. 그러나 이 건물의 경우 반원 모양, 혹은 달걀을 반으로 가른 모양이었을 것이다. 바닥은 점토로, 벽은 벽돌로 만들어졌다. 벽돌은 길쭉한 타원형이었고 밑이 납작했다. 벽돌공들은 엄지손가락을 이용해서 벽돌에 홈을 냈다. 이렇게 오래된 도시에는 길에 쓰레기와 토사가 몇백 년 동안 쌓이기 때문에, 결국 집의 바닥이 길의 높이보다 낮아진다. 그래서 집으로 내려가는 계단이 있고 이 계단에는 나무로 된 판이 놓여 있었다. 숯으로 변한 나무기둥도 여기저기서 발견된다.

아주 오랜 기간이 흐른 후 도시에 새로운 시기가 시작되는데, 이 시기도 기원전 5000년 전에 시작되었다. 그 당시에 지어진 집들에는 정사각형 모양의 큰 방들이 있다. 그러한 방들의 구석은 현대식 방 구조에서 볼 수 있는 곡선 모양을 보여주는데, 그것은 구석에 먼지가 쌓이지 않도록 하기 위한 조치이다.

집에는 작은 창고가 있었으며 여러 개의 방들이 있었다. 요리는 안마당에서 했다. 안마당에서 아궁이와 여러 겹의 재가 발견되었는데, 이것으로 같은 장소에서 수십 내지 수백 년 동안 음식을 준비했다는 것을 알 수 있다. 단층 혹은 이층구조로 된 집들의 벽은 햇볕에 말린 벽돌로 지어졌다. 캐년 박사는 이런 벽들이 8000~9000년이 지난 오늘날에도 무너뜨리거나 벽에서 돌을 빼내는 것이 불가능할 정도로, 매우 튼튼하게 지어졌다고 말한다.

방바닥은 석고장식으로 덮여 있다. 발굴자들이 옛날에 예리코의 여인들이 했던 것처럼 바닥을 닦자, 놀랍게도 매우 매끄럽게 다듬어진 바닥이 드러났다. 집 안쪽에 있는 벽들도 단단하고 유리처럼 매끄러운 석고장식으로 덮여 있었다. 예리코 사람들은 아름다운 집을 좋아했고, 무엇보다 편리한 생활을 즐겼다. 방에는 갈대로 만든 매트가 깔려 있었다. 세월이 지나면서 매트는 없어졌지만 바닥에는 매트 자국이 남아 있다. 양탄자 밑으로 개미가 다니던 길도 알아볼 수 있다.

이처럼 매우 높은 수준의 문화에서 지어진 집에 그릇, 접시와 같은 용기들이 돌로만 제작되었다는 사실은 매우 흥미롭다. 당시에도 나무 또는 뼈를 재료로 사용했을 수도 있지만 그러한 소재들은 오래 보존되지 않는다. 예리코 주민들은 이때까지도 연장, 칼, 송곳, 깎아내는 도구, 아름다운 톱을 부싯돌이나 흑요석을 이용해서 만들었다. 그러나 왜 큰 도구가 발견되지 않는지도 의문이다. 이렇게 커다란 도시를 건설하고 나무기둥들을 만들기 위해서는 큰 도끼와 같은 도구들이 필요했을 것이다. 하지만 그런 종류의 도구들은 발견되지 않았다. 그 대신 사냥 외에 도시를 지키기 위해서 사용했을 법한 부싯돌로 만들어진 화살촉을 찾을 수 있었다.

숭배의식의 증거

한편 장신구는 아니었을 것 같은, 녹색 돌로 만들어진 작은 주먹도끼의 용도가 의문이다. 그 도구는 숭배의식에 사용되었을 수도 있다. 한 집에서는 제단, 또는 성스러운 장소가 발견되었다. 화산석으로 만들어진 작은 기둥, 니치, 돌로 만들어진 받침돌이 이러한 추측을 뒷받침해준다. 기둥은 돌받침대와 맞고, 기둥을 얹은 돌받침대는 니치 안에 쏙 들어간다. 집이 무너지는 과정에서 이러한 물건들도 부서진 것으로 추측된다. 그러나 고대 문화를 알아내기 위해서는 모든 가능성을 열어두어야 한다.

모든 증거들을 조사한 결과 예리코의 주민들은 신을 모셨던 것으로 여겨진다. 발굴된 방들 중에서 가장 큰 방도 종교적 용도로 사용되었을 것이다. 사원과 비슷한 형태를 갖고 있던 건물의 중앙에는 대야가 있었다. 2개의 작은 형상은 다산의 여신들을 형상화한 것일 가능성이 크다. 다산을 의미하고 종교적인 의미를 지닌 여인상은 이미 오리냐크 시대부터 있어왔다. 바로 비너스 형상들인데, 빌렌도르프, 레스푸그, 브랏삼푸이, 돈에 있는 가가린, 몰타에 있는 이르쿠츠크의 북서쪽 등에서 발견되었다. 유럽의 비너스 형상 중 몇 개는 약 3만 년에서 5만 년 전에 만들어진 것들이다.

담과 탑

5미터 높이의 폭이 넓은 담이 도시를 감싸고 있었다. 이 담은 일차로 무너지자 다시 세워졌고, 그 담이 또 무너지자 6.5미터 높이로 다시 세워졌다. 가장 불가사의한 것은 9미터의 지름을 자랑하는 탑이다. 돌로 만들어진 이 탑은 발굴된 후에도 마치 중세의 요새처럼 서 있다. 이것은 지구상에 존재하는 가장 오래된 탑이다. 담장으로 예리코를 보호하기 전부터 이미 탑이 있었다. 9000년, 또는 그보다 더 오래전에 살던 사람들이 이 탑을 세울 계획을 세웠고, 그 계획을 실현했다. 탑의 나이는 4000년도 넘었으므로 가장 오래된 피라미드보다도 더 오래된 셈이다. 탑의 내부에는 75센티미터의 긴 돌판으로 만든 계단이 있는데, 이 계단은 옥상으로 연결되어 있다.

또 이 계단은 아래쪽의 통로와도 연결되는데, 그 통로에는 95센티미터의 큰 돌로 만든 마름돌이 깔려 있다. 발굴자들은 그 통로에서 서로 가까이 누워 있는 12개의 해골을 발견했다. 아마도 그곳에 죽은 시체들을 급하게 안장한 것 같다. 탑에는 2개의 돌벽이 있는데, 이는 탑이 확장되었다는 증거이다. 가장 바깥쪽에 있는 벽은 아마 나중에서야 건설되었을 도시의 벽에 닿아 있다.

도시를 두르고 있는 담처럼 도시를 보호하는 기능을 하지 않았다면, 과연 이 탑의 용도는 무엇이었을까? 우리가 모르는 신들에게 옥상에서 제물을 바치던 성전일 가능성이 크다.

캐서린 캐넌은 가장 오래된 형태의 둥근 집에서 살던 사람들은 항상 도시를 침략하려던 부족들로부터 도시를 지켜야 했다고 본다. 그러나 결국 도시는 점령을 당했고, 점령한 민족들이 집 바닥에 섬세하게 손질된 석고장식을 깔았을 것이다. 도시를 점령했던 민족은 유목민이 아니었을 것이다. 왜냐하면 그들이 지은 집은 많은 경험을 통해서 발달된 매우 높은 수준의 주거문화를 자랑하기 때문이다. 캐넌 박사는 이러한 증거들을 통해서 뛰어난 건축지식을 가졌던 점령군들이 다른 도시에서 왔다는 사실을 유추해냈다. 점령군들이 살던 도시는 예리코와 가까운 곳에 위치해 있었을 것이고, 그곳에서 점령군들은 도시 건설에 관한 지식을 함께 가져왔을 것이다. 따라서 요르단 지역에는 또 다른 도시가 있을 것이고, 그 도시들은 발굴될 날만을 기다리고 있을 것이다.

10개의 해골

예리코에서 발굴된 유물 중 가장 중요한 것은 10개의 사람 해골이다. 그 해골들은 집 밑에서 하나씩 발굴되었다. 이 유물은 세상의 어느 것과도 비교할 수 없을 정도로 독특한 것이다. 인간은 믿을 수 없이 이른 시기부터 더 높은 존재인 신에게 다가가기 위해 너무나도 환상적인 방식을 사용했다. 점토를 이용해서 해골을 예술적으로 꾸민 것이다. 조개를 이용해서 유골에 눈을 나타냈고, 이런 방식으로 살아 있던 당시의 사람의 표정을 재현하려고 노력했다. 모든 부분은 아주 섬세하게 작업했으며 색칠을 한 흔적도 찾을 수 있다. 왜냐하면 예리코인들은 죽은 자들의 피부색이나 표정, 즉 죽은 자가 살아 있었을 당시의 생명력을 자신들의 예술을 통해서 다시 불러오려 했기 때문이다. 영원한 그리움의 원인인 죽음을 예술을 통해 극복하려 했던 것이다.

우리는 지구상에 존재하는 가장 오래된 인물화를 보고 있다. 석기시대에 매머드의 상아와 뼈를 이용해서 만들었던 것과 프랑스 남부와 스페인 북서쪽의 동굴벽화에 그려진 그림들은 인물을 나타낸다고 하기에는 무리가 있었다. 그러나 두개골이 없는 해골의 몸통은 거의 모든 예리코에 있는 집 아래에서 발견되었다. 두개골만을 따로 방바닥 바로 밑에 묻었던 것은 조상숭배의 풍습일 가능성이 크다. 확실한 것은 예리코 사람들이 영혼의 힘과 죽은 조상들의 힘, 또는 죽은 이후의 삶을 믿었다는 것이다. 이처럼 예리코 사람들이 해골에 대단한 예술적인 노력과 정성을 기울였다는 것은 바로 그들이 죽음, 보이지 않는 세계에서 그들이 묻는 질문의 답을 얻고, 그것이 그들의 현생에 영향을 미친다고 믿었기 때문이다.

지구상에 도시가 존재했다는 것조차 믿기지 않을 시대에 이처럼 높은 예술적 수준을 지닌 사람들이, 놀라운 예술성을 통해서 해골에 영원성과 신성을 부여하여 높였다는 사실은 우리에게 큰 놀라움으로 다가온다.

예리코의 잔해가 들려주는 역사

예리코는 그 잔해를 통해서 수천 년의 역사를 이야기해준다. 그곳에는 항상 새로운 점령군들이 살았는데, 언젠가부터 자기(瓷器) 기술을 알던 사람들이 그곳에서 살기 시작했다. 만일 당시에 이미 도시가 멸망해 있었다면, 그 잔해 위에 살기 시작했던 것이다. 어찌되었든 그들은 집을 남기지 않았고, 그들이 도착했던 시점에는 이미 사전에 개발된 자기 기술을 가지고 왔다. 이곳에서는 아주 많은 양의 깨진 토기가 발굴되었지만, 그럼에도 그 시대의 도시생활에 관해 더 자세한 흔적을 찾아내지는 못했다. 하지만 한 가지 매우 흥미로운 사실을 알게 되었다. 가스탕 박사는 남자, 여자, 아이 형상의 실제 크기만 한 석회 동상의 잔해들을 발굴했고, 그 중 남자 동상의 머리는 아직 모양이 보존되어 있었다. 이 동상들을 통해서 예리코는 우리에게 두 번째 놀라운 사실을 보여준다. 캐서린 캐년 박사도 이 동상들이 최초로 성가족(聖家族)을 형상화한 동상들이라고 말한다. 이것은 문자도 발명되기 전, 구약성서가 씌어지기 수천 년 전에 있었던 최초의 무언의 예언이었다. 이러한 단서들은 바로 여기에 종교를 가지고 있던 민족이 살았고, 그들의 종교가 우리의 것과 비슷했다는 것을 알게 해준다.

그 후 더 섬세하고 무늬를 새겨 넣은 토기를 만들던 점령군들이 그곳에 살았다. 처음으로 그 민족과 비블로스 근방에 위치한 야르무크 강에 있는 샤라르하 골란 그리고 다른 몇 개의 도시와 비슷한 문화적 특징을 발견할 수 있다. 우리는 기원전 4750년부터 다른 지역에서 발명된 것들이 도입되었다는 것을 명확하게 확인할 수 있다.

한동안 사람의 활동 흔적을 찾을 수 없는 잠잠한 시기가 있었고, 또 고고학자들이 아무런 단서를 찾을 수 없는 중간 시기가 있었다. 그 후 기원전 3200년쯤에 다시 이곳에서 생명의 흔적을 찾을 수 있다. 동굴에서 말이다.

'최초의 도시 시대'

신석기시대 이전에 살던 사람들은 죽은 사람들을 집의 바닥 아래에 묻었다. 토기를 사용하던 사람들은 그들이 사용하던 토기 이외에는 아무런 흔적도 남기지 않았다. 그러나 3200년이 지나서 그곳에 살던 사람들은 도시의 언덕에 무덤을 남겼다. 캐서린 캐년 박사는 자신이 발굴한 유물들이 사용되었던 시대를 '최초의 도시 시대(Proto−Urban−Zeitalter)'라고 부른다. 무덤들은 발이 있는 부분이 작은 공간으로 이어지는, 암벽에 판 둥근 모양의 굴이었다. 현실(玄室)의 입구는 하나의 큰 돌, 또는 여러 개의 작은 돌로 막았다. 무덤의 천장은 무너진 경우가 많았다.

다른 무덤들보다 큰 한 무덤에는 죽은 이들의 눈이 모두 무덤의 중심을 바라보도록 113개의 해골들이 정성스럽게 놓여 있었다. 학명이 A94인 이 무덤에는 접시, 항아리, 와인 용기 등과 같은 토기들을 죽은 사람과 함께 묻었다. 발전한 오늘날의 고고학은 다음과 같은 사실까지 알아냈다. 이 두개골들은 이미 뼈만 남은 해골의 상태에서 무덤에 묻힌 것이었다. 아마도 죽은 사람은 완벽하게 부패할 때까지 다른 곳에 안장되었을 것이다. 부패가 완료된 시신은 두개골과 몸통을 분리했고, 몸통은 현실 가운데에서 태웠다. 자신의 몸통이 타는 것을 '볼' 수 있도록 두개골은 가운데를 향해서 둥글게 세워졌다. 몸통이 타는 동안 두개골도 같은 공간에 있었다는 것은 남아 있는 불자국을 통해서 알 수 있다. 그릇에서는 불의 흔적을 전혀 찾을 수 없는 것으로 보아, 함께 넣은 그릇들은 불이 꺼진 후에 넣은 것이다. 무덤 A94에서는 모두 251개의 토기를 찾았다. 새로운 기술인 카본 14 방식을 적용해본 결과, 무덤 A94가 기원전 3260년에 만들어졌다는 것을 알 수 있었다. 고고학자들은 그 무덤에 묻힌 사람들이 유목민이었다고 주장한다.

유목민의 위협

이어서 초기 청동기시대가 다가왔다. 기원전 2900년에서 기원전 2300년까지가 예리코의 청동기시대였다. 이때는 또다시 두꺼운 담을 쌓기 시작했고 보초를 서야 했다. 다시 한 번 도시가 피어났고, 그렇기 때문에 처음 세워질 때처럼 유목민의 공격을 두려워했던 것이다.

인류의 역사상 비옥한 지대, 강변, 높은 문화수준을 갖고 있던 지역들은 늘 유목민으로부터 위협을 받았다. 성서에 등장하는 인물들도 그러한 유목민족이었을 것이다. 구약성서의 이야기는 약 기원전 1700년까지 거슬러 올라간다. 그 시대는 족장들의 시대였다. 고든, 스파이저, 올브라이트가 증명한 것과 같이 아브라함은 메소포타미아의 북서쪽 지역에 있는 하란에서 왔다. 아브라함은 (막연히 그 존재를) 추측만 할 뿐이던 신에게 직접 다가가기 위해서 자신이 살던 나라를 떠났다. 목동이면서 샤이흐(Shaykh, 이슬람 사회에서 노인, 부족 또는 가족의 장로, 종교적으로나 공적인 면에서 권위를 가진 자에 대한 존칭)인 아브라함은 가죽과 천막을 갖고 북쪽에서 남쪽으로, 팔레스타인과 가나안을 지나간다. 야곱은 아들이 12명이었고, 이사악, 에사우, 야곱은 아브라함이 죽자 분쟁 속에서 살았다. 그의 아버지와 할아버지처럼 그 또한 유목민 생활을 한다. 이집트까지 갔던 요셉이 그의 아버지와 형제들을 만나서 고센 지역에서 살기 시작할 당시에는 높은 지위였을 것이다. 하지만 세월이 지나고 파라오들이 바뀌고 셈 족의 힉소스 왕조가 멸망하면서 이스라엘 민족은 결국 노예로 전락한다. 이스라엘 민족의 구원과 모세가 야곱의 후손들을 새로운 땅으로 인도하는 것은 세계 역사에서 가장 위대한 업적 중 하나다. 원래의 팔레스타인은 차츰 이스라엘 민족에 의해 점령되고, 그 땅의 점령에는 모세의 후계자인 여호수아의 공이 크다.

예리코 성의 함락

이스라엘 민족은 반유목민들이었지만 아직도 문명지역에서 살고 싶은 욕망을 갖고 있었다. 그들은 한때 가나안 민족이 소유하던 비옥한 지대와 도시들을 지났다. 여호수아는 어느 날 자기 민족과 함께 예리코의 담 앞에 서게 되었다. 그들은 십계명이 적힌 석판을 들고 나팔을 불면서 도시 주위를 여섯 번 돌았다. 7일째 7명의 사제들이 도시의 주위를 돈 뒤, 나팔을 부르고 함성을 지르자 도시의 담이 무너졌다. 고고학자인 올브라이트 박사의 연구에 따르면 여호수아에 적혀 있는 이러한 사건들은 기원전 1375년과 1300년 사이에 일어났을 것이며, 이 사건이 문서화된 것은 약 기원전 620년이었을 것이다.

예리코는 요르단 지대의 가장 튼튼했던 도시였고, 중앙 고지대로 가는 통로였다. 즉, 예리코는 전략적으로 보아 가장 중요한 지점이었다. 예리코를 점령하기 위해서는 담의 구조, 군사력, 장애물, 어려움 등과 같은 것에 대해서 정보를 갖고 있어야 했다. 그렇기 때문에 여호수아는 2명의 스파이를 파견했고 그들은 라합의 집에 가게 되었다. 이 사실을 알게 된 예리코의 왕은 스파이들을 잡으라고 명령했다. 그러나 라합은 이렇게 말했다. "남자들이 왔었습니다. 하지만 저는 그들이 어디에서 왔는지 모릅니다. 그들은 어두워질 무렵 도시의 문을 닫기 전에 떠났습니다." 하지만 사실 라합은 스파이들을 숨겨줬고, 그들이 도망칠 수 있도록 도왔다. 그리고 그 대가로 이스라엘 민족이 예리코를 점령할 때 자신의 가족을 살려달라고 했다. 라합은 예리코가 멸망할 것을 굳게 믿고 있었으며, 그 누구에게도 충성하지 않았다. 그리고 예리코에서 살던 가나안 민족에게 진저리를 치고 있었다.

여호수아의 두 번째 책에는 또 하나의 흥미로운 사항이 있다. 라합의 집은 도시를 두르고 있던 담 위에 지어졌고, 라합은 담 위에서도 생활을 했다는 것이다. 실제로 예리코 발굴 당시 담이 한쪽 벽면을 이루고 있는 집들을 발견했다.

예리코의 담이 왜 무너졌는지는 알 수 없다. 어쩌면 주민들이 나팔 소리 때문에 공포를 느꼈을 것이다. 신의 힘, 여호와가 점령군들과 함께한다는 소식을 먼저 듣고 가나안 사람들이 공포를 느껴서 성문을 열었을 것이다. 그러나 시간이 흐르면서 지진에 의해 집들과 성벽이 무너졌다는 것을 발굴을 통해서 명확하게 알 수 있었다. 어쩌면 7일째 지진이 일어나서 성벽이 무너졌을지도 모른다.

이러한 모든 일들이 일어났을 때 이미 예리코는 아주 오래된 도시였다. 도시는 벌써 7000~8000년 이상 되었다. 예리코의 담 안에서 많은 도시들이 멸망해 갔고, 담 밖에 또 다른 담을 세우기도 했다.

'그런 것은 아무도 기억하지 못합니다.'

기원전 1300년쯤의 이스라엘 후손들에게 영원한 생명을 얻기 위해 황토로 예술적으로 아름답게 꾸민 해골에 대해서 이야기한다면 그들은 아마 이렇게 말할 것이다. '그런 것은 아무도 기억하지 못합니다.' 그것은 어쩌면 동화나 상상일 수도 있을 것이다. 왜냐하면 그 시대에 사람은 아직 사람이 아니었기 때문이다.

그렇지만 동화 속의 그 도시와 해골들이 우리가 살고 있는 시대에 발굴되었다. 그 유물들은 너무 사실적이고 현실적이어서 아무도 그것에 대해서 의심을 가질 수 없다. 그것들은 또한 오래전에도 놀랍도록 종교적인 인간이 존재했다는 증거이기도 하다. 예리코를 점령했던 여호수아와 이스라엘의 자손, 그리고 우리 사이에는 3000년이라는 세월의 간극이 있다. 하지만 약 6000년이라는 더 긴 세월이 여호수아와 너무나도 현실적인, 이 발굴된 해골들 사이를 가르고 있다.

30년 전만 해도 가나안 민족에 대해서 아무것도 몰랐다. 1929년에 클로드 세페르가 라스 샴라 근방에 위치한 우가리트를 발굴했다. 이러한 발굴 작업을 통해서 인간 역사의 아주 흥미로운 문화가 다시 살아났다. "이제부터 우가리트의 성이야말로 기원전 2000년에 근동에서 존재하던 성들 중에서 가장 크고 아름다운 성이라고 할 수 있을 것입니다."
– 클로드 세페르, 『우가리트의 궁전*Le palais royal d'Ugarit*』, 파리, 1955.

이교도 여인

30년 전에야 발굴이 시작된 언덕이 있다. 삶과 죽음, 신과 이승에 대한 새로운 생각을 심어줄 문화가 발굴된 것이다. 우리들이 믿는 종교의 후면에는 잘 보이지 않고, 역사적으로도 아주 멀리 떨어져 있지만, 이스라엘 민족보다 먼저 성경에 언급되는 나라에서 살던 민족이 있다.

때로는 그 나라에 대해서 아주 소소한 흔적들을 찾을 수 있다. 그러나 다음과 같은 일들이 일어날 때는 이미 시기가 늦었다. 비밀에 싸인 민족은 이미 최고의 시기를 뒤로했다. 그리스도가 티로스와 시돈 근방의 지역에 나타났을 때 한 여인이 그곳에 있었다. 정신질환을 앓는 딸을 둔 그 여인은 그리스도에게 아이를 구해달라고 애원한다.

그리스도는 침묵하지만 여인은 물러서지 않았다. "주님! 저를 도와 주소서!"

그 외침은 마치 시편에서 나오는 외침처럼 들린다. 바로 기도의 원음이라고 할 수 있다. 그들은 이교도의 세계에서 살던 민족이다. 신과의 대결이다. 이교도 여인의 외침과 호소에 마침내 그리스도는 응답한다. "네 믿음이 크구나." 그리고 그 여인의 딸은 다시 건강해진다.

이 이야기는 아주 깊은 진실을 담고 있다. 바로 그리스도에 대한 이교도의 믿음도 끝없이 강할 수 있고, 앞으로도 강할 것이라는 것이다. 이러한 믿음은 매우 오래된 것이며 또한 가나안 여인이 바로 이러한 깊은 믿음을 갖고 있었다는 것이다.

바로 이 가나안 민족의 문화가 30년 전에 발굴되었다. 그리고 마태복음과 마가복음에서 그리스도 앞에 서 있던 이 여인은 성경이 쓰여지기 전에 살았고 성경에서 흔히 비방되던 이교도의 후손이며, 그리스인들이 이후 페니키아인이라고 부르던 민족이다. 그 당시 막강했던 항해도시인 티로스와 시돈이 그들의 것이었다. 페니키아 민족은 고대를 통틀어 가장 강한 항해민족이었다. 그들은 기원전 814년에 고층건물의 도시 카르타고를 설립했다. 그들 중에서 가장 유명했던 한니발은 포에니 전쟁을 통해서 로마를 점령하려 했다.

페니키아인의 선조, 가나안 민족

페니키아인들은 기원전 1250년에 항해를 시작했다. 페니키아 민족은 항해하는 민족, 최초로 보라색을 만들어낸 제작자, 상인, 도시 설립자, 위협적인 항해세력으로 유명해졌다. 가나안 민족이 바로 그들의 선조이다.

사람들은 최근에야 페니키아 민족의 문화에 대해서 관심을 갖기 시작했다. 그러나 약 기원전 3000년부터 가나안 민족은 시리아와 팔레스타인에 자리를 잡기 시작했다. 그들은 잿더미가 된 고대 폐허 도시 위에 새로운 도시를 건설했다. 그리고 이후 그 도시로 이스라엘 민족이 들어올 때쯤에는 대단히 발달되고 섬세한 사회질서를 완성해 놓고 있었다. 그들은 고도의 문화를 즐겼으며 이스라엘의 족장들에게 정복당하기 전까지, 사막으로부터 그들의 도시로 이주해오던 민족들을 무시하며 바라보았다.

정착민족들의 아름다웠던 도시들이 이주민들의 공격으로 멸망하는 것은 인류의 비극이다. 그런 식으로 거의 모든 고대문명이 멸망했다. 물론 무기를 통한 도시의 정복이 곧 그 문화 전체의 정복은 아니다. 기원후 12년에 수렵민족이었던 퉁구스족이 북경과 중국 전체를 점령했지만 그들의 후세들이 이룩한 만주시대는 중국의 문화가 지배했다고 할 수 있다. 로마인들은 그리스를 점령했지만 오히려 여러 문화적인 면에서는 그리스인들이 승리자로 남았고, 로마인들은 그리스의 정신을 전 유럽과 동양까지 전파했다.

가나안의 문화

가나안 사람들은 유목민족이었던 이스라엘 민족에 비해서 정신적, 물질적인 면에서 모두 우월했다. 약 기원전 950년에 살던 솔로몬 왕의 시대까지는 이스라엘 민족이 가나안의 문화에 매혹되어 있었다. 성과 집의 건축기술, 도로 건설과 같이 기원전 3000년과 1200년 사이에 지어진 가나안 민족의 도시들은 그 시대의 진정한 기적이라고 할 수 있다. 또한 그 도시들은 매우 쓸모 있는 배수시설까지 갖추고 있었다. 그들은 섬세한 항아리를 제작했으며 청동기시대로의 문을 열었다. 정신적인 발전은 말할 것도 없이 대단했다.

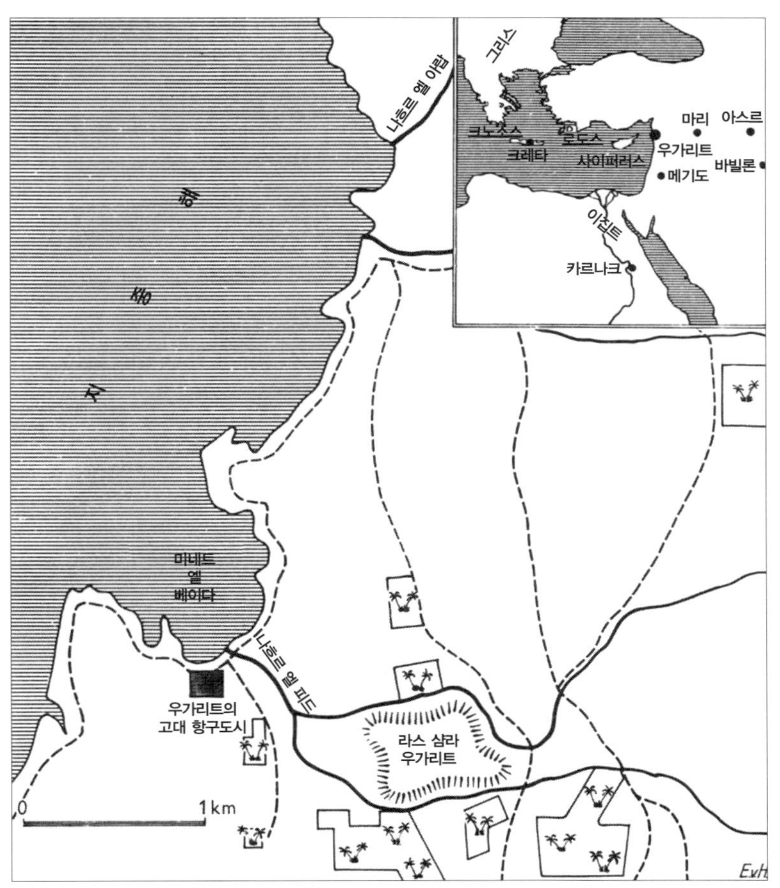

❋ 지중해 동쪽에 위치한 우가리트.

  그리스와 로마, 그리고 결국 전 유럽과 지구의 반이 가나안 민족 덕분에 알파벳을 사용한다. 그뿐만 아니라 종교, 설화, 동화, 도시설계의 기초지식을 그들에게 물려받았다.

  가나안 민족은 메기도, 벳스안, 타아낙, 게제르, 벳세메스, 하솔과 같은 강한 요새를 지었다. 벳스안에서는 4개의 가나안식 성전이 발굴되었다. 그 성전들은 모두 기원전 1300년에서 기원전 1000년 사이에 지어진 것들이다. 타아낙에서는 가나안식 궁전의 기본 벽 구조를 발견했다. 게제르에서는 도시의 외곽벽이 4미터 두께였고, 오늘날의 지면에서 40미터 깊이에는 원전(圓田)이 있었다. 가나안 민족은 포위를 당할 것에 대비해서 그 깊이까지 터널을 뚫었고 물 부족에 대비했다. 고르돈 라우드는 1937년에 메기도에서 한 궁전에 대한 연구를 진행했다. 그는 성의 기초벽 아래에서 글씨가 새겨진 200개의 상아판을 발견했다. 그 판들은 전쟁포로를 몰고 오는 메기도의 한 왕자를 형상화한 것이었다. 또 다른 판에는 왕좌에 앉은 왕이 그릇에 담긴 음료를 마시고, 그 앞에 하프를 연주하는 사람이 서 있는 그림이 있다. 이 그림은 마치 사울 앞에서 다윗이 연주를 하는 것과 같은 모습이다. 메기도에서는 마구간을 발굴했는데 여기에는 약 300마리의 말을 수용할 수 있었으며, 전쟁 시에 쓰이는 마차를 둘 수 있는 공간도 마련되어 있었다. 이 마구간들은 솔로몬 왕 시대에 지어진 것들이다. 성경의 열왕기상(9장 15~20절)을 통해서 솔로몬이 전쟁마차와 말을 위한 도시를 설립하고 메기도를 강화시킨 것을 알 수 있다. 이처럼 최근의 고고학은 구약성서에 쓰여 있는 기록들을 증명하는데, 이런 것들이 바로 지속적인 연구의 유익한 성과라고 할 수 있다.

석기시대의 우가리트

1929년에 프랑스 고고학자인 클로드 세페르는 흥미로운 발견을 한다. 시리아의 북쪽 해안에 위치한 사이프러스와 마주보는 위치에서 세페르는 라스 샴라, 즉 오늘날의 라타키아에서 우가리트를 발굴했다. 1933년에 발견된 니그마라는 이름이 새겨진 우가리트의 판을 통해서 실체가 확인된 것이다. 오늘날에는 30미터 높이의 언덕 3만 제곱미터를 발굴했으며, 이 면적은 전체 면적의 약 8분의 1에 해당된

❋ 크로드 세페르가 발굴한 우가리트의 층서학. 이 도면은 고대 도시들이 층으로 구성되어 있는 것을 보여준다. A: 우가리트의 언덕 위에 가장 최근에 형성된 층. B-C: 도시와 집의 벽. D-E: 도시가 지진으로 무너지기 이전 약 기원전 1425년에서 1365년 사이에 세워진 벽. F-H: 기원전 1450년과 1365년 사이에 죽은 자를 위한 큰 무덤과 옆에 위치해 있는 작은 무덤들. J: 기원전 1900년과 1750년 사이에 크레타에서 수입되었거나 크레타 출신의 장인이 건설을 지도한 미노스 스타일의 무덤 입구. K: 지질층. L: 기원전 2900년과 1900년 사이에 제작된 다양한 장신구. L-M: 현재 지면보다 8미터 깊은 곳에서 발견된 가장 오래된 우가리트의 채색 항아리.

다. 이곳에는 수천 년 동안 사람이 살았으며 인간의 흔적은 석기시대까지 거슬러 올라간다. 약 18미터 깊이의 층에서는 부싯돌이 발견되었다. 그 당시에는 수천 년 동안 보존될 수 있는 단단한 소재의 항아리나 용기가 없었다. 나무나 가죽으로 제작된 그릇 등은 아마도 몇 십년이 지난 후에는 그 흔적마저 사라졌을 것이다.

16미터와 17미터 깊이에서는 돌그릇들이 발견되었다. 그 시대에 어떤 사람들이 이곳에서 살았을까? 우리는 당시에 어떤 사람들이 살았는지 알 수 없지만, 그들의 외모는 오늘날의 사람들과 거의 차이가 없을 것으로 생각된다. 전 세계에 3만 년 전에 살았던 호모사피엔스는 우리의 생각 이상으로 현재 우리의 모습과 닮았을 것이다. 동아프리카 빅토리아 호수의 동북쪽에 위치한 간제리에서 발견된 호모사피엔스의 머리뼈는 약 30만 년 전의 것으로 추정된다. 그러므로 북경원인이나 네안데르탈인이 인간 진화의 출발 형태는 아닌 것이다.

초창기 돌그릇 사이의 유사점들로 추측해보면 기원전 6000년과 기원전 5000년 사이에 석기시대의 라스 샴라와 예리코 사이에는 주민들 간의 교류가 있었다. 시리아 레바논 지역에는 이미 9세기와 7세기부터 무역 거래가 있었던 것으로 추정된다. 기원전 8300년부터는 아나톨리아에서 예리코로 흑요석이 수입됐다. 이후 같은 방법으로 기원전 6200년에 도자기로 만들어진 조개가 아시아의 남부인 카탈후유크에 공급되었다. 16미터에서 12미터 깊이의 층에는 사일렉스, 흑요석, 뼈로 만들어진 연장들이 있다. 하지만 인간은 이른 시기부터 매우 정교한 기술을 이용해서 도자기를 만들기 시작했고 채색도 했다. 사르곤 1세는 아카드의 왕이었으며 셈족의 가장 위대한 영웅이기도 했다. 그는 수메르인과 셈계(系)의 아카드인들을 통일했으며 기원전 2300년에 여행하면서 우가리트를 지나갔을 것이다. 어쩌면 그가 우가리트를 방문했는지도 모를 일이다.

우가리트의 대외교류 흔적

라스 샴라의 언덕 밑에는 얼마나 위대한 역사와 수천 년의 세월이 묻혀 있는가. 프랑스의 고고학자인 파로는 유프라테스 강의 중앙부에 위치한 탈알하리리에서 마리라는 도시를 발굴했다. 그는 그곳 왕의 서고에서 점토로 만들어진 판을 발견했는데, 이것이 바로 유명한 법전(함무라비법전)을 만든 함무라비 왕(기원전 1728~기원전 1686년)의 편지다. 바빌론, 아시리아, 메소포타미아 지역이 모두 함무라비 왕의 제국이었다. 함무라비왕은 우가리트의 왕이 짐릴림의 성을 방문하기 원한다고 기록했는데, 그곳에는 마리의 마지막 왕이 살고 있었다. 1834년 앙카라의 동쪽에 위치한 예전의 하투사(옛 히타이트 제국의 수도)였던 보가즈쾨이에서 발견된 설형문자 텍스트에서도 우가리트가 언급된다.

우리는 지금 지하 약 7.5미터 지점에 위치한 곳에 있다. 무덤에서는 최초의 팔찌와 바늘구멍이 있는 바늘, 목걸이와 동으로 만들어진 다른 장신구들, 우가리트를 찾았던 발칸, 도나우, 라인, 카우카수스 지역에서 온 유럽인들의 흔적과 그들의 섬세한 기술을 찾을 수 있었다. 그 근방에서도 그와 비슷한 물건들을 많이 찾아볼 수 있었다.

강한 세력을 지니고 있던 이집트는 우가리트와 관계를 맺었다. 이집트의 공주인 슈누미트의 돌로 만들어진 형상이 우가리트로 들어가던 날은 얼마나 아름다웠을까. 파라오 세소스트리스(기원전 1806~기원전 1887)는 '아름다운 왕관'이라고 불리던 그 아름다운 소녀와 결혼했다. 그리고 그와 동시에 크레타 섬은 미노스 문화의 최절정기를 맞게 된다. 이곳에서 또다시 발굴된 아름다운 화기(火器)들은 우가리트와 해양국가였던 크레타와의 관계와 무역에 대해서도 말해준다. 한 무덤에서 발견된 달걀껍질만 한 크기의 테라코타 용기는 분명 기원전 1900년에서 1750년 사이에 크레타에서 수입되었을 것이다.

우가리트는 국제적인 도시였다. 사이프러스와 마주보는 시리아 연안의 작은 무역도시로서, 그리고 아시아와 이집트와의 징검다리로서 우가리트는 다양한 민족들을 연결해주었다. 로리머와 스튜빙스는 우가리트가 크레타의 식민지였거나, 혹은 무역지였다고 주장하기도 한다.

그 이후 일어난 일의 원인을 찾기는 쉽지 않다. 어떤 세력이 우가리트에 있던 이집트 동상들을 부순 것이다. 우가리트의 셈족은 이러한 파괴를 하기에는 너무 개방적인 사고와 높은 안목을 가졌다. 하지만 곧 도시는 파괴를 극복한 모양이다. 무덤에서 발굴된 물건들도 매우 다양한 예술성을 자랑하는 것을 볼 수 있다. 사이프러스인들, 이집트의 상인, 메소포타미아의 학자, 당시 세계의 뛰어난 기술자들이 아마 우가리트에서 공존했을 것이다.

드디어 가장 위대하고 강한 권력을 가졌던 이집트의 파라오 투트모세 3세가 우가리트에 등장한다. 그는 아마 아시아에서 가장 위대한 천재 중 한 명이었을지도 모른다. 이 위대한 지도자의 미라는 아직도 보존되어 있다. 우리는 섬세한 독수리의 콧날과 도드라진 입, 긴 뒤통수에서 진정한 왕의 모습을 찾아볼 수 있다. 또, 카르나크의 신전에서 발견된 왕의 형상을 통해서는 그의 엄청난 에너지를 느낄 수 있다. 투트모세 3세는 전쟁 시에 사용될 군사들을 위한 기지가 필요했는데, 당시 북쪽의 가장 좋은 항구가 바로 우가리트였다. 기원전 1500년에 사이프러스, 에게, 크레타, 이집트, 우가리트에 살던 사람들은 모두 이집트의 정치적인 점령에 의해서 이익을 보았다. 이집트의 평화 정책이 건축기술이 뛰어났던 도시에게 황금시기를 안겨줬던 것이다.

우가리트의 거주지와 무덤

넓게 이어지는 거주지역들에는 곧은 거리가 가로질러 놓였고, 도로들은 서로 직각으로 교차했다. 도시의 북서쪽에는 왕족의 건축물과 신전들, 다양한 형태의 대저택들이 있었는데, 그 중에는 고위 장교들의 저택과 왕의 궁전도 있었다. 1953년에는 왕과 성직자들의 서고가 발굴되었고, 마지막으로 기술자들이 살던 지역이 발견되었는데, 예술적인 기술자들이 살던 지역은 조합에 따라서 지역이 나뉘어졌다. 어떤 집들은 여러 개의 방은 물론 욕실과 같은 위생적인 시설들도 모두 갖췄다. 사용된 물은 정기적으로 다른 곳으로 배수되었고, 섬세한 수로를 통해서 빗물이 도시로 공급되었다. 마당에는 울타리가 쳐진 우물이 둥근 형태의 아름다운 돌판으로 덮여 있었다. 돌판 가운데에는 뚫린 부분이 있었으며 우물에 이물질이 들어가지 않도록 그 구멍 위에 4개의 다리가 달린 지붕이 세워져 있었다. 우물에는 큰 돌로 만든 용기들이 세워져 있었는데, 아마도 우물에서 퍼 올린 물을 담는 데 썼을 것이다. 또 주거공간과 침실은 이층에 있었던 듯, 비교적 넓은 돌로 만들어진 편리한 계단이 이층으로 연결되어 있었다.

살아있는 자들이 잘 '살아야' 하는 것처럼 죽은 자들은 편히 쉬어야 한다. 각 집의 지하에는 무덤을 위한 공간이 마련되어 있었다. 복도를 통해서 그 내부로 들어갈 수 있었고, 내부 공간은 대부분 둥그스름한 천장을 하고 있었다. 죽은 자는 자신의 가족들이 사는 지하 공간에 머물면서 가족들의 삶에 참여하는 것이었다. 그리고 그가 죽음으로 가는 길에 필요한 물건들과 장신구들을 함께 쥐어주었던 것이다. 우가리트에서 죽은 자들은 왕과 같은 의식이 치러졌다. 그렇기 때문에 거의 모든 무덤들은 이후에 약탈당했다. 하지만 약탈자들은 대부분 가치가 나가는 금으로 만들어진 물건들만 가져갔기 때문에 아름다운 파양스 도자기, 상아로 만들어진 장신구, 설화석고로 만들어진 도자기, 주로 로도스 섬이나 사이프러스에서 제작되던 아름다운 미케네식 자기들은 남았다. 아랫부분이 뾰족하게 마무리되고 아름다운 그림으로 장식된 미노스식 항아리는 아름다움 그 자체라고 할 수 있다. 이 도시를 발굴한 클로드 세페르는 죽은 자들에게 음료까지 함께 묻어주었던 것을 확인했다. 이처럼 우가리트에서는 죽은 자들을 위해서 사치스러운 장례를 치러주었다. 왜 우가리트 사람들이 그렇게 확실하게 후생의 존재를 믿었는가에 대해서는 나중에 다시 언급하겠다.

미네 엘 베이다의 연안에는 항구도시가 하나 있었다. 그곳에서도 우가리트인들은 편의성을 강조한 집들을 지었다. 그리고 그곳에서도 예술적으로 만들어진, 어떻게 보면 현대적으로 보이는 무덤과 창고 등을 찾을 수 있다. 세페르는 그런 창고에서 와인이나 기름을 채워두었던 항아리를 80개도 넘게 발견했다. 이러한 항아리들은 수출을 위한 것이었거나, 우가리트인들이 소비하기 위해 제작했던 것으로 생각된다. 건물들을 통해서도 이 항구의 규모가 얼마나 컸으며, 당시에 얼마나 활발한 거래가 이루어졌는지를 알 수 있다. 건물들에는 대부분 사이프러스에서 온 1000개도 넘는 향이 첨가된 기름이 팔레스타인이나 이집트로 수출되었다.

우가리트의 화장품 사업

우가리트에서는 매우 섬세한 화장품 사업이 발달했다. 향료를 위해 섬세하게 만들어진 용기, 상아로 만들어진 오리 모양의 화장품통 등이 만들어지기도 했다. 금으로 깃털이 새겨진 작은 독수리 모양의 물건도 있는데, 이런 물건들을 통해서 이집트의 예술이 이곳에서 수용되었다는 것을 알 수 있다.

하지만 우가리트인들은 미노스식과 에게식 기술을 모두 갖고 싶어 했다. 크레타와 그리스의 예술가, 조각가, 금과 동을 다루는 기술자들은 모두 화려하게 차려입고 화장을 하고는 작업실로 찾아오는 도시의 여성들을 고객으로 맞이했다. 그것도 3500년 전에 말이다. 미네 엘 베이다에 있는 한 무덤에서는 황토로 만들어 유약칠을 한 컵이 발견되었는데, 여기에는 우가리트 상류층 사회에서 갈망의 대상이었던 섬세하게 가꿔진 크레타 여성의 얼굴이 그려져 있었다. 컵의 높이는 약 16센티미터에 불과하다. 현재 이 컵은 루브르 박물관에 전시되어 있으며, 세계에서 가장 유물이 많은 이 박물관 내에서도 아주 귀한 작품으로 여겨지고 있다. 기원전 2세기 중반에 쓰인 것으로 추정되는 바알 사원의 텍스트는 우리에게 당시의 화장품 거래에 대해서 말해 준다. 당시에도 화장품 거래는 이익이 많이 남는 품목이었다.

화재로 무너진 우가리트

클로드 세페르는 발굴 작업을 통해서 기원전 14세기 중반에 이 도시가 지진에 의해서 파괴되었다는 것을 알아냈다. 무너진 집, 부서진 벽과 담, 커다란 돌들이 서로 밀려났고, 큰 화재의 흔적들도 찾아볼 수 있다. 티로스의 왕인 아비밀키는 아미노피스 4세에게 이 재난에 대해서 알린다. "왕의 도시 우가리트가 화재에 의해서 무너졌다. 도시의 반이 타버렸다. 도시의 반이 사라져버렸다." 아직도 기원전 14세기의 비밀 중 하나는 우가리트, 크레타의 크노소스, 트로야 그리고 또 다른 대도시들이 같은 시기에 대형 파괴를 겪었다는 것이다. 어떻게

※ 우가리트에서 발굴된 가나안의 여신. 상아로 만들어진 이 유물은 기원전 1350년에 만들어진 것으로 추정되며 현재 파리의 루브르 박물관에 전시되어 있다. 얼굴의 형태, 예술적인 헤어스타일, 이마에 있는 띠, 목의 장식을 통해서 이 작품을 만든 장인이 그리스 출신이었으며 그리스 초창기 예술의 영향을 많이 받았음을 알 수 있다.

※ 구리로 만들어진 이 동상은 1937년 프랑스 고고학자인 클로드 세페르에 의해서 발굴되었다. 동상은 기원전 1800∼기원전 1600년에 만들어진 것이다. 사진은 동상의 정면과 측면을 보여준다. 우측 사진이 측면 모습.

※ 기원전 15~14세기에 동으로 만들어진 바알 신의 형상이다. 헤어스타일과 머리 부분은 금으로 도금되었고, 몸통은 은으로 입혀졌다. 이 독특한 형상은 우가리트의 예전 항구가 있었던 곳인 미네 엘 베이다에서 발굴되었고, 현재는 파리의 루브르 박물관에 전시되어 있다.

✳ 우가리트의 중앙 서고에 있었던 황토로 만
들어진 판. 이 판에 쓰인 글씨는 가장 오래
된 알파벳인데, 약 3400년에 가나안 사람들
이 발명한 것으로 추정된다. 판의 윗부분에
는 왕의 문장이 찍혀 있다.

✳ 기원전 1300년에 만들어진 작품으로, 가나안 유물 중에서 가장 아름다운 유물의 하나에 속한다. 상아로 만들어진 이 판은 왕
의 침대 아랫부분에 위치해 있었을 것으로 추정된다. 우가리트의 왕과 그의 누이들이 적의 왕을 위협하는 모습을 형상화하고
있다.

지진이 그렇게 먼 거리의 지역들을 같은 시기에 파괴할 수 있을까? 어쨌든 우가리트는 다시 한 번 번창한다. 또다시 주택들과 궁전들이 지어지고, 또다시 여인들은 이집트의 아름다운 옷을 입고 무엇보다 미노스의 유행을 따르게 된다. 바로 크레타인들이 우가리트의 가장 부유한 층에 속해 주도적인 역할을 하기 때문이다. 그리고 예전의 우가리트를 부유하고 위대하게 만들었던 관계들이 다시 왕성하게 맺어진다. 기원전 13세기의 한 주거지역의 아름다운 무덤에는 동으로 만들어진 검이 같이 묻혔는데, 그 검에는 미네프타 왕의 이름이 새겨져 있었다. 대성직자의 주택에는 74개의 무기와 공구들이 세워져 있다. 새겨진 글에 따르면 그 물건들은 대성직자를 위해 동기술자들의 모임에서 바친 선물이었다.

이민족의 침입과 종말

그러던 어느 날 약, 기원전 1200년에 비극적인 종말이 찾아온다. 마치 태풍이 밀려오듯 북쪽의 그리스, 대륙 쪽에서는 아시아, 해안 쪽에서는 시리아에서 이민족들이 쳐들어온다. 그들은 새로운 신비의 무기인 철로 만들어진 무기를 갖고 있었고, 그 사이에서 우가리트는 '해양민족'의 침입을 견디지 못하고 무너진다. 이렇게 우가리트는 사라졌다. 도시는 청동기시대에 멸망하게 되었고, 상인들의 거래도 끝이 난다. 서기들도 기록을 멈춘다. 황토로 만들어진 판들은 도굴꾼들에 의해 전 세계로 퍼지게 된다. 우아한 여인들의 웃음소리도 멈추고, 도시가 자리잡았던 언덕 위에는 점점 흙이 쌓였다. 그리고 아직도 그것을 파내는 발굴 작업이 진행되고 있다.

30년 전에야 우가리트의 점토로 만들어진 판의 비밀이 밝혀졌다. 이것으로 3000년도 넘게 잊혔던 한 도시의 정신적인 삶을 알 수 있었다. 우가리트의 점토판 발견은 성경 연구를 위한 가장 중요한 발견이다. 티로스의 왕인 히람은 솔로몬에게 하인들을 보냈다. 바로 솔로몬이 그의 아버지의 도시에서 왕이 되었다는 소식을 들었기 때문이다. 히람은 다윗의 친구였다. 솔로몬 역시 히람에게 하인을 보내 이러한 말을 전했다. "당신도 알듯이 나의 아버지인 다윗은 야훼의 이름으로 신전을 지을 수 없었다. 바로 이웃 국가들이 전쟁의 위협을 했기 때문이다. 하지만 야훼는 나에게 평화를 주셨다. 나의 나라는 주위의 공격을 두려워할 필요가 없다. 그렇기 때문에 나는 야훼의 이름으로 신전을 지을 것이다."
– 열왕기상 5장, 15~19절.

헤로도토스의 기록, 알파벳을 처음으로 발명한 민족

도시와 문화를 발굴하고 싶다면 아무 곳에나 삽질을 할 것이 아니라, 우선 문서와 기록들을 통해서 연구를 하는 것이 중요하다.

예를 들어서 기원전에 쓰인 문서들을 통해서 확실한 정보를 자주 찾을 수 있다. 옛 문서의 기록을 전부 상상력에 의한 것이거나 확인이 불가능한 것이라고 봐서는 안 된다는 것이다. 또한 대부분의 신화는 항상 어느 정도의 진실을 담고 있다. 우리는 인간의 이해력, 지혜, 믿음이 세월이 흐르면서 더 커지지는 않았다는 것을 깨달아야 할 것이다. 우리가 가장 범하기 쉬운 잘못은 바로 약 2500년 전에 살았던 붓다, 공자, 에우리피데스, 소크라테스가 보여주는, 가장 위대한 정신적인 인류의 진실보다 자연과학적 연구에 더 많은 믿음을 주는 것이다.

기원전 485년에 할리카르나소스의 유복한 가정에서 사내아이 하나가 태어났다. 그는 나중에 역사의 아버지라고 불리게 된다. 헤로도토스는 당시에 지중해를 여행했다. 그는 연구자이자 위대한 관찰자, 뛰어난 청취자였으며 항상 호기심이 많고 궁금한 것이 많은 사람이었다. 그는 또한 이웃에 대한 사랑이 뛰어났고, 모든 이야기를 진지하게 들었다. 하지만 그도 때로는 남의 흉을 보는 것과 웃는 것을 즐겼다. 그는 옛것을 존경했지만 새로운 것에도 감명을 받았고, 아무런 전문적 군사 지식도 없이 페르시아인과 그리스인의 전쟁에 대해서 묘사하기도 했다. 그는 특별히 증오하는 민족도 인종도 없었다. 또한 슈펭글러와는 달리 인간이 이성과 과거의 경험을 통해 획득된 몇 가지 지식을 통해서 자신들의 역사와 미래를 스스로 만들어 나갈 능력을 가졌다고 생각했다. 즉, 인간은 자연이나 운명의 장난감이 아니라는 것이다. 그렇기 때문에 헤로도토스는 민족의 미래를 예언하지 않았다. 왜냐하면 인간의 미래는 알 수 없고, 예언할 수 없는 것이기 때문이다.

헤로도토스는 자신의 다섯 번째 책에서 그리스인들이 어디에서 문자를 받았는가를 기록하고 있다. 페니키아인들은 그들의 왕인 카드모스와 함께 그리스로 오면서 수많은 학문적인 지식들을 가져왔다. 그리고 그 중에는 아마도 그리스인들이 이전에는 갖고 있지 않았던 문자도 포함되어 있었을 것이다.

최초의 역사학자였던 헤로도토스는 페니키아인들이 알파벳을 처음으로 발명한 민족이라고 주장한다. 그리스인들의 문자가 바로 알파벳에서 유래한 것이다. 또한 알파벳은 모든 유럽 언어를 표기하는 문자이기도 하다. 현대의 학자들로부터 많은 의심을 받았던 헤로도토스의 주장에 대한 증거는 원자력을 사용하는 시대인 현대에 와서야 발견된다. 프랑스의 고고학자인 클로드 세페르가 헤로도토스가 기록을 통해 상세히 묘사하고 있는 내용에 대한 증거들을 1929년에 비로소 발굴한 것이다.

라스 샴라 언덕의 5개의 층

라스 샴라의 언덕 밑에 위치해 있던 우가리트를 발굴하면서 세페르는 5개의 층을 발견했다. 이 5개의 층은 석기시대부터 우가리트가 멸망할 당시인 기원전 1100년까지 인류의 다섯 단계의 문화를 보여준다. 다섯 번째 층은 가장 깊은 곳에 위치해 있으며, 당연히 가장 오래된 층이다. 제일 위에 있는 첫째 층은 기원전 약 1500년에서 1100년 사이에 피어나던 도시의 잔재들을 갖고 있다. 세페르는 바로 이 첫 번째 층에서 커다란 건물을 발견했는데, 건물의 중심에는 큰 마당이 있었다. 이 마당에 들어가기 위해서는 북쪽에 있던 큰 문을 통과해야 한다. 또 상당히 큰 방들이 마당을 두르고 있고, 계단을 통해 2층으로 올라갈 수 있다. 이 집은 바로 대제사장의 집이었던 것이다.

발굴이 진행되면서 세페르는 바빌론의 설형문자와 아카드어로 쓰인 문서들을 많이 발견했는데, 그 문서들은 대부분 경제와 통계적인 내용을 담고 있다. 또한 바빌론의 설형문자로 쓰인 사전에는 수메르어와 같은 언어에 대한 설명이 기록되어 있었다. 그 외에도 선형문자 B의 기록들과 다양한 자기들과 이집트의 히에로글리프가 새겨진 동상들도 발굴되었다. 또한 아직까지 알려지지 않았던 설형문자가 발견되었는데, 이것이 바로 페니키아인의 선조들이 사용했던 문자이다. 표기방식은 메소포타미아식이고, 단어의 리스트와 목록들은 판에 기록되었다. 이러한 판의 크기는 약 40센티미터이다. 점토로 만들어진 판에 글씨를 새긴다는 것은 대단한 기술이 필요한 작업이었던 것이다.

니니베와 바빌론과 같이 우가리트에서 발굴된 점토로 만들어진 판들도 양면에 글씨가 새겨져 있다. 하지만 우가리트에서 찾은 글씨는 다른 곳의 글씨와는 다른 독특한 면이 있었고, 그것은 글씨를 해독하기도 전에 눈에 띌 정도였다. 메소포타미아 점토판의 글씨는 수백 개의 글자로 구성된다. 그리고 이 글자들은 각각 하나의 음절 또는 단어를 의미한다. 하지만 우가리트의 텍스트에서는 약 29개에서 30개의 문자들만이 사용되고 있었다. 따라서 발굴팀은 세계의 첫 알파벳을 발견했음을 즉시 알 수 있었던 것이다.

점토판 연구

프랑스 학자인 찰스 비롤로드는 우가리트의 점토로 만들어진 판들이 발굴된 지 일 년이 지난 1930년 4월, 비밀스러운 글씨로 쓰인 텍스트들을 공개했다. 할레 대학의 교수인 한스 바우어는 이 문자가 히브리어와 페니키아어와 비슷한 언어인 셈어일 것이라고 생각했다. 그는 글자의 조합을 통해서 단어를 찾으려고 노력했고, 실제로 그는 숫자 3과 4, 그리고 종교적인 이름들인 아세라트, 아슈타트, 발, 엘, 엘라와 같은 단어들을 발견했다.

이는 단순한 작업일 것이라고 생각되지만 거의 모든 셈어와 같은 대부분의 모음들이 생략되었기 때문에 모음을 보충해야 한다는 어려움이 있다. 그렇기 때문에 문자를 해독하는 것은 신화에 대한 해박한 지식이 필요하다. 예를 들어서 'STRT'는 아슈타트 여신을 가리키는 약자이다. 그러나 이 여신에 대한 사전지식이 없으면 'STRT'가 아슈타트를 뜻한다는 것을 알 수 없을 것이다. 그뿐만이 아니다. 발신도

'BL' 이라는 약자로 표기된다.

바우어는 28개의 문자 중에서 14개를 풀이했다. 그러나 9개의 글자에서 오류를 범했고, 5개의 뜻은 풀이하지 못했다. 프랑스인들은 이 글자들의 해독과 가나안의 모든 문화유적들을 발굴하는 것에 큰 공을 들였다. 마침내 프랑스 학자인 도름이 미처 의문이 풀리지 않았던 글자를 올바르게 해독하는 데 성공했고, 한스 바우어 교수는 도름의 작업을 참고하여 마지막 한 글자만을 남기고 모든 글자의 해독에 성공했다.

비롤로드 박사는 가나안에서 발견된 여러 문자판들에 대한 연구를 진행했다. 그리고 1948년에 결국 완벽한 알파벳을 발견하게 되었다.

이 알파벳의 기원은 기원전 1400년까지 거슬러 올라가며, 지구상에 존재하는 가장 오래된 알파벳이다. 이리하여 우가리트의 라스 샴라의 모든 비밀이 풀렸던 것이다. 물론 알파벳을 발명한 사람의 이름은 영원히 밝혀지지 않을 것이다. 하지만 이제 우리는 그가 페니키아인이었음을 알게 되었고, 비롤로드는 이렇게 위대한 업적을 이룬 민족은 인류의 역사에서 중요한 자리를 차지할 자격을 가져도 충분하다고 주장한다.

두 종류의 점토판

우가리트에서 발견된 가나안의 알파벳은 28개의 음으로 구성되며, 그 중에서 26개가 자음이다.

히브리어의 알파벳은 23개의 문자, 그리고 나중에 발명된 페니키아의 알파벳은 22개의 문자로 구성되어 있다. 오늘날 우리가 사용하는 알파벳은 26개의 문자로, 그리고 러시아어는 33개의 문자로 구성되어 있다. 우리는 오늘날까지 보존된 가나안의 쐐기꼴 문자로 쓰인 텍스트들을 읽을 수 있다. 두 가지 종류의 점토판이 있는데, 큰 점토판은 전설과 신화, 작은 점토판들은 편지, 계산서, 지시문, 기름이나 와인과 같은 상품목록, 입양, 증여, 판매에 관한 법적 계약서 등이 쓰여 있다.

점토판이 알려주는 사실들

우리들에게 가장 큰 유산인 알파벳을 남겨주고 약 3000년 전에 멸망한 도시의 생활을 들여다보는 것은 흥미로운 일이다. 야시나루라는 사람이 일쿠야를 입양했다. 야시나루는 우가리트의 왕 앞에서 일쿠야를 자신의 아들로 받아들였다. 그리고 특별한 사유 없이는 이 입양을 파기할 수 없다고 서면으로 기록하고 있다. 양아버지가 입양을 파기할 경우에 그는 양아들에게 100제켈의 은화를 줘야 한다. 하지만 양아들이 아버지를 떠나려고 할 경우에는 아무것도 받을 수 없고, 빈손으로 집을 떠나야 한다. 이런 예를 통해서 계약서들이 얼마나 모범적으로 체결되었는가를 알 수 있다. 충실하지 않은 아들은 빈손으로 집을 떠나야 한다. 아들은 손에 아무것도 쥐지 않은 상태로 집을 떠나야 한다는 것이다.

우리는 왕실의 증여, 물물교환, 매매에 관해서도 알게 되었다. 집, 올리브 농장, 소, 당나귀, 양과 같은 가축의 주인이 바뀌는 것을 확인할 수 있고, 여왕 아하트밀쿠의 지출에 관한 모든 기록들도 보존되어 있다. 귀한 보석이 박혀 있는 4쌍의 귀고리, 금반지와 금팔찌, 황금 트로피, 그릇, 병, 2개의 황금 벨트, 20개의 고급 천으로 재단된 옷, 수많은 망토와 코트, 의자를 씌우는 천, 상아장식이 된 3개의 침대, 금장식이 달린 의자, 큰 용기, 컵, 동으로 만들어진 횃불, 달콤한 오일이 담긴 용기, 20개의 화장케이스 등과 같은 것들이 있었다. 아하트밀쿠 여왕은 대단한 부자이자 안목도 상당히 높았던 것 같다.

문서들을 통해서 노예도 거래가 되었다는 것을 알 수 있다. 팔린 노예들을 다시 사들이기도 했다. 노예들을 사려던 한 사람은 400제켈의 은화 중에서 140제켈의 은화를 지급하지 못했다. 그래서 그는 차차 노예들을 납품받으면서 계산을 마치기로 약속했다. 1제켈은 약 16.37그램이었다. 우리들이 생각하기에는 상당히 적은 액수인 13파운드의 은화가 바로 노예의 몸값이었다. 하지만 당시에 은은 지금처럼 흔하지 않았을 것이기 때문에, 더 귀했을 것이다. 그에 비해서 카르케미시의 마구간 감독이 우가리트의 왕에게 판 말은 매우 비싸다. 16,180번 점토판에는 최고급 말 한 필의 가격이 200제켈이었다고 쓰여 있다. 이것은 노예들을 사들인 비용의 절반에 해당되는 금액이다.

또 울미라는 귀족 여인이 자기 딸인 우가리트의 여왕에게 도움을 요청하는 내용도 읽을 수 있다. "우가리트와 아무루의 신들이 너의 건강을 지켜주시길 바란다. 너와 우가리트의 왕이 잘 지내는지 알려 다오." 이 편지의 필자는 뒤에서 자신의 집이 타버렸고, 모든 것이 파 괴되었다며 여왕의 도움을 요청한다. 아마도 우가리트의 여왕은 아 무루인이었을 것으로 추정된다. 그렇게 때문에 그녀의 어머니인 울 미가 고향의 신들까지 언급하는 것으로 보인다. 세계를 향해서 열린 태도를 갖고 있었던 우가리트에서는 다른 신들에 대해서 쓰는 것도 허용되었던 것이다. 이러한 이유 때문에 가나안의 신들도 서서히 사 라졌을 것이다.

가나안의 신화

라스 샴라의 점토판 해석을 통해서 약 30년 전부터 가나안의 신화 들이 잘 알려졌다. 프랑스 학자들인 비롤로드, 뒤소, 누게롤은 이 놀 라운 민족의 아주 작은 비밀까지 밝혀냈다. 그 중에서 매우 흥미롭고 중요한 사실은 다음과 같다. 점토판의 글들은 기원전 14세기에 기록 되었지만 거기에 담긴 내용은 훨씬 더 오래되었다는 것이다. 그 내용 은 구전되어 왔거나 알파벳 체계가 아닌 고대 표시 체계를 통해서 전 해져 왔던 것으로 추정된다. 가나안과 이스라엘 민족이 같은 나라에 서 살고 비슷한 삶의 형태를 갖췄으며 같은 신화를 알고 같은 신을 섬 겼던 사실로 미루어보아 두 민족이 동일한 근원을 가진다고 추측할 수 있다. 우가리트의 점토판은 우리를 이스라엘 민족의 가장 오래된 역사로 인도해준다. 그러므로 이 점토판의 발견은 성경 연구에 있어 서도 가장 중요한 사건이라고 할 수 있을 것이다. 학자인 르네 뒤소는 발굴된 물건들의 가치가 대단하다는 것은 결코 지나친 평가가 아니라고 주장한다.

'해의 아버지', 엘 신

가나안인들의 종교는 원시적이지 않았다. 매우 체계적으로 구축된 사제단이 정기적으로 신전 업무를 보았으며, 신전에는 신성한 유물들이 많았다. 가장 높은 신은 엘이었다. 엘은 페니키아어와 다른 셈어에서 신을 뜻하는 말이다. 그리고 가나안의 엘 신은 구약성서에 나오는 신의 이름, 엘로힘의 기원이다.

가나안인들의 엘 신은 인간과 인간의 일상생활에서는 멀리 떨어져 있던 신이었다. 그는 '해의 아버지'였으며 그의 손은 '바다만큼 컸다.' 그는 강들이 바다로 흘러들어 가는 지점의 해안에서 살았다. 극지방의 민족들과 비슷한 방식으로 가나안인들도 그들의 가장 신성한 존재들의 모습을 상상했을지도 모른다. 우리는 더 깊이 접근할수록 과거의 신들은 인간의 작은 일들에는 신경을 쓰지 않고, 벌도 내리지 않았다는 것을 발견할 수 있다. 한편 곧게 서 있는 돌, 즉 석비가 발견되었는데 그곳의 왕좌에는 엘 신이 앉아 있었으며 우가리트의 왕이 그에게 제물을 바쳤을 것이다.

엘 신의 아내는 바로 아세라트 여신이었다. 몇 백 년이 지나면 성경에서 이 여신을 아세라라는 이름으로 다시 찾아볼 수 있다. 성경에서 그녀를 상징하는 것은 바로 신성한 나무 또는 기둥이다. 따라서 아세라라는 이름은 나무 또는 기둥을 뜻하기도 하며, 몇몇 고대 민족들은 이러한 나무와 기둥을 신성하게 여기기도 했다.

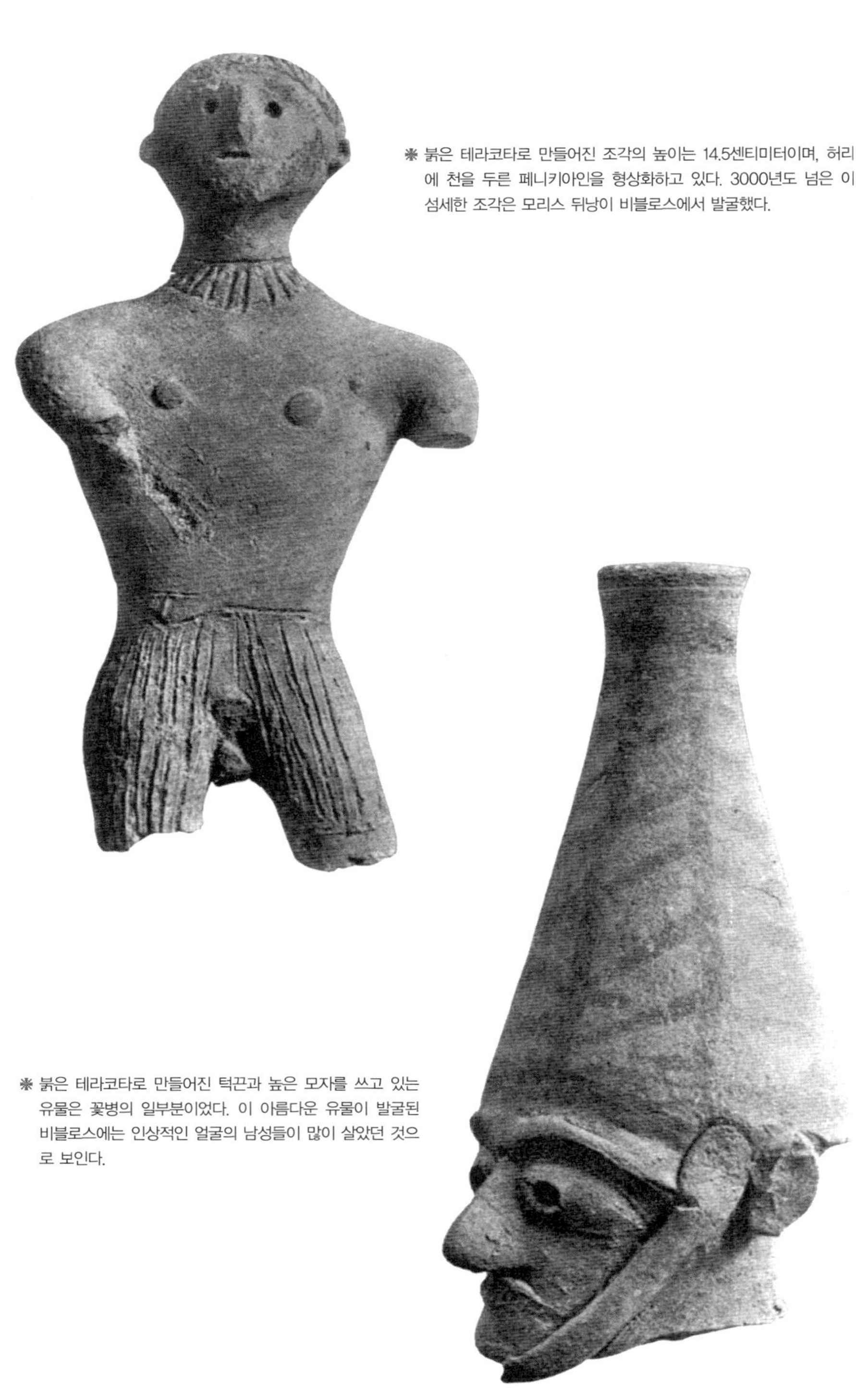

✻ 붉은 테라코타로 만들어진 조각의 높이는 14.5센티미터이며, 허리에 천을 두른 페니키아인을 형상화하고 있다. 3000년도 넘은 이 섬세한 조각은 모리스 뒤낭이 비블로스에서 발굴했다.

✻ 붉은 테라코타로 만들어진 턱끈과 높은 모자를 쓰고 있는 유물은 꽃병의 일부분이었다. 이 아름다운 유물이 발굴된 비블로스에는 인상적인 얼굴의 남성들이 많이 살았던 것으로 보인다.

※ 화살표가 가리키는 곳이 티로스의 옛 페니키아 북항구가 위치했던 곳이다. 이곳의 부두와 다른 시설들은 바다에 가라앉았다. 약 5000년 전에 세워진 이 도시의 오늘날의 이름은 수르이다.

※ 예전의 대단했던 티로스 요새의 잔해들이다. 유명했던 이 페니키아의 도시는 예전에는 섬이었다. 기원전 332년에 알렉산더 대왕은 이 도시를 정복하기 위해서 대륙에서 댐을 가져오라는 명령을 내리기도 했다. 세월이 흐르면서 모래가 축적되어 모래다리가 생겨났고, 남쪽 항구는 완벽하게 바다에 가라앉아버렸다.

※ 이것은 카르타고의 아름다운 묘비이다. 몇몇 고대 학자들은 카르타고인들이 후생을 믿지 않았다고 주장한다. 하지만 묘비를 자세히 살펴보면 이 묘비를 제작한 사람이 후생에 대해 확신하고 있었다는 것을 알 수 있을 것이다. 이 유물은 현재 튀니스의 바르도 박물관에 전시되어 있다.

✳ 카르타고의 유물들은 흔하지 않다. 카르타고 귀족 여인의 모습을 보여주는 이 동상의 용도
는 묘비였으며, 현재 카르타고의 화이트 파더스 박물관에 전시되어 있다.

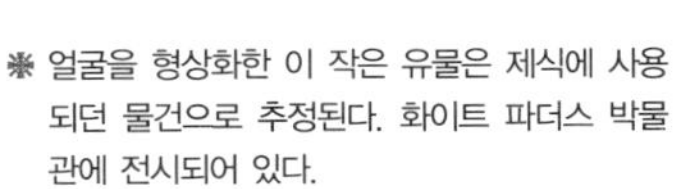

✳ 얼굴을 형상화한 이 작은 유물은 제식에 사용
되던 물건으로 추정된다. 화이트 파더스 박물
관에 전시되어 있다.

비와 비옥함의 신, 바알

가나안인들의 삶에 실제적으로 개입하고 점토판에 기록된 여러 신화의 주인공으로 등장하는 신은 바로 바알이다. 마치 크로노스가 자신의 아들인 제우스에게, 그리고 쿠마르비가 폭풍의 신에 의해서 쫓겨나듯, 바알은 엘을 몰아낸다.

우리는 바알 신을 성경에서 볼 수 있다. 이스라엘 민족이 가나안인들의 종교적인 풍습에 지속적으로 동화되려 하자 예언자들은 이스라엘 민족에게 경고한다. 가나안인들은 이후 이스라엘 민족이 가나안인들의 도시를 정복했을 때도 바알 신에 대한 믿음을 포기하지 않을 정도로 바알을 맹신했다. 우가리트의 큰 신전 두 곳은 바알과 그의 아버지인 다간에게 바쳐진 것이었다. 마지막까지 유태인의 종교와 맞서며 지켜졌던 바알에 대한 믿음은 바로 '바알세불'이라는 악마의 이름이 증명해준다. 바알은 '주인', '배우자' 또는 '잡아먹는다'를 뜻한다. 세불은 '파리'라는 히브리어이다. 마태복음, 마가복음, 누가복음에 나오는 라스 샴라의 텍스트에 따르면 바알세불은 파리의 신이라기보다는 '바알 왕자'라는 뜻에 가까울 수 있다. 비와 비옥함의 신인 바알은 라스 샴라에서 240번이나 등장한다. 바알은 구약성서에도 자주 등장한다. 야훼에 대한 믿음도 결코 바알을 다윗과 사울의 집에서 쫓아내지는 못했던 것이다. 사울의 자식 중 한 명은 메리바알, 즉 '위대한 바알'이라는 이름을 가지고 있으며, 다윗의 아들은 브엘랴다라는 이름을 갖고 있다. 이러한 현상에 대한 설명으로 야훼가 바알을 받아들였다는 것이 있다. 그렇지 않았다면 야훼를 믿는 자들이 이름에 바알을 넣었을 리가 없을 것이다. 엘 신도 부분적으로는 야훼와 동일시되었다. 엘은 우가리트의 신전에서 가장 큰 신이었으며 이후 예루살렘에서도 가장 높은 신의 자리를 고수했다.

이 신에 대한 지식은 30년 전에야 우가리트의 라스 샴라 유적을 통해서 전해졌다. 그렇기 때문에 우리가 성경의 바알에 대해 더 깊이 있는 지식을 알게 된 것 역시 겨우 30년밖에 되지 않았다. 바알 신은 대부분 곧게 서 있으며 오른손은 들고 왼손은 앞을 향하고 있는 모습으로 묘사된다. 활석(滑石)으로 만들어진 동상에서 바알 신은 곡식으로 만들어진 화환(花環)을 쓴 모습을 하고 있다. 뿔은 호박으로 만들어졌고 동상 전체는 도금되었다. 우가리트에서는 돌판에 바알을 돋을새김한 유물도 발굴되었다. 세페르의 이론에 따르면 이 판들은 신전의 지붕이 없는 구역에 세워져 있었던 것으로 추정된다. 기후의 영향을 받은 듯한 흔적 때문에 이러한 주장이 나왔지만, 이 유물은 어쩌면 기부(基部)의 흔적일 수도 있으며 확실한 것은 알 수 없다. 돋을새김한 이 작품은 이집트 예술의 영향을 많이 받았다. 하지만 헬멧의 형태를 보면 아시아의 영향도 받았다. 뿔은 황소를 뜻하며, 비옥함을 상징하기도 한다. 곤봉과 창은 비와 천둥의 신의 상징이며, 역시 자연과 비옥함을 상징한다.

다산과 야생의 신, 아낫

점토판에 의하면 바알의 누이는 아낫이다. 고대 오리엔트나 이집트에서와 같이 이 신들도 형제자매들이 서로 결혼하는 풍습이 있었다. 처녀성, 다산, 야생이 이 여신이 동시에 갖고 있는 특성들이다. 이처럼 결백함, 성스러운 잉태, 사랑과 헌신의 왜곡은 고대부터 언제나 존재해왔던 요소들이다.

인간들이 바알을 차차 잊어가고 믿음이 줄어들 때 아낫이 배반자들 사이에 피바다를 일으킨다. 나라의 북쪽에 금으로 가득 찬 산이 있다는 것이다. 페니키아어로 금은 'Harous'라고 한다. 그리스인들은 페니키아어를 변형시켜서 금을 'khrusos'라고 부른다. 아낫은 그 산에서 자신의 승리에 대해 이야기하는데, 그녀가 거대한 뱀인 리단 또는 로단을 죽였다는 것이다. 이 뱀이 바로 성서에 등장하는 리바이어던이다. 우가리트에서 리바이어던이라는 이름이 언급되기 전까지는 어디에서도 그 이름이 등장하지 않았고, 이후 구약성서의 욥기에 그 이름이 실리게 된다. 그만큼 금을 지키는 용, 또는 보물을 지키는 뱀의 역사는 오래된 것이다.

레바논의 유명한 백향목도 구약성서에 언급되기 전에 이미 우가리트의 점토판에 등장한다. 아낫이 엘 신에게 자신의 형제이자 남편인 바알이 다른 신들과는 달리 신전이 없다고 호소하자, 엘은 고결한 건축사들을 시켜 벽돌과 레바논의 백향목으로 신전을 짓도록 한다. 열왕기상의 첫 번째 권(6:9)에 따르면 솔로몬도 신전의 기둥과 제단을 백향목으로 제작했다고 한다. 신전을 건설할 때 솔로몬을 돕는 자는 다른 사람이 아닌 티로스의 왕 히람이다. 히람은 기원전 969년부터 기원전 936년까지 통치했으며 솔로몬은 기원전 972년부터 기원전 932년까지 통치했다. 우가리트 점토판의 바알 신전 건설에 대한 기록은 이보다 500년 먼저이며, 이야기는 그보다 훨씬 더 오래된 것으로 추정한다.

우가리트의 도서관에는 죽은 자들을 다시 현생으로 데려오고 싶은 인간의 끝없는 욕망에 대한 이야기가 있다. 바알 신은 사냥을 하던 도중에 적들의 수에 밀려 동굴로 유인되어 살해당한다. 바알도 죽지만 그와 함께 아들 알레인도 죽게 된다. 지하세계로 내려간 아낫은 가족들의 죽음에 눈물을 흘린다. 그 후 그녀는 황소 70마리, 물소 70마리, 암양 70마리, 수양 70마리, 염소 70마리, 영양 70마리를 제물로 바친다. 이것은 추모의 제물이면서 동시에 죽은 아들과 남편을 저승에서

부양할 음식들이었다. 하지만 이 모든 제물들도 죽은 자들을 다시 살려내지는 못한다.

낫으로 모트를 죽이자 봄이 찾아왔다

바알을 죽인 자는 모트이다. 바로 죽음이 직접 바알을 죽인 것이다. 아낫만이 모트가 어디에 있는지 알고 있으며 태양여신의 도움을 받아 낫으로 모트를 죽인다. 그리고 모트가 죽자 바알과 알레인은 다시 살아난다. 이후에 그리스 신화에도 이와 비슷한 상황이 등장한다. 바로 헤라클레스가 알케스티스를 죽음의 손에서 빼앗는 것이다.

점토판에 글을 새기기 훨씬 이전부터 우가리트에서는 이후의 기독교에서와 마찬가지로 죽음을 끝으로 여기지 않았다. 찰스 비롤로드는 특히 가나안인들이 겨울이 끝나면 봄이 올 것이라고 확신하지 못했다고 강조한다. 어쩌면 이러한 의심은 기원전 1만 2000년이 되어서야 비로소 끝난 빙하기에 대한 기억에서 비롯된 걱정이 아닌가 싶다. 그리하여 매해 짧은 시기 동안은 불안과 혼란의 시기가 있었다. 특히 비가 오지 않으면 이러한 혼란은 더욱 심해졌다. 해마다 지구의 멸망이 올 수 있다고 믿었으며, 그러다 봄이 다시 찾아오고 삶이 죽음을 이기는 것은 모두 아낫 덕분이라고 생각했다.

가나안어와 히브리어에서 죽은 자들의 영혼은 르바임이라고 부른다. 사람들은 죽은 자들의 영혼을 식사에 초대한다. 영혼들의 만찬은 여신인 아낫이 준비하는 것이다. 한 점토판에는 이렇게 기록되어 있다. "오늘과 내일은 먹어라. 오, 르바임들이여. 그리고 마셔라……. 계속해서 7일째 되는 날까지 먹도록 하라." 죽은 자들의 만찬은 가장 높은 신인 엘 신이 영혼들을 부를 때까지 일주일 동안 지속되었다. "르바임들이여, 이제 나의 집으로 가거라. 나의 궁전에 들어오너라."

그렇다면 바알 신을 구하고, 용을 정복하고, 죽은 영혼들에게 음식을 먹였던 아낫 여신은 누구인가? 기원전 15세기 이집트의 파라오인 투트모스 3세가 테벤에 신전을 세워준 여신인 아스타르테와 아낫이 동일 인물이다. 또한 야훼에 대한 믿음이 약해지면서 이스라엘인들이 섬겼던 여신 아스테로트도 같은 신이다. 원래 이름인 아낫이 라스 샴라의 언덕에 3000년이 넘도록 묻혀 있었고, 약30년 전에야 우가리트의 점토판이 해석되었기 때문에, 그동안 그리스식 이름인 아스타르테가 통용되었던 것이다.

모든 신들은 이어져 있다

어쩌면 아낫에 대한 가나안인들의 상상력이 그리스인들의 사랑의 여신인 아프로디테에 영향을 미쳤을지도 모른다. 눈에 띄는 것은 바로 항해하는 사람들이 많이 살고 있는 사이프러스 섬에 아프로디테와 파포스와 아만투스의 신전이 있는 것이며, 세계적으로 유명한 호머의 이야기에서도 아프로디테는 사이프러스의 여신이다. 대부분의 그리스 유산은 동쪽의 세미트에서 발전한 것이다. 또한 가나안인들에게 아낫이 다산과 사랑의 여신인 것과 마찬가지로 아프로디테도 그리스인에게 사랑과 다산의 여신이다. 연구를 통해서 그리스의 유산과 우가리트 텍스트들의 밀접한 관계가 점점 더 많이 밝혀지고 있다. 라스 샴라는 우리가 앞에서 보았듯 미케네 시대부터 생겨났다. 우가리트의 문학, 호머의 이야기, 성경은 모두 동지중해의 전통을 보여주고 있으며, 그 전통의 뿌리는 기원전 2000년도 넘는 시기까지 거슬러 올라간다.

이러한 사실들을 통해서 우리는 신화적인, 그리고 문화적인 생각들이 가나안인들과 페니키아인들의 삶에서 그리스로, 그리고 그리스에서 또다시 기독교로 흘러갔음을 알 수 있다. 모든 문화들 간에는 연관이 있으며, 문화뿐만이 아니라 신들 사이에도 서로 연관성이 있다는 것이 바로 인류가 지닌 커다란 비밀이자 숨겨진 사실이라고 할 수 있을 것이다.

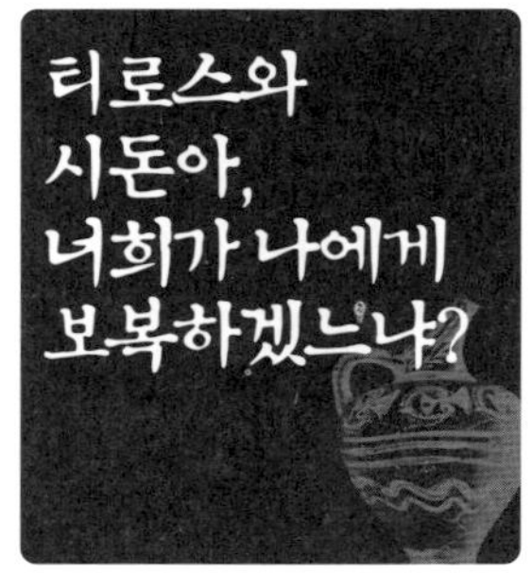

티로스의 성벽은 높이가 50미터나 된다. 티로스는 바다 한가운데 놓여 있었고, 섬에는 물이 나는 샘이 없었다. 그런데도 티로스의 2만 5000명 주민들은 포위된 채 13년을 버텼다. "바다를 지배하는 것은 인간에게 가장 의미 있는 일일 것이다. 새로운 지평선, 새 별은 어느 시대에나 인간의 환상을 자극하는 거부할 수 없는 힘을 지닌다. 바다는 낯선 셈 민족들에게 방대한 지역을 점령하고 먼 곳의 땅을 오래도록 지배할 수 있게 해주었다. 오래전, 아직 아무도 식민지를 건설하기 전 지중해의 동쪽 해안에 살던 한 작은 민족이 북극성을 기준으로 한 항해술을 발견하였다. 그리고 그 민족은 약 1000년 동안 다른 나라의 군대가 침범하지 못하는 해상왕국, 즉 제해권역을 건설하였다. 기원전 1200년경 이집트의 권력이 약해지자 지중해에서 수세기 간 교역의 주인으로서 많은 민족들에게 경제활동의 기준을 정해주었던 페니키아인들이 서서히 지중해를 장악하기 시작했다. 이 모든 일은 아틸리아가 아직 희망의 아침을 기다리고 있을 때 일어났다."
— 쁘와드바르 & 리프레, 『시돈*Sidon*』, 베이루트, 1951.

람세스 2세여! 얼마나 많은 것을 누리며 살았는가

파라오 람세스 2세는 의욕이 넘치는 군주였다. 이집트의 어떤 왕도 람세스 2세만큼 후세에 강한 인상을 남기지는 못했다. 그는 건축에 대한 강한 욕망을 실현하기 위해 어마어마한 액수를 쏟아 부었던 왕이기도 하다. 람세스 2세는 수많은 신전과 오벨리스크를 건축했다. 그는 테베에 그 유명한 자기 아버지의 장례신전을 완공하였다. 그리고 자신의 사후숭배를 위하여 잘 알려진 라메세움을 건설하였다. 그는 룩소르에서 카르나크 신전의 대규모 주랑홀을 완성시킬 것을 명하기도 했다. 어떤 파라오도 람세스 2세보다 더 큰, 단일암석을 이용한 석상을 제작하지 못했다. 타니스(Tanis)에서도 람세스 2세의 석상이 제작되었는데, 이 석상은 무게가 900톤이나 되는 하나의 암석을 이용하여 만들어졌다. 오늘날 화물차 한 대가 운반하는 무게가 약 50톤에서 60톤 정도라는 사실을 생각하면 정말 대단한 규모가 아닐 수 없다. 이 석상의 높이는 27미터나 된다.

람세스 2세는 자신의 명성을 더 많은 돌에 새겨 영원히 보존하고 싶어서 안달이 나 있었지만, 종종 편안히 인생을 즐기는 날들을 보내기도 했다. 아부심벨 대신전에 있는 대형 암석상이나 카르나크 신전에 있는 화강암 조각상을 보면 람세스 2세의 입가에는 늘 섬세하고도 행복한 미소가 흐르고 있음을 발견할 수 있다. 그것을 보면 우리는 이 파라오가 얼마나 많은 것을 누리고 살았으며, 얼마나 쾌락을 쫓으며 살았는지 느낄 수 있다. 그는 여러 부인들과의 사이에서 79명의 아들과 59명의 딸을 두었고, 신전 벽면에 자랑스럽게 자식들의 상을 새겼다. 기원전 1290년에서 기원전 1223년까지 67년 동안 이집트를 다스렸던 람세스 2세는 90세의 나이로 죽었지만, 죽음조차도 그를 완전히 파괴하지는 못했다. 그의 시신은 미라의 형태로 오늘날까지 보존되고 있다.

엑소더스

이스라엘 민족이 이집트의 지배 아래에서 건설의 욕망으로 가득차 있던 이 파라오를 위해 고역을 치러야 했던 것은 놀랄 만한 일도 아니다. 모세와 아론이 람세스 2세를 찾아가 이스라엘 민족이 광야로 떠날 수 있게 허락해 달라고 부탁했던 것도 당연한 일이었다. 파라오는 모세와 아론에게 자신이 복종해야 할 신이 도대체 누구냐고 물었다. "나는 그 신이 누군지 모르며, 이스라엘 민족도 보내줄 수 없다." 이것이 람세스 2세의 대답이었다. 그가 계획하고 있던 공사는 어마어마했고, 이집트에 사는 수많은 이스라엘 사람들이 이 공사현장에서 일을 하고 있었기 때문에 이스라엘 민족을 보내줄 수 없었던 것이다. 세상의 모든 쾌락을 쫓던 이 파라오는 항상 자신의 명성을 돌에 새겨 영원히 보존하겠다는 목표를 갖고 있었으므로 오히려 이스라엘 민족에게 더욱 가혹하게 일을 시켰다. 그는 이렇게 명했다. "이스라엘 사람들에게 더욱 고된 일을 시켜 일에만 몰두하고 다른 위험한 생각을 하지 못하도록 하라." 그리고 공사장의 간부들은 이스라엘 노동자들에게 "정해진 하루의 노동량을 채우라"고 명령했다. 이집트인들이 이스라엘 사람들 중에서 선출한 감독들은 파라오에게 충성하는 관리인들에게 매를 맞았다. "왜 어제 오늘 너희에게 할당된 노동량을 채우지 못했느냐?" 그리고 파라오는 말했다. "너희는 게으르구나, 게으른 민족이구나!"

이 역사적 사실은 출애굽기 5장을 통해 우리에게 잘 알려져 있다. 이집트가 10개의 재앙을 당하고 나서야 파라오가 이스라엘의 자손들을 놓아주어, 이스라엘 민족은 이집트 땅을 떠났다. 이 탈출(라틴어로는 Exodus)이 모세 5경 중 두 번째 책인 출애굽기의 제목이기도 하다. 기원전 1300년경, 그러니까 3300년 전을 상상해보자. 시나이 반도의 가장 높은 산 제벨 무사에서 하나님은 모세에게 십계명을 주었다. 이 산의 높이는 2244미터이고, 산자락에는 오늘날 성 카타리나를 기리는 수도원이 고독하게 위치하고 있다.

파라오의 마구간 감독 호리의 편지

이스라엘 민족은 떠났지만 람세스 2세는 이스라엘 민족을 보내주기로 했던 자신의 결정을 후회하고, 이집트 최고의 병거 600대를 동원하여 모세가 이끄는 이스라엘 민족을 추격하기 시작했다. 호리라는 파라오의 마구간 감독이 동료이자 군대 대장인 아만-아파그에게 서신을 보냈다. 그 서신은 이 세상을 자신의 명성과 건축물, 후손으로 채우려는 파라오의 모습과 역사상 가장 어렵고 힘든 민족 이동을 감행한 모세의 모습을 동시에 보여주면서, 훗날 이스라엘 민족이 정복하려 했던 가나안의 도시들을 묘사하는 매우 의미 있는 글이다. 이 서신은 현재 런던의 대영박물관에 'Papyrus Anastasi I'이라는 제목으로 전시되어 있다.

마구간 감독 호리는 서신의 수신인을 '마히르'라고 부른다. 이는 가나안 말로 글재주가 있는 뛰어난 사람을 의미한다. 마히르는 시리아를 여행하고 가나안과 페니키아의 도시들을 본 사람이었다. 호리는 서신에 마히르를 놀리는 문구를 쓰기도 했다.

3300년 전의 편지를 읽는 일은 매우 흥미로운 일이 아닐 수 없다. "저녁이 되어 여행을 멈추면 자네 몸은 완전히 녹초가 되어 있고 사지가 다 부러진 느낌이겠군. 자네는 도와줄 사람이 없으니 스스로 자네 말들에게 재갈을 채워야 한다네. 자네가 진을 치고 있는 곳에 누군가 침입해서 자네 말을 풀어주었다네. 도둑놈은 물건들을 모두 빼앗아버렸고 옷가지도 가져가버렸네. 몸종은 남은 물건을 챙겨서 도둑놈을 따라 떠났다네. 자네는 깨어나서 자네가 가진 모든 것을 들고 달아난 도둑놈과 몸종이 어디로 갔는지 알 수 없겠지. 그러면 자네는 양손을 양쪽 귀에 대겠지." 이처럼 "양손을 양쪽 귀에 댄다"라는 대목에서 이집트인들이 그네들의 근심과 당혹감을 얼마나 생생하고 적절하게 표현했는지 알 수 있다.

편지는 여기에서 끝나지 않는다. 답사여행 중이었던 마히르는 많은 것을 관찰했던 모양이다. "한 도시에 대해서 이야기하고 싶네. 바빌론이라는 도시라네. 그곳은 어떻게 생겼는가? 바빌로스에도 가보았는가? 베리토스와 시돈과 사렙다에 대해 이야기해주게. 우즈라는 곳은 어떻게 생겼는가? 바닷가에 위치한 도시에 대해서도 사람들이 이야기한다네. 티로스라는 곳이라네. 배에 물을 실어 그곳으로 나른다고 하고, 그곳에는 모래보다 물고기가 더 많다고 들었네."

동료의 불행한 여행을 조롱하다

베일에 싸인 수천 년 전의 시대를 이렇게 다른 각도로 바라본다는 것은 참으로 의미 있는 일이다. 폴 클로델은 미래보다 더 달성하기 불가능한 것이 바로 과거라고 말했다. 그러나 과거는 곧 우리의 현재이며, 현재는 곧 미래가 아닐까? 우리는 이 지구상의 여러 민족들의 삶, 특히 과거를 오늘날 자신들의 존재를 통해 담아내고 있는 원시민족의 삶과, 문자로 전해내려 오는 고급문화를 통해 알 수 있다.

이집트인으로서 시리아를 여행하는 친구를 놀리는 호리의 글을 통해서 이집트인의 모습이 잘 묘사된다. 이 글을 통해 공포라는 감정은 수천 년 전이나 지금이나 변하지 않았다는 것을 알 수 있다. "등골이 오싹해지면서 머리카락이 쭈뼛 서는 느낌이 들 거라네. 자네의 영혼이 자네 손에 있는 것일세. 깊은 나락이 바로 자네 곁에 있고, 산을 넘으면 또 산이 이어지네. 자네는 마차를 옆에 끌고 그곳으로 향하면서 두려워한다네. 심장이 떨려오네. 걸어가고 있는 자네가 숨을 곳이라곤 전혀 없다네. 마치 자네 뒤에 적이 있는 것 같은 느낌이 들 걸세. 자네는 떨고 있고……." 외로운 여행자의 두려움이 이처럼 자세하게 묘사된 경우는 흔치 않다.

"욥바에 가게 되면 들판이 푸르른 것을 보게 될 걸세. 자네는 담장이 없는 포도원에 들어가 포도를 지키고 있는 어여쁜 소녀를 발견하게 될 것이라네. 소녀는 자네를 친근하게 생각하고 자네에게 자신을 허락할 것이네. 곧 자네는 사람들에게 붙잡히게 된다네. 그리고 자네는 자백을 하고, 비난을 받게 되네. 그러면 자네는 급히 자네의 고급 이집트 천으로 만든 옷을 선물하겠지. 그리고 자네가 잠이 든 사이 사람들은 자네의 활과 칼, 화살통을 훔쳐간다네. 자네의 말은 진흙땅을 걷게 되고, 먼 길을 가는 도중에 마침내 자네의 마차마저 부서져 버린다네. 자네는 무기도 모두 잃어버리게 되겠지. 자네는 돌아왔으니 먹을 것과 마실 것을 달라고 하겠지만 사람들은 모두 못들은 체할 걸세.”

이처럼 한 국가의 대신의 불행한 여행을 조롱하면서 사람을 홀리는 듯, 가슴을 파고드는 듯 자세히 기록한 서신이 또 있을까? 인간은 람세스와 모세, 시리아 문명의 황금기 이후로부터 그다지 많이 변하지 않은 것이다.

몽테와 듀낭의 발굴 작업

마히르가 페니키아의 도시들을 여행하던 당시 바다요새들은 이미 수천 년에 달하는 긴 역사를 지니고 있었다. 아시아, 이집트, 크레타 등은 이러한 요새에 많은 영향을 주었다. 이집트인들이 바빌론과 같은 도시와 왕래가 잦았던 사실은 몽테(Montet, 1921~1924)와 듀낭(Dunand, 1925~1957)의 발굴 작업이 입증해준다. 피에르 몽테는 1923년 우리 세기의 가장 흥미로운 발견을 하였다. 그는 한 지하 납골당에서 아히람 왕의 석관을 발견했는데, 이 납골당에서는 많은 장례제물 가운데 특히 람세스 2세의 설화석고병 2점이 발견되었다. 아히람 왕은 건축광 파라오와 동시대 인물이었고, 바빌로스는 당시 페니키아에서 가장 중요한 도시로 정치, 경제, 예술 분야에 있어서 이집트로부터 많은 영향을 받았다. 바빌로스는 예리코만큼이나 오래된 도시이다. 모리스 듀낭은 1956년부터 발굴 작업을 시작하여 기원전 5세기까지 거슬러 올라가는 신석기시대의 유적지를 발견하였다.

※ 몰타섬의 할사플리에니에 있는 하이포게움은 석회석 바위를 파서 만든 미궁 같은 구조이다. 그 안에서 7000구의 유골이 발견
   되었다.

※ 하이포게움 모형

❋ 몰타섬의 하가르킴 사원. 가장 복잡한 거석 구조물들 중의 하나이다. 이곳은 신전으로 들어가는 입구에 해당한다. 사진에 보이는 "테이블"들이 제단이었는지 기둥의 토대였는지는 알 길이 없다.

석관의 한쪽 벽에는 아히람 왕이 스핑크스 문양의 왕좌에 앉아 있다. 양쪽 발은 발판 위에 두었고 왼손에는 연꽃을 들고 있으며, 오른손에는 잔을 들고 있다. 수염을 기른 모습의 왕 앞에는 6명의 장정이 서 있다. 첫 번째 장정은 파리채로 제단 위의 파리를 쫓고 있다. 2명의 장정은 음식과 잔을 나르고 있고, 뒤에 있는 4명의 장정들은 손바닥을 앞으로 향하여 손을 들고 왕에게 인사를 한다. 다른 쪽 벽면에는 8명의 사람이 장례 행렬을 이루고 있는데, 2명의 여인 뒤에 어깨에 항아리를 이고 있는 사람 둘, 염소를 끌고 나오는 한 남자, 그리고 손을 들어 인사를 하는 3명의 수염 난 신하의 모습을 볼 수 있다. 관 뚜껑에는 왕의 생존 당시와 같은 크기의 왕의 형상을 볼 수 있다.

관 뚜껑은 왕의 모습 외에도 아주 귀중한 자료를 제공하고 있다. 뚜껑의 양쪽 옆면에는 글씨가 새겨져 있다. 이것은 가장 오래된 페니키아 문자로, 알파벳 문자보다 훨씬 이전의 것이다. 페니키아인들은 그러니까 이미 기원전 1만 3000년에 인류 역사의 위대한 문학적 발명인 알파벳의 발명을 향해 다가가고 있었다. 이 사실의 발견은 오래도록 풀지 못했던 비밀을 밝혀내는 단서가 되기 때문에 매우 중요하다. 헤로도토스에 따르면 그리스인들은 이미 기원전 10세기에 어느 낯선 민족으로부터 문자를 전수받았다고 하는데, 그 민족이 바로 페니키아인들을 말한다. 그러나 페니키아인들이 그리스인들에게 문자를 전했다는 그 당시보다 적어도 몇 백 년 앞서 문자를 사용하지 않았다면 헤로도토스의 주장은 말이 되지 않는다. 아히람 왕의 석관은 이 모든 것에 해답을 제공한다. 이 석관을 발굴한 뒤소에 따르면 석관은 기원전 13세기의 것이라고 한다. 이것이 사실이라면 페니키아인들은 이미 기원전 13세기에 알파벳의 전 단계 문자를 사용했다고 보아야 할 것이다. 아히람 왕은 죽었지만 우리에게 이처럼 귀중한 사실을 알려주었다.

　그 후 도굴꾼들이 이 유적지에서 귀중한 유물들을 가져갔고, 왕의 시신도 사라져버렸다. 그러나 석관은 베이루트 국립박물관에 전시되어 있다.

　특히 비블로스에서 이집트의 파피루스를 잘 사용하였기 때문에 그리스인들은 '책'이라는 단어를 이 해안도시의 이름에서 따왔다. 비블로스는 그리스어로 책을 의미하며 성경(독일어로 Bibel)이라는 단어는 이 그리스어에서 유래한다.

티로스의 두 항구

　가장 유명한 페니키아의 도시 중 하나가 티로스이다. 섬이자 요새인 이곳에는 2개의 항구가 있었는데, 북쪽에 시돈인들의 항구가 있었고 남쪽에는 이집트인들의 항구가 있었다. 시돈인들의 항구는 오늘날에도 남아 사용되고 있지만 이집트인들의 항구는 더 이상 존재하지 않는다. 1934년부터 프랑스인 프와드바르가 파리의 'Académie des Inscriptions et Belles-Lettres'(기록문과 문학 협회)의 의뢰를 받고 이집트인들의 항구가 있던 지역을 조사하기 시작했다.

　내륙지방에서 사라져버린 도시나 바다 속으로 가라앉은 도시들 중에는 아주 높은 곳에서 봐야만 전체적인 형태를 알아볼 수 있는 도시들이 있다는 사실이 지난 20년 사이에 밝혀졌다. 프와드바르도 공중에서 사진을 찍고, 잠수부를 고용하여 바닷속을 조사했다. 잠수부들은 오래전 물속에 가라앉은 티로스의 건물들을 찾아냈다. 도시의 남쪽 지역에서는 바닷물에 잠겨버린, 길이가 750미터이고 너비가 8미터 정도 되는 방파제가 발견되었다. 잠수부들은 방파제 중앙에 설치된 출입구도 발견했다. 물속으로 사라져버렸던 이집트인들의 항구는 자연항구가 아니라 인간의 손에 의해 깎여서 만들어지고 부두, 방파제, 적재장 등을 비롯해 화려한 해안 대도시가 갖춰야 할 모든 요소들로 구성된 항구였다.

인류역사상 가장 웅장했던 섬 도시

티로스는 섬 위에 위치한 도시였다. 기원전 2세기에 살았던 역사가 아리안에 따르면 티로스는 50미터가 넘는 높은 성곽이 있는, 바위 덩어리 위에 세워진 도시였다고 한다. 평지의 면적이 부족했으므로 주민들은 4~5층 건물에서 살았다. 도시 맞은편 내륙에는 길이가 13킬로미터나 되는 대도시 팔라에티로스가 위치했다. 오늘날 수르라고 불리는 티로스는 지금은 바다로 뻗어 있는 땅덩어리의 맨 끝자락에 있다. 알렉산더 대왕이 세계정복뿐 아니라 지리까지 변형시키려고 했기 때문이다.

기원전 322년, 그는 티로스를 점령하기 위해 동떨어진 섬 위의 도시에서 600미터 떨어진 곳까지 댐을 건설하여 닿게 하였다. 알렉산더 대왕은 이 댐을 건설하기 위해 티로스 내륙지방의 잔해들까지 이용했던 것이다. 바다에 세워진 이 돌벽은 너비가 60미터나 된다. 그러니 수천 명의 노동자들이 알렉산더 대왕의 계획을 위해 얼마나 고생했을지 상상이 된다. 이 돌벽은 댐 완공 후 2000년이 넘는 세월 동안 파도에 쓸려오는 모래로 점점 넓어졌다. 결국 지금의 티로스에서는 그곳이 과거에 섬이었다는 사실을, 한때 바다 한가운데에 위치한 인류역사상 가장 웅장했던 성이었다는 사실을 상상하기 어려워졌다. 왜냐하면 과거 2만 5000명이 살았던, 견고한 성곽에 둘러싸여 있던 고대의 중심지인 수르에는 현재 약 6000명의 주민만이 살고 있을 뿐이기 때문이다.

섬의 맞은편에 있는 해안가는 티로스 왕들의 소유지였고 주민들은 그곳에서 자라는 곡식, 열매, 야채를 공급받았다. 페니키아인들이 이곳에서 3000여 년 전 물을 공급했던 방식은 실로 놀랍다. 티로스에서 7킬로미터 떨어진 내륙지방에는 라스 엘 아인이라는 샘이 있었는데, 이 샘은 오늘날에도 여전히 그대로 있다. 페니키아인들은 이 샘의 물을 섬의 맞은편 지점에 이르기까지 북쪽으로 운반했다. 이런 식으로 티로스의 농작물이 자라는 밭에 물이 공급되었다. 또 페니키아인들은 배를 이용하여 정기적으로 섬에 물을 공급하였다. 이것이 2만 5000년 전 사람들이 사용한 '식수공급로'였다. 도시 내의 저수지에 저장된 물은 도시가 포위되었을 때를 위하여 아껴두어야 했다. 티로스의 주민들은 물을 어찌나 잘 저장해두었는지 네부카드네자르 왕이 기원전 585년에서 기원전 572년까지 13년이나 성을 포위하다 결국 포기할 정도였다.

현대의 고고학자들은 티로스에 속하는 해안과 산지가 많아지는 동쪽 지역에서 사람들이 살았던 흔적을 발견하였다. 그곳에는 무덤, 석관, 집터, 기름 짜는 기기, 저수지, 암벽 조각 작품 등이 있다. 수천 년에 이르는 티로스의 삶의 깊이는 모든 상상력을 동원해도 다 추측할 수 없을 정도이다. 헤로도토스는 기원전 450년경 티로스에 머물면서 허큘리스 멜케르트 신전이 이미 2300년이나 되었다는 이야기를 들었다. 다시 말해 기원전 2750년경에 세워진 신전이었던 것이다. 그러나 도시 자체의 나이는 그 신전보다도 훨씬 많았다. 그렇다면 이 신전의 주인인 신 멜케르트가 사랑하는 여인인 님프 티로를 위해 언제쯤 최초로 자주색 옷을 주문했는지는 도저히 알 수 없는 것이다. 직물직조, 유리공예, 제철작업 그리고 자색염색 등이 티로스의 재산이었다.

에스겔의 예언

티로스는 예수 생존 당시 기독교가 시작된 곳이기도 하다. 기원후 1세기에는 이미 기독교 교회가 세워졌다. 또한 이곳에는 바울이 예수 탄생 53년 후 세 번째 선교여행을 마치고 돌아가는 길에 통과했던 좁은 골목들이 있다. 페니키아인들의 우상숭배에 맞서 싸우던 선지자 에스겔은 이미 티로스의 몰락을 예언했다. "명성이 자자한 도시여, 어찌 그리 황폐해졌는가, 한때 바다 한가운데서 그토록 위대했던 도시와 시민들이 어찌하여 그리 황폐해졌는가. 티로스, 너처럼 바다 한가운데서 잠잠해진 자가 또 있을까."

에스겔은 남쪽 항구가 바다 속으로 가라앉을 것을 알고 있었거나 예견했던 모양이다. "네 위로 큰 홍수가 나게 하리니 너는 물에 잠길 것이라." 그러나 에스겔의 예언을 통해서 티로스에 사는 페니키아인들이 자신들을 얼마나 자랑스럽고 특별하게 생각했는지, 또 얼마나 교만했는지 알 수 있다. 그들은 "나는 신이니, 바다 한가운데 신의 왕좌에 앉겠다"고 하였다. 에스겔은 또한 이러한 말을 덧붙인다. "너는 부유하며 화려해졌다."

성곽 안에서는 희망, 고통, 사랑의 드라마가 연출되었다

페니키아인들의 삶은 정말 독특했다. 기원전 3세기 초 이집트에서부터 히말라야삼나무를 실은 배 40척이 왔다. 레바논 산 목재였다. 배는 바빌로스 항구를 떠나 티로스로 왔던 것이다. 아부시르에 있는 파라오 사후레의 장례신전의 벽면을 보면 기원전 2700년 이 왕의 해군이 페니키아에서 무엇을 가져왔는지 알 수 있다. 왕의 군대는 곰을 비롯하여 기타 다양한 동물들, 이름 없고 인원수도 정확히 기록하지 않은 노예와 포로를 잡아왔다. 투트모세 3세가 기원전 1504년에서

1450년까지 왕위에 있었던 기간 동안 페니키아인들의 대형 해상도시들은 페니키아 역사에서 자주 볼 수 있듯이 이집트에게 충성하는 교활한 충신들이었다. 티로스, 시돈, 베리토스, 비블로스와 같은 도시는 이집트의 왕에게 곡물, 기름, 유향 등과 선박을 선사하였다.

그러다 '바다 위에서 생활하는 민족'이 시리아를 공격하자 바닷가 도시들은 기원전 1200년부터 기원전 750년까지 많은 고통을 감내해야만 했다. 시돈은 거의 몰락할 뻔했다. 그러나 페니키아인들은 아시리아 왕에게 엄청난 양의 조공을 바쳤다. 그리고 티로스에는 (바빌로스의 아히람 왕과 혼돈해서는 안 되는)히람 왕이 등장하여 바다 매립을 통해 도시를 확장하기 시작했고, 멜케르트와 아스타르테를 위하여 새 신전을 지었으며, 바알 신전에 금 기둥을 세웠다.

이미 언급한 것처럼 히람은 솔로몬 왕과 친분이 있었고, 다윗 왕도 히람 왕을 개인적으로 알았을 가능성이 높다. 티로스의 성곽 안에서는 희망, 고통, 사랑의 드라마가 연출되었으며, 끊임없이 왕이 살해되었다. 기원전 918년에서 910년까지 왕좌에 앉았던 압다스트라토스도 살해되었다. 그를 살해한 것은 누구였을까? 바로 왕의 유모의 네 아들이 범인이었다.

페니키아인의 진출 – 타르시스

페니키아인들이 가나안 사람들의 후손으로 자신들이 사는 땅을 가나안 땅이라 불렀다는 것은 모두가 아는 사실이다. 그러나 페니키아인들이 지닌, 낯선 곳에 대한 그들만의 독특한 그리움을 누가 심어놓았는지는 알 수 없다. 그들보다 앞서 세계로 진출했던 크레타 출신 항해사들에게서 넓은 세상에 대한 환상과 도전의식을 배웠는지도 모른다. 페니키아인들은 스페인의 카디스까지 도달했다. 과달키비르 강의 하구에는 타르시스(또는 타르테소스Tartessos)라는 도시가 위치했다. 타르시스인들은 왕성한 교역활동을 했는데, 영국과 영국의 동쪽에 위치한 해안에 이르는 지역까지 모두 그들의 교역대상지였다. 타르시스는 페니키아의 도시는 아니었던 모양이다. 그러나 페니키아의 항해사들은 이스라엘 사람들로부터 이 도시의 이름을 소개 받았고, 그 때문에 큰 범선을 일컬어 '타르시스선'이라고 불렀다. 솔로몬 왕이 오빌 티로스의 히람 1세와 함께 황금의 땅 오빌로 보낸 선박들 역시 타르시스로 향하는 배가 아니었는데도 타르시스선이라 불렀다. 페니키아인들은 다소스섬, 키테라섬, 멜로스섬, 로도스섬, 몰타와 시칠리아, 그리고 아프리카의 북쪽 해안 전역을 식민지로 삼았다. 기원전 814년에 마지막으로 점령한 곳이 바로 카르타고였다. 그리스-로마의 시대가 열려 주요 해안 도시들이 이미 빼앗겨버린 상태였지만 카르타고에서는 페니키아인들의 삶의 방식 즉, '(영어로) punic' 스타일이 보존되었다. 다음 장에서 이 부분을 좀 더 자세히 살펴보겠다.

신성한 자색 염료

페니키아인들은 자색을 발명하여 고대 세계에 선사하였다. 자색의 원료는 작고 성기게 짜인 그물로 잡은 뿔소라였는데, 그물에 이 뿔소라를 유인하는 진주담치나 대왕조개를 넣어 물속에 담가놓으면 이 조개들이 긴 더듬이를 이용하여 뿔소라를 붙잡는다. 나중에 그물을 들어 올리면 뿔소라들이 가득했는데, 가장 큰 뿔소라는 무게가 340그램까지 나갔다. 뿔소라의 껍질을 으깬 후 소라의 몸통에서 염료가 나오는 부분을 도려내어 함께 소금에 절여 3일간 그대로 보관해두었다가, 납 용기에 담았다. 500파운드의 자색 염료에 26리터의 물을 섞어주었다는 사실까지 전해진다. 이미 3000년 전이지만, 아궁이에서 납

용기 바닥으로 정기적으로 증기를 공급하는 기술까지 있었다. 염료가 끓기 시작하면 표면에 떠오르는 고기조각들을 건져내고, 열흘쯤 후에 끓인 염료가 맑은 물처럼 되면 면직물을 염색했다. 먼저 면 조각을 시험 삼아 자색 염료에 담가본 다음, 만족스러우면 5시간 동안 염료에 담가두었다.

면을 염료에서 건져낸 후에는 햇볕에 말려 더욱 색채를 강렬하고 빛나게 만들었다. 문제는 이때 상당히 불쾌한 냄새가 난다는 것이었다. 람세스 2세 당시 작성된 '살리에르 2'의 파피루스에는 자색 염료를 이용한 염색 작업의 불편함이 상세히 기록되어 있다. "염료가 묻은 손에서는 생선 썩은 냄새가 나고, 염색 작업을 한 사람은 결국 모든 자색 천을 싫어하게 된다."

자색 염료는 햇볕을 받으면 처음에는 진한 청색으로 변했다가 보랏빛을 띠게 되는데, 종종 당아욱 빛깔(엷은 자주색)이나 제비꽃색이 되기도 했다. 고대에는 자색 천이라고 하면 항상 보라색 천을 의미했다. 이집트에서 지내는 동안 자색염료를 다루는 것을 배운 유대인들은 자색 옷을 만드는데 있어서 누구보다 뛰어난 기술을 갖고 있었다. 자색은 종교의식에 사용되었다. 훗날 가장 신성한 대성전의 장막도 자색 천으로 만들어졌다. 또한 기독교 의식에 사용되는 네 가지 색상, 즉 흰색, 보라색, 적자주, 진홍색 역시 여기에서 유래한다. 제단과 기타 성물은 자색 천으로 덮어두는 것이 보통이었다. 이집트인들은 근처 페니키아로부터 자색 염색법을 도입하였고, 고귀한 신분의 사람이 죽으면 시신을 자색 천으로 감싸고, 시신에게 자색 옷을 입혔다. 심지어는 파피루스에 자색으로 글씨를 쓰기도 하였고 옷감의 내구성을 높이기 위해서 염료에 꿀을 섞기도 했다. 리디아인들은 자색 염료를 은 대신 사용했다고 한다. 기원전 150년에 태어난 알렉산드리아

의 클레멘스는 나일 강가에 사는 한 여인이 1만 달란트를 주고 자색
옷을 구입했다고 말한다. 그러면서 단돈 1000드라크마 정도면 남자
에게 쉽게 마음을 열어주었다는 것이다. 오늘날의 단위로 환산하면
옷 한 벌을 위해 900마르크를 지불한 여인이 남자가 2마르크만 선물
하면 쉽게 마음을 열었다는 것이다.

어느 날 자색이 그 빛을 잃었다

모든 것은 세월이 지나면 바래기 마련이다. 자색 역시 어느 날 그
빛을 잃었다. 1453년 모하메드에 의해 콘스탄티노플이 점령당하자
자색 염료 채취 작업도 중단되었다. 과거를 들춰내도 되는 것일까?
시돈의 한 왕의 석관에 새겨진 문구를 읽다 보면 이상한 기분에 사로
잡히게 된다. "내게는 보화가 없으니 모든 임금과 모든 사람들에게
이 관을 열고 금은보화를 찾지 말 것을 명한다. 내가 누운 이 관을 옮
기지 말고 나를 다른 곳으로 옮기지 말라. 내 몸을 싼 천을 열어보지
도 말고 날 발가벗겨놓지도 말 것을 모든 임금과 모든 사람들에게 명
하노라."

그러나 이제 석관은 텅 비어 파리의 루브르 박물관에 전시되고 있
다. 나는 한참 동안 그 앞에 서서 생각에 잠겨 있었다.

고
고
학
의
즐
거
움

이곳에는 낮을 사랑하고 전쟁을 증오하던 독특한 뱃사람들로 구성된 민족이 살았다. 카르타고는 고대의 뉴욕이라 할 수 있으며, 아마도 북아프리카 연안의 가장 놀라운 해안요새라고 할 수 있을 것이다. 나는 가장 기이한 전쟁을 묘사할 것이다. 바로 한니발이 지휘했던 카르타고인들과 로마민족의 전쟁이다. 이 전쟁처럼 강력한 나라들이 서로 맞섰던 적은 없었다. 행운의 방향은 변덕스러웠고, 이기고 있던 쪽이 곧 더 큰 위험에 처하게 될 만큼 전쟁은 힘들었다. 그들은 힘보다 더 강력한 증오로 싸웠다. 로마인들은 자신들이 정복했던 민족이 공격을 해왔기 때문에 분노했고, 페니키아인들은 그들을 정복한 로마인들의 오만과 탐욕에 진저리를 쳤기 때문이다.'
– 티투스 리비우스, 『로마 건국사』.

새로운 도시

고대에 카르타고만큼 부유했으며, 또한 끔찍한 멸망을 겪은 도시는 없을 것이다. 6층짜리 주택에 앉아서 최고급 와인을 마시며 온 세계에 배를 보내어 항해시켰던 귀족들은 자신들이 군인이 되어 싸울 일은 영원히 없으리라고 생각했을 것이다.

카르타고는 페니키아인들이 세웠고, 우리가 알다시피 페니키아인들은 가나안민족에서 떨어져 나온 셈족의 후손들이다. 페니키아인들은 그들의 도시인 티로스의 서쪽에서 지브롤터까지, 그리고 지브롤터를 넘어서 로마인들이 가데스라고 부르던 도시인 가디르, 즉 오늘날의 대서양에 위치한 스페인의 카디스까지 진출했다. 카르타고는 페니키아어로는 'kart-Hadascht' 즉 '새로운 도시' 라고 부르며, 티로스 주민들에게는 작은 티로스로 인식되었던 것으로 보인다.

아이네아스의 비극과 카르타고의 흥망

카르타고는 첫 올림픽이 열리기 38년 전인 기원전 814년에 설립되었다. 도시의 설립은 신화로 전해지지만 신화의 배후에는 언제나 역사적인 사실들이 숨어 있기 마련이다. 프랑스의 고고학자인 P. 신타스가 발견한 가장 오래된 유물은 기원전 800년의 것이었지만, 도시의 설립은 기원전 814년으로 추정된다. 따라서 100년이라는 간격이 생기게 된 것이다. 가장 오래된 공동묘지들은 살람보에 있는 타니트의 성전에서 발견되었다. 이곳에서 찾아낸 수많은 이집트 수입품들은 대부분 725년경에 만들어진 것들이다. 신타스는 한 공동묘지에서 물건을 만들 수 있는 새로운 소재를 찾았는데, 그는 그 소재가 약 8세기에 만들어진 것이라고 기록했다. 유티카와 같은 도시는 기원전 1101년이라는 설립연도가 전해지기도 한다. 기원전 356년에서 기원전 260년까지 살았던 티마이오스는 38권으로 구성된 소설을 썼는데, 그 소설에는 도시의 설립에 관한 내용이 언급된다. 그에 관해서는 아우구스투스 황제 시대의 유명한 시인을 통해 더 자세한 내용을 알 수 있다. 푸블리우스 베르길리우스 마로(버질)는 죽기 전 11년 동안 대작인 『아이네이스』를 썼다. 이 책의 내용은 바로 로마의 대표적인 이야기인 '아이네아스의 노래'를 담고 있다.

엘리사는 티로스의 공주였다. 그녀의 남편인 사이케우스가 그녀의 동생인 처남 피그말리온에 의해서 살해되고, 이후 피그말리온은 티로스의 왕으로 등극하게 되었다. 그러자 피그말리온의 반대 세력들인 엘리사와 함께 많은 티로스인들이 도시를 떠났다. 그들은 처음에 사이프러스에 도착했다. 이주민들 중에는 아스타르테 여신의 높

라마르사
시디 부 사이드
수 도 교
아 리 아 나
수도원
비르사
언덕
카르타고
고대항구
튀 니 스
튀니스 해
라 굴레뜨
튀니스 만
0 1 3 6 km

캡블랑
비세르타
포르투 파리나
카르타고
캡봉
튀니스
켈리비아
나블
잭후안
하마메트
크웨드 멜레그
수스
카이로우안
스팍스
튀니지
튀니스
아프리카

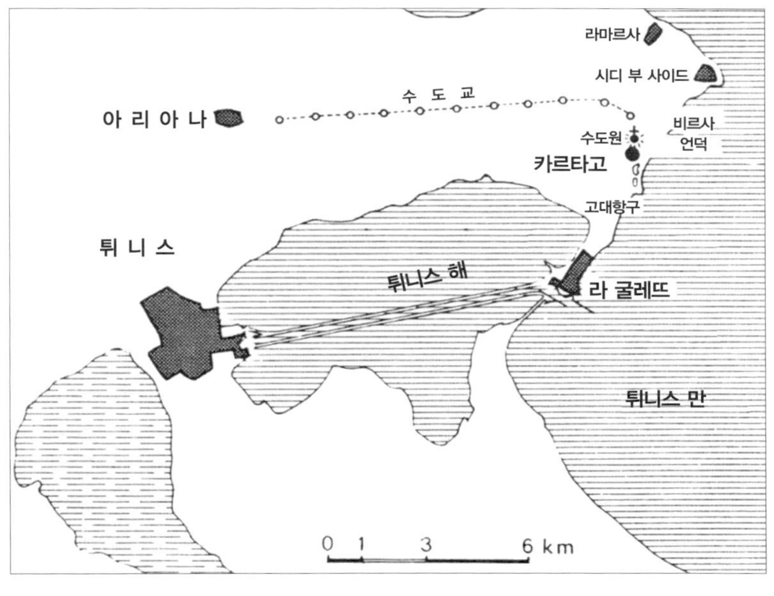

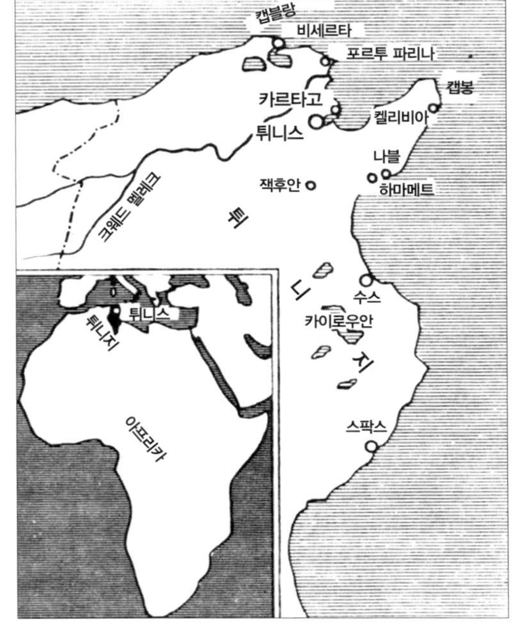

※ 튀니스-카르타고

은 제사장도 있었다. 그는 자신의 가족이 모든 새로운 이주민족의 제사장들이 되는 것을 조건으로 내세웠다. 그 외에도 80명의 처녀들이 함께 이동했는데 그들은 아스타르테의 신전에 오는 이방인들과 방랑자들을 접대해야 했다. 티로스에서 탈출한 자들은 북아프리카가 시칠리아 섬과 가장 가까운 지점에 카르타고를 설립했다. 평화로운 방법으로 땅을 사용하기 위해서 그들은 그곳에서 살고 있던 주민들에게 지대를 지불했다.

한편 리비아의 왕은 엘리사에게 자신과 결혼하자고 강요했다. 그러자 엘리사는 장작더미를 만들어서 제물을 바치는 것처럼 불속으로 뛰어들었다. 카르타고에서는 엘리사를 디도라고 불렀는데, 버질의 이야기에서 아이네아스는 리비아의 연안에서 배가 침몰하게 되어 디도의 궁전으로 인도된다. 그녀는 그와 사랑에 빠지게 되고 그가 그녀를 떠나게 되자 불 속으로 뛰어들어 죽는다. 이 엘리사의 이야기가 곧 카르타고의 이야기라고 할 수 있다. 우리는 이야기 속에서 한 민족의 새로운 건설, 행복, 불 속에서의 멸망을 엿보게 된다.

증시(證市)의 어원 비르사 언덕

로마인들이 포에니, 즉 페니키아인이라고 부르던 카르타고인들은 기원전 264년과 기원전 146년 사이에 일어난 세 차례의 페니키아 전쟁을 통해서 지중해의 지배력을 잃었다. 그들의 도시는 완벽하게 파괴된다. 도시는 멸망했지만 카르타고의 지도자인 한니발은 알렉산더 대왕, 시저, 나폴레옹과 함께 인류의 가장 위대한 지도자 중 한 명이라고 할 수 있을 것이다. 그는 로마인들의 최대 적수이자 군사력에 대해서는 스승이기도 했다.

카르타고는 오늘날의 튀니스 해안으로부터 약 10킬로미터 떨어진 곳에 위치해 있었다. 대륙 쪽으로는 비르사 언덕이 있었고, 그 언덕에는 페니키아인들의 신인 에슈문의 신전이 세워져 있었다. 시돈에서도 뒤낭은 에슈문의 거대한 신전을 발굴했다. 카르타고인들은 언덕을 둘러서 벽을 쌓았으므로, 그 성스러운 언덕은 일종의 내성 역할을 했다. 오늘날 그곳에는 프랑스의 '화이트 파더 수도원' 과 세인트루이스 성당이 위치해 있다. 가장 부유했던 고대도시가 증시(證市)의 이름을 지어준 것은 우연의 일치가 아니다. 독일어 'Börse' 즉 '증시' 라는 단어는 카르타고의 언덕인 'Byrsa' 의 이름을 물려받은 것이다.

고대의 뉴욕, 카르타고

카르타고에는 둥근 항구와 사각 모양의 항구 등 2개의 항구가 있었다. 이 두 항구들은 서로 연결되어 있었으며 바다로 나가는 길은 오직 하나뿐이었다. 바깥쪽에 위치한 사각의 항구는 거래선들을 위한 것이었고, 안쪽에 위치한 둥근 항구는 전함들을 위한 것들이었다. 내항의 가운데에는 해군본부를 두었던 섬이 하나 있었다. 이 항구에는 약 220척의 전함들이 들어갈 수 있었고 무기고, 부두, 선창, 가건물들도 있었다. 하나밖에 없던 출구는 필요할 경우 쇠사슬을 이용해 닫기도 했으며, 도시는 총 35킬로미터의 긴 장벽을 통해서 보호되었다.

이러한 안전망을 믿고 카르타고는 이집트에서 지브롤터에 이르기까지 북아프리카의 해안을 지배했던 것이다. 이곳에서 5층 높이의 거래선들이 스페인 남부, 사르디니아, 코르시카, 시칠리아, 그리고 예전의 모(母)도시였던 티로스까지 파견되었다. 카르타고의 거래선들은 대서양의 먼 곳까지 항해했다. 분명 그들은 카디스를 지나 영국까지 항해했을 것이며 아초레스에도 갔을 것이다.

이러한 방법으로 카르타고는 끝없는 부를 축적할 수 있었다. 왜냐하면 그들의 항해는 언제나 거래를 목적으로 이루어졌기 때문이다. 비르사의 똑똑한 사람들은 다른 나라들이 카르타고의 식민지들과 거래하는 것을 금지하고 항상 카르타고와 직접 거래를 하도록 했다. 그리고 이러한 법을 어길 시에는 아무런 주저 없이 바로 상대 배를 침몰시켰다.

카르타고는 무엇보다 아프리카의 내륙에 있는 나라들과 활발하게 식량 거래를 했다. 귀한 금속, 아연, 구리, 은은 스페인과 영국에서 수입되었고, 다시 수출되기도 했다. 똑똑한 페니키아 상인들은 섬유와 모피를 아프리카에서 수입하고, 수천 명의 노예들을 전 세계로 수출했다. 이러한 거래들은 고대의 뉴욕이라 할 카르타고의 부를 끊임없이 축적시켜주었다. 그들은 지칠 줄 모르고 항상 최신의 방법을 동원해서 거래했다. 금, 진주, 티로스의 자색, 상아, 아라비아에서 수입한 향, 이집트 산 무명, 그리스 산 섬세한 도자기 등과 같은 수많은 물건들이 카르타고의 창고와 시장을 가득 채웠고, 당시에는 이미 공방과 공장도 있었던 것으로 추측된다. 세계 최초의 주식시장이 카르타고에 세워졌다. 이곳에서 처음으로 동전이 발명되었고, 국채를 사용했으며, 기계를 설립하고, 전쟁역사상 최초로 대포가 발명되었다. 또 당시 전쟁에서 사용되던 코끼리 300마리가 들어갈 정도의 엄청난 규모를 자랑하는 최초의 지하벙커가 이곳에 만들어졌다. 카르타고는 아프리카에서 가장 힘이 센 남자노예들과 갈색 피부의 가장 아름다운 여자노예들을 로마, 아테네, 스페인, 보스포러스까지 수출했다. 당시에는 약 2만 명의 노예를 거느리던 귀족들까지 있었다.

카르타고의 정치 제도와 법

이곳에서는 군주제, 귀족제, 민주제를 혼합한 헌법도 만들어졌다. 그 시대에는 그러한 헌법이 들어맞았겠지만, 어쩌면 그 법에 의해서 카르타고가 멸망했을지도 모른다. 도시국가의 가장 높은 직책은 두 명의 남자들이 맡았는데, 이들을 라틴어로 'suffetes', 셈어로는 'shopet'이라고 한다. 이 단어들은 성경에서 '판사'라고 번역되는 말이다. 이처럼 매해 선발되는 두 명의 판사들이 의회와 더불어 국가를 통치했다. 의회에는 부유한 300명의 남자들이 의원직을 맡고 있었으며, 한번 얻은 의원직은 평생 동안 유지되었다. 그 외에도 '100명의 판사 의회'가 있었는데, 실질적으로는 104명이 법, 재판, 정치에 대해서 결정을 내렸다.

군사적인 안건들은 가장 높은 군지휘자가 해결해야 했다. 돈으로 귀족을 정하던 이 도시는 전쟁에 대해 아주 간단하지만 위험한 해결책을 갖고 있었다. 가장 높은 군지휘자는 모든 전쟁을 이겨야만 했다. 만약 전쟁에서 패할 때에는 군지휘자가 모든 책임을 져야 했던 것이다. 최악의 경우에는 전쟁에서 진 지휘자를 십자가에 못 박기도 했다. 귀족의 자녀들은 군대에 갈 걱정을 할 필요가 없었다. 모든 카르타고인들은 자신이 직접 전쟁에 참여하지 않아도 된다는 사실을 대단히 자랑스럽게 여겼다. 전쟁에 직접 참여하지 않는 대신 월급을 주어 운영되는 군대를 갖고 있었던 것이다. 그들은 각국에서 온 군인들로 구성된 군대에 월급을 주었다. 페니키아인들의 전성기에 카르타고의 인구가 몇이었는지는 알려지지 않고 있다. 그리스의 지질학자 스트라본은 당시 인구를 약 70만 명으로 추정한다. 외부인들과 노예들을 합산한다면 이 숫자가 결코 너무 큰 것은 아닐 것이다.

타니트 여신

도시에서 어떤 일들이 벌어졌는가는 고대의 문서들을 자세하게 읽어보면 알 수 있다. 이곳에는 화려한 대리석으로 만들어진 신전들이 서 있었고, 금과 은으로 만들어진 기둥들과 동상들이 아프리카의 햇살 아래 빛났을 것이다. 이곳에서는 타니트 여신을 대단히 숭배했다. 페니키아 신전에는 알려지지 않았지만, 타니트 여신은 아마도 페니키아 출신이었을 것이다. 왜냐하면 그녀의 신전에서 어린아이들의 뼈를 태운 수천 개의 용기들이 발견되었기 때문이다. 카르타고에서는 가장 높은 귀족의 사내아이들을 제물로 바치는 풍습이 있었다. 디오도르에 따르면 한꺼번에 500명의 아이들을 제물로 바쳤던 일도 있었다고 보고하고 있다. 이렇게 많은 아이들이 제물로 죽어야 했던 제사는 기원전 310년에 거행된 것이었다.

‘하스트루발’은 ‘나의 도움 바알’이라는 뜻을 가지고 있고, 한니발은 ‘바알신의 총애를 받는’이라는 뜻을 지니고 있다. 이처럼 카르타고 고위 인사들의 이름에는 여전히 바알 신의 이름이 담겨 있었지만, 당시에는 타니트 여신이 더 위대하다고 여겨졌다.

위대한 해양세력의 멸망

119년이나 지속된 페니키아의 3번의 전쟁은 당시의 세계대전이라고 할 수 있다. 한니발이 자마에서 처음으로 져서 카르타고가 로마에게 천문학적인 액수인 1만 달란트를 지불하고 귀족들이 그들의 고층 건물에서 다시는 로마의 승인 없이는 전쟁을 하지 않겠다는 맹세를 했을 때, 이미 세계에서 가장 위대한 이 해양세력의 멸망은 확실시되었던 것이다. 그러나 로마는 50년을 더 기다렸다. 마침내 카르타고의 도시, 집, 신전, 테라스 등 모든 것들이 불에 타고 파괴되어 무너졌다.

로마인들은 도시의 장벽을 무너뜨리고, 부두를 없애고, 등대들을 파괴했으며 모든 페니키아인들을 노예로 팔았다.

카르타고인들은 겁쟁이였을까? 페니키아의 뿌리를 갖고 있는 이 셈족은 다른 민족이 미처 항해를 시작하기 전에 이미 넓은 바다로 나아갔다. 거의 모든 나라들이 미지의 나라들이었고, 거의 모든 바다가 미지의 바다였다. 이러한 미지의 세계는 용감한 자들만이 탐험할 수 있는 것이다. 카르타고인들은 예술가나 시인이 아니었다. 그들은 로마나 그리스의 문화에 물들지 않았지만 아시아식으로 살지도 않았다. 그들은 마지막까지 자신들의 도시와 민족을 위해서 싸웠다. 그들은 어떤 민족보다도 멋있는 삶을 살았기 때문에 지켜야 할 것도 많았던 것이다.

2

위대한 거석 문화의 수수께끼

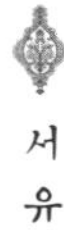

약 5000년 전 지중해의 작은 섬에서 한 문화가 꽃을 피웠다. 오늘날까지도 그 문화의 비밀은 모두 풀리지 않았다. 이곳에는 거대한 벽돌로 유럽의 위대한 건물들이 세워졌다. "한 민족의 예술적인 감각이 항상 윤리적, 또는 시민적 발전 수준과 일치하는 것은 아니다. 하지만 몰타의 시민들은 예술적인 감각 외에도 후세에나 찾아볼 수 있을 만큼 상당히 발달된 수준의 종교 체제를 갖추고 있었던 것으로 보인다."
— 테미스토클레스 자미트 경, 『몰타의 선사시대*Prehistoric malta*』, 런던 ,1930.

너무 작은 섬, 너무 많은 돌

몰타의 농부들은 돌을 싫어했다. 왜냐하면 섬이 너무 작았기 때문이다. 지구상에서 이렇게 작은 공간에 수많은 사람들이 밀집되어 사는 곳도 없을 것이다. 도시, 시가지, 마을들은 서로 겹치고, 어디를 보아도 사람들이 북적거린다. 농부들이 밭을 갈 때마다 돌이 걸린다. 돌들은 몰타의 비옥한 땅을 황야로 바꿀 만큼 위대한 힘을 갖고 있으며, 이 돌이야말로 몰타 섬의 가장 큰 수수께끼이기도 하다.

몰타 섬의 길이는 27킬로미터이며 너비는 14킬로미터이다. 이 섬에는 지중해 연안에서 가장 인내심이 많은 농부들이 살고 있다. 작게 나뉘어진 셀 수 없을 만큼 많은 밭들은 낮은 돌담으로 둘러싸여 있고, 이 섬에는 유럽에서 가장 잘생기고 힘이 센 당나귀와 염소들, 또 가장 좋은 꿀이 있다. 몰타 제도는 몰타, 고초, 코미노, 필플라로 구성되어 있다. 나머지 섬들은 예전에 아프리카와 이탈리아를 연결해주었다. 따라서 이곳에서는 멸종된 코끼리, 하마와 여러 사슴 종의 화석들도 발견되었다.

가르 달람의 화석들

이곳에서는 약 10만 년 전부터 인간이 살아왔을 것이다. 수도인 발레타에서 10킬로미터 떨어진 '어둠의 동굴'인 가르 달람에서 8개의 인간 치아와 멸종된 미니하마의 화석이 함께 발견되었다. 고고학자인 아서 키스는 2개의 치아는 약 13만 년에서 3만 년 전 사냥을 주로 하던 네안데르탈인의 것이라고 한다. 하지만 모든 치아가 네안데르탈인의 것이라고 확신하기는 아직 이르다. 네안데르탈인의 특징들을 모두 찾을 수는 없었기 때문이다. 이러한 화석들은 도구와 함께 발굴될 경우에만 연도를 확실하게 알 수 있다. 하지만 이곳에서는 구석기시대의 흔적들을 찾아볼 수 없었다. 발견된 인간 치아는 어쩌면 신석기시대의 것일지도 모른다.

비록 우리를 3만 년, 또는 13만 년 전의 구석기시대로 인도해줄 수 있는 증거들이 없다고 해도 이 섬의 주민들이 아주 오랜 세월 동안 이곳에서 생활해왔다는 것은 분명한 사실이다. 따라서 대륙으로 통하던 다리가 무너진 것이 얼마나 큰 비극이었을지 알 수 있을 것이다. 몇 백만 년에 걸쳐 몰타가 서서히 대륙에서 분리되었다면 대부분의 동물들은 시칠리아 또는 아프리카로 이주했을 것이다. 몰타는 사도 바울을 잡아 로마로 이송하던 배가 잠시 정박했던 곳이기도 하다. 사도행전에는 "우리가 그곳에 머물렀기 때문에 그 섬의 이름이 멜리데라는 것을 알았다"고 되어 있다. 몰타에서 바울이 정박했던 날은 오

고
고
학
의
즐
거
움

늘날까지도 커다란 축제일로 여겨진다.

기적에 가까운 건축기술

유럽의 어떤 나라도 이 섬처럼 놀라운 초창기의 건축물들을 남기지 않았다. 이곳에서 인간은 기적에 가까운 놀라운 건축기술을 선보였다. 인구밀도가 높은 이 섬에서는 모든 땅이 아주 귀하다. 그렇기 때문에 수십 년 동안 농부들은 돌과 석조건물들을 철거했지만 여전히 남아 있는 유적들만 해도 고고학자들에게는 마음껏 연구할 수 있는 낙원에 가깝다. 이 기적의 나라를 연구한다는 것은 4000~5000년 이전의 시대를 본다는 것을 의미한다.

당시 사람들은 거인처럼 큰 돌덩어리들을 자유자재로 다뤘다. 거석 하나와 건축물 하나가 일치한다. 즉, 이 건물들은 거대한 하나의 돌덩어리로 만들어졌다. 왜 사람들이 이 시대에 거석 건축물들을 세웠는지는―당시의 건축가들이 사라졌고, 또 어떤 민족이 그들의 선조인지 알지 못하기 때문에―영원히 밝혀지지 않을 비밀이다. 그렇지만 우리는 그 비밀의 열쇠에 조금이라도 가까워지기 위해서 노력해야할 것이다.

1915년 7월 20일, 테미스토클레스 자미트는 발레타에서 남쪽으로 3킬로미터 떨어진 마을인 타르시엔에서 거석 건축물들을 발굴하기 시작했다. 2년이 지나서야 비로소 빛나던 시대의 벽들이 드러나기 시작했다. 현장에서 얼핏 그 벽을 보아서는 아무런 규칙도 발견하지 못할 것이다. 그렇지만 자세히 살펴보면 돌 하나하나가 모두 고유한 의미를 갖고 있다. 2개의 타원형 공간은 항상 수직축이 평행하게 위치하도록 설계되어 있으며, 이 공간들은 통로를 통해서 가운데로 연결되어 있다. 서로 등을 대고 있는 대문자 D의 모습이라고 생각하면 된다. 두 공간 사이에는 문으로 가는 복도가 있었다. 바닥과 마찬가지로 모든 벽들은 거대한 돌판으로 만들어졌고, 이 공간들은 전체적으로 벽으로 싸여 있다.

수십 년 동안 이 타원형 공간은 페니키아인들이 만들었다고 생각되었다. 실제로 기원전 1600년에는 페니키아인들이 이 지역에 자리 잡는다. 그들은 몰타에 식민지를 만드는데, 이후 기원전 736년에 그리스에게 이곳을 빼앗기고 만다. 하지만 몰타의 거석 건축물들은 그보다 훨씬 이전 시대에 지어진 것들이다.

거석 건축물의 용도

고고학자들은 거석 건축물들의 용도를 두고 주거지, 궁전, 대형 묘지, 성전 등으로 추측했다. 모든 건물에서는 종교적인 물건들이 발견되었다. 넓은 가운데 통로는 건축물의 후면에 있는 니치(niche, 장식을 목적으로 두꺼운 벽면을 파서 만든 움푹한 대(臺))까지 연결되어 있다. 니치는 이 건축물의 가장 중요한 구역이었던 것으로 보이는데, 현대 교회의 벽감(壁龕) 정도로 생각하면 될 것이다. 또한 작은 니치, 돌로 만들어진 상, 동물의 뼈를 보관하는 장소 등과 같은 것들이 타원형 건축물의 종교적인 용도를 추측하게 만든다. 다양한 비석들은 제단이었을 수도 있다. 돌로 만들어진 그릇은 물 또는 불을 담아두는 용도로 사용되었다. 몇 개의 돌 블록 밑에서는 그릇 조각들과 돌, 뼈, 조개, 조약돌 등으로 만든 도구가 발견되었다. 마치 거석들을 도구 위에 일부러 세워둔 것 같았다. 이러한 모든 것들은 이 건축물들이 주거지나 궁전이 아니라 성전이었다는 것을 증명해준다. 인간이 가장 위대하고 아름다운 건축물을 짓고, 놀라울 정도의 예술적인 능력을 보여주는 곳에서는 항상 종교적인 원동력이 있었다는 것을 발견할 수 있다. 그런 원동력에 의해서 이 초인적인 거석 건축물들이 제사를 지낼 수 있는 장소로 만들어졌던 것이다.

몰타인의 여신 숭배

할 타르시엔의 한 공간에서는 여자 형상의 하체 부분이 발굴되었다. 그 형상은 부조로 장식된 기둥에 앉아 있었고 크기가 거대했다. 그 외에도 점토와 돌로 만들어진 여러 동상들이 발굴되었다. 그것들은 대부분 여인의 형상을 하고 있는데, 종교적인 의미를 지녔을 것으로 추측된다. 그렇지 않더라도 우리는 이미 고대의 몰타인들이 여신을 숭배했다는 것을 알고 있다. 수도 발레타의 박물관장인 자미트 박사는 오랜 연구를 통해서 몰타의 신전에 신탁이 전해졌다는 것을 발견했다. 이러한 연구결과를 얻기 위해서는 지중해의 비슷한 도시에 대한 풍부한 지식이 필요하다.

3.5제곱미터 면적의 사각형 돌기둥들이 신전의 내부 지면에 박혀 있는 경우가 있다. 돌기둥의 세 면은 장벽으로 싸여 있고 돌계단으로 둘러져 있다. 돌기둥에는 5개의 구멍이 있고, 돌계단의 오른쪽 끝에 여섯 번째 구멍이 있다. 바닥에 있는 돌판 앞에는 점토로 만들어진 작은 형상이 있는데, 형상의 내부는 비어 있다. 자미트 박사는 이 기이한 물건들의 의미를 찾으려고 노력했다. 구멍에는 신전에 필요한 밀가루나 빵을 보관했을지도 모른다. 아니면 이 특이하게 생긴 돌 블록이 돌구슬들과 연관되었을 수도 있을 것이다. 몇 미터 떨어진 곳에서 수백 개의 돌구슬들이 발견되었기 때문이다. 우리가 신탁소 앞에 서 있다는 것을 상기한다면, 일정한 거리에서 구멍이 나 있는 돌 블록을 향해서 돌구슬을 던졌을 수도 있다. 예컨대 구슬이 어떤 구멍으로 떨어지는가에 따라 신탁이 정해졌을지도 모른다.

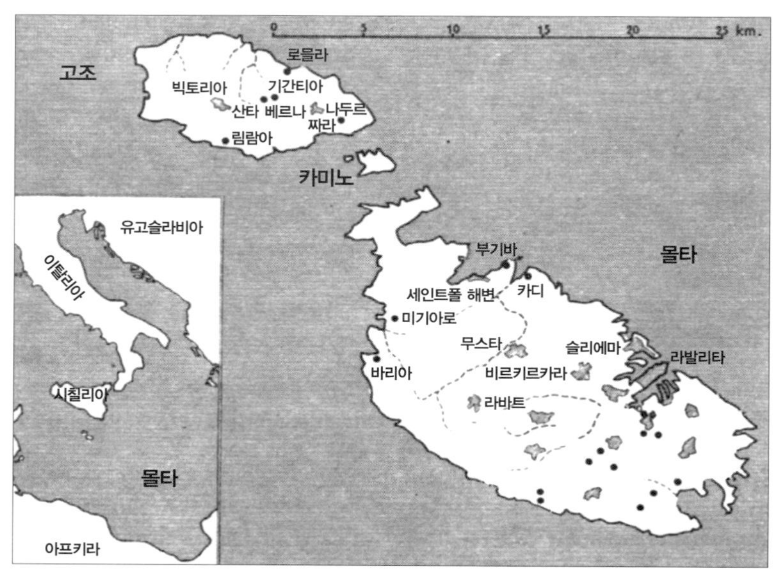

✳ 몰타.

금속을 사용하지 않는 몰타의 거석 건축

타르시엔뿐만 아니라 하가르침, 므나이드라, 감티야의 거석 건축물들이 성전으로 쓰였으며 특이한 석조 공간들과 니치, 창문에는 제물을 바치는 이색적인 풍습을 보여준다.

특히 모든 돌판들이 돌로 만들어진 도구로 손질되었다는 것이 흥미롭다. 구리를 녹여서 활용하는 방법은 이미 기원전 4000년에 유프라테스와 티그리스가 흐르던 메소포타미아에서 사용되었다. 이 기술은 약 기원전 3000년에는 북아프리카와 시칠리아로 전해졌을 것으로 추정되는데, 그렇다면 왜 몰타의 거석 건축물에는 금속이 사용되지 않았느냐는 의문이 생긴다. 신석기시대는 기원전 4000년에서 기원전 2000년까지 지속되었고, 금속의 사용이 충분히 전해졌을 것이다. 이미 구리와 동을 녹이는 기술을 보유했지만, 돌로 만든 건축물에는 금속을 사용하는 것을 금기시했던 것으로 보인다. 금속 재료를 피하는 것이 종교적인 의미를 갖고 있는지에 대해서는 알려진 바가 없지만, 아마도 그랬을 것으로 생각된다.

거석 건축물에서 인간의 뼈는 발굴되지 않았지만 애완동물의 뼈와 소, 양과 같은 가축들의 뼈가 발견되었다. 자미트 박사는 이 뼈들이 제물의 흔적이라고 추측하고 있다. 또한 산양과 염소 모양의 상들이 있는데, 이는 아마도 제물로 쓰인 동물들의 모습일 것이다.

고대인의 성소 하이포지움

1902년, 할 사프리에니 근방에 위치한 타르시엔의 폐허 속에서 하이포지움이 발견되어 1907년에 관람객들에게 공개되었다. 라틴어 이름인 하이포지움은 그리스어에서 유래된 단어로, 지하실이라는 뜻을 갖고 있다. 이곳에서 큰 절벽에서 파낸 동굴, 통로, 작은 방들을 찾아냈다. 어떤 건축물들은 절벽에 기대게 지어졌다. 하이포지움을 발굴하기 위해서는 약 10미터 깊이의 수직갱을 들어내야 했다. 그리고 이 수직갱을 통해서 카타콤을 발굴할 수 있었다.

고대의 하이포지움은 신성한 장소였을 것이다. 그것은 천장에 붉은 황갈색으로 나선 모양이 그려져 있는 것을 통해 알 수 있다. 이러한 나선 모양은 고대에도 이미 종교적인 뜻을 갖고 있는 표시였음이 널리 알려져 있다. 이탈리아의 학자 루이지 우골리니는 이러한 방들이 신탁의 장소였다고 말한다. 낮은 목소리로 인공적으로 만들어진 니치를 향해 말을 하면 그 말이 벽에서 벽으로, 방에서 방으로 울리게 되는데, 이러한 현상도 이 건물의 놀라운 점 중 하나다.

할 사프리에니의 하이포지움과 타르시엔의 신전들은 모든 알려진 신탁들보다 더 오래된 것들이라는 것이 바로 고고학자인 자미트의

※ '몰타의 잠자는 자'. 이 동상은 할 사프리에니의 동굴 지하에서 발견되었으며 몰타의 신석기 유물 중 가장 아름다운 것이다.
4000~5000년 전에 이 섬의 예술가들은 지중해 연안의 어떤 예술가들보다 더욱 뛰어난 솜씨를 자랑했다.

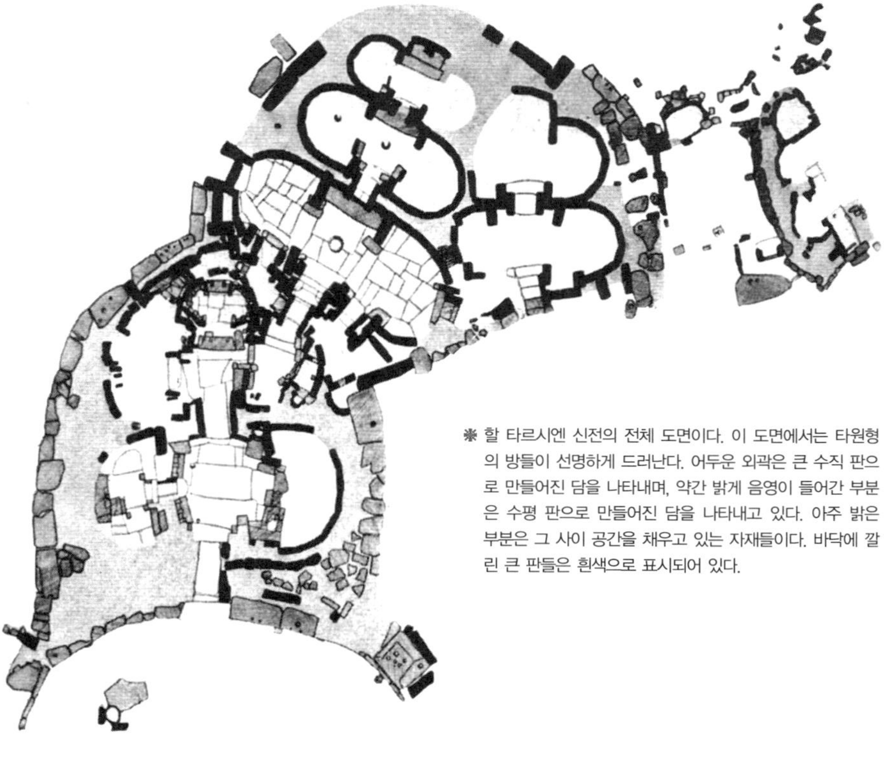

※ 할 타르시엔 신전의 전체 도면이다. 이 도면에서는 타원형
의 방들이 선명하게 드러난다. 어두운 외곽은 큰 수직 판으
로 만들어진 담을 나타내며, 약간 밝게 음영이 들어간 부분
은 수평 판으로 만들어진 담을 나타내고 있다. 아주 밝은
부분은 그 사이 공간을 채우고 있는 자재들이다. 바닥에 깔
린 큰 판들은 흰색으로 표시되어 있다.

✽ 스페인 남부 팔라모스의 거석 건축물. 멘히르(단일 입석)와 돌멘(입석들 위에 올려놓은 1~2의 큰 평석)이 결합된 형태를 보여 준다.

❋ 코르시카섬 남부 팔라규에 살던 석기시대의 목축인들이 세운 이 멘히르들은 성소 또는 공동체의 집회장소를 표시하기 위한 것으로 보인다.

✽ 가장 유명하고 흥미로운 거석 건축물로는 스톤헨지가 있다. 이 건축물은 석기시대가 끝나고 청동기시대가 시작하는 시점에 세워졌으며 현재까지 보존되어 있다. 이 건축물은 종교적인 용도로 쓰였을 것으로 추측된다.

주장이다. "이 신전들은 이곳을 찾는 자들에게 명상을 할 수 있게 하였으며 보이지 않는 신의 위대한 힘에 대한 경외심을 갖도록 해주었다. 어쩌면 할 사프리에니의 하이포지움과 타르시엔의 신전들은 멀리 사는 사람들에게까지 이 장소를 찾도록 했을지도 모른다. 그들은 아마 신탁의 힘을 믿었을 것이고, 이곳에서 많은 질문들을 했을 것으로 생각된다."

하이포지움은 신석기시대 말기에 거대한 묘지의 역할을 했다. 두 층으로 설계된 방들은 붉은 흙으로 채워져 있었고, 그 속에서 7000개의 인간 뼈를 찾았다. 죽은 사람들의 대부분은 처음부터 그곳에 묻힌 것이 아니었다. 긴 뼈가 하나도 발굴되지 않았다는 점을 보면 아마도 다른 곳에 묻혀 있던 시체를 하이포지움으로 옮겨놓은 것으로 생각된다. 다른 곳에서 부식하기를 기다려 다시 공동무덤에 옮겨 묻는 것은 지중해 연안 특유의 풍습이라고 할 수 있다.

하이포지움에서는 그릇 조각과 부러진 동상 조각들도 발견되었다. 점토로 만들어진 2개의 동상은 이색적으로 접힌 종 모양의 치마를 입고 있다. 한 동상은 침대 위에 엎드려 있고, 다른 하나는 옆으로 누운 모습을 하고 있는데, 이 누워 있는 여인상은 신석기시대의 가장 아름다운 유물 중 하나이다. 몰타의 조각가들은 약 기원전 4000년과 5000년 사이에 살았는데, 그들은 지중해 연안의 어떤 예술가들보다 더욱 뛰어난 솜씨를 자랑했다.

전체 건축물, 특히 지하의 동굴은 놀라운 솜씨라고 할 수 있다. 이러한 작업을 한 사람들은 분명 체계가 잘 잡히고 문화가 상당히 발달된 사회에서 살았을 것이다. 그렇지 않다면 이러한 거대한 건축물을 짓는다는 것은 불가능했을 것이다.

거인들이 가지고 놀다 망가뜨린 장난감

신들에게 동물을 제물로 바쳤다는 것은 잘 알려진 사실이다. 제물이 되는 동물은 신성한 그림 앞에서 죽여 태웠다. 할 사프리에니의 하이포지움의 방과 발굴된 상들에서 이러한 종교적 의식을 통해, 예언과 신들이 보낸 꿈의 내용을 해석했다는 것을 추측할 수 있으며, 또 정신적인 영역과 종교적인 시스템이 얼마나 복잡하게 발달했는지 알 수 있다. 동이 사용되면서 유럽에서는 비로소 이러한 의식이 자리잡기 시작했다. 그러나 몰타의 섬들은 금속 사용 이전 시대의 가장 흥미로운 정신적인 의식들을 보여주고 있다. 2개의 타원형 건물들로 구성된 므나이드라의 신전에서는 엄청난 숫자의 신석기 용기를 발굴했다. 돌로 만들어진 이 기적과 같은 유적을 공중에서 보면, 마치 거인들이 가지고 놀다 망가뜨린 장난감처럼 보인다. 아직까지도 이 건축물은 많은 의문을 품게 한다.

이러한 인상은 자이겐티아에서도 받을 수 있다. 자이겐티아는 몰타의 자매 섬인 고초에 있는 거대한 두 신전의 이름이다. 이 신전을 짓기 위해 먼 거리에서 돌 블록과 판이 옮겨져 왔다. 왜냐하면 자이겐티아 근방에는 이렇게 거대한 자재들이 없었기 때문이다. 자이겐티아의 입석 중에는 높이가 5미터, 또는 8미터가 넘으며 너비가 4미터가 넘는 돌들이 있다.

'서 있는 돌'이라는 의미를 담고 있는 하자르침의 기둥들과 돌판들의 크기도 놀라울 정도이다. 한 기둥의 높이는 5미터가 넘는다. 돌판 하나의 두께는 65센티미터이며 높이는 3미터가량, 길이는 약 7미터에 이른다. 이러한 무게를 트럭에 싣는다고 생각해보면 오늘날이라도 최첨단장비들을 동원해야 할 것이다. 5000년 전에 이룩한 이 놀라운 건축기술은 수개월, 혹은 수년에 걸쳐 지렛대, 돌구슬, 나무통을 이용하여 공동작업으로 옮겼다고밖에 볼 수 없다.

시간의 제약을 받지 않았던 몰타인들의 놀라운 기술은 섬의 모든 방향과 모든 곳으로 향하여 찍혀 있는, 석회석에 깊게 파인 수레바퀴 자국에서도 드러난다. 이 흔적들은 대단히 무거운 소재를 이동시킨 한 민족의 업적을 보여주며, 어쩌면 인류 최초의 수레 사용의 흔적이거나, 또는 수백 년 동안 돌구슬이 구르면서 생긴 자국일지도 모른다. 모든 몰타의 거석유적에서는 거대한 돌구슬들이 발굴되었으며 그 구슬들의 용도는 아마도 큰 자재를 옮기는 데 사용되었던 것으로 생각된다.

이 거석 건축물들을 세운 자들이 이미 항해에도 나섰다는 사실도 매우 흥미롭다. 몰타섬의 신석기문화를 살펴보면 몰타는 모든 주변 이웃국가들과 교류했던 것으로 보인다. 우리는 이러한 사실을 흑요석, 경옥, 연옥으로 만들어진 고대 물건들이 발굴된 사실에서 알 수 있는데, 몰타섬에는 이러한 광물들이 존재하지 않기 때문이다. 몰타에서 사용되던 상아도 수입된 것이 분명하다. 몰타의 코끼리들은 이 건축물들이 건축되기 훨씬 이전에 이미 멸종했기 때문이다.

몰타 거석 문명의 종말

다른 지중해 지역에서 금속이 유행했을 때에도 몰타에서는 여전히 거석문화가 꽃을 피우고 있었다. 결국 전혀 다른 민족인 페니키아인들이 몰타섬을 정복하고, 그리하여 거석 건축물들은 무너지게 된다. 거대한 돌을 쌓는 기술을 갖고 있던 이 민족은 문자, 구전문학, 인물을 형상화한 동상이나 그림과 같은 기록을 전혀 남기지 않았다. 뼈와 두개골 모양만으로는 이들 민족의 생김새나 인종을 더 이상 알아낼 수 없다. 하지만 베르나보 브레아가 시칠리아와 리파리에서, 그리고 에

번스가 몰타에서 펼친 연구를 통해서 거석문화를 펼쳤던 민족이 시칠리아에서 왔다는 것을 알 수 있게 되었다. 손톱이나 조개를 이용해서 그릇에 무늬를 새겼던 시칠리아 특유의 기법을 사용하여 만들어진 용기들이 지할달람 동굴에서 발견되었기 때문이다. 무엇보다 베르나보 브레아가 몰타의 초기 청동기시대, 즉 기원전 200년에 트로이와 크레타, 사르디니아와 이베리아 초기 문화의 모습을 보여준다.

모든 것들이 침묵을 지키고 있다. 예전에는 수천 명의 사람들이 땀과 노력을 들여 이 거대한 돌들을 쌓았고, 영원을 향한 성전을 만들기 위해 노력했을 것이다. 그리고 그것이 바로 5000년 전 모든 몰타인들의 염원이었을 것이다. 하지만 그 진정한 의미는 무엇일까? 그들은 어떤 언어를 사용했으며, 어떤 신들을 섬겼을까?

아마도 우뚝 선 돌들만이 이 질문들의 답을 알고 있을 것이다.

유럽의 북쪽과 서쪽에는 약 4~5만 년 전의 거석 무덤들이 있다. 그리고 영국에서만 200개의 고대 돌 유적들이 발견되었다. 오늘날 우리는 이 거대한 건축물들의 비밀을 밝힐 수 있는 기술을 갖고 있다. '선돌'이라고 부르는, 사람의 손으로 쌓아올린 돌 하나하나의 의미까지 밝혀냈다. "에임즈베리와 스톤헨지는 이와 같은 위대한 고대건축물에 속한다. 이 유적들은 영국뿐만 아니라 전 세계에서 손꼽히는 유적이라고 할 수 있다. 두 유적 모두 교회에 비유할 수 있다."
– 고든 차일드, 『영국의 고대 사회 *Prehistoric Communities of the Birtish Isles*』, 런던, 1949.

거석문화 – 낱개의 돌에 담긴 영원성

만약 풀과 넝쿨, 나무가 우거진 언덕을 걸으면서, 그 언덕이 인공적으로 만들어졌다는 느낌이 들면 멈춰 서라. 그 언덕 아래에 고대인이 무덤을 만들어놓았을지도 모른다. 'megas'라는 단어는 그리스어로 크다는 뜻이며 'lithos'는 돌을 뜻한다. 따라서 'megalith'라는 것은 큰 돌을 의미한다. 기원전 3000년에서 기원전 1500년 사이에 살았던 사람들은 다듬어지지 않은 큰 돌로 기념물을 만들었다. 이러한 유적들은 널리 알려지긴 했지만, 아직도 어떤 면에서는 그 의미가 무엇인지에 대해서 의문스러운 점들이 남아 있다. 어떤 경우에는 몇 개의 거대한 돌 위에 돌판이 얹혀 있는데, 우리는 이것을 고인돌이라고 부른다. 그 외에도 거대한 무덤, 환상열석(環狀列石), 거대한 돌로 만들어진 가로수 길도 있다.

약 4000년 전 사람들은 여러 곳에 낱개의 돌을 세웠다. 이것이 바로 선돌이다. 선돌(menhir)이라는 단어는 켈트어에서 비롯되었으며 'maen'은 돌, 'hir'는 길다는 것을 의미한다. 이런 선돌을 'Llech'라고 칭하기도 한다. 이 단어는 돌을 뜻하는 영어와 웨일스어에서 파생되었다. 이 모든 건축물들, 즉 낱개의 돌과 원형들은 창조정신과 의지를 통해서 만들어진 것들이며, 이들 모두를 통합해서 거석문화라고 한다. 거석문화는 전 세계적인 수수께끼이며 여기에 담긴 고대인들의 생각을 해석하는 것은 매우 흥미로운 일이다. 사람들은 낱개의 돌을 통해서 영원성을 얻으려고 했던 것이다.

노르웨이, 덴마크, 스웨덴의 남쪽에서 아일랜드까지, 그리고 영국, 독일의 북서지역, 프랑스의 브르타뉴, 스페인에서 포르투갈과 지중해 서쪽의 섬들에까지 이처럼 신비한 고인돌 무덤, 선돌, 환상열석들, 사암 블록으로 만들어진 길들, 바윗덩어리로 만들어진 동상들이 곡선으로 이어진다. 이 유물들은 오랜 시간을 들여 만들어진 것들이다. 서유럽에만 해도 4~5만여 개의 고인돌 무덤들이 있다.

이러한 유적들은 항상 해안가나 대륙으로 약간 들어간 곳에 세워졌다. 하지만 해안가와 멀리 떨어진 곳에서는 고인돌을 찾아볼 수 없다. 해안가가 언제나 문명의 발달이 먼저 이루어지는 곳이라는 것도 이유일 수 있다. 바다와 항해는 인류의 가장 큰 스승이었다. 바다는 인간의 능력을 상승시키고 상상력을 자극했으며, 다른 민족을 알게 해주고, 교류를 도모시켰다. 그렇기 때문에 지중해 지역에서 고대 문명들이 발견된 것을 우연의 일치로 볼 수만은 없을 것이다. 무엇보다 지중해 동쪽 지역에서 최초의 문자가 발명되었고, 이곳에서 건축이 발달했으며, 이곳이 종교의 요람이 되었다는 것은 어찌 보면 당연한 일이다. 중앙아메리카, 중국의 해안가, 그리스, 이탈리아, 스페인, 지중해 섬들의 문명은 대륙의 문명에 비해 훨씬 더 빨리 발전했다. 에게 해 지역의 사람들은 최초로 돌에 모양을 내고 층을 이루도록 돌을 쌓아올려 둥근 지붕을 가진 무덤을 만들었다. 나머지 지역인 지중해 서쪽 지역과 대서양에서는 들판에 있던 돌 블록들을 방 모양으로 쌓거나 고인돌을 세웠다. 당시에 유프라테스와 티그리스 강 유역, 시리아와 이집트에서는 이미 돌을 주사위 모양으로 손질해서 사용했다.

유럽의 고대인들이 돌로 만들었던 동상들이나 거기에 쓰인 거대한 건축자재들만 보더라도 놀라울 정도이다. 프랑스의 브르타뉴 지방에 있는 카르나크와 로크마리아케르(Locmariaquer)라는 곳에는 프랑스뿐 아니라 전 세계적으로도 가장 흥미로운 거석 지역이 위치해 있다. 이곳에는 지금까지 알려진 가장 아름다운 돌로 만들어진 유물들이 자리 잡고 있다.

거석의 배치

거석의 배치는 2935개의 선돌이 3열로 늘어서 있는데, 그 길이가 4킬로미터도 넘는다. 같은 측면 벽을 갖고 있는 회랑은 'galeries couvertes'라고 부른다. 정렬, 계획, 돌의 선정 등 이런 구성요소 하나하나는 고도의 문화로 승화되었다. 고대 연구가인 르루지크는 이러한 열석, 즉 '알리뉴망(Alignements)'을 성소, 야외 신전으로 볼 수 있으며, 메네크의 환상열석 같은 형태일 경우에는 주요 성전이었을 것이라고 주장한다. 열석은 장례의식을 위한 장소였을지도 모른다. 이 열석들은 돌로 만들어진 원으로 둘러싸여 있고, 근방에서는 거대한 돌무덤을 쉽게 찾을 수 있다. 이러한 모든 것은 이 거석들이 장례의식의 장소로 쓰였을 것임을 암시한다.

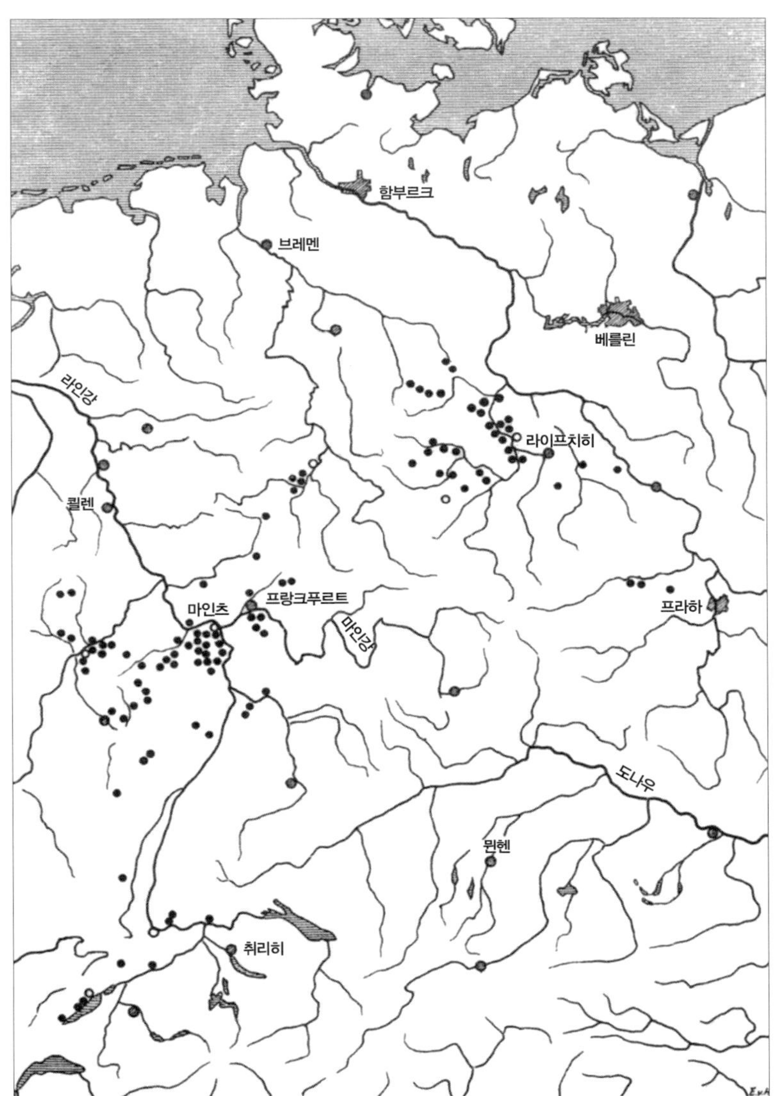

❋ 검은 점들은 독일에서 발견된 선돌들을 의미한다.

드보아 군사령관의 연구는 모든 브르타뉴의 열석들이 천문학적으로 특정한 시점에 태양이 뜨고 지는 지점과 일치한다는 것을 증명했다. 이 거대한 유물은 커다란 달력이라고 한다. 이 달력을 통해서 종교적인 의식을 행해야 하는 시기와 농사의 씨를 뿌리는 시점, 수확의 시점 등이 정해지는 것이다. 오래전에 만들어진 브르타뉴의 옛 길에서도 이런 천문학적인 규칙을 발견했다고 한다. 그러나 학문적으로 봤을 때는 이러한 모든 것들은 아무런 근거가 없는 몽상에 불과하다.

다양한 거석의 숫자와 규모

메네크의 열석들은 1099개의 선돌로 구성되었으며, 1167미터가 넘는 높이와 100미터가 넘는 넓이를 자랑한다. 서남서쪽 혹은 북북동쪽을 향하여 평행을 이루며 11개의 열이 이어진다.

케르마리오의 열석들은 1029개의 선돌로 구성되었고, 높이는 1120미터가 넘으며 넓이는 101미터가 넘는다. 이들은 10개의 열을 이루고 있다. 또 케르레스캉의 열석들은 594개의 선돌로 구성되었으며 길이는 880미터로, 13열을 형성한다.

카르나크에서는 거석의 숫자가 인상적이라면, 로크마리아케르에서는 돌들의 크기와 규모가 인상적이라고 할 수 있다. 'Mane er H' rolk', 즉 선녀바위라는 이름을 갖고 있는 선돌은 부서지기 전에 20~30미터는 되었을 것이라고 짐작된다. 정확한 시점은 알 수 없지만, 어느 날 돌이 떨어져 4개의 조각으로 나뉘었다. 암석의 두께는 약 3~4미터이며 무게는 약347톤으로 추정된다. 오늘날의 최신식 트럭 5대가 모여야만 들어 올릴 수 있을 무게이다. 그 외에도 대단한 고인돌이 있다. 바로 'table des marchands' 이다. 이 거대한 돌 탁자는 언덕 속에 있던 지하방의 일부였을 것이다. 오늘날에는 통로를 통해서 그 방 안으로 들어갈 수 있는데, 그곳에 들어서는 순간 거석들의 거대한 모습과 자연스러운 웅장함에 놀랄 것이다.

또 여러 곳에서 건축자재의 크기와 규모에도 종종 놀라게 된다. 예를 들어 스톤헨지의 가장 큰 돌은 길이가 8.85미터이다. 아일랜드의 카운티 캐로우에 있는 마운트 브라운 고인돌의 무게는 약 100톤으로 추정된다. 프랑스의 중부 소쉬르 지방의 바뇌에 있는 거석 무덤의 경우, 돌 길이가 18.6미터, 넓이가 5미터에 달한다. 이 무덤을 덮고 있는 돌의 무게는 약 86톤이다.

약 4000년 전의 사람들이 어떻게 이렇게 거대한 돌들을 옮겼는지는 아직도 풀리지 않는 수수께끼이다. 1840년에는 소뮈르의 가장 큰 거석 중 하나가 강을 건너는 다리의 역할을 하기도 했다. 이 돌을 옮기기 위해 소 36마리와 거대한 나무통들이 사용되었고, 나무의 지름은 모두 1미터도 넘었다. 결국 원시적인 방법을 동원하고 밧줄과 수많은 인력들을 통해서 겨우 이 돌을 옮겨 세울 수 있었다.

스톤헨지

몇 년 전에 영국의 고고학자들이 스톤헨지를 찾기 위해 솔즈베리 평야에서 3.5킬로미터 서쪽인 에임즈베리와 윌트서 주를 꼼꼼하게 조사했다. 넘어진 돌들은 다시 세워졌으며, 영국의 하웰 원자력 연구소는 최신 장비들을 동원해서 돌의 내부에 금이 있는가를 조사했다.

스톤헨지는 지구상에 존재하는 가장 흥미로운 거석유물 중 하나이다. 스튜어트 피고트는 1954년 스톤헨지에 대해 "건축가의 작품이다. 그는 유럽 북서지역 사람들보다 우월했던 사람이었다. 에게 해까지 이동해야 이와 비슷한 유물을 발견할 수 있다. 돌이 서로 맞닿은 모습, 기본 틀 등과 같은 것들은 이 분야에 대해 배운 기술을 적용시

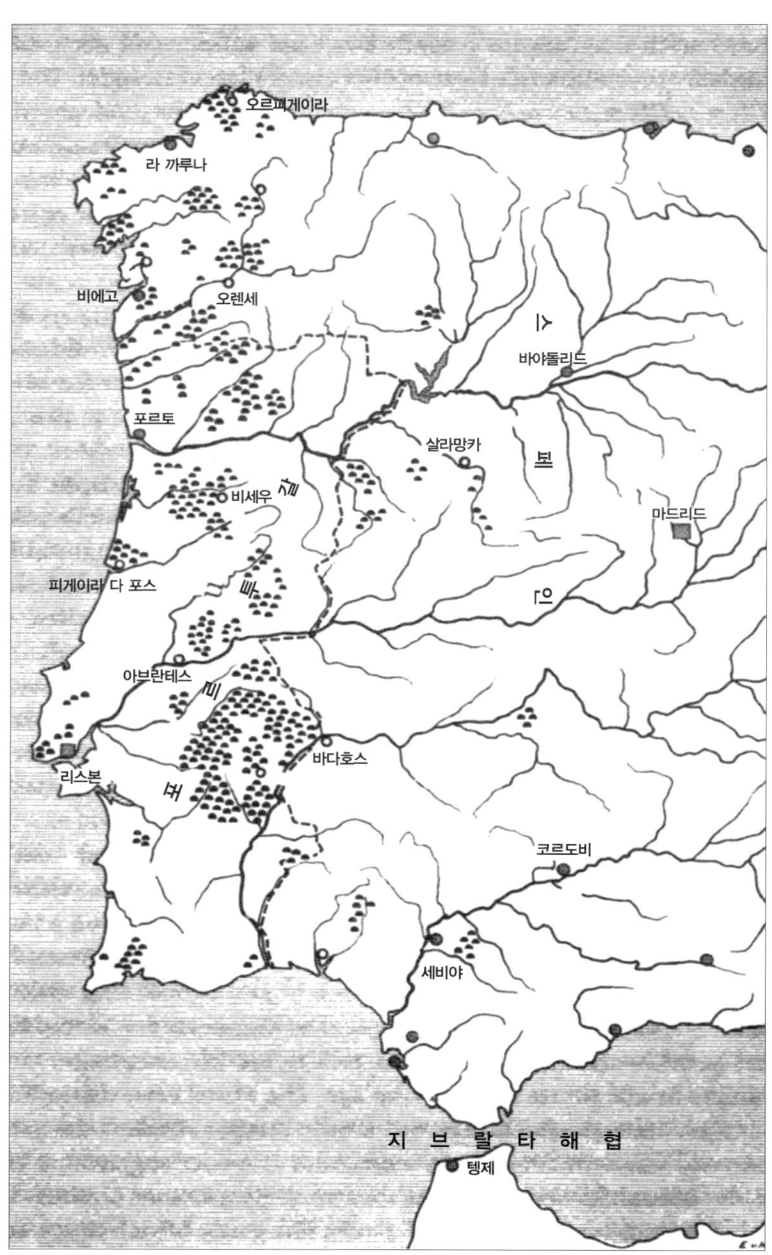

❋ 이베리아 반도의 서부에 분포된 거석무덤.

킨 것이다. 우리들은 유물의 모습만을 통해서는 영원히 이 미스터리를 완벽하게 풀지는 못할 것이다. 하지만 우리가 할 수 있는 것은 시간과 연대의 순서를 알아내는 것이다"라고 말했다.

이 유물의 가운데에는 제단으로 여겨지는 큰 돌이 놓여 있다. 그 돌이 종교적으로 어떤 의미를 가졌는지는 더 이상 알아낼 수 없다. 제단을 둘러 2~2.5미터 높이의 돌들이 발굽 모양으로 배치되어 있고, 5개의 거대한 삼석탑이 말굽 모양을 형성한다. 그 삼석탑을 둘러서 약 4.5미터 높이의 돌들 30개가 원을 이루는데, 이 돌들은 지붕을 지지했다. 그리고 이 모든 것들은 지름이 약 110미터인 원 모양의 흙 제방에 위치해 있다.

큰 길이 이 유물까지 나 있으며, 길의 중심선은 제단의 중심과 일치한다. 원을 벗어난 위치와 돌로 이루어진 가로수길이 시작하는 길의 축선 위에는 표지석이라는 것이 있다. 이 천문학적인 표지석을 둘러 작은 무덤들이 있으며, 이곳에는 이전에 제물바위가 있었을 가능성이 있다. 중심축은 정확히 6월 25일에 수평선을 가리키고, 기원전 2000년 전에는 그 선 위로 태양이 떴을 것이다. 이러한 모든 내용들이 옳다 하더라도, 스톤헨지가 태양신전이라고 단정 짓기는 어렵다. 지구의 거의 모든 성전들은 태양이 뜨는 곳을 향해서 세워졌다. 왜냐하면 태양이 뜨는 것은 곧 탄생, 창조, 신을 의미하기 때문이다. 스튜어트 피고트는 이 성전이 기원전 2000년 초에 지어졌다고 한다. 더 정확하게 말하자면, 그때 짓기 시작했다는 것이다. 화장터와 무덤에서 찾은 유물들은 영국 지역의 2차 신석기시대를 대표하는 물건들이다. 1950년에 발굴한 석탄 자국들과 방사성 탄소 연도 감식을 통해서 기원전 2123년과 기원전 1573년이라는 시기를 얻어냈다.

이 큰 돌들을 어떻게 운반했을까?

스톤헨지는 이전에 솔즈베리의 평야에서 찾을 수 있었던 사암으로 만들어진 유적이다. 영국인들은 이 돌을 'sarsen' 즉 사르센 석이라고 부른다. 또한 '푸른 돌'이라고 불리는 돌도 사용했는데, 그 돌들은 말굽 모양 같은 원형을 이뤘다. 영국의 학자인 토마스는 이 푸른 돌들이 웨일즈 남쪽에 있는 프레슬리 산의 동쪽 지역에서 가져온 것들이라고 했다. 그곳은 스톤헨지에서 약 213킬로미터 떨어진 곳이다. 그 돌들을 이렇게 먼 솔즈베리까지 어떻게 운반했을까? 바다를 통한 경로로는 거리가 약 609킬로미터, 지상 경로는 약 274킬로미터였다. 영국의 고고학자인 글린 에드먼드 대니얼은 푸른 돌의 이동은 기술적으로 대단한 업적이라고 주장했다. 옳은 말이다. 왜냐하면 거석유물 중에서 가장 먼 이동경로를 갖는 유물이라고 할 수 있기 때문이다.

영국에서만 약 200개가 넘게 발견된 환상열석은 설계나 아이디어 면에서 스톤헨지와 에임즈베리를 뛰어넘는다.

스톤헨지보다 훨씬 큰 거석유적인 에임즈베리는 스톤헨지에서 약 22킬로미터 떨어진 곳에 위치해 있다. 원래 이곳에는 약 650개의 돌 블록들이 원 모양과 열을 이루어 배치되어 있었다. 하지만 부분적으로는 건설용으로 돌들을 사용했고, 또 일부는 중세에 교회에 대한 과도한 충성심으로 이 돌들을 치우거나 묻어버리는 등, 후세 사람들이 많은 돌들을 치웠던 것이다.

오늘날 에임즈베리 유적의 전체적인 모습을 찾아보기란 쉬운 일이 아니다. 왜냐하면 유적의 중심에 바로 에임즈베리 마을이 자리를 잡았기 때문이다. 가운데에는 엄청난 돌판으로 만들어진 돌 크란츠가 자리를 잡고 있었다. 모든 암석들은 높이와 너비가 각각 4미터, 두께는 75센티미터이다. 그 원의 외곽으로는 담벼락과 구덩이가 있고 항상 구덩이가 안쪽에, 담벼락이 바깥쪽에 위치해 있었다. 큰 원 안에는 여러 개의 작은 원들이 있었는데 그 원들은 서로 거의 맞닿아 있다. 한 원에서는 5개, 다른 원에서는 4개의 돌들이 아직까지 유지되어 있다. 남쪽 내원의 중심에는 특별히 높은 돌이 서 있었고 북쪽 원에는 3개의 돌들이 서 있었다.

죽은 자들을 위한 집

그렇게 오래전, 먼 과거에 이렇게 복잡한 건축물들은 어떤 역할을 했을까? 당시의 인류에 관한 지식들은 잘 알려져 있지 않지만, 두 가지 확실한 사실이 있다. 인류는 대략 60만~100만 년 동안 사냥과 채집으로 살다가 신석기와 거석의 시대부터 동물들을 길들이고 정착생활을 하기 시작했다. 그리고 정착생활을 하면서 비로소 죽은 자들을 더 안전하고 호화롭게 안치하려는 의지가 생긴 것이다. 이런 식으로 유럽 중심부의 거대한 돌무덤들이 생겨났다. 물론 이집트도 상당히 발달되고 앞선 건축양식을 이룩했다. 죽은 자들을 위해서 돌로 만들어진 집을 마련하려는 것이 위에 언급했던 돌 유적이 발견된 모든 지역에서의 공통된 생각이었다. 이러한 유적들에는 항상 많은 사람들을 위한 공간을 마련했다. 아마 한 부족이나 가족을 위한 장소였을 것이다. 이렇게 돌 블록을 통해서 무덤을 짓기 전에는 동굴에 사람을 묻는 방식이 있었다. 고고학자들은 수천 년 전에 사용되던 동굴들을 발견했다.

사람들이 거석무덤에 이렇게 큰 공을 들인 것은 단지 유골을 보관하려는 목적보다는 더 많은 것을 얻으려 했기 때문일 것이다. 무덤의 규모를 보면 이 장소가 성전으로써의 역할도 했으며, 사람들이 죽음 이후의 삶에 대한 믿음을 갖고 있었다는 것을 알 수 있다. 죽음은 삶을 통해서만 연결될 수 있다. 그렇기 때문에 이 거대한 문명에서는 죽음 이후의 삶에 대한 믿음이 살아 있었을 것으로 생각된다.

거석무덤을 덮고 있는 많은 돌에는 타원형의 구멍이 있다. 그 구멍을 통해서 죽은 자가 삶의 세계와 통하기를 염원했던 것이다. 그 '영혼의 구멍'은 죽은 자들에게 음식을 공급해주기 위한 것이었을 수도 있다. 오늘날에도 프랑스나 스위스 지역에 있는 집들에서는 '영혼의 구멍'을 찾아볼 수 있다. 하지만 주민들은 그 구멍의 고대적 의미를 모른다.

스톤헨지, 에임즈베리, 윈드밀 힐의 거석유물 등과 같은 거석유적들은 단순한 무덤만은 아니었을 것이다. 만약 무덤의 의미만 갖고 있었다면, 이 유적들은 쓸데없이 복잡하고 거대하다고밖에 볼 수 없다.

이 거대한 유적들은 오히려 성전의 역할을 했을 것이다. 종교적인 생각을 통해서 장례문화와 연결된 성전을 만들어낸 것이다.

몰타에 있는 거석유적이 모든 거석유적의 원천이라고 보는 학자들도 있다. 하지만 몰타가 정말 모든 거석유적의 시작점이었는지는 의문이다. 물론 그곳에서는 유적의 용도가 확실하게 성전의 역할을 했을 것이라는 흔적들이 발견된다. 하지만 여러 학자들은 유럽의 서쪽 지역에서는 부족의 성전도 계획되고 지어졌을 것이라고 주장한다.

무덤이 성전으로 변하고, 성전이 다시 무덤을 내부에 들이는 것은 우리의 교회에서도 쉽게 찾아볼 수 있다. 이런 현상은 지상에 존재하는 위대한 비밀 중 하나일 것이다. 모든 죽음이 삶에서 비롯되고, 모든 삶이 죽음에서 비롯된다는 것은 명백한 사실이다.

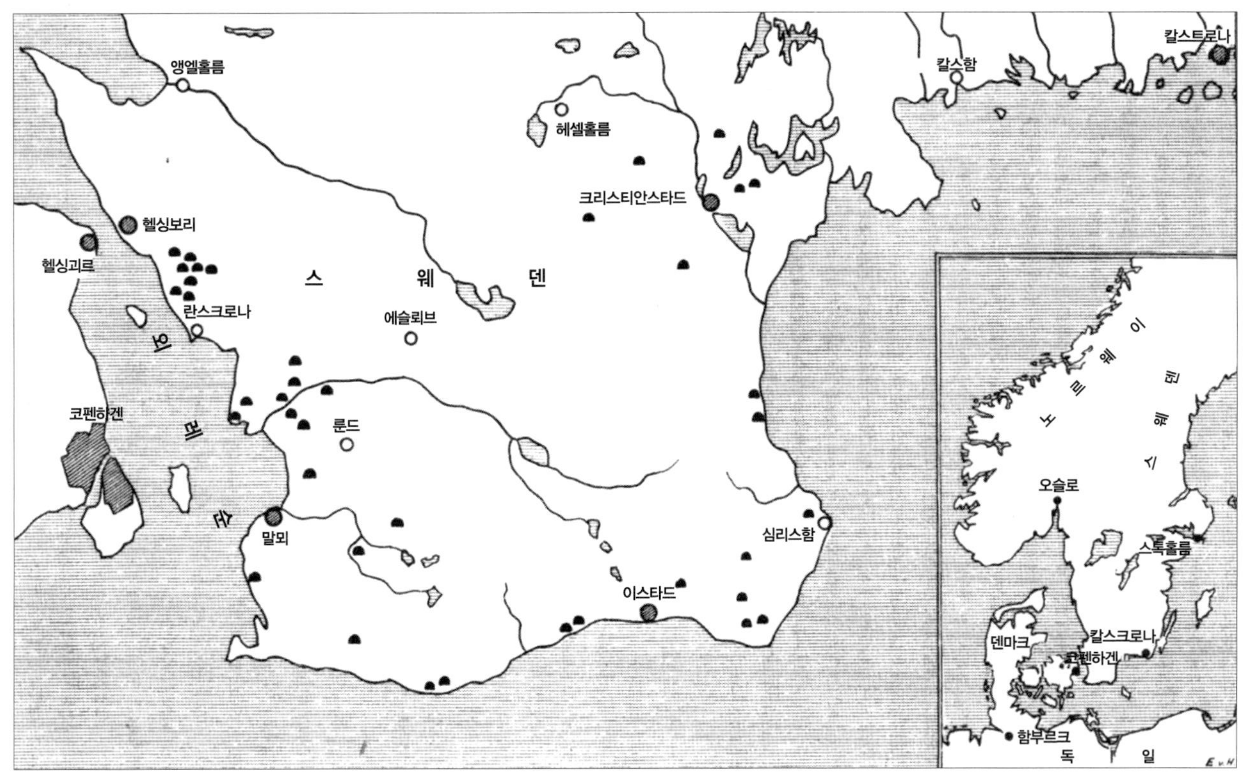

※ 스웨덴 남부지방의 거석유적들이 발굴된 위치.

선돌의 기적

선돌의 비밀도 민속과 종교적인 측면에서 풀어야 할 비밀이다. 이런 거석유적이 존재하는 곳에 사는 사람들은 돌의 기적적인 효능을 믿는다. 베를린대학의 호르스트 키르헤너 박사는 이러한 유산에 대한 많은 자료들을 수집했다. 한 여인은 세인트 카도에 있는 선돌을 만진 이후 건강한 사내아이를 출산했다고 말했다. 많은 여인들이 그 돌을 만진 이후 아이를 낳았다고 주장했다. 발츠후트의 팅겐에 있는 '긴 돌'은 예전에 '예수돌'이라고 불렸다. 그 돌에서 산파들이 새로 태어난 아이들을 데리고 나왔기 때문이다. 뷘딩겐의 운터비더스하임에 있는 '아이 돌'에 대해서는 돌에 귀를 대는 순간 어린아이의 울음소리가 들린다는 이야기가 전해오고 있다. 오베를사스 슐츠마트에 있는 '긴 돌'은 성 금요일에 축을 중심으로 스스로 한 바퀴를 돈다고 한다. 그 모습을 지켜본 젊은 처녀는 그해에 결혼을 한다는 전설이 있다. 독일에서 신부바위라고 불리는 선돌은 결혼식 날에 행운을 가져다준다고 한다.

선돌은 병자들이 자주 찾아가는 곳이며, 중세에는 처형장소로 사용되기도 했다. 바로 팅겐 클레트가우, 오버 사울하임, 아쉐르스레벤에 있는 선돌들이 그런 용도로 사용되었다. 수천 년 전에도 돌에 생명력이 깃들어 있다고 여겼던 것이다.

선돌은 죽은 자의 영혼을 받아들인다

거석무덤의 몇몇 방에서는 가운데 혼자 우뚝 서 있는 돌이 있다. 크레타 문명을 발굴한 고고학자 이반스는 처음에는 무덤방에 기둥이 있었고 나중에서야 무덤 위에 지붕을 덮었을 것이라고 했다. 또 사람들은 무덤방에 있던 기둥이 초자연적인 힘을 갖고 있다고 믿었다. 그 기둥에는 죽은 자의 영혼이 들어 있다고 생각했기 때문이다.

이러한 상황을 살펴보면 선돌은 단순한 묘비가 아니라 종교적이면서 마법적인 의미를 가졌다고 할 수 있을 것이다. 육체를 떠난 영혼은 머물 수 있는 다른 곳을 찾는다. 이때 영혼이 옮겨가는 곳이 바로 선돌이었다. 선돌은 가깝거나 먼 곳에 안치된 죽은 자의 영혼을 받아들이는 용도로 세워졌던 것이다. 어떤 선돌에는 인간의 육체가 새겨져 있기도 하다.

슐츠마트, 마이젠탈, 알버슈바일러, 블리스카스텔, 카르나크, 로크마리아케르에 있는 거석들을 본 사람이라면 모두 같은 생각을 할 것이다. 바로 4000~5000년 전에 '영혼의 돌'을 세우던 거석문명 시기에 살던 사람들은 진정 산을 옮길 만큼 강한 믿음의 소유자들이었다고 말이다.

서
유
럽

"우리가 고인돌에 새겨진 문양에 대해 아는 것이 없음은 당연한 일이다. 우리가 할 수 있는 것이라고는 우리의 관찰력을 십분 발휘하여 관찰한 것으로부터 추론하는 것뿐이다. 유일한 목표는 지식에 대한 불타는 욕구를 잠재우는 것이다. 우리가 사용할 수 있는 수단은 비록 불완전하지만 오래전 인류의 신비로운 정신세계를 탐험하고, 그들의 손을 움직였던 생각을 읽어내는 것이다."
 – 마르트르와 생 쥐스트 빼까흐, 짜샤리 르 루지크, 『모르비앙 고인돌에 새겨진 기호모음집Corpus des Signes Gravés des monuments megalithiques du morbihan』, 파리, 1927.

고
고
학
의
즐
거
움

거석에 새겨진 문양들

거석의 가장 큰 미스터리는 그 위에 새겨진 희한한 문양들이다. 대형 돌판과 그 돌판을 받치는 받침돌들 중 특히 브르타뉴의 남부 해안에 위치한 모르비앙 일대의 것들은 수십 년 전부터 전 세계 고고학자들의 관심을 끌고 있다. 여기에 새겨져 있는 문양들이 진짜인지, 그리고 과연 거석시대의 것들인지에 대해서는 오늘날 더 이상 의심의 여지가 없다. 그러나 거석에 새겨진 문양들은 대개 알아보기가 힘들어서, 수백 년 동안 발견되지 않은 채로 있었다.

마르트르와 생 쥐스트 빼까흐, 그리고 짜샤리 르 루지크는 모르비앙에서 40년 동안 연구하고 관찰하면서 돌판들을 조사하였다. 그런데도 거석에 새겨진 문양들을 전부 다 알아내지는 못했다. 그 그림들이 얼마나 눈에 띄지 않았던지 연구자들은 '케르함'이라는 한 고인돌에서 단지 몇 개의 문양만을 발견했다.

연구자들은 이듬해 사진자료를 수집하기 위해 다시 그곳을 찾았다. 놀랍게도 거석에 새겨진 그림은 흔적조차 찾을 수 없었다. 그러나 한 연구자는 포기하지 않고 모르비앙의 고인돌을 오랫동안 관찰했다. 한참 후에야 비로소 문양이 눈에 띄기 시작했고, 점점 또렷해졌다. 어떤 돌의 경우에는 거기에 새겨진 문양이 특정한 빛의 조건이 충족되어야만 보이기 때문이었다. 잘 알려진 고인돌 'table des marchands'에는 태양의 문양이 새겨져 있다. 그러나 이것은 여러 연구에서 존재하지 않는 문양이라고 주장되어 왔다. 16시에서 17시 사이에만 뚜렷하게 나타나고, 그 외의 시간에는 문양을 알아보기가 어렵기 때문이다.

돌에 새겨진 문양은 바람, 기온의 변화 등 날씨의 영향과 이끼 및 기타 식물들에 의해 점차 희미해졌다. 그리고 4000년 전 사람들이 거석에 새겼던 이 문양들은 언젠가 완전히 사라질 것이다.

고인돌뿐 아니라 수많은 다른 선돌들에도 역시 흥미로운 문양이 새겨져 있다. 하지만 선돌은 하나씩 독립적으로 서 있고, 날씨의 영향을 더욱 강하게 받기 때문에 문양이 남아 있는 것이 거의 없다. 바람, 폭풍, 비 등이 문양의 흔적을 모두 쓸어가버렸다. 'manio'의 선돌에는 또렷한 뱀 문양을 볼 수 있는데, 이것도 아랫부분의 흙을 파내야만 보인다. 땅 위로 솟아 있는 부분에는 과거 인간들이 새겨 넣은 그 어떤 문양도 남아 있지 않다.

막달레니아 문명의 문양에 담긴 의문

모르비앙에서 발견된 모든 문양은 모두 약 2만 년 전 구석기시대

막달레니아 문명(Magdalenian)의 문양처럼 '파 넣은' 것이 아니라 문양을 '쳐서 넣은' 것이다. 고인돌에 주로 사용되었던 화강암은 망치질을 할 때마다 불규칙하게 갈라졌기 때문에 깔끔하고 명확한 선이 표현되지 않았다. 연구 결과 이러한 장식은 대개 돌을 최종 위치로 옮겨놓기 전에 이뤄졌던 것으로 추정된다.

남아프리카와 북서스페인의 막달레니아 문명의 동굴 즉, 프랑코 칸타브리아 예술의 유적지에는 벽화와 조각들이 최대한 자연의 모습 그대로를 표현하고 있다. 당시 사람들은 실제 동물을 그대로 묘사하는 작품을 만들고자 했다. 그래야만 그림 또는 조각상의 주인은 동시에 그 작품이 묘사하는 동물도 지배할 수 있다고 믿었기 때문이다. 막달레니아 문명의 돌판에 문양을 새긴 사람들은 자신들의 상상력을 크게 단순화시켜 표현했다. 그들의 작품들은 더 이상 예술이 아니고 생각을 상징을 통해, 즉 상징적 문양을 통해 표현한 것이었다.

그들이 남긴 상징들은 극도로 도식화되어 있기 때문에 우리에게는 미스터리로 남는다. 또한 그들이 남긴 기호는 대부분 이해할 수 없는 수수께끼 같다. 그러나 각각의 문양이 갖는 의미는 명확하다. 문양을 살펴보면 도끼, 태양 또는 뱃머리가 곡선인 형태의 배 등이 자주 등장한다. 화강암 판에 새겨진 뱀이나 황소 문양, 기타 다양한 기하학적 문양과 심지어 곤충의 문양도 보인다. 고고학자들 사이에는 물론 이 문양들이 갖는 의미에 대해서 다양한 의견들이 거론된다.

오징어나 문어처럼 바다에 사는 연체동물인 두족류도 자주 등장하는 모티브이다. 알레 쿠베르트 데 뤼팡(Allée Couverte de Lufang)의 돌 중에는 짧은꼬리오징어(Rondeletiola minor)나 스피룰라 같은 두족류가 새겨져 있는 것으로 기억된다. 흥미로운 점은 두족류가 바다에서 멀리 떨어지지 않은 곳에 위치한 선돌에서만 나타난다는 것이

❋ 로크마리아케르에 위치한 마네 뤼 묘도는 길이가 80 미터이고 너비는 50미터, 높이가 5.5미터이다. 이 거대한 고인들은 1863년에서 1964년 사이에 르네 갈레스에 의해 발굴되었다. 여기에 보이는 지지돌(92×140 센티미터)을 보면 왼편에 도끼가 있고 위쪽과 오른쪽 구석에는 배 모양이 새겨져 있다. 어쩌면 5개의 수직 직선이 배를 타고 있는 선원들을 나타내고 있는지도 모른다. 기원전 2000년 유럽과 지중해의 앞바다에서는 항해가 매우 큰 의미를 지니고 있었기 때문이다.

❋ 스위덴 남부의 숀넨 지방에서 이 'Vjälkinge 9' 묘도가 발굴되었다. 폴케 한젠은 40개의 상박골과 손뼈, 발뼈의 잔해를 발견하였다. 선사시대에 이곳에 25명이 매장되었던 것으로 추정된다.

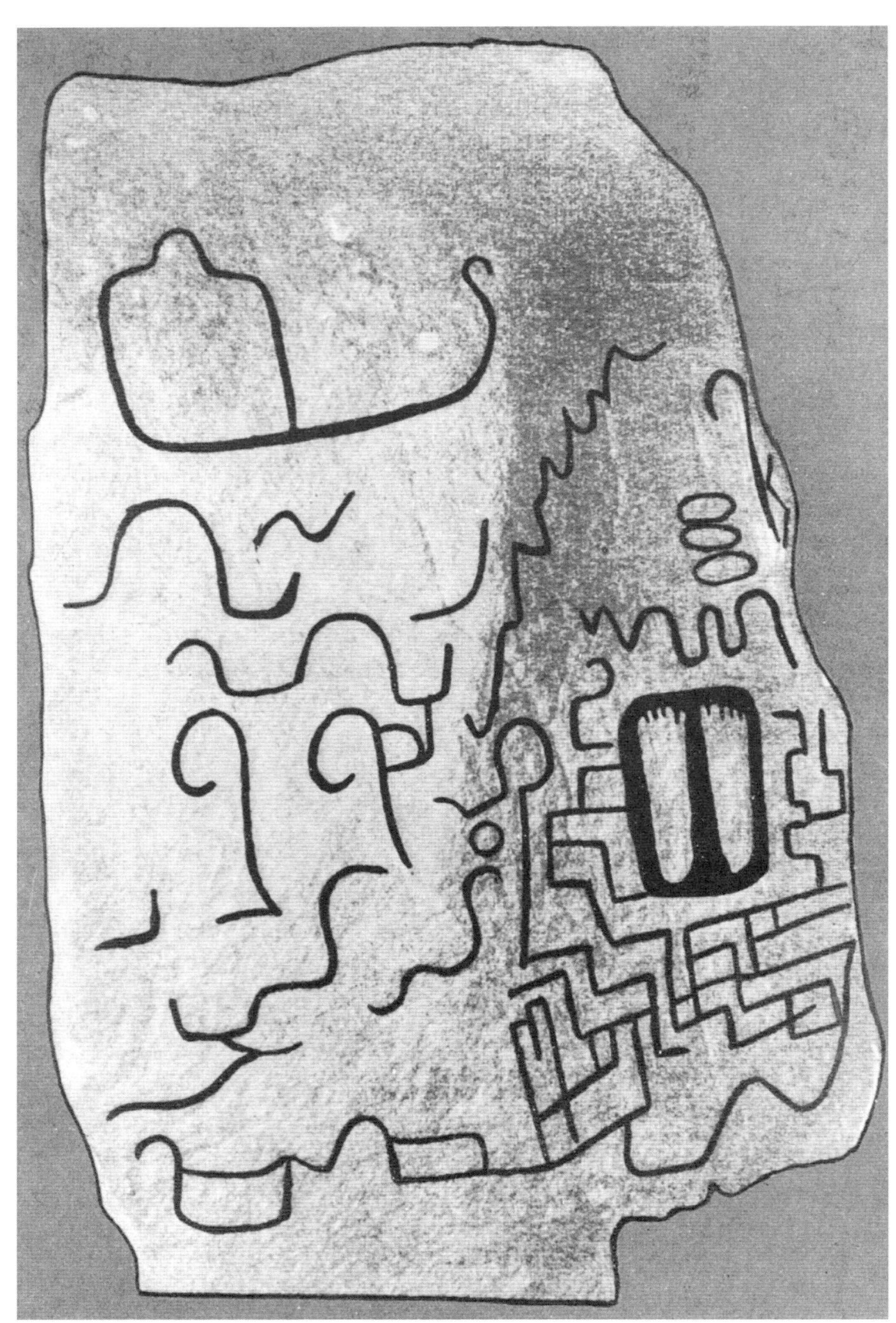

※ 모르비앙 아르종 일대의 '프티몽' 고인돌은 1985년 프랑스인 갈레스와 퀴세에 의해 발견되었다. 짜샤리 르 루지크는 묘도(墓道)를 재건하였고, 뛰어난 재현 실력을 발휘하여 돌에 새겨진 문양을 나타냈다. 내부 공간에 있던 받침돌들은 매우 특이한 점이 있었는데, 오른쪽에 사람의 발 문양을 볼 수 있다.

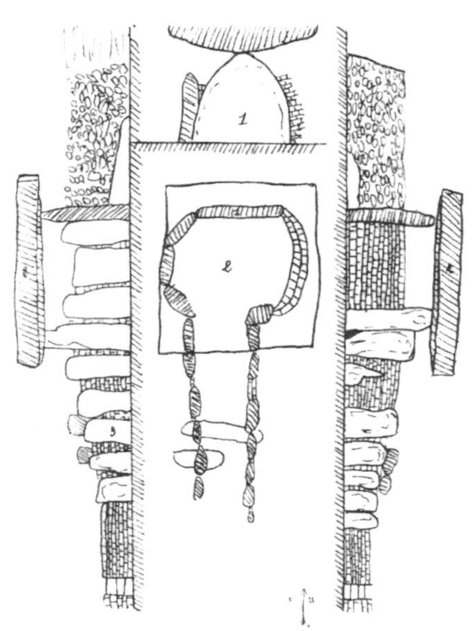

다. 바다에서 멀리 떨어지지 않은 곳에 고인돌도 있었는데 말이다. 그
렇다면 막달레니아 문명의 사람들은 왜 고인돌에는 두족류의 문양을
새기지 않은 것일까? 이 질문에 대한 답은 알 수 없다.

어떤 돌에도 사람의 모습은 새겨져 있지 않다

그렇다면 인간의 모습은 또 어떤가? 어떤 돌에도 사람의 모습은 새
겨져 있지 않다. 사람의 모습은 프티몽 고인돌에만 등장한다. 게다가
사람 전체가 묘사되어 있지도 않다. 두 발의 모양만 새겨져 있고, 그
것이 전부이다. 발 주위에는 거석의 외곽 형태와 같은 선들이 새겨져
있는 것으로 보아 어쩌면 그 고분에 매장된 사람의 발을 나타내는 그
림인지도 모른다. 'Roch Priol'에는 두 발바닥의 문양이 여섯 번이나
등장한다. 그러나 'Roch Priol'은 고인돌이 아니다. 또 'Dolme de
mané Lud' 위에는 4명의 사람이 서 있는 듯이 보이지만, 여기에 새

겨진 문양이 정말 사람을 나타내는 것들인지는 명확하지 않다. 사실 이것은 끝부분에 각각 동그라미가 있는 십자가 문양일 뿐이다. 동그라미는 사람의 머리를 표현하는 것처럼 보인다.

막달레니아 문명의 사람들이 어떤 모습을 하고 있었는지, 어떤 인종이었는지, 머리가 금발이었는지 갈색이었는지, 피부색이 흰색이었는지 어두운 색이었는지는 알 수 없다. 영국인 대니얼은 그들이 인도-유럽어족이 아닌 하나 또는 여러 개의 지중해어족에 속했을 것이라고 본다. 그러나 그들은 오늘날 브레스트 항구의 한 카페를 찾는 손님이나 생장드뤼즈 항구에 정박한 배를 소유한 어부, 또는 산세바스티안의 뱃사람들과 비슷한 외모를 하고 있었는지도 모른다. 왜냐하면 배와 두족류를 새긴 사람들은 위대한 항해사들이었을 것이기 때문이다. 그렇지 않고서야 어떻게 배와 두족류의 구조와 종교적 의미가 서유럽 해안 전역으로 퍼져나갔단 말인가. 그들은 죽음을 초월하는 삶에 대한 확고한 믿음을 갖고 있었다. 그렇기 때문에 자연이 낳은 그 거대한 돌을 마치 장난감처럼 사용할 만큼 많은 힘과 노력을 쏟을 수 있었던 것이다.

문자인가 문양인가?

막달레니아 문명의 돌에는 문자도 새겨져 있는가? 어떤 기호로 표현된 언어가 존재했는가? 혹시 알파벳과 같은 문자가 있었을까?

1893년 프랑스인 레투르노는 고대 알파벳과 유사한 형태의 기호를 발견하였다. 그는 이 기호를 신페니키아, 페니키아, 에트루리아, 콥트교도의 문자와 비교하였다. 그러나 빼꺄흐와 르 루지크 두 연구자들은 모르비앙의 고인돌에 문자가 있다는 사실에 동의하지 않았다. 로제타석 중 "막달레니아 문명의 문자"가 새겨져 있는 것은 아직까지 발견되지 않았기 때문에 비문은 두말 할 것도 없다.

고인돌에 문양을 새겨 넣은 사람들이 무슨 생각으로 그런 일을 했는지는 명확하다. 그들이 새긴 그림은 관습적이고 종교적 의미를 지니고 있다. 어쩌면 어떤 명령이나 종교적인 지침 등을 표현한 것일지도 모른다. 그러나 문양 하나하나를 놓고 보았을 때는 모든 것이 미스터리일 뿐이다. 이 수천 개의 문양은 아마도 수천 년의 세월이 지난 후, 그 비밀스런 의미가 밝혀지지도 않은 채 모두 사라져버릴 것이다.

위대한 거석 문화의 수수께끼

1933년부터 프랑스의 고고학자 앙드레 파로는 약 5000년 전에 설립되었고 2000년 동안 잊혀졌던, 유프라테스의 중간에 위치한 도시를 발굴하기 시작했다. 마리에는 셈족, 바빌로니아인, 아시리아인들이 함께 모여 살았으며, 그들은 대단한 수준의 문명을 누리면서 살았다. "점토판뿐만이 아니라 불 때문에 무너진 벽과 수천 번 밟히면서 닳아버린 바닥에 깔린 돌들이 이야기를 전한다. 고대의 건축물이 이렇게 생생한 것은 처음이다."
– 앙드레 파로, 『궁전*Le Palais*』, 파리, 1958.

잠들었던 도시가 깨어나다

20년 전에 베두인에서 발견된 머리 없는 동상은 근래에 근동에서 발굴된 가장 큰 고고학적 유물이다. 중앙 유프라테스에 사람의 손이 닿지 않는 외진 곳에 수천 년 동안 텔하리리가 있었다. 압둘 케말에서 9킬로미터 북쪽으로 이라크와의 국경이 있는 시리아의 동쪽, 눈에 띄지 않는 곳에 위치한 언덕이었다. 아무도 그 언덕에서 기원전 3000년에 유명했던 도시의 유적들을 찾을 것이라고는 예상하지 못했다.

1933년 12월 14일 텔하리리에서 발굴이 시작됐다. 이 발굴은 동양 지역 전문가인 르네 뒤소에 의해서 계획되고 프랑스 국립 박물관과 교육부가 지원하여 이루어졌다. 발굴을 시작한지 얼마 지나지 않아서 동상들이 보이기 시작했다. 1934년 1월 23일, 그러니까 발굴을 시작한지 40일이 지난 시점에 3명의 중요한 인물을 형상화한 작은 동상들이 발견되었다. 왕인 람기마리, 최고 공무원인 에비일, 마리의 곡식관리를 담당했던 이디나룸의 형상들이 발견된 것이다. 동상들에는 글씨가 새겨져 있었으므로 이 발굴만으로도 큰 비밀이 풀린 격이었다. 발굴팀은 곧 이슈타르 여신의 신전을 발견했다는 것과 다른 많은 것들을 알게 되었다. 텔하리리에는 잊혀진 도시인 마리가 있었던 것이다.

람기마리 왕의 동상을 찾은 것은 커다란 발견이었다. 왕의 몸에 도시의 이름이 새겨져 있었기 때문이다. 오른쪽 어깨와 오른쪽 팔의 뒤쪽에 다음과 같은 내용이 새겨져 있었다. '람기마리 왕, 마리의 왕, 엔릴의 파테지가 이 동상을 이슈타르 여신에게 바친다.'

1934년에서 1937년 사이에 이슈타르 신전의 많은 부분이 발굴되었다. 이 신전은 약 4000제곱미터의 면적과 6미터 깊이에 해당된다. 이렇게 오래된 폐허의 발굴에는 매우 섬세한 작업이 필요하다. 바닥은 조금씩 조금씩 제거되어야 한다. 흙은 대부분 체에 걸러서 용기에 담아 다른 곳으로 옮겨진다. 이러한 발굴 작업이 얼마나 많은 노력을 필요로 하는 작업인지를 고려한다면 텔하리리에서 3년 동안 약 2만 4000제곱미터의 면적이 발굴되었다는 사실에 놀랄 수밖에 없을 것이다.

프랑스의 뛰어난 고고학자인 앙드레 파로는 이 놀라운 도시의 여러 지층을 알파벳으로 명명했다. 가장 위에 있는 지층은 a이다. 그 밑에 b, c, d, e, f가 이어진다. e 지층에서는 이슈타르 여신의 신전이 상당히 오랜 세월동안 유지되었다는 것을 알아볼 수 있다. 신전은 벽돌로 지어진 건물이었다. 바닥은 고급스럽고 매끈한 소재로 만들어졌다. 신전의 중심에는 '셀러(cella)', 즉 집에서 사용하는 난로가 있었다. 긴 홀에서 좁은 벽 쪽에 제단이 놓여 있었고 입구는 가장 성스러운 곳에서 멀리 떨어진 곳에 있었다. 그리고 제사장과 신전관리인들을 위한 공간이 이어졌다. 신전은 오리엔트의 집 형태와 비슷했다. 신전 마당에서 파로는 '바르카스(barcas)'라고 부르는 용기를 찾았는데 2개는 문의 왼쪽, 5개는 문의 오른쪽에 놓이게 된다. 이 바르카스들은 음료를 제물로 바치는 의식에서 사용된다.

매우 정성스럽게 만들어진 셀러는 의식에서 상당히 중요한 역할을 했을 것이다. 파로가 이곳에서 상당히 이색적인 물건들을 많이 발견했기 때문에, 우리는 셀러가 매우 중요한 의미를 갖는다는 것을 알 수 있다. 이곳에는 동으로 만들어진 말뚝이 바닥에 박혀 있었고 그 말뚝의 윗부분에는 동으로 만들어진 조각이 있었다. 또한 청금석, 은, 흰 돌로 만들어진 사각형태의 판들도 있었는데, 우리가 오늘날 초석을 놓는 것처럼 마리의 건축가들은 '기초 말뚝'을 박았던 것으로 보인다. 이것은 보호와 종교적인 뜻이 담긴 장치였다. 13개의 말뚝 중에서 7개가 지하공간에 위치해 있었다. 이러한 상황을 살펴보면 지하실이 상당히 중요한 역할을 하던 공간이라는 것을 쉽게 알 수 있을 것이다.

마리의 동상

마리의 주민들은 신들에게 동상을 바쳤다. 제사장들은 작은 동상들을 선반에 올려놓았다. 형상들은 대부분 붉은 돌, 석회석, 흰 앨러배스터로 만들어졌고 높이는 약 15센티미터였는데, 가장 큰 동상의 크기는 약 50센티미터였다.

우리는 이 동상들의 의미를 알 수 있을까?

마리의 시민들은 매우 신앙심이 깊었다. 그렇기 때문에 신들의

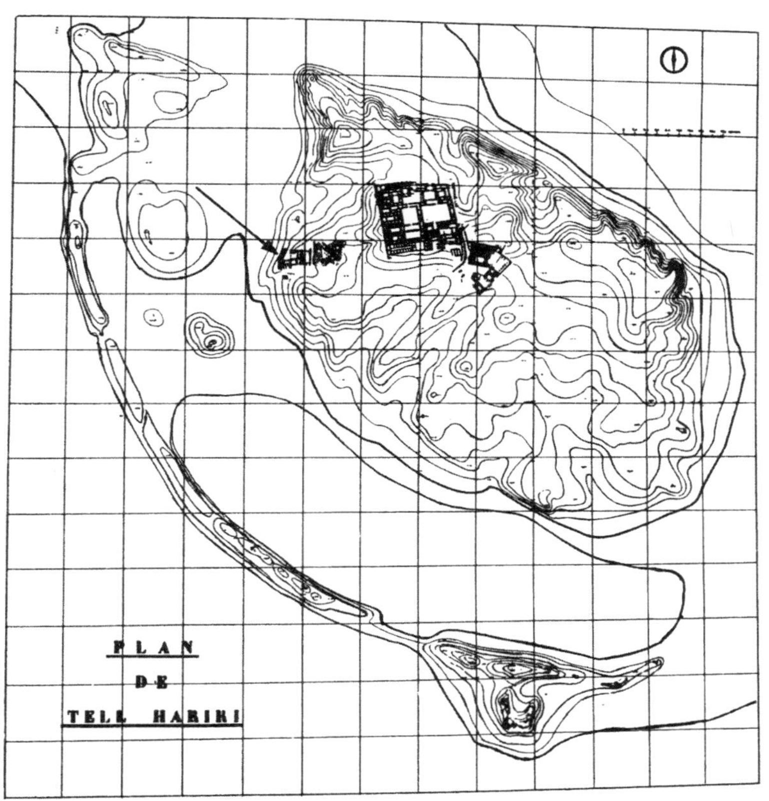

※ 텔하리리의 지도. 왼쪽 화살이 가리키고 있는 언덕 밑에서 이슈타르 여신의 신전이 발굴되었다. 그에 이어 발굴된 집들도 보인다. 큰 사각형 건물은 궁전이다. 궁전의 오른쪽 밑부분에 바로 다간 신의 신전이 있다.

시중을 들 동상들을 제작했던 것이다. 그 형상들은 신전에 서서 신들로부터 모든 좋은 것들을 받을 수 있었다. 동상의 손은 기도를 하는 모습처럼 모아졌다. 신이 그들의 기도하는 모습을 봐야 했던 것이다.

파로는 이 동상들이 초상화와 비슷하다고 보고하고 있는데, 이는 매우 흥미롭다. 높은 지위에 있었던 시민들은 평범한 동상을 원하지 않았을 것이다. 그들은 자신과 닮은 모습을 원했던 것이다. 그들은

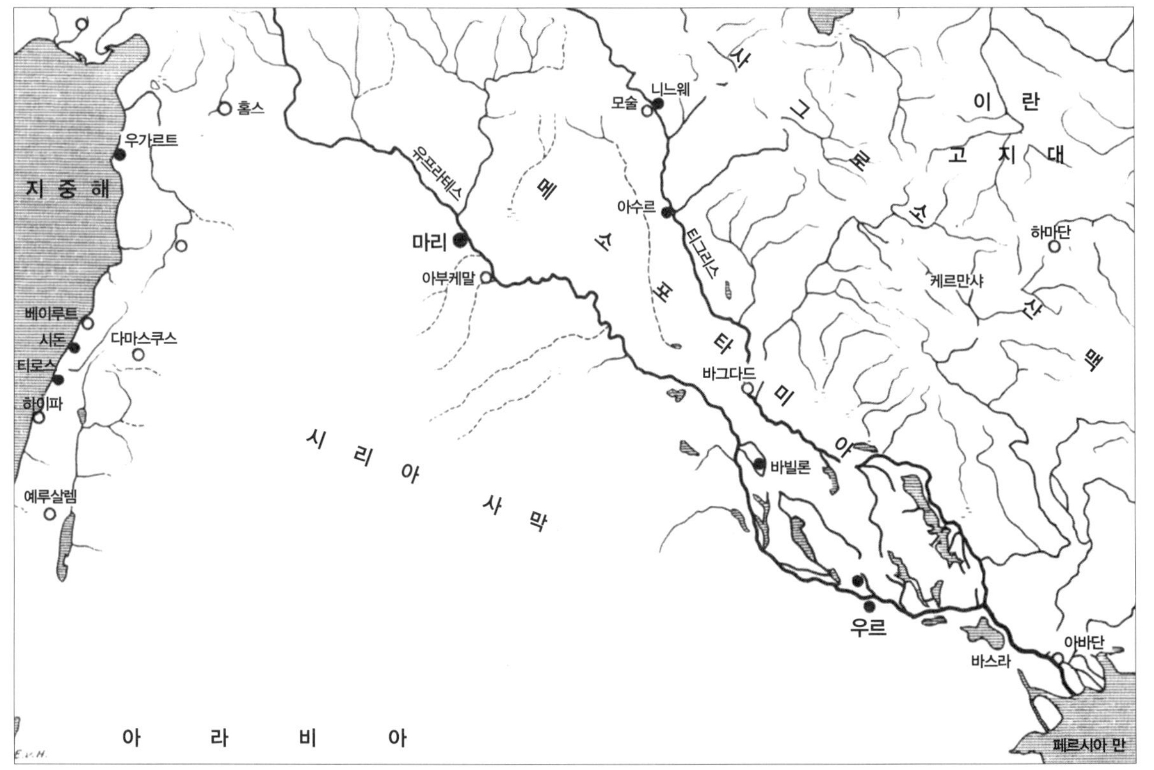

※ 마리의 위치가 표시된 지도.

예술가의 작업실에서 모델이 되었을 것이다. 따라서 우리는 동상들을 통해서 수많은 마리 시민들의 얼굴을 볼 수 있다. 머리가 길고 짧은 남자들, 수염을 깎거나 깎지 않은 남자들, 멋있는 옷을 입은 고위 인사들, 생생한 표정을 짓고 있는 처녀와 여인들 등 다양한 모습이 드러난다.

이처럼 동상을 통해서 우리는 4000~5000년 전에 살던 사람들의 모습을 볼 수 있다. 그들은 모두 신 앞에서 그들이 취하고 싶었던, 그리고 그들의 믿음을 표현하려 했던 모습을 하고 있다. 크고 검은 눈동자를 통해서 그들은 영원을 꿰뚫어본다. 우리는 그들의 우아한 머리 스타일과 옷을 보며 감탄하고, 그들의 확신에 찬 미소를 볼 수 있다. 바로 우리 앞에 가장 위대한 유물이 있는 것이다. 이것은 그들 삶의 모습이며 고대 유프라테스 지역에서 이루어낸 셈족의 놀라운 예술이다. 한 남자와 한 여자가 가깝게 앉아 있다. 그는 부드러운 손길로 그녀의 팔을 잡고 있다. 비록 이 동상의 머리는 없어졌지만 남은 부분을 통해서 우리는 아직도 두 사람을 서로 이어주던 깊은 사랑을 느낄 수 있다. 앙드레 파로는 이 동상을 가리켜 '얼굴과 이름도 없는 연인들'이라고 말한다.

마리 주민들은 유머감각도 풍부했다. 그들은 농담을 하고 웃을 줄 아는 사람들이었다. 광대의 모습을 하고 있는 음악인 한 쌍이 우리를 보고 웃고 있다. 그들은 아스타르테에 대한 자신들의 믿음도 유물들처럼 영원히 보존되길 바랐다.

마리와 수메르인

한 민족은 더 큰 생명력을, 다른 민족은 발달된 예술과 뛰어난 기술을 가져왔다.

　기원전 3000년에 이렇게 높은 수준의 생활과 발달된 종교를 가진 것은 당연한 일이 아니다. 당시 메소포타미아의 전 지역은 수메르인들의 나라였다. 수메르인들은 셈족이 아니었다. 그들의 문명이 시작되는 시점은 기원전 4000년까지 거슬러 올라간다. 그들의 생활방식은 메소포타미아의 남부지역을 전부 차지했다. 수메르인들이 살았던 도시들에서는 놀라운 유물이 발견되었다. 우르, 에리두, 라르사, 우루크, 라가슈, 슈룹팍, 키쉬, 에스눈나, 유피가 메소포타미아의 가장 유명한 장소들이다.

　현대 연구에서는 기원전 3000년의 초기를 '초기 다이너스티 시대'라고 부른다. 셈족은 이 시기가 끝날 무렵에야 등장하게 된다. 하지만 수메르인들의 문화가 멸망한 것은 아니었다. 수메르인들은 정신적, 문화적으로 훨씬 앞서 있었다. 하지만 셈족은 더 큰 저항력을 가지고 있었으며, 훨씬 더 열정적인 성격이었다.

　기원전 2600년쯤 셈족이 아카드 시대를 통해서 권력을 쥐게 된다. 그리고 새로 설립된 도시가 세계의 중심부가 되었다. 그들은 수메르인들로부터 쐐기문자를 사용하는 법을 배웠다. 셈족과 수메르인은 서로 융화되었다. 한 민족은 더 큰 생명력을, 다른 민족은 발달된 예술과 뛰어난 기술을 가져왔다. 바빌로니아, 아시리아의 문화와 셈족의 전체적인 삶에는 언제나 수메르인들의 모습이 보인다. 마찬가지로 마리 역시 수메르인들에게 물려받은 많은 요소들을 갖고 있었다. 심지어 그들은 그 자체의 독특한 특징들도 발달시켰는데, 기원전 3000년 무렵부터는 건축, 예술, 종교 등 모든 면에서 수메르인을 앞선다.

꿈의 궁전

　마리의 가장 큰 기적은 바로 궁전이라고 할 수 있다. 이 궁전은 기원전 2000년 오리엔트에서 찾아볼 수 있는 가장 위대한 건축물이다. 앙드레 파로가 이 꿈의 궁전을 발굴했다. 마리의 궁전은 300개의 침실과 복도, 마당을 갖추고 있었다. 따라서 발굴을 위해서는 거대한 면적을 작업해야 했다.

이 궁전을 짓는 데에는 오랜 세월이 걸렸을 것이다. 또한 궁전은 다양한 시스템들이 서로 어우러진 형태를 갖추고 있었다. 마리의 건축가들이 작업을 시작할 당시에는 확실한 계획도가 존재하지 않았던 것 같다. 궁전은 왕의 집, 성, 저장소, 정치의 중심지, 행정 중심가 등 왕과 관련된 모든 것들의 집합소이다. 우리는 궁전에 아름다운 벽화를 그리도록 지시한 왕의 이름을 알고 있는데, 그의 이름은 짐릴림이었다. 지난 40년 동안 우리는 유프라테스와 티그리스 강이 흐르던 지역에서 벽화가 대단한 예술로 각광받았다는 것을 알아냈다. 고대부터 벽화에서 대단히 발달된 수준의 기술을 사용했던 것으로 보인다. 짐릴림의 벽화는 이런 오래된 메소포타미아의 전통에서 비롯된 것이다. 앙드레 파로는 짐릴림의 벽화에 종교적인 의식에 대한 내용이 기록되어 있으며, 그 의식에 참가하는 사람들의 얼굴과 의상은 서쪽 셈족의 특징을 갖고 있음을 밝혔다.

지금까지 텔하리리에서는 5개의 신전이 발굴되었다. 우리가 바빌로니아에서 봤던 것과 같은 지쿠라, 즉 탑의 잔해들을 발굴했으며 화기, 호랑이 그림으로 꾸며진 의식에 사용하던 화기를 발견했고, 궁전에서는 거대한 점토 용기, 학교에서는 돌로 만들어진 28개의 의자, 학생들이 글씨를 쓰던 조개판도 발견되었다. 돌로 만들어진 원통에는 동물, 괴물과 싸우는 모습, 배와 만찬의 모습이 그려져 있다. 궁전의 한 그림에는 여신이 꽃향기를 맡고 있는 모습이 그려져 있었다. 가장 아름다운 동상 중 하나는 바로 물을 주는 여신의 동상일 것이

※ 마리의 궁전에는 아름다운 벽화가 있었다. 이 그림에서는 동물을 제물로 바치는 제사장의 모습을 볼 수 있다. '마당 106' 에서 황갈색, 검은색, 흰색으로 그려진 이 작품을 볼 수 있다. 이 유물은 약 3700년 전의 것이다.

✽ 여러 조각으로 만들어진 다산의 여신은 마리의 궁전에서 발굴되어 다시 맞춰졌다. 손에는 화기를 들고 있는데 그 그릇에서는 '생명의 물'이 흘러나왔다. 도시의 내부에는 화기에서 물이 흘러나오도록 물을 공급했던 수도관이 있었다. 이 동상의 높이는 약 1.42미터이다.

※ 마리의 고위 관료인 에비일의 모습이다. 그는 손을 모으고 있는 자신의 동상을 신전에 안치하도록 지시 했다. 등에는 '람기마리 왕, 마리의 왕, 엔릴의 파테 지가 이 동상을 이슈타르 여신에게 바친다' 라고 새겨 져 있다.

※ 마리의 궁전 목욕실에는 아직도 점토로 만들어진 욕조가 남아 있다. 왼쪽은 원초적인 변기의 모습이다. 물은 약 17미터 아래로 이어지는 구멍으로 흐르도록 되어 있다.

❋ 프랑스의 고고학자 앙드레 파로 박사의 모습이다. 루브르 박물관
의 고대 오리엔트 유물을 담당했다. 마리 발굴을 추진하여, 1933년
도시의 발굴이 시작되었다.

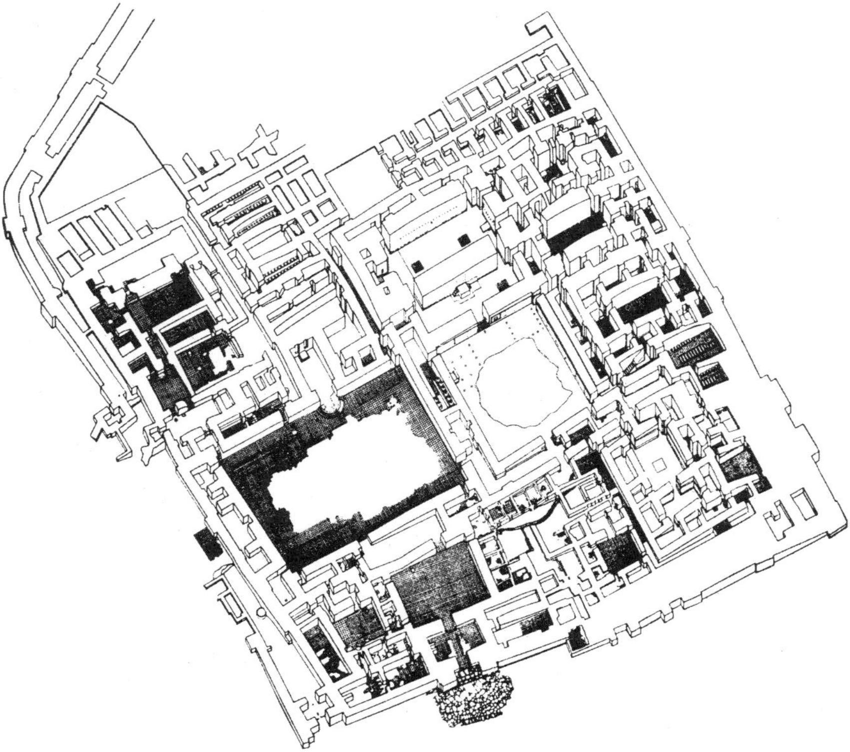

❋ 마리 궁전의 전체 도면. 궁전은 상당히 웅장했다. 300개의 방이 내부공간에 밀집되어 있으며, 궁전 자체가 하나의 작은 도시
였다. 점토판을 통해서 이곳에서 약 400명의 하인들이 일했다는 것이 알려졌다.

다. 다산을 의미하는 이 여신상은 기원전 1800년에 제작되었다. 동상의 높이는 1.49미터로, 커다란 흰 돌로 만들어졌다. 눈에는 귀한 보석이 박혀 있고 땋은 머리는 붉은색이었으며 목에는 6개의 목걸이를 걸었다.

점토판 서신

텔하리리에서 발견된 것이 단지 신전, 궁전, 동상, 집, 성벽들뿐이었다면 우리의 지식이 그렇게 풍부해지지는 못했을 것이다. 하지만 마리에서는 또 다른 유물이 발견되었다. 바로 짐릴림 왕의 궁전에서 마리의 국가도서관이 발견된 것이다. 그곳에는 약 2만 개의 점토판이 보관되어 있었다. 이 도서관은 마리의 마지막 왕이었던 짐릴림의 정치적 또는 개인적인 서신들이었다. 많은 편지들이 아시리아의 샴시 아다드 1세로부터 온 것들이었다. 그가 아들인 야스마 아다드에게 지시하여 야스마 아다드는 한동안 아시리아의 이름으로 마리를 통치했다. 그리고 후에 원래의 왕위 계승자인 짐릴림에게 왕좌를 내준다.

마리는 수메르 도시인 우르, 우루크, 라가슈의 영향을 많이 받았다. 하지만 마리의 문서에서는 우르가 언급되지 않는다. 왜냐하면 정치적으로 우르는 아무 의미가 없었기 때문이다. 바로가 최근에 발굴한 '우르의 보물'은 마리와 우르의 관계에 대한 새로운 측면을 알려준다. 긴 청금석 진주에는 우르의 왕인 메사니파타와 마리의 왕이 새겨져 있다. '우르의 보물'에는 그릇, 청동과 상아 동상, 사자머리와 금으로 만들어진 독수리 청금석, 봉인, 글씨가 새겨진 진주 등이 들어 있다. 이 보물은 기원전 2600년의 것이다. 마리는 최소 30명의 왕과 서신을 교환했다. '우르의 보물'은 마리가 함무라비 제국과 함께 존재했다는 증거이다.

고고학의 즐거움

왕들은 항상 전쟁에 대해 걱정했고, 도시들을 정복하여 수많은 사람들을 노예로 만들었다. 한 도시가 반항을 할 때에는 종종 합의문을 체결하거나 결혼을 통해서 정치적인 문제들을 무마시켰다. 시바트 요새를 정복했을 때는 수많은 사람들을 노예로 만들어, 일반 군사들까지 노예를 부릴 수 있을 정도였다. 샴시 아다드 왕이 마리를 정복했을 때 자둔림의 어린 딸들을 자기 아들의 집으로 데려갈 것을 명했다. 그는 그녀들이 그곳에서 자라서 악사가 되거나 자신의 아들이 원하는 곳에서 그녀들을 데리고 놀 수 있도록 지시했다.

샴시 아다드는 그의 아들 야스마 아다드에게 보낸 다른 점토판에 이러한 내용을 쓴다. "나중에 우리가 동맹을 맺을 경우에 대비해서 나는 월안눔의 아들들에게 네 곁에 있도록 지시했다. 하지만 더 이상 월안눔과 동맹을 맺는 것은 불가능한 일이 되어버렸다. 그렇기 때문에 그의 아들을 잡아 바로 처형하도록 해라. 처형에는 아무런 의식이나 추모도 없을 것이다. 그들의 머리장식, 옷, 돈, 금을 모두 빼앗고 그 아내들을 나에게 보내라. 2명의 악사들은 네가 갖도록 하여라. 사메타르의 하녀는 나에게 보내도록 조치하기 바란다. 나는 너에게 이 점토판을 티룸 월(月) 15일 저녁에 보낸다."

마리의 신

점토판에는 신이 자주 언급된다. 한 신을 말하는 것인데, 어쩌면 다간이라는 마리의 가장 높은 신이었을지도 모른다. 이투르메르와 이웃 도시인 테르카의 이크룹일(Ikrub-Il) 신도 언급된다. 우리는 마리에서도 나중에 구약성서에 등장하는 셈족의 신인 엘(El)과 일(Il)을 만날 수 있다. 하지만 전쟁과 평화, 마리 시민의 모든 인생에 대해서 정하는 것은 이슈타르 여신이었다. 신들의 동의 없이는 어떤 일도 일어날 수 없기 때문에, 사람들은 동물을 제물로 바쳐서 신들의 생각을 알아내려고 했다. 제물을 고르는 사람들은 중요한 개인적인 일이나 국가의 중요 사안이 있을 때 불려졌고, 그들은 전쟁에도 함께 나가야 했다.

대부분의 고대도시에서와 같이 마리에서도 뱀은 특별한 의미를 갖고 있었다. 미래를 점치기 위해서는 특정한 뱀 종류인 자르자르가 필요했다. 샴시 아다드 왕은 제물을 바치고 목욕의식을 거행하기 위해서 전쟁을 미뤘다. 제물을 구하기 위해서 그는 자신의 고향인 테르카를 찾았다.

"살해된 자의 머리만을 찾았습니다."

다른 편지들에서는 일상생활에 대한 내용을 찾을 수 있다. 바디림은 자신의 주인인 마리의 짐릴림 왕에게 다음과 같은 내용을 쓴다. "살해된 자의 머리만을 찾았습니다. 그의 시체 위에는 그의 짐이 있었습니다." 이 보고서는 장례의 어려움과 그의 짐을 어떻게 처리했는가에 대한 자세한 내용을 담고 있다. 그리고 드디어 이 서신이 테르카에 있는 사령관에게 전해지게 된다.

오늘날의 법은 이러한 사건을 쉽게 해결할 수 있다. 이러한 사건을 법률용어로 'Hereditas Iacens' 라고 부른다. 대출, 보증, 시민권리 등과 같은 내용이 이러한 법문의 대부분을 차지하며, 곡식과 금을 대출 형식으로 받을 수 있었다. 이를 받는 자들은 가장 가난한 층의 시민들이었으며 대출을 해주는 자는 대부분 바빌로니아에서처럼 사마스 신과 신전의 보물을 지키는 수사였다. 제사장이 신을 대신했으며, 짐릴림 왕이 5미나를 빌려준 경우도 있다. 대출을 받은 사람은 왕과 가까운 신하였다. 이자는 바빌로니아의 이자보다 높아서, 약 30퍼센트에서 50퍼센트에 달했다. 나미스에서는 이자가 약 240퍼센트였다.

대출은 엄격하게 이뤄졌다. 사마스 신의 신전은 자르 입에아라는 사람에게 5세켈의 은을 빌려줬다. 날짜가 명시된 옆에 대출을 받는 자의 아내를 보증으로 받아둔다고 기록되어 있다. 채무자는 빚을 갚는 날에 그의 아내를 다시 돌려받을 수 있다. 그녀가 도망치거나 병이 나서 사망할 경우 대출을 받은 자는 그 즉시 대출금액을 상환해야 했다. 이러한 모든 내용은 마리의 궁전에서 찾은 쐐기문자 점토판에 의해서 알아낸 것들이다.

짐릴림 왕의 사자 사랑

이곳에는 집과 궁전만이 설립된 것이 아니라 강에서 물을 끌어오는 수로도 만들어졌다. 그리고 이러한 설비를 통해 가축을 보호할 수 있었다. 사자를 죽이는 것은 금지되었다. 왜냐하면 짐릴림 왕이 사자를 특별히 아꼈기 때문이다. 한번은 사자가 도시에 들어온 적이 있다. 사자가 어느 집의 지붕에 올라앉은 것을 발견한 시민들은 사자에게 먹이를 주면서 왕이 결정을 내릴 때까지 기다렸다. 이 사자는 온 도시에 공포를 불러일으켰지만 결국 죽이지 않고 잡아서 우리에 넣어 마리로 후송시켰다.

하지만 짐릴림의 사자 사랑은 곧 끝나게 되었다. 기원전 1728년에서 기원전 1686년 사이에 바빌로니아, 아시리아, 메소포타미아를 통치하던 함무라비 왕이 밤을 틈타 공격을 해왔다. 그는 승리했고 기원전 1695년에 마리는 다시는 회복할 수 없을 정도로 파괴되었다. 마리의 예술가들은 활동을 멈췄고, 시민들의 웃음소리도 사라졌다. 이 도시에서의 매력적이었던 삶은 영원히 꺼져버렸다. 짐릴림은 알레포로

망명을 떠났다. 당시의 편지에서 32개의 날짜를 찾을 수 있었고, 이 것이 오늘날에야 다시 빛을 보게 되었던 것이다. 마리는 지금 이 순간 에도 발굴되고 있는 고대 문화의 보고라고 할 수 있다.

사르디니아 섬에 갇혀 살면서 여러 민족의 공격에 노출되어 있던 사르디니아인들은 수많은 탑을 쌓았다. 3000년의 긴 역사를 자랑하는 사르디니아 문화의 비밀과 사르디니아 민족의 재능은 최근에야 알려졌다. "사르디니아 문화와 에게 문화의 수많은 유사점들은 페니키아인들이 섬에 도달하기 수백 년 전 이미 에게 문명이 사르디니아에 많은 영향을 미쳤다는 사실을 입증해준다."
– 크리스티앙 제르보, 『사르디니아 문명*La Civilisation de la Sardaigne*』, 파리, 1954.

알프스 산맥보다 오래된 땅

사르디니아는 늘 날씨가 덥고 비옥하지도 않은 섬이며 언덕과 산과 골짜기에는 외로움이 서려 있는 곳이다. 황량하고, 지독하게 적막한 그곳에는 아무리 둘러보아도 사람을 찾아볼 수 없다. 믿을 수 없을 만큼 우울한 풍경이다.

한때 코르시카와 함께 하나의 지각판을 이뤘던 사르디니아는 매우 오래된 땅이다. 사르디니아 섬은 알프스 산맥보다도 나이가 많고 이탈리아 전역의 땅보다도 오래됐다. 사르디니아 섬은 물속으로 가라앉은 한 대륙지각판의 일부분이 수면 위로 솟아오른 땅이다. 수백만 년 전, 이탈리아 반도가 수면 위로 떠오르기 전의 일이었다. 지리학자들에게 티레니스라고 불리는 티레니아 해에 위치했던 이 땅덩어리는 물속으로 사라져버렸다. 그러나 사르디니아 섬은 남았다. 사르디니아는 상상할 수 없을 만큼 오래전 존재했던 땅덩어리의 일부이다.

이곳은 따뜻한 남쪽 바다의 섬이 아니라, 여름이면 가혹한 남부의 태양이 내리쬐는 곳이다. 우울한 섬 위에는 마치 섬을 태우려는 듯 태양이 이글거린다. 이곳에 서 있으면 거친 화강암과 현무암, 적막한 산과 섬을 온통 뒤덮고 있는 우울한 기운에 휩싸이게 된다. 이곳에서는 결코 유럽에 와 있다는 느낌을 가질 수 없다.

사하라 사막과 이곳 사이에는 바람을 막아줄 땅이 없기 때문에 사르디니아 섬에서도 아프리카의 바람을 느낄 수 있다. 섬의 동쪽에는 화강암과 편마암이 높게 치솟아 있으며 하늘을 찌를 듯한 가파른 암벽을 형성하고 있다. 시퍼런 바닷물은 천둥 치는 듯한 소리를 내면서 자연이 만든 대형 방파제를 때린다. 해변의 거대한 암벽은 조난당한 사람이 수백 미터를 헤엄쳐도 손으로 붙잡을 만한 곳 하나 찾을 수 없을 만큼 인간에게 냉혹하다. 바닷물이 손으로 잡을 만한 것은 다 쓸어갔기 때문이다. 해안에는 울부짖는 파도 소리로 가득한 깊은 동굴만 남았다. 그런가 하면 눈처럼 하얀 모래로 뒤덮인 적막한 해안도 있는데, 이곳에는 아랍의 지배를 받던 시절에 건설된 거대한 감시탑과 코르크나무 숲, 이 세상 어디에서도 볼 수 없는 꽃, 동화 속의 기사같이 뜨거운 심장을 가진 말수 적은 남자들과 왕실의 고상함을 지녔으면서도 성녀처럼 겸손한 여인들이 있다. 여전히 긴 치마에 흰 블라우스를 입고 다니며, 일요일에는 화려한 전통의상을 입는 사르디니아 소녀들은 도도한 자태로 아름다운 항아리들을 이고 다니는데, 마치 항아리들이 섬을 떠다니는 듯한 모습이다.

많은 민족들이 이 섬을 지배했다. 그러나 남은 것은 선사시대의 흔적들뿐이다. 돌, 오래된 탑, 그리고 이 섬의 가장 큰 미스터리인 누라게(원형으로 돌을 쌓아서 만든 탑―옮긴이)만이 남았다.

'샌들'로 불리던 섬

사르디니아는 마치 발이나 샌들 같은 모양으로 생겼고, 이 때문에 그리스인들로부터 'Ichnousa', 즉 샌들이라고 불렸다. 사르디니아는 약 기원전 8000년까지 지속되었던 빙하기에는 무인도였다. 구석기인들의 흔적은 발견되지 않았다. 기원전 4000년에서 기원전 2000년까지 지속된 신석기시대가 되어서야 섬에 처음으로 사람의 발길이 닿았다. 이 섬에 들어온 최초의 사람들이 어디에서 왔는지, 어떻게 생긴 사람들이었는지는 알 수 없다. 인도―게르만족은 아니었을 거라고 추정할 뿐이다. 지중해 한가운데 위치한 사르디니아 섬에는 기원전 5세기부터 사람들이 정착하기 시작했다. 동쪽에서 와서 서쪽으로 항해하던 사람들이 섬에 자리를 잡기 시작했다. 그들은 사르디니아 섬의 동굴이나 절벽에 난 구멍, 주로 평지 위에 지은 초가집에 살았는데 처음에는 바닷가나 호숫가, 또는 강가에 집을 지었다. 섬의 수많은 대형 동굴은 이 용감한 사람들과 그들의 도구가 남긴 흔적들을 고스란히 간직하고 있다.

누라게인과 원통형의 탑

그 이후에는 아시아에서 사람들이 이주했다고 추정되는데, 그들은 지구상에서 가장 신기한 민족 중 하나로, 그들이 세운 탑의 이름을 따서 '누라게인'이라 부르도록 하겠다. 신석기시대 사람들과는 달리 이들 누라게인들은 건축에 대한 지식과 수준 높은 문화를 소유하고 있었다. 그들은 3세기쯤 동쪽 해안에 도착하였고, 섬에서 최초로 자연석을 쌓아 위쪽으로 좁아지는 원통형의 탑을 세웠다.

끝으로 세 번째 민족이 섬에 들어왔는데, 이번에도 아시아 출신으로 추정되는 사르디니아 민족이 기원전 1400년경에 이주해왔다. 이들 사르디니아인들은 도시문화를 가져왔고 섬에서 살고 있던 기존 민족과 융화되었다.

과거에 이 섬에는 최소 8000개의 누라게가 있었다. 아직도 부서지고 폐허가 된 6500개의 독특한 누라게 탑이 여전히 남아 있다. 그러나 온전하게 보전된 것은 단 몇 개일 뿐이다. 이 탑은 도대체 무슨 기능을 수행했을까? 도대체 세계 어느 곳의 건축물이나 풍경을 모델로 만든 탑일까? 혹시 스페인이나 아프리카, 또는 오리엔트일까?

누라게인의 언어는 알려지지 않았다. 그들은 문자가 없었기 때문에 그들의 역사를 기록으로 남기지도 않았다. 그런 모양의, 그리고 그렇게나 많은 거대한 탑은 오직 사르디니아 섬에서만 발견되었다. 사르디니아 사람들은 그 탑들을 '누라케스(Nurakes)' '누락시스(Nuraxis)' '누라기스(Nuragies)' 또는 섬의 각 지역별 방언에 따라 조금씩 다른 이름으로 불렀다. 대표적인 고대 사르디니아 건축물 연구자인 지오반니 릴리우 교수는 이 이름이 인도-유럽어 이전 언어에서 유래한 'Nura' 또는 'Nurra'를 근간으로 한다고 보고 있다. 이 단어들은 사르디니아 섬 내륙지방에서 '(쌓아놓은) 더미' 또는 '속을 파내는 것'을 의미하는 단어로 사용되며 Nur-aghe(누라게)는 '속이 빈 기둥' 또는 '속이 빈 탑'을 뜻한다.

방어 목적의 탑

탑은 천연 자연석으로 만들어졌는데, 탑의 벽면은 기울어져 있다. 어떤 탑들은 몇 미터 남짓한 높이인 반면 어떤 탑들은 고독하고 신비롭게 지중해의 푸른 하늘을 향해 20미터나 치솟아 있다. 게다가 탑의 벽 두께는 2~5미터에 달한다. 낮은 탑은 내부에 하나의 공간만 있지만 큰 탑의 경우 내부가 3층으로 구분되어 있다. 이 탑들은 신성한 탑도 아니었고, 무덤도 아니었다. 이 탑들은 끊임없이 침략을 당한 민족이 방어를 위해 만든 것이었다.

사르디니아는 정치적으로 통일된 적이 한 번도 없었다. 섬에 정착한 작은 집단이나 부족들은 각각의 우두머리의 지배를 받았다. 탑은 그들의 집이자 주둔지였다. 시간이 지나면서 점점 큰 요새와 같은 구조의 건축물을 짓기 시작했고, 전시에는 이곳에서 수백 명이 몸을 피할 수 있을 정도였다. 리구리아인, 페니키아인, 카르타고인 그리고 로마인들이 끊임없이 섬을 공격했으므로 사르디니아인들은 늘 싸워야 했다. 그들은 항상 싸움터에 나가 있었지만 늘 패배하였다.

적군이 탑에 침투하는 데 성공하면 패배로도 모자라 죽음까지 맛보아야 했다. 칠흑같이 어둡고 좁은 골목으로 이어지는 문들, 갖가지 함정들, 막다른 골목들 등이 탑 내부에 설치되어 있었기 때문이다. 화살과 활, 창과 방패를 든 누라게인들은 컴컴한 탑 안에 숨어 있다가 적을 향해 돌진하고 그들을 처치했다.

적을 살피고 방어하기 위하여 나무 등으로 만든 흉장(胸墻)으로 둘러싼, 탑의 꼭대기에 설치된 지붕과 훗날 돌을 던지거나 사격을 가할 수 있도록 돌출하여 설치된 부분은 적군의 침입을 어렵고 위험하게 만들었다. 사르디니아 섬의 방어창문은 동일한 형태의 방어시설 중 고대 지중해 지역에서는 최초의 것이기도 하다.

기원전 1500년경에 건설된 가장 오래된 탑들은 모두 벽면이 경사져 있다. 한편 나중에 건설된 누라게의 벽면은 거의 수직에 가깝다. 기원전 1000년에서 기원전 500년 사이의 초기 철기시대가 누라게 건

위대한 거석 문화의 수수께끼

※ 기원전 1270년경 건설된 바루미니(Barumini) 요새 내에 위치하고 있는 누라게. 이 탑 안에는 한때 평범하고 꾸밈없지만 상상을 초월할 만큼 용맹했던 사람들이 살았다. 서로 가까이에 세워진 원형의 탑들은 모두 사람들이 살았던 집이다.

❋ 벽면이 경사진 거대한 원형 탑인 누라게의 전형적인 모습. 한 민족이 지녔던 자유에 대한 열망에 따라 약 3500년 전에 건축되었다.

❋ 누라게의 내부 모습이다. 누라게는 우두머
리들의 주거지였고, 적군이 결코 쉽게 점령
할 수 없었다.

설의 전성기였다. 그러다가 해안으로부터 셈족인 카르타고인들이 위협해오자 사르디니아인들은 거대한 규모의 성을 쌓기 시작했다. 릴리우 교수는 섬의 양치기들과 전쟁용사들이 정치적 자유를 위해 많은 희생의 피를 흘렸다고 말한다. 당시 섬사람들은 밤낮으로 자유를 빼앗길 위험에 처해 있었다. 결국 그들에게 방어전쟁은 일종의 종교가 되었다. 풍족하지 않은 삶에 익숙했던 그들은 강해졌고 더욱 소박해졌으며, 서로를 돕는 데 앞장섰다. 기원전 600년에서 기원전 250년 사이에 마지막 누라게들이 건설되었다. 이때 건설된 탑은 섬 주민들이 숨기 위한 장소였는데, 결국 231년, 로마인들에 의해 섬은 정복되었다. 사르디니아 섬의 게릴라들은 훼손되지 않은 자연 속에서 희한한 형태를 자랑하는 누라게로 피했다. 그러나 로마인들은 훈련 받은 수색견을 동원하여 그들을 인정사정없이 찾아냈다.

고고학의 즐거움

❋ 사르디니아 섬의 누오로에 있는 오루비우−누라게를 보여주는 이 그림은 방어탑의 형태 중 가장 최근의 것을 보여준다. 고고학자인 릴리우가 2000년이 넘은 이 오래된 건축물의 유적을 연구하고 재현하였다.

바루미니의 발굴 현장

섬의 수도의 이름을 딴 칼리아리 지방에는 2000년 넘게 사르디니아 사람들에게 'Su Nuraxi' 라고 불린 언덕이 있다. 1940년 이곳에서 시험 발굴 작업이 실시되었다. 그리고 1951년에는 고고학자 릴리우가 유럽에서 가장 흥미로운 선사시대의 유적지 발굴에 착수하였다.

나는 바루미니 땅 위에 서서 사람의 발길이 끊긴지 오래인, 고독이 가득한 그 신비로운 건축물을 바라보았다. 고요했다. 유적지는 발굴되었고 처음부터 있던 중앙의 탑과 훗날 추가로 설치된 4개의 모퉁이 탑, 어마어마한 외곽 벽과 그 앞에 위치한 마을, 원형 집의 잔해들 등으로 구성된 거대한 성이 모습을 드러내고 있었다.

나는 발굴현장을 둘러본 후 릴리우 교수를 찾아갔다. 수도 칼리아리에서 가장 높은 곳에 아주 작고 조용한, 성실히 연구가 진행되는 대학이 위치해 있었는데 이곳이 바로 릴리우 교수가 고고학 교수로 있는 대학이다.

"1951년부터 1956년까지 꼬박 5년 동안 발굴 작업이 진행되었습니다. 중앙에 위치한 탑의 중간 방에 있는 대들보의 나무조각을 코펜하겐 국립박물관 연구실에 보냈습니다. 연구소는 방사성 탄소 연도 감식으로 그 나무조각의 나이를 계산해냈습니다. 그 결과 성에서 가장 오래된 이 탑이 기원전 1270년쯤 건설되었던 것으로 추정됩니다. 물론 오차를 고려해야 하므로 정확한 시기는 기원전 1270년에서 200년 전후 사이가 될 것입니다. 성의 두 번째 건설기에는 성의 외곽 틀을 잡아주는 4개의 탑이 세워졌고, 세 번째 건설기에는 기존의 탑과 성벽을 보강했습니다. 아마도 카르타고인들의 공격을 막아내기 위해서였을 것입니다. 또 우리는 이 성 안에 존재했던 도시의 후기 모습들을 발견했는데 방어창문과 화덕, 제물을 위한 구덩이, 반죽을 하기 위한 큰 돌그릇, 적을 향해 던졌던 돌덩어리들, 의자의 기능을 하던 돌, 빵을 굽기 위한 시설과 다양한 수작업의 흔적들이 나왔습니다."라고 릴리우 교수는 말한다.

"늘 날씨가 더워서, 5미터 가까운 돌과 건축물의 잔해로 구성된 층과 수천 제곱미터의 흙으로 뒤덮여 있던 성과 그 일대를 발굴하는 작업은 쉽지 않았겠군요." 나는 이렇게 물었다. 릴리우는 눈앞에 펼쳐진 자신의 업적을 겸손하게 내려다보면서 아무 말도 하지 않았다.

언덕 사이의 외로운 땅 바루미니, 홀로 과거의 삶을 지켜보았던 그곳에 직접 가본 사람만이, 그 척박한 땅을 밟아보고 뜨거운 미스트랄 바람을 맞아보고 어떤 일을 하든 사람을 지치게 만드는 그곳의 건조함과 우울함을 체험해본 사람만이 이 고고학자의 업적이 얼마나 대단한지 알 수 있다.

사르디니아인은 어디서 왔는가?

카르타고 군대가 오랫동안 진을 치고 있었던 기원전 6세기의 어느 날, 바루미니는 정복되었고 누라게인들의 진영은 파괴되었으며 마을은 불길에 휩싸이고 주민들은 쫓겨났다. 그러나 사르디니아 사람들은 수백 년 후 다시 돌아왔고, 폐허가 된 그곳에 다시 정착하여 과거 그곳에서 그들의 문화와 명성이 꽃을 피웠던 때와 동일한 방식으로 다시 삶을 이어나갔다.

누라게인들에게는 문자가 없었기 때문에 학자들은 가장 오래된 인간의 언어에서 수백 년, 아니 수천 년 동안 변하지 않은 단어를 통해 그들의 언어를 추정해보려 했다. 대부분 지명, 동물이나 식물, 산과 강의 이름이다. 그 결과 섬사람들이 사용하는 단어 중에 알타이, 메소포타미아, 아제르바이잔, 카우카수스, 누리스탄, 카자흐스탄 그리고 심지어 티벳과 신강에서부터 유래된 단어들이 있는 것으로 나타났고, 그들이 아시아에서 왔을 가능성이 있는 것으로도 생각된다.

그러나 그들이 세운 탑의 내부 형태는 에게 문명의 건축물과 비슷한데, 특히 티린스와 미케네 유적과 유사한 점이 있고, 무엇보다 크레토-미케네인들의 건축 스타일과 닮아 있다. 사르디니아인들의 신앙생활과 다양한 도구나 물건들 역시 크레타 섬, 키프로스 섬과 그리스에서 꽃피었던 에게 문명을 연상시킨다. 세라 일릭시에서는 크레타 섬의 쌍도끼 문양이 새겨진 구리난간이 발견되기도 했다. 사르디니아 섬에는 구리와 아연이 풍부했기 때문에, 그것은 수출을 위해 제작된 것일지도 모른다.

사르디니아는 신기한 탑 외에도 보고 있으면 숨이 멎을 것 같은 또 하나의 선물을 선사했다. 전례 없는 문화적 유산을 남겨준 것이다. 높은 수준의 문화를 소유했던 민족, 전쟁용사이기도 했지만 섬세한 동상을 만들었던 천재적인 예술가이기도 했던 그들이 남긴 위대한 청동예술이 바로 그것이다.

사르디니아인들이 남긴 동상은 감동 그 자체이다. 동상 하나하나는 마치 살아 있는 듯 호기심 가득한 얼굴로 우리를 바라본다. 신비롭고, 설명하기 어렵지만 초현대적인 느낌을 준다. 다른 예술품과 비교할 수 없는 완벽한 작품들이다. 아름다움의 극치를 보여주는 그 동상들은 2800년 동안 세상과 단절된 채, 그러나 이렇게 우리들 가까이에 묻혀 있었던 것이다.

사 르 디 니 아

사르디니아 섬에서 선사시대에 꽃피었던 누라게인들의 청동예술은 결코 하찮게 취급할 수 없는 서양의 예술이다. 작은 동상들은 정열적인 신앙심에서 탄생했으며 오늘날도 칼리아리의 박물관을 찾는 사람들의 마음을 사로잡는다. "누라게의 신들 중 가장 대표적이고 큰 신은 위대한 한 여신이다. 그 여신을 형상화한 작품들은 모두 다산과 물을 표현하고 있다. 여신은 과일이 가득 찬 바구니를 이고 있고 한 아이를 안고 있는 모습으로 형상화되었는가 하면, 물 항아리를 이고 있거나 적대적인 힘에 의해 살해된 어린 신을 무릎에 눕힌 모습 등으로 표현되기도 한다. 이 여신은 모든 생명체의 탄생과 성장, 땅의 풍성함과 물의 거룩함, 늘 베풀어주지만 결코 고갈되지 않는 자연의 재생을 주관하는 신이었다."
– 크리스티앙 제르보, 『사르디니아의 문명*La Civilisation de la Sardaigne*』, 파리, 1954.

고 고 학 의   즐 거 움

신과 가장 가까운 곳

인류가 존재했던 거룩한 곳에 대한 가장 오래된 증인은 산과 샘과 나무이다. 사르디니아 섬에서는 이미 기원전 2000년, 또는 그 이전부터 종교가 중요한 역할을 담당했다. 고고학자들은 섬의 곳곳에서 종교의식이 거행되었던 야외 유적지를 발견했다. 신성한 이 유적지들은 바위 위나 높은 곳, 우물이나 샘 근처, 숲속에서 발견되었다. 제단은 산이나 언덕 꼭대기, 또는 동굴 속에 있었는데, 모두 풍요로움과 다산의 상징인 샘이나 흐르는 물 근처에 있었다. 높은 산, 가장 높은 곳이 신과 가장 가까운 곳이라는 생각은 인류가 석기시대부터 가졌던 생각으로 선사시대의 수천 년 동안, 그리고 인류의 역사가 시작된 그 이후까지도 이어졌다.

‘우주의 산’은 메소포타미아인들의 아주 오랜 개념이다. 알타이 민족들은 수천 년 전부터 특정 나무와 기둥이 그들을 가장 위대한 존재에게 인도해주며 세상의 중심을 이루고, 그 위에는 북극성이 있다고 믿었다. 그리스인들은 올림포스 산에서 우주의 산을 발견하였고, 구약성서에서는 이것이 시나이 산으로 표현된다.

꼭대기가 구름과 맞닿는 높은 산은 고대 중국에서 신들의 집으로 여겨졌다. 일본에서는 그것이 후지 산이었으며 핀란드, 크레타 섬, 페니키아인들과 지중해 일대에서는 언덕이 그 역할을 하였다. 바벨이나 메소포타미아인들의 직쿠라(Zikkurat, 인공신전) 등은 ‘우주의 산’의 상징들이다. 따라서 사르디니아 섬 최초의 주민들이었던 팔레오사르덴 역시 높은 곳은 거룩하다는 사상을 가졌던 것이다. 그들은 높은 곳에서 주술적이고 종교적 힘이 생겨난다고 믿었고, 높이 솟은 산이나 언덕 위에 신성한 건축물들을 지었다. 빌락시드로의 산 위에 있는 마차니 유적지는 700미터, 산타 비토리아 드 세리는 600미터, 산타 룰라 오룬은 500미터의 높이에 위치한다.

신성한 샘과 우물

이들 유적지에는 모두 우물이나 샘이 있는데, 얼마 전에야 우물이 발굴된 아테네의 아크로폴리스와 비슷한 모습이다. 프랑스의 뛰어난 사르디니아 연구자인 크리스티앙 제르보는 사르디니아 섬에 지하수가 부족하고 귀했다는 이유 하나 때문에 샘이나 우물 또는 연못이 중요했던 것은 아니라고 본다. 그는 물을 통한 부활, 물속에서 수면 위로 떠오르는 것, 그리고 물이 주는 풍요의 힘이야말로 인류가 상상할 수 없을 만큼 오래전부터 믿어온 진리이며, 기독교에서 세례라는 최고의 종교적 의식을 통해 승화된 진리라고 보았다.

사르디니아 섬에는 눈병을 낫게 해준다는 샘이 있다. 나는 동아시아를 방문했을 때 몽골의 바르가라고 불리는 지역에서 유목민들의 신앙에 따르면 눈먼 사람의 눈을 뜨게 해주고 앉은뱅이를 걷게 해준다는 샘을 본 적이 있다. 그곳에는 샘 덕분에 병이 나은 사람들 수천 명의 목발이 땅에 꽂혀 있고, 벗어던진 안경이 봉에 걸려 있었다.

사르디니아 섬의 경우에도 이미 오래전부터 야외 신전이 있었던 흔적을 찾을 수 있다. 이미 기원전 11세기와 10세기, 즉 누라게의 시대가 시작될 당시 사르디니아 주민들은 신전을 지었는데 신전 한가운데나 가장 중요한 지점에는 대개 치료의 힘이 있다는 샘이나 우물 같은 것이 있었다. 사르다라, 마차니, 레베쿠, 로라나, 밀리스 등이 모두 이러한 형태의 신성한 유적들이다. 거룩한 물은 돌벽이나 원형 돌무더기로 둘러싸여 있고, 길의 양 옆에 돌담을 세운 길을 따라가면 가장 거룩한 장소에 도달하게 된다.

산타 비토리아 드 세리에 가보면 숨 막히는 고요함과 그곳이 갖는 신성함을 느낄 수 있다. 이곳은 고고학자 타라멜리에 의해 1909년과 1929년 사이에 발굴되었는데, 기원전 600년 당시 그러한 신성한 장소가 가졌던 존엄함과 의미를 상상할 수 있게 한다. 신성한 그곳의 한가운데에는 원형의 우물이 있는데, 낡은 돌계단을 따라 싸늘한 우물의 밑바닥까지 내려가볼 수도 있다. 우물을 빙 둘러 쌓았던 사각 돌들의 흔적도 보인다. 낡고, 햇빛에 바랜 그곳에는 고독한 침묵만이 가득하다. 그리고 그곳에 서 있노라면 그 우물에서 길어온 물이 얼마나 큰 종교적 의미를 지녔는지 문득 깨닫게 된다.

라마달레나
올비아
사사리
비사르키오
알게로
토랄바
오찌에리
보사
누오로
마코머
칼라고노네
누라쿠쿠메
도르갈리
산 베로밀리스
아르바탁스
오리스타노
라누세이
누라구스
바루미니
구아마지오레
세노르비
빌라시드로
이글레시아
칼리아리
노라
동굴
누라게
0   10   20   40   60 km
Ev. H

177
위대한 거석 문화의 수수께끼

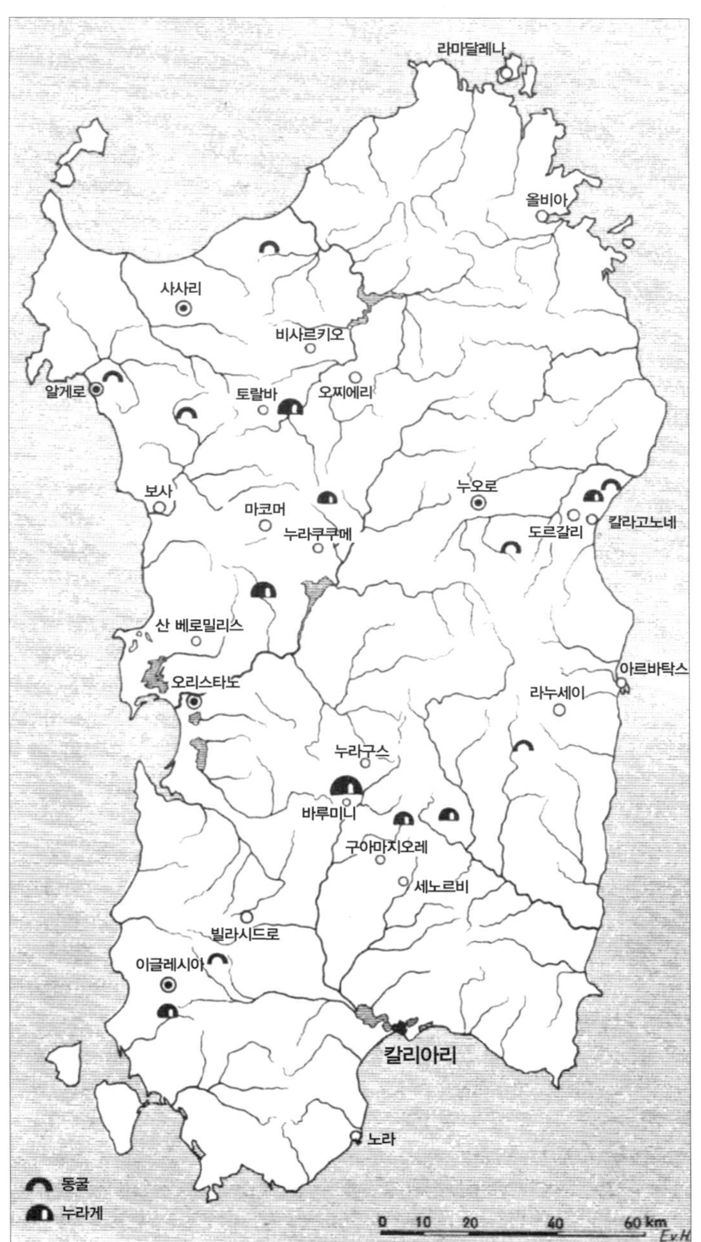

※ 사르디니아

여사제

사르디니아인들의 종교에 대해 더 많은 것을 알아낼 방법은 없는 것일까? 그들의 신화는 우리에게 영원한 미스터리로 남을 것이다. 그러나 어쩌면 누라게인들의 청동상들, 생명의 불이 꺼져버린 삶을 신비로운 침묵 속에서 알리는 그 형상들이 우리에게 이야기하고 있는지도 모른다. 그 동상들은 적어도 사라져버린 종교의 독특한 증인들임에 틀림없다. 동상들의 큰 눈과 무거워 보이는 눈꺼풀, 작지만 섬세하게 만들어진 그들의 형상은 서양의 다른 지역에서는 찾아보기 힘든 독특한 예술을 소유했던 한 민족에 대해 이야기하고 있다.

문자로 기록된 것은 없지만 사르디니아의 예술은 어마어마하게 많은 것을 전해주는 책과 같다. 사르디니아인들이 신봉했던 종교의 성직자들이 그 예술작품들을 통해 소개되고 있다. 대제사장, 여사제, 남성 신전의 신하뿐 아니라 음악가들도 있었다. 대제사장들은 몸에 꼭 맞는, 허벅지까지 내려오는 긴 옷을 입고 어깨를 감싸는 긴 코트 같은 것을 입었다. 왼쪽 손에는 종교적 홀을 상징하는 지팡이를 들고 다녔다. 제르보는 누라게 시대에는 각 부족의 우두머리들이 종교 대표자의 역할도 겸했다고 보고 있다.

여사제들은 특히 중요한 의미를 지닌 존재들이었다. 3~4만 년 전으로 거슬러 올라가는 인류의 전통이 태양의 섬인 사르디니아에서도 나타났다. 인간의 형상을 표현한 인류 최초의 동상으로 유럽 곳곳에서 발견된 고대의 '비너스상'은 다산의 여신들이었던 것으로 추정된다. 고대 사르디니아에서 형상화된 여신과 여사제들이 바로 그들의 후신인 것이다. 누라게인들의 종교를 추적할 때면, 그리고 그 섬에서 선사시대를 돌아볼 때면 어김없이 대모(magna mater)와 그녀의 다산을 숭배하는 전통이 제일 먼저 발견된다. 마코마의 큰 현무암 상들도 그런 대모여신의 형상이다. 포르토 페로와 세노르비 근처에서도 대리석상이 발견되었는데 그것들 역시 여성적 상징을 표현하고 있다. 여성을 상징하는 신에 대한 종교적 믿음이 이토록 쉽게, 그대로, 그리고 이토록 위대하게 보존된 곳은 전 세계에 몇 군데 없을 것이다. 아시아 출신의 사람들이 처음 사르디니아에 이주하던 때부터 기원전 수백 년까지, 아니 로마 지배 시절에 이르기까지 '석기시대의 성모사상'은 생명력을 유지한 채 보존되었다. 사르디니아인들은 훗날 로마의 언어를 배웠고 중앙 사르디니아 일대에서는 유일하게 지금까지 그 언어를 고스란히 간직하고 있다. 그러나 그들은 로마인의 종교와 신들은 거부하였다.

사르디니아에서는 일찍이 사람들이 신의 모습을 형상화했다. 이제는 반쯤 땅에 묻혀 있는 수 미터나 되는 긴 돌들이 신들을 형상화한 최초의 모습이었다. 그 후 시간이 지나면서 점차 인간과 비슷한 모습의 형상들이 제작되었다. 고대 사르디니아인들은 이미 청동조형기술이 발견되기 전 남녀 신의 형상을 만들었다. 수직으로 놓인 돌들, 즉 마코마 근처에 위치한 타물리의 페르다스 마무라다스 중 3개의 돌은 여성의 특징을 갖고 있지만 나머지 돌들은 그렇지 않다. 다시 말해 그곳에서는 여성과 남성 신을 숭배했다는 것을 알 수 있다. 이러한 원시 종교를 표현한 후기 청동예술은 늘 변함없고 보편적인 생명과 신앙을 모티브로 삼았기 때문에 놀랍도록 높은 수준을 달성할 수 있었다. 사르디니아의 청동상들은 창조적인 예술의 기적과 같은 작품들로, 기원전 1000년쯤 시작되어 기원전 8세기에 절정에 이르렀다. 이 섬세한 청동상을 만든 예술가들이 인류 최고의 시인인 호머와 동시대인이었다는 사실을 잊지 말자. 청동예술은 기원전 5세기~4세기까지 이어졌고, 페니키아의 지배시대와 카르타고의 식민지시대에 들어서야 끝이 났다.

여사제의 동상들은 그들이 했던 역할도 표현하고 있다. 긴 외투를 휘감은 여사제들은 왼손에 제물로 쓸 물이나 성수가 담긴 그릇을 들고 있다. 사르디니아인들의 종교적 의식에서 물이 갖는 의미는 여사제들의 높은 몸짓에서도 드러난다. 칼리아리 박물관의 전시장에 있는 동상들은 화려하면서도 진지하고 속세를 떠난 듯한, 그리고 정신을 집중하고 있는 듯한 모습으로 영원을 바라보고 있다.

남성 제사장

남성 제사장들은 제물을 바치는 일을 담당했다. 이 역시 섬세하고 작은 동상의 모습을 통해 알 수 있다. 파리의 국립도서관에 있는 한 청동상은 우리 안에 갇힌 제물용 동물을 배낭에 담아 운반하는 모습을 표현하고 있다. 칼리아리 박물관에 전시되어 있는 다른 제사장들의 동상은 등에 숫양이나 항아리를 짊어지고 있거나 손에 성물로 지정된 밧줄을 들고 있다. 높이가 13.5센티미터인 한 제사장의 동상은 오른손을 기도하듯 어깨 높이만큼 들고 있다. 누라게인들은 기도할 때 오른손 손바닥이 앞으로 보이게 치켜들었던 것으로 추정된다.

크레타의 미노스 문화와 지중해 동부의 다른 지역에서처럼 누라게인들의 종교 행사에도 역시 음악과 놀이, 춤이 빠지지 않았다. 이때 음악을 연주하던 음악가들은 오랜 세월이 지나는 동안 이제는 약간은 괴기스럽게 변한 모습을 하고 있지만 탬버린을 손에 들고 있거나 호른을 불거나 거침없는 희열에 휩싸인 듯 악기를 연주하고 있다.

마치 파로가 발굴한 유프라테스 강 중부지역에 위치한 도시 마리의 경우와 마찬가지로, 사르디니아 섬의 주민들도 2500~3000년 전 자신들이 섬겼던 신들의 동상을 만들어 신전에 세워두었다. 그들은

이 동상들을 향해 기도했고, 형상화된 신들이 자신들의 기도를 들어
줄 것이라 믿었다. 누라게인들의 비교할 수 없는 청동문화는 이와 같
은 종교성이 뒷받침되지 않았다면 아마도 그토록 높은 예술의 경지
에 오를 수 없었을 것이다. 신앙심을 표현한 청동작품들은 종교적 이
유가 아니라면 결코 감내할 수 없는 정신적이고 창조적인 수고와 희
생을 통해 탄생되었기 때문이다.

몇몇 동상들은 돌덩어리 위에 세워져 있었고 또 몇몇은 청동꼬챙
이로 고정되어 있었다. 꼬챙이 또는 바늘은 아랫부분에 구멍이 뚫린
철이나 돌덩어리에 꽂힌 형태로 고정되었다. 특이한 이 동상들이 종
교적 목적으로 사용되었다는 것은 동상의 크기뿐 아니라 놀랍도록
섬세하고 부서지기 쉽게 제작된 사실을 통해서도 확인할 수 있다. 한
편 제단 근처에 있던 돌덩어리에서는 수많은 바늘이 발견되었다. 한
군데에 3개씩 바늘이 있는 곳도 있는데, 이것은 어머니인 대지와 그
녀와 하나를 이루는 두 명의 남성적 존재의 삼위일체를 표현한 것일
지도 모른다.

신성한 어머니와 아들

누라게인들의 청동예술은 여신과 그 아들의 형상화에서 절정에 달
한다. 칼리아리 박물관에 가면 이러한 동상을 볼 수 있다. 신성한 어
머니의 얼굴에는 슬픔이 가득하고, 그녀가 안고 있는 신성한 아들은
죽어 있다. 이 청동상은 크기가 10.2센티미터밖에 되지 않으며 우출
라이 근처에서 발견되었다. 신성한 어머니와 아들을 형상화한 또 다
른 동상은 산타 비토리아 드 세리에서 발견되었는데 이 동상 역시 크
기가 10센티미터 정도이다. 여인은 마치 축복하듯 오른손을 들고 있
는데, 입모양은 울고 있는 듯하며 눈은 부어 있다. 11.5센티미터 크기

✽ 이 여신은 눈물을 흘리는 모습이며, 오른손은 기도하기 위해 높이 들어올렸다. 무릎에는 그녀의 아들인 신이 앉아 있다. 기원 전 500~800년경의 '성모상' 이다.

※ 이 궁수 동상은 마치 기도하는 듯한 표정으로 서 있다. 궁수는 갑옷을 입고 화살통을 메고 다리 보호대를 차고 있다. 이 청동 상은 사르디니아 섬의 아비니(Abini)에서 발굴되었다.

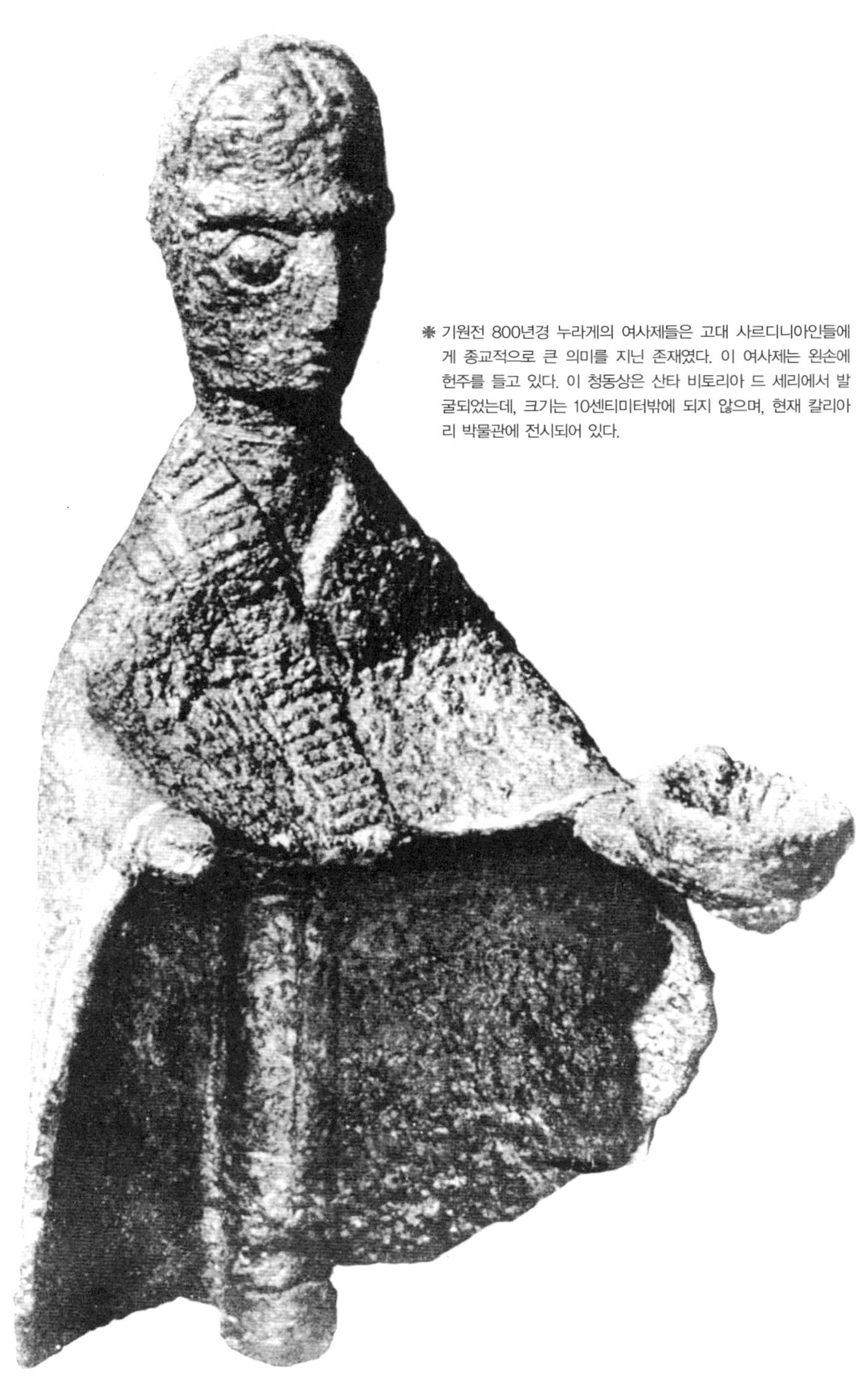

※ 기원전 800년경 누라게의 여사제들은 고대 사르디니아인들에
게 종교적으로 큰 의미를 지닌 존재였다. 이 여사제는 왼손에
헌주를 들고 있다. 이 청동상은 산타 비토리아 드 세리에서 발
굴되었는데, 크기는 10센티미터밖에 되지 않으며, 현재 칼리아
리 박물관에 전시되어 있다.

※ 이 독특한 이 청동상이 무엇을 표현하려 했는지는 결코 밝혀낼 수 없을 것이다. 아마도 종교의식으로서의 결투 같은 것을 나타내려고 한 듯 보인다. 이 동상의 길이는 15.5센티미터이며 높이는 10센티미터인데, 칼리아리 박물관이 소장하고 있는 가장 아름다운 작품 중 하나로 꼽힌다.

※ 지오반니 릴리우 교수는 1951년에서 1956년 사이 바루미니에 위치한 누라게 성의 유적을 발굴하였다. 이것은 이러한 형태의 유적지 중 사르디니아 섬에서는 가장 규모가 큰 것이다.

의 비교적 큰 또 다른 청동상은 어머니의 표정이 보는 이로 하여금 그 슬픔을 느낄 수 있게 해주며 아들의 얼굴은 죽은 사람의 모습이 완연해서, 이 드라마틱한 동상 앞에 서면 한참 동안 그 곁을 떠날 수 없게 된다.

이 박물관에는 청동기시대보다 훨씬 이전에 제작된 신성한 어머니를 형상화한 대리석상도 있다. 이 대리석상은 세노르비 일대에서 발굴되었고 42센티미터 정도의 크기인데, 놀랍게도 단순한 형태의 십자가, 즉 3000년이 훨씬 넘는 이전 시대의 십자가 모양을 하고 있다. 이 대리석상은 오늘날 현대예술의 수많은 조각품들이 달성하지 못한 이상(理想)이라고 해도 될 것이다.

청동으로 표현된 사르디니아인들의 수백 년 동안의 삶, 신앙, 고통, 투쟁, 그리고 일상이 섬의 곳곳에서 발견되었다. 대형 동상뿐 아니라 누라게인들이 만들어놓은 유물이 가득한 '금고' 유적지도 발견되었다. 어떤 곳에서는 청동괴 또는 청동괴 조각, 쌍도끼 및 일반 도끼, 기타 철판과 다양한 청동제 물건들이 발견되었다. 아비니 유적지에서는 750개의 유물이, 포르토토레스에서는 1976개의 유물이 발견되었다. 봉헌제물 및 종교적인 물품이 발견된 유적지는 대개 종교의식이 행해진 것으로 추정되는 샘이나 연못 근처였다. 그 외에 전혀 장식이 없고 청동상이 발견되지 않아 주조 작업 및 청동 제작이 행해졌던 것으로 보이는 유적지에는 도구, 무기, 주조 틀, 그리고 다른 형태로 주조될 물건의 조각들만이 있었다.

청동괴

특히 흥미로운 유물은 교환수단으로 사용되었던 소의 가죽과 같은 모양의 청동괴이다. 청동괴는 고대 크레타 섬의 문자인 선상문자 B가 새겨진 청동판으로 만들어졌다. 'Pecus'는 라틴어로 가축을 뜻하며, 'Pecunia'는 돈을 의미한다. 가축의 가죽 모양을 한 사르디니아인들의 청동판은 고대 로마시대에 소를 교환수단으로 사용한 데서 유래했다기보다는 라틴어와 더 깊은 관련이 있는 것으로 보인다. 지중해에서 가장 오래된 섬에 살았던 이 놀라운 민족의 삶에 전쟁만 있었던 것은 아니다. 그들의 유물에서 우리는 가축과 풍경, 그리고 풍성한 삶을 증명해주는 수많은 도구들을 발견할 수 있다.

이곳에서 발견된 청동상은 모두 400~500개에 이른다. 그리고 지금도 새로운 보물과 유물이 계속 발견되고 있다. 누라게인들의 동상이 지니는 가치는 측정이 불가능하다. 누라게인들의 예술은 재현할 수 없으며, 따라서 도저히 값으로 환산할 수 없다.

그들의 예술은 자부심 강한 한 민족, 오늘날 사르디니아 섬에 사는 여인네들이 일요일날 화려한 전통의상을 차려입고 교회로 향할 때 얼굴에 비치는, 그런 높은 도덕성과 깊은 종교성을 지닌 한 민족이 자신을 표현했던 방법이었다.

3

뜨거운 영혼의 고향,
지중해의 찬란한 문화

선상문자 B가 적힌 점토판의 발견과 이런 비밀스러운 문자의 해독은 현대의 위대한 학문적 성과들 중 하나에 속한다. 그리스의 고대 역사와 미케네 문화의 규모가 갑자기 밝혀지기 시작한 것이다. "넬레우스의 열두 아들 중 유일하게 살아남은 네스토르는 왕위를 승계받고 3세대 동안 9개의 도시 지역을 통치했다. 네스토르도 아마 건축가였던 것으로 추정되며, 성의 많은 건물들 중에 두 번째 또는 더 많은 건물들을 만든 것으로 추정된다. 그는 아가멤논의 가장 친한 동반자이자 고문, 그리고 친구로서 트로이 전쟁 중 명예와 함께 모든 사람들의 존경을 받게 되었다. (……) 네스토르는 전쟁 후 살아서 돌아왔으며 10년 후 텔레마코스를 손님으로 맞은 필로스(나바리노)를 계속 통치했다."
– 카를 W. 블리겐, 「네스토르의 성*The Palace of nestor*」, 「미국 고고학 저널*American Journal of Archaeology*」, 1960.

호메로스 이전의 세계

고대 그리스의 유명한 성의 폐허들은 고도 278미터에 흩어져 있다. 그러나 이 장소에 얽힌 이야기들은 시와 연극, 그리고 서양문화 전체에 사용되는 끝없는 원천이다. 미케네의 왕들보다 유럽 비극과 드라마 작가들에게 더 많은 영감을 준 인물은 없을 것이다. 이 성의 왕이었던 아가멤논은 남동생인 메넬라오스의 아내 헬레네를 납치한 트로이의 왕자 파리스와 싸우기 위해 그리스의 부족을 소집해서 전쟁을 떠났다.

미케네는 펠로폰네소스 반도에 위치하고 있는데, 고대 그리스인들은 이곳을 섬이라고 생각했다. 펠로폰네소스 반도는 아가멤논의 선조 중 한 명의 이름을 따서 지었다. 『일리아드』를 보면 아가멤논이 아킬레스의 맞수로 나오고, 아가멤논의 분노가 서사시의 핵심을 이룬다. 호메로스는 이 서사시를 기원전 8세기에 지었지만 미케네 시대는 기원전 1400~기원전 1150년에 걸친다. 기원전 1194~기원전 1184년 당시에는 트로이 전쟁이 있었다. 그때 큰 성벽과 미케네의 사자문, 궁전, 큰 묘지, 그리고 이러한 아름다운 건축물을 계획했던 아트레우스 왕의 보고(寶庫)가 건축되었다.

독일의 고고학자 하인리히 슐리만은 호메로스의 서사시가 역사에 기반을 두고 있다는 믿음을 갖게 되었고, 그 믿음으로 오늘날 터키에 위치한 다르다넬스 해협 근처에서 트로이를, 그리고 펠로폰네소스에서 티린스와 미케네를 발굴하게 되었다. 슐리만은 미케네의 시체 17구에서 금으로 된 13.5킬로그램 정도의 보물을 찾았고, 이 보물은 현재 아테네 국립박물관에 전시되어 있다. 이렇게 하여 그리스에서는 호메로스의 서사시보다 훨씬 앞선 시기에 대해 고고학적으로 연구하기 시작했다. 기원전 2세기 그리스의 삶을 아가멤논의 성에 따라 '미케네 문화'라고 부른다. 오늘날 알려진 호메로스 이전의 문화에서 제일 중요한 장소들은 미케네와 티린스의 성, 필로스의 폐허, 그리고 크레타 섬 위의 성들이다.

크레타 섬의 궁전들

1851년 내쉬밀스에서 영국인 아서 존 에반스가 태어났다. 그는 금세기의 가장 성공한 고고학자이다. 에반스는 옥스퍼드와 괴팅엔 대학교에서 공부했으며, 핀란드, 라플란드와 발칸반도를 여행했고 1882년에는 달마티아의 폭동에 참여한 것을 의심받아 오스트리아에서 체포되었다. 1893년 에반스는 크레타 섬에서 발굴을 시작했다. 그는 크노소스 성을 발굴하면서 유럽에서 제일 오래된 위대한 미노스 문화에 관한 지식을 남겨, 1911년에는 기사 작위를 수여받았다. 그는 1941년에 90세로 세상을 떠났는데, 다행히도 독일군이 그가 사랑했던 크레타 섬에 상륙했고, 하필이면 독일군이 크노소스에 있는 그의 집 '아리아드네'에 본부를 설치했다는 사실을 알지 못했다.

크레타 섬에는 두 차례 궁전들이 세워졌고, 두 차례 모두 거의 전부 파괴되었다! 최초의 거대한 궁전은 기원전 2000년 정도에 크노소스, 파이스토스, 그리고 말리아에 건설되었다. 이곳의 유명했던 궁전들은 몇 세기 후에 파괴되었다. 첫 건축 부흥기는 기원전 1700년에 끝났을 것으로 추측된다. 그러다 기원전 1600년에 다시 새로운 궁전들을 건설했다. 그때는 새로운 시대였고, 특히 국가와 종교적 의무를 수행했던 고위공무원들의 '귀족원'이 세워졌다. 기원전 1525년과 기원전 1520년에는 오늘날까지도 원인이 규명되지 않은 큰 재앙이 일어났다. 귀족원들과 새로 새워진 궁전들에는 폭력을 동원하여 갑작스럽게 파괴된 징표들이 드러난다. 이것이 자연재해에 의한 것인지 또는 섬을 침략했던 이방인에 의해서인지는 아직 알 수 없다. 이 비밀을 풀기 위해 고고학자, 역사학자 그리고 지질학자들은 다양한 가설들을 세웠지만, 어느 것도 완전히 들어맞지는 않았다.

테라 섬의 화산폭발

크레타에서 북쪽으로 약 100킬로미터 떨어진 곳에는 고대에 '테라'라고 불렸고 중세에는 수호천사 산타 이리니의 이름을 따서 '산토리니'라고 불리는 작은 말굽 모양의 섬이 있다. 그러나 기원전 2000년 중반에 일어난 무시무시한 화산폭발로 이 섬의 모든 생명은 전멸했다. 그리스의 지질학자 마리나토스는 크노소스의 토기, 프레스코 기법, 그리고 궁전 안의 거울에 각인된 자국들을 통해 재앙의 시기를 기

뜨거운 영혼의 고향, 지중해의 찬란한 문화

원전 1550~기원전 1500년으로 추정했다. 테라 섬 엘리아스 산맥의 산중턱에는 화산폭발로 인해 부석층이 쌓였는데, 부분적으로는 60미터에 이를 정도로 두껍게 쌓이기도 했다. 남해안의 작은 테라지아 섬의 부석층 밑에는 기원전 1800~기원전 1500년의 미노스 주택지 잔해들이 발견되었다. 끔찍한 화산폭발 때문에 화구가 무너지고 바닷물이 분화구 안으로 빨려들어 갔다. 그러나 그리스의 지질학자 마리나토스는 화산폭발이 거대한 파도를 일으켜서 크레타의 해안을 파괴시켰다고 말한다. 마리나토스는 테라 섬의 화산폭발이 3만 6000명이 사망했던 1887년 인도네시아의 크라카타우 폭발보다 4배는 더 심했다고 추측했다. "테라 섬에서는 83제곱킬로미터가 폭발하고 가라앉았는데, 크라카타우에서는 23제곱킬로미터였다!"

그 당시에는 2차 건축시기에 크레타 내륙인 크노소스, 파이스토스, 하기아 트리아다, 티리소스와 스클라보캄포스에 건설된 궁전들도 파괴되었다. 마리나토스에 의하면 이 장소들은 해일이 직접적으로 덮칠 수는 없는 곳들이었다. 그러나 테라 섬에서 화산이 폭발하면서 대규모의 지진이 발생하여 크레타의 건축물들을 붕괴시켰을 가능성이 있다고 한다. 당시 크레타는 서너 차례 심한 지진의 공격을 받았다.

세 번째 가설은 아르카이크 그리스인들에 의한 공격, 즉 인간에 의한 파괴와 화재였을 수 있다는 것이다.

파괴 후에도 아직 많은 것들이 남아 있어 100년 정도는 섬 위에 풍요로운 삶이 전개되었다. 그러나 기원전 1400년쯤에는 건축물, 창조력, 예술은 점점 쇠퇴하여 결국 완전히 사라지고 말았다.

크레타 섬의 문자

크레타 섬에서 발견된 문자는 3가지 종류인데, 하나는 오래된 그림글자이고, 나머지 두 종류는 에반스가 선상문자 A와 선상문자 B라 불렀던 것이었다. 초기 단계에서는 기원전 2000~기원전 1750년에 상형문자를 사용했고, 이 문자는 예를 들어 머리, 손, 별, 화살 등과 같은 그림들로 구성되어 있다. 그 후 기원전 1750~기원전 1450년 사이에는 그림문자를 선형으로 단순화시켰다. 이것이 바로 에반스가 선상문자 A라 부른 문자였다. 선상문자 A는 크레타 섬의 여러 장소에서 발견되었다. 파이스토스에서 몇 킬로미터 떨어진 한 궁전에서는 심지어 선상문자 A로 쓰인 점토판을 150개 가량 발견했다. 고대의 이름은 알 수 없는 그 장소는 근처에 있는 교회의 이름을 따서 '하기아 트리아다' 라 불린다. 또한 이 점토판은 선상문자 A를 해독하기 이전부터 농업생산품을 기록한 것이라는 사실이 알려져 있었다.

선상문자 A는 크레타 섬 외에 멜로스 섬에서도 발견하게 되었고, 미케네와 키프로스에서도 찾을 수 있었다.

선상문자 B

기원전 1400년으로 추정되는 어느 특정한 시기에, 선상문자 A는 에반스가 "선상문자 B"라고 기록한 새로운 문자로 대체되었다. 신기한 사실은 크레타 섬에서는 오직 크노소스 궁전에서만 선상문자 B가 발견되었다는 것이다. 점토판의 수는 3000~4000개였다. 이것을 어떻게 설명해야 할까. 점토판이 1000년 이상의 세월을 견뎌내려면 단단하게 구워져야 한다. 그러나 미노스인들은 점토판을 햇볕에서 말렸다. 햇볕이나 공기로 점토판을 말리면 3000년 이상 지속될 수 있을 만큼의 강도를 갖추지 못하므로 시간이 지남에 따라 점토판은 서서

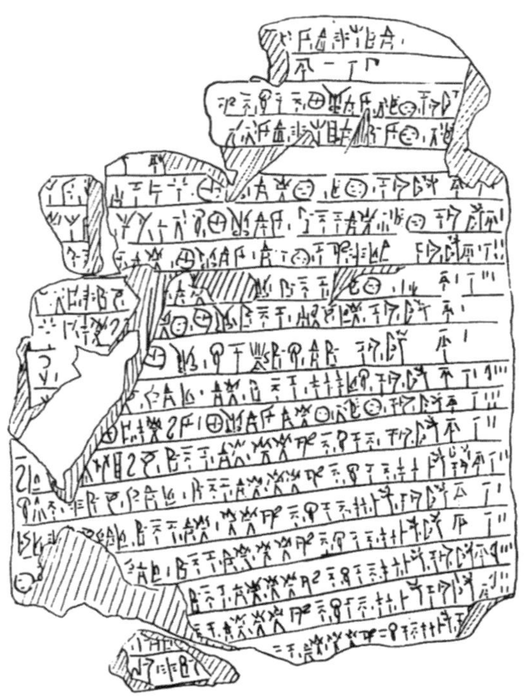

히 먼지가 되어 부서진다. 크노소스 궁전은 여러 차례 불길에 휩싸였
기 때문에 그 과정에서 점토판이 단단하게 구워졌을 수도 있다. 그러
나 그렇다고 해도 크레타 섬을 통틀어 크노소스 궁전에서만 다량의
선상문자 B 점토판이 발견된 이유는 설명이 되지 않는다. 섬 안의 다
른 궁전에도 불이 났으며, 다른 곳에 존재하고 있는 선상문자 B 점토
판들이 단단하게 구워져 몇 천 년간 유지되었을 수도 있었을 것이다.
크노소스의 불은 크레타 섬 내의 이렇게 많은 양의 선상문자 B 점토
판이 왜 하필 이곳에서만 발견되었는지 설명해주지 않는다.

기원전 1400년 당시에 오직 크노소스 궁전에서만 이 문자를 도입하여 사용했던 특별한 계기가 있는지 찾아보면 그 비밀을 풀 실마리가 생길지도 모른다. 이런 비밀에 접근하기 위해서는 우선 선상문자 B가 어떤 언어로 만들어졌는지 알아야 한다. 점토판 위에는 어떤 내용이 쓰여 있는가? 그것을 해독할 가능성은 있는가?

많은 학자들이 이 비밀을 풀려고 노력하고 있으며, 다양한 이론이 세워지고 있다. 이집트어, 히타이트어, 인두어의 고대문자 등을 통해 이 비밀에 접근하려는 노력이 있으며, 아직 해독되지 않은 문자들을 페니키아인의 문자와 에트루리아어 등과도 비교했지만, 이 점토판을 해독할 길은 없었다.

필로스 점토판

신시내티 대학교의 칼 블레건 교수는 어느 날 호메로스의 『일리아드』에서 그리스인들이 계속 조언을 청했던 고대 그리스의 전투사 네스토르의 궁전을 찾고 발굴하기로 결정한다. 블레건은 슐리만처럼 호메로스의 인물들이 역사적인 실제 인물이었다는 전제에서 출발했다. 호메로스가 우리에게 일러주듯 네스토르는 필로스 성에서 살았다. 그러나 오늘날 필로스 항구가 위치한 곳에서는 네스토르의 성을 찾을 수 없었다.

1939년 블레건은 꾸루니오띠스와 함께 펠로폰네소스 남서쪽에 위치한 메세니아, 즉 필로스로부터 북쪽으로 15킬로미터 떨어진 에파노 엥글리아노스란 곳을 발굴하기 시작했다. 그리고 후에 에파노 엥글리아노스로부터 약 25킬로미터 북서쪽에 떨어진 곳에서 마리나토스는 미케네 시대의 가장 큰 무덤 중 한 곳을 발견하게 되었다. 발굴 첫해에 그는 멀리 떨어진 크레타 섬의 크노소스 궁전에서 발견된 것

과 같은 선상문자 B가 쓰인 점토판 600개를 발견했다. 필로스 점토
판은 기원전 1300년 이후에 만들어진 것이다. 또 미케네와 티린의 성
에서도 선상문자 B 점토판을 발견할 수 있었다. 특히 흥미로웠던 사
실은 1954년 웨이스가 미케네의 '포도주상'의 집에서 발견한 '양념
점토판'에 고객들에게 판매했을 다양한 양념의 중량, 빨갛고 하얀 잇
꽃, 캐러웨이, 깨, 고수, 민트, 회향, 약으로 사용된 폴라이 박하식물
등에 관한 기록이 있었던 것이다.

몇 가지 가설

이제는 이미 기원전 1300년에 그리스에서 해독할 수 없는 문자를
사용했다는 사실을 알게 되었다. 즉 최초의 올림픽이 시작된 기원전
776년부터 페니키아인으로부터 넘겨받은 문자가 아니란 사실을 알
게 되었다. 기원전 776년부터 그리스 문자가 정착되었으며 그때부터
그리스인들은 자신들의 역사를 기록하기 시작했다.

펠로폰네소스의 세 장소에서 선상문자 B 점토판을 발견했고 크레
타 섬에서는 크노소스 궁전에서만 문자가 새겨진 점토판을 찾았기
때문에, 이 문자가 선원들이나 정복자가 그리스에서 크레타 섬으로
가져간 것이 아닌가 하는 추측도 있다. 그러나 크노소스의 점토판은
그리스에서 발견한 점토판들보다 약 100년이나 더 오래된 것이기 때
문에 이 가설은 설득력이 없다.

아니면 혹시 날짜 기입이 잘못된 것일까? 에반스와 그의 동료 매킨
지가 크노소스 점토판의 날짜를 잘못 기입하여 100년 또는 기원전
1400년에 파괴됐을 가능성은 없는가?

세 번째 가설이 가장 설득력이 높다. 크레타가 파괴된 이후 기원전
2000년대의 그리스인이었던 아카이아인이 크노소스로 와서 궁전의

서기들에게 크레타 문자를 그리스 문자에 적용하라고 명령했을 수 있다. 그러나 그리스인들이 무슨 이유로 크레타 섬의 문자를 사용했을까? 다른 문자체계도 있는데 말이다. 하기야 메소포타미아의 설형문자는 약 300자를 사용하며, 이집트의 상형문자를 사용하려면 적어도 350자를 알아야 한다. 그러나 선상문자 B는 80개의 음절과 약자 몇 개만 알면 된다. 선상문자 B는 일종의 약자이며 특히 상업, 회계, 그리고 재산목록에 사용하기에 적절하다.

따라서 크노소스의 궁전 서기는 선상문자 A를 선상문자 B로 바꿨고, 그 후 그리스에 도입되었다. 그러나 이것은 큰 궁전과 성의 왕과 주인들, 필로스, 미케네, 티린 그리고 테벤에 있는 카드모스 궁전에서만 사용되었다. 에반스도 테벤에 있는 궁전의 모서리 몇 군데에서 동일한 선상문자를 읽을 수 있었다. 에반스는 또한 헬레네 시기 이전에는 크레타 섬과 동일한 언어가 사용되었다고도 추측했다. 그러나 그것이 어떤 언어였는지는 알 수 없었다.

선상문자 B의 연구에 참여한 학자들

블레겐 교수의 필로스 발굴은 학문에 중요한 자료들을 안겨주었다. 이제는 선상문자 B가 쓰인 점토판이 많아져서 이전보다 새로운 비교를 할 수 있게 되었다. 그러나 서로 다른 여러 서기들이 점토판에 새긴 글자들은 항상 약간의 차이를 보였다. 글자들이 많이 남아 있지 않아, 오히려 현대의 비밀코드를 해독하는 것이 더 쉬울 것이다. 왜냐하면 최소한 현대의 암호는 그 코드 뒤에 어떠한 언어가 사용되었는지는 알 수 있기 때문이다. 그러나 선상문자 B는 그것마저 기대하기 힘들었다.

그러나 1952년 영국인 마이클 벤트리스는 상당수의 문자를 읽을

※ 미케네 섬의 제5무덤에서 슐리만은 미케네 귀족의 황금가면을 발견했고, 이 가면을 아가멤논이라 불렀다. 이곳
　에서는 가면을 착용한 시체의 일부도 발견되었다.

✱ 그리스 신화에서 아가멤논이 살았던 미케네 궁전의 대부분과 사자문이 있는 키클로푸스의 성벽은 기원전 14세기 아카이아인이 설립했다. 사자문의 너비는 3.07미터이며, 이는 성의 거대한 규모를 말해준다.

✱ 미케네 시대에는 그리스에서 전쟁이 진행되었지만 크레타 섬에는 알려진 성채가 없다. 티린의 거대한 포곽은 방어를 중요시했다는 사실을 짐작하게 한다. 티린의 성은 총 2만 제곱미터의 면적에 세워졌으며 여기에 궁전도 포함되어 있다. 티린은 미케네로부터 15킬로미터 정도 떨어져 있을 뿐이며 아마도 부분적으로는 같은 왕의 통치를 받았을 것으로 추정된다.

❋ 에게 해

수 있었고, 선상문자 B 뒤에는 그리스어가 있다는 것을 알게 되었다.
벤트리스는 지금까지 이 문제를 다뤘던 모든 학자들과 연락을 취했
다. 그는 필로스의 점토판을 볼 수 있었던 초기 학자들에 속하게 되었
다. 그는 언어학자가 아니라 건축학자였지만, 그리스어를 완벽하게
구사할 수 있었다. 또한 놀라운 상상력과 조합능력을 가지고 있었다.

벤트리스는 특히 고전 철학자인 캠브리지 대학의 존 채드윅에게서 많은 조언을 받았다. 채드윅은 벤트리스가 발표한 논문에도 함께 참여했고, 무엇보다도 거기에 학문적인 무게를 더해주었다.

몇 년 전에 벤트리스는 이 비밀스러운 문자가 에트루리아인의 언어라고 착각했다. 그러나 이제는 필로스, 티린 그리고 미케네뿐만 아니라 크노소스에서도 발견된 이 점토판들이 그리스어의 옛 형태라는 것을 알게 되었다. 그리고 시간이 지나면서 모든 문자를 읽을 수 있게 되었다. 이것은 분명 많은 학자들이 참여하여 이루어낸 현대의 놀라운 학문적 성과라고 말할 수 있다. 미국의 앨리스 코버와 선상문자 B를 연구한 유명한 학자 에메트 L. 베네트, 스웨덴의 A. 푸르마르크, 프랑스의 샹트레느와 르쥰, 독일의 에른스트 지틱과 한스 슈톨텐베르그, 오스트리아의 프리츠 샤헤마이어, 영국의 B. R. 팔머, E. G. 터너와 A. P. 트레빅, 이탈리아의 P. 메리기, V. 피자니와 C. 카포빌라 그리고 그리스의 킬로, 크티스토풀로스가 선상문자 B의 연구에 참여한 학자들이다.

오스트리아의 고대역사학자인 프리츠 샤헤마이어 교수는 얼마 전 매우 흥미로운 연구를 통해 해독 후에도 선상문자 B의 텍스트를 이해하기 어려운 이유를 설명했다. 크노소스와 필로스의 점토판에는 행정인이 영수증을 쓸 때 도움이 되도록 거의 재산목록과 회계 내용만이 적혀 있다. 무역기록의 일부는 오늘날에도 무역관련 교육을 받은 사람만 이해할 수 있듯 이 점토판 내용의 일부분은 우리가 이해할 수 없는 것이다. 왜냐하면 당시의 서기와 지식인들만이 알고 있던 특정 경제용어를 기억하기 위한 문자였기 때문이다. 샤헤마이어 교수는 선상문자 B의 그리스어를 "회계와 업계 관련자의 언어"라고 표현했다. 그는 선상문자 B가 그리스인으로부터 탄생한 것이 아니라, 선상문자 A가 변형하여 그리스인이 오기 이전부터 크레타 언어로 사용되었고, 그 후 그리스인들이 그 문자를 사용하게 되었다고 추측했다. 크노소스에서 발견된 선상문자 B의 탄생은 이처럼 정확한 시기를 알 수 없다.

역사는 어디에서든 문자의 기록으로 시작된다

점토판에는 또 숫양, 양, 숫염소, 염소, 멧돼지, 소와 젖소 무리에 관한 기록이 적혀 있다. 청동공의 이름과 그들이 가공한 금속의 무게도 읽을 수 있다. 식기, 가구 그리고 그 밖의 모든 물건들, 포도주, 다양한 종류의 식품, 전투용 차에 관한 내용, 사고 판 여자와 남자 노예에 관한 사항 등도 쓰여 있다. 또한 왕의 하인과 하녀들이 사용했던 오일과 향수의 양 등도 필로스 점토판에 적혀 있다.

역사는 어디에서든 문자의 기록으로 시작된다. 그리스어가 이미 기원전 1400년부터 기록되었다는 것을 인식하면 고대 그리스의 역사는 약 600년이나 과거로 거슬러 올라가서 시작되었다고 할 수 있다. 즉 호메로스에서 네스토르, 미케네, 티린과 필로스의 궁전과 요새를 건축한 사람들에게까지 거슬러 올라가는 것이다.

얼마 전까지만 해도 우리는 그들의 존재를 단지 침묵하고 있는 건축물과 예술품들의 잔해들로부터만 추측했지만, 이제는 점토판 덕분에 당대인들의 일상에 관한 장면들을 생생하게 우리 눈앞에 그려볼 수 있게 되었다.

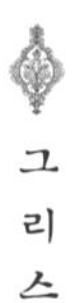

기원전 2000년 그리스와 크레타 섬의 웅장함, 놀라울 정도의 부, 사람들의 세련됨, 자세와 옷, 거대한 건축물, 다양한 회화는 현대의 연구와 발굴 작업을 통해서 완전한 의미를 얻을 수 있게 되었다. 크레타 섬과 미케네 시대의 그리스 도시에는 유럽 문화가 전성기를 보였다! "나는 아가멤논이 기원전 1200년 정도에 미케네를 통치하던 역사적인 인물이었다는 것을 믿는다."
– 앨런 J. B. 웨이스, 『미케네*Mycenae*』, 뉴저지, 1949.

에게인

한 민족의 근원을 따라가는 것은 항상 흥미롭다. 비록 우리는 선사시대 몇 천 년 전의 상황을 볼 수는 없지만 말이다.

그리스인들은 인도-유럽 민족이다. 이들이 그리스에 정착하기 전에는 전혀 다른 사람들이 그리스에서 살고 있었다. 학계에서는 그 사람들을 전(前)인도-유럽 민족, 즉 에게인이라 부른다. 에게인은 그리스뿐만 아니라 지중해의 동쪽에 위치한 섬들, 즉 크레타와 소아시아의 남서쪽에도 거주했다. 그리스의 원주민은 카리안, 레레기안 그리고 펠라스기안이었다. 그러나 인도-유럽 민족이 그리스와 에게 해의 섬으로 간 사실을 어떻게 아는가?

인도-유럽인이 남유럽으로 이주했다는 사실은 알려져 있다. 그리스어는 인도-유럽어가 발달하면서 탄생하게 된 언어이며, 폴란드와 투르키스탄 중간의 지역에서부터 그리스로 오게 되었다. 그리스어에는 그리스어 이전의 흔적들이 많이 남아 있다. 'nthos'와 'ssos' 어미를 지닌 지명은 인도-게르만어가 아니며 그리스의 언어적 자산으로는 설명할 수 없다. 그리스인들은 여러 식물의 이름, 강과 산, 섬의 이름을 원주민의 언어에서 차용했다.

그리스 문화 뒤에 숨겨진 에게 문명

크레타는 에게 문화가 발달할 수 있었던 곳이다. 미케네 언어는 에게 문명에서 발전하였고, '선상문자 A'로 쓰인 옛 크레타의 텍스트에서도 사용되었다. 호메로스의 『오디세이아』를 통해 크레타에 "진짜 크레타인, 시돈족, 도리스족 그리고 펠라스기족"이 살았다는 것을 알 수 있다. 펠라스기인들은 분명히 "야만적인", 즉 역사의 아버지인 헤로도토스로부터 알게 되었듯 그리스어가 아닌 다른 언어를 사용했다.

이들은 에게의 설립정신을 포함하여 도시, 그리고 도시적인 분위기를 이미 기원전 3200~기원전 2500년에 그리스에 도입했다. 그리하여 에게 해 주변에 도시라는 것이 만들어지게 되었고, 이 때문에 크레타에서 최초의 유럽 고급문화가 발전하게 되었다. 빈 출신의 고대 역사학자 프리츠 샤헤마이어는 이후 헬레니즘의 폴리스, 즉 도시국가가 에게인들의 도시에 관한 사상이 적용되어 만들어진 고대의 가장 뛰어난 문화·정치적 업적 중에 하나라는 사실을 입증했다. 또한 그리스의 질그릇은 여성적인 라인이 강조된 점이 특징적인데, 그리스 신화의 여자 영웅들이 주소재인 이들 그리스 조형 예술에 대한 재능은 모두 에게 문명에 빚을 지고 있다.

그리스를 여행하는 사람은 그리스 문화와 그리스 사람들 뒤에는 아직도 고대의 에게 문명이 숨어 있다는 것을 알아야 한다.

두 민족의 결합

그리스인들은 기원전 2000~기원전 1900년경 북쪽에서 처음 이주해왔다. 그리스 역사의 초기에 살았던 사람들의 아직 현존하는 두개골을 보는 것은 매우 흥미롭다. 아시네에서 발견된 기원전 1900년~기원전 1580년 사이의 두개골 27개는 당시의 인구가 부분적으로는 에게족과 또 일부는 인도-유럽인으로 구성되었다는 것을 잘 보여준다. 거의 4000년이나 된 칼카니의 무덤에서도 두개골 21개가 발견되었다. 남자들은 인도-유럽족이었고 여자들은 에게족이었다. 여기서도 두 민족 그룹이 섞였다는 것을 알 수 있다. 아마도 정복의 시기에 흔히 그렇듯 이주한 그리스인들이 대체로 원주민 여자들과 결혼했던 것 같다. 정착에 관한 유물들은 네안데르탈인의 시대까지 거슬러 올라간다. 테살로니카로부터 동쪽으로 37킬로미터 떨어진 페트라의 석순동굴에서도 이런 유골이 발견되었다.

진정한 그리스인

우리는 아가멤논, 오디세우스, 텔레마코스 또는 네스토르가 문자를 읽고 쓸 수 있었는지는 모른다. 그러나 기원전 1300~기원전 1100년의 선상문자 B가 새겨진 점토판을 통해 네스토르가 필로스 궁전에서 행정인이 작성한 '서류'들을 읽을 수 있었다고 추측한다. 미케네의 왕이었던 아가멤논도 그랬을 것으로 생각된다. 아무튼 호메로스의 서사시에 등장하는 영웅들은 언어, 종교 그리고 삶의 방식에서 그리스인들이었으며, 역사적인 인물들이었다는 것이 점점 더 분명해진다. 그들은 마치 바이킹처럼 살았으며, 모험과 약탈품에 대한 기대를 품은 채 항해를 하고 약탈을 했다. 미케네 영웅의 시대가 시작됐을 때, 아트레우스의 보물집인 거대한 무덤과 미케네의 사자문이 기원전 1350년에 세워졌을 무렵 지중해의 동쪽 곳곳에서는 이러한 정복자의 힘을 느낄 수 있었다.

그 전, 기원전 1400년 정도에 마지막으로 크레타 섬의 크노소스 궁전들이 무너졌다. 학자들의 의견에 따르면 미케네 문화의 최종적인 세 번째 파괴는 그리스인들에 의해 이루어졌다. 어느 민족도 그들이 살아있는 한 자신들의 저항력이 사라지고, 정신적인 관심사와 문화가 사라지는 것을 원하지 않는다. 그러나 우리가 과거를 되돌아보면 기원전 1400년 크레타 섬에서는 생명력과 창조력이 서서히 파묻히기 시작했고, 그 반면 펠로폰네소스에서는 많은 돈으로 장식된 필로스, 미케네, 티린 그리고 오르코메노스의 궁전들이 탄생하게 되었다.

부의 원천

그리스인들의 미케네 문화와 크레타인들의 미케네 문화는 항상 생각해왔던 것만큼의 연관성을 지니고 있지는 않다. 호메로스 이전의 삶의 방식은 미케네 성의 이름을 얻게 되었는데, 그 이유는 슐리만이 1876년에 그곳에서 6개의 무덤을 발견하였기 때문이다. 이 무덤은 기원전 1600년에 만들어진 아직 약탈되지 않은 귀족의 무덤으로, 금으로 된 보물과 다양한 부장품이 발견되었다. 그곳에 매장된 9명의 남자, 8명의 여자, 그리고 아이 2명은 대규모의 정복자 가족의 일원으로 추정된다. 그 이유는 알려진 바와 같이 남자들 중 5명이 금으로 된 가면을 착용하고 있었기 때문이다.

슐리만 다음으로 미케네의 큰 부분을 발굴한 고고학자 앨런 J. B.

웨이스는 1949년 저서인『미케네』에서 이 성의 재산이 과연 어디에서부터 온 것인지 질문한다. 호메로스도 미케네의 부에 대해서 묘사할 정도로 미케네가 강하고 크고 부유했던 나라였을까? 미케네의 땅은 농작물, 오일, 와인 그리고 곡식 등이 잘 자라지 않는다. 미케네 북쪽의 네메아 근처에서는 오래된 구리광을 발견했다. 웨이스는 미케네 뒤편에 있는 아르골리스 언덕은 아직도 충분히 연구되지 않아서, 그곳에 미케네의 정복자들이 약탈한 고대의 구리광이 더 존재할 수도 있다고 주장했다. 구리는 청동시대에 권력과 부의 기본을 이루고 있었기 때문이다. 미케네에서 발견된 금은 아마도 먼 곳으로부터 유입되었을 텐데, 왜냐하면 아르골리스에는 금이 없기 때문이다.

그리스인들이 그들의 미케네 문화를 크레타로 가져간 것인가? 아니면 크레타로 가서, 말하자면 거기에서 문화요소들을 '가져온' 것인가? 크레타인들이 자신들의 삶의 방식과 예술을 그리스 본토로 가져갔을 가능성도 있다. 왜냐하면 크노소스와 카밀라리에서는 기원전 1850~기원전 1700년의 무덤 2개, 즉 미케네의 무덤보다 약 400년 더 오래된 무덤을 발견했다. 이 무덤들은 이미 미케네 무덤의 형태를 지니고 있다. 즉 미케네 무덤의 이전 단계라고 할 수 있다.

대부분의 연구자들은 현재 그리스인들이 약탈과 크레타와의 전쟁, 그리고 크레타와의 상업관계를 통해 미노스 문화를 약탈하거나 구입했을 것이라고 주장한다. 크레타인들의 세련된 삶의 방식은 모든 인도-유럽인에게 점점 더 큰 매력을 행사했다는 것이 알려져 있다. 그래서 그들의 높은 삶의 수준은 더 딱딱한 침대와 더 거친 관습을 가진 민족들이 계속적으로 도달하고자 한 이상이 되었다.

크레타 섬의 크노소스를 발굴하고 그곳에서 선상문자 B라고 불리는 문자가 새겨진 점토판 2000개를 발견한 유명한 영국의 고고학자

아서 존 에반스 경의 관점을 따르면, 미노스인들이 스스로 그들의 문화재를 북쪽으로 옮겼다고 한다. 그러나 크레타의 미노스인들이 본토로 건너가서 펠로폰네소스에 정착했고, 미노스 문화를 그곳으로 유입했다면 고대 그리스인들의 궁전은 어쩌면 크노소스의 궁전과 같은 미로형식을 취했을 것이고 필로스나 티린처럼 아름답고 분명한 평면도를 자랑하지 않았을 것이다.

옷, 호박, 말

크레타와 미케네의 문화에는 유사한 것들이 많다. 벽과 그릇의 회화, 조형의 후퇴, 상아 세공, 늘어난 항해, 귀족의 세련됨, 그리고 그들의 엄청난 부 등이 모두 그렇다.

고대 크레타 문화가 그리스에 영향을 미친 점과, 그뿐만 아니라 그리스인들이 북쪽으로부터 직접 이주할 때 가져왔던 많은 것들을 살펴보면 진실에 한 발짝 더 다가갈 수 있겠다. 왜냐하면 이런 모든 것들은 크레타의 문화와는 차이를 보이기 때문이다.

북쪽으로부터 그리스인들은 옷을 가져왔다. 전사(戰士)와 사냥꾼은 짧은 소매의 키톤(chiton)을 착용한다. 티린의 벽화에서 마차를 끌고 있는 모습의 여자들도 이와 유사한 옷을 착용하고 있다. 그러나 크레타의 옷은 훨씬 더 발전되어 있으며, 세밀하고 예술적으로 가공되어 있다. 크레타 옷에는 피불라라는 핀이 없었다. 하지만 그리스인들은 항상 피불라를 사용했다. 이와 같은 핀을 미케네에서 14개, 페벤에서는 4개, 그리고 티린에서는 1개를 발견하는 등 다양한 호메로스 이전의 문명장소에서 발견했다. 호박(琥珀)도 그리스인들이 북쪽 지역에서 가져온 것으로 여겨진다. 크레타 섬에서는 호박이 드문 보석이었다. 말은 크레타보다도 그리스에서 훨씬 먼저 알려졌다. 그리스의 고고학자 J. 파파디미트리우는 최근에 마라톤 근처의 무덤 입구에서 귀족의 전차와 함께 매장된 말 두 마리의 뼈를 발견했다. 미케네 무덤에서는 여자의 동상을 많이 발견했지만, 미노스의 무덤에서는 그렇게 많이 찾을 수는 없었다. 본토에서는 전쟁이 일어났다. 덴드라-미데아의 두 절벽 사이에서 고고학자 N. 베르델리스와 P. 마스트룀은 선상문자 B 점토판과 함께 청동판으로 된 갑옷, 정강이받이, 광대뼈를 보호해주는 장치가 있는 헬멧, 검, 골반뼈와 수퇘지의 어금니를 발견했다. 갑옷은 선상문자 B 점토판에 그려진 것과 동일했고 호메로스의 묘사와도 일치했다.

이곳에는 요새와 성이 있었는데, 이 건물들은 매우 견고하게 지어져서 음식물을 차단하는 방법 이외로는 정복할 수 없었다. 또한 물도 전혀 부족하지 않게 되어 있었다. 오늘날 우리는 아테네와 미케네에 지하수가 흘렀다는 사실을 알게 되었으며, 1958년 필로스에서 1킬로미터 길이의 수도관을 발견하게 되었다.

말리아에 위치하고 있는 크레타 궁전도 이처럼 두꺼운 성벽으로 둘러싸여 있지만, 크레타 섬에서는 훨씬 평화로운 삶이 이뤄지고 있었다. 그리스인들은 북쪽에서 메가론이라는 건축법을 가져왔다. 메가론이란 기원전 2000년경에 건축된 거대한 집의 핵심 공간으로, 중앙에는 난로가 있어 난방을 할 수 있었다. 메가론이란 이름은 그리스 단어 megas에서 유례된 것으로 크다는 뜻을 지니고 있다.

가장(家長), 신 그리고 불

고대 인도-유럽 종교에서는 최고신이 거의 같은 개념을 갖고 있다. 최고신의 이름은 인도, 그리스, 일리리아 그리고 로마에서는 각각 드야우스, 제우스, 요비스이며 어쩌면 게르만의 군신도 여기에 속한다고 할 수 있다. 프랑스의 디유(Dieu)도 최고신이다. 인도와 그리스에서는 신의 이름에 '아버지'라는 뜻도 있기 때문에, 로마에서는 'Dyaus pita'에서 '주피터'라는 이름이 탄생하게 되었다. 이런 오래된 전례에 따라 모든 인도-유럽 민족에서는 가부장적인 사회질서에 따른 시조 또는 가장의 개념이 생겨났다. 이것은 불의 숭배와도 연관되어 있다. 화덕의 신성함은 그리스 이전의 시대에서 가져온 개념이다. 오늘날 미케네 시대 궁전의 화덕을 방문하는 모든 사람들은 가장, 신 그리고 불의 깊은 연관성을 볼 수 있을 것이다. 궁전의 폐허에서도 크고 둥근 화덕을 볼 수 있고, 그 앞에는 옥좌가 있다.

궁전과 귀족의 저택

크레타인들은 전성기인 기원전 2000년 정도에 건축된 궁전에서 기원전 1400년경 문화가 쇠퇴하게 될 때까지 상상할 수 없을 만큼 고도로 발달된 문명생활을 했다. 크노소스, 파이스토스, 하기아 트리아다 그리고 말리아의 궁전, 귀족의 관저와 저택, 환상적인 프레스코, 찻잔, 접시, 항아리, 그릇 등은 다시는 만들 수 없는 색깔로 칠해져 있으며 유럽에서 볼 수 있었던 스타일 중에서도 가장 세밀한 스타일일 것이다.

에반스가 크노소스에서 급한 발굴 작업으로 파괴했던 것들은 알테라-산토린에서 출토된 다양한 유물들에 의해 다시 우리 눈앞에 펼쳐진다. S. 마리나토스는 1967년부터 미노스 테라의 도시와 궁전을 발굴하고 있다. 작업장이 딸린 도시의 작은 집들에는 아직도 기계들이 남아 있으며, 보관용기가 있는 방들이나 채색된 욕조가 있는 욕실 등을 보면 아마도 수공업자가 살고 있던 집인 것 같다. 강한 지진이 여러 차례 발생하여 도시의 북쪽과 궁전의 일부분을 파괴했다. 몇몇 집

❋ 미케네 무덤 IV에서 황금가면을 착용
한 남성이 누구였는지는 알 수 없다.
하인리히 슐리만이 이 무덤을 발굴했
으며, 이 가면은 현재 아테네 국립박물
관에 전시되어 있다.

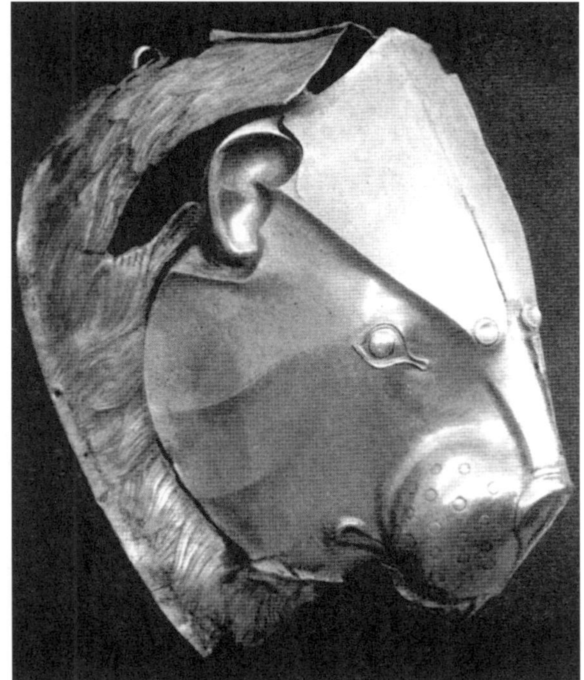

❋ 사자머리 모양의 황금 각배다. 이 각배
는 매우 예쁜 예술품으로, 하나의 금판
으로 만들어졌다. 미케네 궁전에 있는
네 번째 무덤에서 출토되었으며 기원
전 1600년의 작품이다.

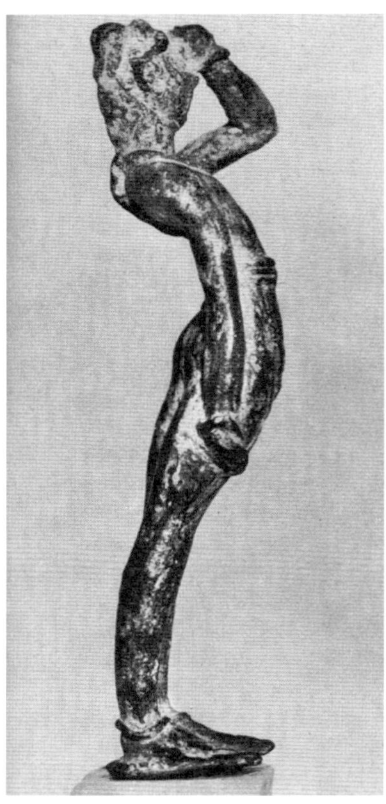

❋ 크레타 섬의 티리시오에서 발견된 기도하는 사람의 청동 소입상. 기원전 1550년경에 만들어진 이 소입상의 높이는 15.2센티미터이다.

❋ 신성한 고대 크레타의 상징인 양날도끼가 그려져 있는 물병. 이 아름다운 물병은 파이토스의 새로 지은 궁전에서 발견되었다(기원전 1500년).

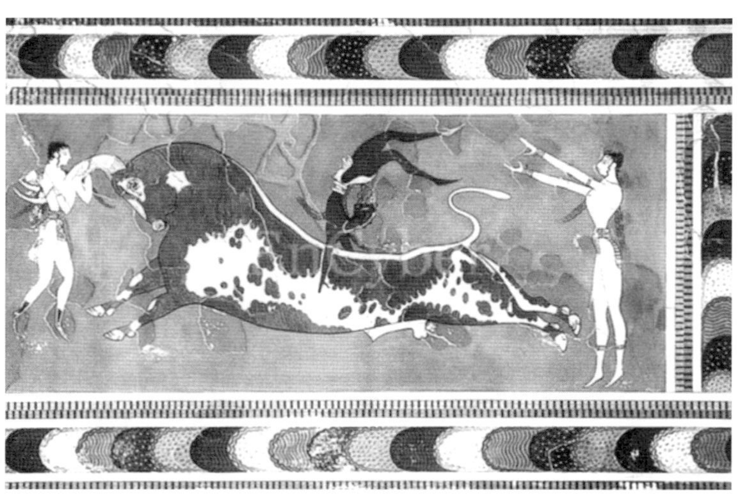

❋ 황소 뛰어넘기는 종교적인 의식에 속한다. 나이 많은 크레타인들은 소년소녀들에게 이 의식을 가르쳤다. 크노소스 궁전의 동쪽 건물 작은 앞뜰의 프레스코 벽화. 기원전 1500년경에 제작되었다.

✳ 크노소스 궁전은 에게 문명 전기의 지배자 미노스가 거주하던 궁전이다. 기원전 17~15세기에 세워진 크노소스 궁전은 크레타문명의 전성기를 잘 보여주는 유물이다. 섬의 북안 (北岸), 현재의 이라클리온시 남쪽 약 6km 지점 구릉 위에 위치하고 있다.

✳ 크레타 섬에 있는 크노소스 궁전의 주건물. 슐리만도 여기에 미노스 궁전이 위치하고 있다는 것을 알고 있었지만, 발굴 작업을 시작하기 전에 세상을 떠났다. 아서 존 에반스 경은 1899년부터 궁전의 폐허를 발굴하기 시작했다.

✽ 크노소스 궁전에 그려진 돌고래 그림. 고대인들이 그린 것이라고는 믿겨지지 않을 만큼 놀라운 생동감을 보여주고 있다.

✽ 크노소스 궁전의 옥좌가 있는 방. 옥좌와 의자는 설화석고로 되어 있으며, 프레스코는 강렬한 색깔로 만들었다. 이 방은 예전의 모습과 동일하게 복원되었다.

에서는 2~3개의 바닥이 겹쳐 있다. 또한 약간 높게 만들어진 창문을 나중에는 문으로 사용했다. 도시의 거리에는 둥근 돌을 깔았고, 집 안의 바닥은 돌판으로 깔았다.

봄의 방

궁전과 비슷한 한 건물에서는 지금껏 알려진 미노스의 프레스코 벽화 중에서 가장 예쁜 것이 발견되었다. 거의 직사각형인 방의 벽 세 면에는 절벽 풍경이 그려져 있는데 검정, 노랑, 빨강 그리고 약간의 초록색이 사용되었다. 절벽 사이와 절벽 위에는 라일락, 새싹 그리고 시든 꽃들이 보이고, 하늘에는 제비가 날아다니고 있다. 마리나토스는 이 방을 '봄의 방'이라고 불렀는데, 이 방에는 에게 해 지역에서 발견된 가장 오래된 침대가 있었다. 또 다른 방에는 싸우고 있는 남자아이들의 그림이 있다. '싸우고 있는 어린이들의 방'의 프레스코 벽화에는 최초의 어린이 그림과 우리가 알고 있는 한 최초의 복싱 장갑 그림을 볼 수 있다. '원숭이의 방'에는 벽 두 면에 실제 크기의 원숭이 8마리의 그림이 있고, 크노소스 궁전에서도 이와 비슷한 그림들을 발견한 바 있다. 테라의 원숭이들은 절벽 위로 도망 다니고, 미르테와 다른 식물들 위를 뛰어다니며 강 가까이에서 논다. 화석으로 변한 원숭이 머리가 증명해 주듯 이 섬에는 원숭이가 살았을 것이다. 테라에는 심지어 머리가 헝클어진 누비아인이 절벽 사이에서 뿔이 달린 제단과 함께 자연의 신을 나타내기도 했다. 따라서 이처럼 산토리니는 크레타와 같이 이집트와 매우 긴밀한 관계를 이루고 있었다.

파리의 여인들

또 하나 특별한 점은 고대 크레타 사회에서 여성이 남성과 같은 사회적 위치를 가졌으며, 지금은 파리와 같은 대도시에서나 그렇듯 옷과 보석으로 몸을 치장하여 미를 돋보이게 했다는 것이다. 그래서 기원전 1500년경에 세워진 크노소스 궁전 서쪽 건물의 6개의 기둥이 세워진 호화로운 방의 프레스코 벽화는 '파리의 여인들'이라고 불린다. 이 벽화에는 여성의 얼굴이 그려져 있는데, 그녀는 크고 까만 눈과 세련된 머리스타일에 어깨까지 머리를 내려 땋았고, 빨간색으로 칠한 입술에 옷차림도 매우 우아하다. 크레타 여자들의 옷은 현대의 옷이라고 봐도 될 정도로 매우 현대적이다. 치마는 유행에 따라 형태가 바뀌었다. 어떤 때는 둥근 종모양의 치마를 입었다가, 그 다음에는 버팀테를 넣은 치마, 그 다음에는 공주들이 입었던 평퍼짐한 치마 등이 있었다. 끈을 이용하여 가느다란 허리를 강조했으며 그리스 여자들처럼 옷을 핀으로 고정하거나 주름을 잡지 않았다. 옷에는 핀이나 바늘을 이용하지 않았고, 모두 재단된 옷들이었다. 아마 수천 명의 직업 재단사가 있었을 것이다. 약 3500년 전 크레타에서는 이미 '오뜨 꾸뛰르(haute couture, 고급 재봉이란 뜻으로 맞춤 제작된 옷을 말한다—편집자)'의 시대를 살았던 것이다. 고급 화장품, 향수 그리고 머리카락을 가꿔주는 용품도 있었다. 심지어 모호로스 섬에서는 원치 않는 부위의 털을 제거할 수 있는 핀셋을 발견하기도 했다!

크레타의 여성들

크노소스 궁전의 지하 보물창고에서는 양손에 뱀을 들고 있는 작은 소녀상인 파엔차 도기를 발견했다. 이 도기는 29.5센티미터 정도의 크기이며 기원전 1600~기원전 1580년의 것이지만 오늘날의 재능 있는 패션디자이너들에게도 많은 영감을 줄 수 있을 것이다. 티아라, 귀걸이, 목걸이, 팔찌, 펜던트, 반지 등 모든 것은 매우 세밀하게 세공되었다. 특히 크레타 여자들의 하얀 피부와 까맣고 예쁜 머리카락이 눈에 띈다. 크고 짙은 눈은 고대 에게 문명 세계에서부터 조용히 우리를 바라본다.

또 다른 특별한 점은 크레타 여자들은 가슴을 옷으로 가리지 않았다는 것이다. 그리스에 있는 티린의 프레스코 벽화에서도 궁녀는 저고리를 입고 있긴 하지만 가슴이 훤히 드러나 있다.

벽화, 소입상 그리고 하기아 트리아다 궁전 근처에서 발견된 무덤의 유명한 포로스 석관을 통해 크레타 여자들이 품위 있는 자세를 취했다는 사실을 알 수 있다. 이것은 또한 성스러운 의식으로 여겨졌으며 어린 소녀들이 참석해야 했던, 황소를 뛰어넘는 곡예에서도 볼 수 있다. 이 곡예는 질주해 오는 황소의 뿔을 잡아야 하고, 그 다음에 공중회전을 하면서 황소의 등 위로 올라탄 후 다시 뛰어 내린다. 아마도 노예들에게 아주 어린 나이부터 이 곡예를 가르쳤을 것이다. 이것은 매우 위험하고 배우기도 힘들어서 오늘날은 물론 다른 어느 곳, 어느 시대에서도 따라 할 수 없었다.

미노스 사회에서는 여자가 주도권을 쥐고 있었다. 여자는 종교적인 축제에 동반자 없이도 참여했다. 여자는 무희, 사제, 그리고 관객이기도 했지만 모든 종교적인 의식에서는 주인공이었다. 아마도 크레타 종교의 뜨겁고 열정적인 성격이 여자들의 의미와 영향력을 키워준 것으로 추정된다.

미노스의 종교적 믿음의 진정한 비밀은 당연히 우리에게는 알려져 있지 않다. 우리는 다만 크레타 섬에는 성전이 없다는 것만 알고 있다. 동굴, 성스러운 숲과 산은 제식이 이루어지는 장소들이었다. 중요한 종교적 행위들은 왕의 궁전에서 실시되었으며, 왕은 사제이기도 했다. 따라서 궁전에서는 제단, 제식에 사용된 가구, 각배 그리고 헌금 항아리 등이 발견되었다. 양날의 도끼와 뿔 그림의 의미는 아직 충분히 설명되지 않았지만 나무, 기둥 그리고 뱀은 성스러운 상징들이었다. 크레타에는 동물들의 신도 있었는데, 이 신은 유럽의 고대 역사에도 영향을 미쳤다.

필로스의 점토판

크노소스, 필로스, 미케네 그리고 티린의 선상문자 B 점토판이 해독된 뒤 우리는 기원전 1400년 이후의 영웅들의 개인적인 삶을 들여다볼 수 있게 되었다. 또 호메로스 서사시의 무대 뒤를 바라볼 수 있게 되었고 당시의 놀랄 만한 행정체제를 볼 수 있었다. 점토판의 텍스트는 상업적으로도 활용이 가능했을 것으로 보인다. 그렇기 때문에 거의 극동의 것이라는 느낌을 준다.

마이클 벤트리스와 캠브리지 대학교의 존 채드윅 교수는 점토판 300여 개에 관한 학술논문을 발표하면서 지금까지는 전혀 알려지지 않은 세계를 열어주었다. 우리는 크레타 섬의 크노소스와 펠로폰네소스 동남쪽의 필로스에서는 귀족들이 통치하고 있었다는 것을 알게 되었다. 필로스의 점토판은 이러한 귀족이나 왕의 이름도 알려주었는데, 그의 이름은 '엑헬라원'이었다. 귀족, 하인, 봉건군주, 시장 그리고 노예가 있었고 필로스와 크노소스를 제외한 시를 관리했던 공무원도 있었다. 이러한 공무원의 명칭은 'pa-si-re-u'였다. 이 명칭은 호메로스의 『바실리우스*Basileus*』에서 다시 찾아볼 수 있으며, 오늘날에는 '바실리카'가 되었다.

업무는 정확하게 구분되었다. 점토판에는 다양한 직업이 명시되어 있다. 전문적인 수공업자가 있었고 목공, 벽돌공, 가구공, 청동대장장이, 활 만드는 사람, 의자 목수, 도공이 있었다. 그 밖에도 목동, 염소 치는 목동과 사냥꾼도 언급된다. 당연히 금세공자도 있었다. 심지어는 직업적으로 향을 태우는 사람도 있었던 것 같다. 여자들은 곡식을 빻았다. 옷감을 만드는 것도 여자들이었다. 여자들은 실을 잣고, 직물을 짰고 소모(梳毛)를 만들었다. 또한 궁전에서 다양한 일들을 했다. 목욕을 보조해주는 역할도 여자들의 직업이었다. 피륙을 마전하는 일은 남자들이 했지만 옷의 재단은 남자와 여자 모두가 했다. 또한 의사라는 직업이 존재했다는 단서도 있다.

당연히 노예들도 있었을 것이다. 자유민이 아닌 사람의 자녀들은 노예였다. 부모 중 한쪽이 자유민이 아닐 경우에도 자녀는 노예가 되어야 했다. 궁전을 건축하는 데 필요한 엄청난 인력은 약탈행위를 할 때 데려왔다. 이들 포로들은 일을 해야 했는데, 여자들과 아이들에게는 수공업을 가르쳤다. 필로스의 노예들 중 상당수는 신 또는 여신의 노예들이라 불렸는데, 이 신의 노예들이 정확히 어떤 일들을 했는지는 아직 밝혀지지 않았다.

점토판이 말해주는 것

매우 흥미로운 것은 기원전 약 1300년 미케네 시대에 이미 거의 모든 그리스 신들이 점토판에 언급된다는 것이다. 제우스, 헤라, 포세이돈, 군신 헤르메스, 아테나, 아르테미스, 디오니소스, 헤파이스토스 등이다. 학자인 벤트리스와 블리건은 신의 이름을 발견할 때마다 점토판에 그 이름을 학명으로 주었다. 사람이나 동물은 제물로 사용되지 않았지만 신들에게는 밀, 보리, 밀가루, 오일, 와인, 무화과 그리고 꿀을 바쳤다. 점토판 G 866은 심지어 신들에게 양털도 선물했다고 기록한다. 왕이자 사제 옆에는 수많은 보조 사제들이 있었다. 점토판은 우리에게 역사나 문학을 알려주는 것이 아니라 사실 관료주의에 대해서 말해주고 있을 뿐이다. 그래서 그런지 텍스트는 매우 짧고 불충분하다. 그렇지만 이 점토판을 읽을 수만 있다면 많은 것들을 알아낼 수 있다.

어느 점토판에는 "38명의 보모, 33명의 소녀, 16명의 소년"이라고 쓰여 있다. 또 다른 점토판에는 "8명의 여자, 2명의 소녀, 3명의 소년"이라고 쓰여 있고, 그 옆에는 "밀 336리터, 무화과 336리터"와 같이 아마도 분배된 것으로 보이는 식료품 목록이 있다. 또 다른 점토판에는 "필로스에서: 여성 목욕보조 37명, 소녀 13명, 소년 15명, 밀 1332리터, 무화과 1332리터"라고 적혀 있다. 점토판 Ad 686에는 "케레자, 필로스에서는: 포로 중 아들 15명 알카원은 아직 나타나지 않았다." 또는 "아직 연락하지 않았다"라는 말이 있다. 점토판 Eo 02에는 "에라타라"라는 이름의 여자가 나오며, 그녀는 "사제의 노예"였다고 한다. 점토판 Ae 04는 "케레워, 아지야티야의 목동, 타라마타스의 소들을 보살핀다." 점토판 An 18에는 "불을 지피는 사람 16명, 메리두마테(?) 10명, 미카타(?) 3명, 삭구를 장착하는 사람 4명, 무기공 5명, 빵을 굽는 사람 3명" 등이 적혀 있다. 메리두마테와 미카타는 무슨 뜻인지 알 수 없다. 아마도 직업을 나타내는 명칭들이었겠지만, 오늘날 존재하지 않는 직업일 가능성이 높다. 어느 점토판에는 사령관과 그의 지휘 하에 있는 해안 보초대의 이름이 쓰여 있다. 또한 어떤 점토판에는 토지의 소유와 재배한 씨앗에 관한 사항이 있고, 조세와 제물에 관한 점토판, 섬유, 용기와 가구에 관한 점토판도 있다. 점토판 Tn 996에는 "배수시설이 있는 욕실의 욕조 3개, 물그릇 3개, 조리 용기 3개, 암포라 2개, 히드리아 1개, 그리고 황동 항아리 7개"라고 적혀 있다. 점토판713은 "돌로 된 탁자, 상아 장식, 깃털 무늬의 상아 탁자와 다양한 장식이 있는 흑단 탁자"를 적고 있다.

미케네 문화의 종말

도리아인의 이주, 또는 헤라클레스의 후손들이 아르골리스로 돌아오게 되면서 전성기를 맞았던 미케네 문화는 종말에 다다랐다. O. 브로너는 오늘날 코린트 해엽의 남쪽에서 미케네 시대의 벽이 시작하는 자락을 발견했다. 이 벽은 코린트 만을 향해 놓여 있었으며 서쪽에 위치한 언덕까지 펼쳐진다. 이 벽은 아마도 북쪽으로부터의 공격을 막으려는 마지막 시도였을 것이다. 그러나 성과 궁전들은 결국 파괴되었다.

미케네는 당시 삶에 대한 의지가 완전히 사라지지는 않았다는 것을 보여준다. 최근에 서쪽 계단에서 불에 탄 건축물의 폐허와 해골 2구를 발견했다. 이것은 공격자 혹은 방어자의 해골로 추정되는데, 그 위에는 불에 의해 파괴된 성의 잔해들이 떨어졌던 것이다. 즉, 재건계획이 있었지만 결국은 미케네가 완전히 파괴되면서 그것이 무산되었다는 것을 알 수 있다. 그러나 미케네 문명에서 크레타인들이 보여준 고도의 예술적인 감각은 그리스 예술의 모든 분야에 영향을 미치게 되었다. 또한 어느 누구도 다시 만들어내지 못한 수공업이 남았다. 남은 것은 중세시대까지 이어지는 성의 건축양식, 창조력, 종교와 신화의 많은 부분들, 그리고 전체적으로 지성에 대한 갈망이다.

이렇게 미케네의 삶은 현대에도 계속 영향을 미친다. 미케네 문명은 최초의, 그러나 동시에 가장 강한 유럽의 문화적 자극제 역할을 했다.

그
리
스

야생적이고 웅장한 산 속에 델피의 폐허가 있다. "그의 외로운 머리를 구름 속에서 신성한 산이 감싸안는다"고 회델린은 적는다. 프랑스 고고학자 회델린은 카스트리라는 마을 밑에서 고대 신전을 발견했다. 그는 세상에서 가장 흥미로운 신탁을 발굴하기 위해 카스트리 주민들에게 새로운 마을을 지어줬다. "고대에서부터 델피는 세상에서 가장 좋은 신탁 장소였다. 델피에 오는 신과 인간들의 예언자는 이 장소에서 자연스럽게 예언을 하거나 또는 신의 이름으로 예언해야 했다. 그는 존경을 받으러 왔다기보다는 개인적으로 신탁을 보호하려 했다. 신의 영혼은 신성함보다는 신탁 위에 있었다. (……) 이 장소의 주인이었던 아폴론은 그의 생각을 드러내기 위해 알 수 없는 낙엽의 속삭임 또는 날아다니는 벌들의 소리를 선택하지 않았다. 그는 꿈을 가로지르거나 샘물에 비추는 그림에 나타나는 정신없는 그림들을 거부했다. 인간들에게 말을 하기 위해서 그는 인간의 언어를 빌렸다."
– 피에르 드 라 코스트–메쓰리에르, 『델피*Delphi*』, 파리, 1957.
"델피에 관해 다양한 이야기들이 있고 또한 아폴론의 신탁에 대한 이야기는 더욱 많다. 고대에는 이 신탁 장소가 게의 소유라고 했다."
– 파우자니아스, 『그리스에 관한 설명*Beschreibung Griechenlands*』, 제10권

"너 자신을 알라."

헬레네 문명의 마지막 지식은 무엇이었는가? 지혜를 얻기 위해 말 그대로 몸부림을 쳤던 인류의 가장 중요하고 가장 뛰어난 지식을 한 문장으로 표현할 수 있는가?

그러한 문장이 우리에게 전수되고 있다. 그것은 델피의 아폴론 신전에 적혀 있다. "너 자신을 알라"가 바로 그 문장이다.

이 문장은 많은 것을 내포하고 있다. 하느님을 알아가는 것은 사람의 내면에서만 나올 수 있다는 것을 말해준다. 인간이 진실된 마음으로 자기 내면의 목소리를 듣는다면 진실에 다가갈 수 있다고 말해준다. 또한 경제적으로 포화상태에 다다른 문명이 가장 시급하게 필요한 것을 말해주기도 한다, 즉 분수를 지켜야 한다는 것! 이 문장은 또

인간은 언젠가는 죽기 때문에 자신의 한계를 인식할 것을 알려주는 동시에, 자신의 안에 들어 있는 것을 자신이 원하는 것이 이루어질 때까지 계속 추구할 것을 요구하기도 한다.

7명의 현자

“너 자신을 알라”라는 말은 ‘7명의 현자’에게 적어준 명언이다. 6세기 초반에 살았던 뛰어난 일곱 학자들을 7명의 현자라고 불렀다. 그들은 다음과 같다. 아테네에 최초의 헌법을 만들어준 귀족 솔론, 도시를 세우고 델피와 올림피아를 지원했으며 예술, 수공업, 상업을 촉진시켰지만 게으름과 사치를 금지했던 전제군주 코린트의 페리안더, 아무것도 가져가지 못하고 모국에서 달아나야 했던, 그러면서 “나의 재산은 내가 몸에 지니고 다니는 모든 것들이다(omnia mecum porto mea)”라고 말했던 이오니아에 있는 프린의 비아스, 취한 상태로 범죄를 저질렀을 때 두 배의 벌을 받게 하는 법을 제정한 미틸렌의 정치 지도자 피타코스, 기원전 585년 5월 28일 발생한 일식을 정확히 예언한 밀레의 타레스, 스파르타의 영웅 세일론, 그리고 수수께끼를 만들었던 린도스의 시인 클레오부로스. 이들 현자들 중 몇몇에 대해서는 많이 알려져 있지만, 예를 들어 클레오부로스에 대해서는 알려진 것이 거의 없다. 이 현자 7명의 인생경험이 모두 합쳐져서 델피 신전에 한 문장으로 새겨지게 된 것이다.

델피의 신에게 다가가기 전에, 신에게 질문을 하기 전에 우선 인간이 행할 수 있는 가장 어려운 것, 즉 자신의 양심에 따라 절대적으로 자신의 내면을 살펴볼 것이 요구된다. “너 자신을 알라”라는 문장을 통해서 우리는 이곳에 어떤 영혼이 존재했는지, 그가 얼마나 지혜로웠고, 진실했으며 그리고 인간을 잘 이해했는지 알 수 있을 것이다.

델피의 신전

델피는 코린트 만에서 570미터 떨어진 파르나수스 산의 남쪽 산맥에 위치하고 있다. 이곳에서는 거부할 수 없는 힘에 의해 감각들이 신에게, 영원성에게, 그리고 초인적인 힘에게 인도된다.

이 신전은 인간 역사상 불가사의에 속한다. 이곳을 관리하던 신이 고대 그리스가 몰락하기 전에, 그리고 다른 종교들이 이곳을 정복하기 전에 적시에 이곳을 떠난 것 같다. 그래서 어느 누구도 그를 비방하거나, 왜소한 존재인 인간과 비교하거나, 그에게 영원히 근접할 수 없도록 한 것 같다. 시인과 학자, 고대 역사학자, 종교학자 그리고 고고학자들은 2000년 동안 델피의 신에 관한 비밀을 규명하려 노력했다. 그러나 델피는 그 신성함을 가리고 있는 베일을 결코 걷지 않았다. 찾고, 발굴하고, 모든 인간의 힘을 동원해도 델피는 닫혀 있었고 입을 열지 않았다. 델피는 더 이상 어떠한 말도 하지 않으며, 앞으로도 그의 입은 굳게 닫혀있을 것이다.

델피 생각을 하면 어렴풋이 그리고 거의 비현실적으로 피티아가 눈앞에 아른거린다. 피티아는 고유명사가 아니라 '피티아 종교의 여사제'라는 단어의 줄임말이자 표현이다. 우리는 여기에 신탁만이 있다고 생각한다. 그러나 이곳에 살고 있던 신은 과연 누구였는가? 이 장소를 바쳤던 신은 누구이며, 이 신전에서 말을 하던 신은 누구였는가? 델피는 신성한 장소였고, 단순히 실용적이고 편한 예언의 장소가 아니었다. 델피는 그리스에서 가장 크고 가장 중요한 성전이었다. 유럽인들은 헬레니즘의 자손들이므로 이들 신들의 자손이고, 유럽인들이 행동하고 생각하는 모든 것에는 아직도 그리스의 문화가 현존하고 있는데도 우리는 이들에 대해 동양의 종교인과 철학자, 부처, 자라투스트라, 마호메트보다도 덜 알고 있다. 인류의 신들 중에서 아폴론이 가장 알기 힘든 신이다. 그의 신전은 무척 오래되었다. 그리고 그는 예전에는 놀랄 만큼 강한 종교적 힘의 원천이었다!

거대한 수컷 뱀, 피톤

기원전 1600년에도 델피는 "세계적으로 유명했다." 그러나 그 당시 델피의 이름은 피토였다. 이 이름은 성스러운 장소를 지켰던 피톤의 이름에서 유래된 것으로 추정된다. 피톤은 큰 수컷 뱀이었다. 피톤은 '가' 또는 '게'의 아들이었다. 게는 지구, 깊이, 지하세계이며 여신이다. 게와 그녀의 친척인 테미스는 파르나수스의 신탁에서 예언을 한 최초의, 그리고 가장 오래된 예언자다.

이것이 무엇을 의미하는 것일까? 이는 신의 적수인 뱀에 관한 오래된 신화이다. 뱀은 지구, 마력, 어두운 힘을 뜻하지만 또한 치료의 의미도 있어, 의학을 나타내는 신성한 동물로 여겨지기도 한다. 이 뱀은 지구를 둘러싸고 지진을 유발시키는, 지구를 휘감고 있는 거대한 뱀이며 그럼으로써 지구 표면으로 죄를 드러낸다. 뱀은 여러 민족에게 신탁의 동물로 여겨진다. 그리스어로 뱀은 '드라콘(drakon)'이며, 이 단어에서 독일의 단어 '용(Drachen)'이 유래되었다. 뱀이 성경의 모세 제1경(창세기) 제3장에서 죄를 짓도록 하듯이, 피톤을 죽인 아폴론도 죄인이 되었다. 그는 그 후 크레타로 가서 속죄했다. 크레타에서는 고대에 특별히 신성한 종교행위를 했는데, 그곳에는 한때 웅장한 미노스 종교의 힘이 타오르고 있었다.

고대의 뱀들은 두려움의 대상이었을 뿐만 아니라 지식을 지닌 동물로 존경을 받기도 했다. 또 쥐를 없애기 위해 족제비와 같이 애완동물로 키우기도 했다. 어린이들은 뱀과 함께 놀았으며, 여자들은 특히 더운 날에는 뱀으로 목과 가슴을 식혔다.

그러나 델피에서는 뱀 피톤과 지구 게가 인류상 가장 유명한 신탁의 초석이 되었다. 이곳에서 지구는 입을 열기 시작했다. 이곳에서는 지구의 영혼이 신의 도움이 필요했던 사람들에게 차차 말을 해주었다.

미노스 테라코타

프랑스인 라코스트는 델피에서 그리스 시대 이전에 제물을 바쳤다는 단서를 발견했다. 고대에는 아마도 제비를 뽑아 예언을 한 것 같다. 삼각대의 그릇에 담긴 작은 돌들로 미래를 예언했다. 아폴론 신전 밑에서 고고학자들은 사자머리 형태의 미노스 분수를 발견했다. 이 작품은 기원전 1400년이나 1500년, 또는 1600년에 만들어졌다! 제단이 있었던 장소의 흙에는 유기성분, 즉 탄 뼈의 재가 많이 발견되었으며, 미케네 꽃병 조각들도 있었다. 이것은 기원전 약 1500년에, 그러니까 미케네 시대에 제물을 바쳤다는 증거이다. 또 다른 중요한 유물도 발견되었다. 작은 미노스 테라코타가 발견되었는데, 이것은 발이 3개 달린 의자에 앉아 있는 발가벗은 여인이다. 피티아는 그렇게 오래전부터 존재하지 않았다. 그렇다면 그녀는 지구의 여신 게인가? 아니면 테미스(Themis) 여신인가? 거의 기원전 4000년에 만들어진 이 테라코타를 어떻게 해석해야 할까?

델피의 신, 아폴론

미노스의 선상문자 B를 해독하게 되면서 고대 그리스와 크레타의 연관성이 더욱 확실해졌다. 그리고 아마도 델피 성전의 사제들은 기원전 7세기 호메로스의 아폴론 찬가가 말해주듯 크레타인 미노스의 문화권에서 왔을 것이다. 신이 사제를 찾으려고 둘러보자 바다의 배

위에서 크노소스에서 오는 크레타 남자들을 보게 되었다. 돌고래 (Delphin)의 모습으로 아폴론은 배를 크리사로 유인했고, 선원들은 아폴론에게 제단을 만들어줬다. 그 돌고래로부터 '델피'라는 이름이 탄생하게 된 것이다.

아폴론이 언제 델피의 신이 되었는지는 알 수 없다. 신탁은 아폴론이 이곳에 정착하기 훨씬 전에 세워졌다. 아폴론은 모든 신들 중에서도 가장 그리스적이었다. 아폴론은 그리스와 소아시아의 여러 지역들에서 존경을 받았고, 특히 스파르타와 다른 도리아의 장소들에서 수많은 추종자를 자랑했다. 아폴론은 그리스의 신들이 살던 세상, 또는 2911미터 높이의 산으로 마케도니아와 테살리아를 나눠주는 올림포스 위의, 그리스 반도에서도 가장 높은 곳에 위치한 신들의 거주지에서 찾아볼 수 있는 가장 밝고 위대한 신이었다. 아폴론은 젊은 남성미의 이상형으로 꼽힌다.

아폴론이 원래 어떠한 인물이었는지는 알려지지 않았다. 그러나 그리스인들이 그를 어떻게 신성화했는지는 잘 알려져 있다. 아폴론은 그리스에서부터 극동, 베들레헴에서부터 페르시아까지 무리의 수호자, 목동의 신으로 칭송되었다. 그는 환자들을 치료했으며, 씨앗을 보호했고, 음악과 사고 그리고 철학을 지원했다. 그는 척도와 시간을 정리해주었고, 계획적인 행동을 좋아했으며 도덕을 보호하는 신이었다. 그는 특히 신탁의 신이었다.

그리스와 소아시아의 많은 장소에 아폴론 신전이 있었는데, 신탁을 얻게 되는 방법들은 각기 달랐다. 아르고스에서는 여사제가 제물로 바쳐진 양의 피를 마실 때 영감을 얻었다. 히지아이에서는 아폴론의 생각을 듣기 위해 성스러운 우물에서 물을 마셔야 했다. 그리고 테벤에서는 제물로 바쳐진, 배를 가른 동물 속을 들여다보면서 예언을

했다. 콜로폰에 있는 클라로스 아폴론 신전에서는 델피와 같이 여자
가 예언을 하지 않고, 신전을 찾은 사람에게만 이름을 알려준 어느 사
제가 예언을 해줬다. 그 다음 사제는 동굴 안으로 들어가서 성스러운
샘물을 마시고 질문한 사람에게 운문으로 충고를 해줬다. 타키투스
는『연대기』제2권 제54장에서 이러한 내용을 쓰고 있다.

파타라, 리키아에서는 아폴론이 올 때마다 여사제들을 밤새 신전
에 가둬뒀다. 이는 헤로도토스의 저서 제1권 182장에서 알 수 있다.
파타라는 신이 겨울을 지내는 장소였으며, 델피에서는 여름만을 보
냈다.

소아시아 출신의 신

아폴론이라는 이름이 어디에서부터 유래되었는지 설명하기는 힘
들다. 도리아의 낱말 'Apella' 즉 '울타리'라는 단어에서 비롯된 것
일지도 모른다. 또한 빌라모비츠가 주장하듯이 리키아어에서 발전한
것일 수도 있다. 그렇게 되면 이 신은 원래는 그리스인이 아니라 이방
인이었던 것이다. 그러나 리키아 언어를 연구하는 학자 에른스트 지
틱은 오히려 그리스어에서 신의 이름이 만들어져 리키아어로 도입되
었다는 것을 증명하여, 아폴론은 훨씬 더 이전부터 그리스 신이었을
것이란 추측을 하게 되었다. 호메로스의『일리아드』에서 아폴론은
항상 그리스가 아닌 트로이의 편을 들었다. 트로이는 오늘날 다르다
넬스 해협에서 멀리 떨어지지 않은 터키에 위치하고 있다. 이곳은 소
아시아이기 때문에 아폴론은 그리스가 아닌 소아시아 출신의 신이라
고 결론 내릴 수 있겠다.

아폴론이 아시아에서 왔다는 또 다른 흥미로운 증거들이 두 가지
있다. 델피에서는 달과 해를 이용한 달력을 그리스인들에게 주었다.

즉, 이 달력은 아폴론의 델피-신전에서 유래된 것이며 이는 기원전 7세기 후반에 이뤄진 일이다. 가장 오래된, 그리고 유명한 천문학적 장소는 바빌론이었다. 바빌론에서는 이미 오래전에 달과 해를 이용한 천문학적 달력을 만들었다. 스웨덴의 고대역사학자이자 그리스 종교 연구자 마르틴 P. 닐슨은 아폴론을 기념하는 축제가 한 달의 일곱 번째 날이라는 것을 지적했다. 일곱 번째 날의 특별한 의미는 바빌론의 풍습이다. 일곱 번째 날은 오늘날의 일요일이기도 하다. 그러나 그리스인들은 한 달을 세 부분으로 나누고 그 다음에 10일로 나눈다. 즉, 10일로 나눈 묶음이 오늘날 우리가 주로 알고 있는 것이다. 이런 10일 체제에서 일곱 번째 날이란 매우 낯선 것이다. 결국 숫자 7은 아폴론의 숫자이기 때문에 아폴론의 태생은 소아시아라는 결론을 낼 수 있을 것이다. 또한 아폴론의 어머니 이름은 레토이며, 이는 소아시아의 이름이다. 레토는 특히 소아시아의 서쪽 남해안에서 자립적인 여신으로 널리 알려져 있다. 닐슨에 의하면 아폴론은 소아시아의 내륙, 즉 바빌론 문화에서 많은 도움을 받은 히타이트 제국에서 왔다고 한다.

가장 친절한 신

만약 이 사실이 맞는 것이라면 한때 낯설었던 신을 그리스인들이 어떻게 바꾸었는지 놀라울 따름이다. 그리스인들은 그에게 엄청난 지적 수준을 부여했다. 그의 윤리성을 심화시켰고, 인간적인 이해와 용서의 영역까지도 부여했다. 또한 속죄를 가능하게 하는 능력을 주었으며, 기존의 '피에는 피' 법칙과는 달리 참회를 요구하고, 심지어는 살인자가 속죄를 하면 신의 자비를 베푸는 것을 가능하게 했다. 아폴론이 동양에서 왔다면 그는 한때 복수의 신이었을 것이다. 그러나 그리스인들은 그로부터 "신들 중에서도 가장 친절한" 신을 만들었다고 핀다르는 말한다. 이렇게 해서 아폴론은 유럽의 신이 되었고 정신을 치료해주는 진정한 의사가 된 것이다!

아폴론이 어디에서 왔든 그는 처음부터 모든 징표와 과정들로부터 암시를 할 수 있는 능력을 가져왔다. 그는 호메로스의 서사시에서도 "예언자"로 등장한다. 아폴론은 단순히 기도의 대상이 아니라 해답까지 주는 신이었다. 그러나 예언은 시간이 흐른 후에야 아폴론의 능력이 되었다. 이런 형태의 예언을 '무아경의 예언술'이라고 부른다. 이런 능력이 처음에 어디에서 사용되었는지는 모른다. 그러나 아마도 이런 예언술 역시 유명한 신탁이 있었던 소아시아에서 왔을 것이다.

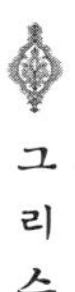

정말로 땅의 갈라진 틈에서부터 수증기가 올라왔는가? 옴팔로스는 어떠한 의미를 지니고 있는가? 마지막 피티아는 델피의 비밀을 무덤으로 가져갔다. "이미 사망한 테오필 호몰과 에밀 부르귀, 후에 예술가이자 학자인 피에르 드 라코스트–메쎄리에르가 성전을 연구했다. 그는 매우 행복해하며 발굴을 했고, 오래된 돌의 폐허들과 긴밀하게 살아갔다."
– 칼스 피카드, 『델피*Delphi*』, 파리, 1957.

델피, 세계의 배꼽

아폴론 신의 성전인 델피는 그리스의 종교적인 중심지이자 가장 유명한 신탁이었다. 델피는 지구의 중심, 즉 '세계의 배꼽'으로 간주되었다. 그리스어로 배꼽은 '옴팔로스(Omphalos)'다. 아폴론 신전에서 가장 신성한 곳, 즉 아디톤 또는 셀라에서 신의 황금상 근처에는 실제로 세상의 배꼽을 나타내는 돌이 있었다. 아폴론은 이와 같은 돌 숭배와 연관되어 있다. 결정적인 이유 덕분에 이 돌은 지금까지 보존되어왔다. 이 돌은 작은 언덕 모양, 즉 영웅을 묻은 무덤의 모양을 하고 있으며 높이는 28.7센티미터, 지름은 38.5센티미터이다. 이 신성한 돌은 1913년 셀라의 남쪽 벽에서 프랑스인 F. 쿠르비가 발견하여 옴팔로스로 명명했다. 이 돌은 지구의 중심지일 뿐만 아니라 살해된 피톤의 묘석이기도 했다. 옴팔로스 위에는 아르카이크 알파벳이 적혀 있는데, 그 중 3개의 문자를 해독할 수 있었다. 그 하나는 GA로, 이는 피톤을 세상에 낳은 지구의 이름이다. 하지만 델피의 'E'는 플루타르크도 알 수 없는 의미를 갖고 있다.

예언의 능력을 주는 연기

옴팔로스 밑으로는 수증기 또는 좋은 냄새가 나는 연기가 솟는 작은 홈이 있었을 것이다. 이런 연기는 뱀이나 혹은 지하세계의 다른 신들이 만들어내는 것으로, 피티아를 예언을 할 수 있는 무아지경 상태로 만들었다고 한다. 그 전에 피티아는 파르나스 신천에서 몸을 씻고, 월계수와 보리밀을 조금 태운 뒤 아디톤이라 불리는 신전의 한 방으로 들어갔다. 그 방에 있는 옴팔로스 앞에서 다리가 3개인 의자에 앉은 후 카소티스라는 우물에서 물을 마시면서 영감을 얻기 위한 성스러운 예언을 할 수 있는 상태로 빠졌다.

이것이 바로 델피의 가장 큰 비밀이다. 여러 고대의 문헌들에는 바위의 틈과 그곳으로부터 솟아나오는 연기에 대한 내용이 많이 등장한다. 그러나 이 모든 텍스트들은 매우 오래되었다. 이 글들이 정말로 델피에 그러한 곳이 있었다는, 그리고 피티아를 무아지경으로 만들어 예언하도록 했다는 증거가 될 수 있을까? 단순히 해석된 문헌들이 아닌, 전달되어 오는 실제 문헌들의 단어들을 하나씩 직접 살펴보는 것도 흥미로울 것이다.

기원전 60년~기원전 30년의 학자 디오도르는 델피 신탁에서 한때 염소들이 발견되었다고 썼다. 마케도니아의 옛 수도인 에데싸를 발견한 목공도 염소를 따라서 갔다고 한다. 델피 신전에서 가장 성스러운 장소에는 한때 틈새가 있었다. 그런데 이상하게도 염소가 그 틈

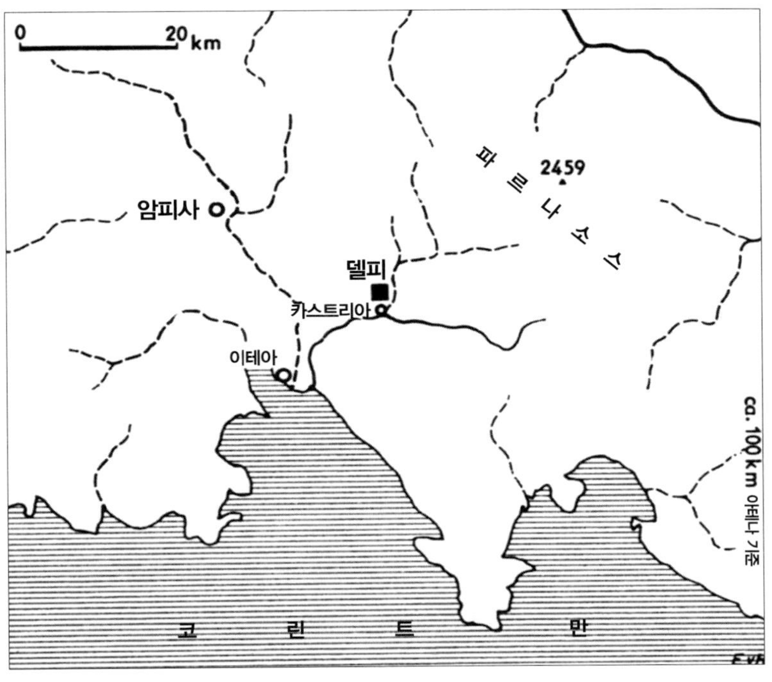

❋ 델피

새에 가까이 갈수록 날뛰며 이상한 소리를 냈다. 이런 모습을 본 목공이 그 틈새로 다가갔다. 그러나 그 틈에 가까이 가자 그도 염소와 같은 행동을 했다. 감각이 사라졌고, 무아지경에 빠졌다. 그리고 그는 미래를 볼 수 있게 되었다. 이런 자연의 기적과 같은 효과는 널리 알려졌고, 많은 사람들이 이곳을 찾아오게 되었다. 모든 사람들은 환상적인 흥분에 휩싸였다. 그러나 그 틈새에 너무 가깝게 다가간 사람은 땅속으로 빨려 들어갔다. 따라서 주민들은 처녀 한 명만을 유일한 예언자로 두기로 했다. 사제가 된 그 여인은 모두에게 예언을 해주어야 했다. 사람들은 그 여사제를 위해 위험하지 않게 그 틈 위로 올라갈 수 있도록 다리가 3개 달린 장치, 즉 삼각대를 마련해주었다.

유스틴은 기원전 300년『필립의 역사』제24권에서 파르나수스 높이의 중간 정도에 땅속으로 깊은 구멍이 하나 나 있어, 예언을 할 수 있도록 되어 있었다고 썼다. 그리고 그 구멍에서는 바람이 부는 것처럼 차가운 바람이 나왔다고 한다. 또 땅의 내부에서 올라오는 가스는 예언하는 여사제의 마음을 채워서 질문을 하는 자에게 대답하도록 했다고 한다.

기원전 63년~기원후 19년 사이에 살았던 유명한 지리학자 스트라본은 땅의 이런 갈라진 틈새에 관한 가장 오래된 문헌을 남겼다. 그러나 스트라본이 직접 델피에 간 것은 아니었고, 단지 들었던 내용을 적은 것이다. "성전은 좁은 입구에 깊이 패인 '안트론' 이라고 한다. 그곳에서는 영감을 주는 연기가 솟아나온다. 입구 위에는 높은 삼각대가 세워져 있고, 그 위에 피티아가 올라가서 연기를 흡수하면서 운문이나 시로 예언을 한다."

땅 속의 틈

한때 직접 델피의 사제로 일해, 신탁을 잘 알고 있는 플루타르크는 가장 좋은 증인이다. 그는 기원후 46년부터 120년까지 살았으며 다음과 같이 적었다. "신에게 질문을 하고자 하는 사람들이 앉을 수 있는 방인 오이코스에는 냄새가 좋은 연기가 채워졌다. 이것은 자주 일어나거나 정기적으로 일어나는 일은 아니다. 그보다는 다양한 시간대에 일어나는 일이었다. 안디톤은 마치 샘과 같이 이 연기가 흘러들어 오도록 한다. 달콤하고 값비싼 좋은 향이 난다." 이처럼 플루타르크는 연기에 대해서는 적고 있지만 땅의 틈새에 대해서는 언급하지 않았다.

기원후 39년에서 65년까지 살았던 로마의 작가 루카누스는 다양한 작품을 썼지만 그 중에서 유일하게 폼페이우스와 시저 사이의 내전에 관한 서사시만 전해지는데, 그는 미칠 정도로 흥분하였으며 결국은 신의 힘에 의해 희생되는 피티아에 관해 드라마틱하게 묘사하고 있다.

이 모든 것들은 매우 흥미롭다. 그러나 이런 기술들은 고대 이후의 것들이다. 대부분 기원전 100년~기원후 100년 사이에 집필된 것이며, 심지어 유스틴의 『필립의 역사』는 기원후 300년에 쓰인 것이다. 그러나 피티아는 기원전 700년부터 예언을 했고, 델피는 기원전 600년부터 가장 큰 정신적인 힘을 발산했다. 그 당시 코린트, 시키온 그리고 시프노스에는 보물창고들이 세워졌고 리디아의 왕들은 값비싼 축성선물을 보냈다.

고전작가 헤로도토스(기원전 468년), 유리피데스(기원전 450년), 플라톤(기원전 400년), 그리고 많은 다른 사람들은 신탁, 피티아, 사제, 질문들과 그 답에 대해 많은 이야기들을 해주지만, 땅 속의 틈에 대해서는 어떤 언급도 없다! 실제로 돌 사이에 틈새나 땅의 입구가 있었는가? 예언을 하도록 자극하는 연기, 비밀스러운 공기, 향, 땅속에서 솟아나는 숨이 있었던 것일까?

파괴된 성전, 묻혀진 진실

현대 과학이 말하는 이야기를 한번 들어보도록 하겠다. 발굴 작업에 참여했던 프랑스의 에밀 부르게는 폐허를 발굴할 때 신탁의 기능을 해주는 내부의 구조를 볼 수 있을 것이라 기대했다고 한다. 그러나 그는 "예언이 진행되던 성전에서 가장 중요한 부분에서 일어난 일들은 우리에게도 비밀이다"라고 말한다. 발굴 작업 중에는 항상 다음과 같은 생각이 머릿속을 떠나지 않았다. "체계적으로 파괴된 작품을 보는 것과 같았다." 그렇다면 이교도들이 그렇게 한 것일까? 이교의 신인 아폴론 성전을 영원히 파괴한 것이 최초의 기독교도들일까? 최후의 피티아는 비밀을 간직한 채 세상을 떠났다.

만일 땅에 틈이 있었다면 그에 대한 표시를 오늘날에도 볼 수 있었어야 한다. 델피는 산의 석회석 위에 직접 세워지지 않았다. 그보다는 슬레이트판 위에 놓여 있다고 해야 한다. 이 슬레이트판은 A. P. 오페에 따르면 물로 파이지 않는다. 그러나 그는 슬레이트판과 석회석이 포개져 있는 안쪽에 빈 공간이 생길 수 있다고 했고, 그곳으로부터 증기가 올라올 수 있다고 말했다. 오페는 파르나스 신전이 고대에서 전승되는 땅의 틈이라고 주장했다. 이 신전은 델피의 성스러운 장소 근처에 있고, 밑에는 2개의 절벽이 오늘날에도 보인다. 아폴론 신전 밑의 연기와 구멍은 사제들과 고대의 역사학자들이 꾸며낸 이야기라고 했다. 프랑스의 F. 쿠르비는 1913년 셀라, 즉 땅의 홈이라고 추정하는 장소의 바닥을 자세히 조사했다. 그리고 그는 바닥이 전혀 건드려진 적이 없다는 결론을 얻었다. 이곳에는 돌에 인위적이든 자연적이든 틈새가 있었던 흔적이 없다는 것이다. 결국 그는 땅이 갈라진 틈을 발견하지 못했고, 또한 과거의 언젠가 이뤄졌을 땅의 움직임에 대한 단서도 찾지 못했다.

이에 대해 로버트 플라세리에르는 땅의 갈라진 틈과 연기를 의심할 이유가 없다고 주장했다. 산사태와 지진으로 모든 것이 다 덮였기 때문일 수도 있다는 것이다. 실제로 델피에서는 자주 지진이 일어났다.

파이드리아덴으로부터 떨어진 거대한 돌더미들은 600년경 신전 테라스의 북쪽 부분을 심하게 손상시켰다. 플라세리에르는 플루타르크의 시대, 즉 기원후 100년쯤에는 땅의 틈이 예언을 할 때 더 이상 큰 역할을 하지 않게 되었을 수 있다고 주장했다. 그렇게 되었다면 플루타르크가 땅의 틈새에 대해 쓰지 않은 이유가 설명될 것이다. 그러나 나는 전기작가나 역사학자가 서술하지 않았다고 해서 어떤 현상이 존재하지 않았다는 증거가 되지는 않는다고 생각한다. 헤로도토스는 기제 피라미드를 봤지만, 스핑크스에 대해서는 언급하지 않았다! 그 래도 헤로도토스는 피라미드를 보며 그곳에 있었고, 헤로도토스가 그곳을 방문했을 때 그 엎드린 사자는 이미 2000년도 더 넘게 그곳에 엎드려 있었다. 플루타르크는 연기의 진정한 수수께끼를 완전히 푸 는 데에는 종교적인 고려가 있었을 것으로 추정한다. 왜냐하면 한때 델피의 사제였던 그는 종교적 비밀은 지켜야 한다고 생각했을 것이 기 때문이다.

프랑스 고고학자 E. 부르게는 결국 그곳에는 어떤 영감을 주는 연 기가 뿜어져 나오는 틈새가 있었을 것이라고 설명했다. 그 기적과 같 은 일을 오늘날 더 이상 증명할 수는 없지만, 그 일은 존재했음에 틀 림없다고 말했다.

지진일까? 인위적인 연기일까?

나로서는 여기서 두 가지 사실이 중요한 것이라고 생각하지만, 이 두 가지는 지금까지 큰 주목을 받지 못했다. 기원전 373년 델피의 아 폴론 신전 전체가 붕괴되었다. 어쩌면 화재가 원인이었을 가능성도 있지만, 호멜이 말한 것과 같이 큰 지진 때문이었을 수도 있다. 남아 있는 적은 양의 재를 제외하고는 화재의 흔적들을 발견하지 못했기 때문에, 지진이 그 원인일 가능성이 크다. 또한 파르나스 산은 상당히 지진이 자주 발생하는 지역에 위치하고 있다. 만약 심한 지진이 발생 했다면 그때 좁은 틈새가 닫혔을 수도 있다. 그래서 2000년 동안 열 려 있던 구멍을 더 이상 찾을 수 없게 되었을지도 모르는 일이다.

※ 오른쪽으로는 델피의 웅장한 아폴론 성전이 있
고 왼쪽으로는 기원전 200년에 세워진 원형경
기장이 있다. 35개의 계단 형식으로 되어 있으
며 5000명의 관중이 입장할 수 있었다. 이는
당시로서도 그렇게 큰 규모는 아니다. 아테네의
디오니소스 경기장에는 1만 6000개의 좌석이
설치되어 있다.

❋ 아테네 신전의 카리아티드(여인상으로 된 돌기둥 – 편집자). 무희들이 손으로 그들의 짧은 치마를 잡고 있다. 머리는 폴로스, 즉 여사제의 머리를 하고 있다.

❋ 시프니어 보물 창고의 북쪽 프리즈에는 아폴론 신, 아르테미스 여신, 그리고 달아나는 거인을 볼 수 있다. 보물 창고는 시프노스 섬의 주민들이 만들어서 델피 성전에 바쳤다.

❋ 상아와 황금으로 된 이 두상은 델포이의 수호신 아폴론을 표현한 실물 크기의 조각상이다. 기원전 6세기 중반의 성소 잔해에 서 발견되었다.

또한 나는 델피에 관한 모든 책들을 조사한 결과, 파르나스 산의 석회석과 슬레이트의 형성에 관해 현대에 공부하고 실질적인 지식이 있는 지질학자의 연구가 존재하지 않는다는 것을 발견했다. 파르나스 산을 조사한 유일한 지질학자는 필립슨 교수였다. 그는 그 땅의 틈새는 존재하지 않았고 이는 "사제들의 속임수"에 불과하다고 주장했지만, 그의 의견은 오늘날까지 지속되기에는 너무 낡은 발언이다! 1938년 플라세리에르도 현대의 지질학자에게 다시 한 번 물어보는 것이 흥미로울 것 같다고 말했다. 그러나 아직까지도 지질학자가 이 지역을 연구하지 않았다는 것이 어쩌면 델피의 가장 큰 기적이 아닐까? 인류의 역사란 발견의 역사보다는 소홀함의 역사라고 할 수 있기 때문이다.

미국의 레이세스터 B. 홀란드가 1933년에 세운 매우 흥미로운 이론도 있다. 언덕과 같이 둥근 모양의, 그리고 그 위에 피티아의 삼각대가 놓인 옴팔로스는 매우 놀라운 특징을 보였다. 거기에는 위에서부터 밑에까지 구멍이 뚫려 있었다. 즉 안에는 약 4센티미터 두께의 관이 있다. 옴팔로스가 세워진 밑의 굄돌도 같은 방법으로 구멍이 뚫려 있다. 이 경로, 또는 관과 같은 구멍을 통해 연기나 수증기가 피티아의 삼각대까지 전달되었다고 홀란드는 주장한다. 좋은 냄새를 뿜었던 연기는 돌바닥 밑에서, 그리고 옴팔로스 밑에서 인위적으로 만들어냈다는 것이다.

약 30센티미터 높이의 이 작은 돌은 1913년 F. 쿠르비의 발굴 작업 시 발견되었다. 앞서 설명한 사각형 형태의 경로에는 철 조각이 있었다. 실제로 처음에는 이 돌을 옴팔로스로 생각했지만, 그 후 부르게 교수는 이 돌의 금속장치는 1860년에 만든 것이고 돌은 지붕이 둥글게 생긴 주변의 봉납신전에 있었던 것이라는 사실을 알게 되었다. 실제의 옴팔로스는 2개만이 보존되어 있다.

이것이 사실이었다고 해도 델피는 마법이나 속임수의 장소는 아니었다. 어떤 방법으로 피티아를 무아지경 상태를 만들어냈든 간에, 피티아는 속임수를 쓰지는 않았다. 플라톤은 그녀의 상태를 "마니아(mania)"라고 표현했다. 정신병과는 다르지만 신의 영감을 나타내기 때문에, 이는 비교적 적절한 표현인 것 같다.

아폴론의 신탁

피티아는 아폴론 신으로부터 영감을 받아 말을 했다. 사제들은 그 말을 적고 운문의 형태로 선포했다. 따라서 닐슨과 고대역사학자인 버브가 생각했듯, 델피에는 똑똑한 사제단이 이끌고 해석된 "영감의 예언술"이 있었다. 델피의 신은 많은 신전노예를 두고 있었는데, 이들은 부분적으로는 성스러운 전쟁의 포로, 다양한 국가와 개인들의 선물들이었다. 이방인들도 지구 방방곡곡에서 델피를 찾았다. 그들은 봉양물을 포함한 다양한 귀한 물건들을 제물로 바쳤고, 가장 많은 선물을 하는 사람이 신탁을 받을 수 있었다.

기원전 590년에 처음 열렸던 그리스 전체의 피티 경기는 델피를 경기와 화려한 예술의 장소로 만들어주었다. 계속 여행을 오는 수많은 방문객들 덕분에 이곳에서는 시장이 발달하고 상업교류가 활발하게 이뤄졌다. 헬레니즘의 언어와 사고는 전 세계로 퍼져나갔다. 사제들은 부지런히 제물에게 칼을 휘둘렀다. 동물들은 제물로 바쳐질 때 온 몸이 떨려야 했다. 플루타르크가 잘 알고 있었듯 동물들이 떨지 않으면 예언을 들을 수 없었다. 또한 제물로 만든 동물로 축제음식을 만들어서 그것을 즐겼다.

신탁에서 활발한 예언이 이뤄졌을 때 델피에는 피티아의 일을 번

갈아가며 했던 3명의 처녀들이 있었다. 이들은 델피의 여자들 사이에서 선별되었고, 절대적으로 절제된 생활을 해야 했으며 아폴론 성전 내에서 엄격하게 관리되었다. 즉 "피티아의 집"에서 모든 사람들로부터 분리되고 고립되어 생활해야 했다. 크세노폰의 말에 의하면 피티아는 경험이 없어야 하며, 아무것도 보아서도 들어서도 안 되며, 진정한 처녀성으로 신을 만나야 한다고 했다. 이 직업은 위험이 전혀 없었던 것은 아니다. 왜냐하면 연기 때문에 상당한 흥분상태가 되기도 했기 때문이다. 피티아는 이렇게 어쩔 수 없는 요소들에 노출되었으며, 몇몇 여사제들은 사망하기도 했다.

"고대에 신탁의 어두움과 모호성에 대해 불평했던 사람들이 있었듯, 오늘날에는 너무 확실한 것에 대해 불평하는 사람들이 있다. 이것은 매우 불공평하고 어리석은 짓이다. 이와 같은 사람들은 해와 달을 보는 것보다 무지개, 혜성 그리고 행성들에 대해 더 좋아하는 아이들과 같다."
— 플루타르크, 『피티아의 신탁*De Pythiae oraculis*』.

델피의 신탁

그리스의 모든 성스러운 장소들 중에서도 델피의 신탁이 가장 큰 정신적인 영향력을 행사했다. 어떠한 중요한 사건이나 행위, 전쟁과 평화도 델피의 영향을 받지 않은 것이 없다. 기도, 제물, 속죄, 봉헌, 미사 등 이 모든 것에는 델피의 규정이 있었다. 모든 피티아는 종교적인, 그리고 공민적인 권력뿐만 아니라 일반적인 도덕과 관습에 대해서도 최고의 권위자였다. 델피의 영향력은 아시아까지 널리 뻗어나갔다. 심지어 리디아 사람들은 기게스 또는 그 이전의 왕조를 믿어야 하는지에 대해 델피의 신탁에 묻기도 했다. 피티아는 기게스를 선택했다. 기게스는 기원전 670년경 살았던 인물로 'Tyrann(독재자)'라는 명칭을 처음으로 얻었던 통치자이며, 이 명칭은 아마도 리디아어일 것이다. 기게스 다음으로 정권을 잡았던 통치자들은 모두 아폴론과 피티아의 충성스러운 추종자들이었다.

프로페테스 또는 해석자

피티아의 말을 기록하고 전달했던 사제들은 '프로페테스'라고 불렸다. 프로페테스는 미래를 말해주는 것이 아니라 신의 뜻을 말해주는 '입'이었다. 그러나 프로페테스와 피티아의 관계는 아직 밝혀지지 않았다. 프로페테스가 피티아의 불분명한 예언을 이해가 가능하게 표현하는 존재라면 인간적, 정치적 그리고 지리적인 질문들에 걸친 피티아의 방대한 지식은 기적과도 같은 것이다. 스웨덴의 학자 마르틴 P. 닐슨은 프로페테스가 피티아의 발언을 다듬어서 언어로 표현했거나, 또는 피티아에게 예언의 내용을 알려줬다고 한다. 분명 신탁의 사제들은 사기꾼이나 거짓말쟁이가 아니었다. 그들은 사람들의 기질을 잘 판단했고 방대한 지식을 자랑했다. 또한 델피에서 만들어진 달력이 증명하듯 이들은 뛰어난 천문학자들이기도 했다. 다양한 국가들의 역사, 귀족들의 역사, 지리 등에 대해서도 많은 것을 알고 있었으며 상업에 대한 지식도 있었다. 그들은 모든 영웅들의 무덤이 어디에 있는지 알았다.

일반적인 질문에 대해서 사제들은 쉽게 답을 줄 수 있었다. 그러나 만약 불분명한 사건에 대해서나 너무 구체적인 질문에 대해서는 대략적인 해답만을 얻을 수 있었다. 이와 같이 어려운, 또는 모호한 답은 다시 '해석자'에게 부탁하여 그 답변으로부터 더 자세하고 좋은 조언을 얻을 수 있었다. 해석자는 평생 해석자로서만 살아갔는데, 이것은 그의 임무가 얼마나 큰 의미를 지니고 있었는지를 보여주는 대목이다.

원래의 신전은 작고 단순한 건물이었지만, 기원전 548년 화재로 인해 파괴되었다. 1939년에 이곳에서 화재로부터 건질 수 있었던 몇몇 예술품을 발견했는데, 그것들은 성스러운 길의 어느 돌 밑에 숨겨져 있었다. 그 이후 기원전 510년에 두 번째 신전이 완성되었다. 건축에 필요한 돈은 자발적인 기부금에 의해 충당했고, 특히 아테네에서 추방당하고 델피에서 유배생활을 하던 알크매오니드 가족이 큰 액수를 기부했다. 크뢰수스와 이집트의 아마시스 왕도 기부에 참여했다.

노예 소녀 로도피스

아마시스가 통치하던 때 트라키아에서는 로도피스라는 소녀가 살았다. 로도피스는 자드몬이란 사람의 소유인 노예였다. 유명한 우화작가 이솝이 로도피스와 함께 자드몬의 노예였다는 사실은 매우 흥미롭다. 그러다가 고대의 소녀노예 상인이었던 부유한 자모스가 로도피스를 샀고, 그 후 로도피스는 산토스라는 새로운 주인을 만나게 되었다. 산토스는 매우 영리한 상인이었고 로도피스를 가장 좋은 값을 받을 수 있는 곳, 즉 이집트의 나우크라티스라는 유명한 상업도시로 데려갔다. 그곳에서 곧 그녀는 새로운 주인을 찾을 수 있었다. 로도피스를 잘 본 그 새로운 주인은 비싼 값을 지불했으며, 그 후 로도피스에게 자유를 주었다. 그는 유명한 시인 사포의 오빠이기도 한 카라소스였는데, 후에 로도피스를 풀어준 것에 대해 많은 질책을 받았다.

로도피스의 꼬챙이

로도피스가 자유를 얻게 된 사건은 오늘날의 카이로와 알렉산드리아 사이에 위치한 나우크라티스에 소문이 되어 널리 퍼졌을 뿐만 아니라, 전체 그리스 해안 도시들의 이야깃거리가 되었다. 로도피스

뜨거운 영혼의 고향, 지중해의 찬란한 문화

는 사랑스러운 여자였고, 따라서 큰 부를 축적할 수 있었다. 하지만 그렇다고 해서 피라미드를 세울 정도의 부를 축적하지는 못했다. 당시 그리스인들은 로도피스가 자신의 돈으로 기제에 있는 미케리노스 피라미드를 건설했다고 주장했다. 그러나 헤로도토스는 로도피스의 돈이 피라미드를 세우기에는 턱없이 부족했다는 사실을 알고 있다. 헤로도토스는 욕심이 많았던 그녀가 자신을 기억하게 할 만한 무언가를 그리스에 남기려 했다고 말한다. 따라서 로도피스는 델피의 성전에 특이한 선물을 했다. 그것은 철로 된 고기구이용 꼬챙이였는데, 소 한 마리를 끼워 넣을 수 있을 정도로 컸다. 이 선물의 가치는 로도피스가 가진 전 재산의 10분의 1에 해당하는 것이었다. 헤로도토스는 이 꼬챙이들이 그가 살았던 당시, 즉 기원전 450년까지도 남아 있었다고 전하는데, 그것은 치오스의 주민들이 신에게 바친 제단 뒤에 있었다.

오랫동안 사람들은 이 선물의 의미를 제대로 설명할 수 없었다. 그러다 아르고스 근처의 헤라이온에서 발트슈타인이란 학자가 이와 같은 길이의, 양 끝이 철로 만들어진 밴드로 단단하게 묶인 금속 꼬챙이 묶음을 발견하게 되었다. 이 특이한 물건은 아테네 국립박물관의 지하창고에 놓여 몇 년 동안 관심을 끌지 못한 채로 있었다. 그러다가 그리스의 학자 스보로노스가 먼지 쌓인 이 물건을 다시 연구하기 시작했다. 이 묶음에는 1.2미터 길이의 꼬챙이 32개가 완전하게 보존되어 있었다. 그러나 원래의 묶음은 180개의 꼬챙이였다. 그러니까 로도피스는 이와 같은 무거운 철 뭉치들을 나우크라티스로부터 델피로 보내왔던 것이다. 이 꼬챙이들은 아마도 신전 건축을 위한 기부금이었을 것이며, 아마시스 왕의 명반 1000탤런트와 이집트에 거주하는 그리스인들의 20미나와 함께 보내진 것이다. 그렇다면 이 꼬챙이의 비밀에 대한 해답은 무엇일까? 이 꼬챙이들은 매우 오래된 막대 모양의 돈이었지만, 델피 시대에도 이미 이 형태의 돈은 사용할 수 없었다. 그래서 돈 묶음을 그냥 제단 뒤에다가 놓았던 것이다.

닫힌 신탁의 문

373년에 지진으로 신전이 붕괴되었다. 그러나 그 자리에 다시 아폴론 성전을 세웠고, 또다시 자발적인 기부금을 받았다. 이렇게 세워진 신전은 로마 제국 시대를 경험했고 도미치안 황제에 의해 다시 복원되었다. 술라는 그 전에 델피의 보물 중 상당수를 약탈했다. 하드리안 황제는 성전이 예전의 의미를 얻을 수 있도록 노력했다. 또 율리안 황제는 그리스도교에 소홀해지면서 델피에 새로운 생명력을 부여하려 했다. 그러나 신탁은 결국 델피가 무너질 것이라는 예언만을 율리안에게 주었다. 결국 390년, 테오도시우스는 그리스도교의 이름으로 신전의 문을 닫았다. 그리고 피티아의 입은 그 이후로 계속 침묵하고 있다. 델피의 폐허와 흙은 이곳이 한때 그리스 전역과 세상 전체에 수백 년 동안 영향력을 행사했고, 세상의 곳곳에서 왕, 통치자 그리고 현자들이 모여들었던 장소임을 암시한다.

델피 위에는 작고 가난한 마을이 생겨났는데, 그 이름은 카스트리다. 그리스 정부는 보상금을 주고 그 마을을 구입한 후 모든 집들을 무너뜨렸고, 프랑스인들은 카스트리 마을의 주민들에게 다른 장소에 새로운 집들을 세워줬다. 그 이후 아테네에 있는 프랑스 고고학 학교는 호몰 교수의 지도로 수 년 간의 발굴 작업을 통해 델피를 다시 세상에 드러냈다. 그 이후에 이곳에서는 성전, 여러 개의 보물창고, 조각상, 그리고 5000개가 넘는 비문들이 발견되었다.

그리스의 가장 성스러운 장소는 어떤 이유로 땅 속에 파묻혔던 것인가? 옛 믿음이 사라졌고, 아버지들의 확신이 흔들렸으며, 한때의 엄격한 관습이 무너지고, 계몽의 바람, 그리고 특히 아테네와 스파르타 간의 펠로폰네소스 전쟁이 신탁의 권위를 땅 밑으로 묻어버렸던 것이다. 이 전쟁에서 델피는 펠로폰네소스인들에게 손을 들어주었고, 스파르타인들에게 돈을 지원했다. 따라서 페리클레스는 아테네인들이 피티아를 불신하게 된 첫 계기를 만들어냈던 것이다. 그 이후 신탁은 당시에 존재했던 분열 속에 휩싸이게 되었고, 극작가들의 비웃음의 대상이 되었으며, 그럼으로써 신탁에 대한 불신이 확산되기 시작했다. 이집트에서도 그랬듯이 불신과 의심은 몰락의 시작이다. 왜냐하면 어떠한 문화권에서도 사람들이 그 문화의 신을 믿어야만 피라미드, 성전 그리고 돔을 건설할 의지를 가지게 되기 때문이다.

전성기

신탁의 전성기 시절 델피에 대한 시민들의 존경심은 그곳의 보물창고에 그리스뿐만 아니라 전 세계의 부족과 도시들이 갖다 바친 보물을 보면 알 수 있다. 사람들은 아폴론신의 상징인 삼각 청동항아리를 수없이 많이 가져왔고, 서로 경쟁하던 부족들과 도시들은 델피에 엄청난 수의 부조를 세웠다. 로마의 네로 황제가 500점을 빼앗아갔는데도 3000점이 남았다.

사실 델피의 신에게 사람들이 요청했던 질문들의 대부분은 조언을 얻으려는 것이었다. 그리고 아주 적은 수만이 미래를 알려달라는 질문들이었다. 사람들은 도시를 세우거나 또는 파괴된 도시를 다시 재건하려고 할 때 델피의 신탁을 구했다. 피티아에게 전쟁이 어떻게 끝날지, 질병이나 신체상의 문제, 그리고 흉년, 기아, 돌림병 그리고 패전과 같은 큰 재앙에 관한 질문들도 했다.

특히 델피의 아폴론은 피티아의 입을 통해 종교적인 권위를 자랑했고 모든 종교적인 문제에도 최고의 위치를 얻었다. 사람들은 델피의 아폴론에게 가서 삼각대 위에 있는 처녀에게 신들의 의지에 관해 질문하고, 성전 설립에 관한 질문을 하고, 제물과 죽은 자들에 대한 봉헌 무덤, 신의 성전, 악령 그리고 영웅들에 대한 조언을 얻고자 했다.

질서를 만들고 균형을 잡아주는 한 명의 종교인이 모든 중요한 문제들, 싸움 그리고 당시의 고난에 대해 결정했다. 여기에는 모든 기도와 질문들에 대해 입을 닫지 않는 신이 있었다. 아폴론 신이 직접 해답을 주는 입이 있었던 것이다.

키클라덴에 있는 부유한 금과 은의 섬 시프노스의 주민들은 그들의 행복이 얼마나 지속될지에 대해 신탁을 얻으려 질문했다. 피티아는 "시청과 시장이 하얗게 빛날 때 나무로 된 무리들과 빨간 군인들로부터 섬을 보호해야 한다"라고 답했다. 그 말을 들은 시프노스 사람들은 시장과 시청을 페르시아 산 대리석으로 꾸몄다. 그러나 그들은 신탁을 제대로 이해하지 못했다. 어느 날 사미어인들은 그들의 연단(鉛丹, 산화납으로 만든 물감)으로 칠한 배로 시프노스에 도착했다. 이들이 바로 나무로 된 무리들이었다. 시프노스 사람들이 사미어인 사자의 대부 요청을 거부하자, 빨간 군대 사미어인들은 섬 전체를 파괴시켰다.

잘못된 예언

기원전 560~기원전 546년까지 통치했던 전설적인 부유하고 행복했던 리디아의 크로이소스 왕이 승전할 것이라고 델피와 모든 그리스의 신탁들이 예언했다. 그러나 기원전 546년 가을, 사르데스와 그와 함께 크로이소스 왕의 도시도 페르시아의 키로스에게 정복당했

다. 그리스 친화적인 고귀한 귀족과 그의 제국이 주저앉으면서 행복
은 지속되지 않고 운명은 균등한 것이며 신들의 질투에 의해 영향을
받을 수 있다는 생각을 그리스인들에게 심어줬다. 그러나 크로이소
스의 경우에는 델피의 신탁이 틀렸던 것이다. 100년 후에도 델피의
신탁은 잘못된 예언을 했다는 인식을 지우기 위해 지속적으로 역사
를 다르게 해석하려 노력했다. 그 이후 델피는 페르시아를 이길 수 없
다고 확신했다고 한다. 그래서 피티아는 페르시아 전쟁에서 저항하
지 말라고 그리스인들에게 조언했다. 이것은 신탁의 두려움이나 소
심함이 아니며, 페르시아에 친화적이기 때문이어서도 아니다. 그보
다는 닐슨이 정곡을 찔렀듯 이 경우에는 신이 미래에 대해 너무 많은
것을 알았던 것이다!

테게아인에게 지고 있을 때 스파르타인들이 사자를 델피로 보내
어, 테게아인들을 이기려면 어떻게 해야 하는지 물었다. 피티아는 오
레스테스의 시체를 가져오라고 했다. 그러나 스파르타인들은 오레스
테스의 무덤이 어디에 있는지 몰라서 다시 신에게 물었다. 피티아가
말하기를 "아르카디아의 테게아에 큰 휴경지가 있다. 그곳에는 두 종
류의 바람이 불고 있다. 때리면 응답하는 때림이 있다. 그곳 땅에 아
가멤논의 아들 오레스테스가 있다"라고 하였다. 이들은 이 말의 뜻을
알 수 없었다. 그러나 결국 리하스라는 스파르타인이 대장장이 집의
마당에서 무덤을 찾게 되었다. 2개의 풀무, 윙윙거리는 바람, 모루와
망치, 때리고 이에 응답하는 때림!

세상에서 가장 지혜로운 사람

체레폰의 질문에 대해서도 피티아는 놀라운 답을 제시했다. 소크
라테스의 열렬한 제자이자 추종자인 체레폰은 델피로 가서 소크라테

스보다 더 지혜로운 사람이 있느냐고 물었다. 피티아는 주저 없이 "어느 누구도 더 지혜롭지 않다"고 대답했다. 이 대답에 대해서는 특히 소크라테스 자신이 가장 놀랐는데, 왜냐하면 그는 자신이 얼마나 모르는 것이 많은지 잘 알기 때문이었다. 그런데 자신이 더 똑똑하거나 더 배운 것이 많다고 생각하는 사람들이 소크라테스보다도 더 지식이 떨어진다는 것이다. 그래서 그는 그 당시 살았던 유명한 사람들을 김나지움, 학교, 강당, 시장 그리고 수공업 공장에서 테스트했고, 그들이 가장 똑똑하다는 생각이 틀렸다는 사실을 알려주었다. 그 후 소크라테스는 이렇게 말했다. "오직 신만이 지혜롭다. 아무것도 모르는 내가 가장 지혜로운 사람이라고 신탁이 말한다면 인간의 지식은 아무것도 아닌 것이다. 그러나 가장 끔찍한 것은 자신이 이해하지도 못하는 것을 잘 알고 있다고 믿는 것이다."

오늘날 만약 체레폰이 똑같이 이 질문을 했다고 하면 그 답은 어땠을까? 현대의 어떤 기관도 살아 있는 가장 지혜로운 사람이 누구인지 말해줄 수 없을 것이다. 지혜로운 사람이 없기 때문이 아니라 현재의 것을 미래에 맞게 평가하고 제대로 인식할 수 있는 사람이 없기 때문이다!

소크라테스가 가장 지혜롭다고 말했던 신은 모든 지상의 척도나 평가를 넘어 저 높은 하늘에 살고 있으며, 그는 소크라테스를 올바르게 본 것이었다. 그러나 우리 부족한 인간들이 이 지혜로운 아테네인에게 건네준 것은 독이 든 잔이었다.

알렉산더 대왕 어머니의 출생지인 파사론은 멸망했고 잊혀졌다. 가르디키 마을의 언덕 밑에는 오래된 도시와 도성이 잠자고 있다. 그곳은 아직도 발굴되지 않았다. "필리포스는 어린 시절 사모트라케에서 올림피아스와 함께 불가사의에 관한 교육을 받게 되었을 때 역시 매우 어리고 고아였던 공주와 사랑에 빠졌고, 공주의 숙부 아리바스의 동의를 얻어 결혼을 하게 되었다. 결혼식 전날 신부는 번개가 그녀의 몸을 관통하여 강한 불이 생겨나서 온 주위로 밝은 불을 뿜으면서 번져나가다 갑자기 꺼지는 꿈을 꿨다."
– 플루타르크, 『인생의 이야기들 *Lebensbeschreibungen*』, 알렉산드로스, 2.

올림피아스

인류의 역사에 엄청난 영향력을 행사한 여인이 있다. 그녀는 거대한 세계의 움직임에 직접 관여하지는 않았지만, 여자의 은밀한 능력으로 세계 역사의 배후에서 영향력을 행사했다.

이 여자의 이름은 올림피아스였다. 올림피아스는 네오프톨레모스 왕의 딸이었고 후에 마케도니아 필리포스 왕의 아내가 되었다. 또한 세계 역사에 혜성과 같이 나타난 천재 알렉산더 대왕의 어머니이기도 하다. 알렉산더 대왕이 33세의 어린 나이로 생을 마감하면서 유럽과 아시아를 통합시키고자 했던 계획은 무산되었다. 그러나 알렉산더의 원정으로 말미암아 그리스의 정신인 헬레니즘이 극동지역까지 퍼졌으며, 이 지역의 모든 부처상에서 아직도 그리스의 영향을 받은 간다라 미술의 흔적을 찾아볼 수 있다.

올림피아스는 젊었을 때 미르탈레라는 이름을 가지고 있었다. 그녀는 아마도 파사론에 있는 몰로세르의 왕들의 고대 도시였던 에피로스 왕국에서 태어났을 것이다. 그곳의 경치는 아름다웠고, 거친 산맥과 깊고 좁으며 야생적이지만 부분적으로 매우 비옥한 골짜기가 있었다. 이곳은 알바니아와의 국경에서 가까운 곳이다. 아테네, 즉 펠로폰네소스와는 전혀 다른 바람이 부는 곳이다.

나는 미르탈레 공주가 태어난 가르디키 마을을 방문한 적이 있다. 이곳은 생명력이 없고 적막하며, 모든 것이 무너지고 파묻혀버렸다. 에피로스 왕국이 존재했던 모습은 찾아볼 수 없다. 풀로 뒤덮인 둥근 언덕만이 한때 이곳이 주변을 통치했던 피로스 왕의 도성이 세워졌던 장소였음을 알려준다. 이 성의 폐허들은 아직도 발굴되기만을 기다리고 있다.

신의 아들 알렉산더

올림피아스는 타오르는 마음으로 초감각적인 세계와 강하게 연결되어 있으면서, 자신의 아들 알렉산더가 신의 아들이며 자신과 제우스 사이에서 태어났다고 굳게 믿고 있었다. 그리고 그녀의 아들이 신의 아들이라는 상상은 알렉산더에게도 확신으로 이어졌다.

나사렛에서 신의 아들이 태어나기 약350년 전에 알렉산더가 이미 신의 아들이라고 주장하며 태어난 것이다. 가장 높은 신과 관계된 일이었기에 아버지인 필리포스는 이러한 사실을 드러내는 것을 피했다. 그러나 신과 직접적으로 연관되어 있다는 느낌이 알렉산더의 전생을 지배했다. 알렉산더는 자신이 신의 아들이라고 확신했지만, 이 사실은 많이 알려지지 않았다. 왜냐하면 역사는 심리학자들이 아니라, 역사학자들이 집필하기 때문이다.

그렇게 33년을 살았던 젊은 청년이 그리스의 정신을 동양 전체에 퍼뜨리고 여러 민족과 왕국을 정복하는 것이 가능했던 것이다. 뿐만 아니라 그는 모든 것을 완전히 재정립했으며 나라가 부흥하도록 힘 썼고, 인더스 강까지 전진했으며 아프리카 사막의 깊숙한 곳까지 갔다. 그는 인류 전체에 세계에 관한 전혀 다른 인식을 전달해줬고, 마지막으로는 세계를 정복한 헬레니즘 안에서 그리스어를 선물했다.

피로스의 침울한 언덕 앞에 서서 알렉산더의 어머니인 올림피아스가 이곳에서 자랐다고 생각하면, 과연 이러한 곳에서 자란다는 것이 어떤 것인지 이해하기 힘들어진다. 이곳에는 위로는 하늘이 펼쳐지고, 땅에는 잔디, 늪, 그리고 의미 없이 여기저기 놓여 있는 돌들이 수천 년 동안 깊은 잠에 빠져 있다.

올림피아스가 자기 아들이 신의 아들이라는 상상을 하게 된 비밀을 이곳에서 발견할 수 있을까?

미르탈레 공주

미르탈레 공주는 어린 소녀일 때 에게 해의 북동쪽에 위치한 사모트라케 섬으로 왔다. 섬에서 공주는 다양한 종교적인 행위를 배워야 했다. 사모트라케의 불가사의에 관한 교육은 매우 유명했다. 이 섬에는 아마도 아시아-프리지아 계 신들의 비밀이 숨겨져 있었다. 이들을 숭배하기 위해서 신기하고 신비로운 의식들을 행했으며, 제물의 식까지 있었다.

그러나 이런 의식에 대해서는 알려진 것이 없다. 왜냐하면 이런 의식에 대해서 배운 사람들은 평생 성스러운 행위에 대해 말해서는 안 되었기 때문이다. 종교적인 행위에는 남자들도 참여했으며, 이곳에서 마케도니아의 젊은 왕자 필립이 공주를 만나게 된 것이다. 그는 곧바로 사랑에 빠졌다. 미르탈레는 아직 어렸다. 다듬어지지 않은 그녀의 눈과 입은 예뻤으며 고향의 외로움을 깊게 뿜어내고 있는 듯했다. 공주는 열정적으로 사모트라케 신들의 신비로운 의식을 배우고 있었다.

젊은 미르탈레는 비상했다. 매우 예민했고 꿈속에서밖에 만날 수 없는 신들을 발견하고, 그들과 정신적으로 소통할 수 있는 능력이 있었다. 이러한 능력은 처음으로 초인적인 세계에 발을 내딛기 시작했던 젊은 필립을 매료시켰을 것이다.

미르탈레의 아버지인 네오프톨레모스는 기원전 360년에 죽었다. 그래서 엄격한 숙부이자 에피로스의 왕이 된 아리바스가 예쁜 공주를 돌보고 있었다. 필립이 공주와 결혼하겠다고 청혼하자 아리바스는 바로 찬성했다. 필립이 크지만 질서가 잡히지 않은 이웃국가 마케도니아의 차기 왕이 될 것이란 것을 알고 있었기 때문이다. 숙부는 또한 필립이 통치자로서 천부적인 능력을 지니고 있다는 것도 알았던 것 같다.

제우스

미르탈레는 결혼식 전날 그리스의 풍습에 따라 신부 방에 있어야 했다. 거기에서 잠을 자다가 꿈을 꾸었는데, 꿈속에서 벼락을 맞고 나서 강한 불이 타올랐다. 그리고 밝은 불꽃이 생겨났다가 갑자기 꺼졌다. 플루타르크는 이렇게 말한다. 날씨의 신, 번개의 신, 빛나는 번개와 호통 치는 천둥의 신, 이것은 그리스인들의 상상력에 따르면 제우스일 수밖에 없다.

파사론으로부터 남쪽으로 약 30킬로미터 떨어진 곳에는 아름다운 계곡이 있다. 바로 드라미시스의 계곡으로, 그리스 최고신의 가장 큰 성전인 도도나의 신전이 이곳에 세워졌다. 호메로스, 헤로도토스 그리고 플라톤의 파이드로스에서 알 수 있듯이 이곳은 그리스의 가장 오래된 신전이다. 유럽에서 가장 유명한 이교도의 신인 제우스, 로마인들이 주피터라고 불렀던 그 신이 살고 있던 곳이다. '주'는 '제우스'를 말하는 것이고 '피터' 또는 '파터'는 아버지라는 뜻이 있다. 제우스는 인도-게르만의 디외스에 해당한다. 신을 나타내는 라틴어 단어 '데우스'와 프랑스의 '디외'는 제우스의 2격인 디오스에서 유래되었다. 제우스에서 '디에스'란 낱말이 탄생하게 되었다. 게르만의 신 '지우', 리투아니아의 '디에바스', 라트비아의 '듀스', 고틱의 '티우스', 영어의 튜즈데이, 즉 제우스의 날 등의 낱말들은 모두 인도-게르만의 최고신에서 유래된 단어들이다.

제우스의 근원은 아직도 확실히 밝혀지지 않았다. 그러나 북쪽으로부터 온 이 신은 그리스 중앙지역까지 내려갔고 결국 도도나까지 내려오게 된 것으로 추정된다. 이와 같은 이동경로에 의하면 미케네

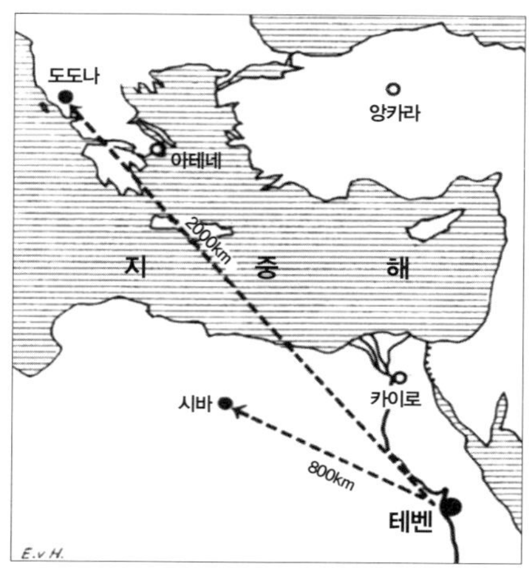

※ 헤로도토스에 의하면 이렇게 성스러운 까만 비둘기들이 이집트의 테벤에서 도도나와 시바로 날아갔다.

세계에도 영향을 미쳤을 가능성이 크다. 그래서 미케네의 양날 도끼가 신의 상징이 되었다.

제우스는 절대로 사람들이나 신을 창조하지 않았다. 그러나 그는 가족의 아버지이며 전체 올림포스의 가장이었다. 그의 딸인 아테나와 델피 신탁의 신인 아들 아폴론은 아버지와 긴밀하게 연결되어 있다. 그리고 대부분의 다른 신들도 제우스의 자녀들이다.

도도나로 가는 길

도도나의 신탁은 이미 과거부터 제우스의 정신을 뿜어내고 있었다. 이 신전으로 가는 길이 멀고 험했음에도 불구하고 고대 세계의 유명한 역사적 인물들이 이곳을 많이 방문했다. 부유한 왕이었던 크로이소스는 델피뿐만 아니라 도도나의 신전에서도 예언을 청했다. 핀다르는 도도나의 제우스에 관한 승전가를 지었다. 아이스킬로스와 소포클레스는 존경심을 가득 실어 성전에 대해 말했다. 심지어 스파르타인들도 중요한 일이 있을 때에는 도도나로 향했다.

파사론에서 도도로 가는 웅장한 성전의 골짜기에 서서 토마로스 산의 끝자락을 올려다보면 올림피아스가 아이일 때 어떤 것을 경험했을지 상상이 간다. 전 세계에서 순례자들이 와서 질문을 하며 신탁을 구했다. 삼각대의 용기가 울리고 사제들이 왔다 갔다 했다. 제우스 신은 항상 여기에 있었다. 놀란 눈으로 미르탈레 공주는 이 모든 것을 봤을 것이다. 제우스는 그녀에게 낯선 존재가 아니었다. 제우스는 그녀 가까이에 있었다, 낮이나 밤이나, 그리고 꿈속에서까지도. 올림피아스의 꿈은 필립의 역사, 알렉산더 대왕의 역사, 그리고 전 인류의 역사에 매우 중요한 의미를 지니고 있다. 이 꿈이 없었더라면 알렉산더가 대왕이 될 수 없었을 것이고, 그의 왕국이 세계의 왕국이 될 수 없었을 것이다.

에피로스는 왕들의 나라, 신들의 나라, 산들이 아직도 하늘과 은밀한 대화를 나누는 나라다. 도도나가 세워질 수 있는 적합한 경치를 자랑하며, 하늘과 땅 사이의 의사소통을 매개해준다.

그런데 오늘날 정말 이 모든 것이 사라진 것인가? 도도나는 이제 더 이상 존재하지 않는 것인가? 에른스트 키르스텐과 빌헬름 크라이커와 같이 유명한 학자들은 하늘과 땅을 이어준 도도나에 대해 다음과 같이 말했다. "신전이나 성스러운 떡갈나무 숲의 단서는 찾을 수 없다." 그렇지만 신탁은 실제로 존재했고, 이제는 그것을 볼 수 있다. 한때 유럽을 통치했던, 그리고 지금은 영원히 과거로 숨어버린 신의 장소인 성전에 이제 다가가보겠다. 한 종교가 몰락했다. 제우스는 침묵한다.

프랑스의 고티에 드 클로브리는 도도나의 위치를 정확하게 진술했다. 영국의 크리스토퍼 워드워스는 1868년 팔래오카스트리온의 폐허가 한때 도도나의 제우스 신전이었다고 언급했다. 팔레오카스트리온은 '오래된 성'이란 뜻이며, 오늘날 제우스 신전 위의 언덕에 있는 벽으로 둘러싸이지 않은 도시의 이름이기도 하다.

제우스에게 제물을 바쳐라

1876년 그리스인 콘스탄틴 카라파노스는 도도나 신전을 발굴하기 시작했다. 다양한 발굴품, 특히 납과 청동판에 새겨진 비문들은 어쩌면 이곳이 정말로 도도나 신전이 세워졌던 곳일지도 모른다는 단서를 준다. 작은 납판에 쓰인 글을 해독한 결과, 신전을 방문한 자들의 질문들이 다양한 일상생활의 문제들이었음을 알 수 있었다. 리자니아스라는 사람은 아내가 낳게 될 아이가 자신의 아이가 맞는지 물었다. 또 다른 사람은 토지를 구입하는 것이 유리할지를 묻고 있다. 사제들은 답들을 대부분 구두로 전했다. 가끔은 발굴된 판의 뒷면에 질문에 답한 내용이 적혀 있기도 하다.

이 발굴품은 우리에게 매우 중요한 자료다. 왜냐하면 이 자료를 토대로 신탁에 한 발짝 더 다가갈 수 있기 때문이다. 답은 공문서체로 적혀 있다. 예를 들어 어느 판에는 "토지 관련: 유리하다"라고 쓰여 있었다. 건강 때문에 걱정하고 있던 사람은 다음과 같은 대답을 들었다. "건강 관련: 제우스에게 제물을 바쳐라." 또한 잃어버린 물건에 관한 질문과 집의 위층에 세를 놓는 것이 좋은지 묻는 질문들도 있었다.

카라파노스는 원래의 성전을 발견했지만 그것을 제대로 인식하지는 못했다. 그 주변에 있었던 작은 물품들도 매우 중요하고 의미 있는 것들이었다. 카라파노스는 그리스도교 바실리카의 폐허도 부분적으로 발견했고, 이 교회의 한쪽에서 봉헌선물을 찾았기 때문에 이것을 도도나 성전이라고 생각했다.

기하학 시대

1929년에서 1935년이 되어서야 도도나의 수수께끼에 더 근접할 수 있게 되었다. 에반겔리드 교수는 3개의 작은 성전과 2개의 로마식 건물, 무덤 하나, 그리고 다양한 봉헌물품을 발견하게 되었다. 그는 동으로 된 소입상, 동용기의 일부분 그리고 그 밖의 다른 봉헌선물들을 발견했다. 또 손으로 만든 도자기도 찾았다. 이제는 도도나의 시초가 기원전 2000년까지 거슬러 올라간다는 것을 알게 되었다. 그러나 왜 선사시대 층이 기하학 층의 바로 밑에 있는지에 대해서는 오늘날까지도 해결되지 않았다. 그렇다면 이것은 800년이라는 오랜 기간 동안 도도나에 아무도 살지 않았다는 것을 의미하거나 기하학의 시대까지도 선사시대의 도자기를 생산했다는 것을 뜻한다. 도도나의 전성기는 다양한 봉헌선물에서 볼 수 있듯이 기하학 시대와 함께 시작한다.

제우스와 떡갈나무의 비밀

1935년에 발굴 작업이 중단되었지만 얼마 전에 다시 작업이 재개되었고, 젊은 학자도 참여하게 되었다. 소티리스 다카리스는 매우 뛰어난 고고학자이며 이 지역 출신이어서 어린 소년이었을 때부터 고향의 모든 돌, 골짜기 그리고 모든 구석들을 잘 알고 있다.

오래된 건축물의 의미를 규명해내기 위해 그는 제우스와 그의 떡갈나무의 비밀을 연구하기 시작했다. 떡갈나무를 신성시하는 것은 고대의 인도-게르만 시대부터 시작된다. 떡갈나무가 많은 인도-게르만 민족에게 신성시된다는 것은 잘 알려져 있다. 그러나 왜 하필 떡갈나무인가?

스웨덴의 그리스 종교 연구자 마르틴 P. 닐슨은 열매가 인간 최초의 식품이었다는 것에서부터 떡갈나무의 종교역사학적 의미를 설명했다. 기원전 700년경 헤시오도스와 그리스도의 시대에 오비드는 먹을 수 있는 도토리를 "황금빛 시대"의 음식이라고 표현했다. 그들은 아마도 쓴 맛이 없는 떡갈나무 열매를 생각했을 것이다. 이 나무는 곡식을 재배하기 전에 북반구에서 가장 중요한 식품으로 여겨졌다. 떡갈나무는 최초의 나무로 생각된다. 기원후 23~79년에 살았던 플리니우스는 떡갈나무의 역사가 지구의 나이와 똑같다고 말하고 있으며, 심지어 인간이 떡갈나무에서 탄생했다고 한다. 그러나 떡갈나무에 대한 믿음의 이유는 더욱 방대하다. 떡갈나무는 수명이 길다. 프랑크푸르트 근처 슈반하임에 있는 어느 떡갈나무의 나이테는

630개였다. 헬름슈테트로부터 동쪽으로 16킬로미터 떨어진 비숍 숲에 있는 지름 2.8미터의 떡갈나무는 나이가 1190년이 넘는 것으로 알려졌다. 니더작센 주의 하스부르흐의 떡갈나무는 1934년 벌채되었을 때 약 1500년이 되었다고 하고, 1934년 튀링엔 주의 슈말바써 마을 근처에서 잘라낸 떡갈나무는 거의 2000년이 된 나무라고 추정되었다!

또한 알려진 바와 같이 떡갈나무는 다른 나무들보다 번개를 잘 맞는다. 이미 고대부터 사람들은 번개가 내리치는 것을 떡갈나무와 하늘 간의 연결로 해석했다. 리페-데트몰드 숲은 자작나무 70퍼센트, 소나무 13퍼센트, 그리고 유럽소나무 6퍼센트로 구성되어 있는데, 그중 16년 동안 310그루의 떡갈나무가 번개를 맞았다. 그 반면 번개를 맞은 나무로는 유럽소나무 108그루, 소나무 34그루 그리고 자작나무 33그루였다. 또 다른 측정에 따르면 자작나무가 4번 번개를 맞을 동안 기타 다른 활엽수가 12번, 침엽수가 9번, 그리고 너도밤나무는 한 번 번개를 맞았다. 선사시대에는 떡갈나무가 번개의 공격에 쉽게 노출되어 있다는 것을 부정적으로 평가하지 않았으며, 번개를 맞은 나무는 오히려 성스럽게 여겨졌다.

가장 유명한 성스러운 떡갈나무는 에피로스의 도도나에 있다. 떡갈나무를 신성시하는 것이 고대 인도-게르만의 사상에서 왔다는 것이 알려져 있으므로, 에피로스로 이주해온 최초의 그리스인들이 인도-게르만 지역으로부터 이와 같은 사상을 가져왔다는 것을 알 수 있다. 헤로도토스는 기원전 450년의 도도나 신전이 그리스에서 가장 오래된 신전이라고 여긴다고 기록하고 있다.

떡갈나무 안에 사는 신, 제우스와 디오네

이제는 다양한 문화권의 종교가 통합되었다. 오래된 종교는 새로운 것과 연결되고, 다양하고 오래된 이교도의 관습들은 그리스도교와 통합된다. 떡갈나무에는 지구가 속해 있다. 가장 오래된 지구의 신인 가이아(Gaia)와 게(Ge)도 이곳에서 숭배되었다. 그래서 사제들은 떡갈나무와 긴밀한 관계를 유지하기 위해 성전에서 잠을 잤다. 또한 이곳에는 매우 신기한 관습이 있었다. 이들은 발에 묻은 먼지나 흙을 떼어내는 것은 신을 모독하는 것이라고 생각해서 떼어내지 않았다. 떡갈나무와 지구는 기원전 1300년 정도까지 도도나에서 문화의 매우 중요한 요소들이었다.

제우스는 후에 떡갈나무의 모습으로 도도나로 왔다. 그는 새로운 신이었고, 더 강했고, 더 컸으며 지구의 여신인 가이아나 떡갈나무보다도 훨씬 힘이 셌다. 그는 또한 동반자 디오네를 데리고 왔는데, 디오네는 새로운 지구의 여신으로 가이아의 자리를 대신하게 되었다. '디오네' 는 '디오스' 의 여성형 명칭이다.

신은 도도나에서 또 다른 이름인 '나이오스' 를 얻게 되었다. 이 이름은 아마도 '떡갈나무 안에서 사는 자' 라는 뜻일 것이다, 왜냐하면 '나이오' 는 '살다' 라는 뜻을 지니고 있기 때문이다. 제우스와 그의 동반자 디오네가 나무 안에서 산다는 것이 지속적으로 강조되어왔다. 나무 안에서 거대한 가지들을 움직이면서 신은 자신의 의지를 표현했다. 기원전 750년에 호메로스가 이와 같은 내용을 시로 적은 것으로 봐서 이미 오래전에 도도나가 세워졌다는 것을 알 수 있다. 호메로스는 『오디세이아』의 제14장에서 오디세우스가 도도나에 있는 제우스의 거대한 떡갈나무에게 어떻게 하면 이타카로 되돌아갈 수 있는지 조언을 구했다고 한다.

※ 실제로 이 인장은 3.8센티미터에 불과하고, 이 사진에서는 5배 확대했다. 기원전 420년 요아니아의 남쪽, 도도나의 신탁에서 발견되었다. 이 인장은 오레스테스와 그의 어머니인 클리넴네스트라를 나타내고 있다. 클리넴네스트라의 가슴에는 칼이 관통했고 그녀가 제단 뒤로 달아난 것을 볼 수 있다. 오레스테스는 아버지 아가멤논을 살해한 것을 복수하기 위해 어머니를 제단에서 끄집어내려 한다. 오레스테스의 누나인 엘렉트라가 "다시 찔러"라고 외친다.

※ 도도나의 원형극장은 기원전 3세기에 세워졌
으며 그리스의 고대 극장들 중에서 가장 잘 유
지되었다. 여기에는 1만 8000명의 관중이 모
일 수 있었다.

✳ 도도나의 성전은 에피로스의 아름다운 골짜기 드라메소스에 위치한다. 벽으로 둘러싸인 사각형의 중앙은 성스러운 장소였다. 앞에는 가장 오래된 작은 성전을 볼 수 있다. 왼쪽으로는 성스러운 떡갈나무가 있다. 성전의 오른쪽 건축물의 기본 벽은 아직까지 용도를 제대로 알아내지 못한 건물과 이어져 있다. 성전의 왼쪽으로는 작은 성전이 있고 그보다 더 왼쪽에서 그리스도교 바실리카의 폐허를 찾아냈다.

✳ 도도나의 신전에서 발견한 돌로 된 괭이. 이 괭이는 3500년 이상 된 것으로 추정되며, 성전이 기원전 2000년에 세워졌다는 증거로 사용된다.

✳ 그리스에서 만들어진 가장 단단한 도자기다. 기원전 1900~기원전 1700년에 회색 점토로 만들어진 용기다. 민얀의 주민들은 오코메노스의 둥근 지붕의 성채를 세운 민족이다. 이들의 문화시대는 미케네 시대 바로 이전이었다. 이 용기는 도도나 지역에서 발견되었으며 요아니스 고고학박물관에 전시되었다.

이러한 신성한 장소를 어떻게 세우게 되었는가?

호기심이 왕성했던 최초의 서양 역사연구가인 할리카르나소스의 헤로도토스는 직접 도도나에 갔었고 초기 신탁에 관해 예언을 해주는 사제들을 찾아 물었다. 여사제들은 이집트의 테벤에서 날아온 두 마리의 검은 비둘기에 대해서 말해주었다. 한 마리는 리비아로, 또 다른 한 마리는 도도나로 날아갔다고 한다. 도도나에서는 비둘기가 떡갈나무 위에 앉았고 사람의 목소리로 제우스 성전을 세울 것을 요구했다고 한다. 300년경 에피로스의 동전은 헤로도토스의 진술이 사실임을 증명해준다. 동전의 앞면에는 제우스의 신성한 새인 독수리가, 그리고 그 뒷면에는 성스러운 떡갈나무가 새겨져 있으며 그 나무 꼭대기에는 비둘기가 앉아 있다. 리비아로 날아간 또 다른 비둘기는 아몬 성전을 세울 것을 요청했다. 이집트의 북서쪽 지역에 있는 시바오아시스의 아몬 신전은 제우스에게 바쳐졌다. 헤로도토스의 역사책 제2권에서 이러한 내용을 읽을 수 있다. 알렉산더 대왕이 엄청난 금액인 1500달란트, 즉 900만 드라크마(현재의 화폐 가치로는 1500~1800만 달러)를 도도나 성전에 기부하고 그 다음에는 그의 아버지인 제우스-아몬을 방문하기 위해 시바 오아시스로의 위험한 행군을 감행한 것은 우연한 일이 아니다. 알렉산더는 도도나에 거대한 제우스 신전을 세우려고 계획하고 있었지만, 너무 일찍 죽는 바람에 그 계획을 실행할 수 없었다.

아테네 아크로폴리스의 판테온 앞에서는 그 장소들이 성스러운 곳들이었고, 성스러운 땅 위에 서 있다는 사실을 쉽게 잊곤 한다. 지구의 여신 가이아의 옛 집인 떡갈나무는 제우스와 디오네의 집이 되었다. 그리고 기원 350년에 무너질 때까지 2000년 동안 제우스가 그 집을 지배했다.

우리는 폐허에서도, 고요함 속에서도, 넓게 펼쳐지는 골짜기에서
도 성스러운 숨결을 느낄 수 있다. 이 폐허들은 무엇을 말해주는가?
그것들은 흥미롭고 엄청난 과거의 이야기들을 들려준다.

최근 들어서야 도도나 발굴 작업을 시작했고 고고학자 소티리스 다카리스가 철저하게 연구하기 시작했다. 도도나의 신전은 거의 2000년 동안 발견되지 않았으며 오늘날까지도 일반적으로 많이 알려지지 않았다. "도도나에서 들은 바에 의하면, 펠라스기 사람들은 우선 모든 것을 제물로 바치고 신들에게 기도를 했다. 신들에게 명칭이나 이름을 붙이지도 않았다. 왜냐하면 그런 것에 대해 들은 바가 없었기 때문이다……. 그러나 오랜 시간이 지나면서 펠라스기 사람들은 이집트에서 신들의 이름을 듣게 되었다……. 그리고 그 다음에는 일정 시간이 지난 후 도도나 신에게 이름을 붙여도 되는지 물어보게 되었다. 왜냐하면 이곳의 신탁은 그리스에서 가장 오래되었으며 당시에는 유일한 신탁이었기 때문이다. 펠라스기 사람들이 도도나에서 이름을 사용해도 되는지 물어봤을 때 신탁에서 다음과 같은 말을 들을 수 있었다. "사용하거라!" 그 이후로 펠라스기 사람들은 신의 이름으로 제물을 바치게 되었다. 펠라스기 사람들 이후로 신들은 그리스인들을 맞이하게 되었다."
– 헤로도토스 I, 52(기원전 450년).

도도나의 성전

고고학자 소티리스 다카리스는 그의 전 생애를 그리스의 비밀스러운 성전을 연구하는 데 바쳤다. 그는 나에게 도도나 주변 전체 지역을 보여줬다. 여기는 인류가 믿음이라는 것을 얻게 되면서 탄생하게 된 가장 오래되고 중요한 장소다. 그럼에도 이곳에서 볼 수 있는 것은 많지 않다.

여기에서는 놀라우면서 아름답고 웅장한 원형극장을 볼 수 있다. 그 옆에는 용도는 아직 알려지지 않았지만 또 다른 건축물이 땅 위로 솟아나고 있다. 그 건축물을 감싸고 있는 벽도 이미 알아볼 수 있다. 그러나 지금까지는 발굴 시도들을 통해서만 이러한 건축물에 대해서 연구할 수 있었다. 이 건물들은 어쩌면 가장 성스러운 중앙 성소인 아디톤(adyton)일 수도 있다. 어쩌면 엔코니티리온(enkomitirion)이었고 순례자들이 성전에서 잠을 잘 수 있도록 하는 공간이었을 수도 있다. 즉, 잠을 자면서 꿈의 예언을 받는 공간이었을지도 모른다. 우리는 에피다우로스에서 이와 비슷한 순례 지역을 볼 수 있다. 바로 거기에서 몇 미터 옆에는 그리스인들이 신탁을 받던 가장 오래된 신의 성전의 평면이 보인다. 폐허가 있는 바닥에는 몇 개의 작은 성전들도 눈에 들어온다. 결국 이들은 후에 세워진 그리스도교 바실리카의 잔해들이다.

버려진 채 누운 벽들

사람이 만든 것 중에는 영원한 것이 없다! 여기서 신은 모든 인간의 계산 위에 있음을 알 수 있다. 기독교인들은 아마도 360~370년 사이에 제우스를 왕좌에서 몰아냈다. 그들은 모든 것을 파괴시켰다. 떡갈나무도 더 이상 말을 할 수 없게 되었다. 기독교인들은 자신들의 신을 위해 바실리카를 세웠다. 그러나 연달아 전쟁의 공격을 받은 도도나 골짜기의 생명은 서서히 죽어갔다. 기원전 550년경에는 교회도 파괴되었다. 그 후에는 벽들이 버려진 채 하늘을 향해 누워 있었고, 그러다가 어느 날 모든 것들이 무너졌다. 개울물이 돌을 갉고, 폐허 위에 흙이 쌓였다. 그 다음에는 모든 것이 땅속으로 사라졌다. 그럼에도 모든 사람들은 하나의 최고신을 믿었고, 여전히 믿고 있다.

도도니아의 금속

성스러운 떡갈나무는 성전을 허용하지 않는다. 가장 오래된 제우스 숭배는 야외에서 이뤄졌다. 이곳에는 단지 떡갈나무 한 그루만 있었다. 그리고 전체 지역은 황동으로 만든 삼각대로 둘러싸였으며, 모든 삼각대 위에는 주전자가 놓여 있었다. 주전자들은 서로 닿아 있어, 주전자 하나를 쳤을 때 한 면에서 다른 면으로 음이 전달되어 결국은 주전자들 전체에서 소리가 울렸다.

그리스어에는 '도도나이온 찰케이온'이란 표현이 있는데, 문자 그대로 번역하면 '도도니아의 금속'이란 말이고, 이는 수다스럽다는 뜻이다. 왜냐하면 한번 주전자를 치면 계속해서 소리가 이어지기 때문이다. 그러나 주전자의 소리가 항상 같지는 않았다. 치는 세기, 바람, 온도, 공기의 습도 등이 금속의 소리를 다르게 했고 음의 종류에 따라 여사제와 사제들은 그 소리를 신탁의 소리로 여기고 언어로 바꿨다.

도도나의 신탁은 정말로 이런 형태로 기능했는가?

아마도 그랬을 것이다. 그러나 우리는 정확한 상황은 알 수 없다. 아리스토텔레스는 기원전 335~기원전 323년의 성전에는 이렇게 많은 삼각대가 있지 않았다고 적고 있다. 아리스토텔레스는 코르푸 섬에서 들어온 봉헌선물을 설명했다. 그 선물은 기둥이 2개였다. 기둥 하나에는 주전자가, 그리고 다른 한쪽에는 채찍을 손에 든 소년의 황동상이 있었다. 채찍의 체인들은 고정되어 있지 않았으며 바람이 조금만 불어도 체인이 주전자에 닿아서 예언으로 여겨지는 소리가 났다. '코르키라이온 마스틱스', '코르푸의 채찍'도 그리스어에 있는 표현이며, 역시 수다스럽다는 뜻을 갖고 있다. 도도나를 발굴할 때 황동 삼각대의 조각들이 많이 발견되었는데, 이런 황동은 기원전 8세기에 만들어진 것으로, 다카리스는 기원전 8세기에는 성전이 실제로 황동용기들로 둘러싸였었다고 추정했다. 이는 기원전 330년 아테네의 역사학자 데몬이 기술했던 글과도 일치한다. 데몬은 제우스의 성전에는 담이 없었고 삼각대만 둘러져 있었다고 썼다.

성소의 떡갈나무

호메로스는 도도나에 관해서 기원전 1300년 고대 미케네 시대의 상황을 묘사했다. 고고학은 또 다시 서사시의 진실성을 확인시켜주었다. 왜냐하면 여기서 발굴된 많은 물건들이 모두 동시대의 것들이기 때문이다. 특히 봉헌물들, 그러니까 단지, 돌로 만들어진 괭이, 그리고 미케네의 무기들이 많이 발견되었다. 그러나 도도나는 더 오래된 선사시대까지 거슬러 올라간다. 발굴을 통해서 더 오래된 물건들을 발견하게 되었다. 이 성스러운 지역은 기원전 2100～기원전 1900년경에 이미 종교적인 의식을 위해 사용되었다는 사실을 알게 되었다.

발견된 모든 물품들은 크고 작은 종교적인 물건들이었다. 그러나 건축학적 잔해들, 즉 기원전 400년에 세워진 건물들의 폐허는 발견하지 못했다. 하지만 지금 발굴된 것, 즉 성전은 숨이 막힐 정도로 아름답다. 마치 책을 펼쳤는데 갑자기 글자가 보이기 시작한 것과 같다. 모든 것이 진실되고 모든 것이 실제다.

기원전 400년에 세워진 가장 오래된 성전은 6.45×4.20미터의 크기다. 여기에는 신상 안치소 하나와 기둥이 없는 작은 돌출 건축물이 있었다. 기원전 350～기원전 325년에는 그 앞에 비슷한 크기의 돌들로 낮은 담을 쌓아서 한때 삼각대 지역이었던 성스러운 장소를 감쌌다. 그리고 여기에서 도도나의 실제 비밀을 접하게 되었다. 자연스럽게 놓인 절벽 사이에서 큰 웅덩이가 발견되었는데, 그 속에는 제단에서 가져왔을 것으로 추정되는 다듬어진 돌들과 봉헌물이 몇 개 있었다. 이곳은 바로 거대한 뿌리를 지닌 떡갈나무가 서 있었던 장소였다! 떡갈나무는 정말로 이곳에 있었던 것이다. 기독교인들이 성스러운 나무를 완전히 제거하려 했고, 그래서 제우스의 집과 땅과의 중요

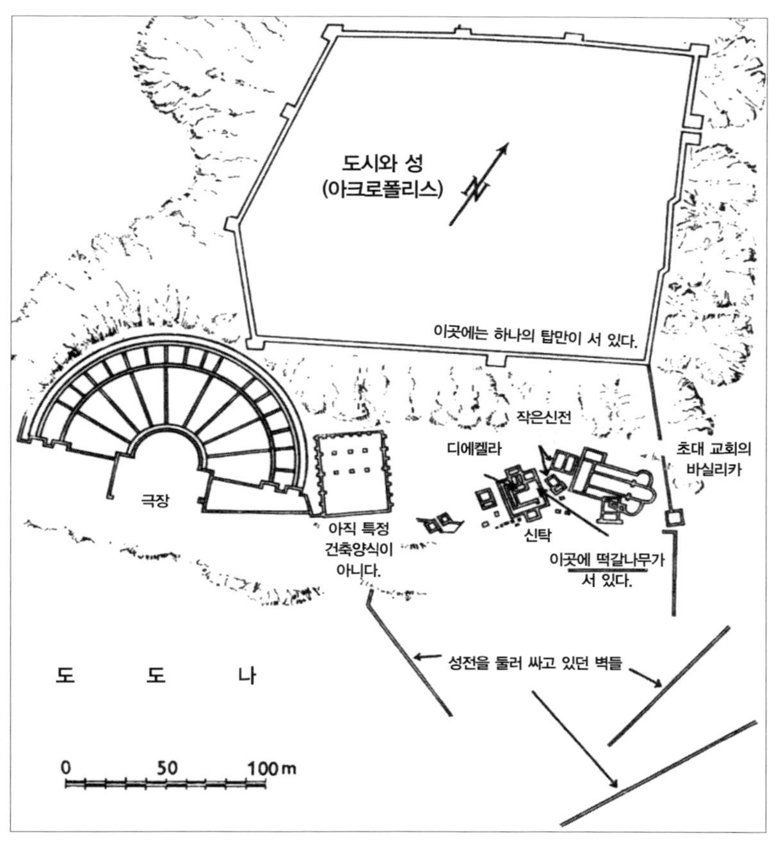

✳ 도도나의 도면

한 연결고리를 없앤 것이다. 고고학자 다카리스가 얼마 전까지만 해도 전설이었던 떡갈나무의 자리를 정확히 알아낸 것이다. 이제 우리는 그리스 백과사전의 피르소스 편에서 처음으로 그리스 최고신의 비밀스러운 성전에 관한 설명을 얻게 된 것이다.

마지막으로 로마인으로부터 그리스를 성공적으로 방어한 에피로스를 기원전 297~기원전 272년까지 통치했던 유명한 왕 피르호스는 떡갈나무를 감싸고 있던 건물을 더 큰 담으로 대체했다. 그래서

20.8×19.2미터 크기의 사각형 마당이 만들어졌고, 성스러운 나무를 위해 동쪽은 비어 있었다. 마당 안쪽에는 이오니아식 기둥이 세워진 홀이 있었다.

같은 시기에 아마도 헤라클레스 숭배로부터 나온 듯한, 기둥이 4개인 작은 도리아식 성전이 건설되었다. 그리고 작은 입구가 있는, 도도나의 제우스의 동반자였던 디온을 숭배하는 또 다른 이오니아식 성전이 세워졌다.

도도나의 원형 극장

오늘날 성전의 북쪽 한 언덕에는 팔래오카스트리라는 마을이 있다. 여기에는 균등한 모양의 돌로 만들어진 아크로폴리스가 있다. 10개의 탑과 2개의 모퉁이 망루가 이 성을 감싸고 있다. 성스러운 건물들이 30미터 깊은 곳에 있는 골짜기에서 아름다운 경치를 바라볼 수 있도록 아크로폴리스의 담 중 성전을 향하고 있는 측면에는 단 하나의 사각형 탑만이 세워졌고, 이 골짜기로 온 순례자들은 상상할 수 없을 만큼 아름다운 경치를 볼 수 있었다!

극장도 아크로폴리스와 같이 피르호스 왕의 통치기간 동안 건설되었다. 진정한 기적의 작품이라 할 이 극장은 에피다우로스보다 더 크며, 그리스에서 가장 잘 유지된 극장이다!

놀라우리만큼 대단한 건축자들은 거친 티타늄으로 된 돌 안에 거대한 반원을 팠다. 2개의 가파른 길로 극장은 3개의 반원으로 나뉘어 있고, 또 각각 21열, 16열 그리고 21열로 돌로 된 좌석이 마련되어 있어서 모두 58개의 열이 있다. 극장의 가장 아래쪽 반원은 명예석이었는데, 이 열의 이름은 프로에드리아였다. 밑의 반원과 오케스트라 사이에는 1.15미터 너비의 좁은 길이 있었고 그곳에 밑으로 깊게 파인 곳이 있었다. 이곳은 극장 전체에서 흘러 들어오는 빗물을 모으는 곳이었다. 물이 고이는 이 공간에서 2200년이나 자란 20센티미터 길이의 종유석이 발견되기도 했다.

오케스트라석에서부터 관객석까지는 10개의 계단이 있었다. 만약 모든 좌석을 하나의 선으로 나열한다면 그 길이는 총 7.1킬로미터가 될 것이다. 극장에는 총 1만 8000명의 관객이 들어갈 수 있었으며 오케스트라로 내려다볼 수 있거나 그를 넘어서 세상에서 가장 아름다운 골짜기를 바라볼 수 있었다. 무대 뒤에는 8각기둥 13개로 지탱된 거대한 홀이 있었다. 후에는 18개의 이오니아식 기둥이 세워진 돌로 된 앞무대를 만들었다. 오케스트라의 중앙에는 오늘날에도 제단의 토대가 있다. 극은 사람들에게 있어서 성스러운 행위이자 비극이기도 했다. 사람들은 제단을 돌면서 춤도 추고 노래를 불렀다. 사실 그리스어에서 '코러스(chorus)'라는 단어는 춤이라는 뜻이다.

로마인들은 아우구스투스 황제 시절 극을 변형시켰다. 그들이 극을 어떻게 변화시켰을까? 그들은 극을 서커스로 만들었다. 그러나 이 건축물의 힘이라고 할 수 있는, 돌로 만들어진 아름다움을 해칠 수는 없었다. 로마인들은 오케스트라의 공간을 더 늘리기 위해 좌석의 첫 5줄을 없앴다. 그리고 오케스트라와 좌석 사이에 2.8미터 높이의 벽을 세워서 관객들을 보호했다. 이제는 검투사들의 싸움, 맹수들과의 싸움을 마음놓고 관람할 수 있게 되었다. 싸우기 전에, 또는 처형되기 전에 맹수들을 가둬뒀던 돌로 된 방들을 무대의 끝부분에서 알아볼 수 있으며, 이곳에서 수많은 뼈들이 발견되었다. 또 오케스트라 밑에는 동굴이 있었는데, 이 동굴의 용도는 밝혀지지 않았다.

절벽에 만든 전체적으로 거대한 극장은 3개의 탑으로 강화된 거대한 담으로 양쪽이 고정되었다. 첫 탑에는 극장의 중간과 윗부분으로 계단이 놓여 있다. 맨 위에는 아크로폴리스의 높이에 다다르게 된다. 이렇게 아크로폴리스, 극장, 그리고 성전은 거대한 하나의 시설을 이루었으며 또 남쪽에는 커다란 마당이 이 시설을 보호하고 있다. 기원전 300년에 세상을 놀라게 하고 또 많은 칭찬을 받았을 웅장한 시설이었다.

나는 극장을 높은 곳에서 내려다본 적이 있는데, 밑을 내려다보니 어지러웠다. 그 다음에는 위에 있는 열의 한 곳에 앉아보았는데, 좌석에서의 선과 조망이 세련되고 아름다우며 주변과 조화를 잘 이루고 있었다. 그리고 위를 올려다보면 좌석들이 하늘을 향해 솟아오르고 있다. 숨을 멈추게 할 정도로 아름다운 모습이다!

소티리스 다카리스는 관객 좌석의 돌 블록들을 다시 올바른 위치로 옮겼다. 그러나 무게 때문에 현대식 기술을 이용해도 쉽지 않은 작업이었다. 어쩌면 강한 지진과 같은 사건 때문에 이 돌 블록들이 흐트러진 것 같았다.

도도나의 원형 극장은 거대한 건축물 앞에 선 왜소한 인간으로부터 찬사를 끄집어낸다. 오늘날에도 이길 수 없는 정신을 지닌, 그리스 민족이라는 한 작은 민족이 2500년 전에 서양극의 모든 기본주제를 확립했고, 오늘날에도 우리는 그것을 따라 연극을 한다. 그 이후에는 새로운 것이 별로 추가되지 않았으며 무대와 극장 또한 이전보다 더 아름다워지지 않았다. 오히려 극장은 초기의 웅장했던 시절보다 더 빈약한 건물들이 되었다.

세계여행가이자 지질학자인 그리스의 파우자니아스는 기원후 150년에 도도나를 여행했고, 그 당시에는 떡갈나무가 있었고, 신탁은 예언을 해줬으며 로마 황제는 에피로스를 정복할 때 파괴했던 모든 것을 다시 재건했다고 한다. 그러나 200년 후 지구상의 가장 오래된 성스러운 장소는 사람들의 발길이 끊기고 외롭게 남게 되었다. 성전 위의 언덕에서 살았던 주민들은 결국 요아니나로 도망쳤다.

회색 지붕의 도시 요아니나

아름다운 여인들의 비극으로 둘러싸인 발칸 산맥의 하얀 회색지붕의 도시는 도도나로부터 북동쪽으로 몇 킬로미터 떨어지지 않은 요아니나 호숫가에 위치하고 있다. 수공업자, 카페트 직조공, 수놓는 사람 그리고 그리스 최고의 은세공자가 보잘것없지만 그럼에도 부지런하고 사랑스러운 장소에서 살고 있다. 도시 위의 성에 서 있거나 오늘날 박물관으로 사용되는 아슬란 아가 이슬람 사원 안으로 들어가면 도도나의 기적을 잘 보여주는 물건들을 볼 수 있다.

신과 같이 시간을 초월하여 우주에서 우리의 작은 세상을 내려다볼 수 있다면, 삶이 알 수 없이 천천히 지구 위를 움직이는 것을 볼 수 있을 것이다. 삶은 도도나를 떠나 요아니나로 옮겨왔다. 요아니나는 에피로스의 중심지가 되었고, 대주교가 이곳에 있었으며 세르비아의 소유가 되었다가, 술탄이 이곳을 정복했으며 그리스도 교인들의 절망적인 반란을 경험했다. 결국 이 장소는 테펠렌의 알리에 의해 세계적으로 알려졌고, 유명한 학교에서 학문으로 다뤄졌으며 그리스 문학, 라틴어, 프랑스어 그리고 다른 과목에서도 이 장소에 대해 가르쳤다. 그리하여 이 도시의 역사가 알려졌다. 비론 경을 포함하여 프랑스, 영국, 러시아의 외교사절들이 요아니나로 와서 이 장소에 대해 경탄했다.

터키 정부가 파샤의 권력을 갖게 되어 알리의 성을 공격하고, 결국 그는 성을 포기할 수밖에 없었다. 알리는 1822년 2월 22일 살해당하는데, 죽으면서도 아내가 적의 손으로 넘어가지 않도록 그녀를 죽이라는 명령을 내린다. 알리의 머리는 모든 사람이 볼 수 있도록 요아니나에 걸리게 되었다. 그리고 이 남자가 살해된 뒤 91년이 지나서, 그리스가 다시 요아니나를 되찾아간다.

이 장소에서는 삶이 비밀스럽게, 마치 시간을 모르는 방추와 같이 돌아간다. 그러나 이곳에서 21킬로미터 떨어진 드라미시스의 외진 골짜기에서는 갈색 산들이 조용히 하늘을 향하고 있다. 누가 2000년이나 살아온 떡갈나무를 무자비하게 땅에서 파헤쳤는가? 왜 청동그릇은 침묵하는가? 사제들과 여사제들은 어디로 갔는가? 그리고 어떤 이유에서 제우스는, 그의 언어로 신약성서가 쓰였는데도, 부활의 희망도 없이 하늘과 땅을 영원히 떠나야 했는가?

고고학의 즐거움

사람들은 플라톤이 언급했던 아틀란티스가 어디에 위치하는지, 그 비밀을 밝히려고 2000년도 넘게 노력해왔다. 여러가지 단서들을 종합하면 아틀란티스는 스페인의 안달루시아 지역에 있는 것 같다. 오늘날 여기에는 아직도 전설적인 타르테소스 제국의 후손들이 살고 있다. "진흙이 있는 구덩이와 깔때기 모양의 하구는 플라톤이 서쪽 대서양 해안에 아틀란티스 섬이 위치한다고 생각했음을 알 수 있다. 또한 이 해안이 리비아, 이베리아 또는 켈트에 속하는 땅인가를 알려준다. 플라톤은 포세이돈의 두 번째 아들 에우멜로스에게 가데이로스라는 이름도 있었다고 했다. 가데이로스에게 할당된 아틀란티스 섬의 (동쪽) 끝은 헤라클레스의 기둥 옆에 있었고 가데스 지역까지 포함했다고 한다. 이것은 아틀란티스에 관해 유일하게 자세한 지형적인 설명이다. 그러나 매우 중요한 자료다."
— 아돌프 슐텐, 『타르테소스*Tartessos*』, 함부르크, 1950.

축복받은 자들의 섬

인류의 사라진 문명들 중에서도 특히 아틀란티스는 매우 흥미로운 수수께끼로 여겨지고 있다. 이미 고대부터 아틀란티스가 단순한 전설에 불과한지, 또는 이 낯선 섬의 존재에 진실성이 있는지에 대해 많은 논쟁이 있었다. 아리스토텔레스는 아틀란티스에 관한 모든 이야기들은 지어낸 것에 불과하다고 주장했다. 그러나 포세이도니오스는 아틀란티스가 실제로 존재했다고 생각했다.

아틀란티스가 과거에서부터 사람들에게 행사했던 마력은 기후적으로 온화하고 비옥한 알 수 없는 미지에의 갈망이고, 그 갈망은 일상생활이 미치지 않는 더 나은 세상에 대한 갈망이다. 기원전 700년에 살았던 그리스의 시인 헤시오도스는 최초로 "축복받은 자들의 섬"에 관해서 썼다. 기나긴 내전 후에 로마의 유명한 시인 호라즈는 시민들에게 "아르바 베아타", 즉 행복한 섬으로 이주할 것을 조언했다. 기원전 83년 스페인의 대법관이었던 세르토리우스는 오늘날의 카디즈인 가데스의 선장으로부터 대서양에 축복받은 섬이 있다는 이야기를 들었다. 그 섬은 아마도 마데이라 또는 카나리아 군도일 가능성이 크다. 시칠리아의 디오도르가 마데이라에 관해 적은 아름다운 묘사가 있는데, 이것은 마살리아의 피테아스가 쓴 글을 참고한 것일 수도 있다. 모험여행을 떠난 피테아스는 기원전 325년 유럽의 북쪽 지역을 연구했다. 그는 셰틀랜드와 오키니 섬들까지 갔으며, 지금은 사라진 『대서양』이라는 책에 마데이라 섬의 환상적으로 온화하고 균일한 기후와 비옥함에 대해 썼다. 호메로스에서부터 『로빈슨 크루소』를 쓴 다니엘 데포, 그리고 하이어달까지 시인, 학자 그리고 선원들은 멀리 떨어진 행복한 혹은 위험한 섬에 대해 꿈꿨고, 이런 이야기를 읽은 독자들 또한 함께 꿈을 꿨다.

그런데 아틀란티스는 섬이었는가?

아니면 멀리 떨어진 대륙은 아니었는가?

섬과 같이 여겨졌던 육지는 아니었는가?

오늘날 우리는 전설의 섬 또는 육지의 비밀스런 흔적들을 추적하고, 그곳에 살았던 사람들에 대해 더 많은 것을 알 수 있게 되었다. 콜럼버스가 1492년 대서양에서 새로운 대륙을 발견하면서 한동안 아메리카가 아틀란티스로 여겨졌다. 그러나 아틀란티스의 수수께끼에 관한 수백 권의 책들이 발표된 이후 이제는 새로운 학문적 접근을 통해 아틀란티스와 그 문화권을 지리학적으로 규정하고 묘사할 필요가 있다. 아틀란티스가 존재했다는 것에는 이제 더 이상 의심의 여지가 없다. 트로이도 발굴되지 않았더라면 오늘날의 '아틀란티스'였을 것이다.

플라톤과 아틀란티스

기원전 427년 5월에 태어난 플라톤은 아틀란티스 섬과 도시에 관해 유명한 단서를 준다. 그는 아테네의 귀족 가문에서 태어났으며 광범위하고 뛰어난 교육을 받았다. 플라톤은 어쩌면 위대한 정치가가 됐을 가능성이 많았다. 그러나 그리스의 정치적인 과정을 오랫동안 충분히 관찰했기 때문에 그는 사실 오늘날까지도 적용될 수 있는 진실을 알게 되었다. 그는 정치가가 철학자로서, 또는 반대로 철학자가 정치가적인 능력으로 한 국가를 통치하지 않는 이상 한 국가의 사회적 정치적인 상황은 개선될 수 없다고 했다. 이때 '철학'이란 표현을 엄격하게 학문적으로 이해해서는 안 된다. 여기서 말하는 철학이란 정치와 통치기술의 전문적인 지식이 아닌, 보다 깊은 인간적인 지혜를 말하는 것이다.

플라톤은 시를 쓰고 격언적 단시, 디오니소스 송가, 그리고 비극을 썼다. 그러나 그는 철학자인 소크라테스와 우정을 나눴기 때문에 불멸의 지식인이 되었다. 그는 비상한 천재 철학자의 가르침을 더욱 철저한 교육을 통해 심화시켰다. 기원전 399년에 소크라테스가 처형된 이후 플라톤은 메가라, 이탈리아 남부, 그리고 시라쿠사로 갔다. 그리고 통치자 디오니시오스 1세의 집에서 머물면서 그와 죽을 때까지 지속되었던 긴밀한 우정을 맺을 수 있었다.

플라톤은 서양의 모든 대학의 최초 설립자라 할 수 있는데, 왜냐하면 그가 아카데모스 신의 이름을 따서 세운, 아테네 바로 앞에 있는 철학학교 '아카데미'가 모든 대학교의 초석이 되었기 때문이다. 플라톤은 그곳에서 모든 것을 포기한 채 수업료도 받지 않고 진정한 이웃사랑으로 항상 진실을 추구하면서 기원전 347년에 죽을 때까지 제자들을 가르쳤다. 플라톤은 쉽게 말하자면 '이테아(idea)'의 발명자이다. 그는 우리의 모든 갈망과 우리 삶의 중점이 물질적인 면보다는 이상적인 면에 놓여 있다는 것을 알았다. 그는 '이데아'라는 것이 있다는 것을 알게 되었다. 이것은 플라톤이 얻은 단순하고도 대단한 발견이다. 그는 영혼의 불멸성을 믿었고, 그 믿음에 대한 증거를 찾고자 노력했다. 진정함, 그리고 영원함을 위한 미덕을 유지하는 것은 당연한 것이 아니다. 신체는 사라지고 잡을 수 없는 것, 즉 이상적인 것만 남는다는 사실을 이미 기원전 400년에 플라톤은 알고 있었다. 그는 또한 영원한 도덕적 가치는 단순한 모든 사람들이 쉽게 선택할 수 있도록 되어 있는 것이 아니라 거짓, 오류 그리고 허상에 대해 완벽한 세계를 의미한다고 말했다. 이렇게 소크라테스와 플라톤은 인류 역사상 가장 위대한 천재의 대열에 끼게 되면서 공자, 부처, 무함마드 그리고 바울로와 어깨를 나란히 할 수 있게 되었다. 단 그리스도만이 이들 모두 위에 서 있다.

『티마이오스』와 『크리티아스』

플라톤은 소크라테스를 열정적으로 대변하는 것 외에도 『프로타고라스』라는 도덕에 관한 책, 미덕에 관한 책, 사랑에 관한 책, 불멸에 관한 두 편의 글을 쓰면서 우리로부터 사라진 섬, 사라진 도시 또는 찾을 수 없는 아틀란티스에 대한 그림을 그려주었다. 이 책들은 『티마이오스』와 『크리티아스』다. 원래 이 전집은 3권으로 구성되어야 하는데, 우리가 알 수 없는 이유에서 플라톤은 마지막 권을 쓸 수 없었다. 2권인 『크리티아스』도 뒷부분은 미완성으로 끝났다. 그는 아테네가 힘들었던 시기에 책을 썼다. 그는 사람들과 자신을 멀리 떨어져 있는, 보다 나은 세상으로 위로하려 했던 것 같다. 책에는 인류 초기의 역사부터 시작하여 사람의 성격, 심리적이고 도덕적인 성향 등에 관한 내용이 적혀 있다. 『티마이오스』와 『크리티아스』는 플라톤의 다른 뛰어난 책들, 예를 들어 『향연』과는 비교할 수 없다. 이 두 권은 순수 운문이라고 할 수 없으며 드라마틱한 요소도 없다. 많은 부분은 건조하고 학술적이다. 그렇지만 이 책은 고대에서 가장 신비스러운 책들에 속한다!

또 지식, 의견, 사람의 영혼에 관한 깊은 지식을 읽을 수 있다! 문체의 간결함과 표현력에 대해서도 놀랄 수밖에 없으며, 적은 분량으로 많은 것을 표현하고 있다.

나는 여러 세대에 걸쳐 플라톤의 미완성 작품에 담긴 내용에 대해서 많은 생각을 하게 되었다. 1956년, 소르본 대학의 알베르 리보 교수는 이 작품이 오래된 지식을 포함할 뿐만 아니라 플라톤 생전 최신 연구의 결과들이라고 설명했다. 이 프랑스 교수가 플라톤의 작품을 수십 년간 연구하면서 이런 결론을 내리게 된 것은 매우 중요하다. 왜냐하면 그에 따라 두 책의 지리학적, 민족학적 내용에 더욱 큰 의미가 실리게 되기 때문이다.

어쩌면 이미 나이가 들었던 플라톤은 그의 생애 마지막 작품에서도 축복받은 자들의 섬에 가려고 했을지도 모른다.

아틀란티스를 찾는 사람들

그렇다면 플라톤의 아틀란티스는 단지 시적인 상상력이었는가? 세상을 지배하는 행복한 섬에 관한 보고서는 단지 예전부터 내려오는 전설에 동감하는 것인가? 아니면 플라톤은 사라진 도시, 사라진 제국, 사라진 아틀란티스의 문화에 관한 실질적인 지식을 가지고 있었던 것일까? 플라톤의 연구를 직접적으로 이어받았던 제자들은 아틀란티스에 관한 보고서를 진실로 받아들였다. 기원전 335∼기원전

275년에 살았던 크란터는 '아카데미'의 철학자였으며 플라톤의『티마이오스』에 관한 최초의 논평을 썼다. 우리는 또한 유명한 철학자이자 자연과학자, 역사학자인 포세이도니오스가 기원전 100년에 플라톤의 설명이 아마도 실질적인 지식과 상황을 묘사한 것이라고 말했던 것을 알 수 있다.

그 후 세상의 학자들과 모험가들은 끊임없이 아틀란티스의 위치를 규명하려 노력했다. 미국에서, 호주에서, 영국에서, 헬골란트, 아프리카의 남해안, 인도 그리고 머나먼 아시아 국가들에서, 온 지구상에서 아틀란티스를 찾았다.

이탈리아의 도미니크 수도사 토마스 캄파넬라는 1611년 '태양의 도시'를 설명했는데, 그 도시는 7개의 원형으로 되어 있고, 각각 벽과 도랑으로 분리되어 있으며, 이는 플라톤이 언급한 아틀란티스 제국의 수도를 생각나게끔 하는 것이었다. 캄파넬라는 이처럼 이교적인 이론을 펼친 대가로 30년간 감옥생활을 해야 했다.

프랜시스 베이컨은 플라톤의 아틀란티스는 미국이 아니라고 주장했다. 그는 그러나 자신의 책인『새로운 아틀란티스*Nova insula Atlantis*』를 끝내지 못하고 1628년에 죽었다. 스웨덴의 올프 루드벡은 1675년 플라톤의 설명이 스웨덴 이외의 지구상의 다른 어떤 장소에도 맞지 않는다면서, 특히 웁살라와 그 주변 환경이 플라톤의 설명과 잘 맞는다고 했다. 루드벡은 웁살라 대학의 총장이었다. 독일인 게오르크 카스파 키르히마이어는 1685년 아틀란티스는 남아프리카에 위치했었다고 추측했다. 정 실베인 베일리는 1779년 북유럽의 슈피츠베르겐이란 섬이 바로 고대의 아틀란티스라고 했다. 플라톤의 섬이 침몰했다는 설명에 베일리는 별 관심을 보이지 않았다. 슈피츠베르겐은 바다에 침몰한 것이 아니라, 단지 "얼어버렸던" 것이다. 장 밥티스트 클로드 데리슬 드 잘은 1779년 아틀란티스가 사르디니아였다고 주장했고 F. C. 베어는 1762년 아틀란티스가 팔레스타인에 위치했다고 말했다. 플라톤에 대한 논평을 썼던 고트프리드 슈탈바움은 1838년 이집트와 그 이웃 동양국가의 민족들은 고대부터 서쪽의 대륙인 미국으로부터 고객을 받았으며, 그것이 바로 아틀란티스라고 했다. 프랑스의 카데는 사라진 도시가 카나리아 군도 또는 아조레스 제도에 있었다고 추측했다.

미국의 어거스트 르 프런진은 다양한 상상력을 한껏 결합한 이론을 세웠다. 그는 마야 민족이 이미 기원전 2500년에 아틀란티스의 멸망을 기록했다고 주장했다. 아틀란티스는 약 1만 1500년 전에 침몰했다는 것이다. 아프리카의 유명한 연구자인 레오 프로베니우스는 연구 작업과 답사를 통해 사라진 아틀란티스는 나이지리아의 베닌 주변에 있었을 것이라고 주장했다. H. H. 보하르트 교수는 튀니스에 아틀란티스가 있었다고 말했다. 알베르트 헤르만 교수는 남튀니지 공화국의 쇼트-엘-드제리드에서 발굴 작업을 한 후 "플라톤의 아틀란티스를 상기시키는" 정착의 단서들을 발굴했다.

또한 마르부르그의 헤르만 비르트 교수는 아틀란티스가 아이슬란드 주변에 있었으며 석기시대의 북유럽 문화권에 있었다고 했다. 북프리슬란트에 있는 보르델룸의 위르겐 슈파누트 신부는 아틀란티스가 북해의 헬고란트에 있었다고 확신했다. 또 섬의 북쪽에서 수심 9~12미터에 잠수를 했더니 옛날 성의 잔해들을 볼 수 있었다고 주장했다. 킬 대학교의 지리학연구소는 신부가 슈파누트에서 꺼내온, 인간의 손으로 만든 것으로 추정되는 부싯돌 12개를 조사했다. 그러나 대학교의 해양지질학 부서는 이것들이 인간이 만든 것이 아니라 자연스럽게 쪼개진 판 형태의 부싯돌이라고 결론 내렸다.

옥스퍼드 트리니티 칼리지의 J. V. 루스 교수는 학술 저서에서 아틀란티스가 미노스의 크레타 섬이라는 것을 증명하려 노력했다. 아틀란티스의 침몰은 테라 화산의 폭발, 지진 그리고 해일로 인한 크레타 섬의 파괴와 동일하다는 것이다. 루스는 특히 테라에 있는 마리나토스의 발굴과 발굴품으로 얻었던 새로운 결과들에 의존했다. 마찬가지로 1909년부터 벨파스트의 젊은 학자가 아틀란티스는 미노스의 크레타 섬이라는 주장을 펼쳤다. 크레타의 통치자와 미노스의 문화는 기원전 1500년 자연재해로 인해 파괴되었고, 거기에는 의심의 여지가 없다는 것이다. 그러나 크레타와 그 동화와 같은 문화가 아틀란티스였다는 주장에는 아직 결정적인 증거가 없다.

플라톤의 기록들

비밀을 밝히기 위해서는 플라톤의 텍스트에 반드시 의존해야 한다. 플라톤에 의하면 솔론은 이집트 여행을 마치고 사이스로 왔는데, 이집트의 역사적인 지식이 얼마나 오래전부터 확립되었는지에 대해 놀라지 않을 수 없었다고 했다. 그곳의 사제가 그에게 이와 관련된 비밀을 알려줬다고 했다. 『티마이오스』(제25장과 제26장)에는 다음과 같이 적혀 있다. "당시에는 그 바다를 통과할 수 있었다. 헤라클레스 기둥(지브롤터)이 있는 해협에 섬이 하나 있었다. 이 섬은 리비아와 아시아를 합친 것보다도 컸다. 여행자들은 이 섬에서 다른 섬으로 이동할 수 있었고, 다른 섬들에서 (대서양이란) 이름에 걸맞는 바다의 반대편 해안가까지 갈 수 있었다. 한쪽에는, 즉 해협의 안쪽으로는 좁은 입구의 항구만 있었던 것 같다. 그리고 그 반대편으로, 즉 밖으로는 실제의 바다가 펼쳐졌다. 이것을 둘러싸고 있는 땅은 말 그대로 대륙이었다. 아틀란티스 섬에서는 왕들이 크고 아름다운 왕국을 세웠고 섬 전체와 다른 많은 섬들, 그리고 대륙의 일부분을 통치했다. 또한 우리 쪽의 리비아(이집트 서쪽에 있는 아프리카)와 유럽에서 에트루리아(서이탈리아)가 왕국의 식민지였다. 그 후 아틀란티스에는 끔찍한 지진과 홍수가 일어났다. 단 하루 만에, 그리고 끔찍했던 밤에 아틀란티스는 바다 속으로 사라졌다. 섬을 가라앉도록 했던 진흙층이 매우 깊었고 오늘날에도 그쪽의 바다에 가기는 힘들어, 연구가 거의 되어 있지 않다.”

플라톤은 『크리티아스』 제114장에 계속 적고 있다. 섬에서 가장 나이가 많은 왕의 이름은 '아틀라스' 였고, 이 왕이 섬뿐만 아니라 바다에도 자신의 이름을 붙였다. 그의 쌍둥이 형은 헤라클레스의 기둥에 있는 쪽을 받게 되었다. 그는 그의 이름을 그쪽 지역의 언어로 '가디로스' 라고 불렀다.

그래서 그 후부터는 헤라클레스 기둥 앞쪽으로만, 즉 지브롤터의 서쪽에서 아틀란티스를 찾아야 하며, 대서양의 가디로스 지역을 수색해야지, 지중해 쪽은 아니다. 가데스는 오늘날의 도시 카디즈다. 따라서 아틀란티스를 헤라클레스 기둥 안쪽으로, 즉 지중해에서 찾으려는 것은 비합리적이다.

고대의 서사시는 상상력에만 기반하는, 사실과 동떨어진 지리학적인 내용을 포함하지 않았다. 왜냐하면 그 당시에는 장소와 관련한 진실성이 강하게 발전하였기 때문이다. 또한 슐리만이 트로이를, 그리고 에반스가 크레타를 발굴하면서 현대의 고고학에서도 고대의 설명들을 신뢰할 수 있고, 서사시에서 묘사한 장소의 설명들이 그저 상상력에 의한 것만은 아니라는 사실을 알게 되었다. 따라서 플라톤이 단지 '동화를 썼다' 라는 가벼운 의견은 버려야 할 것이다. 성공적인 고고학적 발견들은 특히 고대 문헌을 토대로 이루어진 것이 많기 때문이다. 게다가 상상력으로 지어낸 나라는 정확히 알려진 지역과 연관시키지 않는다. 가디로스 지역, 헤라클레스의 기둥, 그리고 "밖에 진짜 바다가 있다"라는 말들은 꽤 정확한 장소 설명이다. 따라서 리처드 헤닝 교수나 아돌프 슐텐 교수와 같은 치밀한 학자들도 플라톤의 아틀란티스에 관한 글은 긍정적인 사실에 기반한다고 설명했다.

타르테소스와 아틀란티스

지금은 세상을 떠난 에를랑엔의 슐텐 교수는 50년 동안 스페인의 역사와 고고학연구에 매진했다. 1940년 그의 70세 생일에 바셀로나 대학교는 그에게 명예교수 직위를 수여했다. 그는 또한 문화 부문에서는 최고의 스페인 상장인 알폰조 10세 십자훈장을 받았고, '엑셀렌츠'란 직위를 받았다. 슐텐 박사는 이베리아 반도 전체가 존경했으며 뛰어난 인물로 평가 받는다.

1901에서 1902년으로 넘어가는 어느 겨울밤, 그는 괴팅엔에서 아피안의 『이베리카』를 읽다가 기원전 133년 푸블리우스 코르넬리우스 스키피오가 누만티아 지역에 관해 쓴 정확한 묘사를 읽게 되었다. 슐텐은 두로-강으로 가서 언덕을 자세히 살펴봤다. 그리고 1905년 8월 12일 14시에 그는 6명의 노동자들과 함께 그곳의 땅을 파기 시작했다. 4시간 후 그는 파멸된 이베리아 도시, 즉 몇백 년간 소득 없이 찾기만 했던 누만티아를 발견하게 되었다. 1908년 가을, 슐텐은 스키피오 지휘관의 진영 7개도 발견하였다. 그는 이러한 고고학적 업적을 5권의 책으로 편찬했다. 부지런한 학자였던 슐텐 교수는 스페인 반도의 지리, 민족학 그리고 역사에 관해 발표했고, 12권에서 반도에 관한 모든 고대의 증거들을 나열했고, 에트루리아 도시인 타라고나와 그 밖의 많은 것에 대한 책을 썼다.

독일 학자였던 슐텐 교수는 타르테소스 도시에서 아틀란티스를 발견했다, 또는 적어도 아틀란티스의 비밀에 매우 근접하게 되었다!

타르테소스와 아틀란티스가 (어쩌면) 동일한 곳이라는 것을 증명하기 위해서는 우선 지금껏 우리가 타르테소스에 관해 무엇을 알고 있는지, 이 도시 또는 이 나라의 위치는 어디였는지를 확인해야 한다.

모든 문헌들을 살펴보면 타르테소스는 스페인의 남쪽 또는 남서쪽에 있었다. 이곳은 오늘날의 안달루시아다. 현재는 그렇지 않지만 안달루시아는 항상 이베리아 반도에서 가장 부유한 곳이었다. 고대에는 안달루시아가 지구상 가장 부유한 국가라고 여겼다. 안달루시아의 과거 이름인 바에티카는 기원후 100년, 그 비옥함 때문에 플리니우스에 의해 유명해졌다. 기원전의 대단한 사상가이자 여행을 다니면서 연구하는 역사학자였던 포세이도니오스는 타르테소스에 관해 썼다. 그의 묘사는 스트라보의 제3권 1장과 2장에 적혀 있다. 과달키비르의 과거 명칭은 바에티스였는데, 여기에는 많은 사람들이 살았다. 그곳에서는 216킬로미터까지 강을 거슬러 올라갈 수 있었고, 바다에서부터 코르도바, 그리고 그보다도 더 멀리 갈 수 있었다. 강가의 땅에는 많은 것이 재배되었다. 포세이도니오스는 올리브나무숲과 그 밖의 다양한 작물을 재배하는 밭을 언급했다. 투르데타니아는 그 자체만으로도 매우 풍부했다고 한다. 이곳에서 왁스, 꿀, 역청 그리고 적토를 수출했다.

배들은 모두 이곳에서 자라는 나무로 만들었고 굴, 조개, 참치 그리고 다양한 종류의 금속이 추출되었다. 투르데타니아와 그 주변 지역은 어떤 곳보다도 금속이 많았다. 다른 곳 어디에서도 여기보다 더 많은 양의 금, 은, 구리와 철을 발견하지 못했다고 한다. 포세이도니오스는 또한 금, 은, 구리 그리고 주석을 가공한 것에 대해서도 쓰고 있

※ 기원전 1000년대 초부터 페니키아의 배들은 서지중해의 항로를 장악하기 시작한다. 그림은 페니키아인들의 조각상.

※ 이비사식 건출물인 공동묘지에서 출토된 테라코타.
　페니키아인은 지중해 서쪽 쪽에 있는 이비사 섬의 전략적 중요성을 알고 있었다.

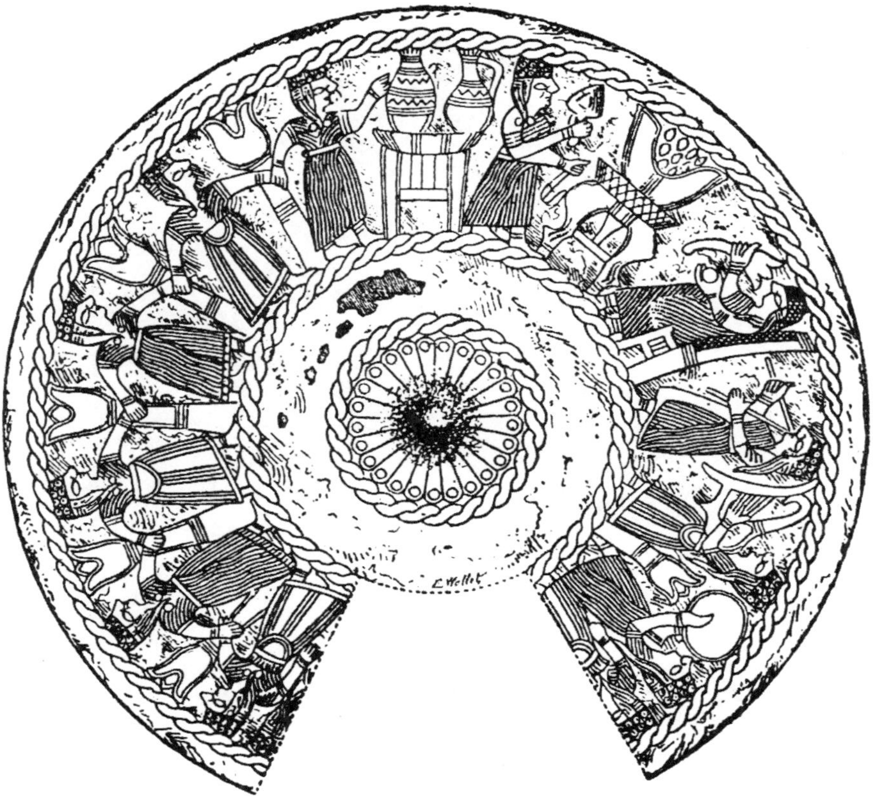

＊ 이달리움에서 발견된 페니키아인의 접시. 접시의 가운데엔 신을 상징하는 태양의 문양이 있고, 그 둘레엔 종교의식을 행하는 사람들이 악기를 들고 춤추는 듯 묘사되어 있다.

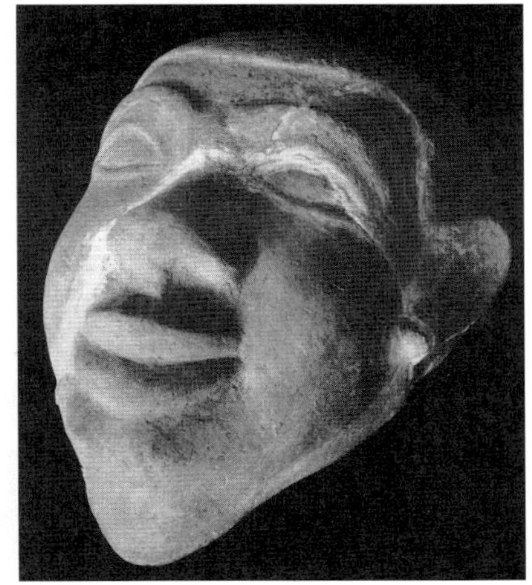

＊ 기원전 500년에 만들어진 것으로 추정되는 페니키아 조각품은 카디즈로부터 멀지 않은 산페르난도에서 발견했다. 머리는 누비아식의 기법이 가미된 페니키아의 형식을 분명하게 나타내고 있다. 어쩌면 카르타고로부터 이곳으로 가져온 것일 수도 있다.

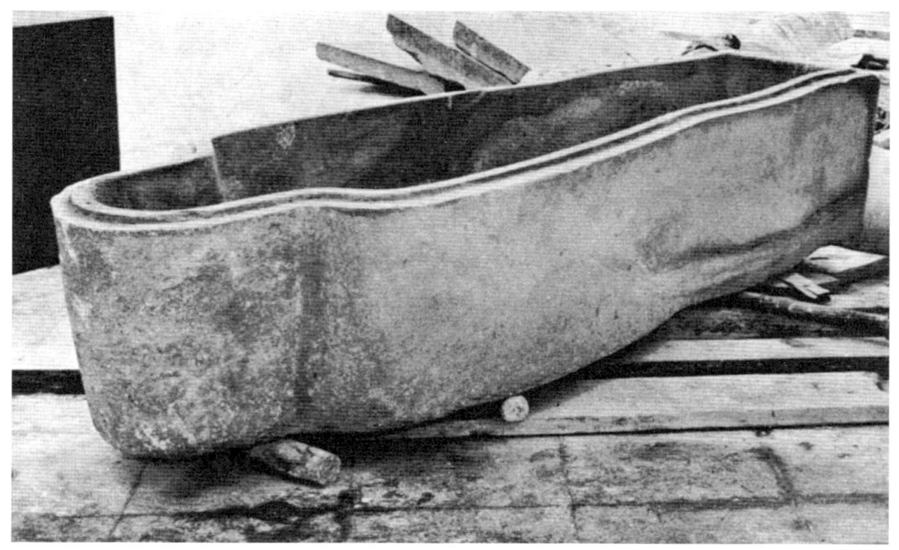

✳ 타르테소스 시대의 가장 흥미로운 발굴품 중 하나이다. 카데츠의 푼타 데 라 바카에서 돌판이 깔린 동굴과 무덤들을 찾아냈다. 이곳에서 기원전 5세기의 유골들이 담겨져 있던 관을 발굴했다. 왼쪽에 있는 덮개는 상단 그림에 보이는 관의 뚜껑이다. 이 관을 페니키아의 도시 시돈이나 카데츠에서 운반했을 것으로 추정한다. 이 예술적인 관의 임자인 백작이 왜 카데츠에 안치되었는지는 영원히 알 수 없을 것이다.

❋ 이 섬세하게 만들어진 그리스 그릇은 솔로몬 왕도 알았던 유명한 타르시스 배에 의해서 타르테소스로 운반되었다. 이 그릇은 약 2500~2600년 전에 만들어졌을 것이다.

❋ 이것이 시돈의 관에 있었던 백작의 손이다. 손에는 권력의 상징인 사과가 들려 있다. 오른쪽 손에는 왕관을 들고 있었는데 2500년의 시간이 흐르는 동안 서서히 떨어졌다.

다. 그의 생생한 설명은 오늘날에도 스트라보가 남긴 글을 통해 우리에게 전달된다. 타르테소스의 부는 특히 안달루시아 산맥이 핵심이었는데, 오늘날에도 이곳의 금속 매장량은 고갈되지 않았다. 스트라보는 은의 나라인 타르테소스에 대해 다양한 상상의 이야기를 해준다. 페니키아인은 이곳에서 납을 은으로 교환했다고 한다. 타르테소스의 광석은 올림피아와 델피의 보물창고로도 전달되었다. 스페인의 남쪽은 서양에서 발견할 수 있는 가장 오래된 금속산업지이다. 구리 매장이 있는 리오틴토 근처의 배티스 골짜기에서는 우선 구리에 주석을 혼합하여 동으로 가공했다. 현재의 세비야인 타르테소스는 리스본, 보르도, 안트베르펜, 함부르크 또는 런던과 같은 당대의 세계적인 항구도시였던 것이다!

타르테소스는 기원전 1150년에 고대 리디아 도시 투르사의 선원에 의해 설립되었다.

'투르사'를 '티로스'와 혼동해서는 안된다. 티로스는 오늘날 시리아의 지중해 해안가에 있는 페니키아인의 유명한 항구수도였다. 오늘날의 카디즈인 가데스는 대서양에 있는 스페인 남서해안에 설치한 페니키아인의 해외 영업소였다.

타르테소스는 어디인가?

그러나 투르사는 에트루리아인의 고향이다. 이 도시는 사라졌고 다시는 발견하지 못했다. 투르사를 발굴하게 된다면 에트루리아 사람들이 어디서 왔는지도 알 수 있을 것이다. 왜냐하면 후에 로마 명칭으로 에트루리아인으로 알려진 민족이 티로스인들과 티레아인들이기 때문이다. 티로스인들은 리디아-소아시아 사람들이다. 리디아는 에게 해의 오늘날의 터키 서해안 중간 정도에 위치했다. 타르테소스는 티로스인들의 식민지였고 에트루리아인의 범주에 속했다. 타르테소스의 유명한 왕은 아르간토니오스다. 이 이름은 슐텐 박사에 따르면 에트루리아 이름인 '아르크티'와 연관성이 있다고 한다. 안달루시아에는 소아시아, 리디아 즉 티로스인들의 고향에서 나온 많은 에트루리아 지명들이 있다. 구약성서에서도 타르시스 왕들, 타르시스 배, 거대한 항구 등에 대해 읽을 수 있다. "타르시스-배들이 물품을 가져왔다. 그것으로 부유해졌고 바다 중간에서 아름다워졌다"고 에스겔 서 27장 25절에 쓰여 있다.

로마의 귀족이자 시인이었던 루푸스 페스투스 아비에누스는 400년에 중요한 작품을 썼다. 그의 책은 마치 친구에게 스페인에서부터 흑해까지의 지중해 해안가를 설명하는 형식으로 쓰였다. 그는 해안, 나라들과 섬들을 당시의 상황으로 묘사한 것이 아니라 될 수 있으면 고대의 문헌들에 따라 적었다. 아비에누스는 고대 지리학을 좋아했던 사람이었다. 스페인 해안가를 묘사하면서 그는 마살리아(마르세이) 출신 그리스 선원의 설명을 참고했다. 고대의 선원은 기원전 530년 타르테소스에서 마살리아까지 항해했다. 그렇기 때문에 마살리아는 당시 지브롤터에서부터 매우 멀었던 유럽의 서해안과 그곳으로부터 더 북쪽의 항로를 묘사했던 것이다. 우리는 이 문헌을 통해서 스페인에 관한 고대의 자료들을 얻게 되었다. 이 선원은 영국을 처음으로 '알비온'이라고 불렀으며, 브르타뉴를 오에스트림니스라고 불렀고, 그곳으로부터 북쪽으로 항해를 계속하면 지금의 아일랜드인 이에르네 섬으로 갈 수 있다고 했고, 호박을 발견한 북해에 대해서도 설명했다.

타르테소스는 오늘날의 세비야인가?

마살리아의 그리스 선원은 전설적인 타르테소스에 관해서도 설명했다. 그로부터 타르테소스가 스페인의 서해안에 위치했고, 과다키비르가 대서양과 연결되는 곳이라는 것을 알 수 있다. 타르테소스-강, 즉 과달키비르는 '실버베르그'에 있는 샘물에서부터 합류점까지 묘사되었다. 타르테소스는 스페인 서해안의 큰 부분을 지배했다. 이 도시의 영향력은 시에라 모레나 그리고 도시의 금속에까지 육지 깊숙한 곳까지 미쳤다. 타르테소스인들은 아마도 기원전 1000~기원전 500년 사이에 고대 서양에서 가장 발달한 문화를 발전시켰을 것이다.

안달루시아를 여행하면 스페인 남쪽의 도시들이 얼마나 고급문화를 경험했는지, 주변이 아직도 얼마나 부유한지 그리고 박물관에 비치되어 있는 다양한 발굴품들을 통해 그곳에 얼마나 뚜렷하게 타르테소스 문화가 나타나는지를 볼 수 있을 것이다.

고대의, 아직 발견되지 못한 타르테소스는 정말 과달키비르의 합류점에 위치했을까?

타르테소스는 오늘날의 세비야인가?

그리고 타르테소스가 과연 플라톤이 설명했던 전설의 부유한 수도 아틀란티스였을까?

독일 학자 아돌프 슐텐은 4년 동안 타르테소스를 찾았지만 아무것도 발견하지 못했다. 그러나 타르테소스가 전설적인 아틀란티스라는 그의 추측은 가장 모험적인 고고학과 고대 역사의 발견이다. 과달키비르 합류점 어딘가에 고대 유럽의 가장 부유한 도시가 묻혀 있을 것이다. "나라의 모든 부를 모아서 아틀란티스의 주민들은 성전, 궁전, 항구, 부두를 건설했고 그 밖의 땅도 개발했다. 도시를 감싸고 있는 둥근 만 위로 다리를 세우고 그것으로 바깥세상과 궁전으로 도로를 닦았다. 모든 왕은 이전 왕의 궁전을 이어받았고 또 이미 아름다운 궁전을 더욱 예쁘게 꾸몄다."
— 플라톤, 『크리티아스』, 115c.

과달키비르의 세 물길이 합류하는 곳

과달키비르 합류점으로부터 멀리 떨어지지 않은 곳에 기원전 500년경까지 고대에 '라쿠스 리구스티누스'라고 불리던 호수가 있었다. 그 당시에는 강이 호수로부터 세 갈래로 나눠지면서 흘러갔고, 그래서 그 지점에 섬들이 생겼다. 기원전 500~기원전 100년에 고대의 지질학자 스트라본과 파우자니아스가 기행기에 썼듯이 이 강의 갈래는 2개로 줄었고 중간의 합류점은 모래로 덮혔다.

오늘날 옛날의 리구리아 호수는 늪으로 바뀌었고 그곳에는 마리스마 늪지대가 있다. 또한 과달키비르의 북쪽은 모래로 덮여, 이곳에서는 해안호만 볼 수 있다. 과달키비르 합류점의 지류로 만들어진 섬이 플라톤이 『티마이오스』와 『크리티아스』에서 설명한 아틀란티스였다면 많은 것이 설명된다. 플라톤은 홍수에 의해 아틀란티스가 바다 속으로 사라졌고 진흙이 바로 침몰한 섬의 원인이었다고 얘기했다. 그렇다면 왜 2000년도 넘게 그 섬을 찾았는데도 발견하지 못했는지 설명된다. 왜냐하면 과달키비르는 늪지대에서 지류 하나만을 남겼고, 오늘날 그곳에는 섬이 없기 때문이다.

아돌프 슐텐 교수는 지금까지 다시 발견되지 못한 타르테소스가 고대의 아틀란티스라는 기발한 생각을 하게 된다. 그는 이 도시가 한때 과달키비르 지류로 인해 형성된 섬에 있었다고 추측했다. 즉 바다를 향하는 곳이 아니라 육지로 약 2킬로미터 내지 3킬로미터 더 들어간, 오늘날의 사냥지역인 '코토 드 도나아나'였다고 했다.

슐텐은 그곳에서 볼 수 있는 타르테소스와 플라톤이 묘사한 아틀란티스 사이에 일치하는 다양한 단서들을 발견했다.

플라톤에 의하면 아틀란티스는 가데스까지 뻗어 있었다. 타르테소스는 따라서 가데스, 즉 카디스와 직접적으로 근접한 곳에 위치했어야 했다.

아틀란티스의 수도는 서사시 『크리티아스』에 의하면 수심이 각각 다른 세 바다가 섬을 둘러싸고 있었다. 타르테소스는 바에티스, 오늘날 과달키비르의 세 물길이 합류하는 곳 사이의 한 섬 위에 위치해 있었다.

아틀란티스의 수도는 직접 해안가에 있지 않았고, 이어지는 해협이나 깔때기 모양의 하구에 있었다. 즉 해안으로부터 약 9.2킬로미터 떨어진 곳이었다. 타르테소스는 산루카로부터 북쪽으로 10킬로미터 정도 떨어진 섬 위에 있었다. 과달키비르 합류점에 있는 산루카는 오늘날 유명한 만자닐라 와인의 수출 중심지이다. 어쩌면 한때의 섬은 예전에 대서양 안쪽으로 더 깊숙이 뻗어 있었거나 또는 더 깊게

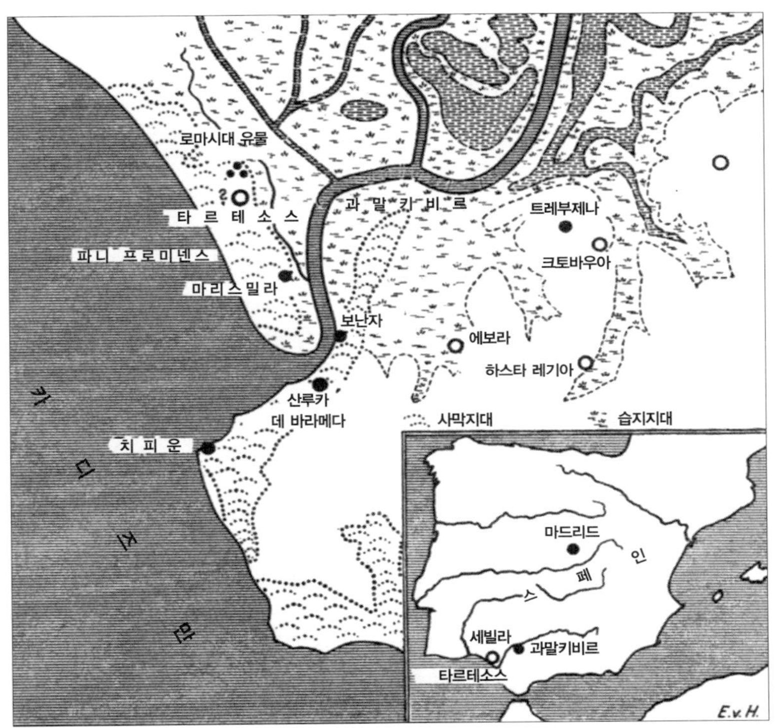

✳ 타르테소스

육지로 들어가 있었는지도 모른다. 아무튼 침몰한 도시의 주변은 늪이 형성되면서 많은 변화를 겪었지만, 해안으로부터 충분한 거리인 9.2킬로미터 정도 떨어져 있었을 수 있다.

『크리티아스』의 기록

『크리티아스』에는 하나의 "도랑"이 약 185미터 너비였고, 두 지류로 나뉜다고 쓰여 있다. 중간 부분의 너비가 약 200미터인 과달키비르는 쭉 흐르다가 타르테소스 앞에서 나뉘어 바다로 흘러들어갔다.

『크리티아스』(118 d)에 따르면 땅에는 해협이 많았고, 동일한 해

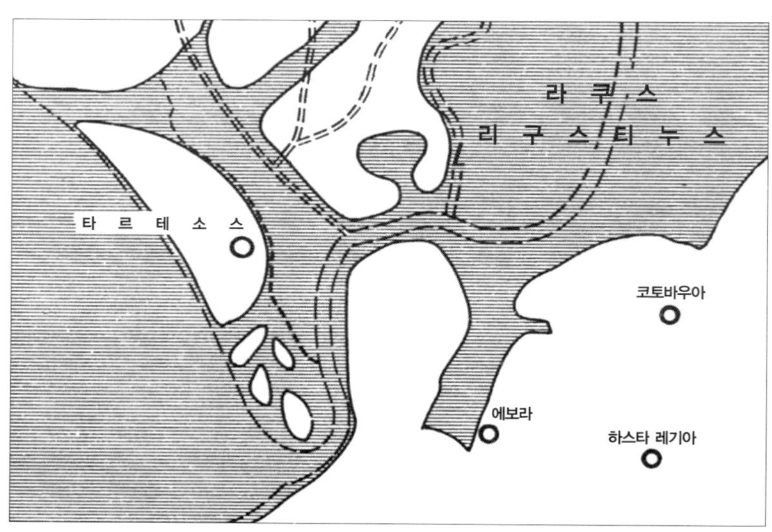

✳ 예전 타르테소스의 위치.

협체계는 스트라본이 과달키비르 골짜기에 횡단으로 놓여 있는 해협을 설명한 것과 동일하다. 이 묘사는 매우 정확하게 일치해서, 상상으로 지어냈다고 보기는 어렵다. 합류점에 형성되었던 고대의 국가들은 이와 같이 바닷가의 해협체계에 국가를 세우는 경우가 매우 드물었다. 그러나 오늘날 대서양의 해안가에는 이런 형태의 해협을 많이 발견할 수 있다.

아틀란티스의 부는 너무나 대단해서 그 이전에도 또 이후에도 그 정도의 부를 다시 축적할 수 없었다(『크리티아스』114d, 115c). 타르테소스는 서양에서 가장 부유한 도시였고, 그 당시 지구상의 가장 부유한 도시였으며 타르테소스의 금속 매장량은 엄청났다고 한다. 특히 플라톤의 『크리티아스』(114e)에서 우리는 아틀란티스 주민이 누렸던 부의 주요 원천이 은, 금, 철 그리고 구리였다는 것을 알 수 있다. 이와 같은 묘사는 한때 바다 바로 뒤에 놓였던 도시와도 정확히 일치한다.

플라톤은 아틀란티스의 주석도 강조했다(『크리티아스』116b) 그리고 스페인에는 많은 주석광산이 있었다. 플라톤이 살던 때에는 그곳에 주석이 귀했다는 슐텐의 주장은 들어맞지 않는다.

한편 플라톤이 언급했던 성스러운 황소는 잘 맞아떨어진다. 왜냐하면 이미 고대 이베리아에서도 황소는 성스러운 동물로 간주되었기 때문이다. 황소에 관한 의식은 아마도 크레타에서 스페인까지 왔고, 크레타의 황소 뛰어넘기는 후에 스페인에서 투우로 발전했다.

아틀란티스는 이집트와 에트루리아, 즉 서이탈리아까지 권력이 미쳤던 거대한 해상강국이었다. 타르테소스는 서양에서 가장 강한 해상 강국이었을 것이다. 타르시스의 배들은 스코틀랜드까지 항해했고, 어쩌면 더 북쪽으로 갔으며 지중해의 더 깊숙한 곳까지 갔다.

『크리티아스』에 따르면 아틀란티스 사람들은 바다와 이어주는 강을 항구로 사용했다. 섬의 안쪽으로 타르테소스 주민들은 바에티스 강가에 살았다. 그렇게 해서 강을 통해 바다에 접근할 수 있었다. 오늘날 60킬로미터 정도 강을 거슬러 올라가면 세비야 시(市)가 있는 것과 같다.

부의 왕국, 아틀란티스

아틀란티스 시민들은 "바다의 섬들"과 교류했고 그 섬들에서 "반대편에 있는 육지"와도 교류를 했다(『티마이오스』24e). 플라톤이 브르타뉴의 섬들을 말한 것이었는지, 또는 영국이나 아메리카 대륙을 말한 것인지는 모른다. 아무튼 구약성서에도 나오는 유명한 타르시스의 배로 바다를 항해하며 대륙과 섬들로 갔을 것이다.

아틀란티스 사람들이 가장 중요하게 여겼던 성전은 바닷가에 있는 포세이돈의 신전이다. 이 신전에는 포세이돈이 아틀란티스 사람들을 위해 만든 법과 기타 다른 기록들, 놋쇠로 만든 기둥이 있었다. 지리학자 스트라본은 6000년 전에 만들어진 타르테소스의 산문, 시 그리고 법에 대해서도 말해준다. 니부르와 슐텐도 이미 타르테소스인들의 고급문화를 알고 있었다. 아마도 타르테소스 사람들은 기원전 1100~기원전 500년 사이에 유럽에서 정신적으로 가장 앞선 민족이었을 것이다.

아틀란티스는 왕국이었다. 왕들이 이 큰 수도를 통치했다. 또한 산업, 상업, 활발한 삶, 항구부두, 큰 동산업, 저장고 그리고 포세이돈 신전 등으로 고대 세계의 자랑이었다. 사라져버린 도시 타르테소스도 왕이 통치했을 것이다. 왜냐하면 왕의 이름 "게론"과 "아르간토니오스"를 발견했기 때문이다. 타르테소스에는 악스 게론티스라는 왕의 성이 있었다고 하며, 플라톤 역시 이와 같은 성에 대해 썼다. 『티마이오스』(25d)와 『크리티아스』(108e)에서 아틀란티스가 오랜 전성기 이후 지진에 의해 갑자기 바다 속으로 침몰했다는 것을 알 수 있다. 플라톤이 이렇게 말한 것에는 두 가지 설명이 있다. 한편으로는 기원전 500년 타르테소스가 카르타고 사람들에 의해 파괴되었을 것이라는 것이고, 또는 전체 지역이 늪으로 변하고 과달키비르 합류 지점의 두 군데 또는 세 군데가 모두 말라버렸을 수도 있다.

아돌프 슐텐 박사는 '아틀란티스=타르테소스'라는 공식이 진실이라고 확신했다. 내가 1956년 에를랑엔에 있는 슐텐 교수를 방문했을 때 그는 한때 섬이었던 코토 드 도나아나를 한번 발굴하라고 조언했다. 그의 목소리는 슬픔에 가득 차 있었다. 당시 86세였던 그는 너무 늙어서 이제는 직접 발굴 작업을 하지 못한다고 했다. 직접 그곳을 발굴한 적이 있긴 하지만 성공하지 못했다. 그는 자신이 그토록 사랑하던 스페인을 그리워했지만 더 이상 스페인으로 갈 수 없었다.

구리 반지

1922년에서 1926년까지 슐텐은 라머러 장군과 함께 코토 드 도나 아나라는 사냥지역을 연구했다. 라머러는 연구를 마친 후 "고대에 호수와 같이 넓었던 과달키비르 합류지점에 약 18킬로미터 길이의 모래섬이 있었다는 것에는 의심의 여지가 없다. 과달키비르의 물이 바다로 흘러가는 양 지류의 강가에서 그러한 단서들이 꽤 정확하게 포착되었다."

슐텐은 이 지역에서 타르테소스를 찾았던 최초의 학자였다. 그는 이미 1910년에 해안을 따라 수십 킬로미터를 수색했다. 1922년 그는 체로드 트리고, 마리스밀라로부터 북쪽으로 6킬로미터 떨어진 지점에서 로마시대의 정착지역을 찾았다. 그는 벽들과 수많은 로마시대의 암포라를 발굴했다. 1923년과 1926년의 발굴 작업에서는 로마의 정착지역이 700×200미터의 크기였다는 것을 알게 되었다. 1923년 10월 4일, 슐텐 박사는 돌로 된 로마시대의 집을 발견하게 되었고 그곳에서 안과 밖에 그리스의 문자가 새겨진 구리 반지를 찾았다. 거기에 새겨진 글은 '소유자여 행복하라' 또는 '반지를 잘 보관하라'라는 뜻이었다. 슐텐 박사는 렘 교수와 함께 반지에 새겨진 글자가 매우 오래된 것이고, 이 반지가 기원전 6세기 또는 7세기에 만들어진 것이라고 추정했다. 그때는 타르테소스의 항해가 진행되었던 시기이다!

타르테소스로의 항해

키레네 설립에 관한 헤로도토스의 문헌은 다음과 같이 전한다. "바람이 멈추지 않을 때 그들은 헤라클레스의 기둥을 지나 타르테소스에 도착하게 되었다. 마치 신의 이끌림을 받은 것과 같이."

콜라이오스는 기원전 650년에 타르테소스에 갔을 것이다. 사모스가 헤라이온에서 찾은 4~5개의 발굴품에서 그 시기를 추정할 수 있다. 1958년 우물에서 찾은 상아로 만들어진 빗이 발굴된 물건이었다. 우선은 이 물건들을 남페니키아에서 수입된 것으로 발표했지만 이 빗은 세비야 지역의 카르모나에서 만들어진 것과 매우 유사했다. 새로 찾게 된 사모스 섬의 빗들은 서페니키아의 조각품에 속한다. 이 빗들은 과달키비르 지역과 사모스 섬에서만 만들어졌기 때문에 이 사모스 섬의 물건은 의심할 여지 없이 콜라이오스에서 가져온 것이다. 이로써 콜라이오스에서 타르테소스로 기원전 670~기원전 650년에 항해한 역사가 증명된 것이다. 헤로도토스는 또한 콜라이오스가 최초의 그리스인으로 이런 상업지역을 발견했다고 했다. 이미 오래전부터 페니키아의 수공업자들은 일을 하고 있었다. 그들은 빗을 만들었고, 성공적으로 항해를 마치는 데 대한 감사의 표시로 콜라이오스가 사모스 섬에서 헤라 여신에게 그 빗을 바친 것이다.

로마의 정착지역에는 어쩌면 기원후 200~400년에 어부들이 살았을지 모른다. 그곳에서 20개의 무덤을 발견하였고, 로마 후기의 도자기, 와인과 오일을 보관하는 암포라를 찾았다.

여기서 찾은 모든 것들은 반지를 제외하면 모두 로마시대의 것이다. 이 지역은 1.5미터 깊이에서부터 지하수가 흐르기 때문에 더 깊이 팔 수가 없다. 6미터까지 땅을 팠지만 고대의 잔해들은 전혀 발견하지 못했다. 그러나 슐텐은 로마 어부마을의 돌들이 우엘바와 부분적으로는 카디스에서 가져온 것이라고 주장했다. 로마인들이 이곳에 마을을 세울 때 산루카 도시는 이미 존재했기 때문에, 로마인들이 왜 산루카에서 돌을 가져오지 않았는지 궁금하다. 따라서 그보다 더 가까운 장소에서 건설용 돌을 찾을 수 있었다고 결론내릴 수 있는데, 그것이 바로 타르테소스의 폐허들이었다는 것이다. 타르테소스 사람들은 어쩌면 카디스와 후엘바 지역에서 배로 돌들을 가져왔을 것이고, 로마의 어부들은 700년도 넘게 폐허로 붕괴되어 있던 타르테소스의 그 돌들을 그대로 다시 사용했던 것이다!

슐텐 박사는 이 어부마을이 한때 타르테소스가 있었던 위치에 있었다고 믿었다. 타르테소스의 폐허로 만들어졌고, 그리고 적어도 부분적으로는 마을로 다시 태어났다고 믿었다. 기존 고대 정착지의 잔해 위에 새로 세워진 도시들이 많지 않은가. 플라톤이 아틀란티스의 위치에 대해 말했던 것도 놀랄 정도로 이 장소에 잘 들어맞는다. 그러나 슐텐은 결국 아틀란티스를 찾는 데에는 실패했다.

마리스밀라의 사구 아래 묻힌 도시

타르테소스는 기원전 1100년부터 붕괴된 기원전 500년까지 600년 동안 전성기를 맞았다. 사람들은 2000년도 넘게 타르테소스를 찾으려 해왔다. 슐텐은 5미터, 또는 그 이상 로마의 어부마을을 파보는 것이 좋을 것이라고 나에게 조언하기도 했다. 당연히 최신 기술을 사용하여 지하수 밑에서 타르테소스를 찾아야 한다고 말이다. 그러나 넓은 지역을 발굴하는 것은 비용도 많이 들고 물을 빼내려면 고성능의 펌프가 필요하다. 타르테소스는 마리스밀라의 사구 밑 어딘가에 묻혀 있을 것이다. 만약 사구가 오래전부터 몰락한 도시를 덮어서 도시가 보호되었다면, 언젠가는 타르테소스의 큰 부분을 다시 발굴해낼 수 있을 것이란 희망을 가져볼 수 있다.

여기에는 고요함만이 남아 있다. 소나무, 사구 그리고 큰 늪지대의 야생적인 환경만이 남았다. 여기에는 사슴, 멧돼지 그리고 토끼가 살며 이 전체 지역은 스페인 사냥꾼들을 위한 천국이나 다름없다.

마리스밀라의 고요함 속 어딘가에는 2500년째 묻힌 채로 타르테소스가 묵묵히 쉬고 있을 것이다. 과달키비르는 천천히 대서양으로 흘러가고 그 누런 물을 크나큰 바다로 흘려보낸다. 그리고 붉은 빛을 도는 사구는 끝없이 펼쳐진다……

그런데 강의 합류 지점에 있던 도시이면서 바다 속으로 사라진 다른 도시들도 있다. 예를 들어 시바리스는 루카니아의 해안 어딘가에 묻혀 있으며, 크라티스 강의 퇴적물에 묻혔다. 여기도 발굴하기가 힘들다. 2미터만 파도 지하수가 나오기 때문이다. 이 도시는 매우 부유했고 시바리스의 주민들은 무척 호화로운 생활을 했으므로 식도락을 비유적으로 나타내는 '시바리스의 삶'이란 말까지 있다.

슐텐이 타르테소스를 수천 년의 잠에서 깨우지 못한 것은 비극적인 일이다. 왜냐하면 슐텐 박사는 몽상가가 아니었기 때문이다. 그는 누만티아를 발굴했고, 스키피오의 위치를 알아냈으며 또한 스페인의 또 다른 사라진 장소들을 많이 발견했다.

그러나 타르테소스는 단지 한 도시에 불과한 것이 아니라 왕국의 수도이기도 했다. 그리고 타르테소스 왕국, 타르테소스의 문화는 사실 지난 20년간의 커다란 발견이다. 타르테소스 왕국은 스페인 남부 지역 전체, 특히 안달루시아, 그라나다 그리고 무르치아를 포괄한다. 이 사실을 슐텐 교수가 생전에 알아낸 것이다! 그는 타르테소스 왕국과 그 문화를 "아름다운 역사적인 현상"이라고 했다.

진정한 귀족, 타르테소스인

타르테소스는 로마 제국 이전에 가장 오래되고 유일한 도시국가였다. 또 타르테소스는 페니키아인과 에트루리아인 이전에 살았던 이베리아인의 다양한 도시들을 통치했다. 이베리아의 하인들은 귀족인 타르테소스인으로부터 '투르데타니아인'이라고 불렸다.

타르테소스인들은 진정한 귀족이었던 것 같다. 오늘날 그 지역의 스페인 공작들과 같은 귀족이었을 것이다. 그들은 사냥, 와인, 항해를 즐겼다. 이들은 이탈리아의 에트루리아인과 같이 노예들을 두었다. 유스틴으로부터 타르테소스의 왕 가르고리스가 양봉의 발명가였다는 사실을 알게 되었다.

스페인의 남쪽을 여행하면, 즉 예레스, 카디스, 세비야, 코르도바, 그라나다, 그리고 카르다게나까지 여행을 하다 보면 고대의 바다를 지배했던 강한 자신감을 가진 민족의 정신을 느낄 수 있을 것이다. 이베리아인, 에트루리아인, 페니키아인, 켈트인, 그리스인 그리고 로마인들은 이곳에 고유의 문화를 만들었다.

타르테소스의 수공업 제품들을 보면 항상 한 민족의 창의력이 조금 더, 또는 조금 덜 나타나는 것을 볼 수 있다. 그런데도 대부분의 물건들은 단순히 타르테소스식이다. 이런 고대의 타르테소스 문화는 오늘날에도 많은 영향을 미치고 있다. 스페인 남부에서는 지속적으로 바다와 연관을 맺으며 수천 년 동안 고유한 문화를 지속시켜왔던 정제된 삶의 형태를 발견할 수 있다.

우리는 유럽의 가장 뜨거운 여름을 타르테소스의 후계도시인 세비야에서 경험할 수 있다. 뿐만 아니라 가장 아름다운 봄, 가장 따뜻한 가을, 그리고 야자수와 함께 겨울을 보낼 수 있다. 10월까지도 꽃이 만발한 아름다운 정원에서 산책을 즐길 수 있다. 마법과 같이 예쁜 마당을 볼 수 있고, 그곳에서 작은 우물들과 꿈에서나 볼 수 있는 풍경을 경험할 수 있다. 세비야에는 가장 크고 부유한 고딕 돔이 하늘로 치솟아 있다. 무어 양식의 이슬람 사원의 높은 첨탑이 어떻게 기독교의 종탑인 93미터 높이의 히랄다(풍향계를 뜻하는 말—편집자) 탑이 되었는지 볼 수 있다. 교회 안에서는 유럽의 가장 큰 아틀란티스인의 무덤 앞에 설 수 있다. 이것은 바로 콜럼버스의 무덤으로, 새로운 세상을 발견한 콜럼버스의 시체가 묻혀 있다고 한다. 1898년 쿠바의 붕괴 이후 명예로운 비석을 이곳으로 옮겨온 것이다.

대서양에 잠긴 아틀란티스의 노랫소리

좁고 오래된 골목에는 고대 로마와 카르타고에서도 볼 수 있었던 가게들과 수공업 공장들이 있다. 이곳에서는 포도주 창고에서 3000년 전에도 별로 맛이 다르지 않았을 와인을 마실 수 있다. 이곳에서는 가장 좋은 대하, 오징어, 조개 그리고 그 밖에 한 번도 본 적 없는 해산물을 2500년 전 타르테소스인들의 조리법에 따라 먹어볼 수 있다.

그리고 아직까지도 대서양은 한때는 15미터 높이의 벽을 쌓아 주석과 은을 저장해놓았던 도시 카디스의 절벽을 향해 파도를 밀어 보낸다. 그리고 우리는 아직까지도 그 파도 소리에서 침몰한 아틀란티스의 노래를 들을 수 있다.

고고학의 즐거움

현재 스페인의 고고학자들이 정성스럽게 그리고 노력을 기울여 발굴하고 있는 '타르테소스의 문화'가 있다. 남부 스페인, 특히 안달루시아에서 발견한 물건들은 비밀스러우면서도 흥미로운 고대의 물건들로 간주된다. 그러나 책에서 볼 수 있는 이 문화에는 아직 공개되지 않은 여러 작품들이 있다.

"문헌들은 낯선 상인들이 긴 여행을 떠나서 이베리아 반도까지 온 가장 큰 이유는 전체 이베리아 반도의 중심지, 즉 포르투갈의 알가르브에서부터 마스티에까지의 지역을 포괄하는 타르테소스의 부 때문이라고 했다. 카르타고 사람들은 후에 이곳에 노바 카르타고를 세웠다. 타르테소스는 광산, 가축 그리고 농업이 활발한 지역의 중심지였다. 타르테소스가 얼마나 매력적인지는 그리스인들 또한 안달루시아 해안가에 페니키아 식민지를 세우고 오늘날의 말라가인 마이나케에 정착하려 했던 것에서 잘 볼 수 있다. 지난 몇 년간에 발견하게 된 물품들인 발데가마스의 물병, 카리아조의 동, 그리고 그 밖의 물건들은 타르테소스의 고대 작가들이 우리에게 주려 했던 인상들을 확인시켜주는 것 같다. 이 물품들을 통해 타르테소스인이 투르데탄인의 후손으로 고대의 중요한 도시의 구성이나 사회적인 질서에서 잘 볼 수 있는 문화를 지녔던 민족임을 알 수 있다."
– 안토니오 블랑코 프레이예로, 마드리드.

아조레스 제도의 동전

스웨덴의 학자 요한 포돌린은 1761년 신기한 이야기를 했다. 그는 마드리드에 체류하던 중 고전학을 하는 남자를 만났다고 한다. 그 남자가 바로 화폐 연구자 플로레스 신부였다. 플로레스 신부는 자신의 일을 매우 진지하게 여겼으며 신뢰할 수 있는 지식을 지니고 있었다. 이 신부는 아조레스 제도에서 발견한 스웨덴 동전을 보여주면서 심지어 이 귀한 동전을 선물했다고 한다. 그 후 포돌린이 듣게 된 이야기는 기원전 400년경에 있었던 항해에 관한 흥미로운 단서들이었다.

1749년 11월이었다. 대서양의 한복판 아조레스 제도의 해안에는 심한 폭풍우 때문에 파도가 크게 일었다. 18제곱미터의 코르보라는 작은 섬의 해안에 친 큰 파도가 돌덩이를 부수었고, 그 덕분에 검은 점토용기가 발견되었다. 그 용기가 깨져서, 안에 들어 있던 동전이 흘러나왔고, 이 동전을 리스본으로 보냈다. 플로레스 신부는 화폐학자로 유명했기 때문에 그 중 일부분을 마드리드에 있는 신부에게 보냈다.

고고학이 아직은 덜 알려지고 존경받는 학문이 아니었던 시대에는 이러한 귀중한 유물들의 대부분이 사라졌다. 당시부터 이런 골동품을 모아온 사람들이라면 오늘날 박물관 몇 개를 가득 채울 만큼의 유물을 모을 수 있었을 것이다. 아니나 다를까, 마드리드까지 갈 수 있었던 동전은 단 9개뿐이었다. 2개의 카르타고 금화, 5개의 카르타고의 구리동전, 그리고 같은 구리로 된 2개의 시레네 동전이 전부였다.

아조레스 제도는 1430년에서 1460년 사이에 포르투갈인들에게 발견되었다. 그러나 이미 그 전에도 알려져 있던 것으로 추정된다. 중세의 몇몇 지도에 섬들의 위치가 표시되어 있었기 때문이다. 아마도 알폰소 5세(1416~1458) 시대의 선원들이 아조레스 제도에 도착했을 것이다. 그러나 기원전 400년에 카르타고 사람들이 아조레스 제도에 왔었다는 것은 놀라운 사실이다!

카르타고 사람들은 페니키아 민족에 속하며 우리는 기원전 페니키아인들이 가장 유명한 선원들이었다는 사실을 잘 알고 있다. 그러나 지브롤터에서 서쪽으로 1800킬로미터나 떨어져 있는 대서양 한복판에 있는 아조레스 제도까지 왔다는 것은 대단한 일이다! 그 당시에 원시적인 배로 이와 같은 여행을 해냈다는 것은 페니키아인들의 항해술이 우리 생각보다 훨씬 더 발달했다는 새로운 사실을 알려준다.

알렉산더 폰 훔볼트는 중세에 노르만인이나 아랍인이 이 동전을 코르보로 가져간 것은 아닌가 추측했다. 그러나 노르만인이나 아랍인이 아조레스 제도에 체류했다는 증거는 찾지 못했다. 또한 이 동전들의 가치가 현존했을 시기에 제도로 가져왔다는 게 더 설득력이 높다. 그렇지 않았다면 그 동전들을 그렇게 깊숙이 숨기지는 않았을 것이다. 1927년 리처드 헤닉 교수는 이 비밀스러운 일을 연구하기 시작했다. 그리고 카르타고인들이 아조레스 제도에 갔다는 것에는 의심의 여지가 없다고 결론 내렸다. 그러나 가장 신기한 점은 카르타고 페니키아 선원들이 아조레스 제도 중에서도 하필 가장 멀리 떨어진, 북서쪽에 위치한 가장 작고 척박한 코르보로 갔다는 점이다. 어쩌면 폭풍우가 이들을 이 섬으로 데려왔을 수도 있다. 아니면 여기서부터 더 멀리 서쪽에 위치한 북미 또는 남미로 가려는 의도에서 왔을 수도 있다. 우리는 그 정확한 이유를 알지 못한다. 그러나 우리가 알 수 있는 것은 그들이 숨긴 보물을 다시 되찾기 위해 이 섬으로 되돌아오려 했거나, 또는 굳이 섬을 떠나려 하지 않았다는 점이다. 그렇지 않다면 아마도 동전을 다시 가져갔을 테니까. 해류는 지브롤터를 향해 흐르기 때문에 배가 난파되었다 해도 해류를 거슬러 올라갔을 리도 없다. 동전을 실은 배에는 선원이 있었음에 틀림없다. 마데이라, 포르토 산토 또는 스페인의 어느 다른 해안 도시나 카르타고에서 직접 이 제도로 항해하여 약 2000킬로미터의 엄청난 거리를 온 것이다. 동전들은 그다지 큰 주목을 받지 못한 채 침묵을 지키고 있지만, 이렇게 힘들고 먼 거리의 바다를 극복했던 놀라운 역사를 말해준다.

옛 문헌의 기록

1901년 네덜란드의 J. 메스는 동전과 함께 알지 못하는 언어로 쓰인 판도 발견되었다고 말한다. 그러나 포돌린의 보고서에는 동전의 모양을 그린 그림은 실린 반면 글자가 쓰인 판은 누락됐다.

1628년 마드리드에서는 파노엘 드 파리아 에 수사가 포르투갈의 발견에 관한 책을 출판했다. 파리아는 포르투갈인들이 아조레스 제도의 곳에서 말 동상을 발견했다고 썼다. 말 위의 사람은 손으로 서쪽을 가리켰다고 한다. 신앙심이 강했던 포르투갈인들은 이 상이 이교의 신을 위한 것이라고 생각해서 이 상을 파괴했다. 그러나 어쩌면 카르타고인들이 서쪽으로 용감한 항해를 감행했고, 이 상이 그러한 이들의 행위를 문자로 증명하려 한 것일 수도 있다. 알렉산더 폰 훔볼트는 아조레스 제도의 산맥 하나가 서쪽을 가리키는 사람의 모습을 하고 있다고 추측했다. 그리고 이와 같은 신기한 자연의 표시를 보고 콜럼버스는 계속 서쪽으로 항해했다고 한다.

우리는 페니키아의 티루스 사람들이 기원전 1100년 가디르, 즉 오늘의 카디스를 설립했다는 사실을 알고 있다. 그러나 우리는 그 지역에서 기원전 700년 이전의 고고학적 유물을 전혀 발견하지 못했다. 우리는 카디스로부터 약간 북쪽에 위치했던 광석의 상업지역이었던 타르테소스가 그 당시 전설적인 명성을 지니고 있었고, 놀랄 정도로 고급문화를 소유했으며 예술적으로도 뛰어난 민족이 살았다는 것을 알고 있다. 그러나 오늘날의 터키이며 한때 티루스였던 지역에서도 기원전 700년, 또는 기원전 800년 시기의 물건을 발견하지 못했다. 이 두 비밀스러운 도시는 카디스가 페니키아의 상업지였고 사라진 타르테소스는 에트루리아-티루스의 수도였기 때문에 흥미롭다. 이렇게 두 세계시장, 그리고 전혀 다른 문화권이 매우 근접해 있었던 것이다.

카디스로부터 타르테소스로 추정되는 과달키비르 합류 지점까지는 스페인의 대서양 해안을 따라 약 100킬로미터만 가면 된다. 타르테소스가 과달키비르 합류점 앞의 단순한 시장이었는지 또는 항구였는지, 또는 더 깊은 육지에 이와 연계되어 있던 수도가 있었는지, 아니면 타르테소스라는 이름이 왕국 전체를 말하는 것인지는 아직 정확하게 알 수 없다. 단 사라진 도시와 시장 또는 항구를 발굴하기 전까지는 말이다. 그러나 타르테소스의 훌륭한 문화와 오래된 역사를 증명해주는 글들, 그리고 이 문화의 고고학적 유물들은 타르테소스 왕국이 존재했었다는 데에는 어떤 이의도 제기하지 않는다.

우리는 고대의 문서기록을 신뢰해야 한다

스페인의 안토니오 가르시아 이벨리도는 매우 중요한 사실을 지적했다. 아직은 발굴된 증거물들이 없다 해도 고대의 문서기록들을 신뢰해야 한다는 말이다. 아무튼 고고학적 증거물이 없다고 해서 기록된 문서들을 신뢰할 수 없다고 보면 안 된다는 것이다. 예를 들어 오디세우스의 궁전은 아직 발견되지 않았지만, 호메로스는 그 궁전이 이타카에 있었다고 기록했고, 이 사실은 꼭 잘못된 정보는 아닐 것이다. 16세기에 스페인 사람들이 안데스 산맥을 건너 파타고니아, 그리고 아마존 강 지역까지 갔다고 하는데, 이에 대한 증거도 아직은 발견하지 못했다. 그렇지만 우리는 스페인 사람들의 이동에 대해 알고 있다. 스페인 사람들은 로아이사, 쿠이로스, 멘다나 또는 투레스를 거치면서 아무런 단서도 남기지 않았다. 그럼에도 스페인 사람들은 용감한 선원들이었다. 11세기에 미국의 대서양 해안에 도착한 바이킹 또는 노르만 사람들의 착륙에 대해서는 고고학적으로 증명된 것이 거의 없다. 그럼에도 우리는 이들이 매우 용감한 항해의 역사를 썼다는 것을 잘 알고 있다. 그러나 사람들의 기억에 남기 위해서는 도시를 설립해야 하고 그 도시가 폭풍을 극복하고 땅에 뿌리를 내리고 문명의 꽃을 피워야만 한다. 수많은 사람들의 발자국은 과거에 이미 지워졌다. 자연재해, 홍수, 해일, 지진 등이 있었던 곳에는 도시 전체의 위치가 사라져버리기도 했다.

따라서 우리는 페니키아인들이 이미 800년~900년에 스페인, 그리고 어쩌면 심지어 아조레스 제도에까지 갔다고 추정할 수 있다. 또한 티로스 사람들은 더 오래전에 티로스와 타르테소스 왕국에서 살았다고도 추측할 수 있다. 이들은 그 당시 최고의 선원들이었다.

오스티미에인

여기서 타르테소스와 연관되어 있고 생활공간이 북쪽, 아일랜드 그리고 노르웨이의 피오르드 협만까지 미쳤던 민족을 언급해야겠다. 그들은 다름 아닌 오스티미에인들이었다. 그들은 페니키아인들 외에 타르테소스 사람들이 상업을 했던 사람들로 프리슬란트, 작센, 노르만, 한자 동맹도시의 시민들, 네덜란드 그리고 영국인들의 선조들이었다. 아비에누스는 오스티미에인들이 매우 유명한 선원들이었고 힘차고 용감하게 행동하는 상인들이었다고 말한다.

또한 오스티미에인들이 큰 가죽으로 만든 배들을 소유했다는 사실도 매우 흥미롭다. 이들은 어쩌면 세상에서 가장 오래된 배의 형태를 만들어서 북해부터 포르투갈까지 대서양 해안을 따라 항해했다. 켈트인들을 연구하는 학자인 율리우스 포코르니는 이 가죽배들은 켈트 이전의 원주민들이 아일랜드에서도 사용하였고, 아일랜드인들이 켈트 용어에 따라 '프리볼그', 즉 '가죽보트를 타는 사람들'이라 불렀다고 했다. 로마황제 시대의 역사학자인 카시우스 디오는 대서양 서쪽을 따라 거주하고 있는 사람들이 가죽배를 탔다고 기술했다.

타르테소스 사람들이 가죽으로 만든 배를 실제로 사용했는지는 알 수 없다. 왜냐하면 그 당시, 즉 2500년도 넘는 세월을 버텨 온 그 당시의 가죽과 나무가 모두 부식되었기 때문이다. 이집트에는 그보다 더 오래전에 만든 배들이 보존되어 있다. 죽은 사람을 태운 배를 숭배의 대상으로 여겨 큰 돌방에 정성스럽게 보관했기 때문이다. 그러나 수천 킬로미터를 항해하면서 세상과 물류 교환을 했던 타르테소스의 배들은 바다, 또는 침몰한 항구와 도시에서 파도에 의해 망가졌다. 이 배들은 24시간 안에 216킬로미터를 갈 수 있었다. 이로부터 타르테소스 사람들이 범선을 갖고 있었다는 것을 알 수 있고, 또한 4세기 말경의 아비에누스가 쓴 글에서 타요만에 들어오기 위해서는 우선 서풍과 그 다음에는 남풍이 필요하다는 대목에서 잘 알 수 있다.

위대한 타르테소스 문화

지난 수십 년간 발견하게 된 타르테소스 문화는 거대하고 부유한 과거에 대한 상(像)을 보여주기 때문에 매우 흥미로운 것이다. 이제 그 당시의 물건들을 보는 사람들은, 한때는 위대했지만 이제는 사라진 서양문화를 경험할 수 있다.

1958년 9월 30일, 세비야 근처의 엘 카람볼로 언덕에서 이루어진 발굴 작업에서 매우 소중한 보물을 발견하였다. 발굴품은 총 21조각으로 구성되어 있었으며, 모두 금으로 된 목걸이, 팔찌, 펜던트, 브로치, 그리고 왕관 또는 허리띠의 판이었다. 발견된 이 물건들을 보면 당시의 금세공 기술이 매우 발달했었다는 것을 알 수 있다. 안토니오 블랑코 교수는 이 장신구의 몇몇 무늬들을 미케네 꽃병, 미기도의 상아 장난감, 코르사바드, 아르슬란 타시 그리고 텔 바르십에 있는 아시리아와 시리아 궁전의 그림에서 볼 수 있다고 했다. 그

※ 세비야 고고학박물관에 전시된 특이하게 생긴 묘비석.

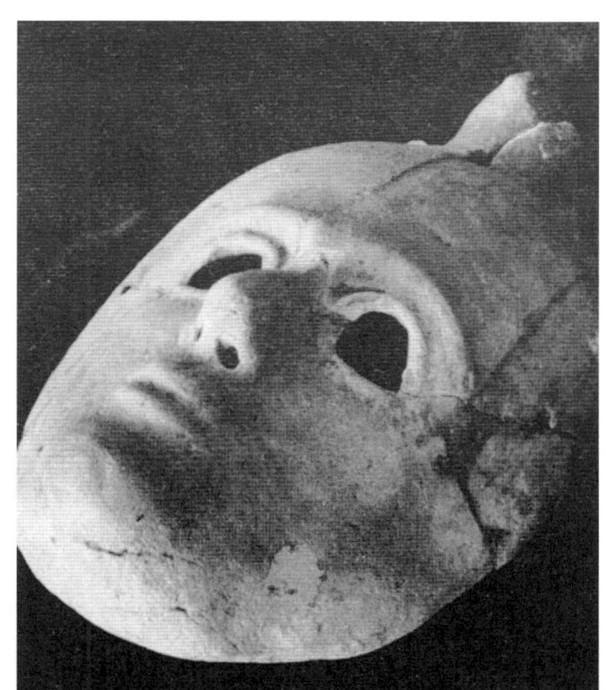

✳ 이 부장품은 그리스에서 온 것이고 카디스의 어느 무덤에서 발견되었다. 여성용 가면은 나쁜 영혼들을 쫓아내기 위해 묘에 같이 넣어준 것이다. 기원전 500～기원전 300년에 만든 것으로 추정된다.

✳ 타르테소스 문화의 영향을 받은 닭 모양의 어린이용 물그릇. 아마도 기원전 700～기원전 600년에 만들어진 것으로 추정된다. 카디스 고고학박물관에 전시되어 있다.

※ '엘체의 여인'은 스페인 동쪽 해안인 엘체에서 1897년 발견되었다. '스페인의 모나리자'라고도 불리는 이 작품은 기원전 5세기에 만들어진 최고의 예술적인 작품이다. 머리장식, 헤어스타일, 귀걸이와 목걸이 등이 위대한 타르테소스의 문화를 잘 보여준다.

※ 1958년 9월 30일 발굴된 엘 카람볼로의 유명한 보물. 21조각으로 구성되어 있으며 모두 금으로 만들어졌다. 블랑코 교수에 따르면 이 물건들은 허리띠가 아닌 왕관의 조각들이라고 한다. 이 물건은 타르테소스인들이 월등한 금세공 기술을 보유하고 있다는 것을 잘 보여준다.

※ 세비야의 고고학박물관에 전시되어 있는 매우 세밀하게 작업된 상아로 만든 물건이다. 카르모나에서 발견되었으며 기원전 700~기원전 600년에 만들어진 것으로 추정된다. 이 물건은 타르테소스인들이 상아를 잘 다루었다는 좋은 증거물이다.

러나 스페인 외의 다른 나라에서는 지금까지 이와 같은 장신구를 발견하지 못했다!

고고학자 쿠칸과 블랑코는 그 판들이 허리띠가 아니라 왕관의 일부분이라고 주장했다. 키프로스의 오래된 무덤에서 이와 비슷한 물건들을 발견했으므로 이와 같은 장신구가 어쩌면 키프로스로부터 출발했다는 추측을 하게 된 것이다. 목걸이에는 스탬프가 있었다. 이것은 페니키아의 문화를 뜻하는 단서이기도 하다. 이 모든 영향요소들에도 불구하고 엘 카람보로의 보물은 이베리아 반도의 남쪽에 자립적이고 창의적인 금세공예술이 발달했었다는 증거이다. 즉, 타르테소스 문화가 스페인의 학자 블랑코가 말했듯이 "매일매일 조금 더 손으로 만질 수 있도록 발전되었다"는 것에 대한 증거인 것이다. 카람볼로의 장신구는 아마도 기원전 600년에 만들어졌고, 의도적으로 숨겨놓았을 것이다. 언덕 기슭에 구멍을 파서 그곳에 장신구가 들어 있는 용기를 숨겼다는 것이 스페인의 J. 말루커 교수의 추측이기도 하다. 말루커 교수는 발견된 장소가 기원전에는 집이었지만 화재로 파괴되었을 것이라고 주장했다.

포도주 항아리

1953년 돈 베니토 근처에서 동으로 만들어진 포도주 항아리를 발견했다. 안토니오 블랑코 교수에 따르면 이 항아리들은 이베리아 반도에서 발견된 어느 그릇보다도 미적으로 월등하다. 발데가마스의 밭에서 땅을 파던 농부들이 돈 베니토라는 장소의 끝부분에서 처음 항아리를 발견했다. 농부들은 발견된 항아리의 가치를 모르고 우선 땔나무가 쌓여 있는 곳에 버렸다. 그러나 땅을 40센티미터 정도 계속 팠더니 다양한 크기의 방이 4개 있는 집의 잔해를 발견하게 되었다.

벽의 돌들 사이에서는 또 다른 도자기 조각들이 나왔다. 그래서 이곳에 마을이 있었을 것이란 생각을 하게 되었다. 발데가마스 땅의 소유주였던 도노소 코르테 가족은 동으로 된 항아리를 보관했다. 블랑코 교수는 이 항아리에는 그리스뿐만 아니라 페니키아의 양식이 섞여 있다는 사실을 발견하게 되었다. 이 항아리는 분명히 기원전 600년에 만들어졌는데, 어디서 왔을까? 페니키아의 가디르(카디스)에서 만들어졌는가? 스페인 외의 다른 동산업중심지에서 수출용으로 만든 것인가? 아니면 이탈리아의 에트루리아가 이와 같은 포도주 항아리의 원산지였는가?

밭에서 건진 보물

산 루카 드 바라메다 근처에 있는 과달키비르 강가에는 에보라 밭이 있다. 몇몇 스페인 학자들은 사라진 타르테소스 도시가 이곳에 있다고 주장했고, 슐텐 교수는 사라진 도시의 위치가 이곳으로부터 약 10킬로미터 떨어진 코토 드 도나아나라고 주장했다. 에보라 밭 밑에는 아마도 로마의 도시인 에보라와 그 밖에 오늘날까지 아직 발굴되지 않은 수천 개의 사라진 도시들이 묻혀 있을 것이다. 여덟 살짜리 소년 프란시스코 베야라노는 밭을 갈다가 금으로 된 장신구 몇 개를 발견해서 그것들을 아버지에게 주었고, 이 장신구를 비싼 값에 팔게 되었다. 그런데 밭의 소유주는 이 사실을 경찰에게 신고했고, 경찰이 이 작은 보물을 보호하게 되었다. 아쉽게도 소중한 장신구 6점은 이미 녹여서 결혼반지로 세공된 뒤였고, 그 밖의 모든 다른 장신구들은 어느 은세공자가 2565페세타에 구입했다. 스페인의 고고학자 콘쳅시온 블랑코 드 토레실라스는 이 보물이 순금 47점으로 구성되었다고 말했다. 이 장신구들은 다양하게 꾸며졌으며 몇 개만이 흙의 무게로 조금 휘었고 보석이 빠졌다. 그러나 팔찌, 귀걸이, 반지, 타이라의 일부분, 목걸이의 일부분, 펜던트 등 모든 것은 기원전 500년에 만들어진 것으로 보인다. 여기서도 일부 그리스 그리고 일부 아시아-페키니아의 영향을 볼 수 있다. 이 장신구도 수입한 보석인지 또는 현지의 금세공자가 만들었는지는 알 수 없다. 블랑코 드 토레실라스는 이 장신구들이 타르테소스의 왕이었던 아르간토니오스의 궁전에서 만들어졌고, 어쩌면 아틀란티스였을 수도 있는 사라져버린 타르테소스 왕국의 화려함이 이 장신구들을 통해 보존된 것이라고 주장했다.

블랑코 드 토레실라스는 또 "만약 타르테소스가 에보라 농장에 있다는 것을 확실히 알 수만 있다면 이곳에서 매우 흥미로운 발굴 작업을 많이 할 수 있었을 것이다. 타르테소스가 발견되지 않았더라도 얼마 전에 발견된 보물은 과거부터 추측해온 전설적인 도시의 화려함과 고급문화를 뒷받침해주었다. 그리고 도시의 성벽은 멀리 떨어져 있지 않을 것이다."

1920년 2월 29일, 발굴 작업자들은 채 1미터도 파지 않아 그릇에 담긴 장신구를 발견하였다. 발굴 장소는 산 페드로 산맥의 라알리세다였다. 아마도 이곳은 이베리아 귀족의 무덤이었을 것이다. 섬유를 장식하기 위한 194개의 작은 장식품들은 이곳에 옷이 놓여 있었다는 것을 짐작하게 한다. 금으로 된 머리띠는 면사포를 고정하기 위한 것이었고 금으로 된 티아라, 금 귀걸이, 팔찌, 53개의 고리로 된 목걸이, 62개의 조각으로 세련되게 구성된 허리띠 등도 발견되었는데, 이 모든 것들은 매우 예술적으로 세밀하게 세공되었다. 모두 현대의 보석 가게에서 팔아도 될 만큼 아름다운 물건들이었다! 타르테소스 시대 이후의 사람들은 이렇게 세밀한 작업의 기술을 잃어버렸다고 생각될 정도로 정교하고 아름다웠다.

유인원 석관

카디스 고고학박물관의 관장이기도 한 콘켑시온 블랑코 드 토레실라는 고고학계의 많은 비밀을 풀어주었던 석관을 보여줬다. 이 석관은 유명한 귀족의 것으로, 대리석으로 만들어졌으며 인간의 신장에따라 변하는 것이었다. 이러한 석관을 '유인원 석관'이라고 부른다. 스페인에서는 이와 같은 유명한 고고학적 발견품을 '시돈 석관'이라고 불렀다. P. 보쉬-김페라가 말한 것과 같이 진정한 페니키아의 작품이다. 이 석관에서는 이집트의 석관과 고전시대의 그리스 형식도알아볼 수 있다. 대리석으로 된 석관 내부에는 귀족의 유해가 있었다. 수염을 기른 귀족의 모습은 매우 위엄 있으며 진정한 통치자의 얼굴을 하고 있다. 그는 죽은 후 페니키아에서, 어쩌면 시리아의 시돈에서유명한 배로 이곳으로 운송되었던 것인가? 그는 가디르의 왕이었는가? 그래서 고향의 땅에 안장되길 원했던 것인가? 아무튼 이 아름다운 페키니아의 작품은 기원전 500년 또는 기원전 400년경에 만들어진 것으로 추정되고, 당시 카디스와 고대 동양이 서로 연계하고 있었다는 것을 잘 보여준다.

엘체의 부인

남스페인에서 가장 흥미로운 고고학적 유물이자 아마도 이베리아반도에서 가장 값비싼 예술품은 '엘체의 부인'일 것이다. 알리칸테에 있는 엘체는 알리칸테 시(市)보다도 더 따뜻한 기후를 자랑한다. 여름에는 매우 덥다. 엘체에는 옛 이베리아의 이리치가 위치했는데, 지중해 해안으로부터 15킬로미터밖에 안 떨어진 곳이다. 이곳에는 유럽에서 가장 크고 유일한 야자수 숲이 있다. 그곳에는 17만 그루의 야자가 심어져 있고, 그 중 몇 그루는 높이가 40미터 이상이다. 마치 아랍의 격언 "야자수들은 발 하나는 물속에, 머리는 하늘에 두고 서 있다"처럼 말이다. 야자수에 인공적으로 물을 공급하기 위해 5킬로미터 떨어진 곳에서부터 물을 실어왔다.

1879년에 '엘체의 부인'이 발견되었다. 이 상의 크기는 53센티미터이며 매우 아름답다. 페인트 자국들이 남겨져 있는 것을 봐서 이 상이 완전히 채색되어 있었음을 알 수 있다. 눈동자는 아마도 유리로 만들었던 것 같다. 이 상을 무덤에서 발견했기 때문에, '엘체의 부인'은 죽은 자의 상이라고 추정했다. 스페인에서는 이와 같은 조형물을 석회석으로 만들고 '라이나 모라'라고 부른다. 그러나 블랑코 교수는 유일하게 발견된 이 상이 어쩌면 여신일 가능성이 있다고 주장했다. "이 상의 얼굴은 마치 인간이 신을 만났을 때의 표정을 보여준다."

이 상은 한때 루브르에 전시되었지만 이제는 다시 스페인으로 돌아왔다. 처음에는 프랑스가 이 상을 구입했지만 나중에 다시 스페인에게 돌려줬다.

나는 그 상을 오래, 자세히 살펴보았다. 프라도의 아래층 작은 방에서 다른 어떤 방문자들의 방해도 받지 않고 말이다. 기원전에 만들어진 이 마돈나를 오래 바라보고 있자면 이 상의 미와 세상과는 동떨어진 것과 같은 고요함에 압도될 것만 같다. 머리장식, 가슴 위의 무거운 목걸이는 금속, 동, 은 또는 금으로 만들어졌다. 나는 마드리드에 있는 발렌시아 드 돈주앙 연구소에서 순금으로 만들어진 귀걸이와 보석을 볼 수 있었고, 그곳에서 '엘체의 부인'이 두르고 있는 금속이 어떤 것인지 알게 되었다. 이 모든 것은 다 금이었을 것이고 스페인이 과거에 조형물을 만들 때 사용했던 방법과 동일하게 만들어졌다.

이 상에서 부분적으로 그리스와 카르타고의 양식을 볼 수는 있지만, 이 여인은 스페인의 모나리자이고 약 2500년 전에 만들어졌으며, 스트라본이 고대 스페인 여인들이 착용했다고 전하는 것과 동일한 장신구를 착용하고 있었다. '엘체의 부인'이 머리 양 옆에 하고 있는 로텔은 안토니오 블랑코의 의견을 따르면 은판으로 만들어졌다고 하는데, 그는 마드리드 고고학박물관에서 에스트레마두라에서 발견된 것과 비슷한 장신구들을 발견했다고 한다. 이 판들은 헤어스타일을 꾸미는 데 사용되었기 때문에 어쩌면 부분적으로는 머리카락 속으로 고정했을 수도 있다. 오늘날에도 발렌시아 소녀들이 민속의상을 입을 때는 이와 비슷하게 양 옆에 머리를 땋아 고정한다. 인간의 역사에서 2500년이란 시간은 아주 짧은 기간에 불과한 것 같다. 어쩌면 타르테소스 왕국에서 소녀들이 추는 춤이 2500년이나 지속되어 왔을 수도 있다. 또한 긴 치마와 블라우스는 크레타 여인들의 옷을 떠올리게 한다.

안달루시아의 땅 밑에 잠든 고대 도시들

이곳의 삶은 새롭기도 하지만 도시에는 고대의 것이 남아 있다. 페스투스 루푸스 아비에누스는 기원전 400년에 고대 도시들이 침몰하고 멸망하는 것을 봤다고 기록했다. 그는 인구가 무서울 정도로 줄어들고 도시가 몰락하는 것을 설명했다. 얼마나 많은 도시들이 비옥한 안달루시아의 땅 밑에 숨어 있는지 알 수 없다.

모든 것이 사라졌고, 모든 것이 먼지로 변했거나 또는 대서양의 물 속으로 침몰했다. 그러나 땅은 조심스럽게 우리에게 서서히 더 값진

보물들을 보여준다. 세밀한 기술의 수공업, 예술, 금 그리고 한때의
타르테소스의 문화를 드러내 보여주는 것이다.

카나리아 제도가 처음으로 발견되었을 때, 그곳에는 알려지지 않은 관체족이라는 민족이 살고 있었다. 그들의 언어는 현재 미지의 상태로 남겨져 있고 그들의 문화는 몰락했다. 그들이 어디에서 왔는지는 아무도 모른다. 관체족 전체가 멸절되었다. 이 특별한 사람들에 관한 연구에서 추론할 수 있는 내용을 책에서 언급하겠다. "내가 사티로스에 관해 더 많은 것을 알고 싶어서 많은 사람들과 그들에 대한 대화를 나눴다. 카러 오이페누스가 나에게 이야기하기를, 이탈리아로 향하는 항해 도중에 폭풍우를 만나 사람들이 가지 않는 먼 바다에 다다르게 되었다고 했다. 그곳에는 황량한 섬들이 많았고 어떤 섬들에는 사나운 원주민들이 살고 있었다고 한다. 그들은 전에도 그곳에 온 적이 있고 원주민이 어떤지 이미 알고 있었기 때문에 배에서 내리려 하지 않았다고 한다. 하지만 그들은 이번에도 어쩔 수 없이 땅을 밟아야 했다. 뱃사람들은 이 섬을 '사티로스' 라고 불렀다. 원주민들의 피부는 검붉었으며 뒤에는 말처럼 큰 꼬리가 있었다고 한다. 그들은 배를 발견하자 다가와서 아무런 소리를 내지는 않았지만 배의 아낙네들에 손을 댔다고 한다. 뱃사람들은 결국 두려워서 한 명의 야만인 여성을 내줬고 사티로스인들은 재미를 봤다고 한다."
— 파우사니아스 제1권, 23, 5, 6장, (기원후 약 175년경)

성자의 섬

대서양의 카나리아 제도는 스페인-서아프리카 해변에서 겨우 80킬로미터 떨어진 곳에 위치한다. 이 섬들은 화산폭발에 의해 생성되었으며, 바다의 가장 맑은 공기와 건강한 북동풍으로 축복받았고, 산들은 3700미터까지 솟았으며, 제라늄, 백합, 달리아, 장미, 무화과나무, 올리브, 사탕수수뿐만 아니라 특히 바나나가 풍부하고, 거의 일년 내내 태양이 비추며 맑은 샘물이 솟는다. 약 500킬로미터에 달하는 곳에 13개의 작은 섬들이 바다에 펼쳐져 있고 마데리아는 이곳에서 또 다시 500킬로미터 떨어진 곳에 위치한다.

고대에 카나리아 제도는 '성자의 섬' 이라고 불렸다. 역사학자, 지리학자, 문학가들은 이 축복받은 섬을 묘사하고 찬양했다. 플루타르크는 이 섬을 '플레이데스(아틀란티드)' 라고 불렀을 수도 있지만, 그가 정말 카나리아 제도를 지칭했는지는 알려지지 않았다. 기원후 23년에 태어나 기원후 79년 베수비오 산이 폭발할 때 목숨을 잃은 플리니우스의 조상인 가이우스 플리니우스 세쿤두스는 'naturalis historia' 라고 불리는 자신의 저서 『박물학』에서 이 섬들을 언급했다. 플리니우스는 스타티우스 세보수스라는 사람과 기원전 50년부터 기원후 23년까지 살았고, 아프리카 전쟁 승리 후 시저의 신하로써 로마로 와 성장하게 된 모리타니아의 왕인 누미디어 유바를 통해 이 낯설고 머나먼 섬에 대해 알게 되었다. 유바는 리비아, 아랍, 시리아, 언어학, 식물학뿐만 아니라, 고고학 관련 책들도 그리스어로 많이 남겼다. 기원전 5세기에 살았던 헤시오도스는 아마도 그리스 최초의 종교적 색채를 띤 저서일 『신통기』에서 서쪽 바다에 있는 고르고에 관해 이야기한다. 고르고는 '서양문화' 의 오래된 상징이다. 아마도 헤시오도스는 카나리아 제도의 가장 동쪽 부분, 즉 라잔로테와 푸에른테벤투라를 의미했을 것이다.

지브랄 계곡 주변의 팅겐테라 출신의 폼포니우스 멜라는 기원후 40년경에 사람이 거주하는 지역의 지리학을 3권의 책으로 집필했는데, 그 책도 고르고의 섬들을 헤스페리데스라고 칭했다. 호머가 이미 이곳을 엘리시움이라고 했을 수도 있다. 엘리시움은 영혼의 육체가 죽은 후 인생의 보답을 받는 곳이다. 기원전 700년경 인류 최대의 시인인 호머의 생각에는 세상의 끝이 어디였을까? 영웅 라다만토스가 살았던 곳, 사람들이 조용하면서도 성스럽게 살아가는 곳, 눈이 내리지 않는 곳, 시원함을 주기 위해 바다에서 끊임없이 온화한 바람이 부는 곳인 엘리시움이 바로 그곳이다.

그런데 영혼은 죽은 후에 왜 서쪽으로 가는가?

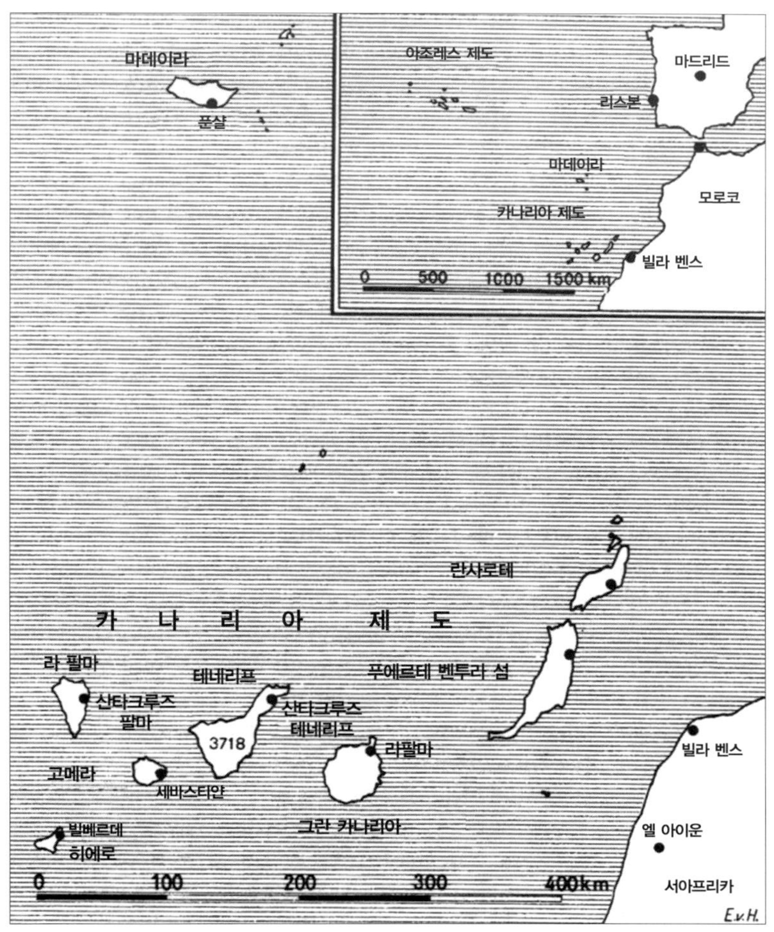

✳ 카나리아 제도.

축복받은 자의 섬은 과거에 사자(死者)의 섬이었다. 모든 고대 민족들은 사람이 살고 있는 지구의 가장 서쪽 끝에 죽은 자들의 섬이 있다고 믿었다. 죽은 사람들은 태양의 움직임을 따라 이동한다고 생각했으며, 서쪽이 해가 지는 곳이기 때문이다. 고대인들의 생각에 따르면, 낙원은 어떤 특정한 섬이라고 믿었는데 호머와 헤시오도스의 시대에는 스페인 서아프리카 북쪽, 즉 리오 데 오로에 그 섬이 위치한다고 생각했다. 로마공화국 말기와 로마황제시대의 초기에는 이곳을 마데이라와 카나리아 제도라고 여겼다.

지명의 기원

지명을 거슬러 올라가면 언제나 매우 오래된 역사적, 민족적 연관관계에 다다르게 된다. 그렇다면 카나리아라는 단어는 무엇에서부터 유래한 것일까? 몇몇 연구자들은 그 이름이 가나안에서부터 유래했다고 한다. 플리니우스는 자신의 다섯 번째 책에서 리오 데 오로 북쪽의 가나리 민족에 관해 언급했다. 기원후 330년경 세상을 떠난 아프리카 작가 아르노비우스는 이 명칭을 더욱 확대하여 전체 군도를 지칭하는 "카나리아 제도"라고 불렀다.

일부 중앙아메리카의 옛 문화권에서는 털이 없는 개를 키웠기 때문에 일반적으로 카나리아 제도가 카니스(Canis), 즉 라틴어로 개라는 단어에서 유래되었다는 주장은 흥미롭다.

하지만 분명 이 명칭은 사탕수수와는 상관이 없을 것이다. 사탕수수 또는 기둥은 카나라 불리지만 고대에는 아직 사탕수수가 알려지지 않았다. 아랍인들이 사탕수수를 스페인 남부로 가져왔고, 그곳에서부터 사탕수수가 카나리아까지 가게 되었다. 섬이 정복되자 사탕수수가 사실상 가장 중요한 수입원이 되었다. 정복자들은 사탕수수 식물과 사탕수수 제분기로 많은 부를 축척했다. 어떤 사람이 재빠르게 사탕수수를 카나리아에서 인도 서부지역으로 가져갔다. 그제야 카나리아 지역의 설탕은 세계시장에서 만만치 않은 새로운 경쟁자를 맞았다.

이방인의 방문

콜럼버스 이전, 노르만 민족이 착륙하기 전에 유럽인들이 아메리카 대륙에 발을 딛었다는 것은 부인되었다. 하지만 파우사니아스의 선박이 폭풍우로 난파되어 미국에 도착했을지도 모른다는 가능성을 보여주는 부분이 있다. 파우사니아스는 기원후 175년경 고대의 삶, 고대 종교, 지역학과 예술에 관한 소중한 내용이 많이 담긴 10권의 『여행일기』를 쓴 소아시아 출신의 그리스인이었다. 파우사니아스가 제1권 23, 5, 6장에 언급했던 카러 오이페노스는 어디에 정박했는가? 폭풍우는 이 뱃사람을 지브랄 계곡에서 대서양, 즉 '사티로스'로 인도했다. 그곳은 붉은 사람들이 살고 있던 섬이었고 그들은 아마도 인디언들이었던 것 같다. 아니면 오이페노스가 카나리아 제도의 주민을 만났을까? 섬사람들은 매우 경계했으며 정박한 배의 여자들을 범했다. 뱃사람들은 데리고 온 야만인 여성을 그곳에 남겨두는 방법으로 겨우 원주민들로부터 자신들을 보호할 수 있었다.

근대에 들어서는 아마도 아랍인들이 처음으로 섬에 오게 되었을 것이다. 벤 파로크 해군장군은 999년 그란 카나리아의 반도 만(灣)에 도착했다. 그는 이곳에서 교환과 무역을 할 준비가 된 민족을 만났다. 카나리아 사람들은 그에게 전에도 낯선 뱃사람들이 왔다고 말했다. 우리는 누가 그곳에 갔었는지는 결코 알 수 없을 것이다. 아랍인들이 원주민들과 어떻게 의사소통을 했는지도 모른다. 아랍인 역사학자 에부 파티마는 아랍인들이 다른 섬들에도 갔다고 한다. 1099년부터 1164년까지 살았던 유명한 아랍인 지리학자 에드리시는 아프리카 해안에서 연기가 피어오르는 것을 볼 수 있었고, 그 연기는 산봉우리 2개에서 났다고 했다. 알렉산더 폰 훔볼트는 이 사실이 옳다는 것을 입증했다.

게누센은 1291년 실종된 뱃사람과 연구가들이 이 섬으로 갔다고 주장했다. 그들의 배는 되돌아오지 않았다.

1333년에는 프랑스 뱃사람이 이 섬에 도착했다고 한다. 포르투갈 왕 알폰소 4세가 이 사실을 알게 되었다. 4년 후 그는 배를 보냈지만 고메라 섬의 원주민들은 배를 바다로 쫓아냈다.

포르투갈인들은 1341년에 다시 카나리아 제도에 가서 많은 소식을 가져왔다. 1344년에 아비뇽에 있는 교황 클레멘스 6세가 스페인 출신의 프랑스 영주 루이 데 라 세르다에게 이 비밀스러운 섬으로 가서 원주민들에게 기독교를 선교하라고 지시했다. 선교사들은 1360년 그란 카나리아로 보내졌다. 그들은 몇몇 원주민들을 귀의시켰고 원주민들에게 이런 저런 기술을 가르쳤다. 하지만 대부분의 선교사들은 순교했다. 1393년에는 스페인이 이 섬으로 탐험가들을 보냈지만, 란차로테 섬만을 약탈했을 뿐 그 이상의 성과는 거두지 못했다.

사실 카나리아의 근대 역사는 1402년에 섬을 정복하기 위해 대서양으로 떠난 노르망디 사람으로부터 시작된다. 그의 이름은 장 데 베텐쿠르트이다. 그는 푸르트벤추라 북부에 요새를 세웠지만 그의 군대는 섬 전체를 장악할 정도로 강하지 못했다. 그래서 그는 소규모의 점령군만 남겨두고 귀향해 카스티리아의 하인리히 3세에게 재정적, 인적 지원을 요구했다. 그래서 카스티리아 왕은 푸르트벤추라, 란차로테, 고메라, 히에로에 자국의 깃발을 세울 수 있었다.

"이다프여, 우리를 보호해 주시옵소서."

세계 점령의 역사와 비슷한 현상을 이곳에서도 찾아볼 수 있다. 원주민들은 이방인들에게 호의를 갖고 환대했다. 그러나 이 백인들이 무엇보다 약탈을 생각하고 있다는 사실을 알자 그들은 "야성적"으로 돌변했다. 베테쿠르는 고메라 섬에서 매우 특별한 환대를 받았다. 그가 섬을 떠날 때, 카나리아인들은 배를 따라 수 마일을 헤엄치면서 그에게 떠나지 말라고 부탁했을 정도였다.

히에로 섬에는 오랜 전설이 이어져 내려왔다. 요르왕의 유골이 먼지가 되어 흩어지면, 바다로 하얀 집들이 건너와 민족을 구할 것이라는 전설이다. 처음으로 베테쿠르의 범선이 섬에 다가왔을 때, 멀리서부터 흰 돛이 바다에 빛나는 것을 보고 최고 성직자가 요르왕의 무덤으로 급히 갔다. 그는 유골이 먼지로 변한 것을 보고 바다에서 구세주가 온 것이라고 생각했다. 하지만 히에로 사람들의 친절은 어느 날 반감으로 변했다. 현재 히에로의 수도 발데르데에는 '엘 가로에'라는 이름이 붙은 나무가 있다. 이 나무의 잎들에서 섬 전체의 갈증을 해소시킬 정도로 충분히 많은 양의 물이 떨어졌다고 한다. 이 나무가 우물에 위치했을 수도 있다. 원주민들은 나무와 우물을 쌀과 건초로 덮어 이방인들이 이 섬에는 신선한 물이 없다고 여기게 했다. 하지만 섬의 한 소녀가 스페인 기사를 사랑하게 되었고 그 비밀을 발설했다. 그래서 전쟁이 일어났다. 많은 원주민들이 노예로 끌려갔고, 그 소녀는 히에로 사람들에게 살해되었다.

라 팔마 섬에는 오래전부터 섬이 점령을 당하면 이다프 암벽이 무너져 내린다는 이야기가 구전되어왔다. 그래서 원주민들은 "이다프여, 우리를 보호해 주시옵소서"라고 기도했다. 스페인인들이 섬의 안쪽을 파헤치고 위험에 처했을 때 원주민들은 "이다프여, 떨어지옵소서"라고 빌었다. 그러자 이다프 암벽이 무너지고 부서져내렸다. 암벽 밑에는 아직까지도 그 섬을 지켰던 용맹한 원주민들이 묻혀 있다고 한다. 타나우수 왕자도 생포되어 스페인으로 끌려갔지만 그는 그곳에서 스스로 단식을 하여 죽음을 택했다.

카나리아 제도 전역은 매우 격한 전쟁을 거쳐 스페인인들에게 점령당했다. 원주민들은 이와 같은 위기상황에서 서로를 돕곤 했다. 하지만 스페인 정복자인 디에고 데 헤레라, 디에고 데 실바, 돈 알폰소 페르난데스 데 루고는 화주, 칼, 십자창과 행운으로 카나리아 제도를 점령했다. 원주민들은 놀랍게도 훌륭한 전사였으며 매우 용맹하고 강한 투사였다.

1595년 프랑시스 드라크 경과 존 홉킨스 경이 지휘하는 영국 함대가 스페인의 정복자를 공격하자 라 팔마 섬 앞에서 반격을 당했다. 영국의 유명한 넬슨 장군은 자신의 1797 산타 크루즈로 테네리페를 정복하려다, 폭격을 받아 팔을 잃기도 했다. 그의 선원 중 44명은 목숨을 잃고 201명은 익사했으며, 123명은 부상을 당했다. 스페인 쪽에서는 단지 32명이 목숨을 잃고 42명만이 부상을 당했다.

그때까지만 해도 아직은 정정당당한 전투였다. 영국인들이 정복욕을 포기하고 전투를 끝낼 때 넬슨과 스페인 최고 지휘자 돈 안토니오 구티에즈는 서로 인사를 주고받았을 뿐만 아니라 맥주, 치즈, 와인, 과일을 비롯한 많은 음식을 서로 나눠 가졌다. 모든 영국인들은 스페인인들에게 빵과 와인 한 병씩을 받았다. 기사도 정신이 살아 있었던 스페인인들은 부상 입은 사람들을 치료하고 보호했다.

관체족의 수수께끼

카나리아 제도의 원주민들은 인류학과 고대 역사상 아직까지도 풀리지 않은 가장 흥미롭고 수수께끼 같은 질문을 우리에게 안겨준다.

일반적으로 관체족은 키가 크고 매우 건실했다. 서쪽 섬들의 원주민들은 더욱 밝은 색의 머리칼을, 아프리카에 인접한 섬들의 원주민들은 어두운 머리칼과 두툼한 입술을 가졌다. 특히 여성들이 아름다였다고 전해지는 말은 오랜 항해 끝에 소녀들을 보자마자 탐냈던 뱃사람들의 상상에 기인한 것이다. 또한 그 당시 이곳을 발견한 사람들의 과장 덕분에 관체족은 믿을 수 없을 정도로 큰 힘을 갖고 있다고 전해지기도 했다.

모든 관체족이 몰살당한 것은 아니다. 대부분은 자연사했다. 관체족 여성들과 딸들은 종종 정복자의 친구가 되었다. 또한 스페인 여성이나 포르투갈 여성들과 결혼한 관체족 남성들도 있었다. 이렇게 이 민족은 정복자의 피와 섞이게 되었다. 오늘날 일부 스페인 민족의 얼굴을 보면, 그들의 흔적을 조금이나마 찾아볼 수 있다.

16세기까지 원주민들은 오랫동안 원시적인 나무, 뼈 또는 돌로 만든 도구를 사용했다. 하지만 초기 석기시대의 발달된 증거물들도 발견할 수 있다. 오랜 지중해 고문화를 엿볼 수 있는 그란 카나리아의 거대한 지하 건축물, 신전, 폐가, 남아 있는 일부 도로와 값진 묘지들이 좋은 예이다.

관체족 사람들 중 많은 수는 산을 파서 만든 주거용 동굴에서 살았다. 물론 자연적으로 형성된 동굴에서도 살았다. 하지만 동굴생활이 불가능한 곳에는 작고 둥근 집을 지었고, 이런 건축물들도 발견되었다.

그들은 염소가죽이나 식물로 만든 섬유로 옷을 만들어 입었다. 이런 유물들은 그란 카나리아에서 많이 발견되었다. 여성이나 남성들은 나무, 뼈, 진주로 만든 목걸이를 비롯한 다양한 장신구들을 착용했다. 그들은 자신의 몸에 알록달록한 색을 칠했고 갈색의 점토로 만든 도장 같은 기구를 사용하여 몸에 그림을 그렸다. 민무늬 또는 매우 단순하거나 손가락으로 만든 무늬의 점토 용기, 갈아서 만든 돌도끼뿐만 아니라 목재 작살, 몽둥이, 창, 방패들도 발굴되었다. 관체족은 철을 몰랐다. 도자기를 만드는 회전판뿐만 아니라 화살과 활도 몰랐다. 그러나 창은 끝을 불로 달구어 강하게 하거나 뾰족한 가시를 달았다.

관체족의 돛배

아직까지 의문점으로 남는 것은 관체족이 전혀 항해를 배우지 않았다는 것이다! 그들은 한 섬에서 다른 섬을 볼 수 있는 능력이 있었나 보다. 하지만 섬 주민들은 서로 연관관계가 없었다는 사실을 한 스페인인이 알렸다. 아마도 섬 원주민들은 오랜 기간 동안 서로 왕래가 없었거나 가끔 뗏목이나 원시적인 배로 이웃 섬에 다다르곤 했을 것이다.

크레모나 출신의 이탈리아인 레오나르도 토리아니는 1585년에 카나리아 제도를 방문하고 1590년에 이 제도와 원주민들에 관한 매우 흥미로운 작품을 썼다. 그의 주장에 따르면, 관체족은 통나무배와 매트 또는 야자수 잎으로 돛을 만든 배를 갖고 있었다고 한다. 그는 이 배가 카나리아인 고유의 문화유산이었으며 스페인 사람들에게 배타는 법을 배우지 않았다고 믿었다. 토리아니의 의견이 옳다면, 이런 이동수단의 잔해를 전혀 발견하지 못한 이유를 설명할 길이 없다. 풀리지 않는 수수께끼에 직면하게 된 것이다.

관체족은 분명 멀리 떨어진 곳과 언어 소통을 하기 위해 일종의 '새소리'를 사용했을 것이다. 그들은 한 봉우리에서 다른 봉우리로 휘파람 소리를 통해 의사를 전달했다. 그러나 '휘파람 언어'는 구체적인 소식을 전할 때에만 사용할 수 있었고 이런 방법으로는 추상적인 내용을 전달할 수 없었다. 일부 카나리아인은 오늘날까지도 휘파람으로 다양한 신호와 심지어 이름까지 전달할 수 있는 예술가이다.

카나리아인에게 부는 양 떼, 염소, 돼지, 개, 토끼를 소유하는 것을

살림 인문 베스트
Best Books

(주)살림출판사 www.sallimbooks.com

413-756 경기도 파주시 교하읍 문발리 파주출판문화정보산업단지 522-2번지

대표전화 031-955-1350 / 팩시밀리 031-955-1355

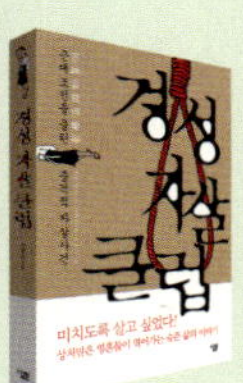

지은이 전봉관
페이지 312쪽
가 격 12,000원

전봉관
사변적이고 이데올로기적인 인문학을 넘어 사람 냄새 나는 인문학을 찾기 위해 문화 현상과 사건, 인물에 관심을 갖고 있다. 문·사·철 어느 영역에서도 연구하지 않지만, 인문학적으로 의미 있는 다양한 문화 현상을 연구하고 있다. 전공인 문학뿐만 아니라, 살인 사건, 스캔들, 사기·협잡, 투기, 가정문제 등을 문화사적으로 조망한 다양한 글을 발표하고 있다.

경성자살클럽
근대 조선을 울린 충격적 자살 사건

♣ 상하이 국제 삼각연애 살인 사건

후텁지근한 한여름 밤, 쥐 죽은 듯 조용하던 상하이 공동조계의 정적을 깨뜨린 세 발의 총성! 세 구의 시신과 한 명의 생존자가 남았다. 대체 이들 사이엔 어떤 사연이 있었던 것일까?

♣ 청상과부 신여성 윤영애 자살 사건

1933년 7월 27일 오전, 스물셋 젊고 당찬 신여성이 칼모틴 한 움큼을 집어삼켰다. 영원히 깨어날 수 없는 잠에 빠진 그녀. 반년쯤 전 사랑하던 남편을 잃고도 씩씩하게 살아가던 그녀를 죽음으로 몰아간 것은 무엇인가?

♣ 고학생 문창숙 집단 따돌림 자살 사건

흰 눈이 펄펄 내리던 겨울날, 이화여전 뒷산에서 여학생이 목을 맨 채 발견되었다. 그녀는 누가 죽였는가? 그리고 그해 겨울 이화여전 기숙사에서는 과연 무슨 일이 벌어졌던 것인가?

미래는 핀란드에 있다
국가경쟁력 1위의 비밀

지은이 리처드 D. 루이스
옮긴이 박미준
페이지 328쪽
가 격 13,000원

**2차 대전 후 유럽에서 가장 가난했던 나라가
어떻게 이렇게 놀라운 성취를 이룰 수 있었을까**

고무와 목재 생산업체에서 통신업계의 세계적 리더로 도약한 노키아, 제2차 대전의 패전국 중 전쟁 배상금을 모두 갚은 유일한 나라, 1952년 헬싱키 올림픽 개최로 12년 전 무산된 올림픽 개최 약속을 끝끝내 지킨 나라. 핀란드의 독특한 역사와 민족성에서 '국가경쟁력 1위'의 비밀을 발견한다.

★ 교보문고 · 알라딘 · yes24 인문 · 역사 베스트셀러

쿨 잇
회의적 환경주의자의 지구 온난화 충격 보고

지은이 비외른 롬보르
옮긴이 김기응
페이지 328쪽
가 격 14,000원

지구 온난화 논쟁의 지형도를 뒤바꾼 도발적인 문제작!
『회의적 환경주의자』를 통해 전 세계적으로 엄청난 반향을 불러일으킨 롬보르의 획기적인 신작! 환경문제에만 매달리지 않고 인류가 풀어야 할 여러 문제까지 살피는 참신한 관점으로 온난화에 얽힌 논쟁의 지형도를 바꾼다. 저자의 명쾌한 글쓰기와 방대한 근거 자료를 제시하는 논리적 반박이 돋보이는, 환경 측면의 가장 뛰어난 안내서이다.

무지의 사전
브리태니커와 구글에도 안 나오는 인류 지식의 최신 보고서

지은이 카트린 파지크 · 알렉스 숄츠

옮긴이 태경섭

페이지 308쪽

가 격 13,000원

우리 시대 과학자들이 풀지 못한 엉뚱한 문제들, 그리고 기발한 실험들

세상의 대부분의 책이 앎의 세계를 얘기하고 있다면, 이 책은 우리가 해명하지 못한 무지의 영역을 탐구한다. 뱀장어의 번식은 환각제의 작용방식과 마찬가지로 수수께끼이고, 여성의 사정에 관해서는 거의 밝혀진 바가 없다. 지식의 빈틈들을 해명코자 애쓴 과학자들의 엉뚱하고 기발한 연구 결과가 담겨 있다.

알파벳의 신비
세상을 만든 문자, 알파벳.
알파벳은 어떻게 태어나, 어떤 상징과 마법의 힘을 갖게 되었나

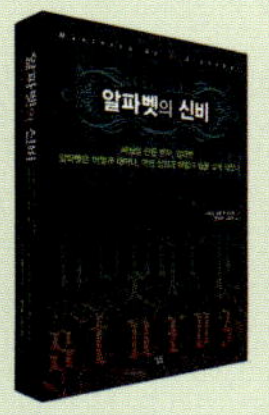

지은이 마르크 알랭 우아크냉

옮긴이 변광배 · 김용석

페이지 400쪽

가 격 18,000원

서양 문명의 근원 알파벳의 역사와 신비를 파헤친다

알파벳은 어떻게 해서 오늘날의 알파벳이 되었는가? 그 철자 하나하나에는 어떤 역사적 흔적과 상징적 의미가 담겨 있을까? 저자는 문자고고학적 입장에서 알파벳의 역사와 신비를 정리한다. 이를 통해 알파벳이 서양 문명의 근원을 이루었으며, 우리가 잊고 있는 그것의 상징들이 현대까지 이어지고 있다는 사실을 확인한다.

의미했다. 이 모든 동물들을 식용으로 이용했다. 길들인 강아지는 특별 진미였고, 모든 음식은 끓여 먹었다. 뿐만 아니라 얕은 바다에서 잡은 물고기도 즐겨 먹었다. 다른 원주민과 마찬가지로 카나리아인도 구멍을 뚫기 위해 2개의 나무 조각을 서로 비비며 불을 지폈다.

관체족은 지나치게 늙거나 치료가 불가능할 정도로 병들어 일을 할 수 없게 되면, 자신을 죽여달라고 부탁할 수 있었다. 친척들은 이 부탁을 거절할 수 없었고, 몇 가지 음식을 함께 넣어둔 멀리 떨어진 동굴에서 그는 홀로 죽음을 맞이할 수 있었다.

카나리아인의 유골 처리법

카나리아인은 죽은 자의 유골을 평생 보관하기 위해 끊임없이 노력했다. 유골을 분리하면 영혼의 불멸성에 종말이 온다고 믿었다. 그래서 그들은 죽은 자의 시체가 썩지 않도록 약품처리를 했다. 여러 구의 미라가 발견되었지만 그 중 많은 수는 상당히 파괴되고 훼손된 상태였다. 놀랍게도 이 미라들의 무게는 절대로 6~7파운드 이상 나가지 않았다.

미라를 만들기 위해서는 우선 죽은 사람의 시체를 깨끗이 닦았다. 카나리아인은 시체 닦는 사람을 경멸했으므로, 그들은 격리된 지역에서 살아야만 했다. 반면 시체에 약품처리를 하는 사람들은 주로 사제였으며 그들은 카나리아인에게 추앙받았다. 여사제는 여성의 시체를, 남성 사제는 남성의 시체를 담당했다. 시체를 보존하기 위해서는 야자수의 검붉은 수액을 사용했다. 이 섬들에는 오래전부터 야자수가 있었는데, 그 중 일부는 3000년 이상 된 것들이다. 오늘날 남아 있는 몇 그루 안 되는 나무들은 보호 대상으로 지정되어 있다. 기린혈이라고 부르는 이 나무의 수액은 탐험가들이 알지 못했던 우수한 보관용 약품이다.

사람들은 멍석에 미라를 싼 후 최대 6겹으로 염소가죽이나 양가죽을 두르고 특별히 정갈한 방법으로 가죽을 바느질했다. 만약 왕의 시체라면, 접근하기 어려운 동굴의 협곡이나 계곡에 숨겼다. 국민들은 이 장소 근처에서는 살 수 없었고 사제들도 무덤의 비밀을 유지했다.

관체족 왕은 영생을 얻었으며, 곁에는 부인을 두었다. 선왕은 왕의 후계자, 즉 후대의 왕이 죽은 후에야 비로소 땅에 묻혔다. 그래서 살아 있는 왕과 죽은 왕이 동시에 존재했다. 죽은 왕이 살아 있는 왕에게 조언을 주는 것이다!

약품처리를 한 일반인들의 미라는 그냥 미라들끼리 겹쳐 놓았다. 남자는 팔을 몸 옆에 고정시켰고 여자는 몸 위로 교차시킨 모습으로 두었으며, 동굴 묘지에는 사자(死者)를 위한 음식을 두었고, 접시와 항아리에 버터와 우유, 말린 무화과 꽃과 그 밖에 다른 과일들도 함께 주었다.

시신을 약품으로 처리하는 풍습이 이집트에서 유래했다는 것은 쉽게 짐작할 수 있다. 그래서 연구자들은 섬의 초기 원주민이 이집트인이었고 후에 그들이 누비아인과 섞였을 것이라고 믿기도 했다. 하지만 이집트와 카나리아 제도에서 죽은 사람을 처리하는 방법이 전혀 다르다는 사실이 이 주장을 반박한다. 스페인인이 군도에 정박할 당시 카나리아인은 전혀 문자를 몰랐다. 이집트에서 유래되었다면, 분명 문자도 유입됐을 것이다. 또한 언어적 유사점도 전혀 찾을 수 없었다. 반면 히에로 섬에서는 이집트 왕족처럼 형제간의 결혼이 가능했을 뿐만 아니라, 일반적이기까지 했다.

치넷의 후손

카나리아인은 매우 오래전, 약 기원전 2000년경이나 훨씬 더 전부터 그 곳에서 살기 시작했으리라 생각했다. '관체족(Guanches)' 또는 '반체족(Vanches)'이라는 말은 테네리프 섬의 언덕인 '치넷'과 그 언덕에 사는 사람인 '구안'에서 유래했을 수도 있다. 그들은 치넷의 후손이었다. 즉, 스페인 관체족에서 이주해온 관치넷이었다.

로마인이 스페인을 점령하기 전부터 카르타고인과 친족 관계인 지중해 남부와 남동부 셈족 뱃사람인 페니키아인은 오래전부터 알려져 있었다. 기원전 480년경 서아프리카로 보내진 카르타고인 항해가 하노는 사람이 살지 않는 군도를 찾았다고 한다. 그는 그곳에서 큰 건물의 잔해를 발견했다. 알려진 바와 같이 이곳에 사람의 흔적이 없다고 해서 원주민이 멸종한 후 새로운 이주민이 이곳에 오지 않았다고 결론내릴 수는 없다. 하노가 무인도에 정박했거나 해변에서 미처 그곳의 원주민을 마주치지 못했을 가능성도 있다. 후에 스페인인이나 포르투갈인이 정복기에 했던 것처럼, 카르타고인은 거래 시에 주도권을 갖기 위해 일부 섬이나 거래 장소의 위치를 비밀로 했다. 그래서 수백 년 동안 전 세계는 카나리아인에 대해 전혀, 또는 아주 조금밖에 알지 못했다. 아랍인이 재발견하기까지 수 백 년간 원주민들에게는 고객이 없었다.

카나리아인은 인류학적으로 크로마뇽인 종으로 분류된다. 유럽 본토와 아시아의 오리냐크 문화(Aurignac) 하에 3만 년에서 5만 년 전에 그 유명한 비너스 상을 조각한 사람들과 동일한 종이다. 그들은 아마도 오랜 시간이 지난 후, 북아프리카 베르베르족(Berber)과 섞이게 되었을 것이다.

스페인 정복자들이 말하는 관체족은 특히 키가 크고 눈이 푸르고

※ 그 당시 살았던 사람들은 현재 모두 죽었지만, 관체족이 동굴에서 만끽했던 전망을 보면 그들과 비슷한 마음가짐이 생긴다. 하지만 약 1000년 전에는 사진 속처럼 아름다운 라팔마 시는 없었다.

※ 관체족의 문화가 얼마나 발전했었는지는 이 석조물에서 발견할 수 있다. 아마도 이같은 건축물은 종교적 이유로 만들어졌을 것이다. 내부는 강력한 장벽으로 보호되었다.

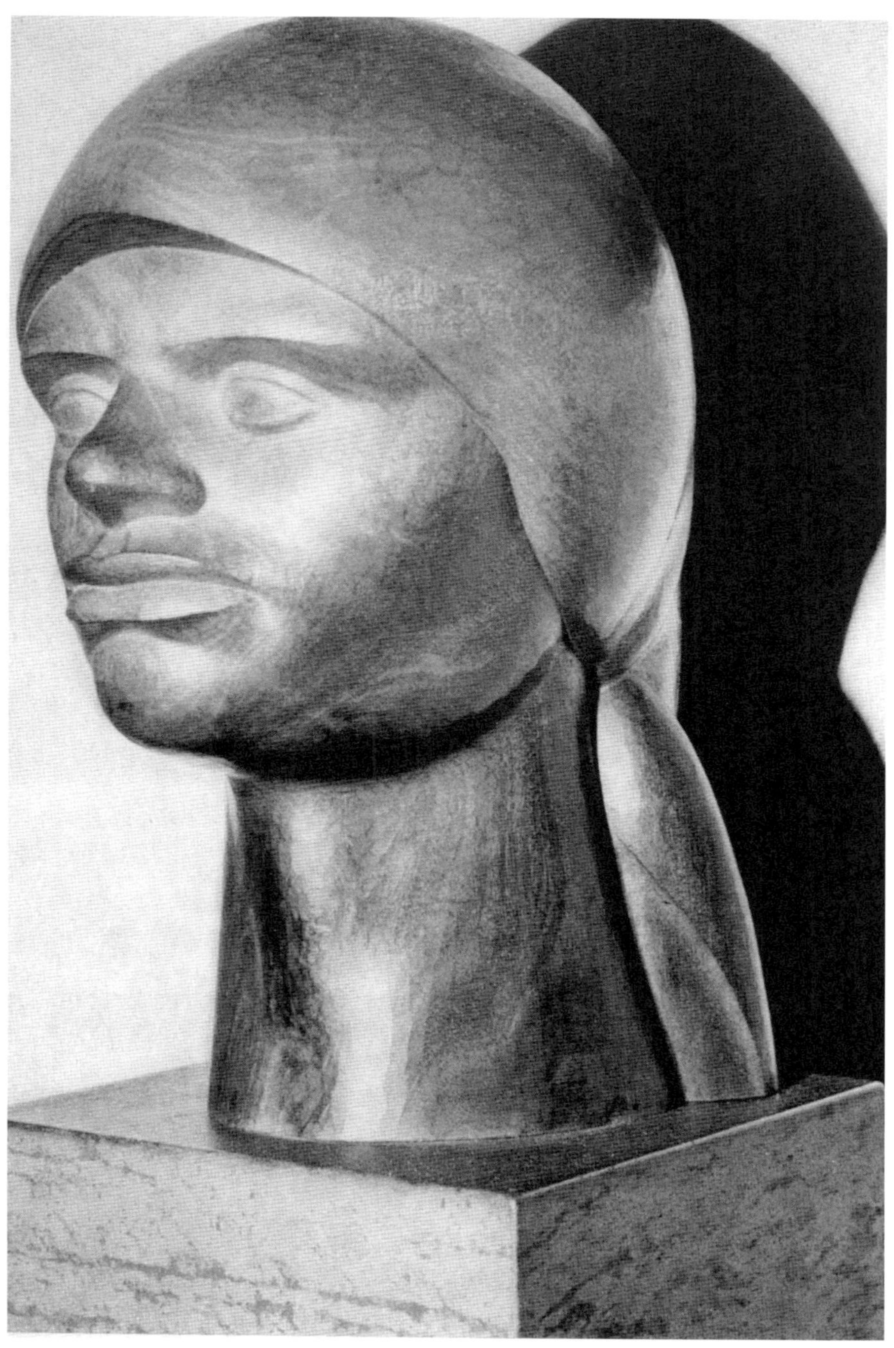

※ 관체족은 민족으로써는 멸망했다. 하지만 이 관체족 소년을 조각한 목재 두상은 관체족이 북아프리카 베르베르족과 연관이 있음을 짐작하게 한다. 스페인인들은 관체족이 키가 크고 뼈가 굵다고 묘사했다.

✷ 관체족은 진흙으로 원초적인 항아리를 만들었다. 하지만 회전판은 아직 몰랐다. 이 용기들은 그란 카나리아섬에서 발견되었으며 현재 라팔마 시의 카나리아 박물관에서 볼 수 있다.

✷ 이 돌로 만들어진 기구로 관체족은 곡식을 빻았다. 카나리아 제도 여러 곳에서 이런 맷돌을 발견했다. 이 맷돌은 라팔마 시의 콜럼버스 하우스에서 볼 수 있다.

✽ 라팔마 시의 15세기 말 지어진 어느 오래된 군
주 자택의 지하감옥 옆에는 마지막 영주부인
의 무덤이 있다. 그녀의 이름은 과야미나이고
1487년 스페인인들에 의해 감금되었다가 목숨
을 잃었다. 무덤 앞에는 무덤 판이 있다.

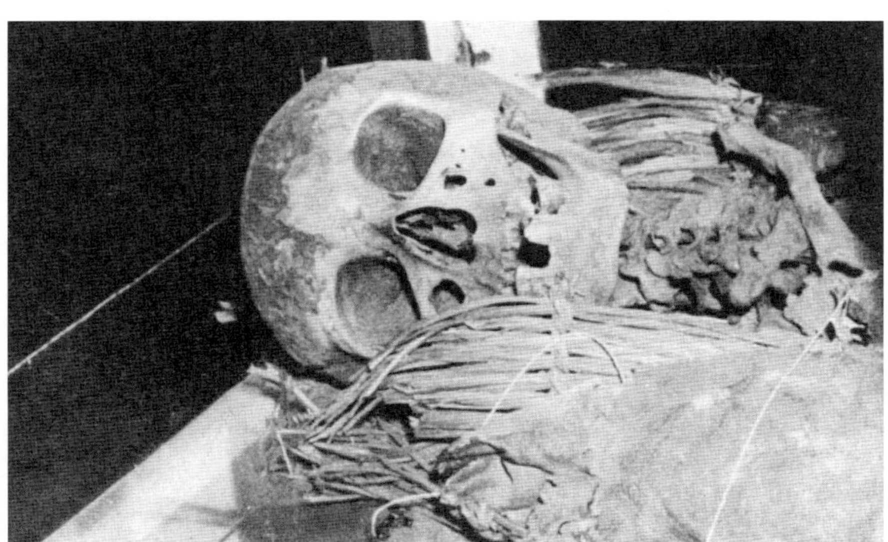

✽ 비밀스런 관체족은 용혈수 송진을 죽은 자에게 발랐다. 그리고 미이라를 가죽과 매트로 둘둘 감았다. 이 시체 처리 방식이 어
떻게 그 옛날 이 지역으로 오게 되었는지는 아직까지 비밀로 남아 있다. [카나리아 박물관, 라팔마]

금발이며 매우 힘이 셌다고 했다. 1939년 도미니크 요제프 뷜펠이 과거에 "고귀하고 아름다우며 용감하면서도 문화적으로는 원시적인 동굴에 사는 사람들"이라고 로맨틱하게 묘사되었던 표현들을 꼬집어 지적했고 이는 전혀 사실무근이라고 했다. 1900년대까지는 다수의 탐험가들이 미지의 국가들을 과장되게 표현하는 경향이 있었기 때문이었다.

카나리아인의 종교와 제도

카나리아인은 영혼의 불멸성과 그란 카나리아에서 'Acoran', 테네리페에서 'Achaman', 히에로에서 'Eraoranham', 라 팔마에서 'Abora' 라 불리는 눈에 보이지 않는 최상의 존재를 믿었다. 강한 외벽으로 보존된 대규모 사원의 잔해도 발굴되었다. 구전에 따르면, 사람들의 기도를 들어주기 위해 산에 살다가 하산하는 남자 신과 여자 신이 있었다고 한다. 또 많은 사람들은 나쁜 신이 있다고도 믿었다. 테네리페에서는 이 악마를 'Guayota' 라고 불렀고, 이 악마가 3718미터 높이의 타이디 산 정상에 살았다고 한다. 관체족은 심한 건기에 양 떼를 신성한 제단으로 몰고 갔다. 그들은 어린 양과 어미 양을 서로 떼어놓아서 최상의 존재가 그 불쌍한 양을 보면 가슴이 뭉클해지도록 기원했다. 또 종교행사 중에는 모든 개개인의 반목과 전쟁까지도 중단되어야 했다.

섬에는 복잡한 신화를 바탕으로 한 일종의 카스트 제도가 있어서 노예부터 군주, 사제까지 사회 계층이 다양하게 나눠져 있었다. 일부 섬에서는 왕이 절대적 지배권을 가졌고, 또 다른 섬에서는 족장이나 귀족들이 지도부의 결정을 감시하는 의회를 결성하기도 했다. 절대권을 행사하는 지도자 없이 작은 종족들 여럿이 함께 중요한 결정을 내리는 섬들도 한두 군데 있었다. 왕 또는 왕자라는 직위는 아버지에서 아들로 이어져 내려갔고, 권력의 상징은 죽은 왕의 팔뼈였다. 그러나 지도자의 두개골이 권력의 상징이었다고 하는 사람들도 있다. 이런 성스러운 유물은 대관식에서 맹세를 할 때 사용되었고, 국정 관련 조언을 구할 경우에는 홀(笏)로 사용되었다.

언어와 풍습

다양한 방언에도 불구하고 언어적으로 카나리오스는 7개의 섬에 동일하게 사용되었다. 일부 표현과 명칭은 베르베르어였고 일부 단어는 모든 섬에서 동일하게 사용되었다. 란짜로테, 히에로와 다른 섬들에서도 'Aemon'은 물이라는 뜻이다. 'Aho'는 란짜로테, 그란 카나리아, 테네리페에서 '우유'의 의미로 사용되었다. 'Chivato'는 모든 섬에서 '암컷 염소'라는 말이고, 'Cigueno'는 란짜로테와 라 팔마 섬에서 '염소'로 통한다.

몇몇 섬에서는 인구가 너무 과밀해서 낯선 여성에게 접근하거나 말을 건 남자는 죽음에 처하게 되었다. 그래서 이와 같은 이유로 테네리페나 그란 카나리아와 같은 작은 섬에 있는 산에 각각 남자와 여자만을 위한 2개의 길을 따로 만들었다는 점은 매우 흥미롭다. 경우에 따라 인구가 일정한 수준을 넘으면 모든 신생아를 죽이라는 명령을 내리기도 했다. 하지만 이 경우에도 첫째 아이는 예외였다. 이 모든 사실은 스페인이 정복했을 때 적지 않은 수의 관체족이 섬에 살았고 과거에는 전체적으로 인구가 훨씬 많았을 것이라는 가능성을 보여준다. 란짜로테에는 사형선고를 받은 자를 격리시키는 협곡이 있었다. 사형수들은 그곳에서 먹을 수 있는 말린 음식이나 물 중에 하나를 선택할 수 있었다. 하지만 우유를 선택한 이들이 죽지 않고 계속 목숨을 이어가고 있다는 사실이 알려진 후 죽음의 골짜기에 가두는 이 형벌이 더 이상 의미가 없다는 사실을 인식하게 되었다.

라 팔마와 히에로 섬의 절벽에서 발견한 이상한 표시는 아직까지도 풀지 못한 수수께끼로 남아 있다. 이 표시에서 글씨는 전혀 찾아볼 수 없으며 이 표시는 관체족의 것이 아니라 발견 당시보다 훨씬 전에 살았던 민족의 것이라고 한다.

이 아름답고 고요한 섬의 원주민을 발견한 지, 그들을 '문명화된 사람'으로 만들고자 한 지, 또한 그들을 약탈한 지는 겨우 500년밖에 지나지 않았다. 한 민족이 외부의 '개발원조'를 어느 정도까지 받아들일 때, 그들의 문화가 파괴되는 것을 막을 수 있는지는 아직까지 연구된 바 없다. 하지만 선진국이 자국의 삶의 방식과 행운만을 배워야 할 점으로 생각하고 비용에 관계없이 기계를 이용한 편리함만을 도입하고자 하는 것은 매우 미숙한 사고방식이다. 카나리아 제도의 사람들은 '중한 병을 느끼지 않고 의사의 도움도 필요 없이, 건강하게 오래 살았다'라고 레오나르도 토리아니는 말했다.

지구상에서 하나의 민족이 완전히 사라졌다

지구상에서 하나의 민족이 완전히 사라졌지만 우리는 그들이 어떤 사람들이었는지 전혀 연구하지 못했다. 땅 밑, 또는 지상의 절벽에 지은 건축물, 목공이나 밧줄을 꼬는 사람 또는 가죽을 손보는 사람들의 작업, 나무의 수액으로 생활에 필요한 약을 만드는 방법, 가죽 끈과 염소 뼈를 사용해 만든 예술적인 낚시, 풀과 야자수로 만든 그물로 물고기를 잡는 방법들을 우리는 전혀 모른다. 앞으로는 지구상의 최고 석투수(石投手)가 일대일 싸움에서 마주치지 못할 것이다. 앞으로는 부드럽게 만들기 위해 최고의 재능을 필요로 하며 운동할 때 사용되는 진흙공을 절대 만들 수 없을 것이다. 앞으로는 창 던지기 고수의 손에서 하늘로 던져진 창이 공중에서 전율하는 모습을 볼 수 없을 것이다.

　그들은 섬에서의 삶을 사랑했다. 그들은 고요함도 사랑했다. 그들은 신을 믿었으며, 언제나 자신들의 종말을 짐작이라도 하듯 독특한 우울한 기분에 잠겨 있었다. 그들은 음악을 연주했고 불평하는 것 같은 그 음악은 바다 저편까지 들렸다. 그러나 오늘날에는 해안에 부딪쳐 부서지는 파도소리만이 이미 음색을 잃은 삶을 이야기할 뿐이다.

4

잠에서 깬 웅대한 혼,
아시아 문명의 태동과 뿌리

기원전 중국의 청동유물은 고대 동아시아의 종교 사상 깊숙이까지 파고드는 질문을 던진다. 수수께끼 같은 타오티에는 무엇이었는가? 최근에야 약 3500년 전 상나라 사람이 남긴 수수께끼를 연구하고 그 의미를 찾아내는 작업이 이루어졌다. "중국에서는 여러 세대에 걸쳐 지식인들이 청동기시대에 대한 연구를 열심히 진행해 나갔다. 그들은 문자를 매우 존경했으며 돌 위에 쓰는 것보다 청동에 쓴 것이 더욱 잘 보존된다고 생각했다. 과거 나무판이나 비단 같은 곳에 쓴 글들은 이미 오래전에 사라졌다."
— 스테판 W. 부셀, 『중국 예술Chinese Art』, 런던, 1914.

거대 민족

모든 문화에는 상호 연관성이 존재한다. 인류가 시작되었던 60만 년 전부터 인류는 정신적, 물질적 문화유산을 이 대륙에서 저 대륙으로, 이 강에서 저 강으로 옮겼다. 항해라는 것을 알기 전에도 이와 같은 일들이 이루어졌다. 보트와 배를 만든 후부터는 더욱 더 빈번하게 값진 물건들을 교환했고, 인적 교류도 활발해졌다. 인간은 발에 물을 묻히지 않고 호주를 제외한 모든 대륙에 도달할 수 있게 되었다. 따라서 적어도 10만 년 전부터 호주만 제외하면 고립된 대륙은 없었다고 말할 수 있다.

하지만 예부터 자신이 세계의 중심이라고 생각했고, 다른 문명과 달리 폐쇄적이었으며 고유의 문화를 유지했던 민족이 있다. 그 민족은 바로 중국인이었다. 중국인이라는 말은 하나의 큰 민족군을 지칭한다. 신강, 고비 사막, 양자강과 진주강 주변에 살았던 민족들은 서로 꽤 달랐기 때문이다.

7억 5천만 명의 중국 민족에게, 엄청난 인구에서 비롯될 것 같은 문제의 위험은 이미 지나갔다고 할 수 있다. 민족의 역량과 가능성은 단순히 인구가 아닌 민족의 영양섭취와 무엇보다 각각의 머릿속에 든 내용에 달려 있다. 현대와 같은 기술시대에는 국가를 배라고 가정해야 한다. 4000명의 인원을 갖춘 배가 모든 기능이 수행되기에 필요한 최소 인원만 갖춘 배보다 더 잘 나가는 것은 결코 아니다. 그리고 식량이 부족해서는 절대 안 된다! 인구가 곧 권력이었고, 또 그렇게 여겨졌던 것은 제2차 세계대전이 끝나면서 종결되었다.

오늘날 놀라운 것은 중국의 인구가 아니라 그 급격한 증가율이다. 중국의 인구는 1650년에는 단지 7000만 명이었지만 1750년에는 1억 5000만 명, 1850년에는 이미 4억 명이 넘었으며 현재에는 7억 명 이상이 되었다(2008년 현재 중국의 인구는 13억 3천만명으로 추정된다.―편집자 주).

이 거대 민족은 서양에서는 종종 잊어버리거나 인식할 수 없는 고유의 특징을 갖고 있다. 수천 년 동안 다양한 생각과 교역물품들이 끊임없는 대상 행렬과 바다를 통해 중국으로 들어왔다. 이곳에는 전 세계의 문화뿐만 아니라 중국의 다양한 문화가 너무나도 환상적으로 섞여 있어, 인류 문화사의 연관관계를 조금이나마 알아내기 위해서는 앞으로도 수백 년 동안 발굴하고 연구해야 한다. 중국은 이런 다양성에도 불구하고 지난 4000년 동안 항상 투명하거나 가시적인 장벽으로 둘러싸인 것 같았다. 이는 아마 과거, 특히 인구가 5000만 명 이하였던 한나라와 당나라의 특히 뛰어난 수공업 제작 능력 때문일 것이다. 이 민족의 특별한 자부심은 매우 오래된 고유문화의 힘을 이어받은 독립된 고대정신, 대양을 낯설어하며 국경 밖을 넘보지 않는 것에서 나오는 것이 아니라, 자국의 유서 깊은 뿌리와, 놀라울 정도로 발전되어 외국 음식이 부럽지 않을 정도로 완성도가 높은 음식에 있었다.

세상의 중심

중국인들은 언제나 주변 민족들의 뿌리는 중국이라고 생각하며 절대적인 우월감을 가지고 있었다. 모든 중국인들은 기본적으로 티베트인뿐만 아니라 투르키스탄인, 외몽골인, 시베리아의 모든 원주민들이 중국에 속한다고 굳게 믿는다. 중국은 한 번도 다른 민족이나 다른 국가가 지구의 중심에 있다고 인정하지 않았다. 실제로 5000년 전부터 그 어떤 나라도 문화적으로 중국을 능가하지는 못했다. 중국은 세상의 중심에 위치하며 중국인들에게 모든 다른 민족들은 과거뿐만 아니라 현재까지도 야만인으로 비쳐졌고, 그들은 그렇다고 믿는다. 중국은 인종적·문화적 소수민족, 피정복자들과 포로를 항상 받아들여 자신에게 동화시켰고 그럼으로써 그 민족을 삼켰다. 중국인들은 중국이 언제나 세상에서 가장 크고 강력한 국가라고 생각했으며, 따라서 서양에서 온 정복자들도 경시했다. 중국인은 영국인, 프랑스인, 독일인과 특히 아무르 강 이북에서 항상 만주에 침입하고자 했으며 외몽골인과 투르키스탄을 위협했던 러시아인들을 경시했다. 또한 일본과 남쪽에 국경을 맞닿고 있는 민족들도 무시했다. 어쩌면 이는 (몇몇의 여왕을 제외하고) 항상 왕족의 정부였지만 절대 온순한 노예가 아니었던 중국 여성들 때문이었을 수도 있다.

중국인들은 훌륭한 뱃사람도 아니고, 우연히 접하게 된 것을 제외하고는 다른 문명과 어떠한 관계도 없었으며, 항상 중국을 하나의 단일체로 인식했기 때문에 다양한 국가들로 구성된 연합의 중요성을 알지 못했다. 또 주변국의 낯선 문화유산에 무지하고 수천 년 동안 이어져 온 고유의 삶과 사고방식을 고수하는 중국인의 태도는 이방인들에게는 오만함으로 비춰졌다. 이는 매우 역사 깊은 오만함이다! 그리고 이런 오만함은 어느 중국인에게도 열등감의 근원이 되지 않는다!

언제나 중국인들과의 계약은 어려운 일이었다. 중국인이 늘 계약 내용을 지키리라고 기대하는 것도 힘들다. 황하와 양자강의 저지대에 정착한 민족들은 다른 강변에 정착한 민족들처럼 소상인이었다. 그들은 위대한 시인, 능력이 뛰어난 작가, 비교를 불문하는 화가들이었다. 지중해 민족, 인도인, 일본인과 함께 중국인들은 아마도 지구상에서 가장 의미 있는 조각가들이었을 것이다. 그들은 항상 우수한 대장장이, 무척이나 섬세한 직조공과 비단 제조업자, 매우 천재적인 건축가, 가장 손맛이 있는 요리사였으며 한편 세계에서 가장 무능력한 가축 사육사였다!

중국의 청동문화

중국 문화는 이집트와 메소포타미아 문화와 거의 비슷한 역사를 갖고 있다. 고대 이집트, 수메르, 마리 그리고 히타이트, 이 모든 국가들은 이미 오래전에 멸망했다. 그러나 중국은 모든 노르만족의 침략에도 불구하고 오늘날까지 건재하고 있다. 황하 계곡에서 생겨난 상형문자는 오늘의 중국 문자로 발전했다.

약 기원전 2205년부터 기원후 220년까지 존재했던 다섯 왕조 동안 이 특별한 민족은 빛과 어둠, 태양과 달, 동물, 사람과 신의 깊은 비밀에 감히 접근하고자 했던 청동문화를 낳았다. 기원전 1766년부터 기원전 256년까지 영향력을 폈던 상대와 주대에는 일반적으로 청동을 사용했으며 가장 중요한 금속으로 청동이 꼽혔다.

청동 유물들이 너무나도 잘 보존되어, 많은 중국인들이 이 예술과 관련된 연구서를 대량으로 내놓았다. 12세기 초반에 왕부가 집필한 휴산호 궁에 소장되어 있는 30권 분량의『고미술품 화보 설명집』이 이에 해당된다. 류 타린이 1092년에 종합한 고미술에 관한 조사는 총 10권으로 전해진다. 베이징 궁전에 있는 왕족의 청동제품을 모은 매우 수준 높은 42권의 화보집은 첸룽 황제가 1751년 발간했다. 보충 성격을 갖는 화보집은 14권이다. 이 화보집은 다수의 중국 예술사학자와 고고학자들이 중국의 위대한 청동시대에 관한 내용을 담았다. 따라서 매우 어려운 중국예술을 연구하는 오늘날의 연구가들은 지금까지도 이 중국의 서적을 참고해야만 한다.

기원전 1122년부터 기원전 256년까지 세력을 펼쳤던 주나라 시대에 한 작가는 그 시대 예술을 묘사한 유명한『고공기』를 남겼다. 이 책에는 청동제품에 사용되었던 구리와 주석의 비율이 기입되어 있다. 종, 징, 큰 솥을 비롯한 성스러운 그릇과 물건들은 구리와 주석이 5:1의 비율로, 도끼와 괭이는 4:1의 비율로, 이지창과 농기구는 2:1의 비율로 만들어졌다. 화살촉과 작은 칼을 위한 합금은 또 다른 비율로 만들어진다고 적혀 있다. 유명한 중국 거울은 구리와 주석이 1:1의 비율로 제작되었다.

중국 청동은 구리와 주석으로만 구성되는 것이 아니라 아연, 납, 니켈, 안티몬, 은, 소량의 금으로 구성된다. 또 이와 같은 금속들의 조합과 수천 년 동안 지하에서 보관되어 일어난 화학 변화로 아름다운 녹청색을 띠게 되었다. 중국 골동품상은 자국 토양의 화학 특성을 잘 알고 있어, 어떤 이유로 아름다운 말라카이트그린의 청녹색과 본래의 동의 붉은색이 생기는지 알고 있다. 그는 바로 그 녹청색으로 진품과 위조품을 구분할 수 있다. 종종 녹청색을 위조하기도 하는데, 위조된 녹청색은 칼이나 끓는 물에 넣으면 사라지지만 진품의 녹청색은 금속 깊숙이 스며들었기 때문에 제거할 수 없다.

구리로 만들어진 거대한 종

그들은 구리로도 거대한 물건들을 만들었다. 1403년부터 1424년 사이에 집권했던 영락 황제 시대에 만든 베이징에 있는 거대한 5개의 종은 각각 12만 파운드(약 54.4톤)이다! 각각의 종의 높이는 약 5미터이고 아랫부분의 지름은 11미터이며 두께는 약 30센티미터이다. 이 종은 외부 표면뿐만 아니라 안쪽에까지도 중국어 불교 경전과 산스크리트어 기도문이 새겨져 있다. 이 종은 종을 안치할 장소에서 직접 주조했다. 종은 거대한 나무틀로 둘러싸인 나무 기둥에 걸리게 되는데, 주조가 끝난 후에는 단지 종 아래의 흙을 파내기만 하면 되었다. 그리고 흔들리는 나무 각목을 쳐서 몇 킬로미터 떨어진 곳까지 소리가 울려 퍼지도록 했다.

가장 오래된 구리는 제사와 황제가 살았던 궁에서 행해지는 의식과 관련된 종교적 의식에 사용되었다. 육류, 곡식, 과일, 술을 각각 제물로 올리는 특별한 용기를 사용했으며, 이는 일부 용기에서 오래된 각명을 발견하여 판독할 수 있었다. 이 글씨를 통해 고대 중국 왕조부터 중국 글씨의 발전 과정도 알 수 있다.

중국인들은 우연히 고대의 청동 그릇을 발견하게 되면, 어떤 방법으로든 그 물건의 문화적 가치가 발견자에게 이득을 준다고 믿었다. 그래서 청동을 다음 세대에 유산으로 물려주고 성심성의껏 보관하는 것이 신성한 의무였다. 기원전 116년 5월에 산시성의 펀허(汾河) 하류에서 삼각발 향로가 발견되었다. 이런 청동향로를 중국인들은 '팅' 이라고 불렀다. 이런 복된 사건은 당시 황제의 이름을 무제에서 유철로 바꿀 정도로 매우 중요하게 여겨졌다. 기원후 722년 당나라 시대에 황하 왼쪽 강변에 있는 용허 시에서 청동 그릇이 발견되었다. 그러자 이후 그 지역의 이름을 'Pao Ting Hsien', 즉 '귀중한 삼각발'이라고 바꿨다. 중국인들은 송나라, 즉 기원후 960년이 되어서야 더 이상 청동을 신성시하지 않았다. 그리고 이 시대부터 청동을 계획적으로 발굴하기 시작했고, 황제의 궁과 박물관에 진열했으며 서적을 집필하고 각명을 해독하기 시작했다.

오래된 중국 청동 제품 목록의 앞부분에는 종과 팅이라 불렸던 향로가 적혔다. 종은 주로 향연장 입구에 걸렸고 시간이 지난 후 종의 음색으로 선조들의 영혼을 제사에 모시기 위해 제단 선조들을 모셔 놓은 제단에 걸었다.

주나라 삼각발의 각명

주나라(기원전 1122~기원전 256년)의 매우 유명한 팅 형태의 삼각발은 양자강변의 전장에 있는 치아오샹 사찰에 있다. 내부의 상단에서 바닥까지는 각명이 새겨져 있다. 새겨진 글 중 일부는 다음과 같다. "나 우찬은 하늘의 아들에게 큰 은혜와 영광스러운 재능을 물려받았음에 감히 감사를 표한다. 나의 많은 위대한 아버지를 위해 나는 술을 담을 수 있는 항아리와 고기 제물을 담을 수 있는 이 그릇을 만들었다. 내가 만수무강으로 보답 받게 하소서. 그리고 내 아들들과 손자들이 만 년 동안 이 그릇을 사용하고 고이 간직하도록 하여주소서."

중국 학자들은 달의 위치를 묘사한 것과 글의 내용이나 형태로 보아, 기원전 812년의 그릇이라고 주장했다. 주 선왕이 자신의 개인 책사에게 이 용기를 만들고 각명을 새기도록 했다는 것이다.

상나라(기원전 1766~기원전 1123년)의 각명은 아랍문자를 보여주고, 대부분 그 물건이 바쳐졌던 죽은 이의 이름을 가진다. 더 오래된 하나라(기원전 2205~기원전 1767년)의 물건에서는 글씨가 발견되지 않았다. 제수를 올려두었던 주나라(기원전 1122~기원전 256년) 접시의 안쪽에는 500개의 새겨진 글씨가 도금되어 있다.

제사에 사용되었던 청동그릇은 술잔인지 제수 용기였는지, 혹은 고기를 담았는지에 따라 형태가 달랐다. 매우 아름답고 나팔 모양으로 생긴 술을 담는 항아리가 있고, 뚜껑이 달렸고 동물 모양으로 된 술 담는 그릇도 있었으며 평평하고 큰 접시도 있다. 이 모든 것들은 매우 오래전의 형태들이다. 이 용기들은 단순하면서도 강력한 표현력을 뽐내고 있어 대부분 매우 아름답다. 이 용기들은—이렇게 표현해도 될지 모르겠지만—매우 강한 '특징'을 갖고 있다. 수천 년 동안 거의 변하지 않아서 경우에 따라 둔중해 보이며, 그 오랜 역사와 중요한 의미를 비밀스러운 방법으로 전달하는 듯하다.

장식 모티브의 일부는 기하학적인 모양이며 일부는 자연의 사물을 단순화한 것이다. 자연스러운 그 형태는 과거 중국이 자연을 바라보았던 비밀을 알려준다. 인물은 거의 표현되지 않았다. 하지만 용기 표면에 언덕, 구름, 호랑이, 사슴 등과 같은 다른 동물들을 표현한 것들이 있으며, 이를 통해 우리는 그들의 거대한 신화적 동물관을 알 수 있다. 그들의 동물 세계는 용, 일각수, 불사조, 두꺼비, 거북이와 상상력에 기인하여 만들어진 전설의 동물들과 서양의 관점과는 매우 다른, 우화에 나오는 동물들이 포함된다. 중국 수호신이 만들어낸 이런 상상 속의 괴물들은 지구상의 어떤 민족도 이루어내거나 생각해내지 못한 것이다.

고고학의 즐거움

❋ 이런 삼발이를 '팅'이라고 부른다. 삼
면 모두에서 타오티에 가면을 찾아볼
수 있다. 이 제수 용기는 약 2500년
되었다.

❋ 상대(기원전 1766~기원전 1123년)의
용기는 높이가 60센티미터이며 아름
다운 올리브 빛 초록 같은 녹청색이다.
가장 볼록하게 나온 가운뎃부분에는
타오티에의 모습이 있다. 초승달이 뿔
로 변한 모습을 알아볼 수 있다. 이 용
기의 위쪽 가운데에는 뿔이 있는 동물
의 모습이 있다.

※ 주나라 시대에 술을 담았던 46.5센티미터 높이의 용기. 서로 감싸고 있는 용의 모습이 장식되었고 안쪽에는 다음과 같은 각명이 있다. "아들과 손자 대까지 영원히 항상 귀중히 보관하도록."

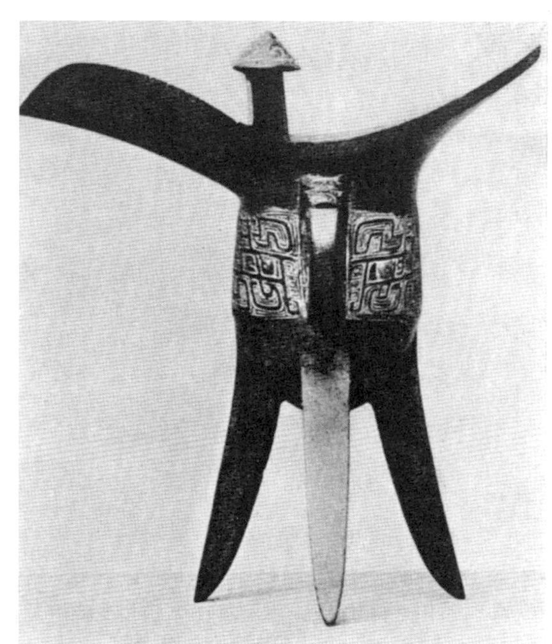

※ 제사용 술을 담았던 주나라 시대의 삼발이 용기. 이 그릇의 형태를 'choi'라 부른다. 여기에서도 타오티에 문양을 찾아볼 수 있다.

※ 주나라(기원전 1122~기원전 256년) 시대의 청동 가마로 높이는 14.5센티미터에 불과하며 길이는 46센티미터, 너비는 24센티미터이다. 위쪽에 2개의 열린 부분에는 각각 납작한 용기가 있으며 오른쪽 아래에 나무를 넣었다. 왼쪽 윗부분에는 연기를 빼낼 수 있는 부분이 있다. 이밖에도 점토로 만든 매우 오래된 오븐을 많이 발견하였다. 이것이 어쩌면 인류 역사상 가장 작은 청동 오븐일 수도 있다.

✳ 흰 테라코타와 붉은색을 칠한 흔적이 남아 있는 이 말은 중국 최대의 예술시대라고 불리는 당나라(618~906년) 시기의 것이다.

✳ 한나라(기원전 206~기원후 220년) 시대의 삼발이 용기는 전체적으로 퀴(k'ui) 모티브로 덮였다.

타오티에

　이런 형상물들 중 가장 중요한 것은 타오티에[饕餮]이다. 이 두 한 자는 이 비밀스러운 존재의 한 가지 특징만을 표현하는데, 번역하면 '용기'라는 의미이다. 타오티에는 신적인 존재였거나 가장 높은 신의 특징들을 타오티에에 표현한 것이다. 우리가 '가면'이라고 표현하려는 물건에 양각으로 새겨진 타오티에는 너무나도 자주 표현되고 있어, 중요한 신의 하나였음이 분명하다고 생각된다. 다른 동물과 존재들을 가면으로 형상화한 형태는 매우 오래전에 중국으로 전해졌다. 타오티에는 우리가 시초를 알아내기조차 힘들 정도로 오랜 기원을 가진, 종교적 의미를 띤 형태이다. 이는 아마 오래 보관하기 어려운 소재로 만들어졌을 것이다. 매우 오래전, 청동기가 처음으로 만들어지기 전에 나무로 만들어졌을 수도 있다.

　그림은 그리스어로 이콘(eikon)이다. 아이콘은 신성한 그림이다. 중국의 청동유물에서는 인류의 오래전 신성했던 세계 중 하나를 묘사한 일련의 초상이 발견된다.

　타오티에는 2개의 뿔이 동그랗게 말려 있는 숫양과 비슷하다. 크게 벌려진 입의 위턱은 종종 큰 송곳니가 두드러져 보인다. 그래서 늑대 또는 호랑이와 같은 육식동물이었을 것이다. 어떤 타오티에 가면은 들소의 머리와 비슷하기도 하다. 하지만 특정 동물로 정의 내리는 것은 어리석은 행동일 것이다. 타오티에는 '많이 먹음'이라는 말에서 유래됐다. 많은 이들은 타오티에를 단순화한 형상이 용과 비슷하다고 한다.

　이와 같이 그릇이나 종의 표면에 그려진 동물이나 우화 속의 존재들을 알아내기 위해서는 매우 유심히 봐야 한다.

　고대 중국의 청동 유물과 제사 의식의 최고 권위자인 겐트 대학의 칼 헨쩨 교수는 사람을 매료시키는 이와 같은 예술의 수수께끼를 훌륭히 해석해냈다. 모든 타오티에 가면에는 초승달 모양의 뿔이 있으며 초기의 모든 타오티에 가면에서는 초승달 모양 표시를 발견할 수 있다. 위쪽에 있는 2개의 초승달 모양이 후에 뿔이 되었고 아래쪽에 있는 2개의 초승달 모양은 가면의 아래턱이 되었다. 이 4개의 초승달 모양은 청동기 초기에 만들어졌던 대부분의 가면에서 어김없이 볼 수 있다. 헨쩨 교수와 초기의 일본 연구가들은 이 초승달 모양이 달을 숭배하는 상징이라고 밝혔다. 달에는 밤이 속하고 밤에는 부엉이가 속한다. 그래서 부엉이와 타오티에는 실제로 함께 발전해왔다.

가면의 중간 부분은 특히 중요한데, 이는 1937년까지 전체적인 장식 안에서 전혀 인식되지 못했다. 헨쩨는 이 중간 부분이 조형미술적 규정에 의한 것이라는 사실을 최초로 증명했다. 그는 이 부분에서 매미의 모습도 발견했다. 타오티에의 양 뿔 가운데 위치한 정수리 장식인 매미는 재생의 상징이다. 이를 통해 인더스 문화의 모헨조다로와 연관성을 가늠해볼 수 있는데, 모헨조다로의 유물에도 뿔 사이에 있는 어떤 형상을 알아볼 수 있다. 타오티에에는 곤충이, 모헨조다로에는 식물이 있다. 헨쩨 교수는 이 두 형상이 재생의 모티브라고 했다. 과거의 깊은 어둠 속에서 온 타오티에는 고대 신의 다양한 형상, 특징, 기능을 보여준다는 것이다. 이는 초승달 모양과 부엉이로 표현된 밤과 어둠의 징표이다. 이때 빛과 재생의 상징은 태양과 매미로 표현된다. 이 중국 초기의 놀라운 청동 제품들은 어둠에서 빛과 삶이 나온다고 암시한다. 4000년 전까지만 해도 알려져 있었겠지만 이후 그것의 의미가 미궁 속에 빠진 타오티에는 어둠의 수호신 형상의 달이다. 헨쩨 교수는 이 수수께끼를 놀라울 정도로 멋지게 풀어냈는데, 이 의문의 타오티에는 기원전 1766년에서 기원전 1123년 사이에 존재했던 상나라의 신으로 밝혀졌다.

청동 제조법의 궁금증

상나라 사람들은 청동 제조법을 어디에서 배웠을까? 성실한 연구자나 그 지역의 도둑들은 상대의 수도였던 안양지역에서 수 백만 년 전부터 청동예술품을 발견해왔지만 이 질문에는 답할 수 없었다. 상나라 후기의 수도였던 허난성의 안양 주변에 있는 히산툰을 발견했을 때 고고학자들은 수수께끼 풀기를 포기했다. 앙소문화와 용산문화의 신석기시대 위에서 상나라 층을 발견할 수 없었던 것이다. 갑자기 고도로 발전한 청동문화가 나타났으므로, 신석기와 후기 청동기 사이의 발전 순서는 오랫동안 불분명했다. 따라서 고고학자들은 당시 유물들이 유골처럼 오래가지 못하는 물건으로 만들어져서 현재까지 남아 있지 않은 것이라고 했다. 하지만 『슈싱』이라는 역사책에는 상나라 왕 판컹(P'an—keng)(제20대 왕 반경(盤庚)왕—옮긴이)에 관한 기록이 있는데, 그가 백성들에게 다른 도시로 이주하라고 명령했다는 내용이 그 책에 담겨있다.

상나라의 고대 수도는 은허라 한다. 1950년 한 학자가 허난성의 정저우에서 우연히 깨진 조각을 발견하면서 오늘날 은허라고 부르는 고대 도시를 발견하게 되었다. 중국학 학자인 막스 뢰르는 1953년 청동문화를 다섯 개의 시대로 나눴다. 그의 업적은 전 세계적으로 신뢰가 높은 주장으로 여겨지고 있다. 그의 초기 논문의 내용과 정저우에서 발굴된 것과 동일했다. 그럼에도 은허는 상나라 초기의 도시가 아니다. 1959년 허난성 북서부의 얼리터우〔二里頭〕가 세상의 빛을 보게 되었다. 중국의 고고학자들은 이 도시를 고대 상나라의 왕인 탕왕의 수도라고 생각한다. 둥소핑의 연대기에 따르면 그는 기원전 1751년부터 1739년까지 재위했다고 한다. 신석기 룽산 문화의 잔해가 가장 아래층에서 발견되었기 때문에 시대를 명확히 알 수 있었던 것이다.

청동 제품으로는 청동장식, 화살촉, 작은 종만을 발견했다. 얼리터우에서 발견한 그릇들은 상나라 중기의 형태들과 유사하다. 이 시간적 차이 때문에 종종 의문이 들지만, 확답을 하기에는 아직 시기상조다. 하지만 위대한 청동문화가 상나라 시대에 시작되었다는 증거들이 땅 밑에서 조금씩 나오고 있다.

그 중 일부는 서양의 청동문화가 초기에 중국까지 확산되었다는 것을 보여주기도 한다. 고대 수메르 문화에서 볼 수 있는 생명의 나무와 숫염소의 모티브가 중국에서 다시 발견되었다. 지중해 동부 국가들에서는 중국보다 먼저 청동문화가 시작되었기 때문에 중국은 그곳으로부터 청동문화를 받아들였을 것이다. 어떤 이들은 중국 청동제품 특유의 특징과 상나라인 고유의 종교적, 문화적 성격 때문에 서양적인 요소를 받아들였다는 의견에 반대하기도 한다. 하지만 주변에서 영향을 전혀 받지 않은 많은 수의 중국 유물들은 동아시아 지역에서 매우 독자적으로 발전되었다는 사실을 알 수 있다.

상나라의 조형미술과 마야와 아스텍족의 상징이 비슷하듯 고대 중국과 북서부 아메리카의 인디언 문화에도 유사점이 있다. 하지만 기원후 4세기의 중국 청동문화와 마야 문명과 기원후 14세기의 아스텍 문화까지의 2000~3000년에 달하는 시간차는 어떻게 설명할 수 있을까?

갑자기 등장한 청동문화

상나라 사람들의 수수께끼 같은 상징이 생겨난 원인과 의미를 완벽히 알기는 절대로 불가능할 것이다. 중국 청동문화의 놀라운 점은 바로 약 4000년 전에 갑자기 나타나서 바로 최고의 수준에 도달했다는 불변의 사실이다. 이 문화를 잘 알며 오랜 기간 직접 허난성에 살았던 캐나다인 윌리엄 찰스 화이트는 이 문화의 근원과 배경을 알 수 있는 것은 전혀 없다고 말했다. 그 청동제품들은 뛰어나게 주조되었고 엄청난 힘을 내포하고 있으며, 형태와 장식이 정교하고 지구상의 그 어떤 나라에서도 전혀 찾아볼 수 없다.

우리는 상나라 사제들이 많은 사람들을 희생시켰다는 것을 알고 있다. 우리는 그들의 제사에 쓰였던 동물과 수호신의 의미를 짐작한다. 우리는 그들의 생식의 상징을 연구한다. 우리는 3000년 이상 되는, 제물이나 술을 담았던 용기를 손으로 직접 만질 수 있다.

하지만 그들이 알았던 것은 무엇인가? 그들은 인간이 어디에서 왔는지, 어디로 가는지에 대해 무엇을 알고 있었는가? 그들은 신에 대해서 무엇을 알았는가? 그리고 무엇이 그들에게 끊임없이 자연의 수수께끼를 생각하게끔 했는가?

이 모든 것들을 딱딱한 청동이 알려주지는 않는다. 이는 어둠이 반쯤 깔린 하늘에 떠 있는 희미한 달의 특징이기 때문이다.

서양의 아시아 연구가와 학자들은 고타마 붓다(Gautama Buddha)의 진정한 삶을 알기 위해 노력했다. 하지만 싯다르타라는 이름을 이 가진 남자는 어떠한 이성에 근거한 이론으로도 설명할 수 없다. 단지 인도 역사상 가장 위대한 현자로 꼽히는 그에 의해 세계 3대 종교 중 하나가 생겨난 것은 확실하다. "만약 붓다가 단지 상징적 공론의 소산인 허구의 존재라면, 만약 교리를 남기지 않았다면, 만약 하나의 믿음으로 서로 형제관계를 맺은 후계자가 없었다면, 어떻게 갑자기 그의 생각과 그의 교리를 따르던 사람들이 생겨났는지, 어떻게 그가 했던 행동들과 인간의 삶에 도움을 줄 수 있는 그의 교훈이 적힌 문헌이 생겼는지 설명할 수가 없게 된다."
– 장 피오자, 르느와와 피오자, 『인드 클라식 *L'Inde clssique*』 제3권, 파리, 1953.
"위대한 사리불(舍利佛, Sariputta)이 중에게 이렇게 말했다. '중이여, 황홀이란 열반이다. 친구들이여, 황홀이란 열반이다.' 위대한 사리불이 이와 같이 말하자 위대한 우다이(優陀夷)는 다음과 같이 말했다. '하지만 친애하는 사리불이여, 현재와 같은 감각이 없는 상태에서 열반이 어떻게 있을 수 있는가?' '친애하는 친구여, 그렇게 감각이 없다는 것이 열반의 상태이지 않은가.'"
– 막시밀리안 케른, 『동방의 빛 *Das Licht des Ostens*』, 라이프치히, 1922.

붓다의 탄생

기원전 500년경 동아시아 전역에 자신의 교훈을 퍼뜨린 사람이 태어났다. 이 남자는 아시아에서 가장 널리 퍼진 종교에 자신의 이름을 선사했다. 불교로 인한 전쟁의 수는 이슬람교나 기독교와 비교해보면 확연히 적었다. 그런데도 신할라, 미얀마, 태국, 캄보디아, 라오스, 티베트, 중국 국민들을 비롯한 몽골, 만주, 일본의 수백만 명이 붓다의 믿음을 따른다.

붓다는 결코 지도자가 되려 하지 않았고, 권력을 휘두르거나 왕국을 세우려 하지도 않았다. 지상의 권력을 좇지 않았던 이 천재는 현재까지도 수억 명의 아시아인들이 그 안에서 살아가는 정신세계를 만들었다. 부처는 중부 인도 거리의 시장에서 매일 식량을 구걸했다. 과거에 구걸을 하던 그 거지의 모습은 현재 도금한 불상의 모습으로 수십만 개의 절에서 고요히 안식을 취하고 있다. 그리고 그 얼굴 앞에서 태우는 향은 구름과 같이 경이롭게 하늘로 올라간다. 2000년 전부터 그 앞에서 사람들은 기도하고 명상했다.

아시아는 세계 종교의 위대한 어머니와 같다. 약 500년의 기간에 자라투스트라(기원전 700년경), 공자(기원전 551~기원전 479년), 소크라테스(기원전 470~기원전 399년)와 예수가 아시아를 거쳐 갔다. 지구상의 위대한 성자나 종교 창시자의 삶은 같은 운명을 타고났다. 역사적인 사실은 어둠속에 감춰져 있다. 이렇게 비밀스럽고 명확하지 않은 지식, 그 사실들이 진실일지 갖게 되는 의구심, 신에 가장 가깝다고 믿는 이들의 일생을 알고자 하는 욕망 때문에 사람들은 그들 삶의 흔적을 알아내고자 노력한다. 이는 어쩌면 너무나도 자연스럽고 필연적인 갈망일 것이다. 어떤 면에서는 교리가 그들의 존재를 덮고 숨기기 때문에 더욱 궁금할 것이다. 위대한 성자들에게서는 그 정신만이 전해져온다. 성자 자신은 무이지만 그의 영원한 사상이 지상에 이어져오기 때문에 그들의 일상은 분명 역사 속에 묻혔을 것이다. 신성화, 우상화, 숭배에는 일대기를 그린 자료가 필요하지 않다.

그래서 우리는 붓다의 삶을 매우 조금밖에 모른다. 그를 따르던 사람들은 그에게서 모든 정신의 핵심이자 고통과 혼란의 세계에서 벗어나도록 해주는 자연적 종교의 힘과 지혜를 발견했다. 그들은 기적을 보았으며 그의 삶을 많은 전설들로 에워쌌고, 그가 인류의 구원자 중 한 명이라는 것을 알아보았다.

부처가 죽고 난 후 200년이 채 지나기도 전에 인도 곳곳에 그와 그의 진리를 따르는 사람들이 퍼져 나갔다. 그의 교리와 설교의 핵심은 종교적인 문구로 매우 충실히 보충되었다. 그의 진실은 동양을 정복했다. 하지만 비상한 형상력과 상상력, 문장력과 미화, 우러러보는 마음으로 그를 너무나도 빛나게 묘사해서 더 이상 사람들이 그 빛의 물결을 사실로 인식할 수 없을 정도였다. 그는 그를 시기하는 자와 반대하는 자를 귀의하게 만들었다. 그는 하늘로 비상하고 다시 땅으로 내려왔다. 동물들은 그를 따르고, 다양한 민족들이 그를 추앙했으며, 신들은 그의 진리를 얻고자 간청하며 스스로 열렬한 추종자가 되었다. 왕들은 그 앞에서 스스로 자신을 작게 느껴 그에게 나라를 내어줬다. 거지, 굶은 사람, 고행자의 여정, 윤리적 힘이 이 모든 것을 가능케 했다! 붓다에 관해 쓰인 많은 값진 책들은 도서관 하나를 채울 수 있을 만큼 많다. 하지만 그 어떤 학문도, 연구도 그 본질을 들춰내지는 못한다. 그에게는 항상 근접할 수 없는 무엇인가가 있을 것이며 앞으로도 항상 붓다의 탄생에 관한 신비는 남아 있을 것이다.

깨달음을 얻은 자

붓다는 이름이 아니라 '깨달음을 얻은 자'라는 의미의 명예로운 직함이다. 그는 샤카왕족의 아들로 태어났다. 그의 아버지는 정반왕이었으며 어머니는 마야 부인이었다. 그녀는 출산 후 7일 만에 세상을 떠났다. 마야 부인은 출산 때문에 죽은 것이 아니라 최고의 완성, 최대의 가능성, 완벽함을 이뤘기 때문에 죽어야 했다. 붓다의 일생에서 많은 부분이 그렇듯 어머니의 죽음은 그에게 역사적 사실이면서도 종교적으로 필요한 것이었다.

샤카 가문은 히말라야 산맥 아래에 위치했다. 붓다가 태어난 장소도 알려져 있는데, 그는 오늘날 네팔의 수도인 카트만두에서 약 200킬로미터 거리에 있으며 에베레스트 산에서 약 350킬로미터 떨어진 가비라위에서 태어났다. 그곳은 아소카 왕의 글씨가 적힌 기둥으로 표시되어 있다.

붓다는 인도의 가장 위대한 철학자이다. 하지만 '철학자' 라는 단어가 이미 매우 서양적인 개념이다. 그래서 붓다는 인도의 가장 위대한 '현자' 라는 말이 더욱 알맞다. 붓다에게 동양의 정신, 철학의 다양성, 내적 종교의 깊이가 형상화되었다. 그는 인도인이 우리에게 보여줬던 가장 인간적인 모습이면서도 놀라운 현상이다. 지금까지 인도에는 그와 같이 지혜롭고 사려 깊으며 맑게 정신이 빛나는 사람은 없었다. 그런데도 붓다의 원래 사실에 근거한 교리가 무엇이었는지는 잘 알 수 없다. 그것은 아마도 분명 오늘날의 불교와는 달랐을 것이다. 리즈 데이비드라는 영국 출신의 연구가는 원래 부처의 교리는 고대 인도의 『우파니샤드 *Upanishad*』와 아주 조금 다를 뿐이라고 주장한다.

부처의 삶은 그의 제자들에 의해 매우 미화되었다. 만약 아시아에 붓다가 존재하지 않았더라도 이와 같은 창조된 삶의 모델이 있었다면, 종교계는 말할 수 없을 정도로 풍부했을 것이다. 하지만 자라투스트라, 공자, 붓다, 소크라테스, 예수와 같은 인물들을 창조해낼 수는 없다.

붓다의 일생

붓다의 어머니 마야 부인은 놀라운 방법으로 히말라야에 있는 호수에 다다르게 된다. 그곳에서 하늘의 수호자들은 그녀를 목욕시켰다. 그녀는 꿈에서 매우 큰 흰색 코끼리가 연꽃을 코로 잡고 있는 모습을 보았다. 연꽃은 아시아의 가장 숭고한 상징 중 하나인 탄생을 의미한다.

다음날 현자들이 그녀의 꿈을 해석했다. 그녀가 우주를 지배하고 신에게 임무를 부여받은 자를 아들로 탄생시킨다는 것이다. 마야 부인이 친정집으로 향하고 있었기 때문에, 그 아이는 샤카의 수도 카필라바스투가 아닌, 그 꿈을 꾼 장소에서 멀지 않은 곳에서 정말로 태어났다. 일반적으로 이런 가문에서 성대하게 치러지는 세례식을 통해 그 아들은 싯다르타라는 이름을 얻게 되었다. 그의 고트라(Gotra, 가문, 혈통—옮긴이)가 바로 '고타마'였다. 예언자들은 미래를 내다보고, 이 아이가 인류의 스승이 될 것이라고 했다. 또한 그의 아버지인 정반왕은 아들이 세계의 모든 고통과 아픔을 멀리하도록 했다는 것도 알려져 있다. 그는 아름다운 궁전에서 성장했기에 죽음, 질병, 고민, 고통을 접할 수 없었다. 그는 매우 훌륭한 교육을 받았고 사촌과 결혼했다. 그는 그대로 행복할 수도 있었다. 하지만 그는 내면적으로 더 많은 것을 갈구했다. 예언자들이 말했던 바와 같이 그는 4가지 징표를 봤다. 첫째로 그는 매우 연로한 남자가 가련하게 있는 모습을 보게 되었다. 다음에는 온몸에 종기가 나고 열이 높아 몸을 떨고 있는 병자를 보았다. 그 후 그는 화장터로 이동 중이던 죽은 사람을 봤고, 마지막으로는 노란 천을 두르고 있는 경건한 거지를 봤다. 이 사람만이 고요하고, 행복해 보이기까지 했다. 싯다르타는 네 번째 모습을 따르기로 결심하고 집, 가족, 부인, 아이를 떠나 말을 타고 방랑을 시작하기로 결심했다. 그 당시 그는 29세였다. 세상을 경멸하는 감정이 생긴 그는 자신의 왕자 복장을 벗어 구걸하는 스님의 옷과 바꿔 입었다.

붓다는 유명한 수도자를 길러내는 학교에서 공감할 만한 질문의 대답을 찾지 못했다. 그래서 그는 고독의 길을 택했다.

고타마 붓다는 명상으로 깨달음을 얻었다. 그는 45세가 되었을 때 보리수 밑에서 몸이 부서지더라도 그 자리에서 움직이지 않겠다고 맹세했다. 이 고행자는 인류 고통의 비밀을 풀기 전까지는 움직이지 않겠다고 결심한 것이다.

그는 49일 동안 나무 밑에 앉아 있었다. 그리고 많은 유혹을 뿌리치고 49일째 되는 날 드디어 깨달음을 얻었다. 그는 아픔과 고통의 비밀을 알게 되었다. 그는 세계가 불행한 이유를 알게 되었고 그 불행을 극복할 수 있는 방법을 알게 되었다. 그는 '깨달은 사람', 즉 붓다가 되었다. 그리고 그 후 7주간 지혜의 나무인 보리수 밑에서 수행을 계속 이어나갔다.

아마 싯다르타가 자신의 경험과 깨달음을 곧바로 세계에 알리고자 하지는 않았던 것 같다. 하지만 브라마 신이 하늘에서 내려와 그에게 그 가르침을 뜻하는 '다르마(Dharma, 법)'를 널리 알리라고 했다. 처음에는 5명의 제자가 그를 따랐지만 후에는 그 수가 60명이 되었다고 한다. 점차 갠지스 평야를 중심으로 그의 이름과 교리가 알려졌고, 스님들은 그에게 귀의했다. 그는 카필라바스투로 돌아가 아버지, 부인, 아들을 비롯해 궁에 있는 많은 사람들과 그의 사악한 사촌 데바닷타(Devadatta)까지도 만났다.

붓다의 일대기 중 일어났던 기적들이 많이 알려져 있다. 하지만 초기에 전해져오는 내용을 보면, 이 스승 개인과 관련된 기적은 거의 없다. 붓다는 일 년 중 3분의 2는 제자들과 공부를 하며 여기저기 떠돌아다니고, 나머지 3분의 1은 불교 신자들이 마련한 많은 정사들 중 한 곳에서 지냈다. 45년간 이 놀라운 스승은 갠지스 계곡 주변에서 돌아다니며 항상 구걸을 했고, 가난한 사람들 중 가장 가난한 사람이었지만 결코 불행하지 않았다.

예수, 바울로, 소크라테스와는 달리 붓다는 자신의 교리 때문에 제자가 생긴 것이 아니었다. 그는 80세가 되자 제자들에게 자신의 죽음을 준비하라고 일렀다. 이제 그의 교리, 즉 다르마만 남아야 했다. 다른 사람이 그의 후계자가 되어서는 안 되었다. 아마도 그는 디오게네스와 비슷하게 돼지고기를 먹은 후 파라티푸스균의 일종 때문에 죽었을 것이다. 그는 구시나가라 인근의 도시까지 갔다. 그는 한 나무 아래 누워 열반에 들었다. 밤이었다. 신할라인들은 기원전 543년, 서양의 연구가들은 기원전 477년에 붓다가 세상을 등졌다고 한다. 그는 인도의 풍습에 따라 화장되었다.

불교와 기독교

기독교와 불교는 하나의 절대적인 신을 믿는다는 유사한 근원을 갖고 있지만 붓다의 교리와 기독교는 서로 전혀 연관관계가 없다. 따라서 불교의 수다라(경)와 복음 간의 연관관계를 찾고자 하는 노력은 실패로 돌아갈 수밖에 없었다. 물론 유사한 점도, 매우 상이한 점들도 있다. 하지만 비슷해 보이는 점들을 더욱 자세히 대응시키면 그 유사점들이 사라진다. 파리 대학의 푸쉐 교수는 기독교와 불교의 교의는 전혀 다르지만 윤리는 서로 비슷하다는 사실을 매우 상세히 보여줬다. "분명 기독교와 불교의 윤리 가치는 근본적으로 같을 것이다. 하지만 그들 교의의 근원이나 정신적, 영적 분위기는 매우 다르다." 불교와 기독교 사고의 차이는 영혼에서부터 시작한다. 기독교적 이론에 따르면 영혼은 아이의 탄생부터 시작되고, 그 후 그 영혼은 불멸한다. 즉, 영혼은 시작이 있지만 끝이 없는 것이다.

인도 사상가들은 한번 생겨난 것은 결국에는 파괴될 수 있다고 생각하기 때문에 이런 기독교적 생각은 말이 안 된다고 여겼다. 그들은 하나의 육체에서 다른 육체로 윤회하는 영혼은 영원하다고 말한다. 영원하기 때문에 시작이란 없다. 끝이 있는 경우는 업적과 선행 때문에 더 높은 단계, 즉 열반의 상태로 등극하게 되어 다시 중생의 세계로 돌아오지 않기 때문에 예외적으로 끝을 맞이하게 될 때 뿐이라고 한다.

기독교인은 한 번의 인생 후 영원한 행복이나 영원한 고행을 맞게 된다. 반면 인도인은 매우 먼 곳에서 오고, 긴 영원함이 그 앞에 놓여 있다. 그의 삶은 불멸의 존재 가운데 단지 일시적인 순간일 뿐이다. 전생에 일궈놓은 열매를 수확하고 다음 존재의 형태를 결정하기 위해 씨를 뿌린다. 죽음의 종은 절대로 불멸의 행복을 종식시키는 뜻으로 울리지 않으며 다시 회복할 수 없는 종말을 뜻하지 않는다. 존재는 수천 번 이어지는 인생을 통해 매우 천천히, 불멸의 기나긴 완성의 시간에 다가간다. 그래야만 최고의 가치인 영원한 성스러움에 도달할 수 있다. 이는 조바심 내는 서양인들이 단지 한 번의 인생 끝에 바라는 구원과 같은 것이다.

동양의 희망은 다시 태어나지 않는 것

이런 구제에 대해서 동양의 민족들은 서양인들과 다른 생각을 갖고 있다. 서양인들은 살려고만 한다. 하늘에서 외면당하면 불멸에 대한 갈망 때문에 심지어 불의 고통과 지옥을 감수할 수도 있다. 그러나 동양인들은 이미 오랜 세월을 살았다. 그들은 많은 인생 끝에 현재 너무나도 피곤한 상태이다. 그들은 오래전부터 반복했던 죽음 때문에 매우 피곤해 한다. 다시 정리해보면, 서양의 희망은 더 이상 죽지 않는 것이며 동양의 희망은 다시 태어나지 않는 것이다.

인도의 깨달은 자는 예수와 소크라테스처럼 자신의 교리를 기록하지 않았다. 그는 사실 종교의 창시자가 아니다. 어찌되었든 그는 종교를 창조할 의도가 전혀 없었다. 그는 자신의 교리로 사람들을 고통에서 벗어나도록 도와주고 싶었으며 신, 영혼, 불멸과 같은 종교적 질문들에는 답하려 하지 않았다. 이는 오래전부터 그에게는 확고한 사실이었다. 붓다는 태어나 살면서 고통 받는 것보다 태어나지 않는 것이 더 좋다고 믿었다.

그럼에도 불교는 철학이 아닌, 세계적인 종교가 되었다. 하지만 그 창시자는 정말로 인간의 옳고 현명한 행동만 생각했다. 이 천재적인 네팔인이 세상을 떠난 지 200년 후에 이미 18개의 다양한 형태의 불교 교리가 생겨났다! 불교는 크게 대승불교와 소승불교로 분류되었다. 대승불교의 정신은 중국, 일본의 불교와 티베트, 부탄, 시킴 (Sikkim), 네팔, 몽골의 라마교의 형태로 계승되며 소승불교는 스리랑카와 동남아시아에 이어지고 있다.

대승불교는 일생 동안과 현재의 삶을 통해 죽은 후 미래의 부처로 다시 태어나 영원한 죽음을 이루고자 끊임없이 갈구한다. 대승불교에서는 안락하기 위해, 병을 치료하기 위해, 많은 사람들의 행복을 위해 그리고 세계에 대한 동정으로 윤회하게 된다. 반면 소승불교의 신자들은 단지 자기 자신의 구원을 추구한다.

인류의 큰 선물, 불교예술

불교의 가장 놀라운 점은 엄청나게 넓은 지역의 아시아에 분포되어 있지만 정작 붓다의 나라인 인도에서는 완전히 자취를 감췄다는 사실이다. 인도에서는 불교가 훨씬 오래된 힌두교 때문에 사라졌다. 인도 민족은 원래의 다신주의, 기적의 믿음, 위대한 신화와 자국만의 마법의 세계에 머물러 있다.

하지만 불교는 힌두교에서 많은 전설, 의식과 신들을 받아들였다. 싯다르타의 순수 교리와 원래의 생각 전부가 전해지는 것은 아니다.

또 불교가 인도에서 바로 사라진 것은 아니며 약 1000여 년 동안 존재하다가 기원후 750년경이 되어서야 사라졌다. 그 대신 인도를 제외한 동양의 모든 국가에서는 그 교리가 계속 이어졌고 새로운 종교지도자, 새로운 교리, 새로운 참선 방법이 생기면서 오늘날까지도 그 교리가 이어지고 있다.

인류의 절반은 불교를 따른다. 물론 부처의 제자들이 과거에 스승의 말씀을 따랐던 것같이 따르는 것은 아닐 수도 있다. 하지만 불교 신자들은 계속해서 불교 신자로 남아 있다.

불교는 세계에 큰 선물을 안겨주었다. 덧없는 것이지만 믿음에서 생겨나 더욱 위대한 것이 불교 예술이다. 아시아 곳곳에는 부처의 입상, 부처의 초상화, 불상들이 있다.

하지만 싯다르타가 실제로 어떻게 생겼는지 알려져 있는가? 그의 얼굴 모습이 알려졌거나 그의 얼굴 표정을 보여주는 자료가 있는가? 또, 천수천안의 불상은 과연 어느 정도 사실에 근거한 것일까?

거의 전 아시아에 걸쳐, 실론에서 인도네시아까지, 시암에서 중국까지, 티베트, 몽골, 일본 등에 있는 부처상은 특이하게도 항상 서로 연관되어 있었다. 카필라 성의 위대한 모습을 형상화한 것은 어디에서 최초로 생겨났는가? 어떤 연유로 고타마가 죽은 후 600년이 지난 기원후 1세기에야 그리스와 로마의 장인들이 인도인들처럼 최초의 불상을 만들게 되었는가? "이런 불상을 만든 이유는 붓다를 찬미하기 위함이었다. 불상은 그의 삶과 탄생에 관련된 사건을 보여주고, 매우 드문 경우이기는 하지만 불교적 의식을 나타내는 이야기를 묘사하기도 했다. 초기 불상들은 붓다의 전생이었던 자카타를 주로 다뤘다. 후에는 그가 세상에서 겪었던 사건들이 관심의 대상이었으며 그 이후에는 다른 불교 예술에 영향을 미쳤던 그의 형상을 중점적으로 다루게 되었다."
– 존 마셜 경, 「간다라 불교미술 *The Buddhist Art of Gandhara*」, 케임브리지, 1960.

고
고
학
의
즐
거
움

알렉산더와 간다라

인도의 북서부 국경인 인더스 강과 북쪽의 큰 지류인 카불 사이에는 오래된 나라 간다라가 있었다. 이는 오늘날 파키스탄의 북쪽 끝이자 카불 강변에 있는 아프가니스탄의 경계 지역이다. 문화적으로도 흥미롭고 자연경관도 아름다운 이 지역은 기원전 327~기원전 326년에 알렉산더 대왕에게 정복되었다. 알렉산더는 3만 5000명의 병사들을 이끌고 현재의 구소련 지역이었던 우즈베키스탄 아랄 해 남동지역인 소그디아나와 박트리아를 떠났다. 그는 세계를 발견하려 했고, 사람이 거주하는 지역의 동쪽과 남쪽의 경계를 찾고자 했다. 그의 군대는 마케도니아인으로만 구성된 것이 아니라, 오래전부터 다양한 민족과 인종으로 구성되었다. 마케도니아인들뿐만 아니라 그들의 부인과 아이들도 있었으며 학자와 모든 학문의 전문가, 의사, 지리학자, 기술자, 건설업자, 탄도학자, 역사학자, 언어학자, 인종학자뿐만 아니라 그들을 따라 함께 이동했던 사람들과 상인, 도움을 주는 사람들, 항해가, 인도 영주의 군부대 등 약 12만 명이 그와 함께 이동했다!

알렉산더는 카불 강의 계곡에 도달했다. 그는 산에 살던 용감한 주민들과의 쓰라린 전투를 감수해야 했다. 그는 무거운 노포(弩砲)로 도시를 공격하며 성을 파괴했고 결국 인더스 강변에 서게 되었다. 인도 철학자들이 그를 따르는 영주들을 비난하고 욕했기 때문에 마케도니아인들에게는 인도의 사상가들이 큰 골칫거리가 아닐 수 없었다. 알렉산더는 이 철학자들 중 일부를 교수형에 처했다. 탁사실라(Taksasila, 인더스 강에서 약 37킬로미터 동쪽에 위치한 오늘날의 탁실라)의 간다라 왕은 다른 부족장들과 이 세계의 정복자에게 충성을 맹세했다. 인도 군대는 알렉산더의 세력을 더욱 강화시켰고, 그는 기원전 326년 봄에 인더스 강을 건넜다. 포로스 영주가 오늘날의 젤룸 강인 하이다페스의 동쪽 항구에서 그를 기다려, 영주의 병력이 힘겹게 싸우다 결국 이 고령의 영주가 전쟁용 코끼리를 타고 도망쳐야 했다는 사실은 잘 알려져 있다. 포로스는 부상을 입었고 그의 군대는 절멸되었으며 두 아들은 잡혔다. 알렉산더가 포로스에게 어떻게 대해야 하는지 물어보자 그는 "왕처럼!"이라고 말했다. 결국 그가 원하던 대로 그는 왕과 같은 대우를 받았다. 포로스는 알렉산더 대왕의 동맹자가 되었고 이후 인더스 제국은 심지어 확장되기까지 했다.

알렉산더와 12개의 신전

마가다의 초대 왕이 60만 명의 보병, 코끼리, 기무병을 이끌고 알렉산더와 맞닥뜨리자 알렉산더의 군대는 히파시스에서 그를 떠났다.

세계의 끝에 도달한 셈이었다. 하지만 이 세계의 정복자도, 전례 없었던 승승가도의 행군도 종말을 맞게 되었다. 상상을 초월한 긴 여정을 해야 했으며 미지의 세계에 도달한 군대가 폭동을 일으킨 것은 어쩌면 당연하다고 할 수 있을 것이다. 알렉산더는 아킬레스처럼 3일간 천막에서 꼼짝도 하지 않았다. 그는 자신의 군대가 심사숙고하기를 기대했다. 하지만 지구 끝에 도달한, 이 앞뒤를 가리지 않았던 집단은 단지 피곤할 뿐이었다. 그러자 알렉산더는 신을 찾게 되었다. 그는 12개의 신전을 세웠고, 퇴각을 결정했다. 이때 알렉산더가 퇴각하고 몇 년이 지나지 않아 인도의 찬드라굽타(Chandragupta) 왕이 이 신전들 중 하나에 제사를 올렸다는 사실은 중요하다. 그리스 헬레니즘 문화와 인도 문화가 정신적으로 서로 만나게 되었다는 것을 알 수 있다.

알렉산더의 군대가 퇴각하고, 위대한 마케도니아인의 죽음 후 남겨진 그리스인들 사이에 소요가 일었다. 포로스는 그리스 출신의 에우데모스에게 암살되었다. 알렉산더의 후계자인 디아도치(Diadochi)들이 영토를 분리하는 과정에서 분쟁에 휘말리게 되었다. 낮은 카스트 계급 출신이기에 좋지 못한 평을 받았던 인도 모험가는 자신의 이기적 욕구를 실현시키는 데 이 일을 이용했다. 찬드라굽타는 앞장서서 이방인에게 대항했다. 그는 기원전 316년에 펀자브 지역의 최고 지휘권을 얻었고, 얼마 지나지 않아 인더스 강 하구 지역부터 갠지스 강까지 영역을 확대했다. 바빌로니아와 거대한 영토를 지배했던 셀레우코스 니카토르는 딸을 그에게 아내로 주고 인도를 포기했다. 그는 인도에서 바빌로니아 궁전으로, 그리스에서 현재에는 파트나로 불리는 파탈리푸트라로 외교사절을 보냈다. 이 그리스 외교사절 중 한 명이었던 메가스테네스는 서방세계에 인도라는 나라와 민족을 직접 목격한 내용을 적은 글을 안겨주었다.

이 이오니아인은 인도의 지리, 종교, 풍습에 대해 썼다. 그의 글은 사라졌지만 아리안의 『인도지』에는 당시의 인도, 즉 마그다국의 삶을 반영하는 내용들이 자세히 포함되어 있다. 메가스테네스는 이 민족은 강하고 정직하며 솔직하고 이치에서 벗어나지 않으며 근본적으로는 평화롭지만 공격당하면 싸울 준비가 되어 있다고 적었다.

불교신자가 된 아소카

찬드라굽타의 어머니 이름은 무라였다. 그렇기 때문에 그의 왕국을 마우리아 왕국이라고 불렀다. 그의 손자 아소카는 고대 인도의 가장 강력한 지배자이며, 인도 대륙에서 가장 넓은 영역의 영향권자로, 사랑과 존경을 받고 떠받들어져 현재까지도 흑해의 항구에서 일본 열도까지, 극지방에서 적도까지 최고의 존경을 받아왔다. 아소카는 인도의 '콘스탄틴'이었으며 인류애와 동정심, 고타마의 사상을 이어받은 인물로 잘 알려졌다. 마치 그로부터 약 580년이 지난 후 로마의 시저 플라비우스 발레리우스 콘스탄티누스 황제가 기원후 337년 5월 22일, 처음으로 기독교의 세례를 받은 것과 비슷하다. 콘스탄티누스는 비잔티움을 콘스탄티노플로 이름을 바꾸고 로마 제국의 수도로 지정했다. 그는 'dies solis', 즉 태양의 날을 휴식의 날로 정했고 자신을 열세 번째 사도로 승격시켰다.

아소카는 불교신자가 되었고, 따라서 간다라 민족도 불교의 교리에 귀의했다. 아소카 왕의 종교적 욕망은 끝이 없었다. 그는 왕위에 오르고 13년이 되는 해부터 절벽, 동굴, 기둥 들에 종교적 내용을 담은 글을 새기도록 했다. 이는 역사적 가치가 있는, 현재까지 글로 남겨진 인도의 흔적들이다. 아소카는 무기가 아니라 불교를 통해 통치하려 했다. 그는 진정한 사도 왕이었고 인도 불교를 가장 화려하게 꽃피웠다. 수많은 전쟁이나 정치권력 때문이 아니라, 부처를 따르고자 했던 그의 정신 덕분에 그는 세계에 명성을 떨칠 수 있었다. 찬드라굽타로 시작된 마우리아 왕조에서만 간다라는 독립을 얻었다. 마우리아 왕조 전에는 아케메네스인과 그리스인이 지배했고 그 후에는 박트리아, 세이커와 악명 높은 쿠샨이 지배했다. 쿠샨왕조는 동아시아, 즉 중국의 칸수성에서 간다라까지 침입했다. 중국 역사서 『역지曆志』에 따르면 그들은 스키타이 기마족이었다고 한다. 가장 유명한 쿠샨의 지배자는 카니슈카였다. 마르지아나에서 호탄까지, 아랄해에서 아프가니스탄까지, 거의 모든 인도가 그의 지배하에 있었다.

카니슈카 왕의 불교 부흥

이 카니슈카도 위대한 아소카처럼 불교신자였다. 그는 많은 절을 지었고 부처의 교리에 귀의해 카슈미르 공의회에서 부처의 교리를 새로이 규정하게 하고 아름다운 불상을 세웠다. 인도에는 이미 오래전부터 불상이 있었다. 불상의 전신은 국민들이 받들었던 묘지언덕이었다. 불상은 불교에 의해 새롭게 태어났고 깊이가 더해졌다. 불상은 성당의 반구처럼 땅 바로 위에 지어졌고 내부에는 중각 방을 갖고 있었다. 내부 표면은 굽지 않은 벽돌로, 외부는 구운 벽돌로 형태를 잡았으며 그 위에는 두꺼운 석회층을 덮었다. 나무나 돌로 만들어진 우산 형태의 그림이 건축의 백미를 장식했다. 이 모든 것은 큰 문이 있는 나무 울타리로 둘렀고 후에는 경우에 따라 돌 울타리를 치기도 했다. 현재는 아소카 왕이 세우도록 한 불상 중 단 하나만이 원형이 보존된 상태로 네팔에 남아 있다. 가장 흥미로운 불상 세 가지는 마디아 바트라에 있는 바르후트, 보팔에 있는 산치와 키스트나 계곡 하류에 있는 아마라바티이다. 실론에는 100미터 이상 되는 큰 불상이 세워졌다. 아소카 시대부터 불상 내부에는 붓다나 불교 성자의 성유물이 보관되었다.

과거 인도에서 일어났던 사건들 중 일부는 정확한 날짜가 전해진다. 인도 샤카의 시대는 카니슈카 왕의 죽음부터 시작된다. 인도 전통에 따라 죽은 시체를 처리하는 의식은 기원후 78년 3월 15일에 이루어졌다. 하지만 이 날짜는 불확실하며 학자들 사이에 논란의 대상이 되기도 한다. 다양한 전문가들은 그 날짜가 기원전 57년에서 기원후 278년 사이였을 것이라고 주장한다. 빈센트 슈미트는 카니슈카의 즉위식이 기원후 120년이라고 확정지었다. 기르슈만의 연대기에 따르면 하랄드 잉홀트는 그 영관식이 기원후 144년이라고 측정했다. 나는 간다라 예술을 알아가기 위해서는 이 날짜가 매우 중요하다는 증거를 보여줄 것이다.

27년 동안 카니슈카가 쿠샨왕국을 지배했다. 마지막 왕 바수데바는 그 당시 페르시아의 지배자인 사산왕조에 의해 정복당했다. 아르다시르의 아들 사푸르 1세는 기원후 241년에 간다라를 지배했다. 사산왕조는 주로 쿠샨인이 지휘하도록 했으며 위임자가 독립하고자 하면 사산왕조의 지배자가 정신을 차리도록 만들었다.

북아시아의 자연은 그 지역 주민들에게 유목생활을 하도록 만들었다. 넓은 잔디밭, 대초원, 언덕과 산의 엄청난 기복은 목동과 기마 민족의 근원지이다. 유목민들은 전혀 낯선 세계의 계곡이나 낯선 문화를 접하게 되면 대부분 무기를 들었다.

훈족의 공격과 간다라 예술의 종말

기원후 460년에 큰 재앙이 일어났다. 간다라 문화에 속하는 인도 북서부 전역이 그 당시 세계의 가장 위협적인 정복민족인 훈족에 의해 공격을 당했다. 그들은 '흰 훈족' 또는 '헤파타사실리텐'이라고 불렸다. 그들은 중앙아시아의 기마민족이었는데 당시에는 출신과 종족이 알려지지 않았다. 기원후 562년이 되어서야 터키인과 페르시아인이 아시아의 폭풍우와 같은 이 기마족을 파괴했다. '흰 훈족'은 붓다를 따르던 사람들을 끔찍하게 처단했고, 고타마의 교리를 믿은 사람은 끔찍하게 처형됐다. 이로써 간다라는 기원후 460년 끔찍한 종말을 맞게 된다.

이로써 간다라 예술의 끝은 알 수 있지만 그 시초는 과연 언제였을까? 그리고 처음으로 언제 붓다의 모습을 불상으로 만들고자 시도했을까?

간다라 예술의 기원

간다라는 붓다 그림과 모든 아시아 불상의 요람이기 때문에 이 해답은 매우 흥미롭다.

간다라의 불교적 색채는 아소카 왕 시기인 기원전 3세기 중반 정도로 거슬러 올라간다. 불교 조각물이 시작된 시기도 이와 비슷한 기원전 274년에서 232년까지로 꼽힌다. 이는 분명 인도 장인과 함께 일한 경험이 있는 그리스와 페르시아-그리스 조각가들의 작품이다. 하지만 초기 불상들은 훨씬 후, 쿠샨이 지배했을 때 생겨났다. 일부 학자들은 최초의 불상이 쿠샨시대에 가장 중요한 왕이었던 카니슈카왕 시기에 생겼을 것이라고 믿었다. 그것은 스키타이인들이 사용했던 동전이 전해지기 때문인데, 이 동전의 한쪽 면에는 제단 앞에 서 있는 카니슈카 왕을, 다른 면에는 붓다를 볼 수 있다. 따라서 이 동전이 가장 오래된 붓다의 형상을 보여준다고 믿었다. 하지만 이 동전의 그림을 그리기 위해서는 훨씬 전에 만들어진 조각상을 모델로 삼았을 것이다. 이로써 우리는 초기 불상이 생겨난 시기를 정확히 예상하는 근거를 얻었다. 카니슈카의 지도자가 기원전 144년부터 173년

✳ 붓다의 탄생을 매우 아름답게 표현한 인도 작품 중 하나이다. 이는 전체의 이야기를 말해주는 '연속적'인 그림이다. 잠이 든 마야 부인은 하늘에서 그녀에게로 내려오는 흰 코끼리의 꿈을 꿨다.(왼쪽 위) 오른쪽에는 그녀가 서 있는 상태로 잉태하기 위해 나무를 감싸고 서 있다. 산파가 앞으로 붓다가 될 아이를 양손으로 받아 내고 있다.

✳ 바라나시 주변에 있는 사르나스에서 굽타왕조 시대의 붓다가 최초로 발견되었다. 이 인도 북부의 왕조는 기원후 320년에서 480년까지 지배했다. 굽타왕조가 인도의 많은 지역을 통일시킨 후 절정기가 시작되었으며 이와 함께 인도 문화도 최고조에 이른다. 이때 당시 아잔타의 가장 아름다운 석굴 사찰과, 독실함과 단순함을 각각의 부조로 세밀하게 나타낸 조형물들이 만들어졌다.

✳ 이 불상은 일본 하쿠호시대(기원후 650~720년)에 만들어졌다. 탄생의 상징인 연꽃은 머리 뒤의 후광과 대좌로 표현되어 있고 붓다의 오른쪽과 왼쪽에는 그를 추앙하는 사람들이 있다. 이 아름다운 불상에서 위대한 평안함, 구원의 지혜와 깨달음의 행운을 발견할 수 있다.

✳ 이 청동으로 만들어진 불상은 나라(일본)의 호류지에 위치하며 은혜와 동정의 신인 관음이다. 관음은 아마도 인도의 관음보살이 동아시아에서 변용된 형태일 것이다. 인도에서는 관음보살을 남성 구원자로 여긴다. 그는 완성된 깨달음을 얻었지만 계속해서 중생을 인도하기 위해 열반의 세계를 포기했다. 이 자비로운 신이 동아시아에서는 성을 바꿔 여성으로 나타난다. 이 청동불상은 일본에서 불교예술과 불교가 처음으로 빛났던 나라시대(기원후 710~784년)에 만들어졌다.

※ 간다라와 멀리 떨어진 캄보디아 앙코르와트의 크메르족이 만든 불상에서도 이전 그리스 불교 예술의 흔적이 보인다. 크메르족은 붓다의 형상을 놀라울 정도로 발전시켰다.

❋ 아프가니스탄 하다에서 개의 머리 형태의 수호신 조각이 발견되었다. 이는 후기 간다라 예술의 매우 가치 있는 조각상으로 귀메 박물관에 보관되어 있다.

❋ 기원후 1세기에 그리스, 로마의 장인이 발전시켰던 간다라예술을 인도 예술가들이 '인도화' 시켰다. 하지만 간다라 장인의 스타일은 심지어 먼 남쪽 지방까지 전 아시아의 모든 불상에서 발견된다. 이 아름다운 석불상은 보로부두르, 자바에서 출토되었고 현재는 파리의 귀메 박물관에 소장되어 있다.

❋ 카이버 패스에서 멀리 떨어지지 않은 인도 북서부 국경지대의 하다는 간다라 불상의 중요한 중심지였다. 그곳의 조각가들은 그리스, 로마, 인도의 간다라 스타일을 기원후 5세기에 최고의 수준으로 끌어올렸다. 이 그림은 하다 발굴품 중 가장 흥미로운 유적으로 꼽히는 '털옷을 입은 수호신상'이며 파리의 귀메 박물관에 보관되고 있다.

❋ 이 꽃을 들고 있는 불상은 로마의 예술이 인도 북서부 국경지대 하다에서의 불교예술과 확실한 연관관계를 갖고 있음을 보여준다.

까지 통치했다는 사실이 맞는다면, 최초의 불상은 그보다 약간 이전의 시기인 기원후 50년에서 100년 사이에 생겨났을 것이다.

아케메네스인, 그리스인, 박트리아인, 사커(Saker)와 쿠샨인과 같은 이 외부 정복자들은 간다라를 아래에 두었다. 그들은 다른 곳에서 왔고, 대부분 인도 전역에 큰 고통과 위기를 안겨주다 다시 떠나야 했다. 하지만 간다라인은 여전히 인도인으로 남아 있었다. 자신의 오랜 문화와 언어에서 크게 벗어나지 않았으며 자신들과 인도의 다른 사람들까지도 연결시켜주는 부처의 교리를 계속 믿었다. 간다라는 천 년 가까이 되는 기간 동안 외세에 의해 통치되었다. 하지만 이 문화지역은 외부의 지도자들이 지배하면서 매우 독특한 이점을 가지게 되었다. 알렉산더가 정복하고, 시간이 지나 그리스 로마 문화의 영향을 받은 결과, 마침내 서구로부터 이곳으로 불상을 탄생시킨 문화가 유입되었다. 이는 간다라인과 약 150킬로미터 떨어진 마투라 지역 인도인들의 믿음과 수공업 기술과 뛰어난 예술적 능력을 갖춘 인도 민족의 창조력에 의해 일어난 인류 미술사의 최대 사건 중 하나였다.

초기의 불교예술품

기원전 500년에 붓다가 많은 사람들에게 영향을 준 시기부터 예수가 태어난 후 약 100년까지, 대략 600년 정도의 시간이 지나서 비로소 위대한 아시아 성자의 초상화가 탄생했다. 기원전 인도에는 붓다의 모습을 그린 그림도, 카피라바스투의 그림도 없었다. 우리가 알고 있듯 아소카 왕은 부처의 추종자가 되었지만 약 기원전 3세기 중반 만들어졌던 그의 석화에는 그가 그렇게 존경했던 붓다가 전혀 등장하지 않았다.

불교 예술의 1기라고 말할 수 있는, 붓다가 열반에 든 뒤 약 250년

이 지난 후에는 인류의 이 위대한 스승의 상징만이 남겨졌다. 이런 상징 중 하나는 바퀴이다. 경전에는 붓다가 법륜을 돌린다고 적혀 있다. 바퀴는 윤리와 교리의 상징으로, 불교에서 새로 생겨난 것이 아니다. 이러한 사고의 근원은 초기의 인도 문화, 즉 기원전 약 1500년 전의 베다 경전으로 거슬러 올라간다. 베다 경전 시대에 바퀴가 종교적으로 상징했던 의미는 태양이었다. 이 바퀴는 모든 존재가 원을 돌며 올라갔다 내려가는 끊임없는 윤회를 내포한다. 따라서 초기의 불교예술품으로는 붓다의 모습이 아닌 바퀴를 볼 수 있다.

종종 표현되는 또 다른 상징은 사자이다. 샤카 왕족 출신인 붓다는 일정 기간 동안 샤키시마, 즉 샤카이 사자라 불리기도 했다. 시마는 사자를 뜻한다. 불경에는 종종 붓다가 사자를 부르는 사자후에 대해서 언급되고 있다.

보파탈 산치 시에는 기원전 2세기~기원전 1세기에 만들어진 유명한 거대 불상이 있다. 이는 우주를 표현한 고대 인도의 가장 아름다운 유산 중 하나이다. 이 성지를 감싸고 있는 4대문에 붓다의 삶을 그린 불교 그림들이 새겨져 있다. 그럼에도 불구하고 이 그림들 중 어디에도 붓다의 얼굴이나 모습을 표현하지는 않았다. 이 문은 기원전 1세기 말에 만들어졌다. 그림 속에서 고타마가 깨달음을 얻었던 보리수를 알아볼 수 있으며, 양쪽에는 존경하는 형상들을 표현했다. 보리수의 아래에는 왕좌가 있다. 이는 스승의 왕좌이다. 이 왕좌는 비어 있다! 불교에서의 성자를 상상속에서만 그리고 실제로 표현하지 않았다는 것이 보는 이들에게 깊은 감명으로 다가왔다. 우리가 연대를 측정할 수 있는 시기 이전의 사찰, 제단, 불상들 모든 곳에서 불교와 붓다의 형상은 외경심으로 인해 표현되지 못했다.

왜 부처의 형상을 표현하지 않았을까?

이는 어떻게 설명될 수 있는가? 부처의 형상을 왜 표현하지 않았을까? 본디 인도의 철학이었으며 인도의 가장 숭고한 종교는 어떤 이유로 기원후 1세기가 될 때까지 스승의 모습을 그리지 않고 기다렸는가? 왜 불교 창시자의 이상적인 형상이 낯선 예술을 통해 불교 세계에 전달되어야 했는가?

그 해답은 신을 믿는 것 자체만큼이나 오래되었다. 구석기시대나 신석기시대에는 신의 형상을 표현하지 않았다. 오리나시안의 크로마뇽 문화에서조차도 사람을 표현하지 않았다. 최초의 인간을 표현한 것은 약 3만, 4만, 또는 5만 년 전에 만들어진 비너스 조각상에까지 기원이 올라간다. 하지만 이는 단지 삶의 시작과 존속의 상징이었으며 불사(不死)의 상징이었다. 신을 표현한 것은 이후 인류의 '이교도적' 발견이라고도 말할 수 있으며, 가장 높은 존재에서 분리되어 다신주의가 시작될 무렵 생겨난 것이었다. 그래서 인도의 가장 오래된 종교 브라만교는 신의 모습을 표현한 그림을 인정하지 않았다. 그들에게는 상징만이 있었다. 이것이 약 600년 동안 붓다의 모습이 전해지지 않은 결정적인 이유이다.

이 외에도 다른 이유가 있다. 붓다는 고통, 존재의 고뇌, 육식의 덧없음, 존재의 무의미에 깊이 동의했다. 그는 인류가 탄생에서 죽음까지 이어지는 영원한 여정 동안 저지른 모든 악행으로 인한 비애로 3대양의 바닷물보다 더 많은 양의 눈물을 흘린다는 것을 알게 되었다. 그는 이 지구상의 고통을 잘 알았다. 그는 인생의 목마름, 존재의 갈망, 인간의 고통을 벗어나길 바랐다. 그는 존재의 갈망을 죽이고 파괴하여 고통을 이기고, 모든 고통을 승화시키는 길을 보여주고자 했다. 그는 중생의 악행에서 벗어나기 위해 스스로 완전히 살생을 끊었다. 하지만 이런 극단적인 방법이 위험하다는 것도 깨달았다. 그는 왕자로써 이 세계를 살아가는 방법을 너무나도 잘 알기에 중도의 길을 걷도록 충고했다. 그가 제시한 여덟 가지 길, 즉 8정도는 옳게 보고, 옳게 결정하며, 올게 말하며, 옳게 행동하고, 옳게 살며, 옳게 죽고, 옳게 생각하며, 옳게 자아성찰을 하라는 것이다. 이는 철학이자 윤리적 교리이고 삶의 지침이었으며, 이때 가장 높은 존재 또는 고타마 자신을 믿을 필요가 없기 때문에 붓다는 이를 종교로 여기지 않았다.

교리가 스승의 정신을 따르면 그 교리는 종교가 아닌, 철학적 논리이다. 그에게는 길이 앞에 있었고 교리가 가슴에 새겨져 있었다. 그래서 그의 정신적 유산을 위해서는 상징이 적합했다. 스승의 상징도 이 범위 내에서 이해 가능했다. 고타마는 직접 종교적 경외를 맛볼 수 있도록 자신의 형상을 만들기를 한 번도 원한 적이 없었다. 이 바람을 붓다의 제자들이 수백 년 동안 기억하고 존중했다는 것은 분명하다. 고타마는 자신을 신격화하는 것을 절대로 용납하지 않았을 것이다. 그는 교리에 꼭 필요하지 않은 것은 모두 거부했다. 기원후 1세기가 되어서야 간다라 미술이 붓다의 이상적인 형태를 창조했다. 이로써 철학이 종교로 바뀌게 되었다. 제사를 올리기 위해 눈에 보이면서도 존경을 표할 수 있는 형태가 생긴 것이다.

간다라 예술의 특징

간다라 미술의 종교적 색채는 불교의 믿음에 이바지했다. 그래서 시크리에서 만든 받침 위에 사리탑을 올리게 되었다. 이는 라호르에 있는 박물관에 보관되고 있으며, 그 주위에는 13개의 부조로 붓다의 일생에 일어났던 사건들을 보여준다. 이 탑은 그 당시 고타마의 삶이라 여겼던 상상의 세계를 보여준다. 그에 관해 전해지는 전설은 모두 돌로 만들어진 조각으로 다시 발견된다.

돌은 그의 삶만을 이야기하지 않았다. 사람들은 붓다의 좌상, 입상을 부조 혹은 조각상으로 표현하기 시작했다. 어떤 장인들은 고타마를 열반을 포기한, 중생을 인도하는 보살로 그리기도 했다.

서부 파키스탄 탁실라에서 기원전 7세기부터 기원후 5세기까지 존재했던 세 도시의 잔해를 발굴했던 영국의 고고학자 존 마셜 경은 간다라 불교미술 연구에 큰 업적을 남겼다. 그는 기원후 1세기와 2세기의 간다라 예술 초기학파와 이후 약 기원후 350년에서부터 500년까지 꽃피웠던 후기학파를 발견했다. 이 두 학파의 문화는 성격에서도 다르고 조각가들이 사용했던 재료에서도 차이를 보였다. 간다라 예술 초기에는 돌이 사용되었고 두 번째 시기에는 석고를 사용했다. 초기학파 예술가들은 페샤와르 계곡과 인더스 서쪽 지역에서 작업했다. 후기 예술은 이보다 훨씬 넓은 지역인 인더스 동쪽의 탁실라부터 고대 박트리아와 옥수스까지, 즉 파키스탄, 인도와 아프가니스탄에까지 달했다. 초기학파는 강하면서 아직 뻣뻣한 모습을 보여준다. 그러나 후기의 아름다운 작품들에는 그 혼이 소재에 완전히 스며들어 있다.

대부분의 불상에서 붓다는 양손을 받침 모양으로 겹쳐 명상하는 모습으로 표현된다. 양손을 가슴 앞에 모은 모양으로, 깊은 배려심과 온화한 모습의 붓다를 표현한 불상은 매우 유명하다. '무드라' 라고 불리는 수인(手印)은 후에 매우 정교하고 다양한 상징으로 발전했는데 명상에 잠긴 모습, 설교를 하는 모습, 용기를 주거나 호소하는 의미, 용맹스러움의 의미뿐만 아니라 다양한 의미를 표현하는 손동작들이 있다.

스님은 거의 바닥까지 오는 옷을 입는데 천을 허리에서 묶고 주로 오른쪽 어깨를 풀어놓은 형태이다. 이런 의상은 원래 그리스 형식이라고 말할 수 있으며 더 정확히 말하면, 헬레니즘 또는 로마의 형식이라고도 할 수 있다. 페샤와르 박물관의 초기 불상 중 하나에서는 로마 황제 아우구스투스의 토가와 유사한 형태의 의복을 걸치고 있는 붓다를 발견할 수 있다!

대승불교와 알렉산더 대왕

대승불교는 기원후 1세기에 발전했다. 그 시기는 로마 제국이 알렉산더 대왕의 삶을 미화할 때였으며, 지중해뿐만 아니라 그 밖의 훨씬 먼 영역까지 헬레니즘적인 신을 중심으로 삼는 왕국을 확장하던 시기였다. 너무나도 절대적이고 충만하며 막강하여 그를 신성한 존재로 인식하게끔 신격화한 동방의 지배자와, 태양신의 아들이자 지상의 신이라 생각했던 이집트의 파라오가 헬레니즘 세계와 로마에서 영향을 받았다. 펠로폰네소스 전쟁에서 그리스를 27년간의 고통에서 해방시켰던 리산드로스는 이미 생존 당시 신과 같은 영웅으로 추앙받았다. 알렉산더 대제는 이집트에서 파라오로 인식되었고 시와 오아시스에서는 아몬 사제로부터 '아몬의 아들'이라며 환대를 받았다. 그리스인에게 아몬은 최고의 신과 같았으며 그의 후계자들은 중앙아시아 전역에서 확실한 신격화를 완성하였다.

기원전 42년 로마인들은 카이사르를 신으로 명하며 신처럼 존경하는 율리우스라는 의미의 '디부스 율리우스'란 칭호를 주었다. 이 황제는 동방에서 신과 같이 추앙받았다. 그는 말년에는 로마 제국에서 신을 제외하고는 어떤 사람보다도 높은 위치에 있게 되었다. 칼리굴라와 도미티아누스 황제가 이후 황제문화를 발전시켜 자리잡게 했고, 3세기에는 아우렐리아누스 황제가 공식적으로 자신을 주(主), 또는 신으로 부르도록 했다. 베르길리우스는 자신의 전원시에서 이미 기원전 42년부터 기원전 37년 사이에까지 하늘의 아이가 태어나리라 예언했다. 수에톤은 아우구스투스 황제를 비롯해 로마 제국을 찬미할 때 신의 아들, 신의 아버지, 하늘에서 태어난 특별한 의미를 부여하는 별자리, 신비로운 징표, 기적, 구원자, 평화와 용서의 시대와 같은 표현을 사용한다. 부흐탈은 이런 현상 중 많은 부분이 대승불교와 대응된다고 했다.

간다라에서의 로마 스타일

후기 간다라 예술에서는 초기 기독교 조각과의 사이에 많은 유사성을 볼 수 있어, 기독교와 불교의 근원이 서로 같거나, 직접적인 연관관계를 가지고 있다고 생각할 정도이다. 영국의 학자 부흐탈은 라호르 박물관에 소장된 붓다 그림과 파리의 루브르 박물관과 로마의 라테란 박물관에 있는 기독교 초기의 석관들과의 놀랄 만한 유사점을 발견했다. 분명 일부 불상들의 모티브는 기독교의 도상들에서 영향을 받았을 것이다. 또한 그리스도가 5000명을 먹인 것이나 바다를 걷는 베드로와 같은 천주교의 작품들과 대승불교에서 내려오는 글에는 유사점이 있다. "나는 서양의 쿠샨 왕조의 빛나는 문화와 간다라 조각상을 만든 사상과 기술에 비교될 수 있는 유일한 세계는 로마를 중심으로 둔 서양의 지중해라고 본다." 미국인 알렉산더 소퍼는 1951년 『미국 고고학 저널』에 이와 같이 「간다라에서의 로마 스타일」이라는 논문을 썼다.

하다의 조각상들에는 서양과 동양의 연관관계가 더욱 분명하게 나타난다. 아프가니스탄 제라라바드에서 약 8킬로미터 남쪽에 위치한 하다는 불교시대의 유명한 순례지였다. 프랑스인 보우쳐, 고라르, 바르톡스는 1923년부터 1928년까지 이곳에서 기원전 3세기에서 8세기까지의 불교 예술품을 발굴했다. 이 유물들은 오늘날 하다의 사찰, 파리에 있는 귀메 박물관, 페샤와르의 박물관에서 볼 수 있다. 이 유물들 중 매우 정밀하게 붓다의 모습을 묘사한 작품들 중에는 '유럽적'이라고 말할 수 있으며 8세기 프랑스 예술과 이탈리아 예술과 매우 흡사한, 실레노스의 머리에 뿔이 달린 괴물이나 수호신의 모습이 있다. 옷을 걸치고 모자를 쓰고 있는 하다의 유명한 수호신의 고통 받는 얼굴에서 표현된 모든 긴장과 중심적인 특징들은 전혀 간다라 예술의 영향을 찾아볼 수 없으며, 오히려 중세 서양의 예술을 표현한 위대한 작품들과 비교할 만하다.

간다라 조각상은 불교의 신이나 힌두교의 신인 인드라와 브라흐마뿐만 아니라, 그리스 로마 양식의 그리스 신전의 신도 표현했다. 이에 해당되는 예는 하포크라테스, 실레누스, 사티로스가 있다. 뿐만 아니라 간다라 예술은 창시자와 추종자들을 그린 많은 초상화를 남겼다.

최초의 붓다 예술가

인도에서 이상적인 붓다의 모습을 따라 만들었던 낯선 사람은 과연 누구인가? 간다라와 아마도 마유라까지 교리를 펼쳤던 이는 누구였는가? 누가 최고의 이상이 된 이의 모습을 돌에 새겨 삶을 불어넣었는가? 결국 모든 아시아 민족들이 이 성스러운 예술작품을 믿을 만큼 뛰어나게 아름다운 조각, 부조, 그림을 탄생시키도록 인도인들에게 영향을 준 예술가는 누구인가?

절대 그의 이름을 알 수는 없을 것이다. 하지만 몇 세기 동안 이어진 큰 비밀은 위대한 알렉산더 대왕에게, 헬레니즘에, 그리고 그리스의 정신과 예술에 영향을 미쳤으며 로마의 예술사회에도 절대적으로 영향을 미쳤다. 그래서 처음으로 고타마의 그림이 돌에 담기게 되었고, 아시아 전역에 있는 그를 따르는 무리들을 살아있는 열반으로 이끄는 선구자적 교리의 상이 되었다.

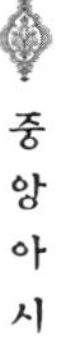

중국 서쪽 국경인 투르키스탄의 둔황은 지구상에서 가장 흥미로운 곳 중 하나이다. 오렐 스타인 경은 이곳에서 매우 특별한 보물을 발견했다. 여기에서 발견된 그림들은 불교예술사상 아시아의 어떤 민족도, 어느 시대에서도 다시는 도달하지 못할 높은 수준을 보여준다. "이 절에 처음 발을 들였을 때의 느낌은 말로 표현할 수 없다. 마치 초자연적인 현상을 경험하는 것과 같았다. 불교신자들은 오랜 시간을 들여 힘들게 이곳에 도착하게 되면 흥분하는 마음을 감출 수가 없을 것이다. 밖에서는 반사되는 빛 때문에 눈이 부시다. 여러 개의 단으로 정교하게 나눠져 있으며 황금색 흙, 초록색 나무, 하늘색 하늘, 도자기가 이 모든 것을 덮고 있는 듯이 보이는 거대한 둥근 지붕을 보더라도 울긋불긋하게 색이 많이 사용되었다고는 생각하지 않게 된다. 그늘이 지는 절 내부는 시원하다. 출입구 맞은편에 있는 거대한 불상은 우리의 시선을 압도한다. 신자들이 작은 접시에 피운 향에서 나오는 연기 뒤에서 조용히 생각에 잠긴 듯 보인다. 천천히 사물들이 눈에 보이기 시작하는 어두운 고요 속에 갈색 승복을 입고 있는 그 거대한 모습은 짐작할 수도 없을 정도로 긴 시간 동안 명상을 해왔다. 그 불상은 팔이 부러진 조각상 이상의 의미를 갖고 있다. 우리가 그 어두컴컴한 곳에 익숙해졌을 때쯤 벽의 대단한 그림들이 우리에게 다가온다."
– 이레인 본게르 빈센트, 『신성한 오아시스 *The Sacred Oasis*』, 런던, 1953.

진시황제

시황제는 지구상의 가장 강력했던 지도자 중 하나였다. 그는 도량형, 무게, 문자, 달력과 법을 통일시켰다. 그는 마차 바퀴의 간격을 규정하고 과거 진나라 수도였던 함양까지 이 마차들이 달릴 수 있는 긴 도로를 만들었다. 또한 그는 진나라를 36개 구역으로 나눠 군부가 행정을 맡도록 하였으며 관료를 20개의 계급으로 나눴다. 그는 큰 전쟁을 치르고 남쪽으로는 칸톤까지 진나라를 확장했으며 역사상 가장 강력한 방어체계로 북쪽을 흉노족과 훈족으로부터 지켜냈다. 그의 북쪽 요새는 거대한 흙벽으로 연결하여 이후 거대한 만리장성이 된다. 이 절대적 지배자이자 독재자는 강의 흐름을 바꾸고, 거대한 관개 시설 작업을 실현시켰으며, 민강(岷江)이 산을 통과하도록 했고, 운하를 연결시키고 자신의 묘를 거대한 건물 형태로 만들도록 했으며 지구, 강, 바다와 움직이는 우주의 모습을 기록으로 남기게 할 정도로 성취욕이 대단했다. 시황제는 또 농부들이 전국에 사유재산을 가질 수 있도록 허락했다. 하지만 엄청난 규모의 국책사업들은 강제노역을 통해서만 실현 가능했기 때문에 중국 역사에서 종종 나타나듯 농부들은 자신의 영토를 떠나 노비가 되어야만 했다.

세상에서 가장 막강한 권력의 소유자였던 시황제가 명령을 내리고, 그가 상상했던 그림이 국민들의 땀과 고통으로 완성되었다는 사실을 들으면 그는 가마에 올라타 현장으로 향했다. 그는 직접 세금 징수, 국가 행정, 군대를 점검했다. 모든 일을 그가 직접, 가장 먼저 했다. 그는 과거를 지우고 세계 최초의 황제가 되고자 했다. 즉 그는 진나라 최초의 황제가 되려 했다. 이전의 것을 모두 없애기 위해 그는 연감, 현자의 책, 나무나 대나무, 양피지에 쓴 고문서를 불태웠다. 농부들은 황제의 통치가 행복을 안겨준다는 믿음을 강요받았으며, 황제를 비판하는 것이 금지되었다. 금기를 어긴 이들로 인해 작두가 쉬는 날은 거의 없었다.

진시황제는 자신이 다스리던 기원전 221년부터 기원전 209년까지 12년간 정복하고, 건설하며, 행정을 정비하는 등 거의 광적으로 날뛰었다. 그는 한니발과 같은 시대를 살았다. 하지만 서양의 카르타고인과 머나먼 동방의 중국인은 서로에 대해 전혀 몰랐다.

불교의 유입

진시황제의 진나라는 상상할 수 없을 정도로 큰 부역의 부담 때문에 농부들이 봉기하고 황제의 측근은 당파 싸움을 일으켜 얼마 지나지 않아 멸망하게 되었다. 진나라는 기원전 206년부터 기원후 220년

✱ 750년 경 만들어진 것으로 보이는 돈황의 출토품. 그림을 수로 놓은 것인데, 동굴 사원의 벽에 걸었던 귀중한 유품이다. 중앙에는 석가모니가 오른손을 내리고 왼손으로 앞가슴에서 옷을 여민 옛 양식의 설법인상(說法印相)을 보이고 있다. 좌우에 문수보살과 보현보살이 있고, 그 사이에 비구(比丘)와 성문(聲聞) 두사람이 모시고 있다. 하단에는 공양자와 봉납자의 모습도 보인다.

✻ 붓다의 삶을 나타내는 장면. 말을 탄 고타마 왕자가 지상의 3가지 고통인 노, 병, 사에 직면하게 된다. 고타마는 왕족의 삶을 버리기 위해 말을 타고 아버지의 궁을 떠난다. 아래에는 비스듬히 기댄 채 석가모니가 앉아 있다. 무릎을 꿇고 있는 3명의 승려는 석가모니의 말씀을 경청하고 있다.

✻ 둔황석굴에서 가장 아름다운 부분으로 꼽히는 이 그림은 다른 그림들처럼 비단 위에 그린 것이 아니라, 중국 문화의 황금기라고 할 수 있는 당나라 때 수를 놓은 것이다. 오렐 스타인 경은 수를 놓아 만든 이 특별한 작품이 기원후 800년경 생산되었을 것이라고 했다. 붉은색, 갈색과 빛이 바랜 녹색으로 만들어진 이 작품은 장인의 놀라운 능력과 매우 세밀한 표현력을 보여준다. 무릎을 꿇고 있는 사람들의 무리를 표현했으며 한 여성 왼쪽에 한 아이가 앉아 있고, 가장 왼쪽에는 시녀가 서 있다.

✽ 스타인 경이 돈황 밀실에서 얻은 불교 회화의 하나로 10세기경의 작품이다. 왼쪽 윗부분에는 구름에 싸인 서방 극락정토가 그려져 있고, 사자(死者)를 인도해 가는 보살이 크게 그려져 있다. 임종시의 머리맡에 이러한 그림이 놓여졌을 것으로 짐작된다.

※ 둔황석굴에 이 아름다운 제단이 있다. 붓다의 제자들은 물론 선한 존재, 악한 존재가 함께 도열하여 평안하게 열반에 든 붓다를 내려다 보고 있다.

※ 프랑스의 유명한 고고학자이자 아시아 연구가 폴 펠리오가 발굴한 둔황석굴 111a에 있는 불교식 제단.

※ 은으로 만든 이 각배는 단순한 물잔에서 유래된 것으로, 마실 때 이 용기를 입 위로 높이 들었다. 일정 각도가 되면 우화에 등장하는 이 동물의 입 부분에서 술이 나왔다. 사람들은 이 큰 컵에 입술을 대지 않고 술을 마셨다. 이 풍습은 페르시아와 고대 남부 러시아의 대초원문화에서 근대 코카서스에까지 영향을 미쳤다.

❋ 옥수스 강의 말라버린 하천 바닥에서 찾은 금팔찌. 날개 달린 괴물들은 아시리아나 바빌론의 영향을 추측케 하지만 실제로는 페르시아의 형태이다. 이 장신구의 아름다움과 놀랄 만큼 정교한 마감은 이 팔찌가 왕족의 여성이 사용했을 것임을 짐작하게 한다.

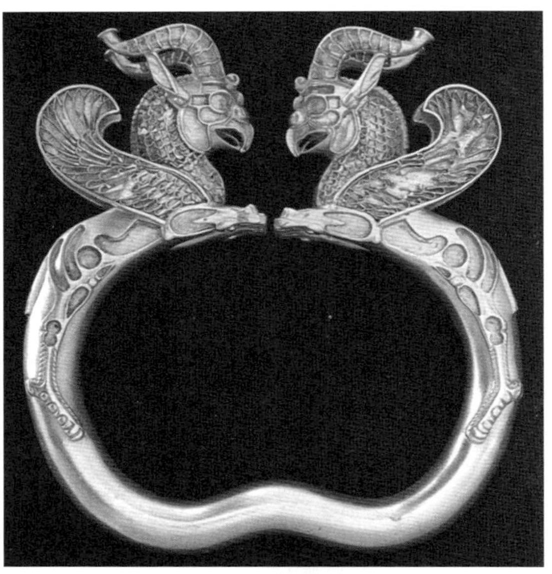

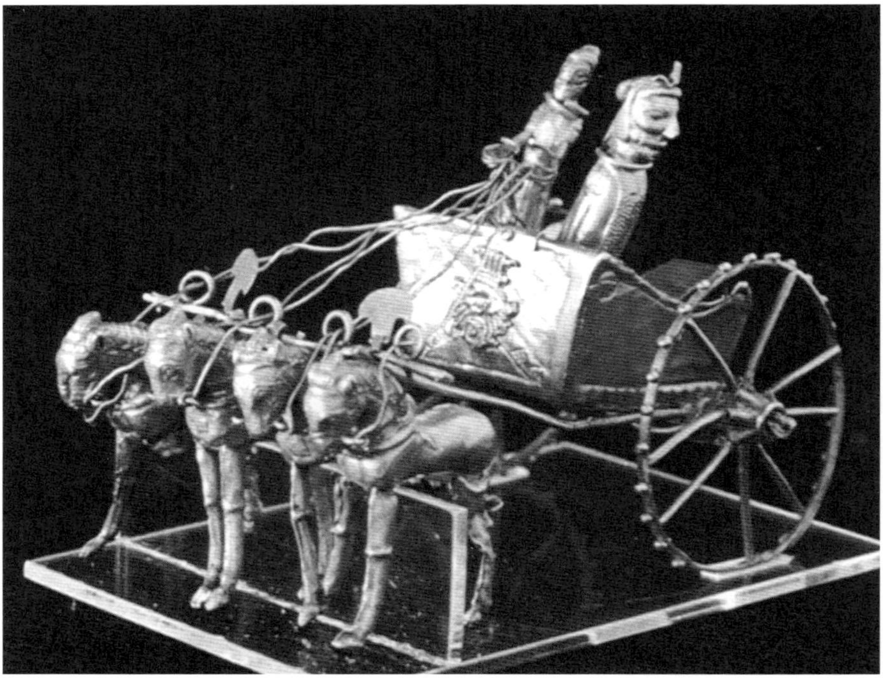

❋ 네 필의 말이 이끄는 경주에 사용되는 마차는 옥수스에서 나온 보물 중 가장 아름다운 것 중 하나로 꼽힌다. 금으로 만들어진 이 작품은 마차에 말이 매인 모습과 바퀴뿐만 아니라 마부의 의복까지 보여준다. 이런 마차는 기원전 5세기에 페르시아 왕 다리우스에 의해 사용되었으며, 그는 기원전 490년에 마라톤 전쟁에서 그리스인들에게 졌다.

까지 중국을 지배했던, 유명한 한나라로 이어진다. 이 시기는 국가가 부흥한, 풍요롭고 위대한 시대였다! 당시 지구상에서 가장 강력했던 두 나라는 로마와 중국이었다. 그래서 오늘까지도 중국인들은 한나라의 후예임을 자랑스럽게 여겨 스스로를 '한족'이라고 부를 정도다.

한나라의 가장 중요한 사건은 불교가 유입된 것이다. 이 신사고의 세계, 붓다와 보살의 신성한 세계, 고행을 하는 스님의 세계, 소승불교와 대승불교의 종교세계가 인도에서 중국으로 왔다. 아마도 기원전 217년에 이미 인도의 선교자가 처음으로 중국에 왔을 것이다. 하지만 이런 정보가 확실하다는 것은 아니다. 한나라의 두 번째 황제인 한명제가 기원후 61년에 불교서적과 스님을 모셔오기 위해 사신을 인도로 보냈다는 이야기가 내려오지만 입증되지는 않았다. 낯선 종교인 불교는 한명제가 통치할 때 이미 존재했다. 그 당시 중국 중심에는 이미 불교 승려들이 자리잡고 있었다. 얼마 지나지 않아 불교 회화가 동투르키스탄을 거쳐 육로를 이용해 중국으로 들어왔다. 그리고 아시아 서쪽과 동쪽을 연결하는 매우 오래된 대상로변에 불교 사찰들이 생겨났으며, 이곳저곳에 나무, 벽돌, 점토로 만들어진 사찰들이 생겨났다.

서역의 관문 둔황

둔황은 서양으로 향하는 중국의 문이었다. 사각형으로 장벽을 세운 이 도시는 칸수에서 서쪽으로 멀리 떨어진 오아시스에 위치한다. 이곳은 아얼진 산맥에서 내려오는 물이 흐르고 잔디가 비옥했으며 가축 떼가 살았다. 칸수는 산, 사막, 비옥한 산악 오아시스의 영토이다. 그리고 이런 오아시스들은 먼 동양과 먼 서양을 연결시켜주는 유명한 비단길을 따라 있다. 이런 길에 살고, 교환과 교역을 한다는 것은 엄청난 부가 따라온다는 것을 뜻한다. 이곳에서는 대상행렬이 오는 것과 가는 것을 볼 수 있었다. 그래서 그들에게 음식과 잠자리를 줬으며, 교역을 통해 필요한 물건을 얻었다.

이 지역 최초의 인공 동굴은 기원전 357년과 기원전 384년 사이에 생겨났을 것이다. 이와 같은 동굴을 일부 소개하자면, 용각의 동굴, 뤄양에 있는 룽먼석굴, 누란동굴, 키질동굴과 같은 동굴지역들이 대표적이다.

둔황의 동굴들로 들어가기 위해서는 하나 혹은 그 이상의 주공간 뒤에 있는 입구로 통하는 복도를 따라 들어가야만 했다. 같은 높이의 동굴들은 다른 성지로 갈 수 있도록 기둥이 있는 난간으로 연결되었다. 벽 뒤 내부에는 벽감이 있어 점토로 만든 모형을 세워둘 수 있었고 동굴의 벽에는 아름다운 그림이 그려져 있었다.

둔황의 동굴벽화

석벽 그 자체는 우선 점토를 한 번 발라야 했다. 그 위에 다시 석회를 섞은 고령토를 한 층 발랐고 그 다음에야 그림을 그릴 수 있었다. 다른 중앙아시아 동굴의 석화처럼 다른 접착제를 사용하지 않고 축축한 상태에서 바로 회반죽을 바르고 그림을 그리는 프레스코 기법을 사용하지 않았다. 그 방법과는 다르게 접착제의 역할을 하는 색으로 건조한 곳에 그림을 그렸다.

아시아 예술가들의 작업이 매우 섬세했다는 것은 그림들 중 일부가 1500년 이상 보존되었다는 것을 보더라도 알 수 있다. 이와 같이 수많은 아름다운 그림들이 놀라울 정도로 오래 지속될 수 있었던 데에는 다른 이유가 있었다. 오아시스 주민들과 사제들에게는 신앙심이 깊은 순례자들의 물결이 끊이지 않는 것이 중요했다. 그래서 그들은 종교예술품들을 보호했다. 시간이 지나 색이 바래거나 무너지게 된 그림들은 다시 복원했다. 몽골의 원 왕조(1278~1368년) 시기에도 이 복원을 계속했다. 하지만 모든 벽에 그림을 그렸던 것은 아니었다. 몽골인은 중국인이 몽골어를 배우는 것을 금지시켰고 중국인이 몽골 여성과 결혼하는 것을 허락하지 않았으며 무기를 갖고 말을 타며 중국인을 쫓아냈다. 그들은 중국의 무역과 경제를 억압했다. 그들은 법을 도입했고 지폐를 너무 많이 사용해 엄청난 인플레이션이 유발되었다. 하지만 기적과 같이 경이로운 둔황의 그림들을 건드리지는 않았다. 그들은 사제가 그림을 보호하도록 했으며 역사적으로 다시 발견할 수 없는 이 예술이 보존되도록 각별히 주의를 기울였다.

중앙아시아와 인도로 가는 대상로에 위치한 둔황은 물품 교역을 위해서도 중요했지만 종교에도 매우 중요했다. 도교, 유교, 페르시아의 신학사상과 그리스·로마 세계가 이곳에서 만났고, 문화와 종교적 깊이를 더하도록 서로에게 영향을 미쳤다.

자연은 지금까지 보존되어 있는 듯이 보였다. 하지만 수천 가지 아름다운 그림들이 중국의 대도시의 등장과 함께 사라져 갔다. 둔황이 현재까지 보존될 수 있었던 것은 그 지역적 위치와 특히 기후 덕분이었다. 둔황은 유독 건조하다. 또한 동굴 속으로 들어가기 위해 거쳐야 하는 좁은 입구는 그림들이 직사광선을 전혀 받지 않도록 보호해줬고 일부는 입구가 무너져서 내부가 전혀 외부 세계의 영향을 받지 않기도 했다. 다른 동굴들은 아시아에 불었던 끊임없는 바람 때문에 모래로 덮였다.

이 석굴들은 지난 40년 전에 발굴되었다. 1957년에 둔황을 방문하고 동굴들을 샅샅이 살폈던 바실 그레이는 전 세계 수천 명의 순례자들이 벽에 중국어, 위구르어, 일본어와 심지어 러시아어 같은 다양한 언어로 자기 이름을 썼거나 새겼다고 했다. 동굴 석화는 후기 위나라 (385~550년)에 생겼으며 북송 시대(560~1127년)까지 그림 작업이 이어졌다. 이렇게 약 500년에 걸쳐 다시는 찾아볼 수 없는 그림들이 탄생되었다. 우리를 내려다보는 이 벽화는 중국미술의 가장 중요한 유산이다!

오렐 스타인 경과 천불 동굴의 보물

이 동굴을 처음으로 연구한 사람은 영국의 유명한 고고학자이자 아시아 탐험가인 오렐 스타인 경이었다. 오렐 스타인은 1862년 부다페스트에서 태어나 1941년 카불에서 생을 마감했다. 그는 1900~1901년 싱키안 성에 있는 타림 분지에서 실크로드에 있는 호탄 시를 연구했고, 과거 문화가 최고로 꽃피었다는 해발 1406미터 지역에서 잔해들을 발굴했다. 그는 거대한 사막 동쪽 끝에서 중요한 의미를 갖는 유적지들을 많이 발굴했고 결국 중국 칸슈 성에 있는 둔황에 도달했다. 1906년 4월 카슈미르를 떠나면서 시작된 그의 탐험은 1907년 3월에야 둔황에 도착했다.

그는 이 오아시스 주변에 수백 개의 성스러운 동굴, 즉 '천불 동굴'이 있다는 것을 알았다. 이것이 바로 오렐 경을 유혹한 것이었다. 그가 둔황에 도착하자 어떤 이슬람교도 상인이 암벽에 벌집처럼 수백 개의 동굴이 있으며 그 속에는 보물이 숨겨져 있다는 이야기를 했다. 한 도교 승려는 큰 동굴 중 하나에서 필사본을 많이 발견했다. 그 승려는 이 성지의 아름다운 예전 모습을 다시 복원하고자 했지만 바람이 불어 모래가 계속 들어오기 때문에 힘든 작업이었다. 동굴 천장에서는 암석이 떨어져 입구가 막혔다.

모래와 잔해를 없애자 앞 공간과 사찰 사이를 잇는 복도 내벽의 그림에서 작은 틈새를 발견했다. 얼마 지나지 않아 열리는 곳을 찾았는데, 이는 석고벽 뒤에 암벽을 파서 만든 옆방으로 통했다. 그리고 이 방에는 천장까지 온통 필사본으로 가득 차 있었다!

오렐 경은 보물로 통하는 길이 나무문으로 막혔다고 판단하고 한 달 후에 다시 돌아와 보니 승려들이 그 앞에 석벽을 만들었다. 오랜 인내 끝에 그는 승려들을 통해 필사본 중 일부를 보았고 결국에는 나머지를 승려에게 받았다.

숨겨진 필사본

이 영국 출신 탐험가가 필사본 뭉치를 조심스럽게 열자, 더욱 흥미로운 것이 드러났다. 비단에 그림들이 그려져 있었던 것이다. 이 그림들은 조각으로 나눠져 있는데, 오렐 스타인은 갑자기 예상치 못한 위험이 생겨 황급히 숨긴 듯이 보인다고 했다. 어쩌면 약탈을 일삼는 타타르인이나 티베트인이 침입했을 수도 있다. 이 필사본들과 그림들은 기원후 10세기 말에 이곳에 숨겨졌다.

1년 후 프랑스 출신의 폴 펠리오가 둔황에 도착하여 남겨진 그림들과 매우 많은 양의 필사본을 가져갔다. 그래서 현재 가치를 짐작하기조차 힘든 이 보물들 중 일부는 파리의 루브르 박물관 국립도서관에 소장되어 있으며, 나머지는 런던의 대영 박물관에 있다.

런던에서는 이 뭉치들을 조심스럽게 열었다. 먼지가 가득한 딱딱해진 비단은 수백 개의 조각으로 부서지기도 했다. 그래서 모든 조각들을 세척하고 1년에 걸쳐 서로 연결하는 매우 힘든 작업을 했다. 일부는 고유의 색채와 본래의 깊이와 조도를 잃었으며, 이 비단에는 초록색 물이 들었다. 또 일부 형태는 사라지고, 대부분 테두리만 알아볼 수 있었다.

라틴어로 'Votum'은 찬양된 희생물 또는 봉납물이라는 뜻이다. 이 '봉헌물' 그림은 경의를 바탕으로 한 헌납물이다. 이런 봉헌 그림 중에 일부를 서로 연결하면 2미터 이상이 된다. 그리고 주로 그림 하단에서 이 그림을 그린 사람을 찾아볼 수 있는데, 그가 입은 옷은 이 그림이 그려진 시기를 짐작하게 해주는 중요한 근거가 된다.

한 그림에는 서기로 바꾸면 기원후 864년을 뜻하는 날짜가 적혀 있다. 이 시기는 중국 예술이 가장 위대했던 시기로써, 중국 문화가 최고의 수준에 올랐고 어느 나라도 이에 견줄 수 없었던 시기였다. 이 시기는 이백과 두보라는 문인의 시대였고, 중국 조각상의 가장 빛나는 시기였으며, 미술의 시대이기도 했다.

불교미술의 이동 경로

불교미술을 처음 보게 되면 그림의 주제나 표현방식이 비슷하다 못해 거의 일치한다고 생각하게 된다. 하지만 더욱 정확한 연구를 한 결과, 엄청난 다양성을 지닌 놀라운 비밀을 밝혀냈다.

유럽에서는 둔황의 예술을 연구하기 전에는 불교미술에 대해서 거의 아는 것이 없었다. 단지 인도의 유명한 아잔타 석굴사원의 벽화와 일본 나라에 위치한 호류지의 불상만이 알려져 있었다. 그런데 이제야 일부 그림에서 인도와 네팔 형식을 발견할 수 있게 된 것이다. 다른 그림들은 티베트에서 영향을 받았다는 것을 보여줬다. 또 다른 그림들은 특유의 중국 형식을 따랐고 일부는 인도, 중국, 티베트의 요소를 함께 지닌 그림들도 있었다.

불교가 인도에서 중국으로 들어왔다는 것은 이미 오래전부터 알려져 있었다. 하지만 이 값진 보물들을 통해서 투르키스탄이 이동하는 경로의 중간 지점이었다는 사실과 불교예술이 아시아 동쪽으로 발전되어갔다는 것을 알게 되었다.

오렐 스타인 경의 탐사

오렐 스타인 경은 1900~1901년 진행했던 최초의 탐험에서 사막 도시인 호탄에서 취락지역의 흔적을 찾아냈다. 그러나 당시 거주민들은 타클라마칸 사막에서 불어오는 모래에 덮여 결국 기원후 3세기에 이곳을 완전히 포기해야만 했던 것으로 보인다. 그는 고대 인도의 글과 언어로 나무판에 새겨진 유적이 묶여지고 봉인된 것을 발견했다. 봉인은 그리스 형식이었고 헤라클레스나 다른 신의 모습을 알아볼 수 있는 그리스의 도장 형태였다!

오렐 스타인은 두 번째 탐험기에서 로프노르의 폐허 지역 중 미란(miran)이란 곳에서 기원후 4세기에 만들어진 후기 그리스 로마 형식의 벽화가 있는 불교 성지를 발견했다고 썼다. 아시아의 사막 한가운데 이런 서양의 흔적이 있다는 것은 놀라운 발견이었다. 하지만 헬레니즘의 영향은 외적인 부분에만 그친 것이 아니었다. 중국 서부 사막에 사슬처럼 이어지고 있는 오아시스 문화에서 인도의 영향과 무한한 정신적 근원인 불교의 흔적을 찾아볼 수 있다. 또한 페르시아의 영향도 있는데, 둔황의 필사본 중 일부에는 이란어의 방언인 소그디아나어가 사용되었다.

동양과 서양이 만나는 투르키스탄 문화

투르키스탄 문화는 동양과 서양이 만나는 모습을 보여주기 때문에 매우 흥미롭다. 1세기에는 유럽뿐만 아니라 아시아에서도 종교 사상이 놀라울 정도로 꽃피었다! 인류가 이와 같이 천상의 영원함을 갈구했던 적은 역사상 그 이전에도 이후에도 찾아볼 수 없었다. 기독교와 미트라교는 로마 제국에서의 패권을 잡기 위해 투쟁했고, 불교는 점점 동쪽으로 밀고 들어왔다.

인도에서 탄생한 이 새로운 교리는 대승불교로 더 이상 개인이 아닌 전 세계를 구원하고자 했다. 그래서 둔황석굴의 그림들 중 보살들은 가장 중요한 모티브이다. 그들은 부처가 될 수 있는 권리를 가졌지만 인류의 고통 때문에 이를 포기했다. 이런 생각이 후기 불교의 한 발전단계이다. 보살 이외에는 관음이 가장 중요한 인물인데, 중국에서는 kuan-yin으로, 일본에서는 kwannon으로 부른다. 대승불교에서 가장 중요한 인물로, 특이하게 남성의 모습으로도, 여성의 모습으로도 표현된다.

둔황 석화에는 보살 외에도 고타마의 삶을 그린 '자카타'와 '서양의 낙원'이 그려져 있다. 많은 형상들과 정자, 노단, 연꽃 호수, 꽃비, 춤추고 노래하는 신적 존재들을 낙원처럼 그린 그림은 놀라울 정도로 세밀하게 작업되어 있으며, 전례를 찾아보기 힘들 정도로 모든 요소들이 조합되어 있다.

동투르키스탄의 오아시스

동투르키스탄에서는 마니 사제가 기원후 3세기에 마니교를 창시했다. 마니는 그노시스교의 창시자였다. 그는 기원후 215년 당시 페르시아에 속했던 바빌로니아 지역 크테시폰에서 태어나 페르시아에서 설교를 하다 투르키스탄과 인도로 오랜 선교 여정을 떠났다. 하지만 결국 조로아스터교 사제단은 그를 이교도라 판단해 교수형에 처했고, 건초로 채워진 그의 시체는 군데스하푸르에 걸리게 되었다. 마니는 진정한 이란인이었다. 그의 종교는 기독교, 불교, 이란의 시각을 혼합하였고, 거기에다 고대 바빌로니아 사상과 그노시스파의 요소들도 추가되었다. 기독교 혹은 불교 지역에 살았던 마니교인은 각각 해당되는 종파를 따를 수 있었다. 마니의 기본 교리는 선이 악에 대항하여, 밝음이 어둠에 대항하여 싸우는 것이다. 마니교는 기본적으로 인간의 영혼은 타락해서 악의 물질과 섞여 있지만, 영혼 또는 지혜가 이를 해방시킨다고 설명한다.

이처럼 동투르키스탄의 투루판 오아시스에는 마니교인, 불교 신자, 기독교인이 함께 평화롭게 살았다. 그것은 오렐 스타인 경이 비단에 그려진 그림을 인류에 소개함으로써 알게 된 사실들이다. 불행하게도 스타인 경과 프랑스 출신의 펠리오는 가져올 수 없었던 유물들을 나머지 아시아의 길에서 잃어버리고 약탈당했다. 지금 우리가 볼 수 있는 것들은 위대한 문화 유산의 일부일 뿐이다.

잠에서 깬 웅대한 혼, 아시아 문명의 태동과 뿌리

실크로드는 태평양에서 지중해까지 1만 킬로미터에 달한다. 이 길은 세계 무역의 가장 크고 풍부한 동맥이었다. 실크로드는 유럽의 사상을 아시아로 가져왔고 불교가 인도에서 멀리 떨어진 동양의 국가들까지 올 수 있도록 했다. 칭기즈 칸, 마르코 폴로, 오렐 스타인 경, 폴 펠리오, 앨버트 그룬베델이 실크로드를 지나 이동했다. 세븐 헤딘은 하루에 약 43킬로미터에 달하는 대장정을 걸어서 갔으며, 그는 심지어 하루에 160킬로미터를 갔다는 전례도 남겼다. 길 주변에 있는 오아시스에는 불어온 바람에 섞이고 현대 인류에게서 잊힌 문화들이 꽃폈다. 중국 물건이 인도, 페르시아, 로마 물건들과 교환되었던 실크로드는 북쪽에서 남쪽으로 이어지며 모든 도시를 동방 각국의 부지런한 상인집단이 거쳐 갔다. 제2 투루판 탐험대는 총 24개의 서체를 사용해 17개의 언어로 기술된 유물을 베를린으로 가져왔다.
– 알베르트 폰 르 콕, 『동투르키스탄에서의 흔적을 찾아서 *Auf Hellas Spuren in Ostturkistan*』, 라이프치히, 1926.

지구상에서 가장 긴 길

실크로드는 지구상에서 가장 긴 길이었다. 실크로드는 강대국들을, 다양한 언어를 가진 민족들을, 지중해와 태평양을 이어주는 역할을 했다. 실크로드는 꿈이었고 동화였으며 인류의 가장 대담한 모험이었다. 실크로드는 상상할 수 없을 정도로 오랜 역사를 갖고 있으며, 아시아 대륙의 미래였다. 실크로드를 통해 전혀 다른 세계에서 손님과 왕족의 귀중품처럼 희귀하고 아름다운 물건들이 오게 되었다.

중국 북서부에 위치한 산시 성의 수도인 시안부터 팔미라와 안티오키아까지 이어지는 실크로드는 직선거리로는 약 7500킬로미터이다. 하지만 이 길은 직선이 아니다. 실크로드는 지구상 가장 높은 산맥을 올라, 동에서 서로 1만여 킬로미터에 달하는 끝없는 굴곡을 지나는데, 이 길이는 적도의 4분의 1에 달한다.

이 무역로는 역사상 가장 중요한 교역로일 것이다. 이 길이 경제적, 문화적, 종교적 교류와 인류의 가장 중요한 변화를 가능케 했다. 이 세계의 길 한쪽 끝에 있는 사람은 자기가 거래해서 얻은 귀중품이 어디에서 온 것인지 전혀 알 수가 없었다. 시안, 뤄양, 칼간과 베이징의 상인들은 페니키아인, 그리스인, 로마인이 가져온 특이한 물건들을 접할 수 있었다. 중간 상인들은 이 길 위의 많은 중간 지점에서 토카라인, 박트리아인, 바데인, 메데인, 시리아인과 같은 전 세계인들과 무역을 하여 이익을 봤다.

비단

비단은 끝없는 물류 혈관의 혈액이었다. 상나라 때 이미 다양한 종류의 비단이 있었으며 직조기술이 개발되었다. 무덤에서 발굴한 유물들을 통해 중국인들이 상나라 시대(기원전 1766년~기원전 1123년)에 상아나 구리에 글을 썼고 뼈와 거북의 등껍질에 열을 가해 얻어진 무늬에서 신탁을 얻었다는 사실과, 대나무 조각에 자신의 의견을 표현하기 시작했으며 뽕나무에 누에를 길렀다는 사실이 세상에 알려졌다.

유리그릇, 값진 돌과 다이아몬드, 상아, 별갑(鱉甲), 석면, 양모와 아마로 만든 아름다운 옷, 말이 세상에서 가장 바쁜 도로를 통해 중국으로 오게 되었다. 비단은 이 길의 끝없는 굴곡, 초원, 사막, 고요한 산맥을 따라 로마 제국까지 이동했다.

기원후 120년에 로마 곡예사들이 뤄양에 도착했을지도 모른다. 중국 남부 국경 국가의 사절단이 여정의 끝부분에 동행했다. 이 마술사들은 서해 주변, 타첸에서 왔다고 했다. 기원후 166년 타첸에서 먼지를 뒤집어쓴 방랑자들이 뤄양에 도착했다. 그들은 자신들이 왕의 사절단이라고 했다. 그렇다면 왕은? 그는 다름 아닌 바로 "왕좌에 앉은 현명한 사람"이라고 불리는 로마의 황제 마르쿠스 아우렐리우스였다. 예수가 태어났을 시기에 중국인들이 로마 제국까지 갔었다는 증거도 있다.

비단의 실오라기는 다시 되감을 수 없을 정도로 중국 역사의 모든 곳에 끝없이 풀려 나간다. 일부 상점에서는 비단 사용을 금지시켰다. 예를 들어 특정 시기에는 상인들이 사용할 수 없었다. 또 종종 특정 무늬나 색의 사용이 법적으로 규정되어 있었다. 무늬와 색은 관직의 고하를 나타냈으며 비단의 폭과 길이, 품질은 황실의 규정에 따라야 했다. 중국 역사상 비단이 지불 수단으로 이용되었던 경우도 종종 있었다. 직물 두루마리가 나라의 주요 세금이었다. 현대 중국의 경제 위기 원인 중 한 부분은 비단 생산의 붕괴, 인조견의 발명에 있다고 할 수 있다. 중국이 역사에서 비단 배상금으로 지불했던 것은 거의 환상적인 금액이다. 퉁구스의 여진족이 킨 제국을 남쪽으로 확장하며 성왕의 수도인 카이펑[開封]에 도달했을 때, 그들은 500만 온스의 황금과 500만 온스의 은에다가, 셀 수 없을 정도의 많은 수의 소와 말 외에도 비단 100만 필을 요구했다! 중국은 이 조건을 받아들였다. 그래서 비단은 흘러가고 흘러갔다. 하지만 1127년 1월 9일, 여진족은 이 엄청난 양의 비단에 만족하지 않고 카이펑을 점령했다. 그들은 심지어 중국 황실의 역사상 가장 위대한 화가였던 휘종 황제를 사람이 살 수 없는 북쪽으로 데려갔다. 달걀형의 창백한 얼굴과 부드러운 손을 가진 왕자와 공주들과 고위 관직에 있는 사신들이 황제를 따라 혹한에 끝없이 멀리 떨어진 만주까지 가야 했다.

수백 년 동안 비단 제작기술은 극비였다. 이미 기원전부터 비단 첩

고고학의 즐거움

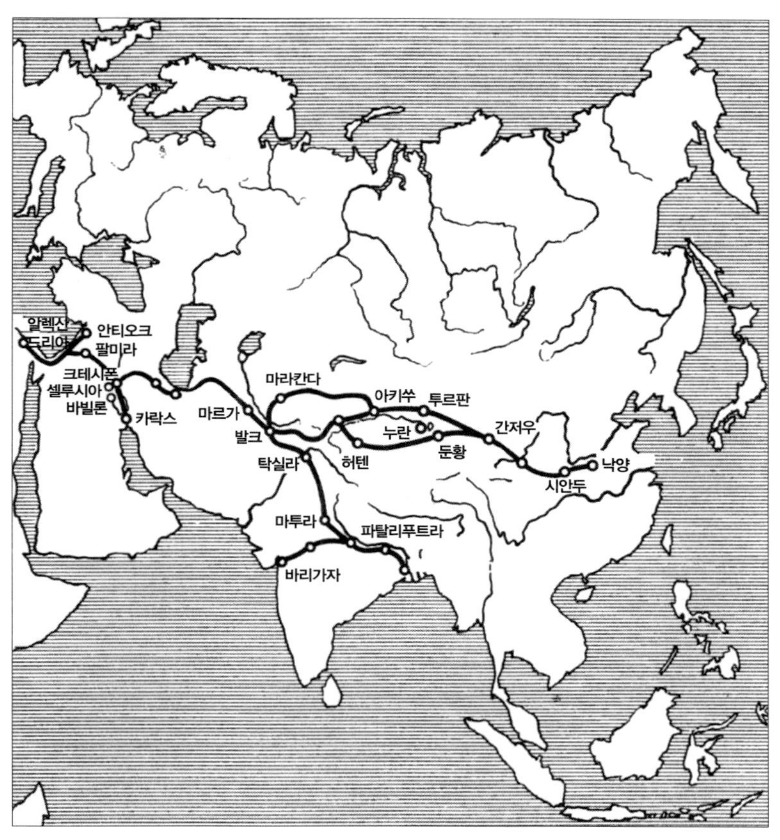

✳ 비단길.

자, 견본 도둑이 있었으며 지중해 주변에는 비단 제조실이 있었다. 모든 직물 중 최상품이라고 할 수 있는 비단과 유사한 직물을 만드는 것이 지중해 주변 국가들의 최고 목표였다. 한국, 일본, 인도, 동남아시아, 인도네시아 서부에서도 중국 황실의 양잠 비밀을 배웠다.

서양으로 옮겨 간 비단

실크로드는 모든 인간의 욕구, 모든 인간의 욕망, 모든 인간의 허영을 견뎌냈다. 낙타의 흔들리는 등 위로 비단 뭉치와 비단 직물이 서쪽으로 옮겨졌다. 이렇게 이동된 비단들은 시리아에서 작업되었다. 후에는 아랍인들이 비단 제단의 왕이 되었고 르네상스 시기에는 그 영예를 이탈리아인들이 차지하게 되었다.

로마에는 아우구스투스 황제 이후부터 황실에 비단이 들어왔다. 로마 귀족과 그들의 기품 있는 부인들, 아름다운 딸들은 옷을 만들기 위해 최상급 비단을 사용했고 중국에서 발명된 거울 앞에서 자신의 모습에 감탄했다. 'sericum' 또는 'serica' 라고 불리는 비단은 낯선 민족이 비밀스러운 방법으로 직조해 보냈다. 이 민족은 정확히는 잘 모르겠지만 아주 먼 동양에 있다고 했다. 하지만 로마 여성들은 이렇게 섬세한 문화를 만든 섬세한 민족이 누구였는지 몰랐다.

마케도니아 상인 메스 티타누스는 이미 그 당시에 동양에 무역 상대를 두었음이 분명했다. 그는 티레의 마리노스라는 사람으로부터 인도해 동쪽뿐만 아니라 태평양 내해에 관한 꽤 정확한 여행 보고서를 받았다. 지리학자 클라우디우스 프톨레마이오스는 기원후 125년에 이 내용을 세계지도를 만드는 데 활용했다. 그 의문스러운 카티가라 항구가 난징, 칸톤, 싱가폴, 또는 오늘날의 북베트남에 있는 하틴(알버트 헤르만의 짐작)에 위치하는지는 전혀 알 수 없을 것이다.

비단은 매우 비쌌다. 기원후 215년부터 275년까지였던 로마 황제 아우렐리아누스 시대에는 비단 1파운드에 금 1파운드를 지불해야 했다! 이렇게 비단이 비쌌기 때문에 비단은 두께를 매우 얇게 짰다. 스포라데스에 속하는 코스 섬은 고대 그리스의 항아리인 앰포라에 넣은 우수한 와인, 'amaracinum' 과 'melinum' 이라는 연고, 그뿐 아니라 플리니우스가 코아 베스티스라고 부르는 가볍고 속이 비치는 '코이센' 을 수출했다. 이 옷은 몸매를 명확히 보여줬으므로 부유하고 유명한 창녀는 이 옷을 입기도 했다. 파리의 루브르 박물관에서 코이센을 입은 아프로디테 조각상을 볼 수 있다. 아마도 페이디아스의 제자인 그리스인 조각가 알카메네스의 '정원에 있는 아프로디테'를 고전적으로 모방한 조각상일 것이다.

비단으로 의복, 이불, 쿠션, 커튼도 만들었다. 이는 상상도 할 수 없는 사치였다. 황실의 여자들은 비단옷을 입었지만, 남자들에게 사치와 낭비는 금기시되었다. 쓸데없이 남성이 몸을 비단으로 칭칭 감은 모습은 환영받지 못했다.

학대받은 동물과 미지의 세계를 탐험하고자 하는 욕망으로 길을 떠난 사람들은 이 위대한 중국 발명품을 가지고 긴 대상의 행렬을 이루어 실크로드의 양 방향으로 지나갔다. 보라색, 향, 양념, 금, 동해에서의 호박이 동양으로 왔다. 대상의 행렬이 타림 분지를 통과하기까지는 4~5달이 걸렸다. 사막과 염전에서는 갈증으로 인한 죽음이 위협했다. 파미르 고원에는 숨을 쉬기 위해 무척이나 노력을 해야 할 정도로 산소가 부족했다. 하지만 비단은 너무나도 강력한 자석과도 같았다. 비단을 소유하는 것은 유럽의 소망이자 자랑이고 명예였다. 비단은 페르시아에서 콘스탄티노플까지, 아테네에서 로마까지, 그리고 대서양의 카디스까지 속삭이고 바삭거리며 빛났다. 하지만 이 값진 수천 개의 천 뭉치들은 바람에 흩날려 없어지기도 했고, 땅에 묻히기도 했으며 목 마른 대상행렬의 사인(死因)이 되기도 했다.

죽음을 불러오는 모래바람

움직이는 사구로 채워진 못인 동투르키스탄 지역 중 일부는 물이 부족하기 때문에 사람이 지나갈 수 없는, 희망이 없는 사막이다. 전 중앙아시아 전체는 죽음을 불러오는 부란이라는 모래바람을 잘 알고

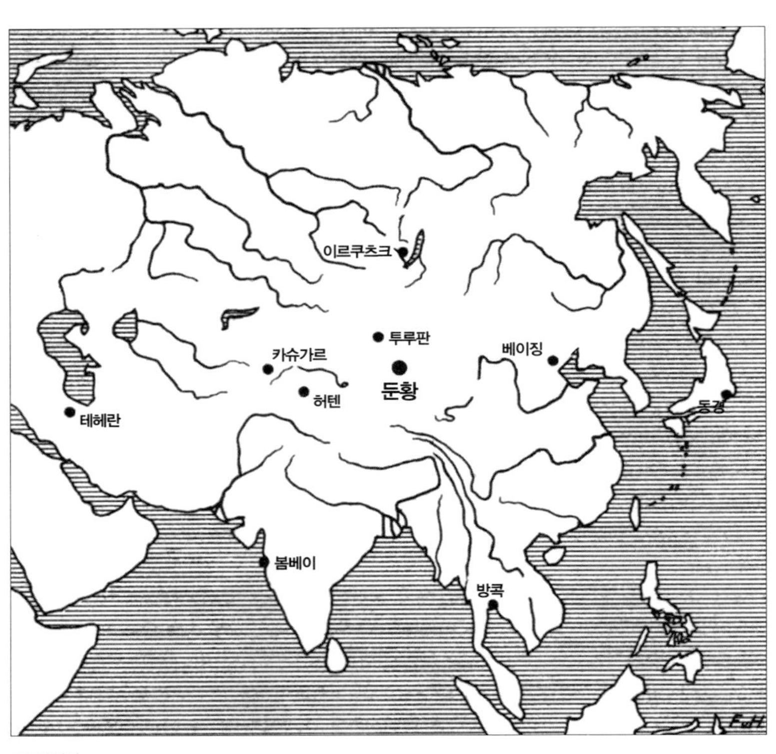

✵ 아시아.

있다. 매우 끔찍하고 놀라운 이 자연변화는 매우 위험하다. 갑자기 손을 쓸 수 없을 정도로 급격히 하늘이 어두워진다. 먼지 구름 사이로 보이는 태양은 진한 붉은색일 뿐이다. 그 후에는 태양이 보이지 않을 정도로 먼지 층이 두꺼워진다. 그리고 이 먼지 구름은 무서울 정도로 빠르게 다가와서, 서 있거나 쉴 수 있는 안전한 장소를 찾는 모든 대상들을 힘으로 제압한다. 엄청난 양의 모래뭉치와 자갈을 빨아들인 바람이 회오리가 되어 흩날린다. 어둠은 점점 깊어지고 바람 소리는 점점 강해진다. 수많은 전설에 등장하는, 광란하는 하늘에서 달그락거리며 깨지는 듯 들리는 소리는 돌이 부딪히면서 나는 소리이며, 중국인들이 이야기하는 귀신소리와 같다.

이런 바람에서 목숨을 잃은 용감한 사나이를 그리는 서사시는 전혀 전해지지 않았다. 사제, 선교사, 상인, 탐험가뿐만 아니라 심지어 지난 세계대전에서 일본과 공산주의 진영에서 탈출한 난민까지도 이곳에서 죽음을 맞이해야 했다. 물론 모두가 규칙을 알고 있었다. 사람, 말, 낙타는 낮게 엎드려 몇 시간이든 바람이 지나가도록 기다려야 한다. 하지만 모래는 인정사정없다. 바람을 세게 후려치고 자갈이 부딪치며 사람과 동물은 이성을 잃고 무참히 사막에 쓰러져 인적을 찾아볼 수 없는 모래언덕에서 죽었다. 모래언덕에서는 이렇게 미라가 된 시체가 많이 발견되었다. 하지만 르 콕이 항상 말했듯 모래바람은 자신의 희생자를 묻어버리는 것을 좋아한다.

1905년 베이징에서 투루판으로 은괴를 운반하던 탐험 팀은 끔찍한 종말을 맞았다. 바람과 먼지구름이 이륜마차를 넘어뜨렸다. 말을 타던 중국인 60명은 정신을 잃은 말에 이끌려 사막으로 들어가고 말았다. 그들 중 일부는 시체를 찾았지만 나머지는 아직도 모래 속에 파묻혀 있다.

동투르크인, 돌난인, 서몽골인, 캄차카인, 키르기스족 모두는 인정이 많고 사랑스러우며 따뜻한 사람들이었다. 그들은 유목생활만 했고 큰 자유의 공간을 꿈꾸는 사람들이었다. 중국어를 사용하는 이슬람교도인 툰가인은 유목생활을 하지 않았을 수도 있다. 자연은 냉혹하다. 하지만 이곳의 삶은 지구 어디에서보다도 더 가볍다. 그럼에도 많은 연구자들이 이곳에서 목숨을 잃었다. 대부분은 중국인이나 낯선 이방인들이 가해자였다. 아돌프 폰 슈라긴바이트는 1857년 카슈가르에서 살해되었고 스코틀랜드인 다글라이쉬는 자신의 지적 욕구를 목숨과 바꿨다. 영국인 헤이워드와 프랑스인 드트로이 드 린스가 살해되었고, 칼간 또는 파투가 한 말에 따르면 최근에도 길을 떠나서 다시는 돌아오지 않은 사람들이 있다고 한다.

세계로 통하는 길

실크로드는 단순한 길 이상의 의미를 지니고 있다. 자연석과 점토를 만든 외로운 객주, 낙타의 배설물로 만든 오두막집에 소규모 군대, 물건을 운반할 때 안전을 책임지던 사람, 행군하는 군인, 말을 타고 가는 사자, 용감한 사제 등 이 모든 사람들이 황제의 길을 지나간 미지의 사람들이었다. 중국인들은 이 길을 '세계의 길'이라고 부르기도 했다. 이 지역의 아가(雅歌)를 곰곰이 생각해보면 사막에서 가장 건조한 지역에 물을 운반했던 사실, 통역사의 존재, 언어의 경계에서 국경 검사를 했다는 것이나 다른 국가로 들어가는 문이 있었다는 사실들을 알 수 있었다. 소가 끄는 마차는 힘겹게 모래 사이를 굴러갔으며 당나귀, 말, 낙타, 우편물, 말로 운반되는 물건들이 이 길의 삶이었다.

이곳에서는 수마일, 여러 날, 여러 달, 여러 해를 걸어가는 것이 눈깜짝할 사이로 계산되는 시간 계산법이 지배했다. 이 길의 끝에 있는 세계에서는 반대편 세계를 알 수 없을 정도로 이 길은 길었다. 그러나 소아시아의 『안티오키아』라는 책에서 바울로와 바나바가 한 말이 이미 기원후 1세기에 실크로드를 통해 중국으로 전해졌는지 누가 알겠는가. 짧은 기간 세계제국을 지배했던 제노비아 왕비의 궁전이었던 아랍의 타드모르인 팔미라의 잔해를 보면 현재까지도 먼 동양으로부터의 영향이 있었다는 흔적을 찾을 수 있다. 이 길은 바데인 왕 이후에는 사산왕조의 주요 관저인 크테시폰을 지나 오늘날 하마단인 엑바타나로 이어진다. 이곳의 아래 언덕에는 히말라야 삼목재와 실측

백 목재로 만든 궁전, 기둥, 지붕들이 있고 그 위에는 고성이 모든 분위기를 장악한 교류의 중심도시이다.

아케메네스인과 바데인의 여름 별장은 목재로 만든 건물에 은박이나 금박을 씌울 정도로 부유했다. 엘람인의 도시인 라즈는 이미 토비아스의 책에서 언급되었다. 테헤란 남부에 위치한 오늘날의 레이는 봄에 아름다워 바데 왕들이 3~5월에 이곳에서 지냈다고 한다. 대상 행렬은 박트라에서 금을 사고팔았다. 과거 박트라의 금은 중국의 비단처럼 높이 평가되었다. 마지막에는 카슈가르에 도착하게 된다. 해발 약 1500미터에 있는 중국 투르키스탄과 홍하와 키즐(Kizil) 강에서 샘 솟는 황토 오아시스(주변이 흙으로 된)를 지나게 된다. 이곳에서 4000미터 높이의 테렉 고갯길을 지나 며칠만 가면 말로만 듣던 페르가나에 도착하게 된다. 겨울에 눈이 산에 많이 쌓였다면 녹은 물이 충분한 수량과 풍요를 가져왔다. 하지만 고지대인 파미르의 여름이 서늘했으면 눈이 서서히 녹아 카슈가르는 매우 더웠다.

서부, 즉 타클라마칸 사막에서 거대한 모래구름이 몰려와 1년에 200일 이상 카슈가르 오아시스가 먼지구름 속에 파묻히게 된다. 기원후 1세기에 살았던 명성 높은 중국 전투가 판 차오가 이곳의 한 사찰에 묻혔다. 이 오아시스에서 기원후 2세기에 중국으로 와인이 유입되었고 이곳을 통해 불교가 동양으로 유입되었다. 이 새로운 종교를 가져온 유치(Yue Chi)는 복숭아와 배도 중국으로 가져왔다. 아시아의 정복자 칭기즈 칸은 아마도 1219년에 이곳에 왔을 것이며, 1275년 어느 날 베네치아의 유명한 상인 마르코 폴로가 이 오아시스의 풍부함과 끊이지 않는 활동력을 경험했을 것이다.

알버트 그륀베델의 발굴 작업

지진은 주로 바닷가에서 일어났다. 하지만 카슈가르와 같은 내아시아에는 입에서 입으로 다음 세대까지 이어지는 역사에 기록될 만한 지진들이 있었다. 대상행렬은 해발 1406미터의 타림 분지 변에 있는 호탄을 지나 유명한 석굴사원의 오아시스인 둔황으로 갔다. 북쪽 루트는 해발 15미터 이하에 위치한 많은 유적이 발굴된 위구르 지역의 투루판을 지났다.

뮌헨 출신의 유명한 인도학자 알버트 그륀베델은 1905년부터 1907년까지 중국-투르키스탄 유적을 채굴해 불교 석굴과 조각상을 그린 그림이 세상에 빛을 볼 수 있게 했다. 하지만 그는 더 많은 것을 발견했다. 베이징에서 약 2500킬로미터 떨어졌다고 생각되는 곳에서 섬세하고 매우 값진 비단옷과 비단으로 덮인 오두막을 발견한 것이다! 비단은 아시아 사원들의 영광과 지위를 나타내는 표시였다.

그륀베델은 투루판에서는 태양빛 때문에 6월부터 8월 중순까지는 작업하기가 매우 힘들고, 콰라사에서는 모기의 공격이 가세했으며, 퀴즐에서는 폭풍과 지진이 일어났다고 했다. 동굴사원의 벽화가 온전히 보존된 곳은 한 군데도 없었고 생동감 넘치는 조각상들은 파괴되었으며 글씨들은 긁혀 있었다. 그는 오랜 시간에 걸쳐 아름다운 고화를 벽에서 분리해 깨진 부분을 개별적으로 고쳤으며 완벽히 포장해 대상행렬로 이동시켰다. 또 후에 그림을 다시 조합할 수 있도록 투사도와 스케치를 만들어야 했다. 겨울에는 매서운 추위 때문에 붓과 먹물이 얼기도 했다. 알코올을 섞어도 해결되지 않았다. 작업할 때 끊임없이 불어오는 모래바람은 무섭게 위협했다. 모래는 붓을 갈라지게 하고 먹과 염료를 못쓰게 만들었다. "색을 섞어 주색을 만드는 데 성공하면 모래바람이 불어 색을 변화시켰다." 석굴사원은 수백 년간 염소지기들이 숙소로 사용했는데, 그들이 피웠던 불 때문에 벽이 그을려 있었다. 다른 동굴들에는 날아온 모래가 뒤덮여 모래제거 작업에 엄청난 노력을 들여야 했다. 현재 베를린 민족박물관에서 이 위대한 그림들을 보면 낯선 투르키스탄인이 작업 시에 겪었던 위기, 고통, 극한 상황은 상상할 수 없을 정도이다. 하지만 실크로드의 오아시스들이 숨을 멈추게 할 만큼 놀라운 아시아 문화의 결합이라는 것은 알수 있을 것이다.

베를린 민족박물관은 중아시아로 탐험대 네 팀을 보냈다. 그륀베델 교수가 이끈 첫 번째 그룹은 투루판 오아시스로 향했다. 1902년 11월부터 1903년 3월까지 작업이 이루어졌다. 석화, 조각상을 비롯한 유물들을 담은 37.5킬로그램의 상자들 총 46개가 이 탐험의 업적이었다. 알베르트 폰 르 콕이 이끄는 두 번째 그룹은 1904년 9월부터 1905년 12월까지 트루판의 오아시스와 코물 지역을 탐험했다. 이때의 약탈은 엄청나서, 개당 100~160킬로그램인 상자들을 103개나 힘겹게 대상행렬로 독일까지 보냈다. 그륀베델 교수와 르 콕이 이끌었던 세 번째 그룹은 1905년부터 1907년까지 쿠챠, 카라샤르, 투루판, 코물 지역 오아시스를 탐험하면서 70~80킬로그램의 상자들 128개를 운반했다. 1913년 1월부터 1914년 2월까지 르 콕이 다시 이끈 네 번째 그룹은 70~80킬로그램의 상자 160개를 가져왔다.

이때 이들은 엄청난 보물을 가져왔다. 하지만 동굴은 벽화, 제단, 조각상이 있었던 곳이기 때문에 '약탈'이라는 단어가 적합하지는 않을 것이다. 석고를 바른 벽에 그려진 불교 벽화들은 이슬람교 신자들에게는 타도의 대상이었다. 이런 그림을 본 이슬람교도는 벽화의 얼굴만이라도 손상시키려 했다. 게다가 짓밟히고 파괴된 잔해로 일어나는 황토 먼지는 값진 거름이었기 때문에 종종 이것을 파서 오아시스에 활용하기도 했다.

　그륀베델은 붓다의 머리를 파괴하고 날카로운 창으로 눈을 찌르고 프레스코를 찢어 흠을 낸 터키인을 매우 비난했다. "농부들은 프레스코를 거름의 용도로 가져왔고, 쉽게 밖으로 나갈 수 있도록 벽을 부쉈으며, 불을 지필 나무를 하기 위해, 가죽조각을 위해, 보석과 귀금속을 위해 잔해를 뒤졌다. 이두추샤리에는 마지막에 언급했던 것들은 이미 없어졌다고 했다. 그들을 막을 수 있는 방법이 없다는 것이 끔찍할 뿐이다. 그 지역은 너무 크고 어디에서든 접근이 가능하기 때문에 감시가 불가능하다. 한 명의 유럽인이 이곳에 도착해서 모든 사람들이 움직이기 시작했다. 모든 사람들은 유물을 찾고 팔려고 한다. 사람들은 그 유럽인이 이곳을 떠나도 계속해서 발굴했다. 어느 정도 시간이 지나면 보물을 찾는 작업은 다시 중단되고 농부들의 생활을 위한 파괴 작업이 다시 시작된다."

둔황에서의 새로운 발견

　이미 앞에서 영국과 인도의 정부를 위해 둔황으로 떠난 영국 지리학자이자 철학자 오렐 스타인 경과 프랑스의 폴 펠리오가 거둔 성공적인 탐험들을 소개했다. 베를린 국립 민족학 박물관장이자 교수인 알베르트 폰 르 콕은 1926년 다음과 같은 글을 남겼다. "오스튼 헨리 레이야트경이 니네베의 잔해를 탐험한 이래 그가 남긴 성과와 견줄 만한 중앙아시아 탐험기가 없었다." 그는 이곳에서 전혀 새로운 발견을 하게 되었다. 8세기 중반까지, 투르키스탄이라는 단어의 어원에서 유추해볼 수 있는 터키가 아닌 인도-게르만인, 이란인, 인도인을 비롯하여 유럽인까지도 실크로드 전역에 퍼져 있었다는 사실을 알아낸 것이다. 실제로 다량의 필사본에서 그들의 언어를 발견할 수 있었으며 그 언어 중 일부는 심지어 잘 알려지지도 않았다. 이는 런던, 파리, 베를린에서 해석되고 번역되었으며 학문적 평가를 받았다. 인도-게르만어 연구가와 투르키스탄 연구가들은 24가지 문자로 적힌 17개 이상의 언어를 연구 및 해석해야 했다. 새로 밝혀진 많은 산스크리트 서체와 새로운 사실들은 불교 연구에도 큰 이바지를 했다. 시리아어로 된 네스토리우스-시리아교의 기도문이 많이 발견되었고, 소그디아나어로 된 네스토리우스-기독교 필사본도 많이 발견되었다. 독일인들은 물이 부족한 투루판 오아시스 주변에서 완전히 잊힌 마니교의 글들까지 발굴했다. 이로써 다양한 색의 잉크를 사용해 매우 값진 종이에 쓴 텍스트의 아름다운 서체가 세상의 빛을 보게 되었다. 또 이 특별한 종교에 대한 전혀 새로운 정보를 얻게 되었다. 미니교의 아름다운 소책자도 발견했다. 독일의 뮐러 교수는 이 내용을 중부 페르시아어와 기타 인도 방언, 소그디아나어로 번역했다. 마니교의 글을 발견한 사실은 기독교의 배타성과 아랍인의 파괴욕 때문에 더욱 값지다. 그륀베델과 르 콕은 이런 종교를 '발굴' 했다는 면에서 높이 평가해도 손색이 없다.

많은 수수께끼들이 이 길에서 풀렸다

실크로드는 둔황에서 중국 산시 성의 수도인 시안까지 가는 유일한 길이었다. 스웨덴의 위대한 아시아 연구가 세븐 헤딘은 사방이 성벽으로 둘러싸인 이 도시에 도착한 이는 지구상에서 잊을 수 없는 온갖 경험을 한 사람일 것이라고 했다.

실크로드, 또는 중국인들이 황제의 길이라 칭했던 이 거대한 무역로는 사람이 북적거리는 중국, 고비사막 끝에 있는 오아시스, 아직까지 야생낙타가 살고 신이 버린 지역인 둔황과 누란 사이의 비밀스러운 황무지, 메데인의 동화의 거리들과 과거 문명 발달의 중심지였던 바빌론과 티로스를 가로지른다. 많은 수수께끼들이 이 길에서 풀렸다. 1900년 3월 28일 세븐 헤딘은 당시 말라버린 르프노르 호 주변에서 사라진 누란 시를 발견했다. 그리고 1년 후, 다시 쓰레기 더미 속에서 점토 벽돌로 만든 집을 발견했다. 이 집에는 누더기, 양 뼈, 생선 찌꺼기와 글이 적힌 종이 수백 장을 비롯해 한자가 적혀 있는 42개의 나무판이 있었다.

헤딘은 이 쓰레기 더미에서 진정한 보물을 건져냈다. 글씨가 적힌 이 보물들은 기원후 265년에서 313년까지 어느 중국 점령군의 것이었다. 일부 종이들에는 누란이라는 명칭이 언급되었다. 그의 제자들은 헤딘이 세상을 떠난 후에야 1920년에 슈톡홀름에서 누란을 연구한 결과를 발표했다. 하지만 세븐 헤딘은 이미 오래전부터 이 발굴물의 가치가 높을 것이라는 사실을 알고 있었다. "이 문서의 단편들은 힘들었던 내 연구의 졸업장과 같다. 르프노르 호수가 존재한 시기뿐만 아니라, 이곳에 거주한 사람들이 어떤 민족이었으며 그들의 생활 방식은 어땠는지, 중앙아시아의 어떤 민족과 관계를 맺었으며 그들의 국가가 어떤 위치에 있었는지 알려줄 것이다. 지구상에서 사라졌다고 할 수 있는 이 나라와 이미 역사 속에 잊힌 이곳 주민들과 연대기에 기입되지 않은 그들의 행적이 세상의 빛을 보게 되었다. 나는 새로운 생명을 불어넣을 과거 앞에 섰다."

누란에서 발굴된 목조 조각은 헬레니즘과 간다라 형식이다. 이는 또한 그들이 서쪽 및 남쪽과 교류 등 관계가 있었다는 것을 증명해준다. 또 매우 작은 조각으로 분리된 종이 문서들을 조합하면 아름답고 명확하여 읽기도 쉬운 한자가 적혀 있다. 오렐 스타인 경은 누란의 공동묘지를 발굴한 결과 의복과 얼굴표정이 아직 완벽하게 보존되어 있는 죽은 사람들을 찾아냈다. 불교 사찰 발굴에서는 작고 아름다운 목조물, 조형물, 장식품, 불상을 그린 그림, 숟가락, 작은 어린이용 고리를 발견했다. 심지어 사각형 구멍이 뚫린 동전, 헤르메스가 그려진 반지의 붉은색 원석, 붓다의 얼굴이 매우 생동감 넘치게 그려진 양탄자 조각들과 아름답게 그림으로 장식된 비단 천도 발굴되었다.

투루판 오아시스에서 약 30킬로미터 남서부에 위치하며 오렐 스타인 경의 또 다른 발굴지인 아스타나에서는 중국 예술이 가장 빛나게 꽃피었던 당나라 시대(8세기)의 매우 아름다운 모형들이 세상의 빛을 보게 되었다. 이는 죽은 사람들과 함께 묻었던 물건들로 작은 인물 모형, 낙타, 색을 칠한 말, 수호신의 머리, 울긋불긋한 색의 옷을 입은 기마들과 비단에 아름다운 모형을 그린 것도 볼 수 있다.

실크로드 전역에서 당시 대승불교의 교리를 받아 적은 필사본인 『반야바라밀』이 수백 개 이상 발굴되었다. 10세기에 작성된 티베트의 군 관련 문서를 발견하기도 했다. 또한 의학 관련 문서, 무역지침서뿐만 아니라, 말 치료와 관련된 많은 문서를 발견했다.

실크로드가 한창 꽃피었을 때는 세계의 값진 귀중품으로 무역이 이루어졌다. 이런 방법으로 원래는 중국에서 발견된 것이 아닌 비취가 실크로드를 통해 극동지역으로 오게 되었다. 불교와 서양의 마니교와 같은 영적 보배들은 실크로드의 오아시스에서 만나 서로를 더욱 풍부하게 만들어줬다.

그러나 19세기의 발전과 함께 도입된 소비재들, 대량 물품으로 교역하는 것은 과거 귀중품의 의미를 상실하게 만들었다. 부, 매우 값진 물건은 아시아에서 마치 마술과 같은 의미를 갖고 있었다. 이 길은 살아 있었고, 일을 했으며 영향을 미쳤다. 이 길에서 인류의 위대한 사상들이 변했고, 인도의 붓다상은 중국인 같은 아몬드 모양의 눈으로 바뀌었으며, 승려들은 성스러운 글을 해석했고, 유럽인들은 불교에 기독교적 사상을 도입시켰다. 그때마다 항상 지상의 거대하면서도 고독한 이곳의 자연이 마술을 걸었다.

영원히 멈춘 대상행렬의 종소리

현재 실크로드는 최하위 점을 가리키고 있다. 이 길의 생명은 꺼졌고 교역은 죽었다. 불안함, '국경'이라는 귀신, 치솟는 빈곤과 불신이 이 길의 불빛을 끄려 한다. 하지만 그럼에도 불구하고, 이 길은 뱀처럼 전 아시아 곳곳에 뻗어 있다. 실크로드가 지나가는 나라들과 제국들에서는 항상 전쟁이 치러졌다. 하지만 평화로운 교류라고 할 수 있는 물적, 영적 보배의 교류는 여전히 동에서 서로, 서에서 동으로 끊임없이 이동했다. 이러한 대상행렬의 종소리가 영원히 멈춘 것일까?

나 자신도 아시아 탐험에서 경험했던 모래바람 소리, 겨울에 채찍질하는 듯한 눈보라, 걷거나 마치를 외로이 끌고 가는 사람과 색이 화려한 모피를 입고 말을 탄 몽골인을 만난 경험, 침묵의 낙타 대상행렬, 끝을 알 수 없는 넓고 밝은 아시아의 하늘에 오만한 실루엣과 말에 채워진 고삐에서 나는 소리, 세계와 낯선 진흙으로 벽을 쌓은 갈색과 누런 빛의 도시들과, 가끔 만날 수 있는 사막의 거대한 정적을 절대로 잊을 수 없을 것이다.

결코 문화가 없는 대초원이나 사막은 없었을 것이다. 이곳의 탐험사는 동양의 동화처럼 모험이 가득하다. 아시아의 인도-이란 기마족 예술은 뒤늦게 연구되어 아직까지 풀지 못한 비밀들이 많다. "중요한 보물을 발견했을 때는 항상 당연히 이 보물들을 숨겼을 만한 사람을 예상하게 된다. 뿐만 아니라 이런 물건을 숨겨야 했던 이유를 생각하기도 한다. 이런 경우에 고고학적 호기심이 만족스러운 대답을 찾아내기는 쉽지 않다. 하지만 역사를 재구성하고자 할 때는, 대부분 상상력이 너무나도 큰 역할을 하게 된다."
- O. m. 달톤, 『옥수스 강의 보물 *The Treasure of the Oxus*』, 런던, 1926.

숨겨진 보물

세상에는 문화의 물적 증거를 매우 조금만 남긴 위대한 민족이나 제국들이 있었다. 일부는 땅속에 묻혔고 일부는 그들에게 속한 것이 무엇인지 알 수 없을 정도로 파악하기 힘든 문화들이 있으며, 일부 직접 사용한 물건이나 사치품, 제수용품은 거대한 대초원의 지하나 강, 호수 밑에 묻혀 있다. 자연이 숨기고 있는 것은 발굴된 물건들의 100만 배에 달하는 양이다!

약 100년 전 여러 민족들의 큰 비밀에 한 발 다가설 수 있는 보물이 발견되었다. 하지만 그들의 종교와 일상생활은 아직까지도 많은 수수께끼를 안고 있다. 중앙아시아 민족들을 비롯해 중국 국경까지 전 아시아 민족들이 소유했으며 그들의 대장정에 지니고 다녔던, 값지고 매우 귀중한 물건인 금은 고고학자들에 의해 오랜 시간이 지난 후에야 연구되었다. 이중 일부는 현재까지도 알려지지 않았고 수없이 많은 수가 사방에 퍼졌다. 중앙아시아와 러시아 남부, 북아시아의 기마문화는 역사문화연구의 오래된 양자와 같았다. 이들은 현재까지도 흥미로운 '국경의 아이들'이다. 그들의 기구와 문화는 정말 특이하고, 일부는 의아하며 이해하기 힘든 귀중품에 속한다.

고대 발칸 페르시아 총독의 통치지 중 한 곳에서 '옥수스 강의 보물'이 발견되었고 아마도 이는 기원전 5세기와 4세기의 페르시아 아케메네스 제국 시대의 것이기 때문에, 그 물건들을 이해하기 위해서는 우리의 시각을 그때로 돌려야 하겠다.

대이동

기원전 1000년 전후의 100년은 대이동이 있었던 시기였다. 서양뿐만 아니라 동양의 '인도-게르만', '인도-이란' 또는 '인도-유럽' 부족들은 전고전주의 문화를 몰아냈다. 인도-유럽 부족들은 현재의 그리스로, 이탈리아로는 인도-유럽 메데스인이 이주해왔고 페르시아인은 중동과 서아시아에 살던 동방의 민족들을 몰아냈다. 이로써 고대 오리엔탈 민족의 지배가 해체되었다. 'Arier'라는 단어는 산스크리트어로 'arya'에서 유래하며 인도-게르만 근원의 인도-이란족을 뜻한다. 휴스턴 스튜어트 체임벌린이 처음으로 이 단어를 인종을 구분하는 개념이자 가치판단 기준으로 사용했지만, 나치가 모든 끔찍한 결과를 가져온 근거로 이를 이용했던 사실은 전혀 학문적 근거가 없었다.

사람들은 항상 각 민족의 '뿌리'를 정하고자 끊임없이 노력했다. 인도-이란인들은 아시아 내부의 대초원, 혹은 러시아 남부의 대평

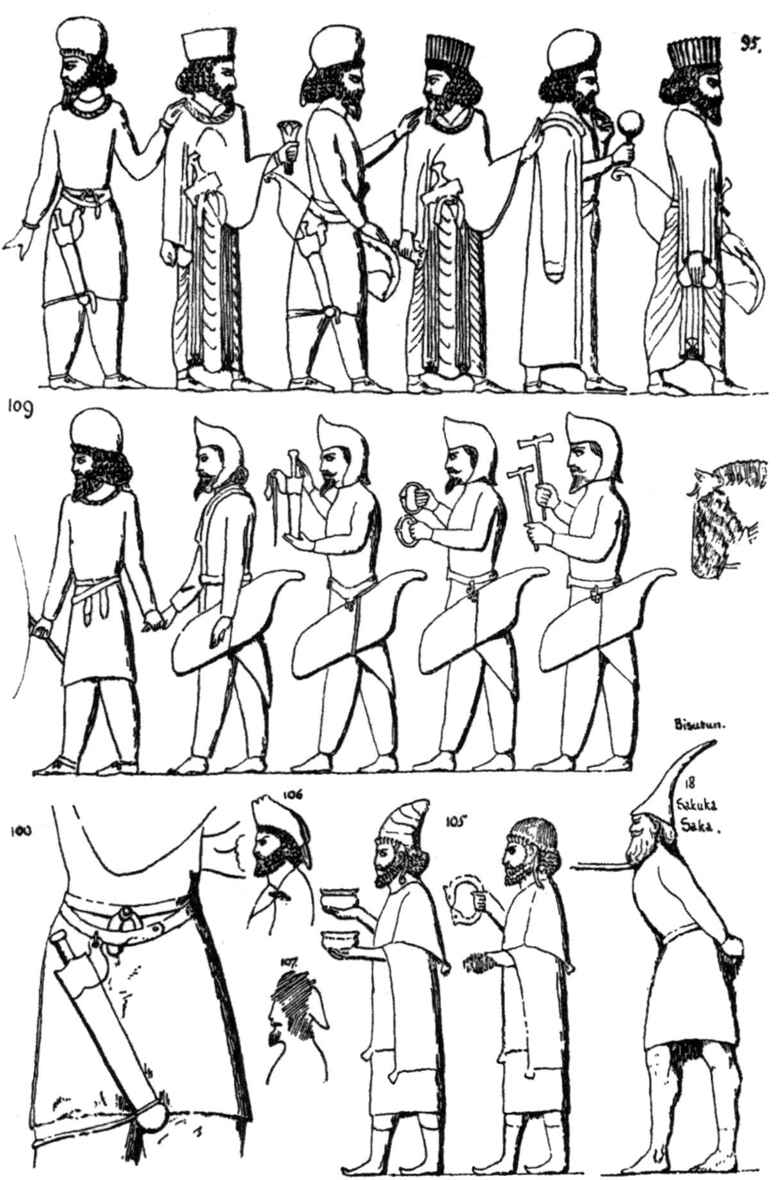

❋ 페르세폴리스에 위치한 크세르크세스 무덤 복도에 새겨진 문양. 시리아인, 박트리아인, 스키타이인이 위대한 크세르크세스에게 선물을 바치고 있다.

원, 심지어 발트 해 항구 지역 출신일 수도 있을 것이다. 오래된 전설
은 아이리아나 바에조라는 나라에 대해 전하며 유목민족이 부하라와
사마르칸트를 지나 페르시아와 인도로 끝없이 이동했다고 했다.

세계 역사상 가장 큰 창조물 중 하나이자 메데스라고 불리기도 하
는 페르시아 제국은 인도-이란 민족이 지배했던 황무지에서 형성되
었다. 현재 하마단의 오아시스인 엑바타나에는 메데스의 가장 중요
한 왕 키약사레스의 거소가 있었다. 이 과거의 메데아인에 관해서 기
록된 어떤 글이나 돌도, 어떠한 예술작품도 알려주지 않는다. 페르시
아 만 북부인 현재 이란의 남서부 지역에는 메데아인과 같은 혈통인
페르시아인이 살았다. 그들의 수도는 수사였고, 약 기원전 700년부
터 기원전 675년까지 다스렸던 아케메네스라는 왕의 이름을 따른 이
나라는 아케메네스 제국이었다.

키로스

페르시아인이 세계를 지배하고자 하는 욕망의 근원은 정말로 꿈에
서 비롯되었다. 기원전 585년 아스티아게스는 아버지 키약사레스로
부터 지배권을 이어받았다. 해몽가가 메데아의 아스티아게스 왕에게
엑바타나에 대해 예언하기를, 그의 딸 마나다네의 아들이 훗날 메데
아 전역을 지배하리라고 하자, 아스티아게스는 매우 교활한 장난을
시작했다. 하지만 이런 잔머리에서 나온 계획들은 대부분 계획대로
되지 않는다. 아스티아게스는 무슨 일이 있어도 미래의 세계 정복자
를 자신의 권력 밑에 두려 했다. 그래서 그는 딸 마나다네를 훗날 제
국의 왕좌를 넘볼 수 있는 메데아인과 결혼시키지 않았다. 즉 그에게
메데아인은 위험한 존재였다. 그보다는 딸을 주변 국가로 시집보내
는 것이 더 현명했다. 그러면 그 사이에서 태어난 위험한 손자를 더

가벼운 마음으로 제거할 수 있기 때문이었다.

메데아인은 그 당시 페르시아의 작은 부족을 그리 중요시 여기지 않아 위대한 지배자인 키약사레스는 페르시아인 캄비세스를 사위로 삼았다. 마나다네가 캄

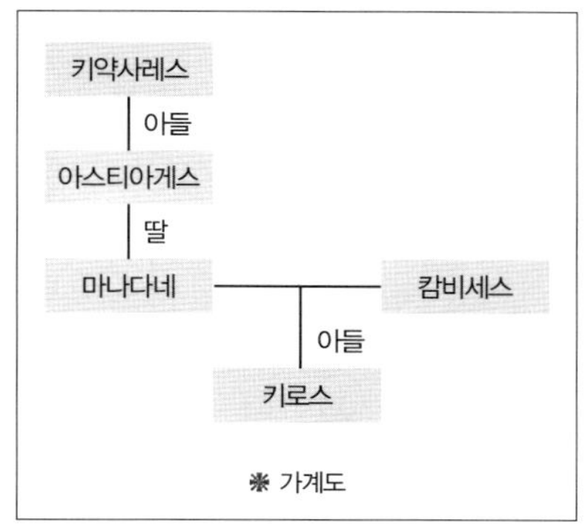

❋ 가계도

비세스에게 아들을 안겨주자 그 아들의 이름을 키로스라고 지어주었다. 하지만 아스티아게스는 부하 하르파구스에게 이 아이를 당장 죽이라고 명령했다. 이런 완고한 전제군주의 명령은 언제나 행동으로 옮겨졌다. 하지만 항상 명령대로 시행되는 것은 아니었다! 하르파구스는 어린 키로스를 고원으로 데려갔지만 죽이는 대신 소를 이끄는 목동에게 넘겼다. 메데아인의 국가가 결국 어떻게 거친 바람 속의 목동이 키운 키로스의 손으로 넘겨졌는지, 메데아인의 국가가 어떻게 페르시아 제국이 되었는지 등의 이야기를 여기서 하지는 않겠다. 하여튼 키로스는 아케메네스 제국 왕족 출신의 왕자였고 그로부터 위대하고 유명한 인물의 세계 정복이 시작되었다.

페르시아의 정복전쟁

페르시아의 수도는 수사가 되었다. 키로스는 두 번째로 중요한 곳을 '페르시아인의 거점'이라는 뜻의 바르사가르다로 삼았다. 이는 그리스인이 파사르가데라고 불렀던 요새였다. 이곳 바르사가르다에 위대한 키로스의 무덤이 있다. 그는 엑바타나를 정복했고 그 후에는 메데아 전역과 사데와 카리아, 리키아와 리오나 같은 유명한 도시들

이 있는 리디아를 정복했다. 또한 키로스는 용감한 사카족에 맞서 싸웠다. 그들은 다음에 다시 언급할, 더욱 비밀스럽고 충분히 연구되지 않은 '스키타이' 민족이었다. 박트리아, 마기아나, 소그디아나는 페르시아의 주가 되었다. 539년, 그는 모든 동방의 국가들이 축하하는 가운데 바빌론에 입성했다. 이로써 페르시아는 로마 시대 이전에 가장 큰 제국이 되었다.

키로스가 전투에서 목숨을 잃고, 같은 혈통의 마사게테족은 스키타이족을 피해 서쪽으로 이동했다. 또한 북쪽에서, 즉 러시아 남부의 대초원에서도 밀고 내려왔다. 그 당시 그들과의 전투 중 아케메네스 제국은 기원전 530년 여름에 가장 큰 위험에 봉착했다.

키로스의 아들 캄비세스는 제국을 나일 강까지 확장시켰다. 그 이후에는 혁명과 그 혁명에 반대하는 움직임이 있었고, 기원전 490년 마라톤에서 그리스에 졌던 다리우스 왕이 왕좌에 앉게 되었다. 우리는 고전의 영향 아래 성장했으며 동양의 위대한 유산을 잘 모르기 때문에, 그는 단지 패배를 맛본 다리우스로만 알려져 있다. 다리우스는 페르시아 제국을 위해 엄청난 업적을 남겼다. 그도 스키타이족에 대항해 먼 도나우 강 북부에서까지 싸웠다. 그는 유명한 도시 페르세폴리스를 세우고 마라톤의 패배를 보복하기 위해 그리스와 전쟁 준비를 하던 중 세상을 떠났다. 그는 기원전 520년 베히스툰에 파괴할 수 없을 만큼 엄청나게 높은 암벽 내부에 그의 업적을 글로 새긴 거대한 기념물을 세웠다. 이 위대한 아케메네스 제국은 페르세폴리스에서 얼마 떨어지지 않은 나크쉬 이 루스탐의 가파른 암벽에 서서히 그의 무덤을 짓도록 했다. 그리고 그곳에서 아직까지 위대한 다리우스와 그 후계자들의 무덤을 볼 수 있다.

다리우스의 후계자 크세르크세스는 수사를 다스리고 이스터를 부인으로 삼았던, 구약성서에 나오는 유태인이다. 활보다 창을 사용하기로 한 뮈칼레 반도와 플라테아인들에게 전멸당했다. 이로써 페르시아인들은 영원히 아시아로 쫓겨났다. 그들은 유럽의 권력이 되지 못했다. 페르시아인의 거대 제국은 크세르크세스의 후계자들 중 일부가 내부 파벌싸움을 일으켜 비롯된 정치적 무기력에 빠져 끔찍하게 파멸되었다. 페르시아에서 알렉산더가 승리한 것은 서양인의 시각에서는 대단한 업적이었지만, 그는 실제로는 이미 정복당한 곳을 점령했을 뿐이었다.

옥수스 강

아랄 해 남쪽 해안가에는 아무 다루아의 하구들이 있었다. 이 하구는 파미르 남쪽에서 시작하여 부하라 남부의 산악지대를 지나 투라니크 평지에 도달하여 대초원과 사막에서 강이 된다. 이 하구는 아프가니스탄과 러시아 사이 수백 킬로미터의 북쪽 국경을 이루고 러시아 남부 투르크메니스탄과 우즈베키스탄을 구분한다. 고대 문화의 유적지들이 이 강을 따라 이어지며 하류에는 멸망한 코라즘 제국이, 상류에는 고대 박트리아가 있었다. 이 강이 고대 역사의 그 유명한 옥수스 강이며, 그 속에는 아직 풀지 못한 수천 가지 비밀이 있다는 것은 분명하다. 현대의 연구는 이 옥수스 강이 고대에 완전히 모래로 가득한 지류로 아랄 해를 지나 카스피 해까지 흘렀다는 것을 밝혀냈다.

도적들과의 협상

1880년 5월 공무원인 영국의 F. C. 부르톤 대위가 텐진 계곡에 위치한 경찰서에 앉아 있었다. 부르톤은 아프가니스탄의 수도인 카불에서 사흘 정도 떨어진 거리에 위치한 세바바에서 공사를 겸하고 있었다. 때는 저녁 9시였다. 부르톤은 다른 날들처럼 고독하고 지루한 밤을 준비하고 있었다. 그때 한 이슬람교도가 그의 캠프에 들어와, 자신을 보호해줄 경비병도 없이 홀로 있던 이 성실한 영국 공무원을 긴장시켰다.

무슨 일이 일어났을까? 부하라 출신의 이슬람교도 상인 3명이 카불에서 페샤와르로 가는 길이었다. 그들은 용감했다. 그들은 전혀 위험을 느끼지 않았으며 경솔하게도 대상행렬에서 멀리 떨어져서 앞서 나갔다. 이 3명의 착실한 이슬람교도인들은 히바, 사마르칸트, 인도에서 교역을 했고, 때로는 암리차까지 대상행렬을 이끌기도 했다. 그들은 많은 양의 차, 생소한 물건을 비롯해 특히 비단을 인도 북서부에서 구입해 아프가니스탄에서부터 러시아 남부의 시장에서 팔고자 했다. 그들은 페샤와르로 가는 길이었지만 돈을 갖고 있지는 않았다. 이는 매우 특별한 이유가 있었다. 아프가니스탄에서 후에 아미르라고 불리는 압데라만은 쿤디에서 대상행렬을 뒤져 항상 군대가 필요로 하는 거금을 징수했던 것이다. 그래서 이 세 이슬람교도인은 돈 대신 중요해 보이지 않는 값진 물건을 가죽 주머니에 꿰매어 가져갔다. 사실 그들은 가치를 측정할 수 없을 정도로 값진 보물을 지니고 있었다.

그들은 갑자기 나타난 도둑에 잡혔다. 약탈꾼들은 이 3명의 상인과 부하, 재단을 끌고 텐신카 코탈을 지나 인질들과 카라차 산지로 갔다. 그곳에는 고요한 동굴들이 있었다. 그들은 그곳에서 보물을 조용히 풀어 분배하기 위해 자리를 잡았다.

그때 이슬람교도 상인의 부하가 몰래 빠져나와 부르톤 대위에게 달려온 것이다. 그는 숨을 헐떡거리며 자신이 모시던 분들이 처한 위기와 위험에 대해 말했다. 부르톤은 어둠 속에서 군인 2명만을 데리고 당장 카라차로 갔다. 자정이 되어서야 약탈범들을 놀라게 할 수 있었다. 그는 도착해서 절망적인 광경을 목격하게 되었다. 도둑들은 서로 싸우고 있었는데, 그들 중 4명은 부상을 입어 바닥에 누워 있었고, 이슬람교도들은 움직이지 못했다. 동굴 바닥에는 보물들이 흩어져 있었다.

부르톤은 도둑들과 협상을 하고 약탈품 중 많은 부분을 넘겨받겠다는 약속을 받아냈다. 그러나 캠프로 돌아가기 직전 그는 얼마 못 가 약탈을 당할 것이라는 경고를 받았다. 그래서 이 영국인은 그 곳에 머물다가 다음날 아침 6시가 되어서야 캠프로 돌아갔다. 그 후 그는 도둑들에게 훔친 나머지 물건들을 내놓지 않으면 병력을 동원하겠다고 전달했고, 도둑들은 또다시 값진 물건들을 보냈다. 이로써 보물의 4분의 3을 확보하게 되었고, 3명의 상인들은 재산을 돌려받고 페샤와르로 여행을 계속할 수 있었다.

옥수스 강의 보물

이슬람교도들은 가죽 주머니에 꿰맨 물건 대부분이 카바디안에서 교역으로 얻은 것이라고 말했다. 카바디안 또는 칸디안은 옥수스 강에 잠긴 매우 오래된 장소일 것이다. 강이 마르자 사람들이 그곳을 발굴해 보물을 찾았다고 한다. 사람들은 멸망한 도시의 잔해들 사이에서 이따금씩 값진 금제품을 발견하곤 했다. 하지만 카바디안의 위치가 정확히 어디였는지는 말할 수 없었다. 카바디안은 'kuad'라는 곳으로 옥수스 강변이 아닌 옥수스 강의 오른쪽 지류인 카프리간 부근에 있었던 도시일 수도 있다.

여하튼 이슬람교도 상인들은 돈 대신 지불 수단으로 인도로 가져갈 발굴품을 구입했다. 보물은 총 8만 루피아의 가치가 있었다. 이는 1880년 당시에는 엄청난 금액이었다! 이 상인들은 5만 2천 루피아에 달하는 물건을 되돌려 받았다.

그들은 라왈핀디에서 이 물건들을 되팔았다. 그 후 일정 기간 동안 이 특별한 보물들의 흔적은 사라졌고, 결국 이 보물들은 알렉산더 커닝햄 장군의 손에 들어가게 되었다. 그리고 수많은 모험을 거친 이 수집물을 다시 A. W. 판크스 경이 인수했다. 현재는 모든 보물들이 영국 박물관에 소장되어 있다.

인도 북서부 상인들은 서양의 고고학자들이 오래된 보물에 관심이 있다는 것을 알았기 때문에 종종 매우 오래된 팔찌, 그릇, 실린더, 동물 모형을 금으로 재생산해 판매하는 것이 일반화되어 있었다. 그들은 그 후에야 물건들을 사람 앞에 내놓았다. 판크스 경은 일부 진품처럼 금으로 된 모조품이 있다는 것을 바로 알아냈다. 하지만 다행히 진품도 그의 손에 들어와, 진품이 모조품보다 얼마나 더 아름다운지 바로 눈으로 확인할 수 있었다. 그들의 예술적 기술이 아무리 뛰어나다 해도 라왈핀디의 금세공술로 만든 은이나 구리 제품들은 모조품이라는 사실을 알아차리지 못할 정도는 아니었다. 또 보물 중에는 금으로 만들어진 아름다운 진품이 있기도 했다.

페르시아 스트라피주의 동전 1500개, 아테네의 4 드라크마 은화, 아칸서스와 마케도니아의 작품들, 알렉산더 대제의 소유였던 황금 제품 약 200점, 셀레우커스 니카톨, 안토니우스 I, II, III, 디오도토스, 유티데무스의 동전들이 보물에 포함되어 있었다. 이 동전들은 기원전 5세기~기원전 2세기의 유물들이다. 이 동전들이 보물들과 함께 있었던 것인지, 황금보물들과 같은 위치와 같은 층에서 발굴되었는지 알 수 없기 때문에 이 동전들로 보물의 생산시기를 유추할 수는 없다. 옥수스 강에서 발견된 보물들이 키로스 2세, 다리우스 1세, 크세르크세스 1세와 그들의 후계자들이 지배했던 아케메네스의 페

르시아 시대(기원전 6~기원전 5세기)에 속했는지 비교연구를 해야
했다.

종교적 용도로 사용된 보물

이 보물을 숨긴 사람이 누구였을까? 커닝햄 장군은 이 보물들이
2000년 전에는 고대 발칸 민족의 소유였을 것이라고 짐작했다. 나라
가 불안해지거나 외부의 공격으로 발칸 민족이 위협을 받자 가족의
일원이 이 값진 물건들을 황급히 묻었을 것이라는 것이다. 이렇게 묻
은 사람은 후에 다시 돌아와 보물을 가져가기로 결정했을 것이다. 하
지만 현실은 이와 달랐다. 동전들이 보물과 함께 묻혔다면 마지막 소
유자는 기원전 209년에 살았을 것이다. 묻힌 동전 중 가장 최근의 것
은 유티데무스 정부의 것이었다.

잘 알려졌듯이 알렉산더 대제는 수사, 페르세폴리스, 파사르가데
에서 엄청난 부를 거둬들였다. 황실의 보물창고에는 엄청난 가치의
재물들이 가득 찼다. 그러나 알렉산더의 후계자들에 의해 이 보물들
은 다시 흩어졌다. 그래서 이 가치 높은 물건들이 발칸 민족에게까지
도달했을 수도 있다.

옥수스의 보물에는 서시베리아에서 초기에 넘어온 스키타이 발굴
품들이 많이 포함되어 있다. 이와 같이 옥수스 보물들 중 스키토 시베
리아 예술품은 아케메네스의 페르시아 금 세공기술과 서시베리아의
수공예기술이 연결고리의 역할을 하게 된다.

대부분의 보물들은 종교적 제사에 이용되었다. 황금 그릇, 황금 항
아리, 제사에 사용하는 은, 금 조형물, 아후라 마즈다의 모형을 만든
판, 여신, 연꽃, 새가 있는 인장반지, 제물을 올릴 때의 페르시아 왕
들, 금으로 만든 얇은 판을 두들겨 제작한 물고기, 주술적·종교적 상

상물을 표현한 매우 오래된 물건들, 전투마, 태양의 상징, 황금휘장, 외투를 입은 수염이 덥수룩한 사람, 왕관, 귀걸이, 메디아의 발견물인 세계 역사상 최초로 등장하는 긴 바지 등이 보물에 해당된다.

예언자 자라투스트라

대부분의 물건들이 사용되었던 종교는 기원전 약600년경에 자라투스트라에 의해 창시되었다. 그리스인들은 그를 조로아스터라고 불렀고 페르시아인들은 자라투스트라고 불렀다. 그는 아마도 옥수스 보물을 발견하기도 했던 박트리아, 즉 이란 동부에서 태어났을 것이다. 최근의 연구에 따르면 그는 기원전 630년에 태어났을 것이라고 한다. 자라투스트라의 제자는 그의 교리와 설교를 기록했고, 자라투스트라의 이 '성스러운 책'은 후에 『젠드 아베스타(Zend Avesta)』라고 불렸다. 이는 대략 '설명'과 '텍스트'라는 뜻이다. 그러나 원본은 아쉽게도 알렉산더 대제가 페르세폴리스 궁을 파괴했을 때 불타버렸으며 단지 한 권의 책과 몇 개의 필사본만이 남아 있다. 아베스타에 남겨진 『가타스(Gathas)』에는 이 예언자의 찬가와 명상법이 온전히 보존되어 있다.

연구를 하면 할수록 자라투스트라는 가장 위대한 신적 진실과 종교적 인식을 가지고 있었다는 사실이 명확해진다. 자라투스트라는 최고의 신을 깊이 믿었다. 물론 인도-게르만의 고대 신들도 눈에 보이지 않았고 아마도 초기 인도-게르만 족의 고대 인도인들은 신의 인간적 또는 동물적 모습을 알지 못했을 것이다. 자라투스트라는 자신의 교리를 펼치는 과정에서 사람들이 신들뿐만 아니라 동물에게도 기도를 한다는 것을 알았다. 자라투스트라는 이 '이교'에 대항했을 뿐만 아니라, 오늘날 테헤란에서 멀리 떨어지지 않은 그들의 수도인

라가 시에서 희생, 전례, 메데아인의 인생 절반을 지배했던 마술에 대해서도 반박했다.

선과 악의 두 세계, 아후라 마즈다와 아리만

자라투스트라는 페르시아인들에게 모든 신을 포괄하고 눈에 보이지 않는 유일한 신의 존재를 설파했다. 그는 피를 흘리는 황소 제물과 관련된 미트라스 재단에 맞섰다. 자라투스트라에게 우주는 좋은 신인 아후라 마즈다(Ahura mazda)와 악한 신인 아리만(Ariman)이 지배하는 서로 상반된 두 세계로 나뉜다. 이 두 신은 영원히 지상에서 승리하고자 대치한다. 인도–게르만 악마인 아리만도 창조력이 있다. 자라투스트라는 매우 적극적이며 심지어 어두운 권력의 창조력까지 겸비한 악의 위험성과 다양성의 전체적인 문제를 인식했다.

하지만 사람들은 이 두 가지 면을 자유롭게 결정할 수 있다. 아후라 마즈다는 사람들을 돕기 위해, 좋은 길로 인도하기 위해 자신의 교리를 자라투스트라를 통해 전달했다. 사람은 숨을 거두고 3일 후에 최고재판에 서게 된다. 신의 가호가 없는 악한 사람은 영원히 지옥에서 고통을 받고, 성실한 사람은 불멸의 영혼을 받게 된다. 결국 선한 신이 승리하고 인간은 구원을 받기 때문에 자라투스트라의 교리는 희망을 준다.

다리우스 1세는 자라투스트라의 교리를 완전히 시행하기 전까지 200년 정도 활용한 후에야 전적으로 받아들였다. 다리우스는 자라투스트라의 교리를 국교로 선포했지만 국민들은 계속해서 자연신을 믿었다. 마술사들은 결코 죽지 않았다.

페르시아인들의 예술은 종교, 다른 메소포타미아의 고대 문명, 히타이트인, 이집트인, 그리스인에 의해 풍부해졌다. 옥수스 강의 보물에 관한 중요한 논문을 쓴 영국의 박물관 관리자 돌턴은 이 문화에는 유년기가 없었다고 말한다. 이 문화는 아케메네스 제국이 갑자기 권력을 잡아 생겼다는 것이다.

그럼에도 불구하고 나크쉬 이 루스탐, 페르세폴리스, 수사의 건축가와 조각가들, 야생 기마문화의 예술가들이 불후의 예술을 창조했다는 사실은 부인할 수 없다. 이들 예술품은 때로는 우리의 삶과 매우 가까운 곳에 있으면서도 그것에 담긴 위대한 종교성으로, 우리에게 영원한 영감을 불러일으키고 있다.

1500년 이상 스키타이인은 실종되었고 잊혔으며 인류의 기억 속에서 사라졌었다. 약 100여 년 전에 처음으로 스키타이 무덤이 발견된 뒤에야 이 비밀스러운 민족에 대해 연구가 시작되었다. 예수가 태어나기 훨씬 전에 러시아 남부와 시베리아 초원에서 말을 타고 마차를 끌었던 이 흥미로운 유목민족의 삶은 최근에 다시 빛을 보게 되었다. "겨우 100년 전부터 러시아 남부 민족들이 진정한 유럽의 일부가 되었다. 이전에는 유럽보다 아시아 종족이 더욱 많은 비중을 차지하고 있었다."
– 엘리스 민스, 『스키타이인과 그리스인 *Scythians and Greeks*』, 케임브리지, 1913.

베일에 감춰진 민족

"모든 인간의 특징을 고려할 때, 스키타이인들은 한 분야에서만 상위에 위치한다. 나는 그 외에는 그들을 전혀 존경하지 않는다. 그들은 다른 모든 민족보다 다음의 사항에서는 우위에 있다. 즉 그들을 공격하는 사람은 아무도 도망칠 수 없다. 그리고 그들은 숨고자 하면 아무도 알 수 없는 곳에 숨을 수 있다."

기원전 485년에 태어난 '역사의 아버지' 헤로도토스는 스키타이라는 나라를 직접 가 보았다. 그 나라는 러시아 남부, 오늘날의 흑해에 있는 우크라이나에 위치했다. 기원전에 살았던 이 유명한 여행가는 흑해 앞부분 하구에 위치한 현재의 니콜라예프인 고대 그리스 식민도시 올비아에 갔고, 드니프로 강까지도 올랐다. 스키타이는 베일에 감춰진 민족으로, 기원전 700년경 인류 역사에 명확한 권력층으로 등장하고 기원후 200년경 영원히 사라졌기 때문에 그들을 목격한 사람이 직접 연구하거나 보고했던 적이 거의 없었다.

스키타이 민족이 어떤 민족이었고, 어디에서 왔으며, 어떤 민족들과 동일 혈족인지 등 이 모든 것이 오늘까지도 불분명하다. 스키타이인은 문자가 없었고 문서를 전혀 남기지 않았기 때문이다. 문자가 없던 민족이 얼마나 빨리 잊히며, 소수민족이었지만 위대한 글을 남긴 많은 민족들보다 그들의 실제 중요도가 얼마나 큰지는 잘 알려지지 않았다. 약 기원전 400년에 살았던 스키타이인의 삶, 행동과 명성은 약 100년 전까지 세계인의 인식에서 사라졌다가, 무덤 앞에서 발견되기를 기다리고 있었다. 오늘에야 우리는 스키타이인이 풍습, 물질적 문화, 모든 삶의 방식에서 지구상의 가장 흥미로운 사람들 중 하나라는 것을 알게 되었다.

'스키타이' 라는 개념이 고대에는 민족을 표현하는 용어가 아니었을 것이라고 추측된다. 여기에는 민족학적 의미는 없었다. 헤로도토스는 스키타이인을 여기저기로 움직이는 정치권력이라고 인식했다. 이 외에도 초기에 스키타이인에 관해 보고한 또 다른 사람이 있었는데, 그 사람은 바로 다름 아닌 유명한 그리스인 의사 히포크라테스였다. 소크라테스와 같은 시대에 살았고 코스 섬에 살았던 그는 스키타이인의 지리적 생활환경과 자연이 인간에 미친 영향에 관심을 가졌다.

그리스인은 스키타이인을 'Scythen' 이라 불렀다. 이 이름은 기원전 8세기에 헤시오도스가 언급한 것이다. 스키타이인은 본인들을 'Scoloti' 라 불렀다. 페르시아인은 그들을 'Sacae' 라 불렀는데, 이 이름의 유래는 알려지지 않았다. 이 이름은 '뒤를 따르다' 라는 의미의 인도-유럽어 'sequ' 에서 유래되었을 수도 있다. 아니면 그리스

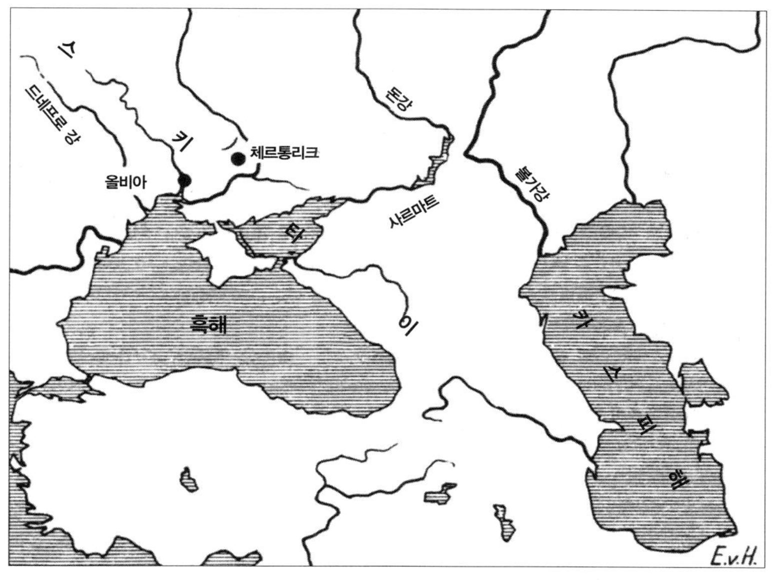

＊ 흑해.

단어 'Scythae' 가 히브리어 아슈케나짐(Ashkenaz)에서 변형된 것인가? 아슈케나짐은 창세기[10:3]에서 알 수 있듯이 노아의 손자이다. 예레미아[51:27] 이후에는 아르메니아 주변에서 이 이름의 민족을 찾아야만 했다. 스키타이라는 이름의 의미를 해석하는 것이 얼마나 힘들고, 어떤 수수께끼를 안겨주는지는 시간이 지난 후 독일에서 유태인을 '아슈케나짐' 이라고 칭하는 것만 보아도 알 수 있다.

진정한 스키타이인

스키타이는 여러 민족이자 하나의 민족이었다. 스키타이인은 눈에 보였다 없어지고 스키타이인은 나타났다 사라졌다. 그들에 관한 모든 정보는 '대략' 아시아적이었다. 고대 문화는 오늘날 러시아 지역에 있는 모든 야만족을 스키타이인이라고 불렀다. 기원전 5세기에는 '스키타이'라는 말을 유럽-러시아에 사는 민족을 지칭하는 데 사용했다. 그러나 알렉산더 대제가 이와 비슷한 아시아 민족을 데리고 오자 이 개념이 아시아 민족을 지칭하는 데 사용되었다. 헤로도토스가 다양한 스키타이 민족과 진정한 스키타이인을 구분했다는 것은 그의 네 번째 역사책에 나오는 한 문장을 보면 알 수 있다. "스키타이인의 숫자를 정확히 전달하는 것은 나에게 불가능했다. 나는 그 민족의 규모가 매우 컸다는 정보와 동시에 진정한 스키타이인은 소수일 것이라는 정보를 얻었다."

히포크라테스의 글을 읽어보면 스키타이인이 어떤 모습이었는지 궁금증에 조금 더 접근하게 될 것이다. 그의 '공기, 물, 식물'에 관한 글을 보면, 그들은 뚱뚱하고 살집이 좋아 관절이 보이지 않았고 꾸미지 않고 축 늘어져 있으며 배가 나왔다고 적혀 있다. 이 그리스 출신의 의사는 그 이유가 아이들이 어렸을 때 기저귀를 차지 않고, 충분히 걷지 않았기 때문이라고 했다. "매서운 추위 때문에" 피부색은 붉다고 했다. 또 뚱뚱했기 때문에 생산적이지 못했다고 했다.

이런 언급은 헤로도토스가 정확히 묘사한 바와는 잘 맞지 않는다. 왜 이렇게 뚱뚱한 사람을 공격하는 사람 중 아무도 도망칠 수 없다는 것인가? 또한 헤로도토스는 스키타이인이 유목민이며 기마민족이라 했다. 전해져 내려오는 많은 보고에 따르면, 그들이 고대 역사상 가장 날렵한 기마민족이라고 했다. 하지만 그렇다면 그들은 둔하고 뚱뚱할 수가 없을 것이다.

역사적 기술

히포크라테스는 그들의 신체 조건을 통해 생활이 단순했다는 것을 보여주려 했다. 남자들은 항상 말을 탔고 여자들은 항상 마차에 앉아 있었다. 이 지역은 항상 춥고 안개가 끼어 있다고 했다. 붉은 갈색일 수도 있는 그들의 붉은 피부색은 타타르인과도 일치한다. 1260년에 몽골 제국을 지배했던 쿠빌라이 칸은 잘 알려졌듯이 얼굴색이 희고 붉었다. 중국에서부터 옥수스 강 아래까지 중앙아시아 전역을 몽골의 지배권 하에 놓았던 칭기즈 칸은 그의 가족이 대부분 붉은 머리칼과 갈색 눈을 갖고 있었음에도 불구하고 자신의 피부색이 너무나도 갈색이라서 스스로 놀랐다고 한다. 이 사실은 마르코 폴로가 알려주었다. 1235년부터 1246년까지 러시아를 정복했고 폴란드, 슐레지엔과 헝가리를 황폐화시켰던 몽골의 군주 바투는 얼굴에 붉은 기가 돌았다고 한다. 프란체스코파로 1253년부터 1255년까지 교황 인노센트 4세와 프랑스의 루드비히 9세가 임무를 부여하여 플랑드르인으로써 카라코룸의 몽골 제국 왕실로 여행을 떠난 후 라틴어로 보고서를 썼던 아시아 여행가 로이스브루크는 바투 칸의 붉은 기가 도는 얼굴색을 언급했다. 그 결정적인 문장은 아마도 이렇게 해석해야 할 것이다. "그의 얼굴은 붉은 얼룩으로 완전히 뒤덮였다." 나도 볼가 강 하구에서 타타르인을 봤는데, 그들의 얼굴색은 회색에서 올리브색이라고 할 수 있을 정도였다. 그러나 얼굴색과 피부색은 시간이 지남에 따라 변할 수 있고 700년 동안 끊임없이 서로 다양한 민족들이 섞였을 것이라는 점을 고려해야 한다.

히포크라테스는 스키타이인이 사랑전선을 중시 여기지 않았다고 했다. 그리고 그 이유로 말을 많이 타고 다녔다는 사실을 들었다. 하지만 이 모든 것은 지배층에만 해당된다. 이 민족은 그가 말했듯이 전혀 열정이 없지는 않았다. 플리니우스는 그의 자연사 서적에서 아시아-러시아 부족에 마사게타이족도 포함시켰다. 그들은 모든 남자에게 자신만의 여자가 있다고 한다. 하지만 모든 남자는 자신의 여자를 다른 남자들과 공유하기도 했다고 한다. 그러나 이것은 마사게타이족의 풍습이지 스키타이인의 풍습은 아니라고 했다. 마르코 폴로는 스키타이인과 종종 비교되는 타타르인에 대해 말했다. 그들은 부부 사이에 신의를 저버리는 것을 악덕으로 인식하고 비난받아 마땅할 뿐만 아니라, 완전히 부도덕한 행동으로 보았다.

스키타이인들이 정말 일부일처제였는지, 일부다처제였는지는 알 수 없다. 스키타이 무덤 중 대부분에서는 남자와 함께 죽어야 했던 여자들을 따로 분리해서 묻었다. 오비 강 상류의 동쪽에 위치한 파지리크의 스키타이 무덤에서만 여자들이 죽은 남편과 같이 묻혔다. 타마라 탈보트 라이스라는 여성 연구가는 이 사실로 미루어 보아 함께 묻힌 여성은 부인이지 정부가 아니었을 것이라고 했다. 스키타이족에서 여성들이 정당한 입지를 가지지 못했던 것은 확실하다. 하지만 남자가 죽었을 때 여성을 함께 죽이는 것이 여성을 비하한 것이었다고 봐서는 안 된다. 이는 오히려 영광의 의미였을 것이다.

특히 난디처럼 동아프리카의 나일 강 하무이인 남자가 외간 여자와 자신의 집에 들어갈 때는 입구 앞에 창을 땅에 꽂는 것이 일반적이었다. 헤로도토스가 말하길 마사게티아족도 낯선 여자와 방해받지 않고 사랑의 밀회를 갖고자 하면, 주거용 마차 앞에 화살통을 걸어놨다고 한다.

아시아의 일부다처제 민족들이 여성을 억압했기 때문에 스키타이인들의 사랑행각이 한 천막에서 다른 천막으로 이동하면서 이루어졌는지는 모르겠다. 여성들끼리는 하나의 커튼을 나눠야 했지만 남편은 들어올 수 있었다.

스키타이 인종과 그들의 언어

고대 스키타이인과 러시아인 사이에 유사점이 많다는 보고도 있다. 이는 아마도 러시아가 타타르인의 독자적 문화 업적을 받아들이고 수백 년 동안 타타르인과 러시아인이 서로 섞였기 때문일 것이다. 그래서 러시아인과 스키타이인의 유사점들은 그들의 중간이라고 할 수 있는 타타르인에서도 나타난다. 러시아인들은 특히 코카서스인을 비롯하여 많은 부분을 노르망디 종족들에게 물려받았다. 특히 그들은 승마, 의복, 영원한 적과의 관계에서 많은 부분을 모방했다. 의복을 의미하는 러시아어 중 상당수가 타타르어에서 유래한다. 헤로도토스가 스키타이 의복을 입은 아기페이가 코가 낮고 턱이 크다고 한 말을 보면〔제4권, 23〕, 이는 17세기 중앙아시아 여행기의 내용과 일치한다. 그 여행기에는 동일한 내용으로 타타르인을 묘사했는데, 크림족인 타타르인은 주로 작고 뚱뚱하며 큰 얼굴과 작은 눈을 가졌다고 했다.

타타르인과 같이 노르망디의 스키타이인은 씨를 뿌리지도, 경작을 하지도, 집을 짓지도 않았다. 그들은 말이 끄는 마차 위에 집을 이고 다녔다. 그들의 거처는 큰 상자와 같은 형태의 버드나무 가지로 만든 사각형 바구니이며 윗부분은 검은 펠트를 얹어 비를 막기 위해 피지나 염소우유를 발랐다. 타타르인에 관해 이와 비슷한 내용을 마르코 폴로도 말했다. 또한 그들은 고기와 우유만 먹고 절대 한 곳에서 오래 머물지 않으며 버드나무 가지를 찾아 항상 길을 떠난다는 것이다.

언어로 스키타이인이 생겨난 원인을 풀어내는 것도 힘들다. 많은 연구가들은 그들이 몽골 출신일 것이라 예상하고, 어떤 이들은 이란 혹은 일반적인 인도-유럽 출신이라고 생각했다. V. T. 밀러 교수는

1887년 모스크바에서 서로 연관관계가 있는 스키타이어와 이란어가 우랄알타이 민족의 영향을 강하게 받았다고 결론지었다. 헤로도토스의 러시아 번역가 미첸코 교수도 이와 비슷한 이론을 주장했다. 1913년 스키타이인과 그리스인에 관해 매우 값진 논문을 남긴 영국인 엘리스 민스도 스키타이의 이란적인 요소와 몽골에서의 영향을 밝혀냈다.

스키타이인의 유골

역사적 근거, 즉 스키타이어의 특징과 민속학으로는 러시아 남부의 다른 고대 민족들과 구분할 수 없기 때문에 이 사람들의 골격 구조로 그 근원을 알아내려는 희망만이 남아 있을 뿐이다. 사실 러시아 남부, 동유럽과 서시베리아에서 스키타이인의 시체라고 추정되는 유명한 '구릉묘지들', 즉 유골 잔해를 찾았다. 고고학자들은 이 유골이 모두 짧거나 길었다면 유골의 구조로 인종의 비밀을 풀 수 있는 열쇠를 찾았을 것이다. 하지만 이때에도 수수께끼가 앞에 있다. 예를 들어, 폰 베르가 묘사했듯이 드니프로 강 계곡에 위치한 유명한 체르토물리 고분의 무덤에서 기원전 4세기의 해골이 5개 발견되었다. 이중 2개는 짧았고 2개는 길었으며 하나는 중간 크기였다. 과거에는 지배 계층과 피지배 계층의 인종이 서로 다르기도 했다. 고고학자들은 누가 주인이고 누가 신하였는지 결정하지 못했다.

러시아 연구가 보즈린스코 영주는 수년간 관찰한 끝에 스키타이 무덤에서 발견된 유골 중 일부는 몽골 계통이며 다른 일부는 순수 유럽 계통이라고 했다. 일반적으로 현재 스키타이인은 이란 출신이며 인도-유럽 계통에 속한다는 것이 주된 입장이다. 그들은 분명 모두 같은 언어, 즉, 이란에서 사용되었던 언어를 구사했을 것이다.

하지만 학문적으로 스키타이 인종을 설명할 수 없더라도, 아직 동화같이 비현실적으로 보이는 문화가 있다. 러시아의 멜구노프 장군이 1763년 남부 러시아에서 첫 번째 스키타이 무덤을 열고, 클락, 피터 심슨 파라스, 두보이 드 몽페뤽, 수마로코프가 점점 더욱 비밀스러운 약 2500년 된 무덤을 열었을 때, 스키타이의 문화가 남부 러시아의 광활한 대초원의 것이라 생각하기 시작했다. 빌헬름 라드로프는 1865년 알타이 남부에 있는 카타다(katanda)에서 특히 운이 좋은 발견을 하게 되었다. 그는 이곳에서 가장 큰 묘지를 열게 되었다. 라드로프는 1837년 베를린에서 태어나 투르크 어문학을 전공했으며 1858년부터 러시아의 타타르 학교에서 조사원으로 근무했다. 그의 발견으로 스키타이 무덤을 남부 알타이에서도 찾을 수 있다는 것, 즉 드니프로 강, 돈 강, 쿠반 강의 발굴지에서 2600킬로미터 이상 떨어진 서시베리아에서도 발견된다는 것이 밝혀졌다! 라드로프는 2000년 동안 죽은 사람들의 의복이 완전히 보존되어 있을 정도로 두꺼운 얼음층으로 덮인 무덤을 발견한 것이다. 이 러시아 연구가는 무덤에서 아름다운 청동제품, 특별한 사람들, 죽음에서 깨어날 것 같은, 과거의 삶이 생생한 스키타이인의 생활을 엿보게 되었다. 하지만 쉽게 파괴될 수 있는 자연의 강력한 방패물인 얼음이 녹자 발굴품의 일부는 구하기도 전에 무로 돌아갔다. 러시아 출신의 루덴코도 알타이의 파지리크 계곡에서 시베리아 땅 밑에 영원한 얼음층으로 보호되었던 약 40개의 무덤을 발굴했다. 그는 유라시아 대초원 사람들의 얼굴, 삶, 예술에 새롭고 완전한 빛을 던져주었다.

멸망한 스키타이 민족은 발굴된 다수의 무덤들로 다시 세워졌다. 그들이 말을 타고 활을 쏘는 모습으로 부활한다면 어떨까. 우리는 왕과 영주들의 무덤에 가까이 접근했다. 왕을 따르는 큰 무리의 사람들과 말이 함께 묻힌 무덤이 보였다. 무덤에 놓인 금으로 만든 아름다운 장신구는 그들의 신, 그들의 제물, 그들의 동물과 예언가가 말한 그들의 위험한 삶에 대해 무언(無言)의 이야기를 들려주는 듯했다.

결코
외롭지 않은
스키타이족의
왕들

스키타이 기마족은 키메르인보다 한 수 위였다. 키메르인들은 걸어서 전쟁을 했지만 스키타이인들은 세계가 알지 못했던 전혀 새로운 것을 보여줬다. 그들은 기병대로 전쟁을 치렀다! 스키타이인은 아마존에서 처음으로 패배를 경험했다! 스키타이족 왕이 아프면, 모든 남자들이 위험에 처하게 되었다. 왕은 죽을 때 절대 혼자 있지 않았기 때문이다. "머리에 문지르고 닦은 후 시체를 다음과 같이 처리했다. 3개의 막대기를 서로 기대듯 세우고 그 위에 펠트 천을 덮고 견고하게 고정시킨 후 달군 돌을 막대기와 천 속에 넣는다. 대마가 그 나라에서 생산된다. 스키타이인들은 이 삼을 펠트 천에서 타작하고 얻은 씨를 달군 돌 위에 뿌렸다. 그러면 어떤 헬레니즘식 사우나보다 더 좋은 연기와 수증기를 뿜어내는 사우나가 된다. 스키타이인들은 이 사우나에서 만족스러운 절규를 외쳤다."
– 헤로도토스, 제4권.

키메르인

기원전 1200년경 중앙아시아에서 어떤 단일민족이 러시아로 이주했다. 고대 그리스의 문헌에 따르면 그들은 "서쪽 바다 끝의 민족으로, 그곳은 어둠과 안개에 싸여 있음"이라고 묘사된 키메르족이었다. 호머가 말한 "하데스 입구 주변에 있는, 태양이 전혀 비추지 않은 오케아노스의 주민"이 정말 누구를 뜻하는지는 모른다. 셈족에 뿌리를 두는 키메르인을 뜻하는 것일 수도 있고, 앙드레 다지어(1651~1722년)가 예상한 것처럼 그들의 이름이 'kimmer=검게 되다'와 관련이 있을 수도 있으며, 페니키아어로 'kamar=어두움'에서 유래되었을 수도 있다. 여하튼 그들은 스키타이족이 아니었고 그들을 결코 게르마니아의 키메르족과 혼동해서는 안 된다.

역사적인 '키메르인'은 기원전 약 1000년경에 고대에 '키메르 보스포루'라 불리는 케르치 길에 있었다. 유럽과 아시아의 역사는 항상 서양 역사학자들에 의해 특별하게 취급받았기 때문에, 매우 오래되었지만 태평양뿐만 아니라 유라시아의 아메리카 대륙에서 일어난 사건들과 연관관계가 있는 역사적 사실들은 전혀 인식하지 못하고 있었다. 하나의 사건이 항상 다른 사건을 유발했다. 발칸-중부 유럽의 상호작용뿐만 아니라 중국-중앙아시아-러시아-그리스-로마에 달하는 큰 공간에도 영향을 미쳤다. 드니프로 강과 예니세이 강 사이, 우랄과 오르도스 사막 사이에서 너무나도 많은 유적들이 발굴되었으므로, 이제 유라시아의 총체적 역사가 먼저 집필되어야 할 때이다. 항상 현재는 엄청나게 많은 과거를 설명하고 들춰내기 때문에 끊임없이 역사를 새로 써야 한다. 때로는 하나의 사건과 관련된 역사적 사건의 의미를 파악하기 위해서 수백 년의 시간이 필요할 때도 있다.

아시아 민족들의 전쟁과 대이동

아시아 민족들의 영향력과 이로써 비롯된 유럽에서의 대이동은 새로운 역사적 관점을 보여주는 주제들이다. 실제로 중국에서 일어난 사건들이 유럽에까지 큰 영향을 미쳤다. 이는 유럽 역사에 매우 큰 영향을 줄 상호작용이다. 중국이 외몽골에 취했던 행동들만 봐도 알 수 있다!

로마 제국의 멸망, 게르만족의 서유럽 이주, 슬로비아족의 중앙 및 남부유럽으로의 이주, 서유럽에서의 르네상스와 고전의 부활, 결국이로 인해 신세계를 찾아 나섰던 여행과 같이 이 모든 큰 사건들 뒤에는 중앙아시아 민족들이 숨어 있었다. 미국의 중국학자 윌리엄 몽고메리 맥거번은 1939년에는 이와 같은 사실을 분명히 파악하고 피력했다.

기원전 827년부터 기원전 781년까지 지배했던 중국의 주 선왕(宣王)은 이런 맥락에서 정말 유럽 역사를 만들었다. 그가 통치했던 주나라에 중국 북부와 북서부에서 반(牛)유목민족인 흉노족이 침입했다. 말을 타고 다니며 매우 전투적인 이 민족을 유럽 역사에서는 훈족이라 불렀다. 흉노가 중국으로 쳐들어오자, 중국 황제는 그들과 전투를 치르고 오늘날 중국의 산시 성과 북산시 성에 해당되는 곳에서 그들을 정복했다. 그는 비옥한 중국 평지를 공격했던 그 기마족을 산악지역까지 추격했다.

흉노는 서부에 위치한 목초지까지 침입하여 그곳에 있던 다른 유목민족을 압박하고 이동하게끔 했으며 계속 중앙아시아를 지나 카스피 해와 우랄 호수 사이에 살았던 마사케테족의 주거지까지 도달했다. 스트라보에 따르면 항상 전투태세를 갖추기 위해 같은 민족의 노인까지도 죽였다는 이 강력한 유목민족은 말을 먹일 새로운 목초지를 찾기 위해 스키타이인을 공격했다. 원래 동투르키스탄에서 유목했으리라 생각되는 스키타이인은 나름대로 동부의 키메르인 때문에 이주했다. 엘스워드 헌팅턴과 타마라 탈보트 라이스가 지적한 바에 따르면 이 끝없는 아시아 대초원에서 이와 같은 이주를 하게 된 것은 기원전 800년에 있었던 대기근 때문이었을 것이라 한다. 그리고 알려지지 않은 키메르인과 스키타이인과의 전투에서 스키타이인이 승리하게 된다.

그 이유가 무엇이었을까?

스키타이인은 말을 타고 공격하기 때문에 적이 어디에 있든 상관없이 적을 치고 놀라울 정도로 빨리 되돌아갔다. 키메르인은 걸어서 싸웠기 때문에 한 수 밑이었다. 스키타이인은 서쪽으로 전진하고 러시아 남부를 침입하며 약 기원전 722년에서 기원전 705년까지 그곳에서 일부는 유목민으로, 일부는 정착민으로 자리를 잡았다.

스키타이 민족의 번영과 쇠퇴

이곳에서 스키타이인의 진정한 역사가 시작된다. 그들은 전투에서 정말 위협적이었던 것 같다. 그들은 기원전 512년 페르시아 다리우스 왕의 침공을 물리쳤다고 한다. 기원전 325년에는 알렉산더의 조피리온 장군이 이끌었던 탐험단을 물리쳤다. 그리고 기원전 300년이 되어서야 발칸과 중앙유럽 동부에서는 켈트족에 의해, 러시아 남부에서는 사르마타이족에 의해 쫓겨났다. 과거에 강력했고 전투에 익숙했던 기마족의 특징이 끝없는 정복과 많은 수의 노예들, 황금과 부로 인해 삶의 안녕을 중시하는 특징으로 변했을 수도 있다.

또는 여자들이 멸망을 가져왔을 수도 있다. 스키타이 여성들은 전적으로 남성보다 지위가 낮았다. 수천 명의 여성 노예들을 끌고 다녔던 긴 이주행진에서 그들은 자신들의 여자들을 낯선 사람과 달리 취급할 수 없었을 것이다. 당연히 여성 노예들도 별반 다르지 않았지만 스키타이 여성들은 항상 마차에 있었다고 한다. 그래서 히포크라테스에 따르면 그들의 건강이 장기간 매우 좋지 않았다고 한다.

스키타이인들을 이긴 사르마타이족의 여성들은 전혀 달랐다. 그들은 전쟁에 참여했고 자유롭게 말을 타고 다녔으며 심지어 과거의 아마존족의 모범이 될 정도로 독립적이고 강력했다. 내려오는 전례에 따르면 아마존 여성들은 전투적이었다고 한다. 그들의 이름은 그리스어로 '가슴이 없는'에서 유래되었을 수도 있다. 히포크라테스에 따르면 활을 더 잘 쏠 수 있도록 오른쪽 가슴을 절단했다고 하지만, 이런 이야기들은 상상에 근거한 얘기일 것이다. 오히려 달에 제사를

※ 기원전 4세기경의 금패(金牌). 스키타이족의 형제애를 표현하는 의식처럼 여겨진다. 헤로도토스는 "그들은 무리의 피가 섞인 술을 맹세의 뜻으로 큰 잔에 따른다. 거기에 그들의 무기를 담근 다음 마신다"라고 스키타이 민족을 기록하고 있다.

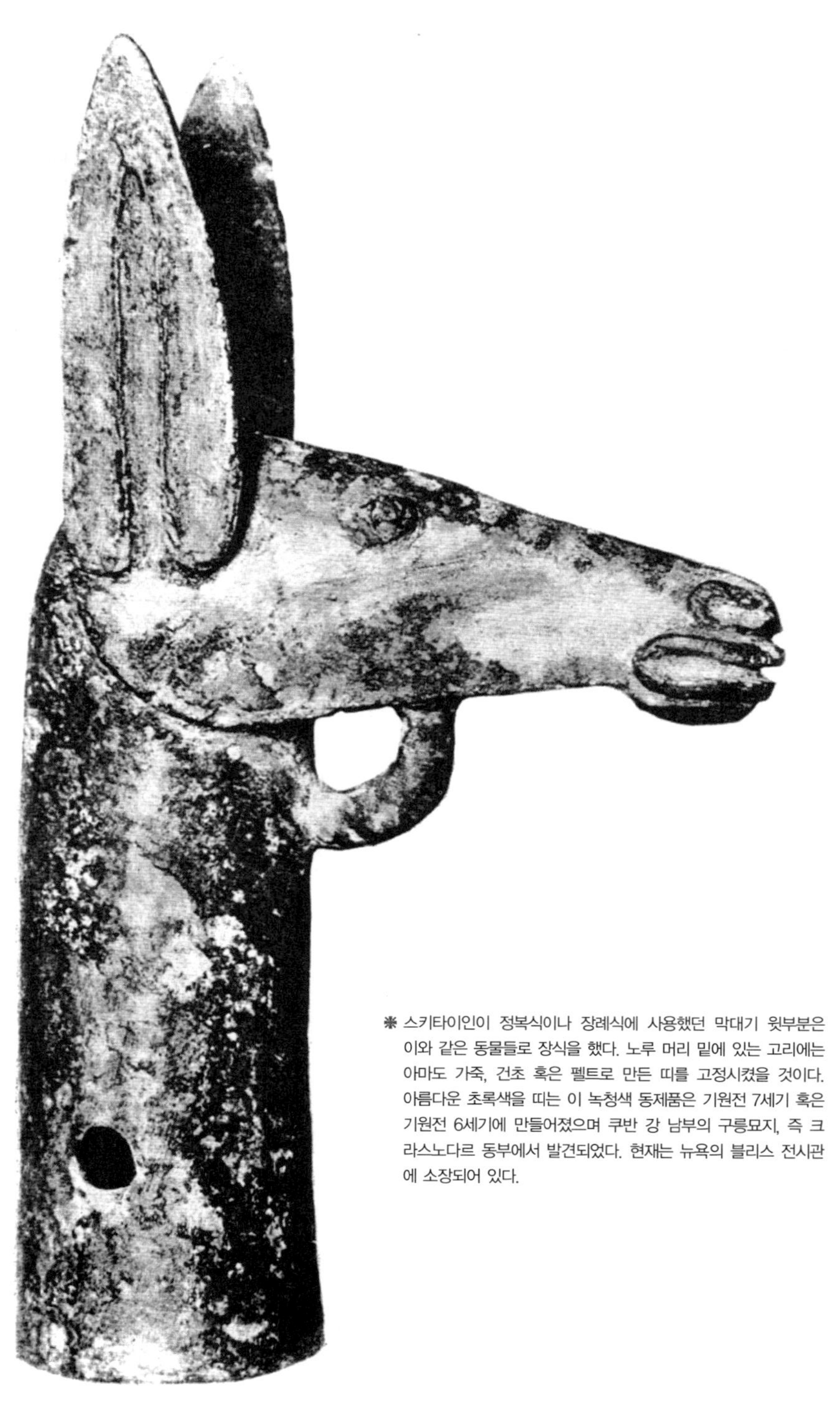

✳ 스키타이인이 정복식이나 장례식에 사용했던 막대기 윗부분은 이와 같은 동물들로 장식을 했다. 노루 머리 밑에 있는 고리에는 아마도 가죽, 건초 혹은 펠트로 만든 띠를 고정시켰을 것이다. 아름다운 초록색을 띠는 이 녹청색 동제품은 기원전 7세기 혹은 기원전 6세기에 만들어졌으며 쿠반 강 남부의 구릉묘지, 즉 크라스노다르 동부에서 발견되었다. 현재는 뉴욕의 블리스 전시관에 소장되어 있다.

※ 스키타이 예술의 변모를 보여주는 금제 가슴받이의 일부. 두 남자가 양가죽을 꿰매 옷을 만들고 있다.

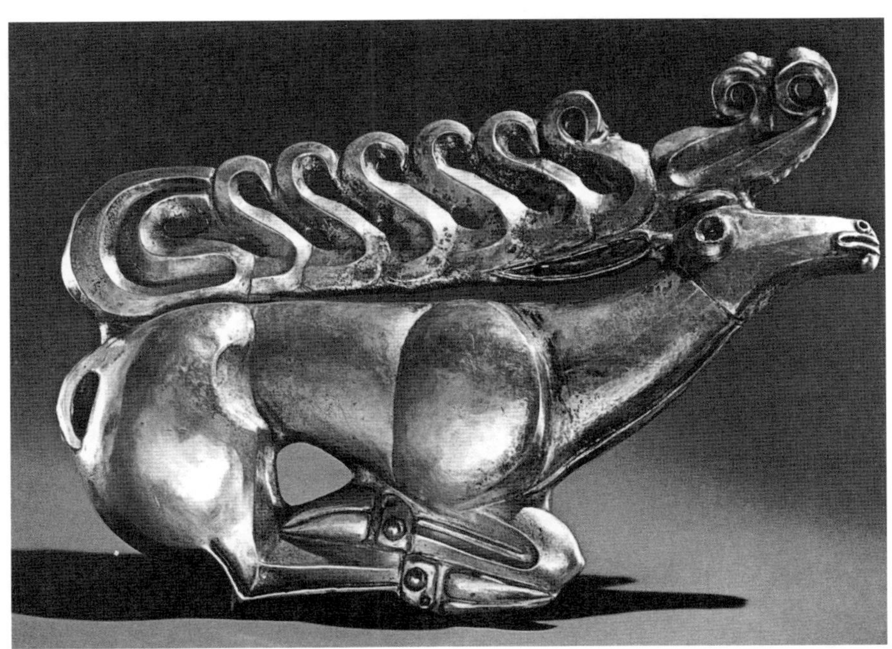

※ 기원전 7세기경의 수사슴 모양의 버클. 카프카스 지방의 스키타이족의 한 무덤에서 출토되었다.

✷ 미쿠반 강 구릉묘지에서 바론 폰 티센 하우젠은 한 사람의 시체와 그 곁에 요리사의 부속품인 이 황금판들을 발견했다. 황금판에 새겨진 문양은 날개가 있는 판더가 염소를 찢는 모습으로, 진정한 스키타이 문화를 보여준다.

✷ 쿠반 강 지역에 보드비센스카자의 쿠르간 내부 모습은 다음과 같다. 1899년 베세로비스키에 의해 발굴되었는데, 당시 1899년에는 사진을 찍을 수 없었기에 그림으로 대신했다. 무덤의 주인은 아마도 가장 아래에 묻혔을 것이고 함께 묻힌 사람들은 그보다 위, 혹은 가장 높은 곳에 위치했을 것이다.

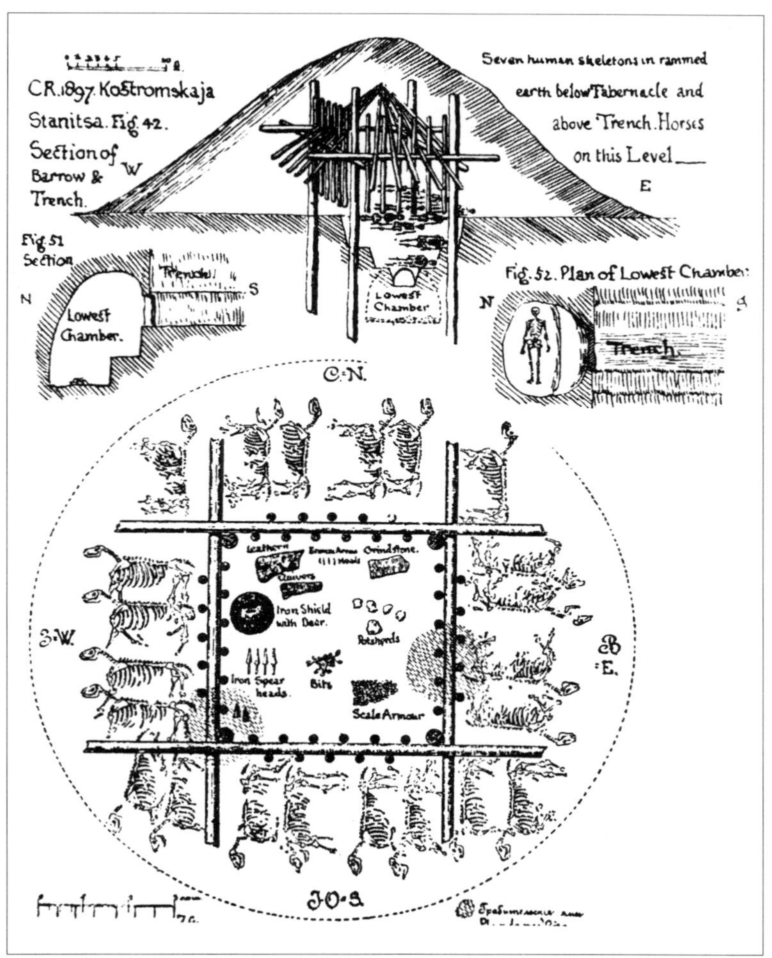

❋ 러시아 고고학자 베세로비스키는 쿠반 강 주변 코스트롬스카자에 위치한 매우 흥미로운 무덤에서 쿠르간의 내부를 도식적으로 표현한 그림을 발견했다. 가장 아래쪽의 방에 죽은 영주가 안치되어 있고 그 위에는 그의 죽음을 따랐던 13명 이상이 누워 있었다. 원래의 무덤을 감싸고 있는 사각형 주변에서는 말의 시체를 22필 발견했다. 철로 만든 판에 황금 사슴이 있는 유명한 유물도 이 무덤에서 발굴되었다.

올린다는 뜻에서 카바르디어로 '달'을 의미하는 'maza'와 관련이 있을 것 같다. 스키타이인은 사르마타이 민족의 아마존족을 'oiorpata'라고 불렀다. 'oior'는 남자를 뜻하고 'pata'는 죽인다는 뜻이다. 여하튼 아마존족은 흑해의 동쪽 및 남쪽 해변과 코카서스에 살았으며 무엇보다 오늘날 흑해의 북동아나톨리아에 있는 트라베존 항구인 트라브존 주변에 살았다.

농작하는 스키타이인

러시아 고고학자 베세로비스키는 쿠반 강 주변 코스트롬스카자에 위치한 매우 흥미로운 무덤에서 쿠르간의 내부를 도식적으로 표현한 그림을 발견했다. 가장 아래쪽의 방에 죽은 영주가 안치되어 있고 그 위에는 그의 죽음을 따랐던 13명 이상이 누워 있었다. 원래의 무덤을 감싸고 있는 사각형 주변에는 말의 시체를 22필 발견했다. 철로 만든 판에 황금 사슴이 있는 유명한 유물도 이 무덤에서 발굴되었다.

그리스인들은 스키타이인들이 모두 유목민일 것이라 생각했다. 하지만 헤로도토스에 따르면 우크라인족 중 '농작하는 스키타이인', '스키타이 왕족' 과 '씨를 뿌렸던 스키타이인' 들이 있었다. 그들은 흑토지역에 살았던 원주민들을 약탈하고 그들이 과잉생산한 밀을 흑해 항구에 살았던 그리스인들에게 팔았다. 그 대신 그들은 그리스인들로부터 직접 만든 용기나 금속제품들을 얻었다. 헤로도토스도 영원한 유목민이자 기마족인 스키타이인들이 일반적으로 재배한 것을 먹었던 것이 아니라, 도시나 요새에는 없지만 마차에만 있는 초원동물을 먹고 살았다고 한다. 그 나라는 끝없는 평지로 비옥하고 관개가 잘 이루어졌으며 많은 강들이 이 비옥한 지역을 지나갔다. 스키타이인들은 끝없는 목초지에서 가축을 길렀다. 헤로도토스는 거기에 잔디가 쓸개즙을 생산하는데 가장 큰 기여를 한다고 비밀스럽게 추가했다.

고고학의 즐거움

제식

남다른 이름을 가진 신, 최고의 신인 파파이오스와 그의 부인 아피아, 아들 외토시로스, 스키타이의 아프로디테 아르팀파세, 스키타이의 넵튠 타미사다스를 알게 되었다. 스키타이족에게 신전, 제단, 사찰은 없었다. 헤로도토스는 군신이었던 아레스에게만 신전과 그림이 있었다고 한다.

신들에게는 제물을 바쳤다. 먼저 제물로 올리는 동물의 앞다리를 묶고 줄을 뒤로 끌어 동물이 넘어지게 했다. 그 후 신을 부르고 동물의 목에 밧줄을 묶어 그 밧줄에 막대기를 꽂아 돌려 동물의 목을 졸라 죽였다. 잡은 동물의 고기는 바로 끓였는데, 이 유목민족이 살았던 지역에는 나무가 특히 부족했기 때문에 스키타이인들은 다음과 같은 방법을 발견했다. 그들은 희생물의 피부를 벗겨 뼈를 발라냈다. 솥이 있었다면 그 솥으로 고기를 끓이고 불을 지피는 데는 뼈를 사용했다. 만약 솥이 없다면, 동물의 내장 속에 고기를 넣고 물을 부어 그 아래에 뼈로 불을 지폈다. 헤로도토스는 "뼈는 매우 잘 타고 동물의 장은 뼈를 발라낸 고기를 잘 담을 수 있다. 이렇게 소뿐만 아니라 모든 희생물은 스스로 자신을 끓여야 했다." 제물로는 말이 특히 사랑받았다. 또 스키타이인들은 고기와 내장에서 처음으로 잘라낸 부분을 특별한 의식을 통해 던졌다.

그러나 아레스에게만은 다른 방식으로 제물을 바쳤다. 스키타이인들이 있는 곳에는 어디에나 아레스 성전이 있었다. 성전에는 항상 높이 쌓아올린 섶나무 다발을 묶었고, 성스러운 아레스 그림 앞에는 매우 오래된 철로 만든 칼을 위에 세웠다. 그 칼로 말과 초원에서 사는 그 밖의 동물들이 희생되었다. 하지만 이것만으로는 충분하지 않았다. 항상 끝없는 전쟁에서 잡아온 수많은 인질들 100명 중 1명을 제물로 바쳤다. 그 인질의 머리에 술을 붓고 그릇 위에 그 사람을 죽여 그 피를 칼에 부었다. 또 죽은 사람의 오른팔을 잘라 하늘을 향해 내던졌다. 다른 희생물들에게도 마찬가지로 했으며, 잘린 오른팔은 떨어진 곳에 그대로 놔뒀다. 헤로도토스는 돼지는 먹지 않았으며 돼지를 전혀 중요하게 여기지 않았기 때문에 제물로 바치지 않았다고 강조했다.

전쟁관습

스키타이인들의 전쟁관습은 매우 잔인했다. 한 사람을 죽이면 그의 피를 마셨고, 적의 머리는 왕에게 바쳤다. 그 후에야 전리품을 받을 수 있었다. 적의 머리칼이 달려 있는 두피를 '손수건'으로 말고삐에 걸고 '이로써 점수를 매겼다'고 헤로도토스는 표현했다. 두피를 가장 많이 갖고 있던 사람이 가장 존경받았다. 스키타이인들은 희생자의 피부로 외투를 만들거나 속을 채워 말 위에서 산책할 때 갖고 다녔다. 이 야생적인 기마족의 풍습들은 너무나도 극단적이어서 모든 것을 재연할 수는 없을 것이다. 그러나 가장 큰 적의 해골을 소가죽으로 싸거나 부유하다면 거기에 금을 입혀 '물을 마시는 그릇'으로 사용했다는 것은 분명하다.

친척들이 서로 싸울 때에도 이렇게 험악했다. 왕이 분쟁에 결정을 내렸다면, 이긴 사람은 '오래된 풍습'에 따라 친척의 머리를 처리했다. 그는 손님들을 초대하여 그 '물을 마시는 그릇'을 내놓고 그 친척이 자신을 어떻게 비난했으며 자신이 어떤 방법으로 그를 정당히 처리했는지 이야기했다. 헤로도토스는 이것이 '영웅의 덕'이며 이런 행동에는 어떠한 두려움도 없었던 것 같다고 말했다.

모든 영주들은 1년에 한 번 큰 그릇에 포도주를 넣었다. 전쟁에서 적어도 한 명 이상의 적을 죽인 모든 스키타이인들은 이 그릇으로 술을 마셔도 되었지만, '부끄러운 자'는 안 되었다! 그들은 단지 그 잔을 바라봐야만 했으며, 이는 매우 수치스러운 일이었다. 적의 두피를 꽤 많이 모은 사람은 항상 한 번에 두 잔을 동시에 받았다.

샤먼

스키타이인들에게도 아마 샤먼이 있었을 것이다. 그들의 강령사를 단순한 예언자로 표현하는 것이 옳은지는 분명하지 않다. 그들은 큰 버드나무 가지 묶음을 모아 바닥에 놓고 다시 흩어놓았다. 그러고는 가지들을 하나씩 주워 예언을 하고 다시 묶음으로 모았다. 그리고 예언이 끝나면, 이 모든 놀이를 처음부터 다시 시작했다. 헤로도토스는 이나레스라는 스키타이 예언자에 대해 언급했다. 이 단어는 잘 알려지지 않은 스키타이 단어의 그리스어 번역으로, 남성성이 줄어드는 남자를 뜻했다. 즉, 버드나무로 미래를 예언하는 '여자 같은 남자'를 의미한다.

이런 지혜 또는 마법은 특히 왕이 아플 때 중요한 역할을 했으며, 그들 중 가장 명성이 높은 사람이 불려가게 되었다. 그들은 어떤 이가 왕의 군중 앞에서 잘못된 맹세를 했다고 하며 그 사람의 이름을 말했다. 중요한 맹세는 항상 군중 앞에서 하게 되어 있었다. 왕은 왕좌 앞에 원 모양으로 불을 붙인 모습을 내려다 볼 수 있었다.

거짓증언을 했다고 죄를 뒤집어쓴 스키타이인이 잡혀 온다. 예언자는 자신이 본 징표를 통해, 그가 왕의 군중 앞에서 거짓으로 맹세를 했다고 말한다. 그 때문에 왕이 아프다는 것이다. 지목되어 불려온 사람은 당연히 자신의 결백을 주장하며 강력히 반발했다. 왕은 마술사들 3명을 더 불렀다. 그들마저 이 지목된 사람이 위증을 했다고 증언하면, 그는 당장 목이 잘려 처형되었고, 나머지 3명의 예언자들은 그 죽은 사람의 재산을 나눠 가졌다.

하지만 이 일이 스키타이의 '예언자' 들에게 전혀 위험하지 않은 것은 아니었다. 새로 구성된 3인의 예언자들이 지목된 사람의 무죄를 주장하면, 계속해서 새로운 예언자를 데리고 왔으며 오늘날처럼 한 명 또는 소수의 '전문가' 집단의 평가에만 의존하지는 않았다! 그리고 과반수가 그 사람의 무죄를 주장하면 첫 번째 3명의 예언자들이 도리어 목숨을 잃었다. 이는 정말 실행에 옮겨졌다! 마른 가지를 실은 마차를 준비하고 황소를 그 앞에 메우고 첫 번째 예언자들의 손과 발을 묶고 그들을 마른 가지 속에 넣었다. 마차 전체에 불을 붙이면 뒤에 붙은 불길 때문에 황소가 미쳐 날뛰었다. 헤로도토스는 아무렇지도 않게 "이때 많은 황소들이 예언자들과 함께 불타 죽었다." "하지만 수레의 채가 완전히 타버리면 화상을 입은 채 목숨이 남아 있던 이들도 많이 있었다."라고 말했다. 그리고 헤로도토스가 말한 '목숨이 남아 있던 이들' 이란 당연히 황소를 의미했다. 왕이 어떤 사람의 사형을 명령하면 남자들의 경우엔 그의 먼 친척까지도 모조리 죽임을 당했으며, 여성들과 소녀들만 목숨을 건졌다.

왕의 장례식

헤로도토스는 직접 오늘날의 드니프로 강 지역의 스키타이 영토인 드니프로 강 주변에 갔었기 때문에, 스키타이 왕의 장례식에 관한 그의 이야기는 신빙성이 높다. 이곳에서 매우 큰 사각형 무덤이 발굴되었다. 그들은 왕의 사체를 방부 처리하고 장기를 꺼내 갈은 향료를 넣고 연기를 쏘여 송악 씨와 자초 씨를 끼워 넣었다. 그 후에 사체를 봉하고 왁스를 위에 부었다.

스키타이인들은 신의를 표현하는 작은 징표로 우선 자신의 귀를 잘랐고, 머리를 깎고 팔을 자르고 이마와 코를 긁고 왼쪽 손에 화살을 꽂았다. 이렇게 준비하여 죽은 왕을 수레에 얹어 이웃 부족으로 가서 똑같은 신의를 보이도록 요구했다. 이 끔찍한 과정이 이루어져야 다른 부족으로 이동했고, 그곳에서도 같은 신의를 요구했다. 이 행렬은 이 단순하면서도 가슴에서 우러나는 죽음의 애도를 모든 부하들이 할 때까지 이어졌다. 사체는 매트에 놓고 양쪽 땅에 창을 꽂고 그 위에 막대를 얹어 엮어서 짠 천을 덮었다. 적어도 한 명 이상의 왕비가 무덤에 같이 들어갔고 음료담당관, 요리사, 마구간 장, 하인, 소식통도 함께했다. 무덤에는 일정 수 이상의 말이 배치되어야 했다. 이 모든 희생자들은 "무덤 내의 다른 방들에 배치"되어야 했다. 무엇보다 제물들과 함께 황금쟁반을 같이 넣었다. 이 모든 것이 준비되면 비로소 무덤을 닫아도 되었다. 모두가 함께 언덕을 만들었으며, 무덤을 가장 크고 높게 만들기 위해 모두가 힘을 모았다.

하지만 이것만으로 왕의 죽음에 대한 존경이 충분한 것은 아니었다. 1년 후 남겨진 젊은 부하들 중 가장 믿을 만한 사람들만 왕을 따를 수 있는 행운과 영광을 얻었다. 하지만 이들은 50명이 넘어서는 안 되었다. 또 가장 우수한 말 50필을 골라 씻어 속을 건초로 채워 밀봉했다. 그러고는 특이한 수레 상여를 지어, 온갖 재갈을 채워 죽은 말들을 이 상여에 고정시켰다. 그리고 죽은 50명의 젊은이들을 각각 말에 앉혀 사람들에게 보일 수 있도록 언덕 주변에 세웠다. 그런 이후에야 스키타이인들은 왕을 쉬게 했다. 그들은 이런 절차로 왕의 고독을 어느 정도 완화시켰다고 위안을 삼았다.

이 모든 것이 기원전 450년경의, 알려지지 않은 시대에 지어내고 상상한 이야기라고 생각하는 사람들을 위해, 고고학자들은 이 모든 사실을 증명해내야 할 것이다. 러시아에 있는 스키타이 무덤과 네크로폴리스에서 발굴된 놀라운 유물들을 보면 헤로도토스가 했던 말들이 모두 입증된다. 하지만 우선 마르코 폴로와 중국 연대기가 몽골과 투르키스탄족에 대해 어떻게 말하는지 들어보자.

스카이타이 무덤에 묻힌 사람들은 믿을 수 없을 정도로 많이 장식되었다. 무덤 언덕에 있는 금의 양은 측정 불가능할 정도이다. 이 죽은 사람의 제단을 통해 스키타이인들이 죽은 왕의 삶을 얼마나 중요시하는지 보여준다. 모든 부, 예술, 창조력을 비롯한 삶 자체가 구릉 묘지의 어둠 속으로 들어갔다. "헤로도토스가 스키타이 무덤에 대해 보고한 것은 고고학적 발굴물과 너무나도 일치하기 때문에 사실상 이 두 정보원이 계속해서 서로를 보충할 수 있을 정도이다."
– 엘리스 미누스, 「스키타이인과 그리스인*Scythians and Greeks*」, 케임브리지, 1913.

너의 주인을 저승에서 받들어라

튀르크 타타르족 지배자의 무덤에 대해서 마르코 폴로는 1300년 그 죽은 지배자를 산으로 운반하여 그곳에 묻었다고 했다. 이 베니스인은 "특이한 이야기를 해주겠다"라고 말했다. "지배자의 사체를 무덤으로 운반할 때는 상여행렬과 마주치는 모든 사람들에게 '너의 주인을 다른 세계에서 받들어라' 라고 말하며 죽였다. 말들도 예외는 아니었다. 지배자가 죽으면 그의 좋은 말들을 다 죽여 다른 세계, 즉 저승에서도 그가 그 말들을 사용할 수 있도록 했다. 또 한 가지 사실을 말하겠다. 황제 망구가 죽었을 때는 그의 상여행렬을 우연히 마주쳐 목숨을 잃은 사람들이 2만 명 이상이었다." 40명의 예쁜 소녀들이 칭기즈 칸의 저승길에 함께 떠나야 했다.

빌렘 로이스부르크는 1260년경 카라코룸에 있는 몽골 영주의 궁으로 여행한 후 다음과 같이 보고했다. "죽은 사람을 위해 잔디 언덕을 크게 만들어, 그 위에 죽은 사람이 음료수 잔을 손에 들고 동쪽을 향해 바라보는 그림을 세웠다. 나는 높은 담 사이에 각 방향 당 4필의 말, 즉 총 16필을 걸어놓은 무덤을 봤다. 또한 음료수와 고기도 무덤에 넣었다. 하지만 그는 기독교 세례를 받았다고 했다."

1350년경 서남아시아와 중앙아시아, 인도, 중국, 수마트라, 아프리카 서부와 동부를 여행한 아랍계 작가 이븐 바투타는 한 전투에서 목숨을 잃은 어떤 칸의 무덤에 대해 이야기했다. 죽은 사람은 매우 커다란 무덤의 아름다운 곳에 안치되었으며, 그의 모든 무기들과 금, 집에 있던 은그릇까지 모두 함께 무덤에 넣어줬다. 게다가 4명의 여성 노예들이 무덤까지 따라가야 했고 그가 가장 좋아했던 이슬람 군주의 용병 6명이 음료 용기를 가지고 그를 따라가야 했다. 그리고 그들 모두는 그곳에 감금되었으며 그 위에 땅을 언덕처럼 덮었다. 그 후에 4필의 말을 죽여 헤로도토스가 1800년 전에 묘사했던 방법과 동일한 방법으로 언덕에 걸었다. 칸의 가족도 죽이고 그들의 금, 은 그릇과 함께 묻었다. 죽은 10명의 가족무덤에는 3필의 말을, 다른 이들의 무덤에는 1필의 말을 걸었다. 이것이 중국 산시 성에서 일어난 일이다.

오르콘 강에서 732년 8월 1일 씌어진 글에는 매우 상세하게 표현되어 있다. 이는 졸리 테긴이 투르크족의 빌게 또는 피트키아 칸을 기리기 위해 투르크어로 쓴 가장 오래된 유산이다. 그 글은 다음과 같다. "나의 아버지, 나의 칸은 개의 해 10월 서른여섯 번째 날에 죽었다. 돼지해 5월 서른일곱 번째 날에 나는 무덤을 세웠다. 리슌 타이 샌 균은 500명의 우두머리인 나에게 왔다. 그는 엄청난 양의 향수, 금과 은을 가져왔고, 무덤을 장식하기 위한 사향과 백단목재를 가져왔다.

키에프
흑해
우랄
우랄 강
카스피해
미누신스크
파지리크
가탕가
몽골
투르키스탄
옥수스강
중국
티벳
이란
아랍
인도
FvH

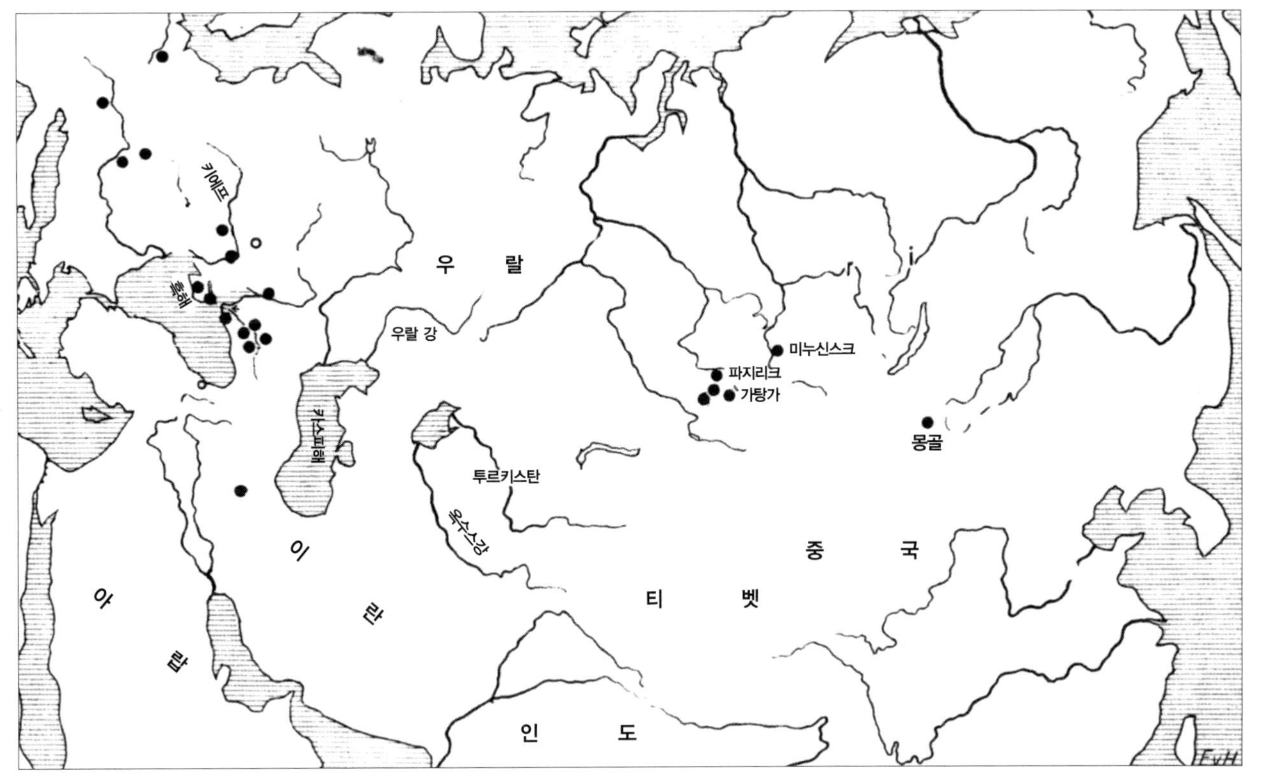

✸ 중앙아시아.

이 모든 추도인원은 머리를 자르고 귀의 끝을 잘랐다. 그는 자신들이 소유한 가장 좋은 말을 함께 보냈고 검은 모피와 푸른 다람쥐를 끝도 없이 줬다."

아틸라가 죽었을 때 훈족도 스스로 사지를 절단했으며, 19세기까지 중앙아시아의 쿠르크 민족들이 이 풍습을 행했다는 것을 알고 있다. 죽은 사람 무덤에 말을 제물로 바쳤던 것은 아바르인, 헝가리인, 고대 불가리아인, 쿠만인, 18세기에 언어적으로 완전히 헝가리화된 몰락한 투르크 민족에게 전해졌다. 죽은 사람을 위해 말의 내부를 채우는 것을 야쿠트족, 보굴인, 한티인과 추바시인도 알고 있었다. 말 1필이 희생되는 것은 같았지만, 키르기스족은 제물로 바치는 시기가 사람이 죽은 후 1년이 되는 날이었다. 또한 중국인들이 항상 죽은 사람들과 함께 나무, 골판지, 종이로 만든 말을 같이 넣고 상여 행렬을 하며 무덤에서 불태웠다는 것이 잘 알려져 있다.

스키타이족의 구릉묘지

놀랍게도 헤로도토스가 스키타이인에 대해 묘사했던 모든 사실들이 고고학적 유물들을 통해 입증되었다. 약 70년 전부터, 특히 러시아인들이 '구릉묘지(kurgan)'를 발굴했다. '구릉묘지'는 러시아인들이 타타르어에서 넘겨받은 표현으로, 무덤 언덕을 의미한다. 이 스키타이족의 구릉묘지 지역은 매우 넓다. 이와 같은 형식의 무덤을 흑해 주변, 쿠바 강 지역, 볼가 강 수로 아랫부분, 돈 강 주변, 드니프로 강 주변, 벽 주변, 루마니아, 헝가리, 불가리아, 브란덴부르크에서의 뜰, 시베리아 예니세이 강에 있는 알타이와 미누신스크에서까지 발견했다. 이 모든 스키타이 족의 무덤들은 기원전 약 6세기에서 3세기에 생겨났다.

웨세롭스키는 1912~1913년에 이런 무덤 내부에 있는 바를 알려 줬다. 한 러시아 연구가는 멜리토폴 지역의 드니프로 강 계곡에서 소로차 구릉묘지를 발굴했다. 이때 몸을 동쪽으로 향하고 모든 무기와 장신구를 갖고 있는 스키타이 영주의 별실무덤도 발견했다. 바닥에는 뼈로 손잡이 부분을 장식한 철로 만든 칼이 있었다. 사체 아랫부분에서는 다양한 장식을 한 다양한 형태의 금판을 발견했다. 황금 목걸이, 5개의 황금 팔찌, 손잡이가 금으로 만들어진 길이 50센티미터의 철제 칼과 황금칼집과 같은 유물들도 무덤에서 나왔다. 죽은 사람 머리 오른쪽에는 철로 만든 비늘갑옷이 있었다. 또 어두운 무덤 속에는 머리에서 떨어진 투구와 싸우는 스키타이인을 형상한 황금 빗이 있었다. 이 빗은 러시아 남부의 고대 금세공품 중에 가장 아름다운 작품 중 하나이다.

이것이 전부가 아니다. 무덤에는 왕권, 청동 화살촉, 또 다른 칼, 스키타이인을 묘사한 6개의 은 그릇, 금을 입힌 나무 그릇, 황금 접시뿐만 아니라, 은으로 장식한 화살통과 그 속에 있는 180개의 화살들이 있었다. 화살통이란 활과 화살을 넣는 통을 말한다. 한편 무덤의 북쪽 벽에서 죽은 사람을 모시기 위해 무덤에 집어넣은 한 남자의 유골을 발견할 수 있었다. 그 역시 십자가 칼, 철 방패, 3개의 활과 화살들로 무장하고 있었는데, 나무는 썩어 없어져서 철로 된 활끝과 청동 화살촉만 발견되었다. 또 거기에서 매우 가까운 곳에 말 5필이 있는 무덤이 있었다.

출토 유물

이미 고인이 된 로스토제브는 예일대에 재직하며 1931년에 러시아, 헝가리, 루마니아, 불가리아의 놀라울 정도로 흥미로운 발굴품을 개괄했고, 엘리스 미니스도 1913년에 값진 서적을 남겼다.

이 러시아 고고학자는 구릉묘지에서 출토된 유물들을 그룹으로 나누어 묶었다. 쿠반 강 그룹, 타만 반도의 이름을 따른 타만 그룹, 크림 그룹, 드니프로 강 초원 그룹, 키센 지역의 구릉묘지 그룹, 폴타바, 돈, 볼가, 우랄의 구릉묘지로 나눴다. 수백, 수천 개의 구릉묘지들이 발굴되었다.

그렇게 하여 스키타이족이라고 말할 수 있는 민족이 어둠 속에서 세상으로 나오게 되었다. 그 이후부터는 너무나도 스키타이적인 특징이 분명해 이란, 그리스, 메소포타미아 등을 비롯한 다른 지역에서의 영향들과는 확연히 구분되는 문화를 알게 되었다. 이로써 국경이 중국까지 달하던, 거대하면서도 이제껏 알려진 바 없는 특별한 문화가 발견된 것이다. 유라시아의 다양한 동물 형태를 담아내고 있는 매우 개성 넘치는 예술품들이 스키타이 예술의 문화 · 역사적인 특징이 되었다.

지구상의 그 어떤 곳도 스키타이 문화 구역만큼 황금을 많이 사용한 문화는 없었다. 호머가 언급했던, '황금이 풍부한'을 뜻하는 미케네도 스키타이인을 따라갈 수 없었다. 이렇게 많은 금은 체계적이며 규칙적인 발굴 및 시굴로만 얻을 수 있었다. 이 값진 금속은 주로 우랄과 알타이에서 왔다.

18세기에 러시아인들은 수천 개의 무덤을 약탈해갔다. 그 결과 현재 레닌그라드의 에르미타주 박물관에서 볼 수 있는 보물들은 실로 엄청나다. 하지만 얼마나 더 많은 양의 보물들이 우크라이나와 시베리아 초원 밑에 미지의 상태로 잠자고 있는지는 절대 알 수 없을 것이다.

말[馬] 매장 풍습

기마문화가 죽은 말을 함께 묻었다는 것, 사방에 나무나 돌로 감싸는 천막 모양의 무덤을 만들고 말로 영주를 보호하게 했던 풍습은 스키타이인들이 처음으로 생각해낸 것이며, 그들과 함께 사라졌다.

스키타이 예술은 오랫동안 이해되지 못했다. 그 문화는 너무나도 풍부하고, 개인적이면서도 현대적이기도 하고, 매우 '즉흥적'이어서 그 문화의 갈래를 결정할 수가 없었다. 그 문화는 대부분 삶으로, 모든 동물의 몸으로, 하나하나의 관절이나 동물의 머리 혹은 발로, 단순화하고 원형을 매우 똑같이 모방한 동물 형태, 탁 벌린 입, 무릎을 꿇은 사슴, 말, 우화에 나오는 동물, 싸우는 야수로 구성되어 있다. 이 모든 것은 매우 상상력이 풍부한 장식성이 특징이다. 이 문화는 매우 강력한 표현력을 갖고 있으면서도 순수하다. 금, 은, 청동, 철, 목재, 뼈뿐만 아니라 심지어 돌로도 이렇게 날렵하고 비틀린 동물 장식품을 만들었다.

1903년 슐츠는 쿠바에 케러메스 강 주변에서 일부 약탈을 당했지만 영주는 무사한 구릉묘지를 발굴했다. 황금 띠와 다이아몬드로 장미, 꽃, 매 모양을 장식한 청동모가 발견되었고, 이 뿐만 아니라 더 많은 값진 보물들이 많이 묻혀 있었다.

1904년 슐츠는 한 남자와 한 여자가 묻힌 다른 언덕을 발굴했다. 거기에는 그들을 위한 금, 은, 다이아몬드, 거울과 다른 예술품들이 함께 묻혀 있었다.

러시아 고고학자 웨세롭스키는 이 지역에 위치한 다른 두 구릉묘지에서 인간화석과 말의 뼈를 발견했고, 서쪽 벽에서는 10필에 해당되는 말뼈를 찾아냈다. 다른 곳에 위치한 같은 무덤에서는 모든 장신구를 갖춘 12필의 말뼈를 발견했다. 말 고삐 하나는 금으로 만들어졌으며, 이마장식, 볼 덮개, 금으로 덮은 띠, 나선 모양으로 손잡이에 금을 입힌 채찍으로 구성되었다. 1898년에는 울스키 아울 주변 쿠반 강의 구릉묘지들을 조사했다. 어떤 구릉묘지의 높이는 15미터였다. 말을 먼저 죽였는지, 또는 살아 있는 상태로 매장했는지는 밝혀지지 않았지만, 아무튼 이 구릉묘지 위쪽에서 50필 이상의 말을 죽일 수 있는 장소가 발견되었다. 목재로 만든 복잡한 장치들로 미루어 보아, 의식이 행해진 후 말들이 희생되었을 것이다. 이 구릉묘지에는 360필 이상의 말이 있었다고 한다.

쿠반 칸의 구릉묘지들에서 출토된 말의 부속품들은 놀랄 만큼 다양하다. 철로 만든 재갈의 끝은 강력한 새의 머리와 손잡이로 장식되었으며 사자, 수컷 양, 사슴, 산악 영양, 고라니를 묘사했다. 스키타이인 영주들의 무덤에는 동물 모양의 청동 막대기, 황소 머리 모양의 방울, 놀라운 기술로 표현한 머리장식들이 함께 묻혔다. 사체를 운반했던 마차에 걸려 울렸던 철로 만든 장식품과 종들까지도 발견했다. 에시아베토스카야와 마린스카야 스탄지는 구릉묘지 그룹 중 과거에는 목재로 막혀 있었을 복도를 열었다. 그 속에는 각각 6필의 말이 묶인 상여마차 2개가 있었는데, 하나는 거의 완벽한 상태로 보존되어 있었다. 스키타이인들은 나무로 만든 마차의 앞부분을 뼈로 만든 단추로 장식했다. 4개의 바퀴는 철로 만들어졌고 수레의 채는 나무로, 모든 말들은 철로 만든 고삐와 청동 눈가리개를 착용했다.

한 구릉묘지는 길이가 16미터인 벽으로 덮여 있었다. 그곳에서 5명의 여성들이 팔찌, 반지, 귀걸이를 하고 동쪽으로 머리를 두고 누워 있는 모습을 발견했다. 그리고 2명은 서쪽으로 머리를 돌리고 있었다. 우르의 무덤에서처럼 대량학살이 있었다는 증거는 찾아볼 수 없었다. 하지만 거의 모든 지배자들은 죽을 때 부인, 여자 노예나 내연녀들과 함께 묻혔을 것이다.

체르토물리 고분

값진 물건들이 가장 많은 무덤은 드니프로 강 지역의 체르토물리 고분일 것이다. 이 무덤에는 매우 극적인 이야기가 전해진다. 예전에 어떤 도굴꾼들이 거대하면서도 여러 갈래로 뻗은 구릉묘지로 들어가기 위해 지하도를 파고 무덤 곳곳에 있는 보물들을 가져갈 수 있도록 준비해뒀다. 그때 무덤으로 이어지던 지하도의 지붕이 무너졌다. 결국 도굴꾼 중 한 명은 빠져나오지 못해 끝없는 보물들과 영원한 어둠에 묻혔던 것이다. 그리고 고고학자들이 그를 발견했다.

그동안 이 무덤이 완전히 털리지 못한 것은 큰 행운이었다. 이 무덤에는 창의 잔해들, 철로 만든 칼, 카펫의 흔적들, 의복을 장식했던 황금판과 황금 띠처럼 스키타이 예술의 가장 우수했던 작품들이 있었다. 또 죽은 사람들이 입을 수 있도록 그의 옷가지를 무덤의 천정이나 벽에 걸었다. 옷들은 해졌지만 장식은 아직도 남아 있다.

이 무덤에 묻힌 사람들은 금과 은, 매우 세밀하게 장식된 보석이 있는 판, 귀걸이와 반지, 팔찌와 목에 감는 금목걸이로 화려하게 장식되었다. 여성해골이 있던 양쪽 면에서 묵직한 귀걸이와 머리 위에 29개의 꽃 모양, 20개의 장미 모양, 7개의 봉우리 모양을 형상화한 황금판을 아직도 발견할 수 있다. 머리와 상반신에는 57개의 사각형 황금판으로 덮인 보라색 베일이 덮여 있다. 그 황금판에는 거울을 들고 있는 여성이 앉아 있고, 그녀 앞에 서 있는 스키타이 남자를 알아볼 수 있다. 이렇게 화려하게 장식된 여왕의 모습을 쿠반 강 하류에 위치한 크림 공화국에 있는 쿨 오바에서 발견했다. 체르토물리 고분의 어떤 여성 주변에서는 푸른 천의 흔적이 있었으며 상아 손잡이로 장식된 청동거울을 발견했다. 그녀 곁에는 철과 청동 팔찌를 하고 상아 손잡이의 칼을 갖고 있는 한 남자가 있었으며 멀지 않은 곳에서 창촉을 발견했다. 그 칼은 왼손 가까이 있었다. 이 군인은 영원히 여왕을 보호하기 위해 무덤에 갇혔을 것이다.

체르토물리 화병

이 무덤에서는 또 어떤 문화의 최고 작품들과 비교하더라도 상위를 차지할 만한, 유명한 체르토물리 화병을 발굴했다. 프라이부르크의 고고학자 아돌프 푸르트뱅글러는 이 화병이 5세기 후반의 것이라고 예상했다. 하지만 이것은 아마도 그 이후에 만든 작품일 것이다. 이 화병의 높이는 70센티미터이고 화병 목 아랫부분에는 매우 흥미로운 띠 모양 장식이 있는데, 이 장식은 망아지를 길들이는 모습을 보여준다. 남자들이 사용했던 올가미에 연결된 줄과 고삐는 은사로 만들어진 부조였는데 수백 년이 지나 현재는 떨어졌다. 하지만 형상들의 손에 보이는 고삐의 끝은 아직까지 알아볼 수 있다. 또 서로 다른 두 종류의 말들을 표현했다. 이 화병에 그려진 옷에서 알 수 있듯이, 동물을 길들였던 스키타이인들을 매우 특별한 숙련기술자로 형상화했다.

다른 화병은 케르치에서 4마일 떨어진 쿨 오바에서 발견되었다. 이 화병은 호박금, 은이 함유된 금 원석으로 만들어졌으며 무엇보다 스키타이인들의 치아 치료과정과 아마도 다리가 부러졌을 때 붕대를 감는 그림을 나타내는 듯한 넓은 부조가 표면에 표현되었다. 여기에서도 스키타이인들의 옷을 매우 자세하게 볼 수 있다.

파지리크 구릉묘지

최근의 발굴품들은 알타이, 옵 샘 주변, 해발 1600미터에 위치한

울라간의 파지리크 구릉묘지 계곡에서 발견되었다. 이곳에서 1927년과 1949년 사이에 바닥의 지름이 58미터에 이르는 구릉묘지를 발굴했다. 이들 묘지의 일부는 2~3톤까지 무게가 나가는 자갈더미와 막돌로 만들어졌다. 이곳에서 러시아학을 공부한 프란츠 한카는 거대한 수직굴을 파는 것, 함께 묻힌 말들, 길이가 5미터, 높이가 1미터인 거대한 관, 방부 처리를 한 사체의 손상을 거의 입지 않은 팔, 다리, 등, 가슴 피부에서 예술적 문신을 발견했다는 것을 보고했다. 이곳에는 땅이 얼어서 목재, 가죽, 펠트 모, 모피, 비단과 심지어 사체까지도 그대로 보존되었다. 파지리크 인들이 진짜 스키타이인들이었는지, 또는 그들과 그저 같은 혈족의 민족이었는지는 알 수 없다.

러시아 출신의 자머토린은 1959년 파지리크 구릉묘지에 있는 나무들의 나이테를 비교하여 시대를 알아내려 했지만 이것이 정확한 시간을 알려주지는 못했다. 그러나 지금까지 고고학자들이 스키타이인의 것이라는 확신을 갖지 못했던 일부 파지리크 무덤의 발굴품들을 입증할 수는 있었다. 그동안 고고학계는 2400년 된 발굴물을 이렇게 세세한 부분까지 입증하지는 못했었다. 헤로도토스가 말한 것과 같이, 스키타이인들의 구릉묘지에서는 매우 화려하고 위험하며, 야만적이면서도 예술성이 깃든 삶이 나타났다. 1700년 동안 밝혀지지 않았던 이 문화는 이렇게 다시 태어났고, 어쩌면 앞으로 슬라브 문화의 근원까지도 인도해줄 수 있을 것이다.

아
랍

"솔로몬이 팔레스타인에 거대한 건설 계획을 다루는 열왕기상 9장 뒷부분에는 에시온게벨에서 함대를 진수한 이야기가 비교적 상세하게 진술되었고, 이 함대가 페니키아 뱃사람들에 의해 배치되고 금을 찾기 위해 오빌로 향했다고 한다. 이 사실은 매우 중요하다고 생각한다! 이 글을 쓴 자는 여러 이유로 솔로몬이 금과 오빌의 토산품을 얻기 위해 구리와 철뿐만 아니라 원석도 배에 선적했다는 사실을 말하지 않는다. 또한 이 보고서는 배가 건조되기 직전 혹은 직후 에시온게벨에서 항구와 산업 도시가 생겼다는 것을 언급하지 않았다."
– 넬슨 글뤽, 「텔엘 켈레이페에서 벌이는 두 번째 캠페인 *The Second Campaign at Tell el-kheleifeh*」, 「미국동양학연구소 정기보고서 *Bulletin of the American School of Oriental Research*」, 제75호, 1939.

고
고
학
의
즐
거
움

이스라엘의 왕

모든 역사가 어떻게 비밀스럽게 서로 엮여 있는지는 100년 혹은 200년 후의 역사학자들이 오늘의 사람들보다 훨씬 더 잘 알 것이다. 연구를 통해 우리는 민족과 민족을, 대륙과 대륙을 연결하고 마치 지구 전체를 감싸는 듯한 끝없는 긴 줄을 항상 새롭게 발견하게 된다.

기원전 100년에서 700년 사이에 아르메니아에 살았던 사람들과 스키타이인들 사이에는 분명히 문화적·인류학적 연관관계가 있었을 것이다. 아르메니아는 이미 노아의 땅이다. 노아의 손자인 아스그나스와 아마 스키타이인일 것이라 예상되는 아르메니아의 한 민족이 있다는 사실을 알았다. 이렇게 성경의 이름과 사건은 먼 세계까지 영향을 미치며, 일부 연관관계는 이제야 분명해진다. 아마도 고대 성경

❈ 은이 함유된 금광으로 만든 이 화병은 높이가 14센티미터이며 레닌그라드의 에르미타주 박물관에 소장되어 있다. 이 화병은 쿨 오바에서 발견되었으며 화병에 새겨진 프리즈는 스키타이 방식의 치아 치료와 (아마도 부러진 듯한) 다리 치료 방식을 보여준다.

❋ 이것은 체르토물리에서 출토된 유명한 화병이다. 이 화병의 높이는 70센티미터이며 은이 함유된 금광으로 만들어진 매우 우수한 작품이다. 아마도 기원전 4세기에 스키타이인이 직접, 혹은 그리스 예술가들이 스키타이인을 위해 만들었을 것이다. 윗부분의 부조는 스키타이인들이 말을 기르고 장식했다는 것을 보여준다. 의복, 움직임, 얼굴과 말을 해부학적으로 매우 자세히 표현한 그림과 화병 전체의 장식은 놀라운 걸작이다.

✳ 짐바브웨에 있는 아클로폴리스의 폐허. 아래쪽 평원에 위치한 신전의 거대한 타원형 울타리 속의 화강암 꼭대기에서 내려다본 모습이다. 북방에서 온 사람들에 의해 건설된 짐바브웨는 남반구에서 번영한 유일한 철기문명이었다.

※ 이것은 할(R.N.Hall)이 1903년 7월 27일 짐바브웨의 폐허에서 발견한 유명한 석조상으로, 남부 로디지아의 징표이다. 짐바브 웨 문화의 가장 아름다운 작품으로 꼽히는 이 석조상은 현재 남부 로디지아의 불라와요 박물관에 소장되어 있다.

의 영향은 인도해 주변 국가에까지 미쳤던 것 같다. 아직까지는 현실적이지 못한 이야기처럼 들리지만, 시간이 지나면 지날수록 더욱 분명해진다.

기원전 약 1000년에서 기원전 960년까지 지도했고 성악가, 영창자(詠唱者) 및 현악기 연주가인 이스라엘의 가장 위대한 다윗 왕은 이스라엘과 유다를 통일했고, 팔레스타인 해안의 비유태인을 지배 권역으로 만들고, 율법을 보관한 상자를 예루살렘으로 갖고 왔으며 유태인의 황금시대를 열게 했다. 그는 매우 중요한 정치인이자 왕이었음에 분명하다. 다윗 왕은 자신의 대제국을 내부적으로 조직하는 데 아마도 이집트를 모델로 삼았을 것이다. 다윗은 많은 전쟁에서 승리한 후 예루살렘의 왕, 유다, 이스라엘의 왕, 아몬의 왕, 아람과 에돔 지역의 지배자가 되었으며 모아브에 예속된 왕국의 지배자가 되었다. 이런 복잡한 국가형을 하나로 묶을 수 있는 것은 다윗의 강력한 통치능력으로 가능한 것이었다. 위대한 인물의 후계자는 항상 문제가 된다. 후에 로마의 아우구스투스 제왕이 암흑의 티베리우스에게 왕좌를 맡겼던 것과 같이 다윗 역시 후계자 문제에서 실패했다.

솔로몬의 어머니, 밧세바

다윗의 장자 아몬은 형제 압살롬에 의해 살해되었다. 압살롬은 아버지 생시에 무력으로 왕좌를 차지하려 했다. 연로한 왕은 아들의 군대 때문에 동요르단 지역의 마하나임으로 쫓겨 가야만 했다. "에브라임의 숲"인 이곳 어딘가에서 결정적인 전투가 벌어졌다. 압살롬은 패하고 도피하던 중 살해되었다. 그래서 아도니아가 다윗의 장자가 되었다. 하지만 이 왕위 계승자를 반대하는 당파가 궁에 있었다. 연로한 왕은 결국 이 당파의 말에 귀를 기울이게 되었다. 유명한 밧세바가 지배자의 여자 중 하나였다. 그녀의 아름다움에 매료된 다윗은 우선 그녀를 차지하고 그녀의 히타이트인 남편 유리아를 죽였다. 그 후 이 밧세바는 궁정 음모에 중요한 역할을 하게 되었다. 솔로몬의 어머니였던 그녀는 나단이라는 예언가와 합심하여 다윗의 마음을 움직이고, 솔로몬을 왕위 계승자로 임명하는 데 성공한다. 그리하여 솔로몬이 예루살렘에서 왕으로 임명되었다. '서자' 중에 솔로몬이 아마도 최고는 아니었을 것이다. 하지만 그는 그는 왕의 여자 중에서 가장 아름다운 자신의 어머니 때문에 지지를 얻었고, 그 의미는 간과할 수 없다. 이렇게 하여 세계 역사상 가장 흥미로운 인물이 왕좌에 앉게 되었다.

솔로몬의 보물

솔로몬은 다윗처럼 능력이 뛰어났다. 그는 국가의 지도자로서보다 영적 창조자로써 더 능력이 뛰어났다. 그는 여전히 대국의 지배자로 존경을 받았지만 국가를 확장하지는 않았다. 그가 전쟁을 원하지 않았기 때문일 수도 있다. 거대한 평화 위에 위대한 정신이 있는 것과 같았다. 하지만 누가 다윗과 견줄 수 있었겠는가? 그래서 솔로몬이 지배했을 시기에는 이미 다윗의 대국이 실질적으로 붕괴되기 시작했다. 정치적으로만 상황을 본다면 그렇다. 하지만 밧세바와 궁중 정치인들은 인류에게 지혜의 왕이자 명언의 왕, 찬가의 시인을 선사했다. 오리엔트에서 전해오는 이야기에 따르면 솔로몬은 현명하고 강한 지도자의 표본으로 나타나고 그의 이름인 'Schelomoh' 자체가 히브리어로 '평화의 사람'이라는 의미이다. 솔로몬 왕은 국경을 정비했고 지속적으로 광범위한 외교 관계를 맺었으며, 현명하게 결혼하여 큰 제국의 안녕을 가져오려 했고, 왕의 화려함과 영광을 뽐냈다. 많은 외국 여성들이 그의 규방에 속했고 아마도 이집트 21대 파라오의 딸인 이집트 공주도 이 중 한 명이었을 것이라고 한다. 이 모든 것들은 많은 비용을 필요로 했다. 따라서 이 모든 것들은 자연적으로 빈약한 지역에서는 충당할 수 없었을 것이다. 이것이 바로 인간의 영혼과 약점, 지상의 행복으로 인도해주는 길을 너무나도 잘 아는 그가, 지혜의 철학자로 불리는 그가 보물을 얻기 위해 거대한 사업을 벌인 이유였을 것이다. 실제로 그는 특별하고도 엄청난 이윤을 가져오는 부를 얻었다.

열왕기상 10장은 이 왕의 호화로운 삶을 열거한다. 사바의 여왕은 솔로몬의 지혜와 그의 거대한 부에 대해 듣고는 거대한 행렬을 이끌고 예루살렘으로 갔다. 그녀도 매우 많은 양의 금과 보석, 값비싼 양념들을 낙타행렬에 실어 가지고 왔다. 그녀는 전 세계가 말하듯이 정말 솔로몬이 현자인지 알고자 했다. 그래서 그녀는 솔로몬과 대화를 하면서 그가 명쾌하게 해결할 만한 수수께끼를 내려고 계획했다. 전해져 내려오는 이야기에 따르면 결과는 분명했다고 한다. 솔로몬은 그녀에게 완벽히 자신의 현명함을 입증했다. 여왕은 자신의 눈앞에 있는 값진 물건들, 왕의 존재, 그의 정신에 완전히 매료되었다. 궁전, 식기, 궁전에서 일하는 사람들과 신하의 집, 특히 그들의 행동뿐만 아니라 의복, 용광로, 이 모든 것들이 그녀를 감탄하게 만들었다. 그녀가 다음과 같이 말했다. "나는 여기 와서 내 눈으로 직접 보기 전에는 전해지던 말들 중 아무것도 믿지 않았다. 그러나 내가 들었던 것은 지금 내가 본 것의 반도 못 미친다. 당신은 내가 생각했던 것보다 더 많은 지혜와 재물을 갖고 있다……." 그리고 그녀는 왕에게 120달란트의 금과 매우 많은 양의 양념 및 보석들을 주었다. 이후에 사바의 여왕이 솔로몬에게 줬던 것보다 더 많은 양의 양념이 이 제국으로 흘러 들어온 적은 없었다.

솔로몬 왕의 항구, 에시온게벨

하지만 이 여왕이 예루살렘으로 금을 가져온 최초의 사람은 아니었다. 보고에 따르면 이 막대한 부는 이미 그 전부터 있었다고 한다. 솔로몬 왕은 어떻게 이 엄청난 양의 보물과 금을 얻었는가? 이 모든 것은 전부 어디에서 왔을까?

구약성서에 이와 관련된 2가지 글이 있다. 열왕기상 9장과 10장뿐만 아니라 역대하 8장과 9장에 보면 솔로몬이 페니키아 뱃사람들의 도움을 통해서, 혹은 홍해의 페니키아 배로 오비에 도착해 엄청난 양의 황금 보물을 가져갔다고 전하고 있다. 이런 여행은 3년이나 걸렸다! 솔로몬은 이런 활동을 하는 데 티레 출신의 페니키아 왕 히람에게 지원을 받았다. 그의 아버지 다윗도 이미 그와 긴밀한 친분관계를 맺고 있었다. 두 글의 차이는 열왕기상에서는 히람이 솔로몬에게 선원만 제공했다고 하며, 역대하에 따르면 오빌로 가는 함대 전체를 제공했다는 차이가 있을 뿐이다.

이 탐험의 출발점은 성경의 내용으로 분명해졌다. 이 여행은 '홍해의 해안가' 인 엘랏의 에시온게벨, 즉 에돔의 아랍 부족에서 시작했다. 에시온게벨은 오늘날 바다에서 45킬로미터 떨어진 아카바 만 북쪽 끝에 있었던 항구도시였다.

이 나라는 전설의 나라일까 실제로 존재했던 나라일까? 우리는 이 질문의 해답을 몇 년 전에 받았다.

1938년 3월에서 5월까지 '미국동양학연구소(American School of Oriental Research)' 가 텔엘 켈레이페에 있는 예루살렘과 엘랏을 발굴하기 시작했다. 이 발굴사업의 책임자인 미국의 고고학자 넬슨 글뤼이 보고하는 것들은 모든 상상을 뛰어넘는다. 미국인들은 성경에 등장하는 에시온게벨을 찾았다는 결정적인 증거를 내보였다. 모래

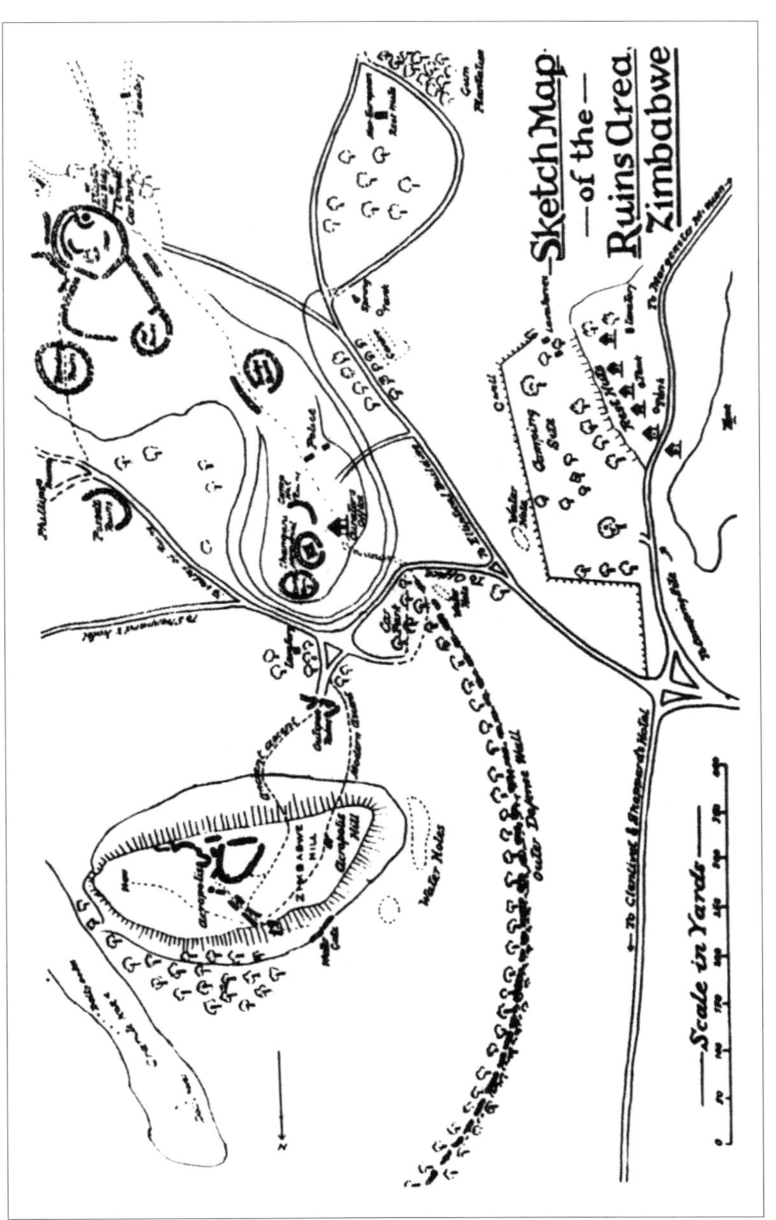

※ 이 영국 고고학자의 지도에서 오른쪽 위는 아마도 사찰인 타원형 건물을, 왼쪽 위는 성이 있는 아크로폴리스 언덕을 나타낸다.

고고학의 즐거움

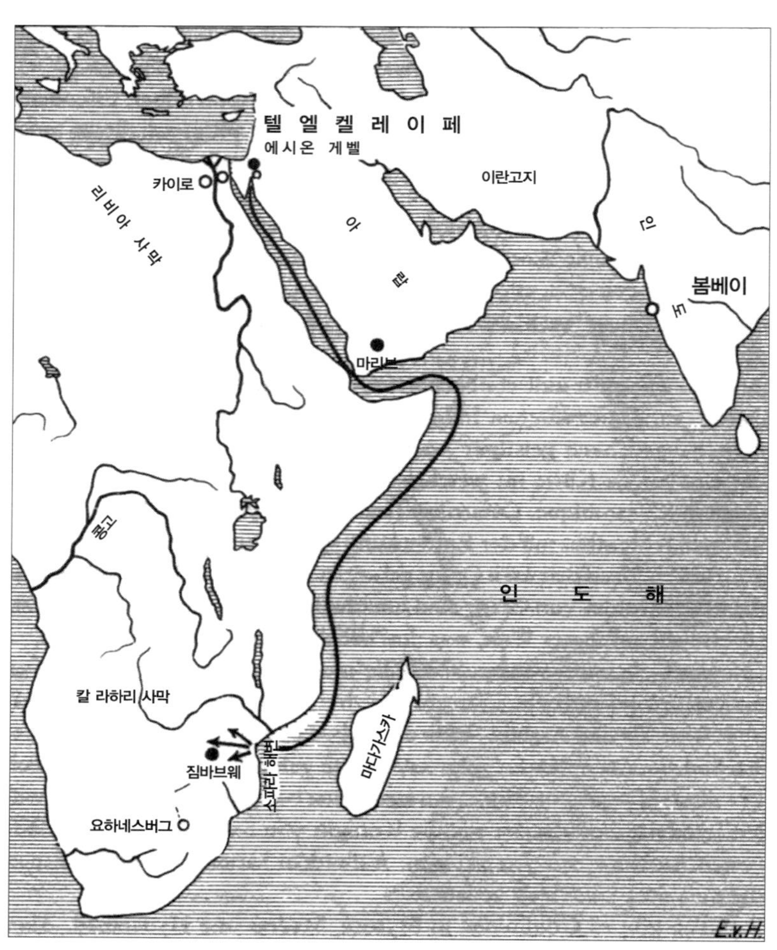

❋ 아프리카의 짐바브웨.

밑에 묻혀 있던 도시 전체의 잔해들이 세상 밖으로 나오게 되었다. 그들은 솔로몬 왕의 항구를 발견한 것이었다!

용광로

그 항구는 항상 평평하고 모래로 뒤덮여 있었다. 하지만 3000년 전에는 모래 위로 배를 끌어서 올렸기 때문에 작은 범선이 필요했다. 미국인들은 이 밖에도 더 많은 것을 발견했다. 그들은 용광로 전체를 발굴했다. 이것이 이 도시에서 가장 중요했던 부분이었다. 매우 솜씨 있게 만들어진 가옥들은 솔로몬 시대에 건축과 기술이 얼마나 높은 수준에 올랐는지 보여준다.

걸프 만에서 모래 가득한 바람이 분다. 금속으로 만들어진 용광로는 이 바람을 통로로 빨아들여 큰 열을 낼 수 있는 불꽃을 만들 수 있도록 했다.

시간이 지남에 따라 건축적 변화가 있었다. 바람을 위한 공기 통로를 덮고 분사기를 장착했다. 또 구리의 제련 과정에서 만들어진 엄청난 열로 인해 용광로의 벽은 초록색이 되었다. 3000년이 지난 후에도 일부 용광로의 벽들이 원래 높이를 유지하고, 발굴한 후 오늘날까지도 서 있을 정도로 돌이 단단했다. 이 용광로에는 주변에서 얻을 수 있는 야자나무를 넣었다.

노예들만이 이 불구덩이 속에서 일했다는 사실이 점점 분명해졌다. 연기와 위험한 수증기뿐만 아니라, 이 나라의 더운 열기 때문에 어떤 일반 시민들도 이 용광로 주변에 있지 못하게 했던 것이다. 이곳에서 수천 명의 노예들이 죽었을 것이다. 이 지역 토양의 강도를 보여주기 위해 넬슨 글뤽은 3년간 이루어졌던 발굴 작업의 말기에 동료들이 육체적으로 얼마나 지쳐 있었는지를 보고했다. 한번은 텔엘 켈레이페에 열흘 동안이나 끊임없이 강한 모래바람이 불어와서 가시거리가 10미터 이하였다고 한다. 3년간 발굴하여 공개되었던 무덤의 북쪽 공간은 이 바람으로 다시 모래에 뒤덮였다.

아마도 감독했던 장교들이나 상인들은 용광로에서 조금 떨어진 곳에 살았을 것이다. 그리고 주로 일을 담당했던 노예들은 1.2~1.5미터 두께의 강한 벽돌 장벽을 만들어 그 속에서 살아야만 했을 것이다. 용광로 안에서 봉기가 일어날 위험과 팔레스타인 피츠버그의 공격 때문에 에시온게벨, 엘랏은 강한 장벽으로 둘러놓았다.

이곳은 아랍, 시나이 산과 팔레스타인 간의 육지와 바다의 교통 중심점이었다. 지금은 그 당시 훨씬 그 중요도가 낮았던 요르단 남단의 아카바가 이 역할을 넘겨받았다.

발굴을 통해 에시온게벨로 값진 물건들을 들여와, 이곳에서 녹이고 작업하여 용광기술이 꽃피울 수 있게 되었다는 사실이 밝혀졌다. 에시온게벨에서 건조한 배들은 전 세계로 나아갔으며 시나이, 이집트, 유다, 아랍에서 대상행렬이 왔다. 기원전 10세기에 가장 많은 작업이 이루어졌는데, 그때가 바로 솔로몬의 시대였다. 솔로몬은 기원전 965년에서 기원전 926년까지 지배했다.

이스라엘의 현명한 지도자

저명한 고고학자 넬슨 글뤽은 수년간 우수한 동료들과 작렬하는 태양 아래, 성경의 무대가 된 매우 흥미로운 장소에서 작업한 후 다음과 같이 말했다. "재력과 지혜를 겸비하고 에시온게벨과 같은 공장도시의 건설을 계획하며 진행할 수 있는 역량을 갖춘 사람은 우리가 아는 한, 단지 한 사람뿐이다. 이 매우 복잡하고 특별한 시설은 이 시대에 처음으로 가장 위대한 발전을 이루었다. 이 모든 업적을 이룬 사람은 솔로몬 왕이었다. 그는 예루살렘에서 떨어진 곳에 이렇게 중요한 산업 중심지이자 항구를 건설할 수 있는 능력과 앞을 내다볼 수 있는 선견지명, 그리고 힘을 갖추고 있었다." 솔로몬은 에시온게벨에서 아랍의 동광과 철광에서 가져온 원석을 녹이고, 품질을 높이고, 작업할 수 있도록 했다. 그는 완성품을 배로 실어 육지로 수출했고 양념, 상아,

값비싼 나무를 수입했으며, 아랍과 아프리카에서는 금을 들여왔다.

"이스라엘의 현명한 지도자는 구리의 왕, 항해의 귀재, 상인 중의 왕족이자 위대한 건축가였다. 그는 나라의 축복이자 재앙이었다. 그의 권력과 부가 커짐에 따라 명령의 권위가 증가하고 무자비한 독재로 인해 민주주의적 전통을 무시하게 되었다." 살아 있을 당시 솔로몬은 독재자였다. 그의 활동 무대는 스페인의 페니키아 항구에서 아랍과 시리아를 넘어 아프리카 동쪽 해안까지 이어졌다. 에시온게벨이라는 도시는 솔로몬 왕의 최대 업적이고 미국 발굴팀이 1938년에 알려준 이후에나 세상에 밝혀진 사실이다.

금에 목말라 했던 솔로몬 함대의 출발항은 이처럼 생생히 남겨져 있다. 하지만 오빌은 어디였을까?

오빌은 어디인가?

오빌은 많은 세대에 걸쳐 상상력을 자극했으며, 오빌로 예상되는 지역은 수백 개에 달했다. 이 수수께끼 같은 장소를 5대륙에 걸쳐 찾았기 때문에 엄청난 양의 참고문헌들이 아직까지 남아 있으며, 사람들은 결국 상상의 세계에서 오빌을 찾았다.

아우구스투스 헬리 케인은 1901년 런던에서 발표한 「오빌의 금 The Gold of Ophir」이라는 논문에서 오빌이 아랍의 도하에 위치할 것이라 예상했다. 영국인 리처드 프란시스 버튼은 1878년에 오빌이 아카바 만에 있는 미디안 지역이었을 것이라 짐작했다. 하지만 만약 그랬다면 과연 그렇게 가까운 곳에 함대가 필요했을까 의심스럽다. 크리스티안 라센은 1844년 본에서 인더스 강 주변에 아비라라는 이름을 가진 부족이 살았기 때문에 오빌이 인더스 지역에 속했을 것이라고 썼다. 리처드 헤니히는 1925년 도하와 오빌의 발음이 유사하다는 점을 지적했다. 또 아프리카와 오빌을 연결하기도 했다. 하지만 아프리카라는 이름은 로마시대 이후에나 북아프리카에 살았던 'Afer'라는 민족의 이름에서 나왔기 때문에 이는 별로 연관이 없어 보인다.

뮤즈는 역대하 3장에 '바르와임' 금이 언급되었기 때문에 오빌을 페루에서 찾으려 했다. 유태인 역사학자 플라비우스 요세푸스는 기원후 1세기에 오빌이 인도에 있었을 것이라고 했다. 알렉산더 폰 훔볼트는 오빌이 특정 장소나 특정 지역을 뜻하는 것이 아닌, 일반적인 지리학적 개념이라고 했다. 바빌로니아 설형문자 해독의 선구자적 인물인 줄 오페르도 이와 비슷한 이론을 지지했다.

구약성서에서는 배로 금, 은, 상아, 원숭이, 공작을 가져왔다고 했기 때문에 사람들은 이 살아 있거나 죽은 보물들을 통해 오빌을 알아내려고 했다. 리처드 헤니히는 원숭이를 뜻하는 히브리어 'kophim'이 산스크리트어 'kapi'에서 파생되었고, 공작은 인도에서 온 것이 틀림없다고 했다. 하지만 프랑스인 콰트르메르는 히브리어 'Thukkijim'이 앵무새 또는 주계(珠鷄)를 뜻한다고 했고 칼 마흐는 타조라고 주장했다. 또 언어적으로 인도를 뜻하는 콥트어 'Sophir'가 오빌을 뜻하기도 한다.

인도와 아프리카의 동쪽 해안 사이에는 인류가 시작한 이래로 정신적 교류와 활발한 교역이 이루어졌기 때문에, 이런 오래된 인도 이름들이 남동아프리카 해안으로 오게 되었다. 인도 바라바르 서쪽 해안가뿐만 아니라 동아프리카 모잠비크에도 소팔라 해안가가 있다! 흥미로운 점은 콜럼버스도 오빌을 발견하고자 했으며 자신의 여정 중에 오빌에 도달하려고 했다는 점이다. "오빌에서 나오는 금의 아름다움과 세력은 측정할 수 없을 정도이다. 이 금을 소유한 자는 세계에서 원하는 것을 무엇이든 얻을 수 있다."라고 지누스가 말했다.

고고학의 즐거움

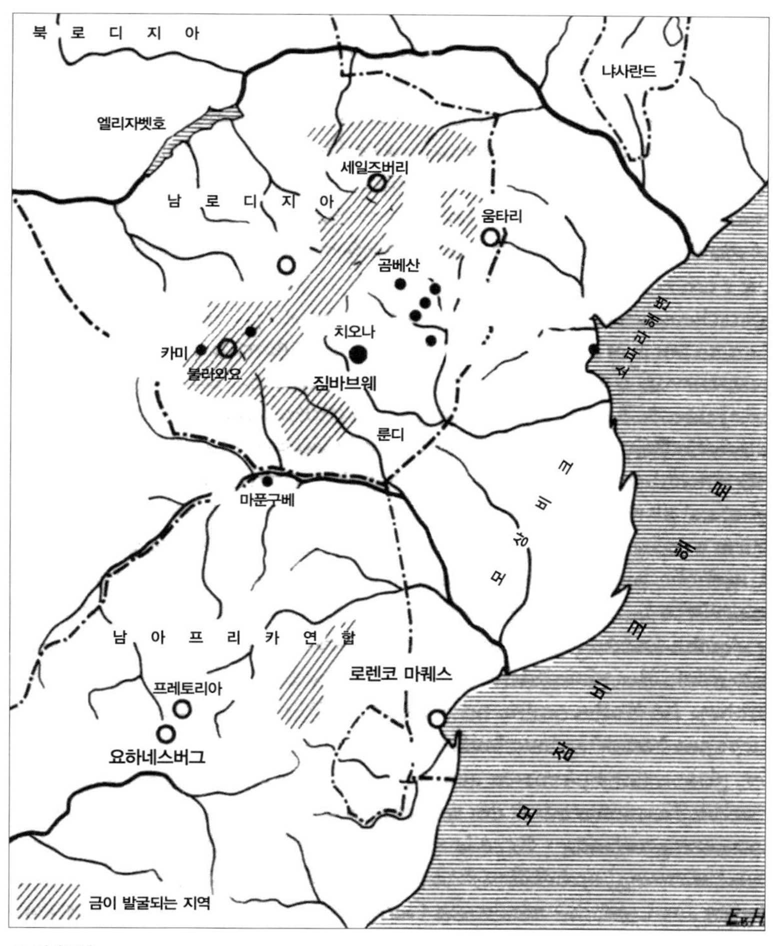

✳ 짐바브웨.

금의 무덤

이 비밀을 더욱 잘 알기 위해서는 인도 해안의 서쪽 부분에는 금을 채굴할 수 있는 곳이 단지 세 곳뿐이라는 것을 알 필요가 있다. 그곳은 아랍, 인도, 모잠비크 후방, 즉 로디지아 남부이다. 만약 오빌이 아랍에 위치했다면, 솔로몬은 금을 운반하기 위해 배를 이용하지 않아도 됐다. 그는 아랍의 남서부, 즉 예멘에서 온 사바의 여왕처럼 분명히 육로를 이용했을 것이다. 뿐만 아니라 홍해에서의 항해는 절대로 3년이 걸렸을 리가 없다.

인도에는 마이소르, 마드라스, 하이데라바드에 금광이 있다. 하지만 솔로몬은 인도에서 금을 얻으려면 힘겨운 전투를 치러야만 했을 것이다. 인도에서는 왕들이 직접 금을 소유했기 때문이다. 뿐만 아니라 인도 역사를 돌이켜보면 인도에서는 나오는 것보다 항상 더 많은 금을 소비해 왔다는 것을 리처드 헤니히가 옳게 지적했다. 그래서 인도는 오래전부터 '금의 무덤'이라고 불렸다.

이로써 남동아프리카의 소팔라 해안의 뒷부분만 남게 된다. 모잠비크 서쪽, 즉 바다에서 1000킬로미터 떨어진 로디지아 남부에는 정말로 남아프리카에서 금이 가장 풍부했다. 칼 마흐와 칼 페터스가 처음으로 남아프리카에서 오빌을 찾으려는 생각을 했다. 이스라엘 사람들이 고향에서 이렇게 멀리 떨어진 곳에서 채굴하고, 이스라엘인과 페니키아인들이 이 풍부한 황금지역을 찾아오게 되었다는 것은 당연했다. 원주민들도 관심이 있었다면 충분한 양의 금을 내륙에서 해안가로 가져왔을 것이다.

하지만 이것으로는 솔로몬이 어떤 방법을 통해 금을 차지하게 되었는지 명확하지 않다. 헤니히 교수는 이스라엘인들이 아프리카 남동지역에서 금을 교역하여 채굴한 것이 아니라, 금의 역사에서 종종 볼 수 있는 바와 같이 전쟁과 약탈로 가져왔을 것이라고 지적했다. 스페인인들이 코르테즈가 이끌어 멕시코로, 피사로가 이끌어 페루로 침입한 것만 보아도 알 수 있다. 이는 또한 페니키아인들이 왜 자발적으로 다른 민족이었던 이스라엘인들에게 그들의 운송 수단을 제공했는지를 설명해준다. 페니키아인들은 절대로 전쟁을 원하지 않았으며 전쟁에서 홀로 싸울 수도 없었다고 했다. 그래서 그들은 계획된 약탈품을 운반하기 위해, 그 당시 전쟁을 많이 했고 전투력이 강한 이스라엘 민족에게 도움을 요청했을 것이다.

히람 왕과 솔로몬 왕의 협력

나는 이 이론이 인위적인 것 같다. 우선 솔로몬 왕이 단 한 번만 금을 찾아 오빌로 항해를 떠났다는 사실이 맞지 않는다. 성경에는 많은 항해가 있었다고 나온다. 모든 항해는 3년이 걸렸다. 3년마다 전수용품을 운반한다고? 역사상 낯선 민족이 이렇게 오랫동안 약탈을 당했다는 선례를 찾을 수 없다. 페니키아인들과 약탈품을 운반하는 것은 분명 항상 계획적으로 이루어지지는 않았을 것이다. 리처드 헤니히가 작성했듯 페니키아인들이 절대로 전쟁을 원하지 않았고, 정치적인 영향력이 없었다는 문구는 이미 포에니 전쟁과 같은 역사적 사실, 한니발의 영웅적 행적이나 카르타고의 방어를 보면 사실이 아니라는 것을 알 수 있다. 매우 용맹스러운 페니키아의 카르타고인들인 셈족은 그 시대 전후에 전례를 찾아볼 수 없을 만큼 용감하게 수도를 지켜냈다. 우리는 페니키아인들이 훌륭한 항해사였을뿐만 아니라, 우수한 전투가, 뛰어난 외교가, 먼 미래를 계획할 수 있는 상인이었다는 것을 알고 있다.

티리쉬의 히람 왕과 솔로몬 왕이 협력한 것은 전쟁이나 약탈이 아닌 전혀 다른 이유들에 기인한다. 페니키아인들은 항해의 경험이 있었고 그 당시 가장 좋은 배를 소유했으며 잘 알려지지 않은 바다의 항해 루트까지도 알고 있는 민족이었고, 이 비밀을 매우 철저히 지켰다. 즉 다시 말하면 그들은 최고의 항해 경험, 배, 뱃사람을 갖고 있었고 솔로몬 왕은 전혀 다른 것을 갖고 있었다. 그는 교환물품을 갖고 있었

다! 우리가 미국인들의 발굴을 통해 알고 있듯이 에시온게벨에는 솔
로몬 왕이 금속산업을 발전시킨 고대 세계의 가장 중요한 용광로가
있었고, 그에게는 수출할 수 있는 물건이 있었다. 그들은 철과, 경우
에 따라서는 구리를 배로 가져와서 오빌에서 금, 노예, 원숭이, 상아,
공작, 그리고 그 밖의 특이한 물건들과 교환했다.

에시온게벨의 텔엘 켈레이페에서 발굴한 넬슨 글뢱의 노고 덕분에
이러한 사실을 알 수 있었다.

5

오지에서 피어난 꽃, 아프리카 · 아메리카 문명

"대짐바브웨(Greal Zimbabwe)의 유적은 매우 인상적이다. 이 잔해들은 이냥가 북부처럼 거대하지도 않고 인시자 지역처럼 아름답지도 않다. 하지만 이곳은 특별히 육중한 위대함을 자랑한다. 이곳에는 서로 연결되어 있는 3개의 건축그룹들이 있다. 이는 '타원 신전', '계곡 단지', '아크로폴리스' 이다.
– 데이비드 랜들 매키버, 『중세 로디지아 *Mediaeval Rhodesia*』런던, 1906.

짐바브웨의 유적

우리는 아프리카인들의 과거 역사상 가장 의문스러운 장에 도달하게 되었다. 과거의 기록 중 가장 수수께끼가 많은 장에 온 것이다. 에탕 마크 콰트레메는 이곳이 성경에 등장하는 황금의 나라 오빌이라고 했으며, 이 의견에 헤렌과 독일의 지리학자 칼 마흐도 동참했다. 남부 로디지아 중심에 위치한 마쇼날란드로 솔로몬이 금을 보냈다는 것이다.

이 '남부 로디지아의 오빌'은 아직까지 입증되지 못했다. 하지만 인상적인 점은 1304년 탕헤르에서 태어난 아랍인 탐험가 이븐 바투타가 소팔라 해안 내륙지역을 '유피'라고 불렀다는 것이다. 평생 지리학과 자연과학의 역사를 연구한 뒤셀도르프의 리처드 헤니히 교수는 유피가 오빌과 매우 유사하게 들린다고 주장했다. 이븐 바투타는 "유피에서 소팔라로 금가루를 가져왔다"라는 기록을 남겼다.

애덤 랜더스는 1868년에 짐바브웨의 유적을 발견했다. 랜더스는 사냥꾼이었기 때문에 발견한 것에 큰 의미를 부여하지 않고 이 모든 것들을 다시 잊었다. 1871년 9월 5일 독일의 지리학자 칼 마흐는 이 유적들을 더욱 자세히 연구했다. 마흐는 남부 로디지아에서 남쪽 지역에 돌로 만든 특이한 건축물을 접했다. 그는 이것이 우연히 어떤 아프리카 촌락을 새로 발견한 것 이상의 의미를 갖는다는 것을 바로 알았다. 그가 발견한 것을 오빌과 연관 짓자, 짐바브웨에서 '솔로몬 왕의 금광'을 찾았다며 마쇼날란드와 마타벨렌란드로 일종의 골드 러쉬가 시작되어 밀려들었다.

사람들은 옛날에 작업했던 곳이나 심지어 과거의 용광로가 있었던 유적을 분해하며 금을 찾으려 했고, 짐바브웨 유적이 '페니키아의 황금도시'라고 믿었다. 금에 대한 욕망이 가득한 모험가들은 값진 유적들을 약탈하고 파괴했다.

중세 말기에 형성된 도시

짐바브웨는 바투족의 명칭이다. 아마도 집이라는 의미의 'zimba'와 돌이라는 뜻의 'mabgi'의 조합일 것이다.

영국 탐험가이자 고고학자인 제임스 테오도르 벤트의 「마쇼날란드의 폐허 도시」라는 논문에 따르면 짐바브웨는 새 천 년을 맞이할 당시 매우 유명해졌다고 한다. 하지만 이 유적이 과거 페니키아 식민지의 잔해일 것이라는 이론이나, 지중해 문화의 어떤 민족이 기원전에 이곳에 이 모든 것을 만들었다는 이론의 근원과 유적의 발생년도를 정확히 알아내려는 새로운 고고학적 연구는 그다지 필요하지 않다.

영국의 고고학자 리처드 니클린 홀은 무엇보다 페니키아 이론에 동
조했고 매우 우수한 학문적 근거를 제시했다. 그는 짐바브웨와 남부
로디지아의 여러 유적지에서 매우 훌륭한 발굴품을 직접 발견했다.
현재까지도 그가 1902년과 1907년에 발표했던 논문의 영향력에서
벗어나기는 쉽지 않다. 하지만 이집트 학자인 데이비드 랜들 매키버
가 남부 로디지아의 유적을 재연구한 결과, 지배적이었던 모든 주장
과 '증명'과는 달리 그만의 새로운 독립적인 결과를 낳았다.

　짐바브웨는 순수 아프리카에 근원을 두며 그 당시 생각했던 것보
다 훨씬 이후, 즉 중세 말기에 만들어졌다고 한다. 그리고 기원후 약
15세기까지 문화가 꽃피었다. 매키버는 7곳을 조사했다. 그러나 어
디에서도 14세기나 15세기 이전의 유적을 찾지 못했다. 또한 매키버
는 짐바브웨 건축물에서 아프리카 외적 요소를 전혀 발견할 수 없었
고, 유럽 또는 오리엔탈 스타일의 흔적도 찾아볼 수 없었다. 유명한
'타원 신전', '아크로폴리스'와 '계곡 단지', 방어 요새, 신전이나 주
거 공간을 비롯한 이곳에서 꽃피었던 메트로폴의 특징은 모두 순수
아프리카적인 것뿐이다. 아쉽게도 짐바브웨에는 전혀 글이 전해지지
않았다. 이 건축의 귀재들은 아직 글의 예술을 몰랐다. 매키버가 발굴
한 아프리카적 유물 외에도 인도와 동아시아에서 수입한 물건과 예
술품들이 발견되었다. 이것이 유물층에 포함되어 있으며 이 수입품
의 제작연도를 알기 때문에 매키버는 이 도시 전체가 중세 말기에 만
들어졌다고 결론 내릴 수 있었다.

　매키버는 짐바브웨의 비밀을 풀었다. 그는 적어도 지중해 문화가
기원전의 것이라는 믿음을 깼다.

발굴 작업

1929년 영국인 고고학자 거트루드 캐턴 톰프슨 박사가 짐바브웨와 다른 유적지에서 발굴 작업을 새로 시작했다. 1958년 불라와요 국립 박물관의 로저 섬머스 고대유적관리자, 건축가 휘티와 남부 로지디아의 기념물 조사관인 로빈슨이 다시 발굴 작업을 진행했다. 그래서 매키버가 언급했던 내용을 다시 입증했고 남부 로디지아의 놀라운 건축물들이 세워진 보다 정확한 시점을 제시했다. 이에 따라 기원후 330년경〔제1단계〕에 처음으로 이동이 있었다는 것을 알게 되었다. 두 번째 발전단계인 약 기원후 400년에서 1000년까지의 기간 동안 석조물의 흔적을 아직은 찾아볼 수 없었으며 기원후 1450년이 지나서야 〔제3단계〕 초기 건축물들이 생겨났고, 제4단계〔기원후 1500∼1800년〕가 되어서야 코니컬 타워에서처럼 최고점에 다다랐다.

잠베지 강과 림포포 강 사이에는 500개 이상의 유적지들이 분산되어 있다! 이 유적지의 건축물들이 일반적으로 꼭 금광과 가까운 곳에 위치하지는 않다는 사실을 아는 것은 흥미롭고 중요하다. 그래서 캐턴 톰프슨은 금광과 도시들의 위치가 직접적인 연관관계가 없다고 믿었다. 캐턴 톰프슨은 이 거대한 유적이 '황금의 메트로폴'이 아닌, 중앙아프리카 바투족의 발전된 도시들이라고 했다. 그러나 짐바브웨가 중요한 금의 분배 중심지였을 것이라는 가능성이 나에게는 매우 호소력 있게 보인다. 만약 그렇지 않았다면, 이 남부 로디지아 메트로폴의 권력과 부가 어디에서 비롯되었을까?

기원후 916년 또는 917년에 아프리카에서 머물렀던 아랍인 마수디는 아비시니아 짐바브웨 출신 민족이었고, 그 당시 짐바브웨가 여러 세대에 걸쳐 존재해왔으며, 왕국이 이미 얼마나 강력했는지도 설명했다. 그는 다음과 같은 글을 남겼다. "엄청난 양의 금과 기적을 가져오는 나라이다." 그래서 아마도 오늘날 바 로스비와 바 벤다라는 두 부족이 그 건축가들의 후계민족이라고 생각된다. 인도와 말레이시아에 근원을 두는 수많은 목걸이들은 건축물들이 생겨난 시기를 정확히 알 수 있게 해줬다. 캐턴 톰프슨은 짐바브웨와 다른 도시들이 기원후 8세기와 10세기, 혹은 이미 중세 초기부터 이곳에서 발전해왔을 것이라고 믿었다.

다양한 문화의 박물관

이곳은 화강암이 매우 풍부하다. 이 재료는 손이 닿을 만한 곳에 있었다. 자연적으로 생성된 이 화강암은 판 형태로 되어 있어 작업을 할 필요가 거의 없었다.

홀, 매캐버, 캐턴 톰프슨에 의해 발굴된 유적들은 아주 다양하지는 않았다. 철로 만든 화살촉이나 창의 끝부분, 도끼들, 특히 발찌 등과 같이 매우 많은 양의 청동사와 약간의 금사, 활석으로 만든 접시, 반지, 목걸이, 고령토와 활석으로 만든 물레의 정속륜, 전투용 도기와 철로 만든 칼, 팔루스, 뼈로 만든 관, 물컵이나 맥주컵 등을 발견했다. 특히 흥미로운 것으로는 활석으로 만든 새가 앉아 있는 기둥이 유명하다. 이것은 홀이 발견했으며 이전에도 다른 사람들이 발견했다. 이런 새의 모습은 오늘날 남부 로디지아의 상징이다.

모든 것은 아직도 비밀스럽고, 그 비밀이 풀리지 않았다. 우리는 아직도 거대한 '타원 신전'이 어떤 용도로 사용되었는지 모르고 있다. 많은 연구가들은 이것이 신전이라고 한다. 짐바브웨에서 신전이라고 여기는 이곳에는 약 4미터 높이의 뾰족한 돌로 만든 남근 제단으로 꽤 중요한 모노리스가 있다.

아마도 아직까지 의문투성이인 짐바브웨 문화의 뿌리는 하나가 아닌 여러 곳에서 영향을 받아 생긴 결과일 것이다. 웨인라이트는 아마도 갈라족일지도 모르는 어떤 민족이 남부 아비시니아에서 이미 기원후 900년 이전에 남부 로디지아로 이동해왔으며 이 민족이 짐바브웨 문화의 위대한 건축을 창조했을 것이라 주장했다. 이후에 주변에 자리했던 바투족이 희생되어 갈라족의 귀족사회가 피어났다. 남근 제단은 다름 아닌 남부 아비시니아에서 매우 중요한 역할을 했다. 짐바브웨 문화에서도 남부 로디지아의 많은 남근 유적들이 중요한 의미를 띠고 있다는 것에서 분명 어떤 연관관계를 찾을 수 있을 것이다.

450년 전 처음으로 유럽인들이 남부 아프리카에 도달했을 때, 그들은 매우 다양한 문화와 시대의 살아 있는 박물관을 접하게 되었다. 후기 석기문화는 잘 알려졌듯 청동기시대와 철기시대로 구분되었다. 원주민들은 아직 석기시대에 살고 있었다. 호텐토트족은 이미 청동과 구리를 사용했지만 철은 몰랐다. 동해안의 바투족은 철제기구를 만들어, 철기시대에 살고 있었다. 맞다. 남부 로디지아인들은 짐바브웨 문화의 건축물들이 생기기도 전에 이미 철을 사용했다. 이곳에서는 돌에서 철기로의 문화적 발전이 있었다. 사하라 남부 아프리카는 기원전 4세기에서 2세기까지 외부세계에서 고립되었다. 그래야만 남부 아프리카의 일부 민족들에게 청동기시대가 없었다는 설명이 가능해진다. 북아프리카와 거의 모든 고대 세계에서 석기시대와 청동기시대 사이에 구리와 청동시대가 있었던 것과는 달리, 로디지아는 석기시대에서 바로 철기시대로 넘어갔다.

오빌의 비밀은 아직 풀리지 않았다

철은 지중해 국가로부터 사하라 남부의 서아프리카 지역으로 이미 기원전 10세기경에 전달되었을 것이다. 하지만 어떤 길로 왔을까?

지금까지 발굴되었던 유물을 보면, 짐바브웨 문화는 철기시대였지만 청동제품도 함께 출토되었다. 하지만 그 이전의 것은 왜 찾지 못했을까? 솔로몬이 원석을 보낸 흔적은 왜 전혀 남아 있지 않았을까? 이는 아직 풀리지 않았고, 발굴되지 않은 수수께끼이다.

초기에 비밀스러운 페니키아인들을 과대평가한 반응에 대응하여 1906년부터는 계속해서 남부 로디지아 유적들에서 아프리카적 요소들만 강조해왔다. 그리고 이제야 지중해와 남부 아프리카가 과거에 문화적 접촉을 했다는 흔적을 발견하기 시작하고 있다. 매튜가 고고학 유적을 통해 이슬람시대 이전에 사실 남부 아랍과 남부 아프리카 동해안 사이에 매우 오래된 관계가 있었음을 증명했다. 남부 로디지아로 사바인들이 침입하고 이동해왔다는 것을 예외로 할 수는 없을 것이다! 과거 에시온게벨이었던 텔엘 켈레이페에서 홍해를 지나 사바 여왕의 지역이었던 사바까지 내려가 소팔라 해안까지의 뱃길은 전설로 내려오지만, 사실인 것 같다. 그래서 남아프리카 고고학, 문화 분야에 뛰어난 연구가인 로저 섬머스는 다음과 같이 말했다. "이곳저곳에서 아프리카와 고대 세계의 가장자리를 연결시켜주는 작은 증거물들이 계속 나오고 있다."

짐바브웨 문화를 연구해서 오빌의 비밀을 풀지는 못했다. 하지만 이 모든 것들은 솔로몬 왕이 페니키아 뱃사람들의 도움으로 남서부 아프리카 해안에 정말 왔었다는 사실을 보여준다. 이곳이 남아프리카 최대의 금 발굴지라는 사실이 분명하다. 솔로몬의 함대가 오빌에서 엄청난 양의 금을 가져갔다는 것을 증명할 증거는 충분하기 때문에 그 사실은 잘 알려졌다. 그리고 텔엘 켈레이페에 있는 에시온게벨에서 미국인들이 발굴한 것으로 미루어보면 솔로몬 왕이 그곳의 야외 용광로에서 철과 구리로 제품을 만들었고, 그것은 당시의 세계, 특히 남부 아프리카에서 최고 가치의 교환물품이라는 것이 알려졌다.

그렇지만 오빌의 비밀은 아직 풀리지 않았다. 바다는 흔적을 남기지 않는다.

베닌의 상아와 특히 청동 세공은 지금까지 검은 아프리카가 남긴 모든 예술을 능가한다. 상당수 세공품의 용도는 아직까지도 비밀로 남아 있다. 하지만 요루바족과 베닌을 연구한 펠릭스 폰 루샨, 요세프 마쿠아트, 베른하르트 슈트룩, 에카르트 폰 쉬도브, 쿠르트 크리거, 윌리엄 파그와 베른하르트 파그 형제가 끈질기게 연구하고 발굴 작업을 수행하여, 잘 알려지지 않은 이 문화의 비밀들을 규명했다. 베닌의 가장 아름다운 작품들은 베를린의 문화인류학 박물관, 런던의 영국박물관, 그리고 라고스에 소장되어 있다.

나이지리아의 베닌 문화

아프리카 대륙의 서쪽 해안인 아프리카 기니 만에서 허리 부분처럼 폭이 좁아지는 곳에 나이지리아가 위치한다. 나이지리아에는 약 3500만 명이 거주하며, 아프리카의 여러 부족과 인종이 뒤섞여 있다. 이곳에는 특히 이보족, 하우사족, 풀베족, 요루바족이 살고 있으며 각 부족의 인구는 약 400만 명 정도 된다.

나이지리아는 정치사로도, 경제로도 세계에 알려지지 않았던 나라이다. 나이지리아는 세계의 다른 나라들과는 달리, 자신들의 문화로 현대 인류를 매혹하고 자극했다. 1897년 영국인들이 니제르 델타의 습지에 위치한 같은 이름의 수도를 침입한 이후부터, 또 1911년 문화인류학자인 레오 후로베니우스가 발굴을 통해 아프리카 흑인문화에 대해 기존에 알려졌던 내용에 새로운 혁명을 일으킨 이후부터, 베닌 시와 베닌 문화는 예술사에 새로운 개념으로 등장하게 되었다. 베닌 은 단지 하나의 도시가 아닌, 베닌 강변의 니제르 델타 서쪽을 포함하는 지역이다. 한때 이곳은 서아프리카에서 최고로 발달된 생활무대 중 하나였고, 주변 나라들을 두려움에 떨게 하며 강력한 제국을 건설했던 수단 흑인들이 거주했다. 그 당시까지는 타르테소스 연구가 현재처럼 발전되어 있지 않았기 때문에, 레오 후로베니우스는 베닌에서 '잃어버린 대륙 아틀란티스'의 자손과 유물을 찾았다고 믿었다.

베닌의 정벌군

1472년 포르투갈인들이 베닌의 해안지대를 발견한 뒤, 이곳은 18세기와 19세기 초에 걸쳐 노예 매매의 중심지였다. 포르투갈인들이 발견한 후 1897년에 영국인들이 침입하기 전까지 이 흑인국가는 거의 완전히 유럽의 시야에서 사라져 있었다. 약 400년 동안 이 고대 문화 국가에 대해서는 자세한 사항을 전혀 알 수 없다. 하지만 베닌이 1897년 자국의 주권을 알리는 사건이 있었다. 그해에 나이저 해안 보호령의 필립 영국 총영사가 베닌으로 탐험차 도착했다. 마침 그가 도착한 곳에서는 왕의 아버지의 추모식이 열리고 있었고, 그는 베닌에 도착하기도 전에 밀림에서 살해되었다.

그래서 영국은 나이지리아로 정벌군을 파견했다. 나이지리아는 이미 쇠퇴하고 있던 상태였고, 그렇게 해서 완전히 파괴되었다. 이로 써 유럽은 베닌의 문화사와 피투성이이기는 하지만 전혀 '원시적'이지 않은 수수께끼 같은 베닌 왕국의 숭배의식을 처음으로 인식하게 되었다. 그 당시 영국인들이 베닌에서 가져온 물건들은 세인의 주목을 끌었다. 그들이 가져온 청동 주물은 예술적으로 가치가 너무 높아서 유럽, 이집트, 이슬람교의 장인 중 누가 이 놀라운 작품을 만들어 냈을지에 대해 가능한 이론들이 모두 등장했다.

베닌의 이 청동 주물은 아프리카 흑인 민족의 조소작품 중에 유일무이하고 특수한 경우이기 때문에 19세기 말에 큰 주목을 끌었다. 이 예술작품들은 다른 아프리카 흑인예술보다 서구의 형식적 감각에 더 잘 맞으며 비슷한 점도 있다.

요루바족

베닌의 북서부 이웃인 수단의 한 부족집단, 요루바족의 인구가 유럽 식민지 개척자들이 발견하기 전에 이미 10만 명이었다는 사실과 요루바족이 매우 숙련된 괭이질로 밭을 일구고 작은 동물들을 사육했을 뿐만 아니라, 광범위한 무역을 했다는 사실이 이제는 잘 알려져 있다. 요루바족의 고도로 발달된 수공업, 면직조업, 염색술, 도기제조업, 청동 주조와 황동 주조는 국경을 넘어 퍼져 나갔다.

요루바족의 옛 식민지는 오늘날까지도 다호메와 토고에 남아 있다. 다호메에 사는 폰족이 위대한 예술가 기질을 물려받은 근원이 어디인지는 잘 알려지지 않았다. 베닌이 존재하게 된 것도 요루바 이주민들 덕분이고, 베닌은 요루바족으로부터 매우 가치가 높은 예술적 시초를 이어받았다.

수천 년간 아프리카는 노예매매가 이루어지는 주요 대륙이었다. 따라서 요루바족은 베닌에 노예를 거래하는 장소를 세우려는 생각이 있었다.

앙골라에서만 1486년부터 1641년까지 138만 9000명의 노예들이 팔려나갔다. 1580년부터 1680년까지 한 세기 동안 브라질로만 매년 1만 명의 아프리카 노예들이 배로 운송되었다. 1783년과 1793년 사이에는 리버풀 항구 선착장에 1500만 파운드에 달하는 30만 명의 노예들이 900차례에 걸쳐 유입되었다. 이 모든 것은 노예에 익숙한 아프리카에서는 '당연한 전개'였다. 이는 최근 베이즐 데이비슨이 재차 강조한 바와 같이, 아프리카 내에서 노예를 부리는 것에서 노예를 수출하는 것으로의 변화는 단지 작은 발전에 불과하기 때문이다.

요루바족 예술은 일레이페에서 특히 매우 번창했다. 이곳은 종교의 수도, 문화의 중심지이자 모든 요루바족의 종교적 성전이었다. 나이지리아 이바단에서 약 85킬로미터 떨어진 일레이페는 '기원의 땅'을 뜻하며 현재 5만 명의 인구가 거주하고 있다. 최근의 발굴 작업을 통해 예전에 이페가 현재 이페의 자리에 있었다는 사실이 입증되었다. 또 시내를 둘러싼 성벽의 잔해를 두 곳에서 발견했다. 그 중 하나는 북부의 오요시가 북나이지리아 이슬람교도인들에 대항한 전투에서 함락되었던 1837년에서 1849년 사이의 것이며, 다른 성벽은 더욱 오래되었을 것이라고 한다.

베닌 예술

우리는 '이페시대'의 예술품들은 돌, 석영, 화강암, 청동, 구운 점토로 만들어졌다는 것을 알고 있다. 목재로 만든 작품들은 몇 세기가 지나면서 기후의 영향으로 보존되지 못한다. 지난 20년간 요루바 문화의 조각품들을 많이 발견할 수 있었다. 하지만 이 조각품들은 전 아프리카 예술에서 매우 이해되기 힘들어 보인다. 1938년과 1939년 이페의 오니궁 지역에서는 귀중한 황동제품들이 발굴되었다. 이것들은 특히 '황동 주조'로 만들어진 조소작품들이다. 황동은 구리와 아연의 합금으로, 합성 정도에 따라서 구리의 붉은색에서 밝은 금색 톤까지 다양하며, 황동에는 아연이 20퍼센트까지 포함되어 있다. 니제르 강 유역 타다의 남자 청동상은 발끝부터 머리까지 놀라울 정도로 원래의 모습과 비슷하게 재현되었고 이페 시에서의 발굴품은 흑인의 얼굴을 너무나도 섬세하고 살아 있는 듯한 표정으로 표현하여 고대에서 영향을 받지 않았을까 끊임없이 찾도록 만들었다.

베닌의 궁내에 있던 주조공 학교에는 실제로 외국인 장인들이 스승으로 일했을 수도 있다. 또한 요루바족의 401개 신 공동체는 초기 기독교의 천사체제를 떠올리게 만들기도 한다. 그러나 이들이 고대 말기의 그리스-기독교 문화나 중세의 영향을 받았는지 밝히기는 힘들다. 원시민족의 예술과 특히 아프리카 조소작품의 위대한 전문가이자 연구가인 에크하르트 폰 쉬도브는 중세의 베닌 작품들이 북에서 남으로, 동에서 서로 수단을 통과했던 긴 대상행로에서 어떤 방식으로든 영향을 받았다고 믿고 있다. 그 이유는 베닌의 황동 주조공들은 유럽의 가장 뛰어난 주조공들에 비해 기술적으로 전혀 뒤떨어지지 않았기 때문이다. 청동과 황동예술은 서아프리카 흑인들의 손에서 진정으로 훌륭한 작품이 되었다.

하지만 설명할 수 없고 이해되지 않는, 수수께끼 같은 관련성은 아직도 남아 있다. 우리가 발견한 무수한 금속판과 그 밖의 청동제품들 중에 유럽 예술가가 만든 것은 하나도 없었다. 이전에 아프리카 조형 미술이 창작했던 모든 것을 월등히 능가한다 하더라도 모든 발굴품의 스타일과 표현방식은 완전히 아프리카적이었다. 이는 베를린의 유명한 문화인류학자 펠릭스 폰 루샨의 견해이기도 했고, 또한 1913년 레이덴에서 베닌의 발굴품에 대한 책을 발간한 베를린의 요세프 마쿠아트 교수의 주장이기도 했다. 아프리카적이라는 것은 입상 조형물들의 비율이 현실적이지 않고, 다리가 훨씬 짧으며, 얼굴 윤곽이 개략적으로 처리되었고, 일부는 손과 발이 없으며 장식을 정교하게 강

고고학의 즐거움

조하고, 의상을 입고 있고 무기를 소지한 채 정면을 바라보는 모습을 표현하기를 즐겼기 때문이다.

베닌에는 문자가 없었고 생활의 모든 행동과 의지, 생각했던 바, 모든 종교적 상상을 조소작품에 표현했기 때문에 베닌의 예술사를 시대적으로 분류하는 것은 매우 어렵다. 그럼에도 하이델베르크의 민족학자 베른하르트 슈트룩은 기원후 1140년부터 1887년까지 5개의 문화사적 베닌 시대를 규명했다. 16세기와 17세기는 베닌 예술의 전성기이다. 기묘한 청동판에서 이를 입증할 수 있는 확실한 근거가 발견되었다. 이 수수께끼 같은 몇몇 청동판에는 유럽인들도 묘사되어 있는데, 그들의 옷과 모자, 작은 상자들을 통해 이 작품이 만들어진 시기가 약 1530년에서 1585년 사이일 것이라고 추정할 수 있다. 그 외의 청동판은 해석을 할 수 없었다. 청동판들은 길이가 30센티미터에서 52센티미터 정도이며 정교하고 앞으로 돌출된 부분의 상(像) 내부는 비어 있다. 원주민들은 이 판을 어떻게 활용해야 할지 몰랐다. 이 판은 왕궁의 지붕을 받치는 기둥에 고정되어 있었는데, 못을 박았던 구멍이 이를 증명해준다. 하지만 이 판을 만드는 데 왜 그렇게 엄청난 노력을 기울였을까? 어쨌든 이 청동판에는 베닌에 살던 사람들의 삶이 매우 빽빽하게, 여러 면에 걸쳐 매우 훌륭하게 설명되어 있다. 그래서 이 청동판을 말하는 '증명서' 라고 하기도 한다.

이그보의 발굴

1959년부터 1964년까지 이바단 대학이 발굴 작업을 할 때 쇼는 남부 나이지리아 이그보의 형식과 형태전통에서 매우 새로운 점을 발견해냈다. 분수에서 부족장 또는 왕, 성직자의 무덤을 발견했던 것이다. 또 가까운 곳에서 다른 무덤들도 발견했다. 이곳에서 발견된 멋진

✽ 원주민 혹은 왕이 말을 타는 모습이 매우 아름답게 새겨진 청동작품이다. 이 판은 현재 베를린 민속학박물관에 소장되어 있다.

✳ 베닌의 유명한 청동판. 나이지리아 주민들은 이 청동판이 어떤 용도로 사용되었는지 잊어버렸다. 무엇을 표현하려 했는지도 모른다. 아마도 매우 정교하게 모형을 만들고 주조한 이 판은 제사의식에 사용되었을 것이다. 그러나 이는 추측일 뿐이며, 그 수수께끼는 아직 풀리지 않았다.

❋ 앙골라 초퀘족의 목재조형물에서는 아프리카 예술이 비율을 변화시킨 모습을 볼 수 있다. 팔과 다리는 매우 짧게 표현되고, 무기와 머리 장식품을 강조했다. 또 정면을 강조하려는 의도도 있었을 것이다.

❋ 베닌 사람들은 사냥을 할 때, 사냥 가면을 쓰고 야생의 이곳저곳을 배회했다. 나무와 가죽으로 만든 이 사냥 가면은 나이지리아 로코의 것이다.

❋ 하우사족은 약 400만 명의 이슬람교도 흑인 복합민족이다. 350만의 인구를 가진 하우사족은 북나이지리아에서 살았다. 이것은 정교한 그림으로 장식한 가죽 병으로, 유리나 점토보다 내용물의 온도를 더 잘 유지시킨다.

❋ 나무로 만든 이 북은 나이지리아 남동부 크로스리버 주의 주도인 칼라바르에서 발굴되었다. 베닌의 아름다운 목재술을 보여준다.

※ 프랑스령 적도 아프리카인 가봉의 바룸보에서 만들진 가면. 가봉의 북부 해안가는 나이지리아처럼 기니 만에 위치한다. 오늘
날에는 결코 이렇게 아름답고 매력적인 가면을 만들지 못할 것이다.

황동 주조와 테라코타들은 방사성동위원소(C−14) 측정법을 이용하여 연대조사한 결과, 기원후 815년경에 만들어진 것으로 드러났다. 이로써 이는 지금까지 발견된 가장 오래된 나이지리아 황동 발굴물이 되었다. 이그보와 베닌의 관계는 미술사적으로 의미가 깊다. 이제 더 이상 베닌의 예술작품들만을 이페 예술과 연관시킬 필요가 없게 되었다. 이그보 발굴물의 주요작품들은 제식그릇, 가면, 가면 장식, 받침대, 표범의 두개골이 꽂혀 있는 황동으로 된 세움대, 그리고 기사 형상들이다. 따라서 이페 시 외에도 금속 예술의 또 다른 중심지들이 더 존재했고, 번창했다는 것이 분명하다.

에두보아 왕

17세기의 한 네덜란드인이 베닌 왕실과 궁정의 화려함을 선명하게 나타내어 전해주는 글을 남겼다. 이 네덜란드인은 이 도시에는 매우 크고 넓은 길이 있었고, 노예들이 깨끗이 청소한 베란다가 있는 집들이 있었다고 말했다. 궁 안에는 둘레에 화랑이 있는 사각형 뜰이 여러 개 있고, 왕은 시실이 잘 갖춰진 마구간에 말을 소유했으며 군인과 귀족은 왕을 따랐다고 한다. "왕은 많은 남녀 하인들을 거느렸다. 여자 하인들이 종종 물과 잼, 야자유를 나르는 것을 볼 수 있는데, 그것은 왕의 여자들을 위한 것이라고 말한다. 왕은 많은 여자들을 거느리고 2년마다 행진을 거행한다. 그때 그는 자신의 권력과 부, 장신구를 뽐낸다. 모든 행진에는 60명이 넘는 왕의 여자들이 동행한다. 귀족들 역시 많은 부인을 거느린다. 경우에 따라서는 80명, 또는 90명이나 혹은 그 이상일 수도 있었다. 고위직에 있는 사람은 모두 부유했으므로 최소한 10명 또는 12명의 여인을 거느렸다. 따라서 이곳에서는 남자들보다 여자들을 더 많이 보게 된다."

그는 1897년 영국인들에 의해 폐위된 오베라미 에두보아 왕으로, 제23대 왕이었다. 제10대 왕은 에시히 오스아웨였고, 그는 태어날 때 '백인'이었다는 것을 자랑스러워했다고 한다. 그는 죽기 전에 선물과 함께 사절단을 '큰 강'을 넘어 백인의 나라로 보냈으며, 또한 백인들을 아프리카로 불렀다고 한다. 백인들은 과토에 정착하고 그곳에서 무역을 했다. 이 백인들과 함께 한 남자가 왔는데, 그의 이름은 모하만기와이고 이는 'mohammangiwa' = '코끼리—모하메드'란 의미이다. 이 이슬람교도는 황동 주조공이었고 아마도 하우사족 출신이었을 것으로 추측된다. 이 사람이 베닌으로 와서 유럽인을 묘사한 황동주조판에 새로운 방식과 새로운 장식으로 생명을 불어넣었을 것이다. 그는 오랫동안 왕의 곁에 머물렀다. 그는 "많은 여자를 거느렸지만, 자식은 없었다." 왕은 그에게 많은 젊은이들을 도제로 교육하게 하였다. "우리는 이제 청동작품을 만들 수 있지만, 모하만기와와 그의 제자들이 이미 죽었기 때문에 그들이 만들었던 대로는 할 수 없다"라고 후에 베닌 사람들은 말했다.

이 베닌 예술의 기원을 연구했던 베를린의 요세프 마쿠아트 교수는 모하만기와가 포르투갈인들이 처음으로 그리스도교로 개종을 시도했던 어두운 과거를 보여주는 것인지도 모른다고 주장했다. 전해져오는 그 많은 여성들은 어쩌면 수녀들이었을 수도 있다. 그리고 모하만기와가 이 전도단체의 지도자였을 수도 있다. 실제로 매우 정교하게 만들어진 상아 성배를 발견했고, 이 성배는 그 당시 가톨릭 전도단체가 존재했다는 증거물일 가능성도 있다. 시에라리온의 한 조각가의 작품이며, 마치 상아의 어금니처럼 매우 정교하게 부조로 조각된 이 성배는 현재 네덜란드의 문화인류학 제국박물관에 있다.

오바 오베라미 시대

사람의 형상을 부조로 나타낸 판이 유럽의 황동 주조 예술에 기원을 두는지는 알 수 없다. 하지만 우리는 mohammangiwa의 시대를 알고 있다. 그는 오바 ― 왕을 의미한다 ― 에시히 오스아웨가 통치하던 시기에 살았고, 1485년 포르투갈인 조아오 아폰소 데 아베이로가 베닌을 발견했다.

이페에 살던 요루바족의 문화인 모문화가 베닌의 예술보다 더 오래되었는지는 규명하기 어렵다. 이페의 조소작품과 주조기술의 전성기를 기원후 12세기~14세기까지로 추정할 수는 있다. 주권을 가졌던 마지막 왕 오바 오베라미 시대에는 알 수 없는 이유로 황동 주조가 금지되었다. 그래서 베닌에 침입했던 영국인들은 이 멋진 청동작품들이 오두막집 안에 쌓여 있는 것을 발견하고 매우 놀랐다. 1897년에 정복된 후 왕이 폐위되고, 베닌 시가 불타 없어지고 나서 이 뛰어난 흑인 예술가들은 다시 작업을 시작했다. 비록 공업의 쇄도에 밀려 예술의 수준이 낮아졌지만, 예술에 대한 능력만큼이나 예술에 대한 그들의 의지는 오늘날까지도 여전히 살아 있다.

영국 연구가 베른하르트 파그는 매우 오래된 노크 문화와 ― 석기 외에도 이미 철기 도구를 선보임 ― 후의 나이지리아족 예술과의 사이에 흥미진진한 관련성을 증명하였다. 파그는 1956년에 1954년 남쪽 자리아주(州)〔북나이지리아〕에서 발굴된 실물 크기의 테라코타상을 묘사했다. 이 유물은 기원전에 만들어진 것이고, 매우 정교하게 완성된 머리모양, 뛰어나게 형상화한 눈, 매우 생동감 있게 말하는 모습의 입은 이페와 베닌의 가장 아름다운 작품을 생각나게 하기 때문에 매우 중요하다. 노크 문화는 아직 자세한 연대가 확인되고 있지 않지만 기원전 1세기에 번창했을 것으로 보인다. 파그는 조소작품의 머리 모양이 노크에서 약 50킬로미터 떨어져 살았던 현재의 카치치리족과 누마나족의 머리모양과 비슷하다는 점을 지적한다. 따라서 베닌 예술의 시초는 우리가 지금까지 추정했던 것보다 훨씬 더 멀리 거슬러 올라갈 것이다.

조상숭배

이렇게 예술적 감정이 풍부한 왕비들의 상반신, 전신, 두상작품을 비롯한 다른 많은 작품들이 가지는 의미는 무엇이었을까? 베닌 예술의 주요 동기는 조상숭배였다. 이는 베닌의 청동예술이 번창하고 왕실이 국가종교를 세웠던 기반이자 토대였다. 대대의 조상을 위한 제단, 왕과 호위병 집단, 몇몇 제단의 왕비 모친그룹, 청동으로 된 두상, 닭, 조각된 상아, 이 모든 것들은 조상숭배에 해당되었다.

이때 이 조상숭배는 동아시아의 여러 문화에서처럼 정신적인 것으로 승화된 것은 아니었다. 살아 있는 사람과 죽은 사람을 결합시킬 때에는 어떠한 이익이 있어야 했다. 가족의 우두머리는 방울이 달린 장대를 흔들고 발을 구르며 종을 치면서 조상의 영(靈)을 불러낸다. 이 조상의 영은 제단 위에 있는 두상들 안으로 들어가 가족의 기도에 귀를 기울인다. 기도하는 동안 콜라나무의 열매 조각들을 잘게 부수어, 제사장이 이 조각들을 입에 넣고 씹어서 장대 위에 뱉는다. 그 후 제물을 바쳤는데, 주로 살아 있는 표범이 제물이 되었다. 제물을 바치기 시작한 것은 부족장의 검(檢) 의식에 의해서였으며 수탉, 암염소, 암소가 제물로 올려졌다. 또한 음식을 방울이 달린 장대 앞, 제단 위에 있는 조상의 두상 앞에 두고 마지막으로 온 가족을 위한 음식이 뒤따랐다.

파괴되는 부족의 전통

그러나 서구 문명의 침입으로 옛 흑인예술의 정신은 파괴되고 조상과의 결합은 깨졌으며, 부족의 전통들이 사라지고 이방인들을 위한 기념품 장사가 시작되었다. 그렇다면 도대체 이 새로운 예술 산업에 부족한 것이 무엇인가? 윌리엄 파그는 이에 대해 매우 잘 파악하고 있다. "부족의 전통과 관련된 예술을 관광객을 위해 하는 예술과 비교했을 때 모든 사람들은 외적인 변화를 제외하더라도, 훨씬 더 중요한 것들이 계속해서 사라지고 있다는 것을 인식하게 된다. 나는 이 사라지는 요소들이 바로 존재의 이유, 부족생활을 위한 사상, 세계상을 전해주는 역동적인 힘이라고 생각한다."

이 역동적인 힘이 그때에는 존재했다는 사실, 이 힘이 청동상에 영혼을 불러 일으켰다는 사실, 당황스러울 정도로 자연적이고 현대적이며 표현력이 풍부한 이 힘이 이렇게 아름답고 유일무이한 조각품을 만들어냈다는 것은 오직 베닌 사람들의 정신과 믿음이 바탕이 되었기 때문이다.

오지에서 피어난 꽃, 아프리카 · 아메리카 문명

"세픽 지역의 위대한 문화, 신전, 예술을 보면 유감스럽게도 예외 없이 거의 모두 전멸했다. 외적으로는 거의 잘 알려지지 않은 이곳에 살았던 원주민들의 오래된 전통적 삶의 방식은 대부분 사라졌거나 이제는 빠르게 자멸할 위기에 직면했다. (……) 이 모든 변화들의 원인은 주로 현대문명과의 접촉이다. 이런 현대문명에 기인한 이점들은 원주민들의 내적 근거뿐만 아니라 종종 외적 근거도 잃게 했다. 그래서 그들의 문화는 죽어가고 있다."
– 알프레드 뷔러, 「세픽」, 1958.

폴리네시아

모든 대륙들을 합한 것보다 사화산이나 활화산대로 둘러싸인 태평양이 더 크다. 이는 우리 지구에서 가장 나이가 어린 부분이기도 하다. 섬들과 해안이 만들어지고, 바다에 잠기거나 새로 생겨나는 일은 아직도 진행되고 있다. 반짝이며 빛나는 남쪽 바다의 물은 하와이에서 뉴질랜드까지, 뉴기니 섬에서 이스터 섬에 이르기까지 3만 개 이상의 섬들을 감싸고 있다.

남쪽 바다의 모든 민족들은 알 수 없는 시기에 아시아 나라들과 아시아 섬들에서 이주해 갔다. 민족의 물결은 바다를 건너면서 깊은 푸른 남쪽 바다에 빠져 죽거나 구원의 해안가를 발견해 그곳을 새로운 고향으로 삼았다.

거대한 태평양에는 3개의 세계, 즉 폴리네시아, 미크로네시아, 멜라네시아가 있다. 이 3개의 세계들은 서로 매우 다르다. 공통점은 글이 없고, 금속과 자원이 부족해 대륙에서 얻어야만 한다는 점이다. 또한 그들의 공통점은 점점 다가오는 죽음이다. 뉴질랜드의 마오리족과 일부 다른 부족들을 제외하면 원주민의 수가 이방인이 도착한 후부터 계속 줄어들었기 때문이다.

폴리네시아는 그리스어에서 조합된 말로 '많은 섬나라'라는 뜻이다. 하와이, 뉴질랜드와 이스터 섬 사이의 거대한 삼각형 지역 안에는 모든 대륙들을 넣을 수 있다. 이는 호주의 4배, 미국과 캐나다의 3배에 달하는 면적이다. 그럼에도 이 수천 개의 섬에는 단지 110만 명만이 살고 있을 뿐이다. 그리고 그중 10만 명만이 폴리네시아인이다. 그들은 서쪽에서의 이주, 즉 명성 높은 선조의 나라인 하와이키에서 이주해온 것을 잘 기억하고 있다.

그들은 우선 사모아와 통가에 도착하고 기원후 8세기경에 남태평양의 열도에 도착했다. 그리고 폴리네시아의 정치적, 종교적 중심인 라이아테아 섬에서 태평양 동쪽의 이스터 섬까지 이주해갔다. 최초의 폴리네시아인은 대략 예수가 탄생했을 무렵 또는 기원전 3~4세기경에 배를 타고 갔을 것이다. 방사성 탄소 방법을 이용한 최근 조사에 따르면, 하와이에 처음으로 이주민들이 온 것은 기원후 1세기경, 약 100년에서 200년 사이라고 한다. 그렇다면 이 폴리네시아인들은 어디에서 왔는가?

폴리네시아인의 뿌리

정확한 것은 모른다. 하지만 인도네시아에서 왔을 것이라고 짐작하고 있다. 폴리네시아어와 인도네시아어는 서로 깊은 연관관계가 있고 같은 뿌리인 '초기오스트로네시아어'에 근원을 두고 있다고 알려져 있다. 인도의 산스크리트어가 기원후 350년경에 인도네시아로 유입되었고 폴리네시아어에는 산스크리트어적 요소가 없기 때문에, 폴리네시아인들은 기원후 350년 전에 고향인 인도네시아를 떠났을 것이다. 하지만 주 이동은 기원후 11~13세기에나 이루어졌다. 1350년경에 남태평양 열도와 쿡 제도 사람들이 뉴질랜드로 이주해 왔다. 지구에서 가장 넓은 바다를, 부서지기 쉬운 노로 젓는 배와 이중 배에 손으로 짠 삼각 닻을 연결한 배를 타고 건너는 것은 인류에게 가장 큰 모험이었을 것이다. 이에 대해서는 섬사람들에게 전해오는 오래된 구전이나 신화, 노래들이 우리에게 이야기해준다.

현대 인류는 수십 년 동안 계속된 위대한 가설과 과감한 이론들로부터 폴리네시아인들이 남아메리카에서 왔다고 생각했다. 하지만 내려오는 자료, 민족학적, 인류학적 사실들은 폴리네시아인들이 서쪽에서 이주해왔다는 사실을 명확히 증명하기 때문에, 사랑받는 이 동화는 학문적으로는 한 번도 입증되지 못했다. "이 섬들에 서양, 아시아에서 이주해 온 사람들이 살고 있다는 것은 민족학 연구의 가장 기본적 이해 중 하나이다. 동쪽과 미국 대륙에서 왔다는 사실은 이에 포함되지 않는다." 남태평양 민족 연구가로 가장 유명한 헤르베르트 티슈너가 위와 같이 설명했으며, 이것이 일반적인 현대 학문의 관점이다.

미크로네시아와 멜라네시아

'작은 열도'라는 뜻의 미크로네시아는 1458개의 대부분 매우 작은 섬들을 포괄하며 이 지역에는 총 17만 명이 살고 있다. 대부분의 섬들은 산호 석회로 되어 있으며 그 중 대부분은 산호섬들이다. 단지 9만 7000명의 미크로네시아인들이 오늘날 마리아나 제도, 팔라우 열

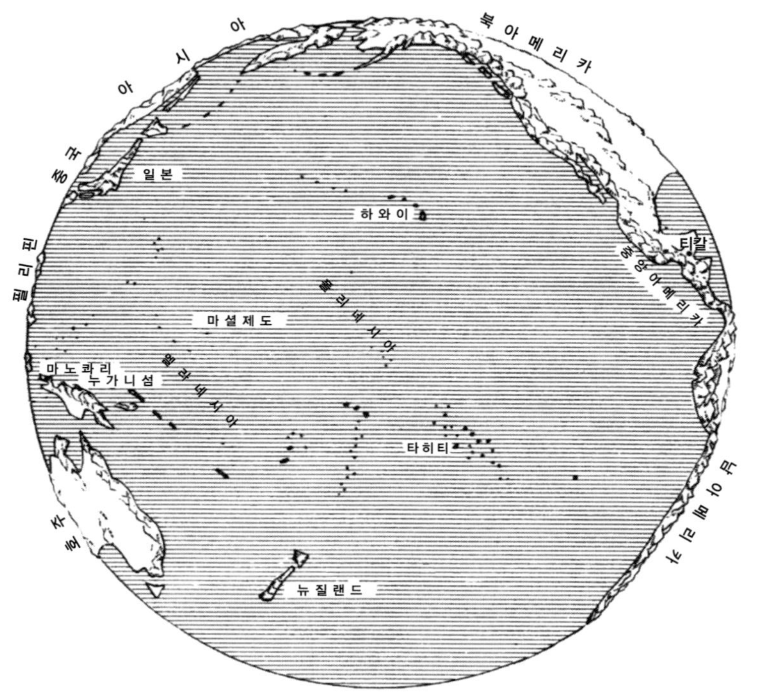

도, 캐롤라인 제도, 먀샬 군도, 나우루공화국, 기리바시에 살고 있다. 고대 몽골에서 유입된 미크로네시아인들은 완전히 연구가 되기도 전에 다른 자연민족들처럼 인구가 줄어 사라질 것이다. 태즈메이니아와 티에라 델 푸에고 제도의 인도인들, 이와 비슷한 사람들의 사례만 생각해보아도 잘 알 수 있다.

멜라네시아라는 명칭은 그리스 단어 중 검은색을 의미하는 melas와 섬을 뜻하는 nesos에서 만들어졌다. 이 지역은 지질학적 구조로는 호주에 포함된다. 거대한 대륙의 덩어리는 바다 속으로 들어가기 훨씬 전, 우리가 생각할 수 있는 시간보다 훨씬 전에 호주의 외벽이었다. 태평양의 남서부에 있는 멜라네시아에는 세계에서 두 번째로 큰 섬인 뉴기니와 비스마르크 제도, 솔로몬 섬, 샌타 크루즈, 뉴헤브리디스와 뉴칼레도니아가 포함된다.

이 태평양의 섬들과 사람들을 만난 사람들은 폴리네시아인들만 키가 크고 건장했으며 밝은 갈색 피부를 갖고 있었고, 같은 혈족인 중국인이나 일본인과 비슷한 길고 매끄러운 검은 머리칼을 가졌다는 사실을 알았다. 선천적으로 곱슬머리인 일본인이나 폴리네시아인은 없다. 이로써 곱슬머리를 갖고 있는 미크로네시아인, 멜라네시아인과 바로 구분된다. 미크로네시아인 중에는 매우 밝은 피부색을 가진 사람뿐만 아니라 어두운 색을 가진 사람들도 있지만, 완전히 피부색이 검은 대부분의 멜라네시아인들처럼 어둡지는 않다. 이렇게 완전히 검은 피부색을 갖고 있는 멜라네시아인들은 예를 들어 솔로몬 섬 주민들이다.

이주민들은 가장 먼저 멜라네시아로 왔다. 그래서 그곳에는 원래의 문화가 보존되어 있다. 그리고 뉴기니 섬에는 아직도 마지막으로 남은 위대한 문화적, 인류적 자연공원이 형성되어 있다. 뉴기니 섬은 지구상에서 가장 흥미로운 지역 중 하나이다. 아직 많은 부분이 명확하게 밝혀지지 않았지만, 전체 태평양 공간에서 가장 아름다운 예술이 여기 세픽 강 지역에서 생겨났다고 생각된다.

뉴기니 섬의 수수께끼는 그곳에 사는 사람들에게서부터 시작된다. 그곳에는 키가 크고 머리가 긴 사람들이 있고, 키가 작아서 난쟁이라고 불리는 사람들이 있으며, 호주와 태즈메이니아 출신의 이미 오래전에 멸망한 원주민들과 같은 혈족인 사람들이 있고, 멜라네시아 인종과 비슷하거나 멜라네시아아인인 원주민들이 있다. 뉴기니 섬의 거의 모든 해안가 사람들은 멜라네시아 인종이며 작은 섬 원주민들은 파푸아어를 한다. 대부분은 흑인같이 피부색이 어둡고 곱슬머리이다. 하지만 뉴기니 섬에서는 몽골 민족과 비슷해 보이는 사람들도 만날 수 있다. 고대 부족은 언어적으로 파푸아족에 속한다. 그렇지만 이 검은 피부의 사람들은 다양한 인종이 섞인 매우 다양한 언어를 말한다. 이 섬의 척추 역할을 하는 중앙에 위치한 산(자야산, Djaja Mt.—편집자 주)의 길이는 약 2000킬로미터이며 높이는 5000미터에 이른다. 적도변에는 빙하도 있다고 한다. 섬 전체는 연결되어 있는 산과 잘려진 산맥들로 잘 구성되어 있다. 그렇기 때문에 거대한 숲, 강, 산맥으로 구분되어, 이곳의 사람들은 오늘날까지 아직도 언어의 통일이 이루어지지 않았다. 문화도 비슷하다. 최초의 현자가 섬에 도착해서 보니 그곳 사람들은 어떤 금속도 알지 못했고 오늘날까지도 뉴기니 섬의 많은 지역들은 여전히 그렇다. 뉴기니족은 과거에도 그랬고, 현재도 석기시대처럼 살고 있다.

하지만 유럽적이고 서양적인 잣대로 그들을 평가하는 것을 멈추고 그들을 잘 관찰하면 문화적으로는 매우 발전했다는 것을 바로 알 수 있다. 이렇게 우리의 선입견을 벗기기란 매우 어렵다! 우리는 우리의 기독교적, 윤리적 개념 속에 너무 사로잡히고 틀에 박혀 있어서, 예를 들어 식인문화를 최고의 미개문화라고 본다. 하지만 뉴기니 섬과 다른 멜라네시아 섬들에서는 식인문화를 주술적 의식이라 생각했다. 영적으로 최고의 의미를 갖는 풍습으로서 그들의 관점에서는 문화적 최고점에 놓인 문화로 볼 수 있다.

섬의 가장 중요한 강인 세픽 강의 원천은 중앙 산맥이며 이 강의 길이는 라인 강 정도지만, 엄청난 열대성 호우 때문에 강물의 양은 훨씬 많다. 이 강은 완만하게 굽어 있으며 수없이 많은 곡류천들을 따라 섬의 북쪽 깊은 내륙까지 구불구불 이어져 있어, 내륙으로 들어오는 입구의 역할을 한다. 독일인 아스트로놈 칼 슈라데가 1886년과 1887년에 강의 상류로 올라갔을 때 원주민들이 너무나도 그를 경계했으므로, 그는 배가 종착지에 도달하기도 전에 탐험을 중단해야 했다. 그후에 인류학자 포에히, 도르세이, 프리데리치뿐만 아니라, 1908년에는 인종에 대한 매우 값진 증거들을 제시할 수 있었던 함부르크의 남태평양 탐험팀이 여정을 떠났다.

그 당시 이미 서양 세계는 세픽 강변의 '야만인'들의 예술감각에 놀랐다. 아름다운 점토 용기, 아름다운 조각품, 훌륭한 건축물, 이 모든 것들이 사람들의 이목을 집중시켰다. 하지만 뉴기니는 과거에도 그랬고 현재에도 여전히 연구하기 힘들다. 그 이유는 이 나라의 자연 상황, 늪과 원시림, 고온다습한 기후, 내륙에서 음식물을 운반하기 힘들다는 점, 자신들의 삶의 방식을 고수하고 서양의 것을 받아들이지 않으려는 야생친화적인 원주민들의 거부 때문이다. 이는 매우 천천히 깨질 수밖에 없으며, 이 외에도 수천 가지 장애물들이 있다. 그런 요소들이 많은 연구자들과 그들을 따르던 무리들의 용기와 지구력, 힘을 빼앗아갔다.

세픽 문화의 원천

세픽 문화에서 사용했던 위대한 물건이나 신전에 올렸던 물건들을 박물관에서 본 사람이 있다면, 이런 놀라운 창조물을 만들기 위해서는 강한 영적 힘이 필요했다는 것을 바로 알 수 있을 것이다. 어디서 이런 힘이 생겼을까?

그 힘은 이승의 삶보다 초현실적인 세계, 즉 영적이거나 정신적인 세계가 더욱 중요하고 결정적이라는 생각에서 비롯된다. 뉴기니인들을 비롯해 거의 모든 원주민들은 자연재해, 질병, 죽음, 흉작과 같은

✳ 가족이 죽은 후 그의 영적 힘을 얻기 위해 뉴기니 원주민들은 사자의 머리를 베어, 생전에 가졌던 얼굴표정을 지을 수 있도록 점토층으로 형태를 잡았다. 마지막으로 제사를 올리거나 전쟁을 할 때에는 그에 적합하게 얼굴에 색을 칠했다. 눈은 카우리 조개껍질로 표현했다.

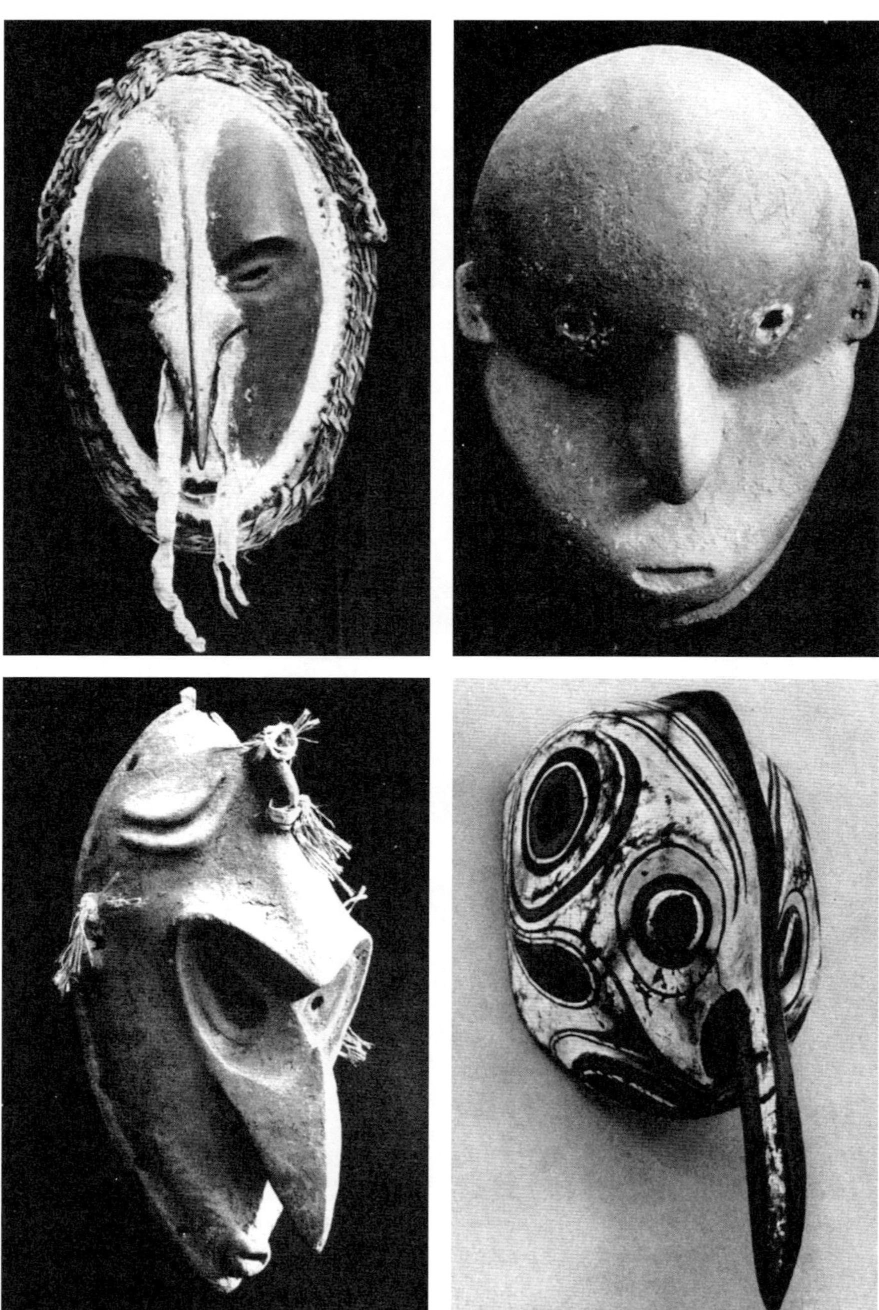

✻ 뉴기니의 세픽 문화는 태평양 전역에서 가장 아름다운 가면을 선보인다. 주로 나무로 만들어 매우 아름답게 채색했던 이 가면은 신령이나 조상의 화신이다. 춤을 출 때나 제사 의식을 할 때 이 가면을 씀으로써 그 사람은 가면이 가리키는 영혼으로 변한다. 대부분의 가면에서는 코가 매우 강조된다.

※ 세픽의 원천지역인 뉴기니의 한 부족 원주민. 파이프는 두 부분으로 구성되고 예술적인 그림이 그려졌다.

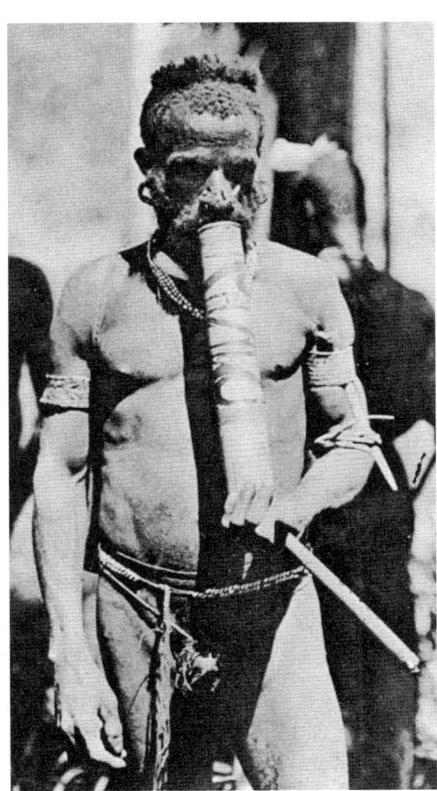

※ 세픽 강 지역 앙거만의 신령의 집. 이렇게 화려하게 장식되고 채색된 집에 남자들이 모였다. 집 안에는 조상들의 해골을 올려놓았다. 혀를 쭉 내밀고 있는 모양의 합각가면은 악귀를 물리치려는 용도이다. 4개의 작은 창문에서도 해골 전리품을 볼 수 있다.

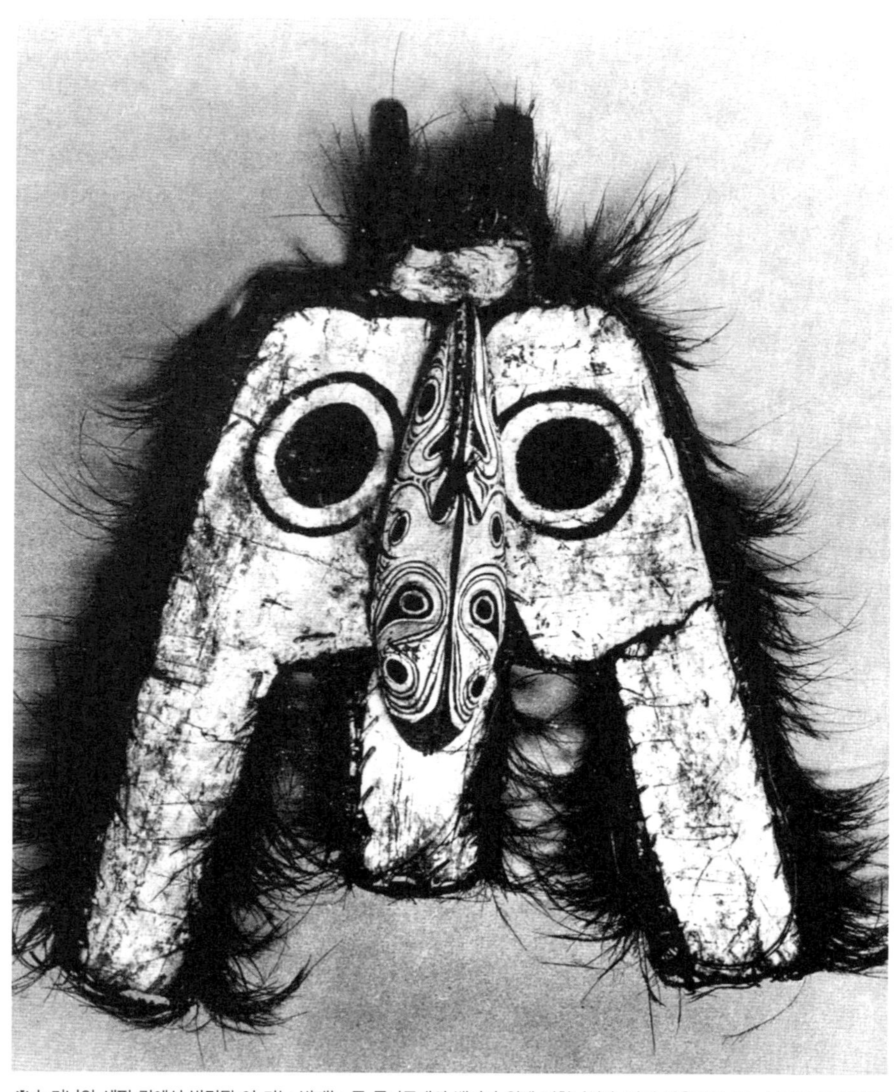

✳ 뉴기니의 세픽 강에서 발견된 이 카누 방패는 큰 통나무배의 뱃머리 위에 장착되었다. 방패 가운데에 있는 나무로 된 가면은 내재된 영적 힘으로 낯선 이들의 공격을 물리친다.

것들을 학문적으로 설명할 수 없었다. 따라서 그들은 이런 사건들의 원인을 초현실적인 세계에서 찾으려 했다. 이로써 그들은 자연에서 이루어지는 행위를 파악하고, 재앙과 위기들을 피하며, 경우에 따라 미리 예방할 수 있는 수단을 가질 수 있었다. 자연의 모든 것에는 영혼이 있기 때문이다. 영혼이나 삶을 이끌어주는 힘이 내재되어 있지 않은 생명체나 사물은 없다. 이런 영혼을 믿는 것을 애니미즘이라고 하는데 라틴어에서 영혼을 뜻하는 'anima'가 그 어원이다. 동물, 사람, 식물, 비생명체를 비롯해 모든 곳에는 힘이 있다. 이 힘을 사용하고 이 힘과 가까워져야 하며, 이 힘을 욕보이거나 아프게 해서는 안 된다. 이 믿음은 세계 밖이나 부분적인 것들의 신성함, 성스러움, 초현실적인 것을 관장하기 때문에 매우 종교적이다.

영혼의 집과 해골 예술

힘과 영혼은 사람에게서 가장 강력하다. 사람이 죽으면 마술적인 힘이 더욱 강해진다. 그래서 사람들은 죽은 사람을 두려워했지만, 그에게 사랑과 존경을 표현하기 위해 산 사람을 희생시키기도 했다.

이렇게 전 세계는 선조들의 영혼으로 가득하다. 하지만 모든 물건들에는 영혼이 깃들어 있으며 모든 소유물, 즉 사람이 만든 모든 것—일상적인 작업에서 사용하는 기구들을 비롯해 모든 사물들, 의식과 제사에 사용되는 모든 물건들—은 선조들이 생각해낸 것이며, 모든 사물과 모든 구조에는 그 창조자의 영혼이 깃들어 있다. 선조들이 악하면, 후대가 끊길 것이다.

죽은 사람들의 기분을 좋게 하기 위해서는 영혼의 집을 만들어야 한다. 죽은 사람들이 살 수 있는 가장 좋은 곳은 당연히 머리이다. 해골은 마력으로 가득하고, 모든 무상함에 대항하는 가장 강력한 저항력을 가졌다. 그래서 죽은 사람을 묻은 다음에 다시 꺼내 해골을 깨끗이 닦은 뒤 그의 얼굴을 따라 해골을 이용하여 작품을 만들었다.

태평양 전역을 통틀어 세픽 계곡에서만큼 완벽하고 예술적으로 이 작업이 행해졌던 곳은 없었다. 그들은 점토로 매우 정교하게 머리의 형태를 만들었고, 눈은 카우리 조개껍질로 표현했다. 심지어 머리칼도 만들었다. 뿐만 아니라, 죽은 사람에게 가장 중요한 순간은 그가 함께하는 제사이고 전쟁의 나날들이었다. 그의 얼굴은 이런 상황에 맞게 그려졌다. 죽은 사람이 그가 살았을 때 하고자 했던, 바로 그것을 해골에 그렸던 것이다. 그래야 '영혼의 집'이 완성된다.

완성된 선조들의 해골은 매우 정교하게 깎고 장식된 판에 순서대로 세워뒀다. 이것들은 남자들이 모임을 갖고 제사를 지냈던 거대한 귀신의 집에 안치되어 있다. 죽은 사람의 해골이 없을 때에는, 영혼을 받아들일 수 있는 목재 전신조각을 만들었다. 이는 서유럽의 선돌[立石]과 비슷하지만, 지구 반대편에서 이런 풍습이 전해져, 이곳으로 받아들여졌을 가능성은 거의 없다.

식인 풍습

육체의 영적 힘을 믿는 것도 식인 풍습과 머리 사냥을 불러왔다. 정말 해골에 귀신과 힘이 깃들어 있다면, 이 힘은 가족이 아닌 자들도 사용할 수도 있을 것이다. 단지 이 힘을 요구하기만 하면 될 것이다. 그래서 뉴기니인들은 해골을 얻기 위해 낯선 민족이나 마을에 위험한 공격을 자행했다. 이러한 머리 사냥은 태평양에서도 멜라네시아에서만 있는 풍습이었다.

죽은 사람의 머리와 함께 그 사람의 이름도 함께 얻었다. 이름에도 힘이 내포되어 있기 때문에, 죽인 사람의 이름을 아는 것도 매우 중요하다. 이렇게 얻은 이름을 아이에게 주고, 이로써 아이에게 긍정적인 영적 힘을 전이시킬 수도 있다. 그래서 머리 사냥꾼들은 사람을 죽이기 전에 그들의 이름을 알고자 했다.

인도 군도와 뉴기니에서 흥미로운 자료들을 찾아 수년간 탐험을 떠났던 폴 위츠는 뉴기니의 머리 사냥꾼에 대한 글을 남겼다. "'미리 낮에 정보를 수집한 부락을 한밤에 에워싼 후 자고 있는 사람들을 공격했다. 5명을 잡았다. 이 사람들을 내가 처리했어.' 라고 한 남자가 말하고 아직 살이 붙어 있는 팔뼈를 나에게 내밀었다. '그의 이름은 라비였고 그는 아직 젊었다. 내가 그의 이름을 물을 동안 내 남동생 모나이가 그를 붙잡고 있었다. 그 남자는 큰 소리로 계속 울부짖었지만 아무런 도움이 되지 않았다. 그러고는 나는 대나무 칼로 머리를 베었다. 그는 혓바닥을 여기까지 내밀었다' 라며 끔찍한 몸짓을 했다. 그는 다시 재빨리 집으로 돌아갔다. 그리고 얼마 후에 되돌아와 내 발 앞에 새로 그림을 그린, 긴 머리를 땋은 전리품을 내놓았다. '만약 너의 아이가 아직 이름이 없다면 그 아이를 위해 이것을 가져도 돼. 도끼 2개, 칼 10자루, 담배 10팩을 준다면 가져가도 돼.' 라고 나의 얼굴에 대고 소리를 질렀다. '그의 이름을 기억해. 라비! 그 남자의 이름은 라비야!'"

모든 사람에 작용하는 힘과 권력은 멜라네시아어로 '마나mana' 라 한다. 코딩턴이 솔로몬의 주민들이 보유한다고 했던 이 힘은, 태평양의 동물들, 사람들, 사물들 간의 관계에 일반적으로 존재하며 특정한 행위를 통해 그 힘이 발휘된다. 중요한 사람일수록 힘이 더욱 강력하며, 더 많은 마나를 가지고 있다. 멜라네시아 지역의 여러 부족들이 생각하는 바에 따르면, 마나는 사람 고기를 먹으면 얻을 수 있다. 우두머리가 일반인보다 더 많은 마나를 갖고 있기 때문에, 사람들은 수백 년 동안 높은 자리에 있는 사람을 잡기 위해 사냥을 떠났다.

식인 문화는 문화의 최하점이 아니다. 이는 문화의 원시상태에서가 아닌, 주로 폴리네시아인들이 가장 강력했던 시기, 해양문화가 최고조에 달했을 때 나타났다. 폴리네시아와 멜라네시아에서는 남자뿐만 아니라 여자도 식인 문화의 희생자였다. 폴리네시아에서는 심지어 같은 부족의 일원과 가족들을 희생시키기도 했다. 우두머리는 그 고기를 처음으로, 혹은 혼자서만 맛보았고, 경우에 따라서는 잡아온 사람을 살찌워서 먹기도 했다.

특히 우두머리의 질병, 신령의 집 봉헌, 배의 진수, 종전과 어린아이의 탄생 등을 기념하기 위해 희생물을 먹었다. 티슈너는 피지 군도의 비티 섬 주민들이 태평양 식인족 중에 가장 악명이 높았다고 한다. 그들 중에 이런 풍습을 경멸했던 우두머리들도 있었다. 하지만 몇몇 중요한 우두머리들은 매우 많은 인육을 먹었으며, 영웅인 라 언드레는 900명을 먹었다고 한다. 비티 섬에는 심지어 인육을 먹을 때 사용하는 포크와 접시도 있었다.

식인 문화의 이해

베를린 대학의 지리학 교수였으며 세픽 지역 최초의 탐험가였던 발터 베르만은 그들이 세계를 어떻게 보는지 생각해야지, 우리가 그들을 어떻게 생각하는지를 바탕으로 원주민들의 행동을 평가해서는 안 된다고 설명했다. 뉴기니에는 고기가 부족했으며 개와 돼지 외의 큰 포유류가 없었다. "섬에 사는 사람들의 눈에는 동물과 구별되는 점을 찾을 수 없는 적이 전투에서 죽었다고 생각해보자. '고기를 먹으려는 욕망이 왔고 나는 유럽의 윤리와 기독교를 모른다.' 그렇다면 어쩌면 이 적을 먹는 것이 당연하게도 보인다. 사람은 채식동물이 아니며, 고기를 먹고자 하는 욕망이 있고, 그 욕망은 여자보다 남자가 강하다. 우리는 이렇게 식인문화를 이해해야 하지만 그렇다고 그들을 용서하는 것은 아니다." 하지만 뉴기니인들이 고기가 부족했기 때문에 사람을 죽였다는 베르만의 생각은 대부분의 연구가들의 견해와는 다른 것이다. 사람을 죽였던 진짜 원인은 아마도 고기를 먹으려는 욕망이 아니라 제사를 올리기 위한 것이었을 것이다. 뉴기니의 한 축제에서 400~500마리 정도의 돼지를 죽여서 먹었지만, 이때 사람도 함께 죽였던 것을 보면 알 수 있다!

눈의 모티브

뉴기니에는 머리 사냥을 하고 사람을 먹는, 태평양에서 가장 아름다운 가면을 만든, 특유한 색을 매우 잘 조합한 장식품이 있는, 다른 태평양 지역 어디에서도 찾아볼 수 없는 조각품과 그림들이 있는 폐쇄된 문화가 있었다. 영혼을 먹는 악어, 박공 가면, 나무 꼭대기에 걸린 인간 모형, 매우 크고 인상적인 귀신들, 또는 탐바란 하우스(Tambaran Haus, 세픽 강 지역의 마을에서 종교의식과 의례가 이루어지는 영적인 장소), 이 모든 것들은 정신적, 즉 종교적 귀의를 위한 것이다.

나는 다음과 같이 말했다. 뉴기니의 문화여 '우리를 봐라.' 말 그대로 세픽인들을 비롯해 예술에서 강조되는 것은 항상 눈이다. 해골에 그림을 그릴 때는 눈에 테두리를 그렸고, 가면의 흰색이나 어두운 바탕색에서도 눈에 띄게 눈을 그렸으며 표지판, 집의 박공, 나무를 장식할 때에도 눈은 항상 강조되었다. 채워져야 할 공간이 있다면 거기에는 거의 대부분 눈의 모티브가 지배적이다. 눈을 감싸고 있는 모든 곡선과 장식, 정교하게 만들어진 눈 주위의 면적들을 그룹지어 강조했기 때문에 눈은 매우 강한 인상을 준다. 심지어 귀신의 집에서 비어 있는 높은 박공도 얼굴 모양을 나타낸다. 모임 장소 내부에는 탐바란이라는 귀신이 살고 있다. 그 귀신은 넓게 그늘진 야자수 지붕 아래로 악한 기운을 쫓고 보호하기 위해 또렷한 눈으로 내려다보는 것이다.

나는 고대 중국 상나라 사람들의 타오티에와 뉴기니 눈의 모티브 사이에 연관관계가 있다는 것을 확신한다. 타오티에 가면과 청동그릇은 선조에게 제사를 올리는 데 사용되었다. 베이징 주구점(周口店)의 해골 유적만 생각해보더라도, 중국의 타오티에는 뉴기니인들의 눈 모티브가 조상의 해골에 그림을 그렸던 의식과 관계 있는 것과 마찬가지로, 매우 오래된 해골 의식에서 유래된 것일 수도 있다.

예술의 중심지, 세픽

세픽 문화의 사람들이 갖고 있던 색감은 어떤 추상예술가도 따라갈 수 없을 것이다. 세픽 중부지역의 가면에서 나타나는 매우 아름다운 색의 조합, 귀신의 집에 있는 그림들, 제단 형상들과 조각들은 서양의 모든 추상예술가들에게는 영감을 주는 보물창고와 같다. 세픽 문화는 놀라울 정도로 정교하고 아름답게 색을 조합할 수 있는 능력을 갖고 있었다. 눈을 황홀하게 하는 작품이었다!

그들은 한 번도 그림을 숭배하지는 않았다. 하지만 유능한 뉴기니 연구가 알프레드 뷔러가 설명한 바와 같이, 정말로 세픽 강변과 와슈쿡, 마프릭의 산악지역은 고도로 발전된 예술의 중심지였다. 뉴기니인들은 다른 부족의 원주민들보다 유럽의 식민지배에 더욱 강하게 대항했다. 그러나 결국 서양의 문화가 들어가자 그들의 성스러운 중심지는 멸망했고, 그들이 실현했던 마나는 서양의 기술 앞에 무릎을 꿇어야 했다.

모든 예술은 종교에서 온다. 그러나 뉴기니에서 예술은 단지 정신적 상상력의 하수인이었으며 영적인 힘을 전달해주는 역할만을 했다. 분명 다른 문화에서보다 뉴기니의 문화는 초월성에 더 큰 바탕을 두었던 것이다. 그러나 이방에서 침투한 현대문명이 뉴기니 민족의 정신의 건축물, 즉 귀신과 영혼의 힘을 무너뜨리게 되었을 때, 이들의 문화는 멸망의 길을 걷게 된다.

"로렌스 하우스만이 말했던 바와 같이, 모든 지역을 탐구하는 이유는 어둠의 경계를 밀어내려는 것이다. 왜 하필이면 마야 문명을 연구해야 하는가? 인류의 연구 분야에도 아직 어두운 곳들이 있다. 나는 그 대답은 다음과 같다고 생각한다. 마야 문명은 천재를 배출했을 뿐만 아니라, 우리가 전혀 믿을 수 없을 것같이 보이는 분위기를 만들었다. 마야를 연구하면, 당연한 것을 전혀 기대할 수 없다. 그들은 비실용적인 면에서는 위대한 업적을 남겼고, 실용적인 면에서는 실패했다."
– 존 에릭 톰슨, 『마야 문명의 탄생과 몰락 *The Rise and Fall of maya Civilization*』, 노르망디, 1954.

폴리네시아인과 바다 지도

페니키아인 다음으로는 폴리네시아인들이 인류 역사상 가장 위대한 뱃사람들이었다. 인도양, 서태평양 해역의 열도들은 대서양보다 훨씬 일찍 용감한 탐험가들을 바다로 보냈다. 멜라네시아인들도 놀라운 항해를 했다. 그래서 마노콰리 원주민들은 적도 바로 아래에서 몰루카 제도의 테르나테 섬까지 800킬로미터를 배로 갔다! 뉴기니 원주민들은 주로 길이가 10미터 이상인 원통형 나무배와 긴 노를 이용하여 가장 큰 강인 세픽 강에서 이동했고, 해양용 배들도 잘 발전되어 있었다. 폴리네시아인들은 이전에 다른 민족들에서 전례를 찾아볼 수 없을 정도로, 물의 사막인 태평양을 나룻배와 선외부재(船外浮材)가 있는 작은 배를 타고 이동했다. 이 매우 작은 운송수단이 경우에 따라서는 5개월 동안 평균 4300미터 해저의 태평양을 가로지르며 이동했고, 이 용감한 뱃사람들이 바다 동물, 상어, 비에도 살아남았다는 것은 정말 놀라운 사실이다. 선원들은 심한 파도가 일면 배가 부서지지 않도록 우선 배를 물 밑으로 대피시키고, 배에 몸을 묶고 수영해야 했다.

폴리네시아인들은 섬에서 섬으로 이동했을 뿐만 아니라 몇 주, 몇 달 동안 지평선 밖에 보이지 않는 심해를 측정하기도 했다. 그들이 5000해리까지 되는 거리, 즉 타히티에서 하와이까지 되는 거리를 여러 번 이동했다는 것이 증명되었다. 이것은 모두 합쳐 9260킬로미터에 달하는 거리이다! 그들은 모든 암초, 모든 얕은 곳, 편류, 큰 물결과 바람을 알고 있었다. 그들의 천문학적 지식은 매우 발전되어 심지어 바다의 흐름으로 표류를 감지할 수도 있을 정도였다. 마셜섬의 주민들은 정확한 항해 안내가 포함된 최초의 바다 지도를 만들었다. 선외부재가 있는 작은 배는 매우 빠르고 날렵해서 태평양 연구가이자 인류학자인 티슈너는 그 배들과 비교하면 유럽의 탐험선들은 '둔하고 느리며 방향을 잡을 수 없는 운송수단'이라고 표현했을 정도였다.

폴리네시아 문화의 근원

남태평양의 외딴 챈텀 제도의 주민들은 아마도 뗏목을 타고 뉴질랜드에 도착했을 것이다. 이때 '모리오리족'은 단지 목재 틀에, 식물의 줄기와 뉴질랜드의 아마(亞麻)로만 엮은 뗏목을 만들었다는 것을 알아야 한다. 뉴질랜드와 챈텀 군도의 거리는 400킬로미터 이상이기 때문에 이 거리를 부서지기 쉬운 뗏목으로 이동했다는 것은 매우 놀라운 업적이다. 폴리네시아인들이 옆으로 엮은 이중 배의 길이는 대부분 30~40미터였고 200~300명을 수용할 수 있었다. 멜라네시아인과 미크로네시아인들도 마젤란, 프랜시스 드레이크, 제임스 쿡이 발견하기 전에 이미 놀라운 '바다거인'을 만들었다. 이런 섬 민족들은 서쪽으로, 동쪽으로 바다를 따라 이동했다. 그러나 태평양을 벗어난 미국의 '민족 이동'은 전혀 없었다. 폴리네시아인들의 타고난 용기와는 달리 아메리칸 인디언들은 바다를 건너지 않았다. 남아메리카 부족들에게도 센터보드가 있는 뗏목이 있었을 것이다. 하지만 이런 뗏목들은 일반적으로 해변에서만 사용되었다. 알렉산더 폰 훔볼트는 에콰도르 해안에서 이런 운송수단들을 보았다. 이는 지구상에서 가장 가벼운 나무인 발사 목재로 만들었고 그 위에 대나무로 오두막을 만들고 원시적인 수준의 돛을 얹은 뗏목이었다. 하지만 한때 프로이센 여왕의 사자였고 후에 시인이자 자연과학자가 된 아달베르트 폰 샤미쇼는 미크로네시아인과 폴리네시아인의 언어가 영어가 아닌 말레이시아어와 연관관계가 있다는 사실을 알아냈다.

샤미쇼는 러시아의 쌍돛대 범선 '루릭'을 타고 1815년에서 1818년까지 항해하는 여행에 참여했다. 그는 말라이와 태평양 민족들의 언어를 연구해 필리핀에만 22개의 문법이 있다는 사실을 전달했다. 볼리비아의 티티카카 호 남쪽 항구에 있는 티아우아나코 조각들과 이스터 섬의 석상들을 최근에 비교한 사례들은 전혀 학문적 연구에 근거한 것이 아니다. '여기저기에 거대한 돌기둥들이 있었다'라는 것이 전부였다. '파생'과 '유사'라는 개념은 주로 상상의 결과였다. 이스터 섬에서의 폴리네시아어는 아메리카가 아닌, 말레이시아 군도에 뿌리를 두고 있다. 이스터 섬 사람들은 뉴질랜드의 마오리족이나 망가레바 제도의 폴리네시아인과 의사소통을 할 수 있지만, 인디언 세계와 인디언 언어와는 매우 낯설다. "폴리네시아 문화의 근원은

동남아시아이지 아메리카에서 찾아서는 안 된다."(한스 프린쉬케, 1957년)

태평양 이쪽과 저쪽

하지만 동서 방향에는 아직도 밝혀내야 할 것들이 꽤 있다. 수많은 민족들은 수천 년 동안 동북아시아에서 미국까지 이어지는 베링 해협을 따라 이동했다. 이런 아메리카의 고대인들은 몽골인이 아니었다. 그들은 오히려 코카서스 인종이었다. 덴마크인 룬트가 발견한 것과 같이 빙하기 말기에는 라고아 산타족이 뒤따랐을 것이다. 몽골로부터의 이주는 훨씬 후, 약 기원전 2000년경부터 시작되었다. 몽골 인종의 일부는 시베리아를 건너 왔다. 그들은 태평양을 건널 능력이 있었을 수도 있다. 이렇게 말기에 이주해 온 몽골인들은 북미와 남미 대륙의 많은 부족들에 분포되어 있는 '몽골적인 흔적'의 원인이다. 하지만 이들에게는 코카서스 요소가 훨씬 더 오래 지속되었기 때문에 인디언족을 몽골인종으로 분류할 수는 없다. 수천 년 동안 미국의 원주민들은 고대 아메리카 문명의 후손들이었다. 그들 사이에서 몽골인의 기원은 단지 4000년 전으로 거슬러 올라간다. 하지만 그 중에는 밝혀지지 않은 과거 속에 고대 대륙(유럽을 뜻함—옮긴이)에서 이미 이동해온 사람들도 있을 것이다.

연구를 통해 처음으로 아메리카 대륙으로 이주한 것은 더욱 오래 전이었다는 것이 밝혀지고 있다. 내가 다른 책『하지만 신은 있었다』에서 증명하고자 했듯이, 그들이 아메리카 대륙에 처음으로 발을 디딘 것은 10만 년 전이었을 것이라고 생각한다.

약 기원전 2000년에서 기원후 1000년 사이에 중국과 중부 아메리카 사이에 있었던 후기의 연관관계는 잘 알려져 있다. 이 사실도 논쟁의 대상이다. 기원전 2세기의 중국 상나라 청동 그릇에 나타난 표시 중 일부는 콜럼버스가 중부 미국 대륙에 발을 딛기 전에 있었던 일부 종교적 상징을 그린 그림들과 비슷하다. 또한 그릇에 그린 페루식 그림과 글에 삽입된 그림과도 공통점이 발견된다. 빈 출신의 연구가 로버트 하이네 겔더른은 수년간 기원전의 중국과 중미와의 연관관계를 밝히기 위해 노력하고 있다. 그는 계단식 피라미드, 양산을 품위의 표시라고 말하며, 4라는 숫자의 의미와 다른 의미들을 증명했다. 하지만 스페인인들이 아메리카 대륙에 왔을 때 그곳에는 바퀴, 가래, 마차, 녹로, 유리, 현악기, 밀, 보리, 쌀이 없었다. 만일 그 이전에 아시아에서 아메리카로 영향을 미쳤다면 이렇게 삶에서 매우 중요한 의미를 갖는 물건들이 없다는 것을 어떻게 설명할 수 있겠는가?

스페인인들이 처음으로 아메리카에 도착하기 전에는 수레를 끄는 짐승이 없었다. 뿐만 아니라 개 외에는 전혀 가축을 기르지 않았다. 하지만 아메리카에 수레를 끄는 동물이 없었기 때문에 가래, 바퀴, 수레가 없었다는 것은 여전히 근거가 부족하다. 아메리카 연구가 한스 디트리히 디셀호프는 매우 논리적으로 사람도 수레를 끌 수 있다고 항변한다. 그에 따르면 사람들은 무거운 짐을 운반하는 것보다 수레를 이용하면 땀을 덜 흘렸을 것이다. 디셀호프는 다른 한편으로 멕시코의 유카탄에서 발견된 부조와 인도 남부의 아마라바티에서 발견된 부조가 놀라울 정도로 똑같은 형상이라고 말했다. 태평양 이쪽과 저쪽, 아시아 문화와 고대 아메리카 문화의 종교적 세계관이 상당수 비슷하다는 것은 우연일 수 없을 것이다!

신들의 선물 옥수수

최초의 마야인은 '옥수수에서 만들어' 졌다. 마야인들은 옥수수를 신들의 선물로 여겼으며, 이 열매를 종교적 숭배의 대상으로 삼았다. 옥수수와 호박의 근원지가 페루의 고원지대였는지 또는 마야의 삶의 터전이었는지는 잘 알려지지 않았다. 가장 중요한 식량인 옥수수, 콩, 호박은 아마도 중부 아메리카에서 자랐을 것이며 그곳 고원지대의 민족들에게 자연작물로 높이 평가되었을 것이다. 여하튼 리처드 스톡톤 맥네이시가 타마울리파스 탐험 도중 라 페라 동굴에서 4500년 된 멕시코 옥수수를 발견했다. 워싱턴 카네기재단의 실바누스 그린 스월드 모리는 장기간 현대 마야와의 긴밀한 관계를 통해 마야인들의 생각 중 75퍼센트는 옥수수와 관련이 있다는 결론에 도달했다고 했다.

호박을 영어로 표현할 때 주로 사용하는 'squash' 라는 단어는 인디언의 말이다. 이와 마찬가지로 중부 아메리카 문명에서는 면이 발전되었다. 아메리카에는 50종류의 용설란이 있다. 이 용액으로 호박 껍질을 발효시켜 만든 용설란주와 같은 멕시코 토속 음료 대부분을 만든다. 마야인들도 용설란을 많이 사용했다. 용설란에서 사이질삼을 만든 사람들은 그들이 최초였다. 또 마야인들은 아마도 코코아의 창시자일 것이다. 코코아와 초콜릿이라는 단어는 원래 아스텍족에서 유래하지만, 그 근원은 마야의 'chacaou haa' 라는 단어이다.

중부 아메리카 전역에서는 카카오 콩을 돈으로 사용했다. 그래서 영국인 존 에릭 톰슨은 매우 흥미로운 생각을 하게 되었다. 그는 마야인들이 많은 양의 콩을 교환수단으로 사용했기 때문에 큰 숫자에 익숙하다고 했다.

마야인의 특이한 문화

지구상의 많은 민족들 중에 마야인들은 아마도 가장 특이한 문화를 보였을 것이다. 그들의 문화에서는 너무나도 많은 것들이 놀랍고 앞뒤가 맞지 않으며, 설명할 수 없고 매우 낯설게 느껴진다. 이름이 알려지지 않은 날카로운 지력의 천재들은 자신들의 정신, 노력과 노동을 매우 특이한 행동으로 옮겼다. 가까이에 있는, 꼭 필요한, 일찍이 전 세계에서 발명된 것들은 마야 세계에 알려지지 않았다. 그들은 여전히 이마에 밴드를 하고 동물같이 짐을 끌고 밀었다. 하지만 바퀴와 수레에 대한 생각은 전혀 하지 못했다. 그들은 아메리카 문명을 나타내는 위대한 건축물, 신전과 사제를 위한 건축물들을 만들었다. 이런 창조적인 건축물들은 엄청난 노력을 요하지만, 일상생활에는 전혀 도움이 되지 않는다. 마야인들은 수백만까지 숫자를 셀 수 있었지만 적은 수의 열매의 무게를 잴 능력은 없었다.

흔히 고대 마야를 세 지역으로 나눈다. 북부는 캄페체의 넓은 지역과 콴티나타나투를 포괄하는 멕시코 반도 유카탄이 해당된다. 중앙은 주변의 멕시코와 영국령 온두라스(현재의 벨리즈—편집자 주)까지 포함하는 과테말라의 페텐 지역이다. 남부는 과테말라 고원지대와 엘살바도르의 일부 지역들이다.

점차 사그라지는 마야의 삶처럼 중앙부의 문화가 최고로 발달되었다는 사실은 특이한 점이다. 이 저지대에는 높이가 50미터까지 이르는 거대한 우림지역이 분포한다. 그 땅에는 현재 거의 아무도 살지 않는다! 이곳에는 거대한 마호가니 나무들이 하늘을 향해 뻗어 있고, 스페인의 히말라야삼나무, 마야의 성스러운 나무인 케이폭 나무, 셀 수 없을 정도로 많은 수의 야자수와 껌의 원료로 사용될 수 있으며 우기에는 찐득한 우유 같은 액을 만드는 사포딜라들이 있다. 수백 명의

‘치클 수집인’ 들은 우기에 열대림을 돌아다니며 이 치클액을 모았다. 일부 고고학자들이 멸망한 도시의 잔해에서 찾았다는 사람들이 그들이다. 하지만 페텐 주의 주도인 플로레스는 4000명의 주민으로 구성된 작은 도시이며, 이와는 상대적으로 주변 원시림의 고독은 거대했다.

바로 이 중앙부에서 고대 마야의 가장 중요한 도시들인 티칼, 우악삭툰, 코판, 팔렝케, 피에드라스 네그라스가 탄생했다. 이 외에도 중앙부에서 더 많은 도시들을 열거할 수 있으며 아직도 밝혀지지 않은 열대림 속의 도시들도 있다. 숲의 거대한 손이 피라미드와 궁전의 정원을 침범하고 빈 공간에 뿌리를 내리며 이끼로 돌을 둘러싸 도시 전체를 사라지게 만들었다.

열악한 문명의 조건

마야 문명, 마야의 삶은 농업에 기반을 두었다. 경작지를 얻기 위해서는 숲에 불을 질러야 했다. 1~2년 동안 경작을 한 후에는 더 이상 농작물을 수확할 수 없어서 휴지기를 가졌다. 그러면 원시림은 인간의 행위에 반하여 야생적인 자연성을 다시 보여주었다. 왜 하필이면 이런 곳에서 마야 문명이 최고로 꽃피었는지는 전혀 알 수 없다. 이곳에는 천연자원도 많이 부족했다. 뿐만 아니라 경작지에는 영양분도 매우 부족했다. 마야에는 나무와 돌로 만든 농기구가 있었으며, 그들을 도운 것은 불밖에 없었다. 그들은 해를 거듭할수록 점점 울창하게 자라나는 숲에 대항해 싸워야만 했다. 이 속에 그들은 도시를 세웠고, 여기에 복잡한 종교적 신전을 건설했으며, 이 땅에서 영양분을 얻었다. 영국의 역사학자 토인비는 『역사학』이라는 그의 역사서에서 이를 설명했다고 생각했다. 고도로 발달된 문명이 발전될 수 있는 조건은 환경이 좋지도, 나쁘지도 않아야 한다는 것이다. 그러나 이 '설명'이 많은 것을 말해주지는 않는다. 일반적으로 모든 문명은 최고로 비옥한 강변에 형성되었다. 즉 매우 좋은 환경에 형성된 것이다! 마야 연구자 톰슨이 매우 논리적으로 말한 것을 보면, 문화가 발전하기에 매우 어려운 조건이라고 가정하더라도, 마야 저지대의 삶의 조건은 너무나도 열악하므로 어떻게 이곳에서 마야 문명이 발전할 수 있었을까 의심할 정도라고 한다.

마야 남부지역의 부유함

과테말라 고원지대에 위치한 중부의 남쪽지역은 기후가 훨씬 양호하다. 그곳은 너무 덥지도, 너무 춥지도 않았다. 현재 그곳에서는 밀, 사탕수수, 콩을 수확한다. 마야시대에는 이곳에서 옥수수, 멜론, 고구마와 카카오 콩을 많이 수확했다. 또한 돌칼과 돌창의 촉을 만들기 위한 흑요석이 있었다. 심지어 마야시대 말기에는 사금을 캐기도 했다. 무엇보다 과테말라의 북서부에 위치한 고원지대에는 마야인들이 케잘 새를 잡았던 큰 야영장이 있었다. 그들은 케잘 새의 긴 꼬리깃털과 주로 붉은색이나 노란색인 배 부분의 깃들로 아름다운 장식품을 만들었다. 결국 이 케잘 새는 과테말라의 문장에 그려지게 되었다.

마야 남부지역은 이렇게 부유했으면서도, 고원지대에서는 중앙 저지대와 같은 놀라운 정신적 업적이 보이지 않았다. 이 지역은 물질적으로 가장 풍부하지만 조각이나 건축물의 측면에서는 많이 뒤쳐진다. 그 이유가 무엇인지, 혹시 이 지역에 일어났던 많은 지진들의 영향이었는지는 알려지지 않았다. 놀라운 사실은 남부 고원지대에서는 상형문자로 적힌 글을 하나도 발견하지 못했다는 것이다.

석주비문

마야 문명에서 석주비문은 매우 큰 역할을 했다. 이는 상형문자로 온통 뒤덮인 돌기둥, 석상들이다. 이 돌을 '시간기록물'이라고 표현할 수 있을 텐데, 시간을 표시하는 달력의 마지막을 돌에 새겨서 시간을 알 수 있도록 했다. 또한 이 석주비문은 신성한 상징과 사제를 표현한 부조를 나타냈고, 특히 티칼에서는 수감자와 노예를 나타내기도 했다. 마야인들은 부조에 그림을 그림으로써 그 효력을 증가시키려 했다. 모형들은 주로 측면을 새겨 넣었고, 석주비문의 높이는 대부분 2~4미터이다.

퀴리구아에서는 기원후 731년에 만들어진 10미터 높이의 석주비문을 발견했다. 또 칼라크물에서는 103개의 석주비문이 발견되었다. 티칼에서는 86개가 발견되었으며 그중 65개에는 상형문자가 없었다. 석주비문의 글씨가 열대우로 지워졌을 수도 있다. 기원후 790년에 마야지역 곳곳에는 이런 비문 19개가 세워졌다. 이 시기가 마야 문명이 최고로 발전했던 시기였다. 아마도 '석주비문 축성'의 시기가 있었을 것이다. 이 석주비문 의식은 천문학과 종교가 근원적으로 연결된 마야 문명에서는 매우 중요했을 것이다.

마야의 도시들은 종교적 의식을 지내는 중심지였으며, 또한 행정 수도이기도 했다. 그 도시들에 시장이 형성되기는 했지만, 주민들과 농부들의 삶에 관한 흔적을 많이 발견하지는 못한다.

마야의 피라미드

도시들의 피라미드는 신전으로 장식되었다. 이 신전은 가장 위가 두꺼운 장벽으로 둘러싸여 있었다. 아마도 견고성이 걱정되었던 것 같다. 돌로 만든 이 건축물에는 문도, 창문도, 굴뚝도 없었기 때문에

오지에서 피어난 꽃, 아프리카 · 아메리카 문명

여기서 살 수는 없었다. 문으로만 빛이 들어왔기 때문에 습하고 어두웠다. 사제들은 어둑어둑하거나 심지어 전혀 빛이 없는 상태에서 의식을 치렀을 수도 있다.

마야 피라미드는 이집트의 무덤이 아닌, 의식을 올리는 곳이었다. 그렇지만 일부 건축물에서는 우두머리의 가족이나 그를 위해 희생된 제물일 것이라 생각되는 유골을 발견했다.

마야의 피라미드는 무덤이 아니기 때문에, 1952년 묘실이 발굴되었을 당시 이 사건은 세계에 놀라운 관심을 불러 일으켰다. 1950년 팔렝케의 잔해, 멕시코의 치아파스 '비명(碑名)의 신전'에서 무덤이 발굴되었다. 피라미드에 위치한 신전의 바닥은 지하로 연결되어 있었다. 우선 46개의 계단, 2개의 수평으로 숨겨진 계단이 된 2개의 통풍 수갱과 굴로 이어지는 13개의 계단으로 된 두 번째 계단을 발견했다. 이 터널을 만든 사람들은 진흙과 돌로 출입을 통제했다. 멕시코의 '인류학과 역사 국립연구원'의 고고학자 알베르토 루츠는 1952년 8개의 계단과 통로를 발굴했다. 이 통로는 가운데가 두꺼운 벽으로 막혔으며, 루츠는 이 복도의 끝에서 도자기, 조개, 옥구슬이 제물로 보관된 돌 상자를 발견했다.

그리고 피라미드 바닥 가운데서는 5명의 남자와 1명의 여자로 구성된 6개의 유골이 들어가 있는 돌 상자를 발견했다. 이 여섯 명의 사람들은 아마도 그 죽은 자를 따르던 사람들이었을 것이다. 그리고 죽은 후에도 주인을 받들도록 그들을 죽였을 것이다. 석판을 하나 더 제거하자 피라미드 신전 바닥에서 23미터 아래에 하나의 공간이 드러났다. 벽에는 신을 표현한 9개의 부조가 있었으며, 이들은 아마도 지하세계의 아홉 신일 것이다. 이곳에는 거대한 석관이 있었다. 무게가 5톤인 뚜껑은 화려하게 장식되었고, 상형문자를 통해 기원전 700년경에 묻혔을 것이라고 짐작하게 한다. 석관에는 옥과 다른 보물로 화려하게 장식된 마야의 지도자가 있었다. 배 모양의 진주는 지름이 거의 3센티미터였다!

1953년, 이 피라미드의 비밀은 아직도 풀리지 않았다. 노구에라 교수는 그 당시 다음과 같은 글을 남겼다. "부조로 장식된 판 위에 매우 높은 인물이 묻혔다는 것을 증명해준다." 이 멕시코 학자가 아마도 옳을 것이다. 처음으로 영주의 무덤이기도 한 중앙아메리카의 피라미드를 발견한 것이다!

무덤이 피라미드보다 먼저 건설되었다는 것은 분명하다. 아마 영주가 생존하고 있을 당시였을 수도 있다. 그러나 이 놀라운 발견으로도 마야의 피라미드가 단지 신전이라는 사실에는 변화가 없다.

마야의
우림 도시들

"마야의 문화유산들은 아메리카의 스핑크스다. 코판에 있었을 때, 나는 거대한 조각상에 흠뻑 매료되었다. 그들 앞에 서면 나는 거의 몽롱해지고 이유도 모르고 해결책도 없이 그저 바라만 보게 된다."
— 디젤도르프, 『마야 민족의 예술과 종교 *Kunst und Religion der Maya – Völker*』제2권, 베를린, 1931.

마야인의 인종적 특징

특히 유카탄족을 비롯한 마야인들은 지구상에서 가장 넓은 얼굴을 가진 민족으로 꼽힌다. 그들은 둥근 얼굴모양을, 둥글게 형태를 잡은 머리모양으로 더욱 극대화시켰다. 테오티우아칸의 고대 민족도 이상적인 아름다움이라 생각했던 둥근 머리모양을 만들기 위해 아이들의 머리에 나무틀을 얹어 원하는 형태로 둥글게 만들었다. 유카탄과 과테말라의 마야 후손들은 이전의 마야인들을 너무나도 많이 닮아 예전 사람들이 어떻게 생겼는지는 쉽게 예상할 수 있다. 그들은 일반적으로 유럽인들보다 키가 작았으며 어깨와 가슴이 더 넓었다. 팔은 더 길었고 손과 발은 더 작았다. 치아가 매우 좋았을 것 같지만 송곳니는 줄로 갈았다. 현대의 마야인들도 건강한 치아를 갖고 있다. 몰리는 그들 중 50퍼센트는 20세가 되기 전까지는 전혀 치아 질병을 앓지 않았지만 미국의 아이들은 14세가 되기도 전에 90퍼센트가 치과 치료를 받아야 하는 상태가 된다고 보고했다. 구릿빛 피부에, 절대 못생겼다고 말할 수 없는 이 민족은 매끈하고 짙은 갈색이나 검은색의 머리칼을 갖고 있었으며, 눈동자는 진한 갈색이고 코는 매부리코였다.

마야인들은 약 10세까지 엉덩이 부분의 피부색이 다른, 모든 몽골 인종의 징표라고 할 수 있는 몽고반점이 남아 있다. 일본인들도 이와 매우 유사하다. 모든 돌배기 일본 아이들에게서는 '푸른 점'을 명확히 확인할 수 있으며, 10세가 되면 완전히 없어진다. 이 '성스러운 얼룩'은 말레이인, 에스키모인과 대부분의 인디언들에게서 확인할 수 있다.

란다 주교의 기록

마야 소녀들은 평균적으로 16세에, 청년들은 21세에 결혼한다. 1560년, 란다 주교가 유카탄의 역사를 기술해 고대 마야의 풍습을 잘 소개한 보물과도 같은 유명한 글에 따르면, 이전의 마야 소녀들은 20세에 결혼했지만 그의 시대에는 12~14살에 결혼했다고 한다. 프란체스코파 사제인 란다는 스페인이 정복한 후 몇 년간 유카탄에 머물렀다. 후에 란다가 그의 권한을 넘어선 행동들을 했다는 이유로 스페인 법정에 섰을 때, 마야에 대해 그가 가진 수많은 지식들 덕분에 많은 사실들이 세상에 알려졌다. 이 매우 특별한 능력을 소유한 사제는 감금된 후 자신의 대한 의혹을 없애기 위해 글을 썼다.

사람은 복잡한 존재이다. 사람을 간략하게라도 묘사하고자 하면 수많은 내용을 열거해야 한다. 마야인들에게 가족은 매우 특별한 의미를 지닌다. 그들은 싸움을 좋아하지 않고, 새로운 것을 발명하는 데 그다지 능력이 뛰어나지 못했으며, 죽음을 별로 두려워하지 않았다. 그러나 그들은 뛰어난 관찰자였으며 비상한 기억력의 소유자였고 무척 영리하다고 표현해야 할 정도였다. 일부 연구가들은 마야인들이 '미신을 믿는' 다고 표현했는데, 그 말은 현재 맞는다고 여겨지기도 한다. 하지만 행동과 생각의 많은 부분에서 신에게 영향을 받는다는 면에서 본다면 그들을 종교적 민족이라고 표현해야 옳을 것이다. 과거에 마야인들은 매우 종교적이었다. 그래서 예전부터 그들의 성격에는 강한 운명론이 자리잡고 있었다. 아마도 피가 흐르는 심장을 꺼내거나 남자, 여자, 아이들을 성스러운 연못에 익사시키고 후에 십자가에 걸었던 것과 같이 많은 사람들을 희생시켰던 의식을 행한 것은 이러한 이유 때문이었을 것이다.

마야의 소녀들

마야인들은 근면하고 매우 정직하다. 문과 창문이 없던 그 나라에는 도둑도 없었다. 하지만 이 민족도 모든 인디언 부족들처럼 음주벽이 있었다. 여성들은 집을 매우 잘 정리정돈 했다. 또 마야인들은 관대했으며 손님을 극진히 환대한다. 살인자나 거지는 전혀 없었다. 또한 몸을 매우 깨끗이 하는 것이 그들의 특징이다. 일본인들처럼 그들도 아침저녁으로 목욕을 했다.

1524년부터 1579년까지 살았으며 성자로, 그리고 오랜 시간이 지나지 않아 인디언을 끔찍하게 죽인 추적자로 표현되는 란다 주교는 유카탄 여성들의 외모가 일반적으로 스페인 여성들보다 낫다고 했다. 희지 않은 그들의 피부색은 태양에 그을리고 계속 야외에서 목욕을 해서 구릿빛이 되었다. 그들은 상반신에 아무것도 걸치지 않았고, 문신을 했으며 그 문신은 여성이 남성보다 더 아름답고 섬세했다. 여성들은 향수를 뿌리고 나무에서 추출한 붉은 액을 바르고 머리를 길게 늘어뜨리거나 매우 예술적인 머리모양을 했다. 어머니들은 소녀들이 단정한 머리를 하는지에 주의를 기울였다. 아주 어린 소녀들은 머리를 땋아서 3~4개의 뿔처럼 만들었는데, 란다 주교는 이를 매우 기품 있다고 여겼다. 일반적으로 여성들은 양쪽에 구멍이 뚫린 자루 같은 옷 'manat'를 입었다. 란다는 체념하듯 그들이 매우 선량했다며 "현재 나이 많은 남성들이 불평하듯 그들은 우리나라를 알기 전에는 놀라울 정도로 정숙했다"고 말했다. 알폰소 로페즈 데 아비라 선장은 매우 아름답고 사랑스러운 젊은 마야 소녀를 잡았다. 이 젊은 여성은 자기 남편에게 신의를 맹세했고, 그 스페인 선장이 아무리 설득해도 넘어오지 않았다. 그녀는 정절을 지키지 못한다면 차라리 죽으려 했다. 그래서 그는 그녀를 개에 찢겨 죽도록 만들었다.

마야 소녀들은 심지어 남자들에게 음료수를 건넬 때까지 등을 보일 정도로 정숙했다. 길에서 남자를 만나면 그가 지나갈 수 있도록 옆으로 물러섰다. 아이들을 많이 낳기를 원했으며 이를 위해 신에게 기도했고 제물을 올리기도 했다. 란다는 그들이 이성적이고 예의바르며 사람들에게 매우 친절하고 호의적이라고 했다. 그들은 신앙심이 깊었고 신에게 재물, 음식, 술을 바쳤다. 하지만 그들은 자신의 피를 바치지는 않았다. 이것은 남자의 풍습이었는데, 결국 예외가 생겼지만 자세한 부분까지 언급할 수는 없다.

마야인들은 영혼이 불멸한다고 믿었다. "그들은 다른 민족들보다 더 깊게 믿었다"라고 란다는 말한다. 그들은 영혼이 육신과 분리되면 다른, 보다 좋은 삶이 있을 것이라고 믿었다.

마야의 선조

마야의 선조들은 기원전 2000년에서 1000년경에 마야에 도착했다. 존 에릭 톰슨은 그들이 원주민을 강압적으로 지배하고 자신들이 상위계급을 구성했다고 믿었다. 그리고 약 500년이 지난 후 수적으로 우세한 새로운 부족이 이 땅으로 들어왔다. 그들은 아시아에서 도자기 굽는 기술, 실을 뽑고 천을 만드는 기술을 가져왔다. 뿐만 아니라 고향에서 씨앗을 가져오는 데 성공하지는 못했지만 농경을 하는 희미한 기억들은 가져왔다. 대략 예수가 탄생했을 시기에 이주해온 이 마지막 이주민들은 고향에서 하늘을 나는 용과 세계의 모퉁이가 4개라는 종교적 생각도 가져왔을 것이다. 그들도 수십 년간 이동하는 동안 씨앗을 잊었거나, 남겨두고 왔거나, 잃어버렸던 것 같다. 이것은 우리의 짐작이다. 하지만 마야가 정말 어디에서 왔는지는 오늘까지도 어둠에 싸여 있다.

마야의 역사는 세 시대로 구분된다. 처음은 약 기원전 500년에서 기원후 325년까지의 형성기이며, 기원후 325년에서 800년까지는 고전기이다. 그중 625년부터 800년까지가 최절정기에 해당되며 멸망기는 기원후 800년에서 925년까지이다. 이후는 멕시코인들이 정복한, 975년부터 1200년까지의 기간이며 이때 마야 문명은 다시 짧은 르네상스를 경험하게 된다.

고무와 도로

중부 아메리카의 고대민족들이 중요한 발명들을 했을 것이라고 한다. 아메리카 민족 중 어떤 민족이 처음으로 새로운 생각을 실현시켰는지는 아직도 정확히 알려지지 않았다. 하지만 많은 발명들은 분명 마야에서 시작되었다. 이런 발명들은 주로 고무를 이용한 제품들이다. 고무공, 샌들 밑에 부착할 수 있는 고무밑창, 방수가 되는 비옷, 마야의 푸른색인 인디고 블루, 연체동물에서 얻은 보라색, 전쟁에서 사용할 수 있는 일종의 새총과 적에게 던질 수 있는 '살아 있는 벌집' 이 그 예이다. 마야인들은 야생식물을 많이 재배했다. 그들은 자연을 훌륭하게 관리할 수 있었으며 한편 뛰어난 도로 건설자였다.

도로를 건설하는 데에는 잉카인들이 그들보다 우수했다. 하지만 마야인들은 킨타나로오에 위치한 코바시에서 치첸이사 인근의 약솬까지 약 100킬로미터의 길을 닦은 전례가 있다. 그 도로의 폭은 약 10미터이며 양쪽에는 단순한 석벽을 올렸고 시멘트 바닥이 잘 발라져 있다. 습지대에는 단을 높였고 코바 지역에는 플랫폼이 있었다. 코바와 약솬을 잇는 도로에서는 매우 흥미로운 점도 발견되었다. 이곳에서 폭 5미터, 무게 5톤이며 2개의 조각으로 분리된 석회석으로 만들어진 도로 공사용 압착 롤러를 발견했다. 이 롤러를 밀기 위해서는 15명이 필요했다. 또한 이 길은 동에서 서로, 즉 코바에서 약솬으로 만들어졌다는 것이 알려졌다. 마야의 도로는 주로 행렬을 위해 만들어졌다. 수레와 수레를 끄는 짐승이 없었던 이곳에서 이런 도로를 만든다는 것은 엄청난 작업이었고, 그들의 도로 건축술은 매우 훌륭했다. 어떻게 마야인들이 빽빽한 우림지대에서 헤매지 않고 목적지까지 도달할 수 있었는지는 아직까지도 비밀로 남아 있다.

마야의 건축술

건축 분야에서 마야인들은 고대 아메리카 문명, 아스텍 문명, 잉카 문명보다 월등히 뛰어났다. 온두라스에 있는 코판은 마야의 학문적 중심지였으며 또한 종교적으로 매우 중요한 장소이기도 했다. 최고의 천문학자들이 이곳에서 일했다. 그리고 아마도 이곳에서 처음으로 260일의 달력주기가 도입되었을 것이고, 이곳에 금성을 위한 신전을 준공했으며, 이곳에서 일식일을 계산했을 것이다. 1000여 자의 상형문자가 상감된 26개의 글이 있는 상형문자 계단 신전도 이곳에 있다. 아크로폴리스, 다양한 피라미드, 테라스와 신전, 제단과 석주 비문, 거대한 야외광장, 공놀이 장소 등이 '새로운 세계의 아테네', 즉 코판을 장식했다. 마야 전 지역 중 흡벽(吸壁), 돌로 만든 앵무새, 태양조(Sunbird)가 있는 공놀이 장소는 가장 볼 만한 곳으로 꼽힌다.

치첸이사는 일종의 메카였다. 이 시(市)는 11∼13세기에 멕시코 지배 하에서야 꽃을 피웠다. '깃털 뱀' 기둥이 있는 피라미드 신전이 이곳에서 화려한 모습을 드러내고 있다. 피에드라스 네그라스처럼 이곳에서도 잘 만들어진 사우나가 발굴되었다. 치첸이사에는 7개의 공놀이 장소가 있었다. 고무로 만든 공을 운동장 벽에 만들어 놓은 1개 또는 2개의 돌 원 속으로 던져야 했다. 이 놀이의 어려운 점은 공을 어깨, 손목 또는 엉덩이로만 던질 수 있다는 것이다. 그래서 공을 넣는 것이 매우 드물어, 만약 성공한다면 모든 관람객들이 승자에게 옷과 보석을 줘야 했다. 이런 불상사를 방지하기 위해, 만약 운 좋게 공이 들어갔을 경우, 관람객들은 모두 황급히 떠나곤 했다. 성공한 선수의 친구들은 선수가 받을 상을 얻기 위해 도망가는 사람들을 뒤쫓아갔다.

치첸이사의 큰 열주(列柱)에서는 왕좌를 발견했다. 이 열주는 고대 도시의 시장터였을 가능성이 있는 거대한 야외 광장인 '천 개의 기둥이 있는 궁'을 둘러싸고 있다. 그 형태 때문에 '카라콜', 즉 달팽이집이라는 이름이 붙여진 거대한 원탑 또는 '옵서바토리움'은 높이가 15미터 이상이며 2개의 큰 사각형 테라스가 수평으로 나와 있다. 또한 치첸이사의 성스러운 우물에서 보석, 비취, 향초, 익사한 사람들의 유골 50여 개 등과 같은 제물을 발견했다. 그중 8명은 여자였다.

팔렝케, 약스칠란, 피에드라스 네그라스에서는 그 어떤 고대 아메리카에서보다도 최고 정점에 오른 건축기술을 볼 수 있다. 모리는 팔랑케의 석고 세공업이 다른 어떤 마야 지역보다 발달했다고 말했다. 석회로 만든 제단은 고대 이집트 최고의 제단과 비교할 수 있을 정도로 아름답게 작업되었고 멋있게 조합되었다. 위대한 테라스, 피라미드, 신전, 계단, 복도, 지하 갤러리, 제단에서 볼 수 있는 놀라운 예술적 능력과 부, 팔랑케의 권력은 처음으로 고대 마야 제국에 발을 디딘 스페인인뿐만 아니라, 1553년 이래로 이곳에 오게 되는 모든 이들을 놀라게 했다. 덴마크의 고고학자 프란스 블럼은 1923년 다음과 같이 썼다. "나의 첫 팔랑케 방문은 말로 표현할 수 없을 정도로 감동적이다. 일정 기간 이곳에 산다면, 이 폐허의 도시에 미치게 될 것이다."

약스칠란에는 4개의 아름다운 신전이 지어져 있었고 12개의 유명한 돌받침이 화려하게 장식되어 있다. 이 중 2개의 인방에는 매우 아름다운 부조 조각상이 새겨져 있다. 기원후 761년에 만들어진 피에드라스 네그라스의 석회석벽에 새겨진 조각상들은 콜럼버스 이전 시대에 아메리카 대륙에서 만들어진 가장 아름다운 작품으로 꼽힌다. 이곳에서 마야 문명의 최전성기가 이룩되었다.

피에드라스 네그라스에서 마야인들은 1800일을 마치는 의미의 '호트누스'를 매우 뜻깊게 기념했다. 기원후 608년과 810년 사이에는 총 22번의 '호트누스'가 거행됐으며 기념비를 세워 화려하게 기념했다. 부조상이 새겨진 당시의 돌들이 모두 아직까지 보존되고 있다.

천문학

마야 천문학은 순수 학문이면서 운명에 영향을 미치는 데에도 사용되었다. 맨눈으로 하늘을 봤던 마야의 사제들이 금성의 공전 주기를 알아냈다는 것은 믿기 힘든 사실이다. 그들은 양력에서 1년인 365일과 열대지역의 1년에 해당되는 365.24일을 통일시키기 위해 노력했다. 코판에서는 기원후 700년에 양력의 기간을 확정지었다. 또 마야인들은 유럽의 모든 민족들보다 200년 먼저 0이라는 숫자의 개념을 만들어 사용했다! 마야인들은 우리처럼 가장 작은 단위의 정렬을 오른쪽에서 왼쪽이 아닌, 아래에서 위로 정했다. 기원전 3113년에 해당되는 해에 그들은 달력의 시초를 만들었다. 하지만 그들의 연대적 시스템은 기원전 4세기 또는 3세기가 되어서야 활용되었다.

가장 뛰어난 석기시대 민족

마야 연구로 일생을 보낸 실바누스 그린스월드 모리의 생각을 따라가보는 것은 매우 흥미롭다. 그는 선사시대와 역사를 다섯 개의 단계로 구분 지었다. 인간은 우선 불을 지배하게 되었고 그 후에는 경작을 했으며 야생동물을 길들이고 금속으로 기구를 만들었고 바퀴의 원리를 발견했다는 것이다.

마야인들은 불을 사용했고 매우 험한 지역에서 씨를 뿌리고 추수하는 경작법을 알았다. 그들은 야생 칠면조를 길들이고 벌꿀을 재배했지만 개 외에는 짐을 끌거나 수레를 끄는 어떠한 동물도 집에서 키우지 않았다. 그들은 금속으로 만든 기구를 몰랐다. 바퀴의 원리도 알지 못했다. 이집트인, 칼데아인, 바빌로니아인, 아시리아인, 페르시아인, 중국인, 페니키아인, 에트루리아인, 그리스인과 로마인들이 고도로 발전된 문명의 다섯 조건을 모두 충족했던 것과는 달리, 마야인은 단지 첫 번째와 두 번째 단계만 이뤘다.

마야 문명의 정황을 제대로 알고 비교하기 위해서는 인류 역사의 먼 과거, 즉 초기 석기시대로 눈을 돌려야 한다. 마야인들은 석기를 사용했다. 선사시대 이전의 문화들과 마야의 생활상을 비교하면, 석기시대 민족들 중 중부 아메리카의 고대 마야인보다 더 문화가 발전된 민족은 없었다고 말할 수 있다.

"우리는 매일 매일 발굴된 신전과 기념비들 사이에서 작업하고 발굴품을 무덤, 터널, 굴을 바닥과 계단에서 끌어올리고, 노트와 필름에 이 문명의 구조, 파괴, 재건을 기록으로 남긴다. 1만여 개의 도자기 조각과 다른 발굴품들을 매년 실험실에서 조사하고 연구하며 분류했다. 이 모든 작업들은 건축물, 예술작품, 조각과 글씨들의 시간 순서와 만들어진 이유, 주변 환경을 알려주는 중요한 학문으로써 하나의 대답을 줄 것이라는 기대에서 진행된다."
– 윌리엄 코우, 『티칼 1959, 탐험 1959 *Tikal 1959, Expedition 1959*』 제1권 4번.

마야인의 언어와 문자

영국인 마야 연구가 존 에릭 톰슨은 콜럼버스가 발견하기 이전인 기원후 8세기경에 마야 전역에는 200만~300만 명의 주민들이 살았다고 예상했다. 멸망했거나 서서히 사라지는 원주민족과는 달리 오늘날 마야 출신은 많이 남아 있다. 이 민족은 멸망할 위험이 전혀 없다. 칼 사퍼는 마야 언어를 말하는 민족의 수가 약 50년 전에 125만 명이라고 했다. 그리고 아직까지 15개의 마야 언어와 방언이 사용된다. 2개는 최근에 사라졌다. 마야 언어는 고원 언어와 저지대 언어의 두 그룹으로 구분하는데, 이 그룹에서 사용되는 말은 모두 방언이다. 신기한 점은 마야가 멕시코나 중앙아메리카의 다른 언어들과 전혀 연관성이 없다는 점이다.

아메리카의 다른 민족들 중에 마야족만이 유일하게 문자를 만들어 사용했다. 상형문자는 서주비문, 제단, 공놀이 운동장의 벽, 계단, 옷장, 돌이나 목재로 만든 기둥, 문지방에서 찾아볼 수 있다. 그 글씨는 석고에 새겨졌고 비취 보석에서도 발견할 수 있고, 용기에 그림으로 그렸으며 책에도 있다. 조각에는 두 가지 종류가 있다. 하나는 머리 형태이고 다른 하나는 상징적인 형태이다. 마야 지역에서 아직까지

❋ 마야 상형문자. 20일을 나타냄. 일부 날짜에는 표시는 다르지만 비슷한 형태의 상형문자를 사용했음을 알 수 있다.

'로제타석'을 발견하지 못했고, 다른 언어로 번역된 글을 단 하나도 발견하지 못했기 때문에 이 조각들은 대부분 아직 해석되지 못했다. 상형문자는 시간의 경과를 기록하고, 지배하는 신들의 이름과 그들의 영향, 사제이자 천문학자인 이들의 지식과 전달문을 표시하기 위해 사용되었다.

마야인들은 책도 남겼다. '종이'의 역할은 야생 무화과가 담당했다. 고무에 담근 야생무화과의 내피 위에 석회층을 덧씌워서 만든 것이다. 책은 중국 필사본과 비슷한 형식의 접는 책이었다. 스페인인들이 종교적 광신 때문에 마야의 문서를 많이 파괴했으므로 지금은 오직 3권의 책이 남아 있다. 가장 오래되고 값진 드레스덴 사본에는 천문학적 표시가 있다. 마드리드 사본은 사제가 예언을 하기 위한 별자리 모음집이다. 파리 코덱스는 각 날짜에 관련 있는 의식을 보여준다. 이 책에는 신과 신화, 숫자의 순서와 상형문자를 섬세한 붓으로 그린 그림들이 기록되어 있다.

마야의 상형문자

이 상형문자 중 약 3분의 1은 현재 읽을 수 있다. 지금까지 해석한 것들은 달력, 하늘의 방향, 천문학적 사건, 특정한 신과 종교적 의식을 뜻한다. 다행스럽게도 모든 숫자는 읽을 수 있다. 그렇다고 해서 마야 상형문자에 관한 연구가 절대 쉬운 것은 아니다. 이는 하나의 조각돌이 종종 하나 이상의 의미를 갖고 있기 때문이다. 0부터 19까지의 마야 숫자들은 각각 다른 얼굴 형태를 갖고 있는 머리들이다. 이렇게 특이한 것은 전 지구상에 또 없다. 19개의 마야 달을 뜻하는 상형문자도 특이하다. 무릎 위에 팔을 놓고 다리를 당긴 모습은 아마도 죽은 사람의 모습일 것이다. 신들을 암시적으로 보여주는 기호들은 대부분 사람의 머리 모양이다. 동물의 머리, 달팽이, 새의 머리, 도마뱀, 많은 희생물들과 같은 다양한 형태의 손을 이용한 상형문자가 있다. 이런 수수께끼를 푼 사람들이 매우 존경스럽다. 그들의 이름은 폴 셸하, 에른스트 푀르스테만, 에두아르 셀러이며 최근에는 토마스 바르텔과 귄터 짐머만이 이 대열에 합류했다. 미국에서 굿맨, 보디치, 사이루스 토마스도 중요한 업적을 남겼다. 최근에는 미국인 모리, 스핀덴과 영국인 톰슨이 실질적으로 상형문자의 3분의 1을 파악할 수 있게 해줬다. 또 실바누스 그린스월드 모리가 페텐에 관해 5권에 걸쳐 쓴 논문은 학문적 백미로 꼽힌다.

신의 도시, 티칼

우리는 확실히 증명된 마야 문명의 특정 날짜를 알고 있는가? 1864년 과테말라에 있는 캐리비안 항구 푸에르토바리오스에서 발견된 길이 21.59센티미터와 폭 7.62센티미터의 '고통의 판'으로 유명한 비취에 새겨진 상형문자는 그 시기를 분명히 보여준다. 마야의 날짜를 해석해보면 기원후 320년이다. 이 판에 표현된 상형문자가 마야의 티칼 시에 세워진 죄인들을 그린 기념비와 너무나도 비슷했으므로, 실바누스 그린스월드 모리는 이것이 티칼에서 만들어졌다는 확신을 가졌다. 티칼은 페텐 중북부에 위치하며 마야의 종교적 제단 중 가장 큰 것이 그곳에 있다.

또 다른 고대 날짜는 1916년 5월 5일 모리가 우악삭툰에서 발견한, 9라는 학문적 번호를 갖는 석주비문에서 유래를 찾을 수 있다. 번호는 석주비문을 발견한 장소에 따라 순서대로 부여된 것이다. 티칼에서 단지 17킬로미터 북쪽에 위치한 우악삭툰은 위대한 신의 도시 티칼을 모방했기 때문에 기원후 328년에야 생겼을 것이다.

현재 펜실베이니아 대학박물관 팀이 마야 도시 중 가장 거대하며
흥미로운 도시인 티칼을 발굴하고 있다. 이제는 이 도시가 마야 고대
문명의 초기를 대표한다는 것이 일반적인 통설이 되었다.

이 마야의 최대 도시에 제사 장소만 있는 것은 아니다. 이곳에는 최
대의 마야 피라미드들이 있다. 그 중에는 40미터 이상의 놀라운 건축
물들을 비롯해 70미터의 피라미드도 있다. 하늘을 향하는 모습은 특

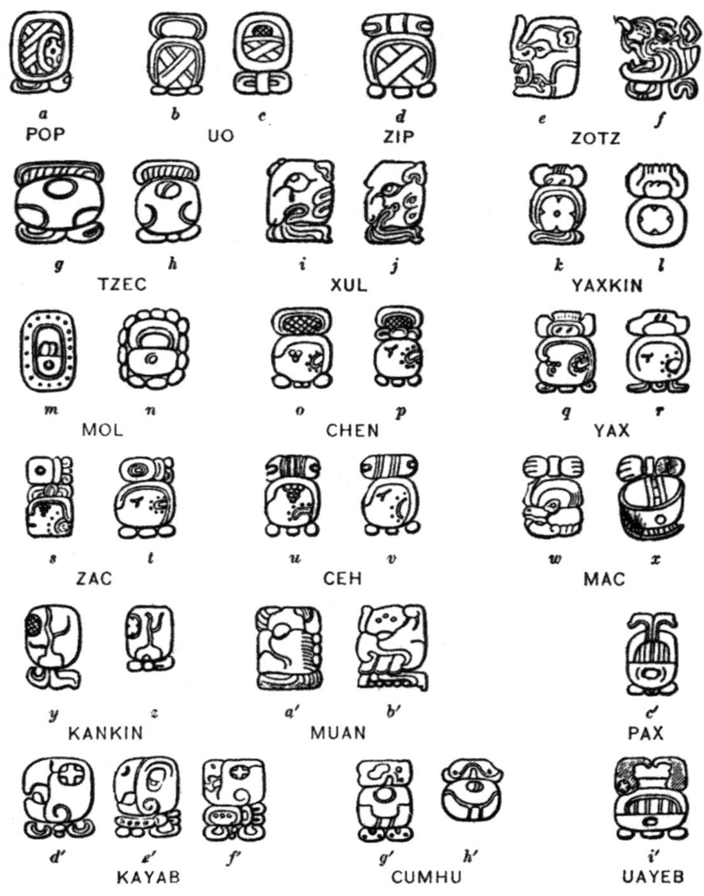

※ 마야의 달 상형문자. 1년을 19개의 형상으로 표현했으며 이 그림에서 그 이름을 확인할 수 있다.

히 얄팍하고 가파른 형태로 강조된다. 직사각형 모양으로 만들어진 의식을 치르는 장소 양쪽에는 이런 계단 형식의 피라미드가 여러 개 있다. 모든 신전에는 매우 두꺼운 장벽, 제단이 우뚝 솟아 있으며 그 내부는 다른 마야지역에서처럼 매우 어둡다. 신전에서는 또 마야 사제들의 제단일 가능성이 있는 단(壇)도 발견되었다.

제식

사제들은 매우 화려한 옷을 입고 신을 섬겼다. 비취 보석, 깃털로 치장한 머리장식, 나무로 조각된 문지방을 넘어 문이 없는 출입구로 들어오고 다시 나가는 의식, 향의 연기와 매우 진지한 종교적 분위기는 광장이나 건축물의 계단에서 지켜보는 모든 사람들에게 큰 감동을 선사했다. 마야의 의식이 오랜 사순절 기간보다 훨씬 전이라는 것을 생각해야 한다. 사제, 수련자와 관료들까지도 빛이 조금 새어들어오는 돌로 만든 이 공간에 모여 헌신적으로 제사를 준비했는지도 모른다. 신하들이나 부인 혹은 어머니들도 물을 가져다줬을 것이다. 식량보급은 상상할 수 없을 정도로 열악했다. 이들은 신전에 들어갈 수 없었고, 사제를 위한 물건을 그곳에 놓고 떠났으며 사제는 소금을 즐기지 못했다.

밤낮 구분 없이 서는 경계, 성스러운 횃불, 혓바닥과 귀에서 피를 빼내고 제물을 바치는 것과 코펄 향 연기를 피우는 것 등이 마야의 의식에 포함된다. 어느 고대 문명과 마찬가지로 사람들은 이곳에서 신을 찾았다. 모든 물질은 정신적 추구, 고통, 금욕, 갈망과 욕구를 이루고자 하는 목적에 부합하도록 만들어졌다. 그러나 제단은 모든 물질적 욕구를 무로 돌릴 만큼 완전한 성스러움과 엄숙함을 보여준다. 오늘날에도 밤에 이런 위대한 건축물 잔해 위에 서 있게 되면, 과거의 성스러운 의식이 재현되는 양 감흥에 젖게될 것이며, 이 신전이 신과 진정 가까웠다는 것을 느낄 수 있을 것이다.

알 수 없는 건축물

티칼 광장 남쪽에는 받침대가 낮고 방이 많은 건축물이 있다. 수많은 연구와 추측에도 불구하고 이것이 생긴 원인은 알려지지 않았다. 궁전이었는가? 수도원이었나? 집회 장소였을까? 티칼은 낮이나 밤이나 계속 이야기할 수 있는 끝없는 책과 같다. 그곳에는 저수지, 포장된 도로, 맨 바닥에 지은 피라미드, 아크로폴리스 북부의 16개 신전, 수많은 석주비문들이 있다.

이미 우악삭툰, 카미날후유, 마야판에서 매우 성공적인 발굴 작업을 보여준 고고학자 에드윈 쇼크가 이끄는 펜실베이니아 대학박물관 팀은 과테말라 정부와 이 중요한 마야도시를 발굴했다. "티칼은 마야 문명을 보여주는 유일한 장소이며, 새로운 세계에서 이룩할 수 없는 최고의 창조물이다. 더운 우림지역, 게다가 상당히 폐쇄된 마야 저지대에서 티칼이 발전한 것은 인류 발전의 거대한 학문적 도전이다. 다른 이들은 지구상에 이룩된 것을 증명하기 위해 화성으로 눈을 돌린다. 우리는 티칼에 남아 아메리카 원주민들이 왜, 어떻게 그들의 삶의 터전을 지키기 위한 도전을 받아들였고, 어떻게 사제와 농부들이 높은 티칼 신전을 만들었으며, 어떻게 500만이라는 마야 시대를 생각해냈고, 어떻게 2000년을 살고 그 이후에 침묵을 지켰는지, 그 수수께끼를 풀기 위해 조각상과 상형문자, 화분조각과 건축물의 잔해를 끊임없이 해석하고 있다." 이는 마야 전문가인 미국인 윌리엄 도가 1959년에 쓴 내용이다.

붉은 석주비문의 신전

1958년의 발굴 작업으로 '붉은 석주비문의 신전'이 세상에 빛을 보게 되었다. 이는 각각 가운데에 열리는 문이 있는 3개의 방으로 이루어졌다. 미국 연구가가 가장 뒷방 뒤에 있는 2미터 높이의 흙을 제거하자 인부들은 '석주비문 26'을 발견했다. 이 석주비문에는 붉은색으로 그렸던 흔적이 여전히 남아 있었기 때문에 이 건물을 '붉은 석주비문의 신전'이라 불렀다. 고대 마야의 아름다운 건축물인 이 신전은 정확히 알 수 없는 어느 시기에 의도적이고 무차별적으로 파괴되었다. 이후에는 사제들이 제물을 바치며 신들을 만족시키고자 했던 시도들이 더 이상 없었던 것 같다.

불은 제단 위의 석고를 검은색으로 변하게 했다. 이 신전이 얼마나 더 이렇게 유지되었는지는 잘 알려지지 않았다. 하지만 결국에는 또 다른 끔찍한 파괴가 이루어졌다. 제단의 일부는 붕괴되었고 바다 동물들과 산호를 제물로 올린, 붉은색으로 아름답게 형상화된 기념물이나 미세한 돌들이 파괴되었다. 미국인들은 방바닥에서 둥근 형태로 잘려진 자리를 발견했다. 이 구덩이에는 엄청난 양의 해면, 산호, 해조, 바다조개, 물고기를 비롯해 바다에서 나오는 특이한 것들이 있었다. 게다가 매우 아름답게 작업된 흑요석도 있었다. 이 특이한 제물을 설명하기는 힘들다. 언급한 이 발굴품 중 일부는 매우 먼 곳, 즉 태평양과 인근의 대서양에서 왔다. 다른 마야 문명에서는 이러한 제물을 바친 전례가 없기 때문에 여기에 이런 해산물을 올린 이유는 알 수 없다.

펜실베이니아 대학박물관은 1959년에 아마도 가장 중요한 발견을 이뤘다. 큰 광장에서 약 200미터 정도 떨어진 티칼에서 부서진 석주비문을 찾았기 때문이다. 이는 과테말라 저지대 정글의 마야 기념비

중에 가장 오래된 것이며, 학문번호 29번인 석주비문이다. 이 비문의 연도를 린튼 세터웨이트, 메리 릭슨, 베네딕타 레바인이 해석한 결과, 기원후 292년 7월 6일이라는 날짜가 나왔다. 이는 우리에게 알려진 '시작'이다. 하지만 마야의 삶은 훨씬 더 먼 과거로 거슬러 올라가는데 우리는 아직도 어둠속을 헤매고 있다.

풀리지 않는 수수께끼는 끝이 없다. 마야 문명은 왜 몰락했는가? 끊임없는 노력과 엄청난 수의 인력으로 만들어진 제단이 왜 포기되어야만 했는가? 마야 민족을 공격한 것은 무엇인가?

어느날 갑자기 사람들이 사라졌다

모든 마야 연구가들은 이 민족의 문화수준이 이렇게 높았음에도 이와 같이 갑자기 사라진 이유와 모든 건축물과 연구, 사순절과 제사의식이 중단된 원인을 알아내려 노력했다. 사람들은 오랫동안 마야가 중부의 도시들을 포기하고 북부의 유카탄, 남부의 과테말라 고원지대로 이주했다고 믿었다. 하지만 이 세 곳은 순차적으로 발전한 것이 아니라 동시대에 번영했으므로 이는 사실이 아니다. 마야인들이 도시를 떠난 이유에 관해서는 많은 이론들이 있다. 마야인처럼 쟁기 없이 밭을 가꿨던 민족들에게는 밭일이 너무나도 큰 노고였을 수도 있다. 숲을 베고 얻은 땅에 1~2년간 농작물을 심고 그 옆에서 다시 시작하기 위해 밭을 포기하는 것은 장기적으로 봤을 때 그들에게는 너무 큰 노력을 요구하는 것이고, 그다지 이익이 되지 않았을 것이다.

인디언 표현으로 '사바나'는 각각의 나무들이나 숲이 있는 열대의 초원을 뜻한다. 마야인들이 떠나야만 했던 지대는 숲이 아닌 이런 사바나였을 것이다. 높아져만 가는 습기로 사바나는 계속해서 열대우림으로 변해갔다.

　말라리아, 황열과 십이지장충 때문에 마야인들이 도시를 포기하게 되었을지도 모른다. 하지만 스페인인들에게 말라리아열과 황열 바이러스성 질병은 새로운 세계의 '선물(?)'이었으며 이곳에 도착하기 전에는 그들에게 전혀 이런 질병이 없었다고 한다. 수많은 이집트의 파라오를 죽음으로 몰아넣었던 것도 십이지장충이었다.

　이 모든 것이 점차적으로 도시를 포기하고 천천히 문화가 침몰한 원인일 것이다. 하지만 많은 마야 도시들에서 어느 날 갑자기 사람들이 떠났다는 것은 잘 알려진 사실이다. 우악삭툰의 도시에는 아직 많은 건축물들이 미완성의 상태로 황폐해졌다!

　코판은 기원후 800년에 상형문자가 조각된 기념비 세우기를 중단했다. 퀴리구아, 피에드라스 네그라스, 에즈나에서는 기원후 810년에 삶이 끝났다. 티라에서는 그 시기가 830년이었다. 티칼과 세이발에서는 869년에 마지막으로 석주비문이 세워졌다. 우악삭툰, 술툰, 사만툰, 치첸이사에서는 889년까지만 약동했다. 라 무네카 주변의 산 로렌소에 있는 한 석주비문에서 마야와 관련된 마지막 시기를 알 수 있는데, 그 시점은 기원후 928년이다.

　제사를 지냈던 큰 중심지는 마지막 종이 울리면서 조용하고 고요해졌지만 16세기에 일부 제단들은 다시 살아났다. 그래서 많은 사람들이 코판 주변에서 살았다. 스페인 정복지에는 사람들이 중심부에 살고 있었지만, 이 수는 800년 전보다 훨씬 적었다. 이 민족은 다시 열대림으로 이주해 온 사람들이거나 9세기 사람들 중 일부 남겨진 이들이다. 분명한 것은 9세기에 있었던 우림문화가 놀라울 정도로 빨리, 심지어 전쟁이 그 원인이라고 생각할 정도로 빨리 멸망했다는 것이다. 그러나 티칼과 비교하면 거대한 파괴의 흔적은 거의 보이지 않는다.

영국인 톰슨은 마야가 정복되지는 않았지만 어떤 위협적인 것, 즉 이제껏 제기된 바 없는 어떤 낯선 생각이 몰아닥쳤다고 믿는다. 유카탄 반도의 마야 문명이 먼저 몰락했다고 한다. 이 지역은 바다에 둘러싸여 있어 무기뿐만 아니라, 혁명적인 사고를 통해 가장 쉽게 정복할 수 있다. 그 예로는 사제에 대항한 농부들의 거대한 움직임을 들 수 있다. 마야 민족의 믿음이 한번 약해지면, 이 문화의 종말을 알리는 종이 울렸을 것이다. 이는 자신의 믿음을 잃은 모든 문화와 같다. 믿음이 없었다면 농부들은 작업을 하기 위해 큰 희생도, 제물을 바칠 준비도 되지 않았을 것이다. 우리는 이집트에서, 또한 르네상스에서 인류가 얻게 된 천상의 작품들은 강요된 것이 아니라 믿음에서 만들어졌다는 것을 알고 있다. 그러나 믿음이 깨지자 사람들은 지배하는 사제들을 도시로 내몰았거나 살해했을 것이다. 그리고 농촌에서 일하는 청년과 미신이 그들을 대신했을 것이다. 건축물, 석주비문을 세우는 작업, 이 모든 것들이 중단되었다. 결국 열대림이 궁으로, 계단으로, 테라스로, 건물의 지붕으로 영역을 확장했다.

거대한 이주

마야 문명이 잠들 징후가 전혀 보이지 않은 시점에서 길이가 600킬로미터에 달하고 폭이 200킬로미터인 12개의 크고 위대한 신전이 있던 공간이 갑자기 몰락한 것은 어떠한 설명으로도 납득하기 힘들다. 독일계 미국인 프란츠 트레머는 고려해볼 만한 가능성이 있는 한 가지 답을 내놓았다. 종교를 바탕으로 한 국가가 그 고향을 갑자기 떠나게 되는 것은 신의 명령에 따른 것이라고 해석할 수 있다. 만약 그렇다면 신과 그런 신의 뜻을 대변하는 사제가 이끌어 주거공간을 떠났다는 이야기는 이해할 만하다.

기원후 9세기에 있었던 큰 멈춤, 거대한 이주는 이 비밀스러운 민족의 가장 큰 수수께끼를 우리에게 안겨준다. 우림지역 문화에 개입할수록 우리는 계속해서 이 '답을 알 수 없는' 질문을 받게 된다. 아직 해석되지 못한 마야의 글이 무엇을 의미하는지 알지 못한다. 마야의 정치와 국가체제에 대해서도 전혀 모른다. 우림지역에 어떤 국가가 있었는지, 어떤 도시국가가 꽃을 피웠는지 알려지지 않았다. 톰슨, 모리, 쇼크를 비롯한 많은 이들의 위대한 연구에도 불구하고 마야의 일상생활에 관해서는 너무나도 알려진 바가 적다. 마야 종교의 기본적인 사상이 무엇인지도 모른다. 이 민족이 어디에서 왔고 어디로 갔는지 거의 아무것도 모르는 것이다. 그들의 언어와 비교할 만한 것도 찾을 수가 없다.

우리는 단지 이 거대한 건축물을 남긴 위대한 민족을 조용히 바라만 볼 뿐이다. 그들의 제단은 지금도 밀려오는 열대림 속에 조용히 낡아가며 파괴되고 있다.

문명의 몰락, 정신의 상실

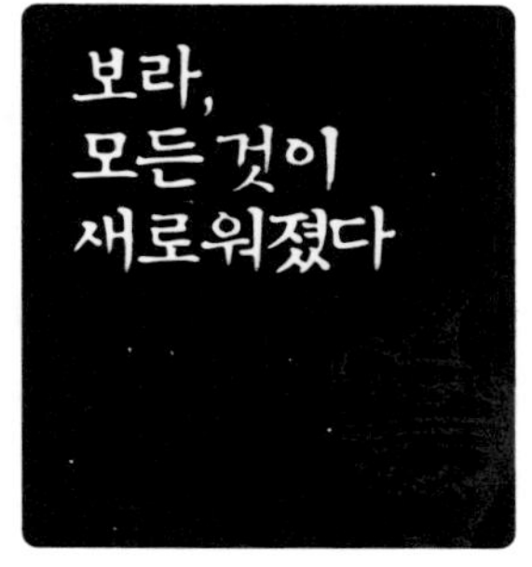

"정말 오늘날 인류의 예술적 능력이 선사시대 말기보다 높은지는 신중히 생각해봐야 할 일이다."
– 윌리엄 폭스웰 올브라이트, 「석기시대부터 기독교 시대까지 *From the Stone Age to Christianity*」, 볼티모어, 1946.

황혼, 몰락, 대부분의 문명이 맞는 비극적 종말은 무엇을 의미하는가?

문명의 종말은 일견 빛이 조용히 꺼지는 것 같이 보이지만, 종종 다른 곳에서 비밀스럽고 알려지지 않은 방식으로 소생한다. 지구상에 있는 그 어떤 것도 완전히 사라지지는 않기 때문이다. 한 문화의 멸망은 자연현상이 아니다. 자의의 원인이나 인간의 의지 없이 그 어떠한 형태도 죽지 않는다. 미래는 인류의 사고, 결정, 행동에 의해 만들어지고 과거와 현재의 노력과 작업에 영향을 받기 때문에, 사건의 과정을 결정한다는 모든 자연법칙이나 역사법칙의 이론, 모든 '계절', '나선곡선', 역사의 '물결'은 재고되어야 한다. 인간의 자유와 이를 이해하는 것이 아마도 가장 어려운 점일 것이다. 모든 위대한 문명들은 서로 정신적으로 영향을 주고받았다. 한 문화가 오래 고립될수록, 한 문화가 오랫동안 그 문화만의 형태로 살아갈수록, 그 문화는 더욱 특이해지며 다른 문화와 교차되기 더욱 힘들어진다. 특히 매우 특별한 문화들은 더욱 위협을 받았다. 이를 사람의 경우에서도 볼 수 있다. 사람은 덜 특별하기 때문에 지구상의 모든 동물들 중 살아남을 수 있는 가능성이 매우 크다. 이동성이 떨어지고 불변하는 의식과 삶의 방식은 문화를 고립시키며 매우 정교한 시계의 기계장치처럼 외부나 내부에서의 충격에 약하다. 자연재해, 유행병, 경제적 어려움이나 침략과 같은 외부의 사건들은 단지 촉발제일 뿐이다. 문화는 '그 문화의 정신을 포기'할 때, 믿음과 이상이 흔들릴 때 죽을 수 있다.

모세의 대홍수를 그린 위대한 작품에서도 이 사실을 확인할 수 있다. 처음에는 '과오'가 있었고 그 후의 큰 홍수는 사람들과 그들의 작업의 흔적을 지울 수 있도록 했다. 대홍수 민족의 믿음에는 무엇인가가 있었을 것이다. 어떤 이유로 그들은 신을 포기했을 것이다. 많은 민족의 예에서 찾아볼 수 있듯이 최고의 이상을 버린 결과 자연재해가 나타난다는 것은 우연이 아니다. 대홍수의 전례는 바빌로니아, 아시리아, 시리아, 이집트, 그리스, 오스트레일리아, 중국, 남태평양, 아메리카 대륙 전역의 원주민에게서 찾아볼 수 있다. 대홍수에서 문화적 요소와 사고를 수용하여 전 세계로 전파한 증거를 발견할 수 있다. 매우 정확한 정황 설명과 여러 곳에서 다시 나타나는 세부사항 때문에 인정해야만 하는 이 재해가 역사적 사실이라면, 이 사건을 받아들이고 이해하는 것은 커다란 진실성에 기초한다. 지구상 전역에서 동일한 생각을 의미하는 인간적 영혼의 동일성, 즉 '기본 표상'의 가정은 오용되었다. 대홍수는 전혀 이 이론에 부합하지 않는다. 단지 진실의 인식만이 부합된다.

다양한 문화에서 강한 믿음이 약한 믿음을 제압하기 때문에 수많은 침입이 있었다는 것을 알 수 있었다. 기원전 1375년에서 1300년 사이, 성경에 나오는 성벽이 무너진 예리코에서도 이와 마찬가지였다. 나사렛 사람들보다 8000년 전에 살았던, 토기를 만들 줄 몰랐던 이들이 이제껏 발굴된 지구상에서 가장 오래된 요새인 이 도시를 처음으로 건설했다.

모든 문화의 저력과 최고의 예술이 항상 현실 세계와 초현실 세계의 비밀스러운 교차 속에서 이루어졌다는 것은 신전의 잔해, 수천 년 된 판, 마음을 사로잡는 지구상의 예술품이 돌로 변해버린 곳 앞에 선 사람이 느낄 수 있는 가장 큰 경험일 것이다. 우리에게 남겨진 모든 거대한 예술품들은 사람의 강한 자극에서 발생하지 집, 마당, 옷, 음식에 대한 욕구에서 생기는 것이 아니다. 이는 영적이고 영원한 삶에 대한 엄청난 욕구로 발생하게 된다. 일생을 마야 연구와 미국의 남서부 고고학에 바쳤던 미국인 학자 키더는 인간이라는 존재는 항상 문화를 위해 무엇이든 내주었다고 했다.

초인적인 힘으로 만들어진 작품에는 항상 믿음, 종교, 최고의 이상이 작용했다. 우리는 일본 나라의 성스러움에서, 중국의 룽먼석굴, 용각석굴, 둔황석굴에서, 누란과 기질의 동굴에서, 난징의 거대한 동물과 파수꾼이 있는 귀신의 길에서, 베이징의 하늘 계단에서 그것을 손에 잡히듯 느낄 수 있을 것이다. 거대한 인도의 사리탑, 아잔타의 프레스코, 자바 보로부두르의 부조에서 발견할 수 있다. 또한 그것은 이집트의 조사(弔詞), 스핑크스, 왕의 무덤과 마야의 피라미드에도 이어진다. 그리스 최고의 절정기였던 기원전 470년에서 기원전 400년 사이가 서양의 정신적 아버지인 소크라테스의 활동시기였다는 것은 우연의 일치가 아니다.

잘 알려지지 않은, 비밀 속에 감춰진 문화에서라도 상상할 수 없는 업적을 이룬 것에서는 자신을 뛰어넘고자 하는 욕망과 영적인 힘을 발견할 수 있다. 몰타의 할사플리에니 지하 무덤은 무엇이었는가? 이 거대한 거석문화의 둥근 지하 천장은 삶의 이상적인 면을 추구한 미지의 민족이 가졌던 산을 움직이는 듯한 믿음, 성스러움과 기적의 증거이다. 에이브버리, 스톤헨지와 2세기 거석문화의 다른 잔해들도 성지였다. 이 단일암석으로 된 기둥들은 마술적, 종교적 의미를 갖고 있기 때문에 이러한 선돌도 종교적인 면으로서만 풀 수 있는 수수께끼이다.

유프라테스 강 중류의 마리인들이 기원전 3000년에 완성시킨 작은 조각상들은 신들과 인간을 연결시켜주는 역할을 했다. 그들은 신들에게 한층 가까이 가고자 기도를 드리기 위해 포갠 손으로 신들을 바라봤다. 또한 사르디니아인의 위대한 청동문화에서 약 2500년에서 3000년 사이에 위대한 작품을 남기게 한 것도 믿음이었다. 이는 신전을 위해 만들어진 것이었다.

헬레니즘 조각상을 만든 장인들처럼 미투라의 간다라인과 인도인의 열정적 믿음이 동양의 탱화를 만들었다.

전 아시아 지역을 가로지르는 비단길은 마니교도, 불교인, 이슬람교도인, 기독교인의 대상행렬과 그들의 신발이 이 길을 밟았고, 특히 많은 선교사들이 이 길을 통해 끊임없이 이동했기 때문에 발전하였다.

베닌 문화의 청동형상은 제단을 위해, 신과 조상의 영혼을 위해 만들어졌다.

하지만 이 위대한 문화는 언제 몰락하게 되었나? 제단의 그림들이 내려졌을 때, 예술이 박물관으로 자리를 옮기고 성스러운 곳에 불경한 사람들이 들어갈 때, 바로 그때가 죽음의 시간인 것이다. 이것이 지구상의 모든 커다란 문화들의 죽음의 과정이다.

정신적 추진력의 근원을 잘 알 수 없는 인간의 손을 거친 작품들은 수수께끼 같다. 그렇기 때문에 우리는 이런 수수께끼의 베일을 벗기도록 노력해야 한다. 그런데도 아직도 많은 것들이 미지의 세계에 남겨져 있다.

약 4000년 전 중국의 청동문화는 왜 갑자기 최고의 완성도를 자랑하는 절정기에 도달하게 되었는가? 사람들은 이 문화의 근원도, 배경도 설명할 수가 없다!

서유럽 거석문화의 사람들이 어떤 모습이었는지 우리는 알지 못한다.

마야인들은 달력체계와 상형문자를 개발하기 위해 어느 정도의 시간을 필요로 했는가? 우리는 그 기간조차 예상할 수가 없다.

기원전 1400년, 상상할 수 없을 정도로 발달된 문화의 증거인 크레타 섬의 크노소스의 궁전들은 왜 무너졌는가?

우리는 네스토르, 아가멤논, 오디세우스, 텔레마코스가 글을 읽을 수 있었는지조차 모른다.

트로이의 인도-유럽 주민들은 누구였는가? 그들은 다란이었는가? 아에네아스와 안키세스는 트라키아에서 왔다. 하지만 프리아모스와 그의 부인들의 이름은 인도-게르만어가 아니었다. 그렇다면 트로이의 왕은 어디에서 왔는가? 그의 고향의 이름인 오리엔트는 영원히 비밀로 남겨질 것이다.

델포이에서 옴팔로스의 비밀도 밝혀지지 않은 채 남겨질 것이다. 그리고 도도나의 청동그릇은 왜 말이 없는가?

안달루시아 타르테소스의 과거와 문화는 오늘날에야 수수께끼가 풀렸다. 하지만 타르테소스의 숨겨진 도시는 아직도 스페인 남서부

해안가의 에부라 지역에서 머리를 들지 않고 있다.

우리는 킴메리족에 대해 아는 것이 거의 없고, 상나라의 주요 신에 대해서는 전혀 모르며, 타오티에에 대해서도 일부만 알 뿐이다. 카나리아 제도 라스팔마스와 이에로 섬의 암벽에 새겨진 기호들의 의미를 말할 수 없고, 관체족 이전에 살았던 민족도 완전히 어둠에 싸여 있다.

민족들은 몰살되었다. 도시와 마을은 피폐해졌고 남겨진 글들 중 상당수의 의미를 밝힐 수 없다. 종종 층으로 압축된 돌과 폐허, 전설과 구전은 남아 있다. 그렇기 때문에 초라한 시기나 문화가 전무한 시대는 아니었을 것이다. 잘 알려진 곳에서는 빛과 영광을 볼 수 있다. 하지만 수수께끼 같은 문화, 어둠의 틈바구니에 있는 덜 알려진 곳을 인식하는 것은 더 중요하다. 이런 틈도 우리에게 속하는 것이며 우리의 과거이다. 그것들도 우리의 현재 형태를 구성하는 데 한몫을 했다.

눈에 보이는 것뿐만 아니라 눈에 보이지 않는 모든 역사, 묻혀 있는 것뿐만 아니라 사라진 모든 문화들은 우리 속에 계속 살아 있기 때문에, 쉽게 접근할 수 없는 비밀스러운 문화에 대한 관심은 크다. 끊임없는 호기심, 숨겨진 것, 감춰진 것, 낯선 것과 과거의 낯선 것을 들춰내는 것은 모든 문화들이 우리 자신의 일부이고―분명히―우리 속에 잘 알려지지 않은 것을 느끼고자 하기 때문이다.

미래를 충분히 알 수 없기 때문에 역사학자, 고고학자, 인류학자들은 과거에서 지식을 얻고 미래를 예언하려고 노력한다. 하지만 살아 있는 영혼이 아닌 자연에서 그 의미를 알아내려 했기 때문에 문화 순환의 모든 개요, 모든 이론, 일정 기간의 간격으로 역사의 회귀를 예상하는 것은 실패했다. 수많은 연구와 역사적 지식을 가지고 있는데도 과거는 희미해졌다. 우리는 선사시대의 문화의 빛을 더 이상 보지 못하기 때문에, 과거를 새롭게 집대성하고 표현하는 작업을 끊임없이 진행해야 한다.

하지만 미래를 안다는 것은 두려움이다. 이 두려움은 우리 삶에서 제외될 수 없지만, 이 두려움을 피하기 위해 우리는 유독 파괴에만 기여한 물질적 발전에 의존하고 있다. 이는 마치 살아 숨쉬는 문화 위에 무덤을 놓은 것과 유사하다. 우리 시대는 이 사실을 알고 있기 때문에, 비관주의가 만연하고, 용기를 잃어가며, 삶에 대한 두려움으로 성급하게 소비하는 사람들이 늘어나는 것이다.

인류는 외부의 자연을 지배하면서 끊임없이, 쉼 없이 한 발짝씩 나아갔지만, 윤리적, 정신적인 면에서는 개선의 가능성이 보이지 않는다. 영적인 영역이 발전하리라는 믿음과 기대감에 대한 회의적 인식은 우리 시대의 기술적, 심리적 기저의 산물이다. 외적으로는 성과를 이룩하고 있지만 내적으로는 발전이 결여되어 있기 때문이다. 오늘날 삶의 정신적 형태, 서로간의 관계, 개개인의 특징과 도덕적 행동들은 모두 하향곡선을 그리고 있다. 우리 시대의 위기의 징표는 핵기술이 아니라, 모든 믿음의 가치가 창백해진 사회와 책임의식을 상실한 사람들에서 찾아야 한다. 분명한 사실은 우리의 아버지들이 남겨 놓은 예술작품 없이는 우리 문명의 정신적 바탕을 기대할 수 없다는 점이다.

과거의 모든 토착민에게서 볼 수 있었으며, 고도로 발달된 문화에서 발견할 수 있던 환대의 시간은 지나갔다. 방랑자를 위한 인사가 사라졌고, 도움을 줘야 할 의무, 낯선 이를 수용하는 마음과 승자의 아량이 잊혀졌다. 신탁, 신의 희생물, 영혼을 위한 건축물, 죽은 사람을 모시는 곳과 삶으로의 회귀가 이루어지던, 한때 신이 거처했던 세계도 사라졌다.

바울로는 완전히 다른 세계를 희망했다. 그는 기원후 58년에 물질적, 육체적 존재로 사람을 평가하는 것이 끝났다고 얘기했다. 그는 앞으로는 인간의 정신적인 승리가 보장될 것이라고 했다. 그는 마케도니아에서 코린토 교회로 보내는 개인적인 편지를 썼는데 거기에는 다음과 같은 문장이 적혀 있다.

"보라, 모든 것이 새로워졌다."

【 참고문헌 】

예리코, 세상에서 가장 오래된 도시

Albright, W. F.: From the Stone Age to Christianity, Baltimore 1946

Garstang, J.: Jericho: City and Necropolis, Annals of Archaeology and Anthropology, Liverpool 1932, Vol. 19, p. 3 sq., p. 35 sq.; 1933, Vol. 20, p. 3 sq.; 1934-35, Vol. 21-22, p. 99 sq., p. 143 sq.; 1936-37, Vol. 23-24, p. 67 sq., p. 35 sq.

Kenyon, K.M: Excavations at Jericho, Palestine Exploration Quarterly, 1953, pp. 81-95. Jericho, Oldest Walled Town, Archeology 1954, Vol. 7, pp. 2-8. Digging up Jericho, London 1957. Earliest Jericho, Antiquity 1959, Vol. 33, No. 129

Kenyon, K. M.: Excavations at Jericho Vol. 2, 1965; Jericho, Archeology 20, 1967, 268-275

우가리트의 생활은 좋았다
가나안 사람이 알파벳을 발명했다

Dussaud, R.: Les Decouvertes de Ras Shamra [Ugarit], Paris 1937

Schaeffer, C. F. A.: Ugaritica, Paris 1939, tome 3. Le Palais Royal d'Ugarit, Mission de Ras Shamra, Paris 1955, tomes 3, 4.

Virolleaud, C.: The God of Phoenicia, Antiquity, 1931, Vol. 5, pp. 405-414. La deesse Anat-Astarte dans les poemes de Ras-Shamra, Paris 1937.

Aistleitner, J.: Die Mythologischen und kultischen Texte aus Ras Shamra, Budapest 1964

티로스와 시돈아, 너희가 나에게 보복하겠느냐?

Autran, C.: Pheniciens, Paris 1920

Contenau, G.: Mission Archeologique a Sidon, Paris 1921.

Poidebard, A.: Un grand port disparu: Tyr, Paris 1939

Poidebard, A. und Lauffray, J.: Sidon, Beyrouth 1951.

Dunand, M.: Rapport preliminaire sur les fouilles de Sidon en 1963/64,

Bulletin du Musee de Beyrouth 19, 1966/67, 103 ff.

바다에 위치한 카르타고는 막강했다

Cintas, P.: Contribution a l'etude de l'expansion Carthaginoise au Maroc, 1947. La Ceramique Punique, Tunis 1950.

Ehrenberg, V.: Karthago, Leipzig 1927.

Frend, W. H. C.: The Donatist Church, Oxford 1952.

Garcia y Bellido, A.: Fencios y Carthagineses en Occidente, Madrid 1942. Phönizische und griechische Kolonisation im westlichen Mittelmeer, Karthago, Historia Mundi, München 1954, Bd. 3.

Gauckler, P.: Necropoles Puniques de Carthage, Paris 1925.

몰타의 침묵하는 바위

Bradley, R. N.: Malta and the Mediterranean Race, London 1912.

Brea, L. B.: Malta and the Mediterranean, Antiquity 1960, Vol. 34, No. 134, p. 132.

Bernabo Brea, L.: La Sicilia prima dai Greci, Mailand 1966.

Evans, J. D.: Malta, Köln 1963.

Regan, TH.: Die große Göttin der Fruchtbarkeit un Maltas Steinzeittempel, Raggi 7, 1967, 29 ff.

그들의 믿음이 산을 옮겼다
모르비앙의 거석유적에 새겨진 문양

Bagge, A. und Kaelas, L.: Die Funde aus Dolmen und Ganggräbern in Schonen, Schweden 1 und 2, Stockholm 1950 und 1952.

Forde, C. D.: The Early Cultures of Atlantic Europe, American Anthropologist, 1930, Vol. 32.

Garcia, L. P.: Los Sepulcros Megaliticos Catalanes y la Cultura Pirenaica, Bercelona 1950.

Hawkes, C. F. C.: The Prhistoric Foundations of Europe, 1940.

Kirchner, H.: Die Menhire in Mitteleuropa und der Menhirgedanke, Akademie der Wissenschaften und der Literatur, Wiesbaden 1955.

기적의 도시 마리

Jean, C. F.: Lettres Diverses, Archives Royales de Mari, Paris 1950, Bd. 2.

Küpper, I. R.: Correspondance de Kibri—Dagan, Archives Royales de Mari, Paris 1950, Bd. 3.

Soden, W. von: Das altbabylonische Briefarchiv von Mari, Die Welt des Orients, Göttingen 1948, p. 187 sq.

Moortgat, A.: Die Wandgemälde im Palaste zu Mari und ihre historische Einordnung, Bagdader Mitteilungen 3, 1964, 68 ff.

Parrot, A.: Le "Tresor" d' Ur. Avec la collaboration de G. Dossin, Paris 1968.

사르디니아인들의 8000개의 탑
신성한 어머니와 아들

Dessy, N.: I Bronzetti Nuragici, Milano 1957.

Schubart, H.: Frühe Randkulturen des Mittelmeerraumes, Baden—Baden 1967.

Steinitzer, A.: Die vergessene Insel, Gotha 1924.

Zervos, C.: La civilisation de la Sardaigne, Paris 1954.

Guido, M.: Sardinia, London 1963.

선상문자 B를 사용했다
미케네 시대의 삶

Bennett, E. L. jun.: The Pylos Tablets: texts of the inscriptions found 1939—54, Princeton UP. for University of Cincinnati, 1955.

Chadwick, J.: The Decipherment of Linear B, Cambidge 1958.

Fimmen, D.: Zeit und Dauer der kretisch—mykenischen Kultur, Leipzig und Berlin 1909.

Boardman, J. und Palmer, L. R.: On the Knossos Tablets, Oxford 1963.

Caskey, J. L.: Greece, Crete, and the Aegean Islands in the Early Bronze Age, Cambridge 1964.

지구, 뱀 그리고 아폴론
델피 신탁 연구
피티아의 답

Coste-Messeliere, P.: De La: Les Tresors de Delphes, Paris 1950. Au Musee de Delphes, 1936.

Finley, J. H.: Thucydides, Cambridge 1947.

Heinevetter, F.: Wür-und Buchstabenorakel in Griechenland und Kleinasien, Breslau 1912.

Hoyle, P.: Delphi und sein Orakel, Wesen und Bedeutung, Wiesbaden 1968.

Roux, G.: Delphi, Orakel und Kultstätten, München 1971.

올림피아스, 제우스 그리고 알렉산더
도도나에 관한 새로운 사실들

Detering. A.: Bedeutung der Eiche seit der Vorzeit, Leipzig 1939.

Weniger, L.: Altgriechischer Baumkultus, Leipzig 1919.

Parke, H. W.: The oracles of Zeus. Dodona, Olympia, Ammon, Cambridge Mass. 1967.

Nilsson, P. M.: Zeus Naios in Dodona, in: Geschichte der griechischen Religion, Bd. 1, München 1955, pp. 425-427.

Centilivres, M.-C. und Eiche, H.: in: Reallexikon für Antike und Christentum, Stuttgart 1959, pp. 746-763.

아틀란티스는 어디에 있는가?
사라진 대서양의 도시
타르테소스 문화

Baco of Verulam, F.: Nova Atlantis, London 1638.

Christ, W.: Avien und die Ora maritima, Leipzig 1865.

Frobenius, L.: und Afrika sprach, Leipzig 1911.

Gomara, F. L. DE.: Historia de las Indias, Saragossa 1553.

Knötel, A. F. R.: Atlantis und das Volk der Atlanten, Leizig 1893.

Lammerer: Gedanken zum artessos-Problem, Jahrbuch des Deutschen Archäologen Instituts, Bd. 40, 1925, pp. 356-364.

카나리아 제도의 비밀

Brown: Madeira, Canary Islands and Azores, London 1903.
Glas, G.: The History of the Discovery and Conquest of the Canary Islands, London 1764.
Plinius Secundus, Gaius: Naturalis Historia, 6, 37.
Warmington, E. H.: The Ancient Explorers, London 1929, p. 52 sq.
Torriani, L.: Kanarischen Inseln und ihre Urbewohner, in: Quellen und Forschungen zur Geschichte der Geographie und Völkerkunde, Bd. 6, Leipzig 1940.

고대 중국 청동과 창백한 달

Bushell, S. W.: Chinese Art, London 1914.
Hajek, L.: Chinesische Kunst in tschechoslowakischen Museen, Prag 1954.
Hentzke, C.: Frühchinesische Bronzen und Kultdarstellungen, Antwerpen 1937.
Koop, A. J.: Early Chinese Bronzes, London 1924.
Mackenzie, F.: Chineische Kunst, London 1961

싯다르타라는 이름의 사나이

Basham A. L.: The Wonder that was India, London 1954.
Glasenapp, H. von: Buddha, Geschichte und Legende, 1950.
Kern, M.: Das Licht des Ostens, Stuttgart – Berlin – Leipzig 1922
Oldenberg, H.: Buddha, 1923.
Waldschmidt, E.: Die Legende vom Leben des Buddha, 1929.

간다라와 불상

Adam, L.: Buddhastatuen – Ursprung und Formen der Buddhagestalt, Stuttgart 1925.
Deydier, H.: Contribution a l' Etude de l' Art du Gandhara, Paris 1950.
Hargreaves, H.: The Buddha Story in Stone, Calcutta 1914.
Ingholt, H. und Lyons, I.: Gandharan Art in Pakistan, New York 1957.
Buchthal, H.: The Western Aspects of Gandhara Sculpture, Proceedings of the British Academy, London 1945, pp. 151 – 176.

둔황석굴

Chavannes, E.: Les Documents Chinois decouverts par A. Stein, Oxford 1913.

Maspero, H.: Les Documents de la troisieme expedition de Sir A.Stein, 1953.

Pelliot, P.: Les Grottes de Tun−huang, Paris 1920−24. Les Fresques de Touen−Houang et les Fresques de M. Eumorfopoulos, Revue des Arts Asiatiques v., 1928, p. 143 und 193.

Stein, A.: Ruins of Desert Cathay, 2, London 1912. A Catalogue of Paintings recovered from Tun−huang, London 1931.

실크로드

Le COQ, A. von: Auf Lellas Spuren in Ost−Turkistan, Leipzig 1926.

Hedin, S.: Sidenvägen, Stockholm 1936.

Herrmann, A.: Die alten Seidenstraßen zwischen China und Syrien. 1910, Lou-lan, Leipzig 1931.

Stein, M. A.: A Journey of Geographical an Archeological Exploration in Chinese Turkestan, The Geographical Journal, December 1902.

Yule, Sir H.: Cathay and the Way Thither, new edition, revised by H. Cordier, Vol. 1−4, London 1915.

옥수스 강의 보물

Bartold, V. V.: Istorija Turkestana, Taschkent 1922.

Cobbold, R. P.: Innermost Asia, London 1900.

Fox, R.: People of the Steppes, London 1925.

Yate, C. E.: Northern Afghanistan, London 1888.

Dalton, O. M.: The treasure of Oxus; [2. Auflage], London 1964.

스키타이
결코 외롭지 않은 스키타이족의 왕들
무덤 속의 지배자, 내연녀와 말

Borovka, G.: Scythian Art, London 1928.

Harmatta, J.: Studios on the History of the Sarmatians, Budapest 1950.

Herodot: Geschichte, Buch 4.

Junge, J.: Saka – Studien, Leipzig 1939.
Vambery, H.: Reise in Mittelasien, Leipzig 1865.

솔로몬 왕의 용광로
오빌을 찾아
Caton – Thompson, G.: the Zimbabwe Culture, Oxford 1931.
Davidson, B.: The Lost Cities of Africa, Boston – Toronto 1959.
Hall, R. N.: Great Zimbabwe, London 1907.
Hall, R. N. und Neal, W. G.: The Ancient Ruins of Rhodesia, London 1902
Noth, M.: Geschichte Israels, Göttingen 1954, p. 187 sq.

베닌의 흑인 예술가들
Bradbury, R. E.: Benin, London 1957.
Bryant, A. T.: Olden Times in Zululand and Natal, London 1929.
Burns, Sir A.: History of Nigeria, London 1951.
Corbeau, J.: L'empire du Benin, Lyon 1950.
Dike, K. O.: Trade and Politics in the Niger Delta 1830 – 1885, Oxford 1956.

세픽 문화의 거대한 눈
Breaver, W. N.: Unexplored New Guinea. London 1920.
Bühler, A. und Gardi, R.: Sepik, Bern, Stuttgart, Wien 1958.
Champion, I. F.: Across New Guinea from Fly to the Sepik, London 1932.
Detzner, H.: Ergebnisse von Reisen in Neu Guinea, 1914 – 1918.
Tischner, H.: Kulturen der Südsee, Hamburg 1958

최초의 마야는 옥수수로 만들어졌다
마야의 우림 도시들
티칼의 비밀
Gann, T.: Maya Citie, London 1927.
Joyce, T. A.: Mexican Archaeology, 1914.
Kelemen, P.: Mediaeval American Art, New York 1956.

Lentz, F, J.: Aus dem Hochlande der Maya, Stuttgart 1930.

Seler—Sachs, C.: Auf alten Wegen in Mexico und Guatemala, Stuttgart 1925.

Anders, F.: Das Pantheon der Maya, Graz 1963.

고고학의 즐거움

【 색인 】

ㄱ

가나안 민족Kanaaniter 41, 41~48
가데스Gades 97, 283, 291, 302
가디르Gadir 97, 316, 325
가르 달람Ghar Dalam 110
가르시아 이벨리도Garcia y Bellido, A. 317
가스탕Garstang, J. 27, 38
가이아Gäa 266, 271
간다라Gandhara 382~400
간제리Kanjera 50
갈라족Galla 512
감티아Gigantia 113
강령사Geisterbeschwörer 471
거석 무덤Megalithgräber 124, 129
거석Megalithen 47~48
건축Häuserbau 266
게제르Gezer 47~48
게Ge 266
고공기K' au kung chi 359
고라르Godard 399
고르고Gorgonen 332
고르돈Gordon, C.H. 48
고인돌Dolmen, Mehire 124~126, 138~145
고초Gozo 110, 121
고타마Gautma 372, 400, 418
고통의 판Leiden-Platte 575
고티에 드 클로브리Gaultier de Claubry 262
과달키비르Guadalquivir 93, 300~325
관체족Guanches 331, 338~350, 592

구릉묘지Hügelgräber 458, 480~487
굿맨Goodman, J.T. 575
그륀베델Grünwedel, A. 430~433
그리스 신Götter, griechische 221, 230
글뤽Glueck, N. 488, 499, 506
기르슈만Ghirshmann 387
꾸루니오띠스Kourouniotis 197

ㄴ

나이지리아Nigeria 517, 518, 529
나크쉬 이 루스탐Naksh-i-Rustam 442, 450
남근 제단Phallus-Kult 513, 514
네스토르Nestor 191, 197, 204, 207, 591
노구에라Noguera, E. 561
누게롤Nougayrol 68
누라게Nuragen 165~187
눈의 모티브Augenmotiv 547, 548
뉴기니Neuguinea 532, 536~549
니부르Niebuhr 306
니클린 홀Nicklin Hall, R. 511
닐슨Nilsson, M. P. 231, 245, 248, 264

ㄷ

다글라이쉬Dalgleish 427

고고학의 즐거움

고고학의 즐거움

611

색인

고고학의 즐거움

초판 인쇄 | 2008년 9월 11일
초판 발행 | 2008년 9월 24일

지은이 | 이바르 리스너
옮긴이 | 최영인, 이승구
펴낸이 | 심만수
펴낸곳 | (주)살림출판사
출판등록 | 1989년 11월 1일 제9-210호

주소 | 413-756 경기도 파주시 교하읍 문발리 파주출판도시 522-2
전화 | 031)955-1350   기획·편집 | 031)955-1373
팩스 | 031)955-1355
이메일 | book@sallimbooks.com
홈페이지 | http://www.sallimbooks.com

ISBN 978-89-522-0994-8 03900

* 잘못된 책은 구입하신 서점에서 바꾸어 드립니다.
* 저자와의 협의에 의해 인지를 생략합니다.

책임편집·교정 : 김태권

값 25,000원